本书是教育部人文社会科学重点研究基地华中师范大学

中国农村研究院2016年基地重大项目
“海内外农村调查资料整理、翻译与研究”
项目的成果（16JJD810005）

# 满铁农村调查

（总第6卷·惯行类第6卷）

（上）

徐　勇　邓大才　主编
李俄宪　主译
华中师范大学外国语学院日语系翻译团队　译
邓大才　张晶晶　校订

中国社会科学出版社

**图书在版编目(CIP)数据**

满铁农村调查．惯行类．第6卷：总第6卷：全2册／徐勇，邓大才主编；李俄宪主译．—北京：中国社会科学出版社，2020.11

ISBN 978-7-5203-5616-9

Ⅰ.①满… Ⅱ.①徐…②邓…③李… Ⅲ.①南满洲铁道股份公司—农村调查—调查报告 Ⅳ.①D693.79

中国版本图书馆CIP数据核字(2020)第005883号

---

出 版 人 赵剑英
责任编辑 冯春凤
责任校对 张爱华
责任印制 张雪娇

---

出　　版 中国社会科学出版社
社　　址 北京鼓楼西大街甲158号
邮　　编 100720
网　　址 http://www.csspw.cn
发 行 部 010-84083685
门 市 部 010-84029450
经　　销 新华书店及其他书店

---

印刷装订 北京市十月印刷有限公司
版　　次 2020年11月第1版
印　　次 2020年11月第1次印刷

---

开　　本 787×1092 1/16
印　　张 98.5
插　　页 2
字　　数 2324千字
定　　价 879.00元（全2册）

---

凡购买中国社会科学出版社图书，如有质量问题请与本社营销中心联系调换
电话：010-84083683

# 《满铁农村调查》编辑与翻译委员会

**主　　编**　徐　勇　邓大才

**主　　译**　李俄宪

**编辑委员会成员**（以姓氏笔画为序）

丁　文　邓大才　石　挺　冯春凤　刘义强　刘金海
刘筱红　李俄宪　李海金　任　路　肖盼晴　陆汉文
陈军亚　杨　嬛　张晶晶　郝亚光　徐　勇　徐　剑
徐增阳　黄振华　熊彩云　赵剑英

**翻译委员会成员**（以姓氏笔画为序）

王　霞　尹仙花　石桥一纪　汉　娜　吕卫清　李俄宪
李　莹　李雪芬　金英丹　娜仁图雅

**翻译顾问**　石桥一纪

**本卷译者**　华中师范大学外国语学院日语系翻译团队

**本卷校订**　邓大才　张晶晶

# 编译说明

## （第6卷）

在编译本套丛书的过程中，我们发现了一些具体问题，如文字表记、图表处理等。经编译委员会商量，决定对这些问题进行如下处理：

1．原书中收录了大量的政府公文、民间文书（如分家单、账簿等），其表记方式为繁体汉字、竖排版。为适应现代阅读习惯，我们将其均转换为简体汉字、横排版。但为了避免改变原文语义，对这部分内容的处理方式是不断句、不加标点，并保留汉字数字的表记形式；

2．为防止在重排图片时出错，将原书中比较清楚的图片，直接用于编译后的书稿中；

3．原书中纵向排列的水簿封面、坟墓排列图等，均按原书标准进行纵向排列；

4．表示图中方位的文字，按原书顺序排版；

5．在原书中，调查员与应答者之间的问答是用“＝”隔开的。我们将“＝”前的问句，统一加了“？”，“＝”后的回答，统一加了“。”；

6．原书的座谈会及《满铁调查部关于中国惯行调查的计划》《内地学者对中国惯行调查的意见》中使用了“支那”“北支”等词，我们将“支那”译为“中国”；将“北支”译为“华北”。

邓大才

2018 年 8 月

# 目　录

# 正文目录

## 概况篇

# 水 篇

# 资料目录

# 总　序

我们华中师范大学中国农村研究院是专门从事农村问题研究的机构，并以调查为基本方法。我们将满铁农村调查资料翻译成中文出版的设想已有10多年。

满铁农村调查资料是指20世纪上半期由日本“南满洲铁道株式会社”（简称“满铁”）支持对中国调查形成的资料。由“满铁”支持的中国调查长达40多年，形成了内容极其庞大的调查资料。“满铁调查”的目的出于长期侵占中国的需要，但由这一调查形成的资料对于了解当时的中国有重要的参考价值，其调查方法也有其独特性。

中国是世界农业文明古国，也是世界农村大国，但从学理上对中国农村进行专门和系统的研究时间不长，有影响的论著还不多。10多年前，一系列由美国籍学者撰写的关于中国农村研究的专著被翻译成中文，并在学界引起很大反响，成为专业领域研究的必读书。如黄宗智的《长江三角洲的小农家庭与乡村发展》《华北的小农经济与社会变迁》，杜赞奇的《文化、权力与国家：1900—1942年的华北农村》，马若孟的《中国农民经济——河北和山东的农民发展，1890—1949》等。这些书的共同特点是在利用日本满铁调查资料基础上写成的。日本满铁调查也因此广泛进入当今中国学界的视野。一时间甚至有人表示：“中国农村在中国，中国农村调查在日本；中国农村在中国，中国农村研究在美国”。无论这一说法是否成立，满铁农村调查的影响却是不可忽视的。只是美国学者运用的满铁资料都是日文的，中国学者在阅读和了解日文资料方面有困难。尽管有国内出版社出版了部分满铁调查资料，也主要是日文的影印版，仍然难以让更多学者使用。为此，我们有了将满铁农村调查资料翻译成中文，让更多学者充分阅读和使用这一资料的念头。

与此同时，我们华中师范大学中国农村研究院在整合过往的农村调查基础上，于2006年开启了“百村观察计划”，对中国农村进行大规模调查和持续不断的跟踪观察。为了实施这一调查计划，我们邀请了国内外学者进行有关方法论的训练，同时也希望借鉴更多的调查资料和方法。日本满铁调查资料的翻译出版进一步进入我们的视野。在2006年启动“百村观察计划”时，我们甚至提出在农村调查方面要“达到满铁，超越满铁”的雄心勃勃的目标。翻译满铁调查资料的想法更加明晰。当本人将这一想法告知时任华中师范大学社会科学处处长的石挺先生时，得到他积极赞同。但这项工程的重点是日汉翻译，需要一个高水平的强有力的翻译团队，于是他引荐了华中师范大学外国语学院副院长、日语系主任李俄宪教授，同时还给予一定的经费支持。此事得到专门从事日本语教学和研究的李俄宪教授的积极响应，并同意率领其团队参与这项工作。受华中师范大学中国农村研究院的委托，时任副教授的刘义强负责联系保存有满铁日文资料的国内相关机构，并得到支持，正式翻译工作得以启动。由于原文资料识别困难，最初的翻译进展较为缓慢，几经比对审核。进入出版程序之后，得到了时任中国社会科学出版社社长的赵剑英先生的鼎力支持，该出版社的编辑室主任冯春凤女士特别用心，还专门请专家校订和核实。2013年底，负责编辑翻译资料的刘义强教授出国访学。2014年，时任华中师范大学中国农村研究院执行院长的邓大才教授具体负责推进翻译出版联系工作。在各方面努力下，由华中师范大学中国农村研究院和黑龙江档案馆联合编译的《满铁调查》一书，于2015年1月由中国社会科学出版社正式出版。

100多万字的《满铁调查》出版后，中国学者得以从较大范围一睹满铁调查资料的真容，这在中国学界也是一件大事。2015年1月23日，由华中师范大学中国农村研究院与中国社会科学出版社共同主办的《满铁调查》中文版出版发行学术研讨及新闻发布会在北京召开。此次会议非常重要。来自中国农业博物馆、南开大学、北京交通大学等高校和科研机构的“满铁调查”研究专家参加了会议，并提了很好的建议。其中，南开大学的张思先生长期利用满铁调查资料从事研究，并有丰硕成果。特别是在中国农业博物馆工作的曹幸穗先生，长期从事满铁资料的整理和研究，并专门著有以满铁调查资料为基础的《旧中国苏南农家经济》一书。在他看来，“满铁对农户的调查项目之翔尽，可以说是旧中国的众多调查中绝无仅有的”。此次会议的重大收获是，曹幸穗先生建议我们主要翻译满铁农村调查方面的资料。

曹先生的建议引起我们高度重视。2015年1月26日，华中师范大学中国农村研究院专门召开了满铁调查翻译出版推进会，调整和重新确立了翻译的主要方向和顺序，形成了新的翻译计划。新的计划定位为“满铁农村调查”，主要翻译“满铁调查”中有关农村方面的内容，并从著名的中国农村惯行调查资料翻译开始。这之后，我们又先后邀请曹幸穗和张思先生到华中师范大学讲学，他们对新的翻译计划提出了进一步的建议。曹先生还多次无私地向我们提供了相关资料目录和线索，供我们翻译出版使用。同时，我们也从整体上充实和加强了资料收集和翻译编辑的力量。

《满铁农村调查》翻译出版计划是在已出版的《满铁调查》一书基础上形成的，但已是全新的设计，资料来源更为广泛和直接，翻译出版的进展也大大加快。同时，它也是于由华中师范大学中国农村研究院主持的2015版大型中国农村调查工程相辅助的翻译计划。我们希望能够通过《满铁农村调查》的翻译为我们正在实施的中国农村调查及其学界提供有益的借鉴。

《满铁农村调查》的翻译出版是一个庞大的计划，付诸实施难度很大，特别是没有固定的经费支持。但我们认为，中国是一个正在崛起的大国，理应有相应的文化工程。好在主持与参与《满铁农村调查》翻译出版的人都些许明知有难而为之的理想主义精神，愿意为此事作出贡献。特别是由华中师范大学日语系主任李俄宪教授担任主译的翻译团队在翻译方面作出了巨大贡献。李教授团队可以说是举全系师生之力，包括日籍教授，来从事这一工作。他们不是简单的翻译，而是将其作为一项事业。在翻译过程中，他们遇到了《满铁调查》中使用的语言、专业词汇、地名等大量难题，但本着对事业高度负责的精神，认真校核，精心推敲，力求准确。这项事业的推进凝聚了翻译团队的大量心血。目前，这一

# 惯行与治理：满铁对华北三省诸县调查概况

## ——《满铁农村惯行调查》第六卷导读之一

本卷包括五个部分的内容，一是概况调查，收集了河北省的滦县、乐亭县、昌黎县，山西省的太谷县、介休县、沂县，山东省的益都县、德县以及涉及其他县的概况调查；二是水利调查，收集了河北省的涿县、邢台县等的水利调查，以及与水利方面相关的资料；三是赋税原始资料，即顺义县、历城县的赋税等的原始资料；四是座谈会实录，以调查者为中心的座谈会会议报告；五是特殊事项的索引。本卷的导读主要是对第一、二部分进行整理、研究基础上的资料撰写。

## 一　河北省冀东道京山铁路沿线农村概况调查

### （一）唐山市城子庄

#### 1. 村庄概况

城子庄距离唐山市中心约 3 华里，在采石山山脚下，附近有水泥公司的工厂，前往城子庄的途中还有水瓮、瓦罐等陶瓷器小工厂。城子庄有住户 960 户，其中有 300 户以务农为主，纯商人 38 户，其他作为采石苦力或从事其他工作，没有大地主，最大的地主也只有 50 亩地，这些地主雇长工与家人一起耕种。以务农为主的农户中，自耕农约占 3/4，租佃户约占 1/4，既自耕又租佃的仅有 10 户左右。自耕农能维持温饱的约 40 户，但还是要外购食品。在城子庄，要维持温饱平均每人需要五亩地。城子庄的耕地皆为旱地，下雨时雨水沉积，没雨时土地龟裂。主要作物：高粱，苞米占 50%；大豆占 20%；粟占 20%；黍及其他占 10%。

非地主没有去城里避难的，不在村的地主有一两户，由其一家子管理家庭。民国二十六年（1937）时，每亩地地租为四五元，民国二十七年（1938）为 10 元，满铁调查时平均为 8 元（地基为 16 元）。租地一般是口头协议，田赋由地主负担，青苗钱（每亩三四十钱）由佃户负担；道路修理或警备费等摊款由地主（租房子的由房东）负担。地主将牲口、肥料、种子等借给佃户的情况很少，但也有佃户相互借用，或者从地主手里借用的情况，这属于白借（人情关系）。农民之间有“搭套的”，也有互相借牲口、车等。自耕者中也有雇佣长工的情况，全村有 20 亩以上土地的农户不到 20 户。

大乡制是1940年11月政府命令并着手实施的政策。大乡制实施以前以80户—300户为一乡或者一联保；大乡制则以1000户为一乡的标准将其作为一联保，但山区地区或沿海地区存在一乡不足一千户的情况，镇上存在一乡两千户以上的情况，镇上一联保的户数相当于农村地区二至三联保。在实施过程中，当地政府给予一定规模的伸缩余地。大乡制的主要目的在于行政渗透。

**2. 税契制度**

在唐山市，税契分为当契和卖契，由市公署财政科税捐股根据河北省公署通令进行管辖。

**3. 过割制度**

在唐山市，过割由里书办理，里书去市公署办理过割事务，会收一定的路费，村民也愿意出钱。1941年的土地清查登记后，里书制度取消，村民直接去市公署纳税过割。纳税和过割地点是市公署财政科税捐股。卖契和典契在契约成立后六个月内进行契税和过割。过割一年进行一次。

**4. 监证人制度**

在唐山市，土地买卖要有监证人，监证人又称为“官中”，唐山市城子庄的监证人由32保保长担任，成为全庄的代表。监证费的用途由市公署规定。

**5. 赋税制度**

一是征税机构。在过去，纳税人直接到县公署交税，废除里书制度以后，田税将由乡公所与催税征收一起代办。二是税率。田赋为每亩一分二厘四，房基税为每亩一分三厘七。房捐为五分至七分，瓦房为一角，楼房为一角五分。在1941年以前，田赋缴纳时间为每年的秋天，另外，9、10月缴纳租金。田赋由土地所有者负担，如果有特别的契约，也可以由租佃人负责。1941年附加捐取消，亩捐率尚未公布。三是田赋以外的税费。往年没有定期的人役，1941年为了修建警备路，城子庄总共安排了18人，出役4天。人役食物自备，如果派不了人以每人每天2元的价格雇人。

**6. 旗地**

清军入关后，各王公策马占有其范围内的土地，这些土地从民地变成旗地，向王公交租，不再向国家纳税。原有的土地所有者变成了佃户。因为这些土地本身是民地，国家又不得不承认原所有者的承所权。因此，国家规定：“不增租，不夺佃”。国家禁止旗地买卖，但是可以推让，即“许推不许拿”。

**7. 借钱**

在城子庄，人们之间也会相互借钱。一是借钱的原因。办红白喜事借钱的多，也有患病借钱的，其他情况比较少。二是借钱的条件。没有土地的人借不到钱，没有亲戚朋友的人借不到钱。三是借钱的对象。先是同族，其次是亲戚，再是朋友，最后是邻居。不可能向陌生人借钱。四是特别的借钱。有时买东西向商人借三四元钱的情况也有。只要有财物就可以在当铺借钱。此外，还可以通过合会或钱会借钱，只有唐山市区才有请会，规模大约是 10 人，为期一年，每人一次借 10 元，也称为摇会，关系比较好的人组织摇会。五是借钱的时间。一般春季借钱的比较多。六是借钱的类型。主要有两种，抵押借钱，如指地借钱，这必须签订契约。另外是信用借钱，主要发生在亲戚朋友之间，债主比较宽容，认为不还钱也可以。七是借钱担保。借钱有中人的情况少，一般是自己亲自去借。以土地为担保一定会有中人、代字人。信用借钱不立字，无中人，无保人。不立字有中人没有保人的情况很少，立字无保人的情况几乎没有。信用借钱，其保人主要是熟人，如果到期无法还钱也没有责任。在城子庄，指地借钱的情况比较少。八是借钱利息。不同的借钱方式，利息不同。当铺的利息一般是 2 分，在腊月时会下降，有时下降到一分二厘。当铺的借钱期限一般是 30 个月，但是日本人调查时为 18 个月。计息时间是每月 5 日前不计息，但是 5 日后（包括 5 日）则按照一个月计息。按照法律规定，月利为 1 分 6 厘以下，或者年利为 2 分以下才合法。在北京、天津等地有印子，在唐山有转子等高利贷，一般是在窑子、赌场等地才有如此高利的借款。而且借的当天就支付利息。农民之间不存在这种类型的高利贷。指地借款的利息为年利的两成，利息与本金可以延期支付，在延期期间也要支付利息，但一般不会将利息计入本金，即不会有“利滚利”，借钱的本金不会增加。

### 8. 典

在城子庄，典又称为当。不过在调查时，因为需要契税，当不多。过去不需要契税，但调查时不交契税就没有法律效力。可以当土地、房屋，但是不能当牲口。一是典的期限。一般是三年，在此基础上可以延长。二是赎回。典当的期限为三年的比较多，一般是到期赎回，但是关系好的可以提前赎回。虽然规定五年后就不能赎回了，但是一般都是十几年后赎回土地。三是加价。急需钱时，出典者可以请求加价。四是转典。若承典主没有钱，就可以转典给其他人。五是字据的处理。如果追加典价，可以烧掉旧字据，重新立新字据，日期为立字据日期，期限为从那时开始的三年。当然也可以再立字据，这个字据实际上就是借条。六是赎回季度。典地赎回一般是秋末到惊蛰。在耕作期间一般不允许赎回。如果是麦田，即使已经收割，但种植了其他作物，也不能赎回土地。赎回前会提前通知。七是中介报酬。给中人的报酬不同，非常亲近的人不需要报酬，不太亲近的人支付典价的百分之一。不管哪种情况，契约结束后都要宴请吃饭。八是典价。一般为地价的一半。八是特殊情况。当出典者需要钱，如果是亲近的朋友，可以先拿回土地，卖地后再支付典当款。如果关系不好，要先借钱赎回地后再出售。出典者想出售典地，如果承典者有购买意愿，可以优先购买。

### 9. 土地租佃

在城子庄，租佃一般是口头约定，没有中人。租期没有限制，随时可以收回，但是收回要等收割庄稼后进行。地租由市价和土地质量决定。佃户没有给地主送礼的情况，但是在农忙时佃户会来帮忙。佃户如不能缴纳地租就会收回土地。土地种植高粱、玉米比较多，因为收益高。但是在调查时，为了防止土匪不允许种植了。另外，本村没有租佃争议，租佃也不用押租，一般是预租制（10月15日前支付）

#### 10. 土地买卖

一是中人。土地买卖时必须有中人，关系亲近的不需要酬谢金，酬谢金以卖价为依据，卖家支付卖价的百分之二，买主支付卖价的百分之三。二是请客。买主在自己家请客吃饭。三是签订契约，以前请客吃饭时制作契约，现在在市公署立契约（税契也是）。四是买卖时间。买卖的时间为收割后。五是先买权。土地买卖，先问同族，同族不买的时候，再卖给他人。不过他人没有优先权。六是买卖价格。根据当时的市价而定。

### （二）唐山市宋谢庄

#### 1. 村庄概况

宋谢庄有350户，其中老居民有50户。村里的耕地约有3顷，最大地主有2户，1户有1顷地；有50亩地以上的有两、三户；自耕、租佃各占一半。自耕兼租佃虽有，但只有六、七户；村里超过50亩土地的人大多都把土地借给别人。要想靠自耕就维持温饱的话，每人平均需要4、5亩土地。高粱、玉米、谷子是主要农作物且大体相同。此外还有少量的大豆、米、棉等。在宋谢庄，要先交地租，用现金缴纳。租佃契约全部为口头形式，不立字，期限为一年，每年更新，地租以外的负担，钱粮、摊款由地主负担；看青钱由租佃人负担。没有地主借牲口、种子和其他农具给租佃人的情况。

#### 2. 农村金融

（1）借钱的原因。因红白喜事借钱的最多，也有做生意、粮食不足、建房子、治病借钱的情况，但是这种情况借钱的不多，也有人口增多而土地无变化苦于生活借钱的人。

（2）借入者与借出者。借钱人为有土地，房子或者经商之人。有信用的人即使300元、500元也能借到。出借方大体上为有钱人。

（3）立字据。指地借钱等必须立字，但是信用借款不需要立字。如果没有熟人做中人，本村没有向外村人借钱的。如果不认识对方可以拜托中人。借钱时拜托谁没有定数。

（4）借钱类型。当铺借钱、指地借钱、信用借钱、钱铺银号钱庄借钱、请会借钱。无论哪种借钱的方式，如果没有土地就借不到。在宋谢庄村，没有合作社，因此没有向合作社借钱的情况。

（5）担保。在信用借贷中不需要担保。也有浮拿摘借的，一般没有介绍人没有利息的居多，没有保证人也不立字。立字就有利息也有保人。物质担保中没有动产担保。指地借钱有中人也立字，期限有一年的也有三年的，三年不能还的时候变卖的居多（在此情况下多卖给别人）。

（6）利息。一般2分—2分5厘，两三年前有月利3分的情况。信用贷款没有利息，也有钱多的时候增加利息的。钱多时利息很低，年利1分6厘—1分8厘。指地借钱的利息不固定，70、80元—100元时月利2分，1000元左右为1分8厘左右。

（7）中人和保人。中介人又叫中保人、中见人、介绍人。在宋谢庄村，介绍人变成中保人，记名于字据中。有介绍人以外还要有保证人，在金额多的情况下甚至有三位保人。无法还钱时，指地借钱的中保人没有代还的责任。因为有土地做担保，将土地卖掉即可。

（8）借钱期限。宋谢庄借钱期限为一年，长的有三年。到期无法还钱的，过了几十年也能提出请求。另外，一般借粮还钱，借钱还粮的现象有，但是很少，借粮还粮的也很少。

### 3. 当地

当地比指地借钱的农户要稍微少些，建筑物担保指房的较多，所有的土地都能用来担保（坟地也可以）。当价为地价的十分之六，指地的话不是统一的，根据需要可以借到十分之六、七。当地的期限为三年或五年的居多，赎回时也有提前借银子或铜子儿，再用纸币（少量）赎回的。期限为3年时，有的两年过后想赎回时如果是同村人就可以，赎回的时间为秋收后春种以前即不耕作的期间。

### 4. 请会

人数为6、7人到20人，金额为每人3、4元到12、13元，每人每月都参加。某人想要借钱的时候（这个人成为会头）拜托认识的人（会友，会的名称为请会，叫作摇会的为赌博），每回利息出得多的人得到借钱的机会。

### 5. 农村交易

在宋谢庄，农产品基本不出售。园子很少，粮食以外的产品很少，也没有出售的产品。村庄内没有集市，距离本村一里多的东、西两边各有一个集市，基本在唐山市内，村里人都去这两个地方购买。但是粮食在粮店购买的比较多。集市购买以现金支付，赊买的人很多，靠薪水吃饭的人，一般在一个月拿了薪水后支付；农民在端午、中秋和春节时支付。村民除了农业，还做工，在水泥窑、纺织厂、石头坑干活，要干就是一年。

### 6. 家庭和家族

宋谢庄村有20多户，姓氏比较多。辈分比较高和年纪比较大的人成为族长，族内没有族产。一是家长。每个家庭都会有家长，当家的称为家长，这是家中称呼的名称，不对外人称呼。丈夫一般为家长，丈夫死后，如果儿子年幼，妻子可以成为家长，但是儿子一旦结婚，母亲就要将家长转给儿子。二是家产。家里的全部财产称为产业、祖业、事业。个人如有财产称为“提蓄”。三是分家。在如下情况下会分家，家长去世前，为了阻止孩子们吵架而分家；孩子关系不太好分家；如果有的孩子太懒惰，其他兄弟要求分家；儿子媳妇们关系不好分家。

粪便。三是自己家里积攒的人畜粪便。购买粪便使用现金。

## （四）滦县冯坎乡

### 1. 官旗产清理

官产即学校。旗产在民国三十年（1941）后分3次处理掉了。旗产在清理处处理，现在已经卖完了。皇产的清理不清楚。

### 2. 红籍

以前的地籍称为红册，从今年开始改为新粮册。

### 3. 税契制度

典当时的契约称为当契；土地买卖时的契约称为卖契；在世俗惯例中，人老了，没有儿子时把侄子作为继承人，继承房子和土地，立契约一张名为过契，可以投税。

### 4. 过割制度

滦县的社书叫“总书”。村民凡是买典房子、土地之后，不直接去县署过割。每年阴历正月二十九日全县的总书聚集于县城，过割土地、房产。买主带着契约前去过割。本年度已经废止了总书制，改为由乡公所代办。

### 5. 官中

监证人俗称“官中”。在土地买卖中过去有介绍人在中间斡旋，介绍人没有中介费用。从调查的当年开始变成县公署指定监证人，即乡长完成。但是由于村民们不太习惯，没有彻底实行。

### 6. 不动产登记

从民国二十九年（1940）5月开始，在县公署进行土地登记，民国三十年（1941）进行过一次调查。

### 7. 总书及催税

滦县的社书叫“总书”。农民凡是典或卖土地时先通知社书，每年正月二十九日社书都来城里办理过割工作。顺便制作红册然后送给县公署。县公署根据红册征收田赋。有拖欠者时，总书来乡里催促。本年度土地清查以后，总书制度废止了，变成了由乡长代催代征。

### 8. 田赋及附加税

冯家坎全乡的土地共计38顷。过去每亩征银1分3厘7，征粮1合2勺。本年度改为亩捐，每亩 4 角多。征税分为上忙、下忙。上忙为 2 月左右；下忙为 8 月左右。俗称“春分银子秋分粮”。田赋正税以及亩捐全部由土地所有者承担，与租佃人无关。以前拖欠、逃税时，社书会派遣催书去农村催促，但是从调查的当年开始变成由乡长去催促。

**9. 木牙**

本县需要特别多的木材，木材要征税，称为“木牙”。“木牙”由包商承包。从调查当年开始，由于省令被禁止。

**10. 人役**

第 1 分局及乡长接受县的命令临时征用人役。“摊夫”以地的亩数为标准，大概每 10 亩地出一人。出人役时，食物自行解决。凡是家中没有适合的人，可以雇人代理，费用由雇主支付。

**11. 现货课征**

现货课征从清末开始改为完全换算成银钱征收。

**12. 村庄摊款**

乡村摊款以地的亩数为标准。

**13. 土地买卖的先买权**

在滦县有一种特殊的惯例，购买土地或者典当时本村人拥有优先权。

**14. 青苗会**

在秋季粮食成熟时期，每户出一人参加会议，找两个人当“看青的”，年薪为每人 150 元以内。这称为“青苗地”。

## （五）滦县八里桥乡

**1. 村庄治理结构**

滦县八里桥的村庄，最开始是会首制；其次是村长、副村；最后是保长、甲长。一是在会首制时，大庄有 10 位左右的会首，小庄两三位，会首权利相等，没有牵头人，大家商量决策。二是村长制，有村长、副村各一人，其他的会首再也不参与决策。三是保长制，有保长一人及若干个甲长。一般 100 户一保，10 户一甲。

**2. 小乡和大乡**

民国二十年前建立小乡，一般两三个村变成一个小乡，乡名与某个村名相同。1940 年 13 个村组成了大乡。八里桥乡乡长兼任联保长。13 个村有 9 个保长。

**3. 选举**

保长由全体村民选举，来官署投票。村长也是选举产生，在村里选举产生。

**4. 开会**

在会首制时，在商量事情时，各姓会派出代表参与，主要商量看青、修路或者官署的事。小乡制有乡长聚集起来开会，但是没有全体村民参加的会议。

**5. 包麻子庄**

包麻子村有160多户，大户有百十余户，小户60多户。大户一般是没有分家，孩子比较多的户。小户是兄弟们分家后的户。当地的作物：高粱、苞米、谷子为主，稗子、豆子、花生、麦子也有，棉花很少。当地的土地为旱地，没有井。因为没有钱，所以挖不了井。土地上沙子填得满满的，湿地洼地很少。

**6. 八里桥乡**

全乡有900户，有50亩以上土地的有200户，100亩以上的80多户，全乡平均为每户30余亩（全部为280顷）。纯租佃的农户有60多户；自耕兼租佃的有140多户（两者加起来200多户），剩下为自耕。没有自己不耕作让别人耕作的家庭。也有因为事变在城内避难的，但是都回来了。如果家里有5口人，勤劳，不浪费，有30亩地就能维持温饱。

**7. 土地租佃**

在八里桥乡，土地租佃不立字，口头约定，期限为一年。从民国二十年（1931）开始为预付地租制，此前是后付款。因为当时家庭条件都还好，后付款也没有关系。但是之后变穷了，支付不起地租，所以改为预付地租制。这也说明，20年前收成好，那之后歉收的多；以前地租便宜，那之后变高了。地租一直是现金缴纳。土地租佃最长也只有3年或者5年。田赋、摊款均由地主负担，看青费用由租佃人承担。如果关系比较好，地主会借牲口、农具、其他东西给佃户，但是不借的多。佃农也不会给地主帮忙。大地主家的地雇工耕种的多，出租的少，农忙时也会雇佣短工。

**8. 家族和家庭**

在当地人数最多的家庭有20人左右，其中一王姓家庭在40年前家里有40人。在包麻子村陈姓、王姓和张姓各有30户，是人口比较多的3个家族。同族过去有族长，但是现在没有了。同族没有族产。街坊之间有辈分。埋葬时是一字型葬。家庭的财产称为“产业”，家里个人的财产称为“提蓄”。在如下情况下会分家：一是家业日渐衰落时分家；二是兄弟吵架时分家，如一兄弟赌博，一兄弟勤劳，则会产生冲突，于是会分家；三是家长临死前，命令孩子们分家。分家一般是父亲还活着时进行。在冯坎家庄，没有分家的大家庭只有二三户。

**9. 借钱**

一是借钱。主要是婚丧，也有因为粮食不足借钱。二是借钱人。没有土地的人不好借钱。没借过钱的人有，但是不多。土地很多且不奢侈、不浪费的人，很容易借到钱。三是借钱顺序。按顺序来看，家属、邻居、亲戚、朋友、不认识的人，还有向城里的店铺借钱的情况，但是必须有中介人（熟人也需要）。四是当铺。在城里有一家当铺，借钱的人较多，借钱期限为 12 个月，月利 2 分 7。五是借钱机构。在滦县没有钱庄和银号，银行也只有冀东银行的分行一家，在那里借钱的为买卖人、资本家（大地主）等。六是合作社借钱。向合作社借钱的是有土地的农民为了买肥料、农具等而借钱。七是借钱的时间。借钱还是春天居多，因为在那时，农民的钱基本上用完了。八是借钱还账的类型。一般是借钱还钱，借粮还粮，借钱还粮的基本没有，借粮还钱的有但是很少。

**10. 信用借钱**

相互交情好且有信用时可以信用借钱。在信用借钱时，有无土地、土地多少都可以，只有金额多少的问题。信用借款的数量一般大。有信用的时候可以借钱，借主非常贫穷不指望还时也可以借钱。信用借钱时可以立字，立字时有保人的比较多。不立字时，没有保人。不立字时，也可以有保人。立字时没有保人的情况几乎没有。不管哪种情况都必须有中人。中人和保人是同一人，中人一般是有信用且双方都很了解的人。

**11. 担保借钱**

担保一般用不动产担保，包括土地和房子，所有的土地，包括坟地都能够做担保，当然只有坟无法担保。动产一般不用于担保。指地借钱、指房借钱、当地、当房的都有，但是当地的最多。地价 100 元时，在指地借钱中能借到 30 元，最多 40 元；当地借钱的能借到 50 元。当地的时候，根据当主对土地使用需求的缓急程度来确定借钱数量。借钱数量也有接近地价的，但是很少。

**12. 指地借钱**

（1）期限。指地借钱的期限为 3 年，但是当地的时间不固定，有一年的，也有更长的，最长的有 30 年。

（2）赎回时间。从民国二十七年（1938）开始，此前不管经过多少年都能赎回土地，但是此后过了 30 年就不能赎回来了。当地有在契约中写明期限的，也有不写明期限的。如果写了期限，没到期就不能赎回来。没有写期限的，一年过后任何时候都能赎回。

（3）立字。指地借钱和当地通常都要立字，不立字的也有但是极少。指地、当地需要中人和保人。指地、当地不管哪种场合，中人就是保人。指地借钱在当地的时候至少需要一位保人，多的时候有四、五位保人。

（4）增钱，当地时可以增借。增借时可以在旧契约外在小纸片上写上增价。重新立字的也有，但是比较少。指地借钱也是这样。在卖地时，实际获得的金额与地价（卖价）之间的差额。

（5）转当。在秋后，地价上涨且出典者又需要钱的时候，承典者没钱给出典者的时候就会转当。另外，当承典者需要钱时，必会找保人商量，没有钱给地主（出典者）的时候也可以转典。在此情况下如果在地价以内可以高于原当价转当，这时要立新的当契，赎回的时候原地主向最初的承典者申请，然后原地主向转当主申请，期限在原当期限以内。3年当期，一年后才转当的第二年可以赎回，转当一般不写期限。

（6）赎回。赎回土地一般在秋后、春天播种之前，清明以前都行。典期为三年，一定会选在第三年赎回。三年以后不管过多少年都可以赎回，但是30年后不行。

**13. 借钱利息**

即使是信用借钱，没有利息的也少。利息最高一年3分，一般为2分5厘，最低为2成。指地借钱也一样，3分以上利息的有但很少，如果本村借主没有产业信用借款时，只要能够借到钱，利息稍微高一点也没关系。但是这样的情况很少。一般利息与本金一起后付。在期限内无力还钱，连利息也支付不了时，可以延期。付不起利息时，把利息和本金合在一起，在信用借贷中有，但是很少，一般本金是本金，利息是利息。指地借钱中支付不了利息时，来年将土地交给债主耕种，第3年支付三年的利息。

**14. 偿还责任**

指地借钱时，借主在期限内还不了钱时，中保人有责任要代为偿还。每年支付利息的时候，必须经保证人交给债主。不过，保证人代为偿还的非常少，如果保证人代为偿还，保证人就耕种土地，如果债主还钱就能拿回土地。不管是信用借款还是指地借钱，期限后不管过多少年债主都能向借主提出请求。如果借主真的没钱，贷主只能拿到利息，但是贷主一般会向保证人提出偿还请求。

**15. 农村交易**

（1）农产品及其销售。

在滦县，主要种植谷子、高粱、花生、豆子等，棉花比较少。农作物大体用于自家食用的多，用来卖钱的非常少。在村中买卖很少，买卖大体在集市里进行，因为在集市上价格公平。出卖农产品大体秋后居多。

（2）集市。

在县城的北门外有集市，其他的集市都在距离县城20里以外的地方。八里桥乡没有集市。阴历的初三、初八日为大集，初一、四、六、九为小集。在大集时，所有的物品都有，人多，买卖也多。在小集时，物品少。很多物品在大集里有，在小集里没有。

（3）购买地点。

购买所需物品，很多农民由秋后在集市里购买，变成春夏时在城里的商店里买。因为这时集市里物品少而且支付现金，城内商店则可以赊账。商店的物品来自天津、唐山、北京等地，过去还有从奉天运来的商品，调查时已经没有了。粮食多来自河南的彰德，本地得到多方面支持和多人参与其中的浩大工程已步入快车道，现已翻译两千万字，计划为1亿字左右。

我们向参加这一工程的人员表示真诚的谢意和敬意！为这一工程作出任何贡献的人士都将镌刻在这一工程史册之中！

徐 勇

2015 年 7 月 15 日

**7. 村落**

在宋谢庄，有保长，没有庄长。保长由100户村民选举产生。过去也是选举产生，由有信用、有名望的人征询村民后选举产生。全庄有4个保，选举4个保长。投票时，每户一人（非女人）来警察分驻所投票。过去庄里有会首，后面又叫经事人，经事人后来又称为村长和副村。在农村调查时还有村长和副村，但是唐山已经没有了。庄里以前有村民会议，现在已经没有了。以前有保长、甲长会议，还有青苗会，一起商量种地、看青等事情。

## （三）唐山市马家屯

**1. 村庄概况**

马家屯有300户，每户平均6人，可耕地130亩。土地多的1户有30亩；自耕的有4户；租佃的15户，总体来看租佃人居多。民国六、七年左右耕地大约有300亩，但是有一些变成了住宅地，有一半为其他村地主所有。15年前有三十多户，其中马姓28户，其他的为客户，其他还有小买卖商人（包括小贩）。务工的比较多，主要为开滦炭矿、水泥公司、铁道、电气公司、纺织公司等做工。主要作物为粟、豆、精子（旱稻）等，高粱、玉米遭受旱灾水灾比较少，土地适合种这些作物。村里的大地主，姓马，家里有26口人，是一个大家族。家里有骡子一匹，祭祀祖先的时候同姓的人都会来。

**2. 旗地**

在马家屯，九成的土地为旗地。民国十六年（1927）后旗地逐渐被清理，现在已经没有了。现在佃户成了所有者（以上地每亩6元，中地4元，下地2元的价格购买的所有权），购地款交给官产清理处。清理前农民有永久租佃权，可以转佃也可以卖掉，这叫作“过”，典的例子很少。旗地的地租比普通土地稍微便宜，没有田赋。地租（租子）由庄头来家里取，除此外不缴纳其他东西，不要佃户提供劳动。庄头也耕种旗地，可以不交地租（租子），但是不能从旗人那得到工资，没有永久租佃权的契约，缴纳地租（租子）的时候得到收据。也有旗人（王府）卖掉旗地（即征租权），但是与永久租佃户没有关系，不过在马家屯没有这样的例子。

**3. 田赋**

在调查的当年，田赋与附加税每亩30钱左右。临时摊款一年每亩一元多。以前比这少，前年为40钱，去年60钱，调查当年原本80钱，但是不够所以变成一元。除此之外，还有联保费（即道路、电灯、警备费等）。这项费用在前年创设，每年每户要交两元多，穷人、富人没有太大差异。

田赋分上忙（二月半）和下忙（九月半）两次缴纳。富户和穷户的负担一样，也有水灾旱灾歉收时，在政府调查后第二年免田赋的，但是一般不会这么做，实际上几十年来没有减免的情况，增加征收的倒是有。很多官员中饱私囊（在兑换银子和纸币时捣鬼）。没有人迟交田赋，即使卖掉土地或者借钱也要缴纳。

### 3. 土地买卖

一是价格。在马家屯，宅基地买卖价格为每亩3000元到5000元。耕地每亩200元到400元，主要看土地质量情况。二是中人。买卖时需要有两位中人，一人为私的中人，一人为公的中人，后者为县或市财政科的人。立契时由公的中人来监证。中人的酬劳，由卖主支付卖价的百分之二，买主支付卖价的百分之三，契税为每百元缴纳17.6元。调查时监管很严格，不容易逃税。

### 4. 租佃

在马家屯，土地租佃为口头契约，地租为预付和先行缴纳，每亩10元到40元。菜园地需要立契约，地租为每亩20元左右（因为这需要很多肥料）。佃农与地主不熟时，需要一名中人，没有报酬。在马家屯，没有租佃争议，地主也没有租金以外的要求。

### 5. 灾害

土地不需要灌溉，旱灾比较多，水灾较少，没有针对水旱灾害的共同防御设施。

### 6. 打短工

在马家屯，雇主为打短工者负担3餐，支付2元，没有女性打短工的情况。

### 7. 农具及借用

农具都是旧式的，互相之间可以借用。朋友、亲戚的借用是无偿的。村里还有农户之间进行搭套。

### 8. 牲畜及借用、租用

家畜主要使用骡子（一匹500元到1000元）。即使拥有30亩地的人也无法饲养骡子，所以需要向别人借。骡子一匹加上使用的人每天的租金8元，每天可耕6亩到9亩地。需要给出租人提供三餐，但不提供骡子的食物。村里只有一户有骡子，没有以人力交换畜力的。骡子以外的家禽有猪，但是数量很少，鸡的数量比较多。

### 9. 肥料

在马家屯，肥料主要使用人的粪便和金肥（肥田粉），没有绿肥。后者在过去购买的是德国和英国的产品，现在没有了。现在的肥料是日本的产品。日本的肥料便宜，但是质量很差。人的粪便40斤一元。金肥在调查前一年售价为6斤一元，调查当年2斤一元，施肥首先每亩施10元人的粪便，之后每亩增施5元金肥。肥料主要有三种来源，一是拾粪，拾牲畜的粪便使用。二是购买，家民去镇上购买金肥。另外，在镇上的粪厂购买人畜商人贩卖过来的。河南盛产小米，滦县主食是小米。商人在农村只采购花生。

（4）牙纪。

在集市买卖时，以前有牙纪，粮食的牙纪称为斗牙。1940 年 6 月开始取消了斗牙，由合作社来担任。牲口买卖也有牙纪，木材买卖有木牙。在调查时，木牙税由承包商缴纳，畜牙税由屠宰场管理（由于省令包商被禁止）。出口货物需要呈报，在商会得到许可证后才能运往县外。

（5）商量购买。

一是粮栈和油坊。县城里有小规模粮栈，有油坊（打花生油），但是磨坊很少。油坊会去农村用现金购买花生，所以花生在集市里有卖但是很少。二是物物交换。物物交换比较少，豆子和豆腐可以物物交换。三是农具购买。小农具可以在小卖商人处购买，大农具在集市里购买。四是肥料。肥料在县城里购买，从城里购买人畜粪便或拾捡，化学肥料从商店购买。从商店里购买，赊账的多，支付现金的少。人们没有一起购买肥料的情况。五是燃料。除农作物的秆之外，不足的部分就买煤。去县城、车站或者煤产地用现金购买。六是合作社。农民在合作社买面粉、高粱之外，还买少量煤油。七是行商。行商卖妇女使用的东西、鱼、陶器、小农具、扫帚等。八是村民的副业。主要是制作豆腐、粉条，种植甜瓜、西瓜等出卖。

## （六）乐亭县吉祥寺乡

### 1. 有关产权及赋税

乐亭县除公共场所之外，民国二十二年（1933）以前官旗产完全变成了民地。以前的记录地籍的册子称为红簿，由县公署保管。从 1941 年开始称为粮册。税契有买契、当契、推契。税契由县公署的税契室管理。

### 2. 过割制度

民国十年（1921）以前，乐亭县就有社书，当时的过割及更名在每年的清明节前后举行。社书交一元给县公署，从人民那征收 2 元，把这命名为“开一收二”。乐亭县先于其他县废止社书，所以被称为模范县。

### 3. 监证人

从民国二十七年（1938）开始，乐亭县实行监证人制度。最初任命小学校长为监证人，后改为乡绅担任，现在由乡长兼任。

### 4. 征税机关

乐亭县以前设立有经征处，田赋全部由经征处征收。每当征收期到来时召集以前的里书和经征员一起协同办理。现在已改为直接征收，但是偏远地区由乡长代收齐后送往县里缴纳。延期缴纳田赋，过去由社书代为催促，但是现在由政务警代为催促。在乐亭的税契里有一项特殊的制度。所有买或典的双方做税契的时候，不直接交给县里而是先交给县城东街的商号，名为“福发镒”。这家店投税给县里领取契纸后给人民。

**5. 田赋及附加**

乐亭县省款每年田赋额征收数37585元多。“县款”附加额28410元。税率以前是以换算成银子、金额为“2元3角”来征收。这次改为3等9则制度，变成最多2角，最少2分。缴纳时间分为上、下两忙。上忙在麦子收割之后，下忙在大秋之后。上忙并不那么重要，到了下忙必须全部缴纳清。田赋正税由地主负担，佃农完全不用负担。从1940年开始附加税改为亩捐由地主负担。由于死亡或者逃亡原因未纳税的花户在民国二十七年（1938）、二十八年（1939）、二十九年（1940）三年里全县已经拖欠及逃税1600多元，由乡公所代为缴纳，在1941年的县署会议上决定这个金额从此以后由没有粮食的花户缴纳。

**6. 包税**

在过去有些小的税种由包商包税。主要有七种包税，本牙税，缴纳卖价的百分之一，牲畜牙税缴纳卖价的百分之三，棉花牙税、斗牙税均为百分之一点五，花果牙税为百分之一，屠宰税猪为6角，羊为4角，牛为3元，烟酒牌照税年额度为9000元。包税的程序，用投标的方法选择包税人。首先交两成的保证金，然后需要两家可靠的店的保证。1941年开始在交易场交易，酬谢金取千分之五。但是交易场的职员全为旧时的牙纪。

**7. 赋役**

没有常年定期外出办事的赋役。临时出夫则根据县公署的命令，由乡公所通知给各户派出人夫。大工归乡，小工归保，平均每人的雇佣费为一元（伙食费另算）。有钱人或家中无壮丁的可以雇人代理。

**8. 村费**

村费过去作为临时摊款由乡公所指定。从1941年开始改为县公署的许可制。分为春夏秋冬四季摊款，每期每亩地支付4角。无论是村外还是村内居住者都以土地为标准摊款。

**9. 补契**

民国二十九年（1940）六月截止，这之后就不能补契。以后遗失的契约按时价重新制作田税契，缴纳田赋。民国二十九年（1940）以前的补契手续由乡长、乡副以及四邻写保证书，根据保证书申请补契，将保证书一起送往省里。以前买卖时由中人制作的普通白契，只把省里来的契尾贴于白契上，不需要草契纸，也不需要监证人。

**10. 工夫市场**

所谓工夫市场就是短工集市。在吉祥寺乡没有工夫市场，因为雇佣的时候大抵能够判断出事，所以就相互拜托寻找短工。

**11. 后王庄**

乡公所东邻有关帝庙，叫作吉祥寺，吉祥寺乡的名称就由此而来。吉祥寺的人听说先祖在明朝时从山西而来。后王庄王姓居多，58 户中有 40 多户姓王。在 58 户中，在满洲做买卖的有 10 户（其中在村里有土地的有 10 户），此外的都从事农业。除此以外还有把做小买卖当作副业的。

**12. 小乡和大乡**

乡由县里取名。一般以地名称呼乡。县里有 57 乡。大乡制从 1940 年 4 月开始实施（以前的 3 个小乡合并为 1 个大乡）。民国二十七年开始实施小乡制。吉祥寺乡就源于这一时期，吉祥寺大乡和小乡的规模大体相同，33 个村庄，没有增减。在小乡建立之前，这些村之间没有关系。闾邻制度（5 户 1 邻，5 邻 1 闾）与小乡制同时进行。闾邻制前为会的制度，也称为会首制度。

**13. 会首制度**

会首制度又称为会的制度，有的村有几名会首，有的村有十几名会首，还有代表 33 个村的总会首，又叫作警视员。警视员代表村民参政，参加县的参政会，监督乡内政治，调查村与村之间有的纷争，调停不了就向上申诉。从民国初年（1912）就有会首制度，也叫作乡农会，青苗会包含在其中。在那个时候，也有把村民聚集起来召开青苗和村庄防卫等相关事宜的会议。民国初年，建庙、挖井的时候，把绅士、商人聚集起来商量。普通事情由会首一人决定（会首相同），或者与地方有钱人商量决定（即财主、富户——因为当时公共事业只有有钱人出钱，穷人不出钱）。在那时没有摊款，只有青苗会，出钱的人也是有资产的人，即使有 10 亩地的人也不出钱。这个钱叫“看钱”。在麦秋、大秋时支付。收钱时还将出钱的人聚集起来吃饭，在席上决定金额，那叫“吃青苗”。总会首由投票选举产生，各村代表商量决定，看青由以总会首为代表的 33 个村共同进行。各村代表为有资产、有声望的人（即会首），参会人在聚集时决定。

**14. 选举**

吉祥寺乡的各村里没有青苗会，但其他乡有青苗会。在小乡制时，邻长、闾长从村的某一端开始，按顺序每 5 户设为一邻，由村里决定邻长；5 邻的邻长决定闾长；闾长聚集决定乡长。采取投票方式决定邻长、闾长、乡长，投票权在农民手里。关于乡长任资规则，由县里决定。根据规则想当乡长的人向县里申请，县里确定候选人，再从中选举产生。与此同时，还要选出 2 位乡副、4—6 人的监察员。监察员专门监督乡长、乡副，检查庶务会计雇佣的事务员所做的账簿。参加投票的人是男性，以户为单位，即家长参加；没有男人时，女人也可以投票，但是在现实中没有女人会来投票。

**15. 乡与联保**

在大乡制中乡长兼任联保长。但是职务不一样，即联保长以下有保长、甲长；乡长以下有乡公所里的总务系、合作系、保甲系三系，各系有事务员。与乡有关的事以乡长的名义告诉保长、甲长；与各保甲相关的事以联保长的名义来处理。保公所里有书记，联保有联保办公所，其事务由乡公所的保甲来处理。

**16. 乡长任命**

乡长由全体乡民投票选举产生，共选出2位候选人，再指定其中一人为乡长。选举产生的乡长要去县里培训，然后获得认可后才被任命为乡长。如果参与培训不合格，则让另外一位候选人培训。副乡长一名，也是投票选举产生。乡长又兼任新民会的乡分会长。乡分会接受县总会的指示组织青年团、自卫团，聚集会首。

**17. 乡镇事务员**

乡公所的事务员由县里征集，培训再派遣到各乡、各保。

**18. 乡民会议**

乡里有时会召开乡民会议，也称为乡民大会。主要是与乡政有关的事情就会召集保长们召开乡民会议。主要有如下几种情况：一是有蝗虫出现时；二是有土匪出现时；三是祝贺乡里的一些重大事情；四是有种种演讲时。在小乡制时也会召开乡民会议。

**19. 村规与村约**

应答者表示，在会首制时期，没有村规、村约；在小乡制时期，有规则但是没有实行；在大乡制时期，有规则也在实施。

**20. 家庭与家族**

在吉祥乡10人以上的家庭比较多，王乡长家有40余人，张某家庭有30余人，张保长家有20余人。王乡长和张保长家都是四世同堂。家里的财产分“财产”或者“产业”，前者居多。

（1）个人财产。家庭中个人财产叫“体窑”或者“提蓄”。没有分家的人外出打工后的财产是家庭的共同财产；女儿出嫁时带过去的财产称为“提蓄”。另外，还有家长给的零花钱，休息时赌钱赢的钱，孩子出生第12天从贺礼中得到的礼品和钱都称为“提蓄”。“提蓄”的前提条件：一家中有几个兄弟，没有几个兄弟时的个人财产不称为“提蓄”。

（2）一家子。同姓的人叫当家子、一家子，也有称为同族的。一家子有族长，辈分大、岁数大的人成为族长。有些一家子也有祖产，包括坟地、土地和一些钱。这些祖产可以给看坟的发报酬，筹措祭祀时的香、纸及其他上供品等。祖产的管理者为族长。

（3）街坊辈分。街坊之间也有辈分，如叫“三叔二大爷”等。清明扫墓时，一家出1

人，先祭祀然后吃饭，有时还植树然后吃饭。

（4）埋葬方式。在吉祥乡采取的是按照辈份葬成一列（当地没有“一字葬”的说法）。

（5）家长。称当家的为家长。家长死后，长子当家长；长子死于家长之前就是次子当家长。也可以选择兄弟中最有能力的人成为家长。母亲在的话母亲选择，没有母亲时由兄弟们推选，母亲选择的多。

（6）纳妾。吉祥乡有纳妾的情况，但是不多。纳妾也是没有孩子才能纳妾，如果太太有孩子不能纳妾。

### 21. 分家

分家主要有如下几个原因：一是人多，与此相应的是财产变少了，互相之间变得懒惰；二是担心家长死后无人管理农业；三是家人不和睦，不过这种情况比较少。

### 22. 吉祥乡的概况

在吉祥乡，主要种植高粱、苞米，还有谷子、豆子、棉花、麦子等。农民一般吃高粱。土地主要是旱地，没有水井灌溉，也没有稻田。土地最多的有 2 顷地，共有 4 户，拥有三四十亩地的农户为多。一个 5 口之家，每人有 4 亩地，即有 20 亩地就能够维持温饱。没有土地的人比较多，但是这些人多为商人，也有农户。拥有 2 顷以上土地的人，有专门务农的人，也有兼做买卖的，还有当官的。一般而言，自耕农比较多，租佃的有 200 多户，借出土地的有 150 余户，自耕兼租佃的有 100 多户。外乡人在本乡拥有土地的大约有 300 多户，本乡人在本乡拥有土地但是住在外乡的有四五户。这些人都是财主，多的有十余顷土地，少的都有一顷多土地，他们在城里做买卖，土地出租给别人耕种。

### 23. 租佃

在吉祥乡，土地租佃多是口头协议，没有字据，期限为一年。佃户继续租佃的比较多，每年很少有变动。佃户用现金交地租，为预付地租制，即交地租后再种地。也有分两次交地租的情况，即耕作前交一半，耕作后交一半。调查的当年每亩地租为 12 元，清明节前必须缴纳。地租以外，土地还得交田赋、乡款、亩捐，这些都由地主负担。农民有向地主借农具、种子、肥料的情况，但是很少。佃农也没有给地主家帮助。如果是同村人，在红白喜事的时候会去帮忙。土地比较多的人雇佣长工耕作的比较多。如果土地当出去了，为承当者耕作，不为所有者耕作。

### 24. 短工

在农忙时也会雇佣短工，雇佣短工比较普遍。短工一般是当地的穷人，没有外乡人。如果是在城里的“功夫市场”多雇佣本乡内认识的人。短工一般每天 1 元的工钱，农忙时为 1 元 20 钱或者 1 元 30 钱。长工为每年 170 元到 180 元。长工一般住在雇主家里。

**25. 销售与购买**

农民种植的作物一直没有发生过变动。农产品主要用来食用，很少用来出售。种植的绿豆、大豆制作粉条、豆腐等，也用来出售，这种为副业。农民生产的粮食作物不够吃，不足部分在县城市场或者商店购买，在商店购买居多，购买时用现金，也有赊账的情况。在调查的当年才有交易场所，以前在集市购买。

**26. 牙纪**

以前的粮食买卖有中介人，称为牙纪，即斗子，斗子量，每1斗收1分多的酬谢金（其中包含牙税）。斗子是包商使用的东西，还有叫秤子的，卖用秤量的东西时中介收牙税。做斗子、秤子的人们现在也在交易场工作。牙税在集市收取，在交易场由合作社负责，合作社收取金额的1.25%作为酬谢金。

**27. 集市**

村民的必需品、杂货等在县城的商店购买。在交易场只出售粮食。在有集市的时候，也会出售上述商品。除了粮食集市外，还有牲口市、菜市、席市等。

**28. 肥料**

肥料一般在县城购买，化学肥料（肥田粉——硫铵）在商店购买，人粪马粪等在城里的旅店（没有粪厂）购买。大部分的家庭都会购买肥料，这对农作物有好处。无论在哪购买都使用现金。

**29. 合作社**

县里有合作社，调查的前一年分配过一点面粉，除此之外再没有做其他的事情。

**30. 村民副业**

主要有两种副业，一是做扫帚；二是做粉条儿。但是从事这两副业的人不多。有少部分制作的扫帚在本乡内贩卖，如果制作得比较多的人就会与县城卖扫帚的专门店特别约定。粉条在县城的集市贩卖。

**31. 行商**

串村出售商品的人称为行商。在吉祥乡行商比较多，大多是本地人，破产的商人或贫穷的农民，主要是出售食物、蔬菜、水果，除此之外还有布匹、油、面、针线、食用碱，烟草等。

**32. 燃料**

在吉祥乡，一般使用玉米秆、高粱秆做燃料，也有使用自家的树木、劈柴等作为燃料。因为炉子的缘故煤只在冬天使用。煤在城内的煤铺里购买（也有从唐山等地买来的）。

**33. 借钱**

（1）借钱的原因：红白喜事借钱。购买土地、耕作农具借钱。为了雇佣人工借钱。购买粮食借钱。

（2）借钱的方式。包括三个方面：指地借钱、信用借钱、当地。指地借钱的多，其次为信用借钱，当地的少，借钱还粮、借粮还粮、借粮还钱的都没有。

（3）借钱的顺序。首先向从满洲回来的商人借钱，向谁借不固定，一般是有钱、感情好的同族。其次向亲戚、朋友、邻居借钱。一般先拜托邻居，邻居没有钱时再拜托亲戚、朋友，这些人没有钱的时候，再向没有关系但是愿意向外借钱的有钱人借。

（4）借钱的机构。首先是当铺，小额的去当铺，钱多不行，期限为 2 年，年利率为 2 分 7 厘（月利率为 1 分 5 厘），过了 5 天就算一个月。当地没有请会，也没有钱铺、银号，有冀东、河北、义发等银行，但是农民无法在这里借钱。

（5）商人借钱。以前城里商人向外借钱的情况比较多，但是民国二十七年（1938）以后基本没有了。乐亭县的商人比较多，其资本主要在满洲，因为现在无法从满洲汇款，店里资金困难，已经无法向外借钱。

（6）借钱的字据。信用借款不立字的多没有担保，中人可有可无，没有保人的多。因为本地的人都比较朴实和有信用。立字有保人的多，立字没有保人的没有。保人是有资产、有声望且与借钱人相互熟悉的人。借钱没有动产担保。

（7）借钱的时间。借钱比较多是春天，过年以前、清明节以前居多。

**34. 指地借钱**

指地借钱必须立字，有中人，还需要保人，保人一般会有两人，借钱期限为一年，100 元的地价可以借到 40、50 元，当地也是如此。与土地的地租和借款的利息额相比，如果是交不起相应地租的土地，也借不到相应金额的钱。借主支付不起利息的时候，债主可以自己耕种其土地，或者借给别人收取地租当利息。指地借钱的利息为年利 3 分，月利 2 分 5 厘。指地借钱的在期限内无法还钱时，债主耕种其土地，这要写入契约。在耕种地时债主每隔一定的天数直接或通过保人把此事通知借主。即使在无法还钱时，保人也没有代还的责任，保人只能保证有土地。当无法还钱时，也可以先支付利息后延期，这样做的比较多。将利息计入本金的有，但是很少。一般利息与本金一起归还，多在清明节时支付，当无法偿还时，不管过多少年都能提出申请偿付而取回土地。

**35. 当地**

当地也称为典地，过去比较多，现在比较少。当地必须立字，中人一人，不需要保证人，期限大致为 10 年，期限以内不能赎回。地价 100 元可以借到 40 元、50 元。期限过后任何时候都能赎回来，但是 30 年以后就不行了。坟地不能当。

**36. 增借**

所谓增借就是在当地后，如果地价上涨，可以向承当者申请再增加借款。增借也称为找价，如果找价后借款金额达到了地价，这称为“找死”。这样地主就不能赎回土地了。增借时，可以不动原契约，而是再另写一个小纸片贴在旧契上，也有新立契约，旧契约作废。这时新契约的日期写新立字的年月日。指地借钱不能增钱，也不能找价。

**37. 转当**

承当者将土地再当给第三人时，称为转当。在吉祥乡有转当现象，转当的期限在原当期限之内，价格也在原价格之内，即使有能力够偿还也不能超过原有当价。转当后自己赎不回来。

**38. 赎回**

当地后将借款偿还后可以赎回土地。没有到期不能赎回，如果要赎回一般在清明节以前。赎回前必须先通知承当者。当期过后，不管过多少年都可以赎回（在法律上规定是30年的赎回期限，但是在惯行上30年以后也可以赎回）。

## （七）昌黎县黎湾河乡

**1. 过割制度**

在昌黎县有社书的制度，有土地买卖的农民要找社书过割。每年的正月二十日，47个社的社书聚集在县城办理过割、钱粮、地亩事宜。一般要根据调查过割。社书每亩收取酬谢金2角至3角。如果农民在规定时间没有赶上过割，必须额外加收费用。除此之外，社书有一种作为年薪的收入。过割完成之后，社书造红册在25日之前送往县里。

**2. 监证人制度**

监证人是乡长，买卖普通的房子和土地时，除见证人外还有介绍人，俗称“跑房人”或者“跑地人”（费用不固定，但是不多）。准据省令（其他县相同），监证人不盖章就不能税契和过割。监证费4厘（100元付4角），由买主缴纳。

**3. 土地清理**

从民国二十八年（1939）一月开始土地调查，旧有的亩数计15934顷，清查后土地计19000多亩。以前的粮票上写十亩实际上有十三四亩。从这次清查开始黑地可以当作新增地无条件进行补税，这称为“补契”。但是民间隐瞒旧有的旗地不报告，调查变得越来越难。犁湾河乡土地计90顷（包含房基地）。

**4. 征税**

田赋的征收分为上下两忙，上忙从3月15日到6月15日，下忙从9月15日到年末。

社书在过割土地以后详细地造好红册送到县署，县署根据红册记载的东西开始征收，拖欠以及逃亡绝户的地税由社书负责催收，这取称为“扫数楼封”。

**5. 田赋**

以前的田赋为每亩地支付3分8厘。本年度土地清查后的旧有土地的田赋率与以前一样，新增地分为3种税率：一是1角5分；二是1角；三是3分。附加，以前为每亩5分4厘及6分7厘，从调查的当年开始为每亩2角2分。田赋正税的负担者是地主。

**6. 其他各税**

除了田赋外，还有其他的税种，这些税都是以包税的形式征收。主要有牲畜、屠宰、牲畜牙、斗行牙、花生、棉花、核桃、鸡蛋等牙税。民国二十八年以前的包税制度以投票来选择，民国二十九年以后改为承征员（也是以前的牙纪）征收，调查的当年改为征收员征收。调查时牲畜和粮食都在交易场进行交易，水果在果树改进所进行交易。

**7. 赋役及现货课征**

本县临时的出夫，接受县的命令后由乡公所分配给各保甲长，大抵以摊工为原则的居多，少数的摊钱是例外，摊钱在调查当时是每天薪水3元多，至少也有2元6角以上。

**8. 公共摊派**

在昌黎县没有现货课征，但是修桥梁的时候乡公所从农民手里无偿征用。村会摊款取名为“乡亩捐”，每年每亩2元2角，分4次缴纳。官亩捐、乡亩捐以及正税都由地主负担。“当地”的时候由“当主”缴清。看青以及自卫用款由“当主”或者租佃人负担。

**9. 集市**

城内的市集，粮食市以前是轮流着来，例如三十在北街；初五在西街；初十在南街；十五在东街；二十在北街；按照这种顺序在各个街上进行（市日为阴历逢五和逢十的日子，没有三十的话就为初一）。将南门外铁路南侧的地点改为交易场，从去年的春天开始由新民会管理。每有粮食交易，新民会派人从买、卖两方手中，各自每10元抽取3分作为手续费，除此之外斗税6分，加起来一共拿12分。

**10. 牙税**

清朝时期就有斗牙税。看庙的、皇室的轿夫、三班六房的人，为了让其维持生活，给予他们量斗的权利。在量斗时，斗上面高去的部分，用棒子弄平，斗子接住向下掉的部分。这就是斗子的收入。民国十年（1921），变成了包商。想承包斗牙税的人前往县公署申请，获批的就成为包商。向县里缴纳一定的金额，承包几个斗。获得的收入超过向县里缴纳的部分就是包商的收入。在集市收取斗牙税。但是在粮量斗时还要额外收取费用。牲口市有牙子，买主给钱，没有固定的比率。牙子在买主卖主之间斡旋，没有资本。买的便宜买主会多给点（与包商没有关系）。如果是包商，会准备一张桌子，按照规定收税，包商要佩戴袖标。

**11. 家庭和家族**

县城有30余人的家族。城外碣石山乡（约8里）有位叫刘峻臣的，5代人住在一起。同族就称为同族，五代以上叫近亲，同族又叫当家子。有些家族有族产，如坟地、祭田，这是全族的共有财产，由坟会的董事管理。城内的韩文公祠有祭田。年岁大、辈分大的人成为族长。在调查时，族长已经没有权利了。有街坊辈分，街坊辈分以父亲的辈分来称呼。坟按照辈分葬成一列。

**12. 提携**

家里的财产就称为“财产”，俗称过度、度用。家庭中个人的财产，俗话称“提携”（个人可以拿走的意思）。提携包括如下几个部分：一是女的出嫁时带过来的财产；二是男的是从作为家长的父亲手中得到的钱、动产、不动产。自己劳动得来的钱是家庭的共同财产。如果妻子同意，可以使用妻子的提携。

**13. 分家**

在昌黎县以不分家为原则。当地认为分家就不幸福。分家主要有如下原因：一是家庭不和；二是人多财少；三是兄弟意见不一致，无法合作。

**14. 黎湾河乡概况**

黎湾河乡距离县城约7里，是模范爱护村，同名的大乡由主乡一个，副乡五个构成，总户数为1609户，人口8339人。主乡黎湾河有559户，人口3147人。上地有398.46亩，中地有413.958亩，下地有8437.23亩，共计9249.648亩。此村因为人多地少，前往满洲做买卖的很多。在调查时人们既回不来也过不去。此村做生意赚了钱的人很多，例如东北官银号的副经理就是本村人，现在已经搬到了哈尔滨，在村里没有房子但是有土地。黎湾河乡是大乡，1940年4月开始是大乡，由6个小乡即6个村构成。黎湾村过去是小乡。在小乡制的时候，一个村为一小乡，小乡制从民国二、三年开始，那之前是会首制度，会首制属于前清的制度。6个村自一开始就是独立的村庄。

**15. 会首制度**

在会首制度时期，一个村有8人到10人为会首，有时也称为董事。会首们聚集在一起开会决定青苗会、摊款。摊款又称为“犒差”和“摊差”。摊款收集后缴纳给县里。村里的费用（指青苗费和其他）也包含其中。摊款的事在春秋时期召开两次会议商量，也有打官司、临时性的招待费或者其他的事情需要召开会首会议。除了会首会议外，没有村民会议。会首通过投票选举产生，一般为拥有较多土地的人。在召开会首会议时，即使家里土地比较少，但是很了解情况的人也可以参加会议。

**16. 村长制**

从民国初年（1912）开始进入村长制度时代，有村正和村副。村正、村副也是通过选举，由村民中了解村务人选举产生。那个时候，没有什么特别的大事，小事就由村正决定，村正不在时就由村副决定，所以没有村民会议。当时的摊款，一年每亩只有八个铜子儿。

**17. 小乡制**

民国十年（1921）开始实施小乡制。在小乡制时，除乡长、乡副以外，没有其他的村务人员。乡长、乡副也是通过选举产生，其实工作与村正、村副一样，只是改变了称呼。在小乡制时期，也有将了解村务的人召集起来商量事情，但是很少。如看青时抓住了偷庄稼的小偷，会向乡长报告；身份不明的人死在了村里，或者修道路时会召开会议商量处理。除此之外就是摊款的事需要开会商量决定。一般乡长会指定了解事情的人参加。

**18. 大乡制**

大乡制从民国二十九年（1940）开始实施，6 个村分为 14 保，每保有保长、保副。向上有联保长、联保副各 1 人。各乡公所有乡长、乡副各 1 人，这与联保长、联保副不同。在乡公所，有司计员 1 人、事务员 2 人、书记 2 人、乡丁 3 人。书记负责会计工作，事务员负责公文、报告等的工作。乡公所与保甲没有关系，联保的工作在保甲的办公所来做。乡长、乡副由全体乡民（各户的家长，没有女人）投票选出，当然也有不来投票的。联保长、联保副、保长也是投票选举产生。保长选举时警察署会派人监督。

**19. 摊款**

乡里的摊款，要制作预算表，得到县长批准后，再以全乡的土地摊派款项。

**20. 乡民会议**

如果有重要的事情召集全体乡民开会，这称为乡民会议。不过在黎湾河乡还没有召开过乡民会议。所谓重要的事情主要是指道路、桥梁的修理，沟渠的开凿等事情。

**21. 土地台账**

各小乡有土地台账，账上记载土地所有者姓名；坐落位置；地目；亩数；土地的上、中、下的类别等。

**22. 生产情况**

黎湾河的作物主要有高粱、苞米、谷子、稗子、旱稻、黍子等，花生和棉花很少。此地土地为旱地，虽然没有水井，但是土地质量还不错。

**23. 土地关系**

黎湾河全乡有92顷地，530户，平均每户约有16、17亩。土地最多的一户有3顷地；有2顷地的有6、7户；有1顷地的有10余户。自耕农有200多户，100多户没有土地。没有以土地出租为生的纯地主，纯佃农有30户，租佃土地15顷，自耕兼租佃约300户。在本乡有土地住在其他地方的有3户（住在城内）。要维持5口之家的温饱，需要约25亩土地（每人5亩）。本乡产的粮食供给本乡不足，每年要在城内购买200多石。

**24. 地租**

在黎湾河乡，地租是以现金预先支付。不立字，为口头契约，没有中人，租佃期限为一年。佃农在地租以外，钱粮和其他费用由地主负担，但是青苗钱归佃农承担。地主不借农具、、肥料、种子给佃农。实际上有暂时借用的情况，只在农忙时节，而且很少。

表一　地租和地价的关系

| | 地租（每亩） | | | 地价（每亩） | | |
|---|---|---|---|---|---|---|
| | 上地 | 中地 | 下地 | 上地 | 中地 | 下地 |
| 民国二十六年（1937） | 5、6元 | 4元 | 3元 | 60元 | 30多元 | 20多元 |
| 民国二十七年（1938） | 5、6元 | 4元 | 3元 | 大致与上相同 | | 稍高 |
| 民国二十八年（1939） | 7元 | 5元 | 4元 | 160元 | 140元 | 110—120元 |
| 民国二十九年（1940） | 15元 | 12元 | 10元 | 250元 | 200元 | 140—150元 |
| 民国三十年（1941） | 18—20元 | 14、15元 | 12、13元 | 本年还没有买卖，变成秋后、冬天以后 | | |

**25. 雇工**

土地很多的家庭，会雇佣长工。在调查时，长工每年的收入为170元、180元到200多元，事变前是70元、80元。短工在忙时其收入为3元到3元50钱，其他时候为1元50钱，事变前为40钱、50钱。

**26. 家户情况**

乡内的大家庭有1户，30多人。比较大的家庭都分家了，10余人的家庭比较多。家长称为当家。没有男人时女人是家长。家人比较多的，年老的母亲可以成为家长。即使孩子三四十岁了，也可以由母亲当家。家里的财产称为财产，还叫过度。同族的叫当家子、一家子。族长由辈分大、岁数大的人担任。分家主要原因是：兄弟不和、妯娌不和及财产不多但人很多。

**27. 借钱**

一是借钱的原因：婚丧借钱、购买粮食借钱、购买家禽借钱、购买春耕所需要的农具、肥料和种子等借钱。没有土地的人一般借不到钱。二是借钱的顺序。没有特别的顺序，向有钱的人借。三是借钱的对象。向朋友、邻居、亲戚等借钱时一般没有利息，所以即使同族人有钱，苦于以后催债都不愿意借出，拜托中人向第三者借钱的很多。四是当铺借钱。在乡内借不到钱的人，拿着衣服和其他财物去城里的当铺（裕民公当）借钱，当铺的月利为 2 分 5 厘，期限为 18 个月，时间走过 5 天就算一个月。五是借钱的时节。年底居多，多为阴历正月之前，春天有但是很少。六是借钱的偿还。借钱一般还钱，借钱还粮、借粮还粮的都没有。七是中人、保人和字据。信用借款即在亲戚、朋友之间进行，一般没有中人。借钱如果立字必须有保人，立字没有保人的情况基本没有。不立字没有保人、不立字有保人的比较少见。八是其他借钱情况。在黎湾河没有请会，城里有钱庄、钱铺等，但是事变以后就没有了。以前也有人在钱庄、钱铺借钱，没有向银行借钱的人。事变后有合作社的春耕贷款。

**28. 指地借钱**

在黎湾河乡有不动产担保的借钱，但是没有动产担保的借钱。指地借钱多，当地也很多。指房借钱、当房的也有。坟地可以批地借钱，但是不能用于当地。

（1）价格。从价额来说，100 元的地价，指地能借到 30、40 元，当地能借到 50 元。指地的期限为一年，在立字时写上，还不了本金的时候付利后延期。当地的时候，不写期限（立字的时候写），还钱就归还土地。

（2）借增和提价。如果土地涨价了，借主可以申请借增。借增和提价都需要重新写文书，即立全新契约，写立字据的时间。

（3）转当。转当必须在原当价以内，没有期限。转当是甲当给乙，乙转给丙。如果甲转给乙，后来甲又转给了丙。这不是转当，这是另当。

（4）赎回。在当地时需要赎回，支付借钱和利息拿回土地称为赎回。在黎湾河，超过一年以后，什么时候都可能赎回。一般在年底当地，在年底赎回的也比较多。过了最少限度一年以上的话不管何时都能赎回，一般在年底当地，在年底赎回的多，基本没有年后赎回的，在黎湾河乡以南在清明节之前赎回的多。当地期限过了几十年都能赎回来。

（5）利息。指地借钱的年息为 3 分，过去是 2 分或 1 分 5。利息与本金一起还，还不了本金时，如能支付利息可延期。利滚利的有，但是很少。

（6）立字、中人和保人。指地借钱和当地都要立字，必须有中人，中人就是保人。保人有 1 人即可。如果借主和中人不会写字时，拜托会写的人，这人成为代理人。

（7）指契借钱。在黎湾河村，也有指契借钱，即拿着借字（文书）借钱。指地借钱的债主不用额外订立契约（把它交出来），不交出来的时候立字也可以。这个时候必须给债主看文书，金额为文书的原金额的一半，但这样的立字很少。

## （九）临榆县

### 1. 地籍与公证

冀东政府时期有官产清理处，河北省公署接收时已经废止。以前的地籍公簿每年由社书制作送出，由社书保管。民国二十九年（1940）开始土地清查，变成了由县公署财政科直接征收田赋，规定为二等六级。临榆县契约有当契和买契，在调查当年，所有没有契约的土地都允许一次性“补契”，不征收契税。在临榆县田赋由县公署财政科办理。临榆县的社书制度极度发达，俗称“什季”，买卖双方在契约成立后通知社书来年进行更名，与县公署没有关系。在调查当年土地清查结束以后，社书制度就废止了，农民直接去县里过割。临榆县有监证人制度，由保长担任监证人。在临榆县时没有验契，也没有不动产登记。原有土地216715亩，调查当年的土地清查以后变成804624亩1分3厘5毫。

### 2. 税收制度

临榆县的田赋征收，过去由社书负责，称为“负责包封”制度，分为天清、地宁、长治、久安、属国、年有、丰登七社，社以下又分甲，每社有10甲，只有丰登社有5甲，共计65甲，社书全部有40余人，税率有16种。县署不直接征收，交由社书包封。社书首先向县里交若干金额得到串票，然后去农村催征。

### 3. 里书的历史

里书社书制度始于明初，把县分为里甲的时候称里书，分成社甲的时候称社书。里书和社书是吏胥的一种。设置的考虑是：以前农民知识少，很多人不识字，所以在各社里雇1名书吏，专门从事记入社中或者里中鱼鳞册的事务，官员有时间可以荣转为社书，渐渐地形成了一种潜在势力。政府为了方便省事就默认其地位。传统时期中国的公事不论何时都把“依据惯例”看得很重要，上至各部院，下至各里社不按惯例行事的基本没有，里社的书吏大致同各部的“书办”相同，专门依据惯例办理公事。清光绪末年实行维新，各部的“书办”开始废止，但是各县的“里书制度”直到调查时也没有彻底废除。里书和社书已经拥有政治上的势力，形成利益群体，因此变成一种世袭制度，父子相传，不允许其他人介入。有时候没有儿子的人或者以招土地抚养的条件做交换，或者收取高价让给别人，形成一种特殊的财产阶级。新官上任一切“办差”费用由里书出，征收钱粮官吏的额外残余也仰仗里书。即历史上所谓的“飞洒”和“诡寄”等弊害，权力由里书持有。这是里书最发达的时期。光绪末年的维新，率先废止京城中各署的“书办”，各县也高呼废止里书制度。但是因为民智未开和图事务的便利，不得已又使用里书，并且免不了对税收造成影响。虽然有改里书为征收员的情况，但实际上没有任何变化。民国后不允许使用里书，里书的权力逐渐变小。

#### 4. 里书的制度

里书是田赋征收制度，通过以下几个方面与农民和政府发生联系。一是包封。里书对县公署负责“包封”。全县的田赋是一个固定额，但是土地是变动的，这些变动的土地的田赋就归里书所有。二是过割。土地在同村人之间买卖，每亩付给里书 1 元手续费，如果是外村人则增加到 2 元。每年春季一个固定的日子，全县里书会来到县里，为土地买卖过割。没有在这一天更名的，里书会自己去农村上门过割。这时的一切费用由农民个人承担。三是零钱和额外钱。里书在催税时，会将串票的零头整数化，如 1 元 44 钱就按照 1 元 50 钱征收，而且每张串票还额外收取大概 5 钱至 1 角。四是敛粮。每到秋粮上市时，里书会去拥有五六十亩的家庭去敛收粮食。五是敛钱。里书家有婚丧的时候，里书管辖村庄的一些人们会送钱和食物。在调查的当年土地清查后，农民直接去县里纳税，逃亡者、绝户以及拖欠者的田赋由镇公所和乡公所代征。

#### 5. 田赋制度

往年田赋的征收总额为 17970 元 1 角 1 分 3 厘。调查当年度及土地清查以后的征收总额为 62570 元 2 分 4 厘。科则分为二等六级：中等四则级，每亩征洋 2 角 5 分；中等五则级，每亩 2 角；中等六则级，每亩 1 角 5 分；下等七则级，每亩 8 分；下等八则级，每亩 3 分；下等九则级，每亩 2 分 5 厘。临榆县没有上忙和下忙的区别。田赋由地主负担。典地时由所有者承担，承典者、佃农不负担。如果有人拖欠及漏税，会被县公署押追（拘留缴纳）。

#### 6. 田赋以外的各种税

除了田赋还有其他一些税种，这些税以承包的方式征收，称为包税。这些为：牲畜税、牲畜牙税、花生牙税、斗牙税、杂货牙税、花椒炭牙税、梨果牙税、麻油靛棉花牙税、煤灰牙税和皮毛牙税。在以前，以上各种牙税都是通过投票由包商承包，但是从调查年度开始省令不允许“包税”。由于临榆县没有设立交易场，所以调查年度还是需要“包出”，除此之外没有其他的征收方法。

### 5. 回马塞村

回马塞村属于第 4 镇公所。第 4 镇公所成立于民国三十年（1941），由过去的第 3 乡、第 16 镇及第 17 镇合并而成。回马塞村以前属于第 3 乡。回马塞村一直都是一个独立的村庄。

#### 6. 会首制度

在会首制度时期，有会首 2 人，村里年纪大的、有声望的人通过投票选举成为会首，即被全体村民推举。会首的主要职责就是与县进行交涉、有诉讼的时候解决诉讼，或者根据县的命令收集钱（摊款等的）。会首与田赋等没有关系，田赋由县里派来的司计收取。会首制度时期有全体村民的会议，在会议上商量与看苗相关的事情。

**7. 村庄制度**

民国十年（1921）以后，会首制度变成村庄制度，有村正和村副，由民众全体投票选出。这些人和会首做一样的事情，村正不在的时候村副代理。这个时候没有村民会议，重要的事情也是由村正、村副两人商量决定。

**8. 小乡制度**

民国二十年（1931）以后变成乡，有乡正、乡副，其下有闾长、邻长，每个都是由村民投票选出。这一时期没有村民会议，也没有闾长、邻长的会议，全部事务由乡长、乡副决定。那个时候9个村合为一个乡，并一直持续到调查的前一年。

**9. 镇的制度**

镇与乡体制差不多，在农村就称为乡，在城区就称为镇。在调查当年第4镇成立，它由9个村和大西关（以前的第16镇和第17镇）组成。镇里有镇长、镇副、事务员2人、书记2人、镇丁4人。书记和镇丁是由镇长雇佣。镇长、镇副为投票选举产生。县里向村民通知候选人资格，再由村民选举，选出人选后通知县里，县里承认以后就职。一般会选出两人，县里指定其中的优秀者为当选人。回马塞有54门150户，第3乡有178门。

**10. 村规**

回马塞村从会首时代开始就有村规或村约，比如不能随便拿农作物，严禁赌博，不能敲响庙里的钟等。但这些规定不是很清楚。

**11. 作物与土地关系**

第3乡的主要农作物有高粱、棒子、花生、豆子、谷子、红白薯，棉花少、旱稻也非常少，没有水稻。土地全是旱地，没有井。第3乡，大地主都住在城里，在村里的人平均约有10亩土地。回马塞的耕地约1500亩，第3乡全体有多少土地不清楚。马姓（不是村民，住在城里）约有300亩土地。自耕兼租佃户20户左右，租佃的有七八十户。五口之家要维持温饱的话，自耕需要20亩地，租佃需要30亩地。

**12. 租佃**

在回马塞村，租佃一般是口头约定，不立字，期限为一年。地租以现金的形式提前缴纳。县内西边的某地，需要立租约，期限大致为5年，还是用现金提前缴纳，叫作前拂。田赋由地主负担，摊款、青苗钱由种地户出，没有地主借给佃农农具、牲口、肥料、种子的情况。在村里没有雇佣长工的家庭，农忙时有家庭会雇佣短工两三月。短工的工钱为每天1元50钱，忙时为3元，短工在雇主家吃饭。

**13. 借钱**

一是借钱的原因。购买粮食而借钱的比较多。在回马塞，村里生产的粮食远远不足够村内消费。其他还有因购买农具、雇佣短工、红白喜事借钱。当然如果没钱可以不做或者极简单地做。二是借主。没有土地的人借不到钱。三是债主。向谁借没有一定规则，一般拜托中介人向有钱的或者不认识的人借钱。因为面子的关系，不会向亲戚、朋友、邻居等借钱，即使他们有钱也是如此。比较多的人向村里有土地的人借钱，或者去经常购买商品的店子借钱。三是当铺。全村有二成的人在当铺借钱。当铺借钱多的三五元，利息为一年2分五厘，期限为一年。在城内有四家当铺。至于是否有钱庄、钱铺不太清楚，没有人从合作社借钱。四是借钱的时节。春天到来（当地称为开春子）之前借钱的比较多。五是偿还类型。借粮还钱、借钱还粮、借粮还粮的都没有。五是信用借款。小额的短时间的借款，如10元以内，大多是信用借款，又叫作“浮挪暂借”或者“摘肩儿”。

**14. 指地借钱**

借钱没有用动产作担保的情况。但是可以用土地做担保，如指地借钱，也称为以土地为抵押。指地借钱占30%左右，当地占20%左右，指房借钱、当房的情况也有，但是不多。坟地不可当，也不可指地借钱。

（1）价额。地价为100元的土地，指地借钱的话一般20元、当地的话可借到40元。其期限，前者多的有3年，1年的也有，后者一般3年，也有4年的情况。

（2）增借。当价的增借叫“撩价”，当出当者需要钱时，可以向承当者提出增加借款，只要在地价以内，一般承当者会同意。双方商量，如果重新立字，则字据的金额为前期借款和后期增借的金额之和，日期也以立字的当天的日期为准，旧契约随即废除。如果保存旧字据，增借部分立字，同样以立字日期为准，这是额外的立字，所以当地称为“撩价”。指地借钱也有“撩价”，这时需要把旧字舍弃立新字。如果借主需要的金额比较多，“撩价”不够时，就会采用“找价”。其“找价”后的借款与地价大致相同。

（3）期限。在当地指地借钱：钱无利息、地无租价、有期无限，即指地借钱即使有期限，借主只要还钱就能够拿回土地。当地至少要期限结束后拿回土地。

（4）利息。除了无利息的指地借钱外，还有带利息的指地借钱，比重很大，一般是月利3分，借钱金额多时为2分。指地借钱的利息每半年支付一次的比较多。无力支付时，债主会去催，确认有无利息支付能力，如没有就采取特别的方法：要么取得土地的耕作权，要么劝其卖掉土地。一般为支付利息后延期的比较多。不管哪种方式都要通过中人完成，不重写证书。借主以农作物少和没有收获为由不支付利息，就只能牺牲利息。

（5）转当。有转当但是数量不多。承当者需要钱时，与地主商量转当给第三方，转当必须在原当的期限之内。地主将土地赎回，再当给别人，不称为转当，而是另当。

（6）赎回。赎回一般选在春前（种地以前）及秋后，地主要提前一两个月通知承当者，在当期结束前不能赎回，当期结束后随时都可以赎回。数年前县里命令当出30年以上的土地就不能赎回了，但是实际上无论过了多少年都能赎回来。

（7）手续。指地借钱和当地都必须立字，有中人。当地时还需要有监证人（乡长）。指地借钱时除中人以外还要1名保证人。

（8）信用借款。在回马塞村，信用借款比较少，即使有，立字的也比较多。如果感情好“摘肩儿”的时候多少年都不还也可以。但是，有字据的人应该不管过了多少年都会要求还，这叫作“子孙账”。

**15. 契约与字据**

契约与字据有差异，契约是指在县里税契后再盖县的公章的文书，也称为红契。没有契税和盖县公章的称为白契，如买卖、典当的证书。字据是指除此之外的证书。

**16. 粮食交易**

没有在村里出售农产品的现象。粮食全都在西关的粮铺购买，数量多的时候也可以在集市购买。临榆没有交易所，但每天都有粮市。在西关、城内的柴火市场和虫王庙有粮食市场，南关以前有粮食市场但是现在改在了虫王庙。购买粮食时有斗子量斗，还有包商、牙纪，斗子量斗以后，每5斗得20钱的辛苦钱。牙纪不做中介（中介由斗子做），只收税，从卖主收取每元3厘，从买主收取每元7厘，以前更便宜，每一垛儿（5斗）20钱左右。牙纪不从包商处拿工资，只给予收税权。有这样一种说法，牙纪从买卖双方手中共得1钱外没有其他收入。粮食以外的牲口市场、果子市场等也有包商（花生是商人去农村里买）。

**17. 牙纪和牙税**

在牲口市场有牙纪，牙纪居中周旋收税，果子市场也有牙纪，虽然没有杂货集市，但果子和杂货都收取牙税。有时牙纪也去商店，从买卖双方中收取牙税，一般是卖三买七，也可以根据商店的销售额收取。

**18. 商品购买**

农具在商店里买，种子自己储备。人粪主要是从拾粪处购买，农民基本不使用化学肥料，只有有菜园的人才从城里商店购买。在商店购买时支付现金的多，赊账的少。当地的农民不使用煤，用秫秸、横茅草、楂子等作为燃料。村里没有特别的副业，农民在农闲时去北山打柴。合作社刚刚成立，还没有干什么事。

**19. 家庭与家族**

一是家庭规模。在回马塞村，家庭人口数量最多的有12人。在第3乡家庭人口最多的也只有十余人。二是家长与当家。家长称为当家的。丈夫去世且孩子还小时，妻子可以当家。三是家产。儿子长大后妻子将家产移交给儿子。每家的财产称为“产业”。家庭个人所有的特有财产称为“提蓄”或“余钱”。“提蓄”也有土地，但是比较少。四是族长与族产。同族也叫本家、一家子、当家子。同族有族长，有些家族也有祭田、公共坟地等。族产由族长管理，卖掉时族中的每家出一人商量，由多数表决决定。五是分家。分家的原因很多，家庭财产比较少，人比较多；大家不愿意工作而生活比较艰苦；也有家庭不和、妯娌不和、兄弟中有吸食鸦片等不良嗜好的家庭，会选择分家。前两个原因分家的比较多。六是分家时间。家长死后马上分家的较多，一年之中秋后分家的居多。

## 二 京津线及津浦线沿线家族制度概况调查

### （一）冀东县安定

#### 1. 坟的形式

在冀县，坟的形式一般是祖领葬或者领孙葬。排骨葬是从死得早的人开始埋葬，不考虑辈分，只有宗祖，这是回教的坟。

#### 2. 街坊辈分

冀东有街坊辈分，一般根据父母的年龄来确定子女们的辈分。

#### 3. 移居

从其他村移到本村居住称为移居，移居需要熟人介绍。

#### 4. 过继

若兄弟两人，其中一人有儿子，一人没有儿子，没有儿子的需要过继一个人当儿子。过继时过继子的辈分必须小于继父。

#### 5. 家长

家长一般是丈夫，丈夫去世后没有儿子就由妻子当家长，如果有儿子但是儿子年龄较小，还是妻子当家长。儿子成长到 20 岁左右时取代母亲成为家长。家长也是当家人，两者的意思大体相同。

#### 6. 分家及养老

兄弟不和时一般会分家，田地一般平均分配。如果有 20 亩地，有双亲和兄弟三人，首先留出“养老地”，剩余部分平均分成三份。如果没有养老地，分家后父母在兄弟家轮流赡养，这称为“轮户饭”。没有养老地兄弟平等地供给父母粮食，这叫作“养老粮”。在养老地、轮户饭、养老粮三种养老方式中，第一种方式最多，其次为养老粮。

#### 7. 家产和家长

家里的金钱和物品称为家产，家长的东西只属于家长。家长可以卖掉家产，但是要与家人商量。

#### 8. 族产

族产就是同族共有的东西，如土地等不动产。同族中有家庭没有后人时，其财产为同族共有，以便祭祖时买上坟的线香等。如果族产还有剩余也不分割，族产只能用于同族共同的事业。族产不能由族长决定使用，而是选举公正的人决定。族长是本族辈分最长的人。

## （二）黄村站饮马井

### 1. 村庄概况

饮马井村有90多户，分为7甲（因为有附户）。据说是乾隆以来形成的村庄，过去有10多个姓。现在约有20家是过去的老户。徐姓有20家，许姓有7、8家，贾姓1家，刘姓3家，李姓2家。

### 2. 分家

一是分家的原因，主要有妯娌不和、兄弟不和、父子不和、婆媳不和。二是财产分配方法，养老地以外的财产在儿子们中平均分配，财产平均分后儿子们给父母养老粮。在饮马村不搞轮户饭，养老方式尊重父母的意见。

### 3. 家长

任家长的资格根据孩子的年龄才能来决定。在孩子的年龄比较小时，可以由母亲任家长。孩子到15、16岁—20岁时可以成为家长。

### 8. 街坊辈分

饮马井也有街坊辈分，根据年龄决定。

### 9. 过继

如果家里没有儿子，可以从同族过继一位儿子。如果同族没有时，可以从外族过继。但是过继子必须是儿子辈。从其他姓得到的儿子也称为过继。过继子与养子、义子不同。

### 10. 坟的形式

在冀东县，一字葬比较多，人字葬比较少。前者又称为排骨葬。小孩子死后不作坟，但对于小孩子没有具体的岁数限定。

### 11. 阴婚

在冀东县为死者结婚称为阴婚，也称为阴亲，但是不叫冥婚。

## （三）天津北站小于庄

### 1. 埋葬

小于庄的埋葬没有固定的形式，也没有名称。在当地死婚比较多。埋于祖坟以外的坟称为孤坟。

#### 2. 分家

一是分家的原因，主要的原因有两个，儿子长大成人，一般是25岁以后，有妻子，独立了分家；兄弟关系不好分家。二是财产分配，分家时财产、田地都必须平分。三是父母养老，通过养老地和轮流管饭两种方式养老。没有财产情况下，轮流管饭比较多。四是养老地的处理，父母去世后，养老地变成儿子的财物，由儿子分配。

#### 3. 同族

在小于庄有同族，同族比较多就会有族长。在当地将大户称为大家族，大家族又是同族数量很多的家族。族长一般是辈分和年龄最高的人。街坊邻居也有辈分。过继的过继子必须与儿子辈分相同。大家族一般有族产，如祠堂、土地等。一般而言，女性不能当家长，当孩子还小时，孩子是家长，母亲当家。民国以后，女性也可以当家长。家里的不动产叫家产。家长有权处理家产，不过处理家产时要与家人商量。

#### 4. 养子

养子是父母死后给别人当儿子的孩子，抚养者就是养父母。收养养子要办理手续，即改姓，养子可以得到养父母的财产。如果收养了养子后，自己又生了儿子，有两种处理方式，一是如果养子和亲生儿子关系好的情况下，养子也可以当家长；二是可以给养子一些钱，让其归宗。

#### 5. 另过

不与家人住在一起，自己另外过日子，称为另过。

### （四）天津的杨村

#### 1. 同族

杨村姓杜的最多，约有30多户；诸葛姓的有20多户，同姓同宗；赵姓只有六七户，同姓不同宗。同族有的有共同墓地，有的没有。如果没有墓地就各自在其他地方挖坟。埋葬有人字葬，但是此坟的形式很占地，贫穷的人家不会用人字葬。还有跑马葬，这种坟没有形状。不管什么形式的坟都要考虑辈分。

#### 2. 分家

在杨村分家的原因与财产相关的比较多，如兄弟收入不均衡，兄弟意见不合等。分家时兄弟平分财产。如果祖父母去世，自己的父亲也去世，则自己与叔父平分财产。在调查时分家也没有什么特别的变化。父母老了，孩子大后，父母就分家，以免自己去世后吵架。

**3. 家长**

辈分最高的人当家长，父亲年老后可以让给儿子，但是不一定是长子。如果家里没有男的，女性可以为家长。如果父亲去世，母亲年老，弟弟年幼，长女可以为家长。长子在结婚后可以成为家长，在这之前都由近亲代理。代理家长称为照管。

**4. 婚姻**

在杨村还有阴婚习俗，即已经去世的男性和女性结婚。阴婚后两家不成为亲戚。有指腹为婚的现象，但是在调查时已经不多了。指腹为婚一般是门当户对且关系相当好的家庭。

**5. 过继、养子和盟兄弟**

过继是在同宗之间进行，养子是在外姓收养孩子。如果兄长没有生儿子，弟弟生了儿子，弟弟的儿子过继给兄长，这称为“绝次不绝长”。养子是从外姓领养的。义子不改姓，称为干儿子。另外，还有盟兄弟，盟兄弟写兰谱成为盟兄弟，还有盟父。在调查时，盟兄弟已经很少了。

**6. 另过**

被父母赶出去叫另过。另过也称为“分家另过”。

**7. 养老**

分家后父母养老有如下几种形式，一是留出养老地，主要用于生养死葬；二是给养老金；三是给养老粮；四是轮流管饭。

**8. 订婚**

在杨村，订婚由父母做主，年轻人不会有反对。订婚年龄不固定，一般男的大一两岁，但是如果父母年老，孩子年少时，女方可以比男方大一两岁。

## （五）沧县

**1. 同族**

同姓同宗的叫同族，同族中年纪最长、辈分最大的为族长。县城内最大家族是刘姓，有100多户，属于回回教。同族也有族产，族产也叫祭田地，祭田按照顺序耕作。祭祀田的收入用来支持坟地维修、上坟聚餐。维修祖坟时全族一起参加。上坟的时间为正月初一、清明节、七月十五、十月初一。正月初祭祀时，要准备好斋菜、线香、纸钱、酒、爆竹，其他日子带线香和纸钱即可。其他时间的祭祀没有规定，自己安排。正月上坟后要聚餐，一般会在房子比较大的家族成员家里进行，聚餐时每家出一两人参加。族长坐上席，其他人按照辈分坐。有些大家族有祠堂。祭田地年底的余额先存起来，由值班的人保管。值班人又称为轮流值年，按照辈分依次进行，如长门、二门、三门等。族长没有什么事干，有争吵时可以调停，不过其他人也可以调停。坟主要有三种形式：人字葬、一字葬、昭穆葬，但是当地采用什么形式并不清楚。坟的方向主要有：西南、东北、西北等、没有正方向的。一般为子午葬。

**2. 阴亲和指腹为婚**

在沧县冥婚少，只有宠爱孩子的父母会给死去了的孩子结阴亲。当地没有指腹为婚的现象。

**3. 分家**

妯娌不和、兄弟不和、家境困难、父子不和、婆媳不和、职业关系等都会导致分家，但是主要还是因妯娌不和、家境困难而分家的多，因父子不和分家的比较少。在调查时，大家不认为分家是坏事。分家时平均分配财产，如果有女儿要留出装扮费和胭粉地，要给父母留出养老地，没有养老地要轮流管饭。分家一般在父母去世后进行。父亲去世后，儿子与叔父平分家里财产。

**4. 承祀兼祧**

长子、次子没有儿子，只有老三有一个儿子的情况下，给老三的儿子许配 3 个妻子，一个妻子生的儿子是老三的孙子，另外两个妻子生的儿子各自为长子和次子的孙子。这叫作承祀兼祧。

**5. 同盟兄弟**

结盟兄弟很多，结盟兄弟又称为兰兄弟、盟兄弟、八（拜）兄弟，结盟时起码要有三人，要作金兰谱。

**6. 女性家长**

丈夫去世或者长时间不在家里，女性可以成为家长。当家和家长是同一人。

**7. 过继**

在一个家庭中，长子有三个儿子，但是次子、三子没有儿子。可以将长子的儿子过继给次子、三子。二儿子给二弟，三儿子给三弟，长子作为长兄自己的儿子。总之绝次不绝长。过继时，过继子与儿子同辈。

**8. 干儿子**

为了让自己的儿子活得长久，将儿子给朋友做干儿子。这种情况非常多。

#### 9. 另过

自己过，叫个人过，不叫另过。个人过就是分了少量财产自己生活。分家之后才另过。

#### 10. 家长与家产

家里的全部财产叫财产，属于家全体的财产，如家里有5人，家产就属于这5人。家长对财产只有管理的权利，没有处理的权利。在中国有句俗语："同居无异产"。女儿对于家产没有权利。

### （六）德县

#### 1. 家族

德县比较大的家族有李家、封家、卢家和罗家，各有家谱，李家还有家庙。大家族有族长，一般是辈分大的人当族长。同族有祭田，有值年。所谓值年就是按照顺序管理祭田。祭田又称为公产、族产，祭田中也有坟地。祭田由族人轮流管理。其收入用于祭祀和聚餐，剩下的归当年值年的人所有。轮流值年按照辈分进行，如按照大屋、二屋、三屋，长支、二支、三支的顺序，值年由族长决定。辈分最高的人称为祖长，这是名誉职。家庭有家长，也称为家族长。

#### 2. 埋葬

坟没有什么形式，有钱人埋得整整齐齐，贫穷人埋在空地。埋葬时一般从左开始。但是要依据风水。

#### 3. 街坊辈分

有街坊辈分，依据年龄大小来确定辈分的高低。

#### 4. 分家

过去五世同堂都不分家，但是现在由于经济关系分家的比较多。当地人认为，分家是自然的事情，但是老人不赞成。分家主要是经济生活不下去。所谓生活不下去就是收入和支出不均衡。分家时要给父母留出养老地。一般父母死后分家的多，因为父母在时不允许分家。

#### 5. 家长

父亲去世后，母亲可以成为家长，但是一般母亲能力有限干不了家长，所以母亲当家长的比较少。

### 6. 养老

分家后，有三种养老方式：一是留出养老地；二是轮流管饭；三是给父母钱，给父母钱没有特别的称呼。有钱人给养老地的多，穷人轮流管饭或者给钱的多。县城的人没有土地，一般给父母钱。

### 7. 财产分割

分家时，正房给父母、东房给兄长、西房给弟弟。伙道伙走，如门不分。女儿获得妆奁费。不分家时，财产是伙里的，即家庭成员的，也有说父母的，因为是：上辈流下辈接。

### 8. 家产

家里的财产叫家产，名义上是父母的东西，对外是家长的东西，实际上不是家长的，因为家长不随便变卖。

# 三　山西省同浦及东路沿线概况调查

## （一）沿途记载

### 1. 田赋征收

田赋征收处被称为钱粮处，只征收田赋。直到民国二十七年（1938）为止，田赋都是由区公所代收，之后就变成由县公署的钱粮处直接征收。村长负责催粮，地方上有村警，在村长的指挥下专门催粮。县里的政务警不催粮。在调查时，实施的是自封投柜的制度。田赋以外有营业税、屠宰税、牲畜税等，由省属的营业税局征收，也代收县的地方附加税，再转交给县里，即直接征收制度。

### 2. 坡地与荒地

在宁武县，已经开垦的山称为坡地，没有开垦的山地称为荒地。山地均有所有者，未开垦的荒地也有地券。坡地是明朝开垦出来的。在调查时也在大肆开垦，因为土地稀少，人口持续增加。开垦者会选择没有所有者的荒地，不过要向县公署提出申请。未开垦的山地不需要纳钱粮。开垦后根据开垦年数纳钱粮。坡地的钱粮比较便宜，只有平地的一半。坡地一般种植荞麦，因为不能灌溉，所以不能种植其他作物。在宁武县，使用人粪做为肥料。平地和坡地的收获量不同，坡地的产量只有平地的一半。从地价来看，坡地的地价也只有平地的一半。开垦时，地主自己开垦的比较多。坡地归属于小地主的比较多，所以自耕多，租佃少。由于坡地需要一定的肥料，租佃期限比较长，如果是由佃户开垦的情况下，至少要有10年的租佃期限。以实物交纳地租，主佃双方各占一半。如果租佃期限比较长，需要立契，短期租佃，口头契约比较多。

## （二）太谷县

### 1. 产权类型

在太谷县，没有皇产、庙产、族产、义田、旗产、学田、祭田、屯田。民国以后，也没有进行官产清理。很久以前都是民有地。村里的共有地只有采土场。土地没有界限标志。虽然没有界限标志，但是没有土地界限纷争。因为土地是阶梯状的，即使没有土地界限也没有关系。在土地买卖时，如果无视同族土地的先买权就会引发纷争。如果发生了土地纠纷，村长和有权势的人会进行调停，调停不了就会去县里打官司。

### 2. 水利

太谷县的土地要经常用井水进行灌溉。也有用河水灌溉的情况，但是比较少。村里的井的数量比较少，几乎都是私井，也存在两三户共有或者村共有水井的情况。土地的价格与水井有关系，有驴牵水车的土地价格最高。也有为了引用河水，修筑共同设施的情况，多的也只有四五户。这些设施按照每户承担的比率来分配。公共设施的费用由地主和佃农商量决定，如果地主承担了费用，地租则会相对上涨。在此地河水也会泛滥，但是县和其他机关不负责河防和重建工作，这些工作全部由个人负责。县公署仅下达田赋减免申请，其他的均与县公署无关。虽然有水灾，但是不会导致土地界限不明的情况，各村根据公所所有的鱼鳞册明确界限。每年省会分配给县里一定金额的凿井补助金，县据此适当补助村民凿井。补助户由县调查后决定，大井每年占八成，小井占两成，补助费为大井每个150元，小井每个70元左右。

### 3. 土地买卖

太谷县的土地买卖不太频繁，但有很多没向县里报告。一是土地买卖的原因，主要是生活所迫、丧葬和结婚卖地，在丧葬与结婚之间，前者更需要卖地。二是土地买卖集中的时间。每年11月、12月农闲时土地买卖多，县公署的契税手续多在2、3月进行。农民之间互相买卖土地比较多。三是土地买卖的顺序。卖主拜托介绍人，介绍人（称为中人、说合人）与相关主体商谈，买主、卖主达到一致后，各自记录到村公所的草契之中，村长作为见证人，证明契约是否正当，使用白契的情况很少，但并非没有，完成以上手续后，去县里办理契税手续。四是土地价格，依据双方协商，介绍人协调后决定。在家庭中家长拥有买卖土地的权利。五是先买权。兄弟分家后，弟弟想卖土地，可以进行先买权的告之，如何处置是弟弟的权利。六是支付价款。立草契时全额支付价款，也有分次交付人价款的情况。如果分次交付价款需要有保证人，另外非本人支付必须由保证人支付。七是纠纷调解。土地买卖发生了纠纷，由村长仲裁。八是契税的分担。土地买卖需要契税，契税为买卖价格的百分之六；典地时由出典者和承典者分别负担典价的百分之三。九是监证费。监证费为买卖价格的百分之一点五，买主负担七成，卖主负担三成。十是谢礼。需要给介绍人一定的谢礼，但是谢礼没有固定的数量。十一是买卖成交，当见证人村长在草契上盖章之时，买卖成交。十二是缴纳契税。办理契税与效力无关，但是如果发生纷争，不办理契税会引起不便。

**4. 典地**

典地是出典者将土地交给承典者，承典者交付典价，耕种典地。没有以典地的形式进行土地买卖的情况。赎回典地的时间不固定，10 年、20 年的情况比较多。也有比这更短的典期，但是很少。政府规定典期最长是 30 年，不允许 30 年以上的典期。30 年后不能回赎，土地的所有权移交给承典者，再也不允许回购。

**5. 租佃的基本情况**

在太谷县水浇地有一成、旱地有九成。山地比较多，无法利用。强碱地占全部耕地的两三成。最大的地主有 200 亩地，但是不太多。一般的家庭只有 8 亩、10 亩地。大地主有自耕的，也有租佃的。有几个商人拥有比较多的土地，商人的土地基本用来出租。没有官吏拥有较多的土地。太谷县过去是全省的金融中心，因为铁路开通而逐渐衰弱，在调查时已经完全萧条了。在县城里，有很多很威风的住宅，这都是大地主的房子。在自耕农、自耕兼租佃、租佃三种经营方式中，自耕农最多。从县城转移到其他地方的地主很少，即使事变时去其他地方避难的大多也都回来。

**6. 租佃**

一是地租类型。在太谷县，地租主要是实物地租，货币地租很少，后者是先交钱后种地。与过去相比，地租没有发生太多的变化，没有从实物地租转向货币地租的趋势，但是有上升的趋势。二是契约。租佃时立契的少，口头协议比较多。将土地租佃给其他村的人或者没有信用的人时必须立契约书，如果有保证人可以口头约定。三是期限。租佃期限为两三年到四五年的比较多，没有无限期的租佃。四是契约内容。租佃契约主要规定地租、粮食及租佃期限。五是地租。以前，地主出肥料、种子等，主佃平均分配收获物，但是这种情况很少了。现在，一般是按照议定缴纳地租。六是地租的承担者。田赋由地主承担，但是实际上是佃农缴纳。村费是由地主负担，佃农承担的比较少。地主一般不会借钱、农具给佃农。佃农只是向地主租借土地，两者没有亲密的交往。七是优先权。租佃地不会优先借给同族、四邻，只有承典者出租典地时，出典者具有优先权。八是土地比较多的家庭一般会雇佣长工，农忙时自耕农也会雇佣短工。

**7. 田赋征收**

县里可以通过征粮册（县署）、鱼鳞册（村公所）了解村落的土地。这些账册调查时都还在。田赋征收有三个途径：一是钱铺征收；二是在地方设立分柜，征收所在区的田赋；三是村长征收，入田赋汇总后直接交给县公署征粮房。县署、征收地点各有一部征粮册。县公署有红册或者征粮册，各征粮地点的叫征粮册或者鱼鳞册。从清朝起，钱铺就开始征收田赋，钱铺又叫粮柜，一个柜负责几个村的田赋。事变后废止了，现在由人们直接缴纳。土地买卖的变更称为过割，村长在鱼鳞册上过割，然后报告给县里，每次过割后都要报告给县里。为了保证村长保管的鱼鳞册和县里的征粮册的记载事项保持一致，每年11、12 月村长的鱼鳞册要与县里的鱼鳞册进行比较，制成新的征粮册，以便春天可以使用。田赋征收在征粮处，税契征收在财政科专员处。在民国三四年时进行过一次验契，只进行了 80%。县公署没有实施过不动产登记，也没有为整理田赋而进行土地陈报，事变后（1937）由于省的命令县里进行过土地调查，但是由于治安和其他方面的原因，实施比较困难。

### 8. 赋税和摊款

太谷县田赋每年总额为 38000 元，调查时只能收到一半了（事变前是定额的八成左右）。田赋每亩正税 25 元，附加 2 元，按照已经提到过的红簿征收。征收期为：上忙和下忙。田赋和契税农民直接交给县里，政务警督促交税。过去省税由县公署征收，调查时改为省营业税局征收。除了田赋、契税以外，还有牙税、屠宰税、牲畜税等。这些税与县里没关系，在营业税局或屠宰场征收。附加税由县里向省里申请，得到许可后征收附加，这是县里的收入，由县吏收纳。县里没有摊款。村里摊款由村长分摊，但是需要得到县里的认可。村费根据所有地的亩数（不根据家庭成员的人数、牲畜的数量来定）分摊。佃户根据租佃土地的数量来承担村费。地主和佃农承担的村费不一样，佃农负担得少些。土地租佃出去的情况下，村费由地主和佃农平均负担。居住在村外的村民也要交村费，村费以现金交纳。摊派劳力时以家庭为单位，一家一人，不按照亩数分摊。

### 9. 借钱

一是借钱的原因：为了购买农具、筹措地租借钱的最多，其次是购买粮食借钱，再次是临时性的婚丧借钱。二是借主的资格。主要是借现金，借粮食的很少，只要有土地就能够借到钱，没有土地就没有信用，借不到钱。在农村无土地、无职业的人很多，他们无法借到钱。三是借钱的对象。借钱主要是找村内的朋友和亲戚。不会找县城附近的地主和商人借钱。四是借钱的顺序。先拜托中人，找保证人，显示自己的财产后再借钱。朋友之间一般不这样做。五是农民借钱的时间。九、十月到正月之间借钱最多。因为正月之前必须返还一年中到期的债务。农民卖掉秋天收获的谷物后，手头没有钱了，会借钱。六是借钱的种类。借钱还钱的情况多，借粮还钱、借钱还粮的情况少。七是抵押。借 10 元、20 元以上需要抵押。如果有诚意，10 元、20 元的信用借款也不需要抵押，最高可以借到 100 元左右。八是立契。一般的借钱需要立契，但是关系特别亲近的人不用立契，也不要保证人。立字、无保证人的情况比较少，立字、有保证人的比较多。保证人是有支付能力的人。一般都会有中人，而且兼保证人的比较多。九是担保。以土地担保借钱的情况比较多，在城市以房子担保的多。以土地担保需要将地券给债主。很少有用家畜和农具担保的，也没有用收获物来担保的情况。十是利息。借钱的利息最高七分，最少三分，一般是四分。利息支付有两种形式，借钱时扣除利息或按月进行支付，后者比较多。年利息是四季分开，季末结算。月利息是月末结算。利息一般要写入契约中，在期限内，没有支付利息可以延期。单利的比较多，复利比较少。无法还本息时，可以没收抵押的土地。没收时有很多手续，还需要村长们调停解决。可以在借钱期限内增加利息，但是要得到借方同意，期限过后贷方可以单方面提高利息。十一是借钱的特殊情况。没有以牛马抵债的，也没有以劳动力偿还债务的，也很少有保证人负责偿还的情况。也没有因天灾而延期支付或者减轻本息的情况。

**10. 当铺**

在太谷，事变前有很多当铺，但是调查当年只有二十多家，因为兵乱，离散的多。事变前有当铺放款，但是现在已经没有人放款了。

**11. 钱会**

事变前有很多钱会，一个人出三五百元，成员十人左右。钱会在县城附近发达的村庄比较多，大的村庄有一个会。钱会也叫“合和”。

**12. 金融机构**

在太谷县有实业银行，山西省的银行有两家，还有钱行，也称为“钱铺”，经营货币的交换和汇款。这些金融机构只借钱给有钱人，贫民无法借钱。

**13. 合作社**

事变前没有合作社，调查的当年已经有了合作社。

**14. 以地借钱**

以土地担保借钱称为以地借钱，典期一般是3—5年，最多5年左右，出典后，出典者可以增借（找价），典价一般是地价的三四成。

**15. 农村交易**

为了销售而耕种的作物主要是棉花和烟草，县城的小商人会来村里收购，再卖给城里的大商人。商人和农民之间不需要中间人，直接买卖。县城有集市，奇数日在东关，偶数日在南关。集市上卖作物、布、杂货等商品。购买者主要是村民，商人不怎么买。粮食、肥料、种子、农具在集市购买，衣服在城市的商店里购买，农民购买商品的店不固定，购买时一般支付现金。没有共同购买商品的现象，合作社不买卖牲口。村里经常有杂货商来卖商品。粮店一般充当牙纪和经纪人的角色。村里除了养鸡、家畜外，没有其他的副业。

**16. 村落制度**

一是村长的资格。村长要有学识、信用和一定的资产，有无土地没有关系，但是要有职业。居住在本地与否没有关系，住在村外也可以担任村长。女性也可以担任村长，但没有女性担任过村长。二是村长的产生。村长由选举产生，选举时每家每户派一个人参加选举，有选票。三是村长的职责。主要是做公益事，村里的事不多，县里的命令比较多。县里会召集村长开会，主要是治安和农村救济的事情。四是村长兼办的工作。村长还兼保甲长、学校校长、监证人。五是村治架构。村里由村长、副村长、闾长、邻长组成，其中商量事情的主要是村长、副村长和闾长。与村长是亲戚关系的人不能担任副村长（与后面有一点冲突）。六是村庄会议。村里出了事不一定要与意见人商量。村里也没有村民的会议、地主的会议，但是有村长、副村长等头面人物的会议。在村公所开会称为“上社”，决定村里的摊款时一定会“上社”。七是村公所。村公所在庙里工作的多，帮助村长的人和管理庙的不是同一个人。

#### 17. 家族制度

一是家长。太谷县人口最多的家庭有二十多人，不过这样家庭比较少，一般是五六人、七八人的家庭。丈夫去世后，如果儿子年纪比较小时，妻子也可以当家长，儿子成人后就要将家长交给儿子。二是家产。家里的财产就是家当，个人的财产叫作“体已”，指土地、出租的房子贵金属、现金等。三是分家。民国以来，分家变多了，主要原因是家里比较穷和孩子们自立等。四是家族。在太谷县没有完全同姓的村庄。庄里一般会有七八个姓，同姓同宗的人称为“同族”，也称为“一家子”。五是族产。同族还有族产，包括坟、山、出租的房子等。族山特别是地和山等有两种经营方式：轮流耕作和出租获得收入。族产取得的收入进行分配，而坟的管理费用由各家轮流承担。坟交给一个固定的人来管理。六是街坊辈分。在太谷县也存在着街坊辈分，比自己年长的人称为“伯伯叔叔”，反之称为“弟弟”。七是坟的形式。太谷县的坟的形式大多数是人字形，但是可以根据风水大师看风水的结果进行安排，所以也会与人字形有差异。

### （三）介休县

#### 1. 土地类型

一是土地所有权性质。在介休县没有旗地，但是有官产土地，官产土地水旱地加起来总共有3顷，是以前有钱人捐赠的。村落有共有的土地，这些土地都是没有人种的土地，水旱都有，还有因为地主逃亡没有交田赋而由村里管理的土地。二是土地自然属性。在介休县，有城地、坡地、山地、平地、稻地等，平地分为旱地和水浇地。有井的土地属于旱地。水浇地是指自然水经常滋润的土地，也称为水田，这些土地种植种莲、稻子等。三是农地边界。农地的界线以石柱、土堆、树木等标示，用石头的情况多。四是灌溉。以前有水利局，在调查时各村自己灌溉，洪山村有泉水，水很多，可用于灌溉。

#### 2. 租佃

在介休县作物主要有小麦、谷子、高粱、豆子，棉花比较少。旱地很多，井地只有百分之一，水地不会超过五十分之一。拥有3顷左右地的家庭有，但是特别少，一般家庭只有七八亩地到二三十亩。自耕和出租的土地大约各占一半。山上的梯田也有地券。主要产业是农业，但是光靠农业无法生活，所以去别的县务工的人比较多，有2万多人。在土地租佃时立契和不立契的各占一半，地主征收实物地租。如果是分益地租，主佃各获得一半的收获物，分益地租也称为“半种”。在半种时，地主不会借给佃农牛、马、农具等。佃农除了地租，不负担田赋、摊派等款项。佃农也没有住到地主家的情况。因为半种比较多，主佃关系比较淡薄。如果承典人要将典地出租，一般不会租给出典人，而是租给第三者。主要是为了避免发生双重关系。在介休县，短工多，长工少，种菜的情况下长工多，但是本地种菜少，因此长工少。

**3. 农村金融**

一是借钱的原因。为了结婚而借钱的比较多，在粮食不足的情况下借粮食的比较多。另外，也有为了购买农具、家畜、肥料等借钱。没地的人借钱比较多。二是借钱的资格。没地的人，可以根据信用，小额的钱可以借到，大额的钱借不到。没有信用的人借不到钱。没地有信用的人很多，可是借大额的钱还得是有地的人。三是借钱的对象。借钱首先是朋友，其次是邻居。银行主要针对店家，一般不借给农民。不过一般人可以在当铺借钱，没有东西的人借不到钱，当衣服借钱的比较多。不是所有的村庄都有当铺，只有大的村庄有当铺，小的村庄没有当铺。介休县没有村民相互融资的钱会。城市里的钱铺、钱庄、银号只对商人放贷，不对农民贷款事变后很多都关店了。介休县的合作社只做消费业务，不做金融业务。四是借钱的时间。在春天和冬天借钱的比较多。五是偿还方法。借钱还粮、借粮还钱的都有，借什么还什么的多。六是立字和担保。不立字有保人的有，立字没有保人的也有，立字有保人的最多。朋友、邻居可以做为保人。七是其他金融。在介休县有当的融资方式，也有押和典，典主要是典地和典房。典价一般为地价的一半。典期为5年的多。在典期间可以转典、增借。八是利息。当的利息一般为5分，最低3分，最高“一成”，一般为后付利息，本利一起还的比较多。押和典的区别是，当押是私有立契，典是经官纳税。九是偿还。在期限内不能还钱时，可以先付利，再延期。如果万一还不了钱，卖地还钱的较多，卖家畜、家具还钱的也不少，还有通过劳力劳动还钱的，但是不多。保证人还钱的少。借钱不还的要视具体情况而定，有免利息的，也有延期的。

**4. 农村交易**

一是种植的作物。在介休县，种植的作物大体没有变化，但是近些年，特别是事变后，罂粟种植增加了，主要是有些人为了发财，偷偷种植。当地种植小麦的最多，豆子、小米其次，有少量的棉花。二是农产品出售。出售农产品的主要是地户（佃户）。作物在集市及西门外的粮食店出卖。没有在自家田里或者村里卖农产品的现象。在集市上有牙纪，粮食店本身就是牙纪。农民之间共同贩卖或者购买的情况都没有。谷物的买主是粮店，加工者也会收购，洋行不买。买卖一般是现金交易，没有物物交换。农作物出卖时用马车或者驮驴运输。三是日常用品的购买。农民的必需品，如日常用品、燃料等，一部分在城里买，如石炭，一部分在集市上买。肥料和种子自给自足，不需要购买。如果是熟人可以赊购必需品，城里的商人基本都认识村里的人。也有小商贩来村里卖日常用品。四是农村副业。村里没有什么副业，只有饲养家畜、妇女织布，织布的人不多。

## 5. 社书

本地没有官旗产，同治年间就有登记土地的鱼鳞册。鱼鳞册由社书保管，全县有五位社书。田赋根据社书制作的征粮册来征收，征粮册也称为实征册。社书又称为里书。进行土地买卖时，先去村长那儿立契，办理草契，然后去社书处过割。每个村都有分管的社书。社书居住在城里，社书只是兼做的工作，他们也要干农活。社书一般是世袭的，但是不属于县里的官，县里不会给办公费或薪水。过割手续费为每一两银交一元。社书从同治年间开始出现，主要的工作是管理土地更名（俗称过割），契税不用管理。

## 6. 征粮

征粮处的工作人员是县署的职员，不是世袭的。为了比较各村的田赋征收成绩而制作比簿，每个村一页，汇集起来就是比簿。当有花户不交田赋时，里催负责催收。每个村都有一个里催，受村长指挥。在大村，里催专门负责催缴田赋，在小村里催也干些杂活。

## 7. 串票

每次征收钱粮都要发行征粮通知，这称为串票。全县田赋总额 4 万两，在日本人调查时征收了四分之一。

## 8. 契税

买方拿着村长盖章的草契，直接去县第二科缴纳契税，契税为买九典五，即买契交买价的百分之九，典契为典价的百分之五，缴纳后将契尾给买方。买九典五里面包含五成的附加税。草契纸由村长从县长那里以每张 2 分买来，再以每张 2 分卖给人们。村长为田房买卖的公证人，田房买卖要盖某村田房公证人戳记的章印，村长盖章不一定会收费。

## 9. 验契、登记、陈报

民国三年（1914）和民国八、九年（1919、1920）曾经进行验契，当时成立了一个验契的机构，没有交验契的很少。根据登记条件应该对不动产进行登记，已经有要求但是还没有开始。民国二十三年（1934）要求陈报，但是因为没有登记，所以陈报也难以实现。事变之后进行过田赋整理，在调查时也只整理了一半。

## 10. 家庭制度

一是家户规模。在介休县以前就没有四五十人的大家庭，最多也只有 20 人左右。这样的家庭在县城大约有十几户，每个村大约有一户。大户不见得是有钱人，就算穷人，只要关系好也可能是大户。二是家长。一家之主叫家长，原则上为男人当家长，如果家里没有男人，只有寡妇，可以把她叫作家长。女人做家长不需要得到娘家人同意，可以自由管理家里的土地和房子。家里如果有孩子，当孩子还小时，母亲当家长，但是如果孩子很懂事，15 岁时就可以做家长。三是家产。家里的财产称为家产，这种叫法用得不多。家产包括家、田等所有值钱的东西。在家里没有个人财产的说法。家庭成员可以背着家长偷偷存零花钱，也可以自由支配，因为额度小，不会威胁到家庭的存在，所以家长并不在意。所有的家产归一家人所有。四是分家。与事变前相比，调查时分家变得稍微多了些。分家主要是因为村中治安不好，有人去了别的村，因此分家。也有分出一点钱财免除匪害而分家的情况。一般都是父母去世后因为兄弟吵架而分家。外出打工分家比兄弟吵架分家要多。五是财产分配。分割财产时，兄弟均分，不给女儿。有时也会考虑，将房子分给长子，将土地分给次子，将钱分给三子，但是基本原则是价格相等。一般分割财产由抽签决定。没有根据遗言来分割遗产的现象。分家后，祖先的牌位放在长子家里。过年、清明节时，兄弟平摊费用进行祭祀。

### 11. 家族

拥有共同祖先的人称为同族，同族的中心人物称为族长，一般是辈分比较高，年龄比较大的族人当族长。即使家里比较贫穷，一点威望也没有的人也可以当族长。没有什么事需要族长出头的，祭祀不用族长带头，结婚和土地买卖也不需要与族长商量。如果家里的历史比较长，会有祠堂，也会有祭日。祭田的收入用于祭祀和祠堂的维修。祭田原则上让同族里的穷人租佃，租期为一年，在不损害同族名誉的前提下可以连续耕种几年。为分益地租，如果收获小麦一石，祠堂四五斗，耕作者五六斗。全县没有一个村庄为同族村庄。村庄都会有几个姓氏，但是某一个姓占全村一半以上人口的约有 50 个左右。过去有同族的墓地，但是随着同族人员的增加，老坟地不够用，各户都会有自己的一块坟地。老坟地没有祠堂。同族没有共同使用的采树场、打谷场等。有街坊辈分，村民按照辈分来称呼别人。

### 12. 埋葬

夫妇死后共用一块坟地，妻子埋在下面，丈夫埋在上面。如果还有妾，埋在最下面，如果有几个妾的话，就按照下面的顺序埋葬。五房、三房、妻、二房、四房。小孩死后埋在其他地方，或者长了杂草谁都不用的地方。如果年纪比较大但是单身的人死后，只是把堆土做大一点。有婚约的人在结婚前死了当作正式的妻子或丈夫，埋在男方的坟地里。坟地逐渐增多，耕地逐渐减少，农民没有觉得心痛，如果是贫穷家庭会比较烦恼。坟地可以卖给别人，买主可以平整原有的坟地，全部用做耕地。卖主用卖坟地的钱再买一块新地，找风水先生看后，在新买的土地或者合适的土地上移动祖坟。

### 13. 村长

一是村长的资格。正直，有威信，识字，有处理事情的能力，还需要在村里连续居住五六年，年龄在 20 岁以上的男子。村长与在同族内的地位，职业的种类和财产的多少没有关系。二是村长的选任。根据县公署的指令村长要每年选举一次。采取无记名投票的方式进行选举，不识字的让村公所的书记记下来。选票只需要写下被选者和选举人姓名即可。三是选举人资格。不分男女，没有职业和财产的限制，每家由家长参加投票。从其他村子搬来的人至少要在村里住两三年有望定居才有选举资格。四是村长候补者。没有村长候补者的集会。由村里有威望的人决定候补者，村民遵照决定就行。事变后，村长更忙且要代垫各种费用，想当村长的人变少了。五是村长的职责。根据县公署命令进行户口调查、催缴田赋、分配力役。同时负责村庄的义地、渠道、采土的管理。另外还兼任自卫团的团长、爱护村的村长、合作社的理事。

#### 14. 催税

田赋由政务警来催，但是政务警会将催缴任务交村长，村长交给里催，督促他催缴田赋。里催政务警的部下，每个村都会里催。有时里催由村长兼任。

#### 15. 新民会

介休县已经设立了新民会，但是在农村没有设立分会，农事合作社在县下五个地方设立，设立村的村长相当于理事，但是在调查时还没有实现。

#### 16. 闾邻制

介休县没有实施保甲制度，但是有相当于保甲制度的闾制，25户为1闾，担当村庄的治安防备。

#### 17. 田照

村公所安排人监视作物，这些监视人称为“田照”。原则上所有的农户都必须参加，但是家里有人是村公所的职员、自卫团员、商人，不需要照田。所以100户的村庄，参加照田的只有30—50户。照田不是巡视各自家里的地，而是监视别人家的土地。

#### 18. 村规

有些村庄有村规，有些村庄也没有村规。如有些村庄规定：不准私牧牲畜，不准容留坏人，不准吸食鸦片，不准嫖娼聚赌。

### （四）忻县

#### 1. 土地及灌溉

钱粮包括屯粮，垦粮，坎粮，开粮，清粮，大粮等。大粮就是民粮，占了田赋的大部分。相对于大粮，其他的粮称为累粮。在忻县没有官产。村庄的庙及其附属土地属于村民共有。土地以立石为界，界限分明。梯田以高下为界，没有特别的标识。面对自然灾害，听天由命。平地通过沟渠引用河水、雨水灌溉，很少使用井水。干线的沟渠由村庄共同修建，个人所有地引用部分自己修建。沟渠灌溉，在水多时很少有争水，但是旱灾时比较多。

**2. 土地买卖**

一是中介，土地买卖需要中介，中介也称为中人、介绍人。买卖成立前的手续，说合人说合。二是契约，土地买卖需要制作契约，没有经村长监证的契约，叫白契。只需要一份。买卖当事人约定的东西写成文书，带到村公所，做成正式的契约书。三是监证人。村长做为监证人，写入草契，写了草契后，买主保存白契。在介休县按照惯例一定要制作白契。草契是官制的，白契是私制的。四是交易费用。从村长处购买草契纸需要钱两毛，还要向村长交纳买价的七厘五做为监证人的手续费。这个费用有时为村公所所有，有时为村长个人所有。五是契税，制定草契之后，要到县公署第二科缴纳税契。契尾钱五毛，作为税契，买的话加上正附就是八分三厘五毛，典当的话，是五分一厘。不管是草契费，还是税契费，都由买方承担。立白契后，如果4个月内不立草契，一旦发现就会受罚。立了草契后是否办手续则比较随便。

**3. 地租**

一是作物和土地。忻县的作物种植，高粱占50%；谷子占30%；小麦占20%；黍占10%。山地比较多，但是没有被开发。二是土地所有结构。大地主所有的土地面积在2顷以下，三四十亩的并不是很多，村庄有三四户地主拥有1顷左右。事变之前，大部分的地主放高利贷，现在没有了。这些大地主都逃到南方去了，很多人没有回来，也有不少商人和地主逃到了西安。地主不在时，土地由熟人管理，或者县公署管理，一亩大概10元，用作租佃地。五口之家，需要旱地15亩地左右就可以过日子，即使是租佃也只要这么多地。三是地租类型。以前土地租佃交纳实物地租的多，交钱的少。四是租佃契约。租佃会制作契书，友人之间也要立契。契约只记录与租子有关事情。地租约占产量的1/3。这是定额地租，即使收成不好，也不能减免，第二年必须补缴。五是租佃期限。没有永久租佃。租佃期限三、五年的为多。五是税费负担。田赋、村费全部由地主承担。六是主佃关系。地主不会给佃农提供农具、种子、短工等。佃农也不会给地主送礼，反而是地主在中秋节、端午节时给佃农送礼。并非是地主有求于佃农，而是双方关系好。七是租佃优先权。同族、亲戚、四邻、出典者没有租佃的优先权。

**4. 共有产权**

忻县没有旗地。庙会有附属地，每座庙一般有10亩左右的旱地。以前庙里有和尚，民国初年开始慢慢减少。庙产多在和尚在的时候卖掉变成了民地。一部分庙地，村公所为了凑集公益费用来出租，剩下的庙地有和尚的，由和尚用来出租，将地租做为生活费或者庙宇的维修费。庙产的租佃人每年不固定，老实的佃农可以持续耕种很多年。全县有500亩学田，用来租佃，其收入做为县的教育经费。此外县有苗圃26亩。

**5. 雇工**

拥有五六十亩土地以上的地主会雇长工，以下的雇短工或月工（持续雇两三个月），山地多的地主更多是雇佣长。

**6. 家族制度**

一是家庭规模。在忻县一般家庭有3—8人，50口人的有一家，30口的每十家中有一家。但是这些大家庭在逐渐变少，事变后，为了减轻家庭负担，加速了家庭的分家。二是同族。同村同姓的人有很多，但是完全同姓的村落没有，即使大部分是同姓，祖宗不同的同姓的情况也很多。族有九代，高祖、曾祖、祖、父、自己、子、孙、曾孙。共一个高祖之后的就称同族。同族有族长。三是族产。同族中以前有族产，即有很多土地作为共同财产。现在只有一些共有的宗祠和一点点附属地。在家庭中，除了个人拥有的物品之外，全都享有家产。四是女性家长。在忻县，女性可以成为家长。如父亲、祖父去世，太太当家长，有时也得视儿孙的情况才能够确定。女性成为家长不需要同族会议同意。五是坟墓形式。一般五辈葬在同一个地方，过了五代就要找别的地方了，但是这要看风水，所以不一定完全如此。当家是五寸棺祖坟，或新坟挖砌藏，或者石藏或垢开门掩埋陇大墓丘旁，立碑石垢戴墓顶。贫穷的就身装簿棺在祖坟下挖土六尺深埋陇墓丘。最穷的身裹席片挖地五尺深，用土埋之。

**7. 地籍及粮书**

各村有证明地籍的台账，也称为粮册，通过粮册可以知道各家的土地面积。除此之外，过去还有鱼鳞册可以知道各家的土地。各村都有粮册，由粮书制作，粮书不一定每个村都有，粮书管辖的范围也不一定一致。粮书主要是编造粮册和过拨。县公署只负责田赋的征收。粮书大体不变，常年从事粮书的比较多，但是也不是固定不变。粮书靠收费吃饭。税契在县第二科进行，县里没有进行过不动产登记，没有实施过土地陈报，民国初年有过验契，土地村公有只有计划，但是没有实施。

**8. 催粮**

县里有政务警24人，专门催粮，医此又称为催粮警。粮书、村长不征收田赋，农民自封投柜，但是也有村长代为缴纳的情况。县里根据粮书提供的粮册收粮串票征收田赋。

**9. 赋税**

田赋与附加一起在县的征粮处征收，其他税如营业税、屠宰税、牲畜税、牙税等由其他机关征收。省公署直属机关的营业税局收取普通营业税以及屠宰税牲畜税等其他的省税。附加全部为包税，即变成投标制度。有牙税，所以有牙纪，相当于介绍人。忻县的田赋定额为46000银子，调查时只征收了定额的二分之一。

**10. 农村金融**

事变前城里的金融机构有：山西省银行分号、铁路银行分号、县银号（县公署金库），其他还有很多当铺，事变之后城里只有一家当铺了。规模比较大的村有小当铺，调查时大多关门了。当铺的利息，事变前为 3 分左右，事变后为 4 分左右。没有钱会的融资方式。农民借钱的原则是：村里谁有钱就向谁借。首先向朋友借钱，朋友没有钱的请人帮忙介绍借钱。小额的借钱不需要介绍人，大额的借钱没有介绍人不太方便。借钱需要立字、有保人。一般 20 元上以上的借款就需要立字。借钱还钱比较普遍，借粮还粮、借钱还粮的少。典地的期限一般为 3—5 年。还有以房子、土地抵押借款的情况。

### 11. 农村交易

县里有 6 个地方有集市，农民在集市进行交易。城里粮店派人在集市收购粮食，或者农民直接去粮食店卖粮食。主要交易的粮食有谷子、高粱和豆子。粮食交易都有经纪。本县内的副业主要是喂养牲畜。

### 12. 村长

一是村长的资格。事变前，有钱就有资格当村长。在调查时，有钱的人不想当村长，贫民可当村长。在事变前有任村长如下要求：要识字，有若干土地，三四十岁的男性，迁入村庄的人要在本村定居四五年以上。同族中的地位不考虑。二是村长的产生。村长由选举产生，事变之前在纸上写上选举人、被选举人姓名。事变后，由村里人口头推荐即可。三是选举人的资格。15 岁以上的男性有选举权，家长和家族全体参加选举，外来定居者有选举权。女性、15 岁以下的男性没有选举权。四是候选人的产生。选举时不会推出几个候选人，而是有权力的人推荐一位候选人，然后大家投票。五是村长的任职年限。村长任职一年，但是连任四五年的很多。六是村长的职责。催粮（田赋催促）、分配摊款、桥梁或道路建设工作的劳动力征集，自卫团事务等。在铁路爱护村还要派人负责监视铁路。在调查时村里没有新民会的分会、没有合作社，这两方面的工作村长没有做。

### 13. 村庄治理

忻县的村庄有主村和副村之别，主村有村公所。村庄一般有村长、村副、学董、闾长、邻长。学董在村长的指挥下，主要掌管小学校的事务。一是村长和副村长。村长由选举产生，副村长以村长为标准，村长不能任命副村长。二是学董。有学校的大村里有两人、小村里一人，小村由村长兼任。学董的工作是与学校相关的事务，不干预村政。事变前学董由选举产生，村长任命，现在由县里或村长任命。三是闾邻制。事变前没有保甲制，事变后开始实施，但是实施得不彻底，仍然是闾邻制。5 户为 1 邻，5 邻为 1 闾，邻或者闾里各有邻长和闾长。闾长和邻长不用选举，由村长任命，与年龄、财产、识字等没有关系，一般会任命适合的人，并得到县里的认可。过去有村长兼任闾长和邻长的情况。过去还有青苗会，青苗会主要是看守农作物，与村里有权人商量村里的工作。四是纷争调停。民国十五、十六年（1926、1927）到事变的这段时间内，各村有调解委员会，调停民间纷争，大村有三、四名委员（村长、村副和其他有权者）通过选举产生，是否有任命的委员不是特别清楚。五是监察员。各村还设置2—4名监察员，检查村费。民国十二、三年（1923、1924），根据省令召开村民会议选任，村长召集闾长、邻长推荐监察员。推选出的监察员得到县里的认可就可以正式任命。与村政相关的事项必须得到监察员的批准和盖章，与村政相关的实际事务由书记来做，但是书记受检察员的指挥。六是会议。根据县公署的命令，全体村民参加大会，听负责人讲话。没有佃农会议，为了垫付村费村长召集地主参加会议，这种会议不定期举行，一年有五六次。闾邻的人也不会集中起来开会。村务决策主要由村长、村副、学董、大地主、闾、邻长开会决定，定期的话有七月、十二月村费决算，以及正月、二月左右的预算编制。过去临时会议少，在调查时由于治安问题，或者临时村费筹措变得多了。

#### 14. 灌溉自治组织

在渠水灌溉的约40个村（县下总共有220个村）里有村民自发设立的组织，没有特别的名称，组织里有举渠经理两名，从事配水和饮水设备的安全工作。内容知道的不太清楚，但是听说由大地主选任经理是惯例。

#### 15. 村规

有些村庄有村规，如禁止私吞舞弊、毁坏道路桥梁、奸淫偷盗等的规定，从过去就被作为村约流传。一般是二十条禁约。

## 四　河北元氏、山东诸县调查

### （一）元氏县

#### 1. 征收处

征收处征收田赋、牙杂税、契税。田赋由1人负责，杂税由2人负责，契税由3人负责。村长作为代表带着全村的田赋去征收处缴纳。因此也就开一张收据给村长。

#### 2. 土地台账

由于事变，土地的台账全部散失了。现在的土地台账是以县志为基础重新制作的，称为红簿。县内分为五区，每一区有一册。在制作的时候，由各村的村长提供原本的账册，并对照县志加以增减，由县里负责田赋的人员制作的。

#### 3. 田赋催收

各区设有警察分局，负责催收田赋。以前是由警察直接征收田赋的，也会由政务警催收附近的田赋。一般拖欠田赋的责任由村长承担。

#### 4. 田赋及附加

在调查时元氏县的田赋总额以银两计算总共为两万五千余两。一两为当时的 2 元 3 角。总共是五万九千七百三十元，匪区全部的田赋没有征收。在元氏县，一两银子相当于上等土地 20 亩，中等土地 30 亩，下等土地 40 亩。调查的前一年的附加税达达到了正式赋税的百分之八十。在事变前每一元钱要交 70 余钱的税。

#### 5. 学田及地租

元氏县有学田 300 亩，除此之外再没有其他可称为官产的土地。学田的地租是二百六十余元。

#### 6. 力役

挖壕所需要的人力由县摊派给各村，然后将决定传达给各区的警察，再由警察转交给村长。村长以银两为标准摊派给村民。挖壕的时候县里会将任务派给附近的村子。

#### 7. 春耕贷款

春耕贷款是省里的要求，由县里挑选合适的村贷款。春天贷款，第二年三月返还，年利息 9 分，需要保证人。贷款对象为中农以上的家庭。民国三十年（1941），全县贷款 35000 元。有县里的工作人员直接在村里办手续的，更多的是通过新民会和棉作改进会贷款。重点放在棉的增产方面。调查当年为新民会办理 30000 元，改进会办理 5000 元。当年元氏县的棉花耕种状况为洋棉 40000 亩，中国棉 80000 亩。

#### 8. 合作社

（1）概况。元氏县的合作社在华洋义赈会系的合作社的基础上成立。因为当时急需春耕贷款，只有实施合作社才能够得到贷款。民国二十九年（1940）三月到六月，全县成立了 30 个合作社。因为省里的春耕贷款一直没有到，联合社就将收集起来的资金用于竹炭买卖。十月，春耕贷款下发，合作社开始运作，以合作社为单位贷款给社员。到了收获期，山麓地区的村落有土匪出没，收成被掠走，为了合作运动的发展，设立了合作社经营的农业仓库，在县城修建了 7 个仓库供农民使用，农民开始害怕使用，在调查时已经开始使用了。

（2）组织。

合作社以自然村为中心组织，60 户为一社。有全村加入的合作社，也有部分加入的合作社。合作社有理事长一名，理事三名，监事二名。社员每人一股，每股 2 元，可以以 5 角及以上的金额购买，第一次买入必须是 2 角以上。

（3）事业。

合作社主要有四项工作：一是春耕贷款和水井补充费用。贷款主要是中农以上的家庭，每年利息是 9 分，第二年三月偿还。贷款主要通过新民会和棉产改进会贷给农民。棉产改进会主要支持棉花种植户的打井，每口井提供无息贷款100元。二是购买物资，主要是购买煤炭。三是农业仓库，为农民提供农业仓库。四是利益金的分配和使用。

## （二）元氏县西关村

### 1. 农作物及产量

元氏县西关村的农作物很多，主要有谷子、棉花、黑豆。谷子占作物产量的十分之五，棉花占十分之二，黑豆占十分之一。其他还有少量稷子、黍子、绿豆等。一亩井地可以收获谷子15斗（小斗）、棉花百斤、黑豆10斗（一石）。农民生产的谷物都是自用，基本不卖。

### 2. 土地所有结构

西关村拥有土地最多的农户达到五、六百亩。这样的人家可能有10户。十几亩多，大约在20亩左右就算土地比较多。既耕种自己土地又租佃别人土地的人很多。按一人10亩计算，5人的家庭需要50亩才能够过日子。不足20亩的家庭，如果有两个劳动力，一人耕作，一人做长工、短工、小买卖。如果只有一个男性劳动力，只能维持最差的生活，比如以糠为食。地少人多，农民即使希望租佃也很难实现，因此成为长、短工的人很多，普通的年份可以租佃，歉收的时候可以打长工。

### 3. 租佃

（1）事变与地租。事变时，很多地主去石家庄及城里避难，调查时大家都回来了。事变后的租佃费用更高了，主要是收获物都涨价了。事变前每亩三四元、五六元（井地）不等，事变后12元，成倍上涨。地租是秋收缴纳，旧历八月十五缴纳。

（2）地租缴纳。在当地将租借土地称为租地，租户缴纳的物品叫租子，缴纳的钱叫租价。纳钱和纳物的都有，在数量上大体相当。在本村交租金的人比较多。因为之前物价稳定，交钱没有影响，但是事变之后物价不稳定，持续上涨，所以纳物的情况增多。纳物还是纳钱由主佃双方商量决定。

（3）租佃契约。如果签订了五年的契约，不会因事变而改变。也有根据作物产出适当减免地租的情况。当地主外出避难时，土地就放任不管。地主回来后，所欠地租要全部交纳。交物有在田里分的，也有在租户家中分的，后者比较多。

（4）介绍人与立字。土地租佃有介绍人，立下字据，即使是很亲的人，如兄弟也不例外。只要双方都认识，有信用，谁都可以做介绍人。

（5）租佃期限。租佃期限一定要写入契约，五年的比较多，也有三年或者七八年的。如果是交物平均分配，不写期限也很多。事变没有影响租佃的期限。平均分配收获物时，租户产量不高，地主可以终止契约。

（6）上打租。向地主申请租佃时，地主也许会提出上打租，所谓上打租就是先交钱，后种地，这样地租可以适当降低，如秋后缴纳10元，上打租就只需要8元，但是8元必须在耕种之前缴纳。

（7）租户与费用。租户不负责田赋，但是看青费如果均摊，地主和租户共同负担，如果是定额由租户负担。看青费由乡长收取，一年分五月、七八月两次收取。调查的前一年为1角2分（与土地没有关系）。

（8）典地租佃。如果承典者出租典地，出典者没有优先权。实际上典地出租的情况很少。

（9）租佃与牲口农具借用。在西关村地主没有借给租户牲口的传统，但是有借水车的情况，租户可以不付租金。30亩地只需要一头牲口，如果是40亩地需要用骡子。

## （三）元氏县南街村

### 1. 概况及土地占有结构

南街村有250户，其中从事农业的有110户，从事其他的有140户。在其他职业中有100户从商，40户无职业。无职业者较多是由于事变而从他乡来这里避难的人，避难的人大体上都是富农阶级，也有苦力。在110户农民中，贫农只有两三亩土地；10亩到30亩地的家庭很多。40、50亩的家庭只有3户；60、70亩的人家1户；80、90亩的1户；100亩的1户。其中，地主兼自耕农约有40户，自耕农有20户，余下的全都是自耕兼租佃，没有纯粹租佃的人。作物生产结构：粟7顷，棉花3顷，小麦2顷，高粱1顷，豆、黍子、荞麦这三种每年不同。农地总面积每年的变动很小。

### 2. 租佃

（1）租佃价格。事变对租佃关系影响很大。民国二十七年（1938）土地的地租，上等土地6元，中等土地4元，下等土地2元，全部都交现金。事变之后，由于谷价突然大涨，地主都采取按比例分配收获物的形式。直接分稻谷，秸秆为租户所有。

（2）租佃契约。现金交纳的时候要写契约书，要写明地租额、交纳时间、租佃期限等。契约在上年的10月约定，在当地没有押租的惯例。在日本人调查时都采用按比例分配收获物，所以不再写契约书，期限为一年的口头契约。

（3）地租缴纳时间。如果交物，在5月和10月分两次缴纳；如果交钱，则在秋后交一次。

（4）租佃的期限。一般是3年，也有一些是5年。期满继续租佃必须重新写契约书。没有永久租佃、包租的例子。

（5）介绍人。土地租佃需要介绍人，大多数由亲戚、朋友担任。一个人即可，不用额外付费用。

（6）地租缴纳。如果是平分收获物，收获后脱去谷壳，当场平分的情况比较多，地主所得收获物由租户搬运。如果签订了契约，在期限内地租不会改变。在交钱的情况下，地主不给租户提供任何物品；在平分收获的情况，地主需提供粪。在契约期限内，不能终止租佃。从以前开始，地主和租户之间就没有发生过可以称得上纠纷的事。在租佃关系中，没有中间管理人的先例。

### 3. 水与灌溉

（1）挖井成本。南街村虽然有河流，但经常没有水，当地没有稻田，大家使用井水灌溉。一口井的灌溉量是10—15亩。使用新式畜力水车的水井，事变前挖井费用是80—100元，日本人调查时超过了300元。事变前水车和附属品是100—200元，在调查时是800元。南街村民拥有井的数量不太清楚。

（2）井的灌溉能力。畜力、人力的水车都有。人力水车一天可以灌溉2、3亩，畜力水车3—5亩。驴子和骡子没有大的差别。在本地，井的深度大概是三丈。地面上部分的直径为五尺，地面下为八尺。

（3）挖井人。在个人所有的土地上挖井比较多，在共有土地上挖井的情况也有。只有10亩以上的土地才会挖井。可以说有井的人家都是中等以上的人家。有20亩以上土地就会有骡子。现在由于费用太高，没有人挖井。一直以来很少有租户挖井（本村没有一例）。租户挖井可以延长租佃期限，挖井的费用可以抵扣地租。一般是地主挖井。事先与租佃人商量再提高地租。

（4）灌溉成本。在调查的当年，用人力灌溉每人每天每餐需花1元50钱；如果是驴要花4、5元。在本地，上等驴每头价值300元，中等驴每头价值200元，下等驴每头价值100元。骡子每头600—1000元。牛每头300元。

（5）借井。拥有10亩以下土地的人在村里借牲口。即使在村里，大多数也要付钱。然而，借两三天的话也有用自己劳动代替的情况。必须要水的作物有粟、棉、高粱、小麦等。由于井对作物的重要性，没井的人家会向他人借。虽然也会有酬谢但并不一定，要依情况而定。共有水井的情况下，商量着供水。

（6）井与收获。没有井不仅收获会减少，也容易遭受旱灾。如果雨量足够，和井的效果一样。同一块土地上，没有井的情况，一般每亩地可以收获10斗粟，如果有井的话有可能收获18斗。棉有水棉和烟棉。种水棉的时候必须要雨量多，还要在有井的土地上。烟棉虽然不需要水，但本地并没有。如果有井，高粱一亩产10斗，小麦一亩产8斗；如果没有井，高粱一亩产8斗，小麦一亩5斗。

### 4. 地价

事变前上等地价格每亩30元，有井的上地每亩50、60元，在调查时上等地每亩200、300元。有井地每亩300元。本县不遭水灾。

### 5. 雇佣

南街村雇佣劳动者很多，一般去县内的劳动市场雇佣。市场在县公署前的广场上，农忙期每天早上数十人至数百短工的人在这个市场里聚集。在市场里没有中介人，也没有管理者，也不需要给市场交管理费。在调查当年，劳动力的价格是一日三餐付1元至1元5角。

### 6. 副业

除长工、短工以外有在家里做纺织的（土布）。每一匹（2 丈）50 钱的工钱。一人一天可以织一匹布。中农以下的家庭干这个比较多，买来棉花织布。

### 7. 赋税及催收

事变之前，上地 20 亩、中地 30 亩、下地 40 亩的田赋为一两银子，附加是每两银子 1 元 8 毛，杂派很少。在调查时每两银子是 2 元 4 角，亩捐是每两 12 元，治安很差的地方每两银 50 元以上的摊款。所以这些地方借钱和卖土地很盛行。事变前，收取赋税要首先通知村长，然后由村长通知村民。上忙是 3 月，下忙是 9 月，农民自己到县的征收处缴纳，得到纳税的收据，这称为“元帖”。在村里有庸书接受县里命令核查农户的负担金额，再报告县里，县里以此决定各户应负担的金额。事变后，在纳税前，村长把要纳税农户的金额明细书带到县里。县政府据此收税。农民把钱带到村长处，村长汇总后转交给县里。歉收缴纳金额不足的情况下，村长担负责任垫付。垫付不了的还会被县里拘留。在调查时村长兼任保长。

### 8. 庸书

过去是有学问的人当庸书，拥有土地台账。庸书不一定世袭，但是如果孩子可以读写，也有学问，可以让给孩子。庸书没有薪水。

### 9. 推契

卖契也叫推契。甲卖土地给乙，替换税收簿中的名字。办理更名手续时，1 张契约庸书收 5 角的手续费（100 亩与 1 亩的手续费相同）。典与抵押与庸书无关。

### 10. 典

在官里叫典，一般的称呼为当。当歉收或者负债时，农民就会典地。一是典地的对象。出典的话，可以在亲戚、朋友间进行，与城内的商人进行的多。二是典价。在日本人调查时，典价为时价的一半。事变前为时价的七成。三是典的期限。期限三五年的最多，3 年以内的基本没有，超过 5 年的也没有。四是赎回。典地如果想赎回，可以随时赎回。事变前大致在期限内赎回，但是在调查时基本没有在期限内赎回的。五是典的手续费。手续费为典价的 2%，由出典者负担。田赋由承典者负担。六是出典的时间。多为秋收后到春耕前。七是转典。转典自由，可以用相同金额转当。八是中人。典必须有中人一两名。欠债者不支付的时候由中人督促。中人没有代还的责任，诉讼的时候有作为证人站出来的义务。九是抵押。在调查时，抵押很少了，典更多了。抵押的利息一年为 1—3 成。与地价有密切的关系。

**11. 土地买卖**

在日本人调查时，先立草契，按买卖双方和中人的印章，村长在契纸上按压官印，买卖正式成立。事变前（1931）立草契，校董抽5%的手续费，作为学校的费用。校董盖章。村内没有校董的话，找其他村的校董。

## （四）元氏县南关村

**1. 概况和阶级关系**

南关村共有150户，其中杨姓约有50户，分3族，有3名族长；王姓约有50户，刘姓30户，何姓两三户，加上其他的少数姓，共同组成一个村庄。大地主在杨、王两姓中，所以形成了同族色彩很强的村落。但是有着户数大体相当的杨、王两姓的存在，两者之间或许存在着竞争或者制衡等特殊关系。

**2. 村长的资格**

村长必须是人格高尚且有土地（实际上需要50亩地以上），年龄在25岁以上的人，也可以是不在村地主。前村长任职10年，从事农业，又有学识，家里有20多亩地。

**3. 村长的产生**

村长由全村户主投票产生。虽然如此，但是贫穷的家庭基本不参加选举，女人也不参加投票。拥有土地的家庭都会参加。一般在阴历正月后选举。但是，在日本人调查时，拥有很多土地的人都不想成为村长。民国十年以后，10户以上成为“社”，从社员中选出村长，但是实行五六年后就废除了。（1921）

**4. 村长的职责**

村长主要有如下职责：户口调查、秩序维持、村内调停、征税、催杂差拉夫、与县里交涉等。拉夫是一个最头痛的事情。每次拉夫在30人以下，大约五六名。在日本人调查的当年（民国三十年（1941）），上半年拉夫就达到了400—500名，主要是修公路。拉夫按户摊派，所以富人多，穷人少。一般都是自家安排人，雇人出役的少。

**5. 副村长**

南关村有副村长有一人，姓王，小学三年学历，40岁，有8亩地，每月工资30多元，日本人调查的当年三月上任，兼任书记。在南关村，副村长和村长不能是同族及姻亲关系。

**6. 村庄会议**

一般的村务由村长和副村长商量决定。重要的事情先召开甲长会议。其他更重要的事情，如摊派款项、劳力时，要召开村民会议。甲长会议就是召集15位甲长与村长、副村长一起开会商量事情，杨氏就任村长以来，召开了十几次甲长会议。村民会议就是各家家长参加，穷人一般不会参加。但是村民会议不常召开。虽然每月县公署会召开村长会议，要求村长召开村民会议传达，但是村长们很少召开村民会议传达。

**7. 同族**

南关村民的同族意识非常强，各族有族长，管理全族。本村的杨、王两族很大，拥有的土地互不夹杂。一是族长权威。族长的权力相当大，监管年轻人、红白仪式都由村长调度。同族人卖地的时候必须与族长商量。在同族内不能解决的问题由村长解决。二是祖先祭祀。本村没有家庙，但是每年三次祭拜祖先的墓地，特别是正月的时候，全族一起扫墓。其他农忙时分别扫墓。三是分家与族长。分家的时候由家长分配财产，族长必须在场监督。族长要对不公平现象予以纠正。四是老坟会。南关村的邻村有老坟会，12 岁以上的同姓男子可以参加。有大会头 2 人、小会头数量不定。每年一次或在清明或在寒食拜祭祖先的墓地，然后在大会头家中聚餐。族内有共有地，由大会头管理，收入作为聚餐费用。会头轮流担任，不是族长也可担任会头。

## （五）青岛特别市即墨县

**1. 土地关系**

即墨县除了蔬菜园外没有井地，耕地全部为旱地。虽然有些地方有湿地，但无法利用变成稻田。县内最大的地主有五六百亩地，约有 10 户左右。事变前有千亩以上的地主，民国二十三年（1934）有三四户家庭有 1200—1300 亩地，但是因为治安不好分家了。事变前大多数地主住在城里，同时也是当铺、烟店、油房、粮食店的主人或者辞官之人。即墨县，10% 的耕地属于地主，40% 是自耕兼租佃，自耕占 30%，纯租佃占 20%。一个七八口的人家有 15 亩就能够过日子。在耕地上种植地瓜的人很多，如果有 10 亩地，3 亩会种植地瓜。

**2. 租佃形式**

地租有纳钱的，也有纳物的，其中大部分为定额纳物。交钱和收成分益的很少。纳钱每亩 40 元的租金，分益是对半分。一亩地有 200 元毛收入。农民使用堆肥，每亩需要 15 车，每车 3 元，每亩要花费 45 元的肥料款。

**3. 农村金融**

（1）借钱的原因。在即墨县，借钱的非常多，即使事变后也是如此。借钱主要是因为交租税、婚丧、家庭开支、购买粮食等原因，其中三分之一为因为粮食不足而借。没有为土地买卖、建造房子借钱的情况。为了购买肥料或者家畜借钱的不少。

（2）借钱的渠道

农民借钱的非常多，但是农民没有现金，所以借入的多，借出的少。在日本人调查时，当铺、钱庄都没有了，私人商店也不出借了，只能是熟人之间小额借贷。除此之外，不论是村内还是村外没有人从事金融了。从还钱来看，从前就没有借粮食还钱的现象。以前有合会，但是事变以后已经没有了。在此村没有合作社，也没有听说过“新民会”。

（3）担保

亲戚、朋友之间的借贷为信用借贷，不需要担保。钱庄、钱铺借钱必须有保证人。贷方根据保证人的情况决定是土地担保还是房屋担保。

（4）契约

借钱金额很大的情况需要契约书，如借100元的时候必须订立契约书。有的借款有利息，有的没有利息，如果向钱庄和铺子借钱必须支付利息，大致年利为8分。

（5）期限

亲戚和朋友之间借贷一般不加期限，但是向钱庄、钱铺借款必须有期限。

**4. 典**

事变前即墨县多少有一些典地，但事变后几乎没有了。一是典地的时间。典地一般在冬月、腊月、正月进行。土地买卖也是如此。二典价。典价只有市价的一半。三是中人。典地要两人以上的中间人。以前中间人可以得到典价的2%作为谢礼。在日本人调查期间一律是3元。三是期限。期限为3—5年。四是转典。如果转典必须以相同金额转典。五是典卖。典卖的时候，与族长没有关系。六是赎回。期限到后，可以赎回典地，但是也有赎不回来的情况。以前超过50年地权就转归承典者所有。七是典地出租。典地的使用和收益都是承典者的自由，没有特别需要典租者注意的事项。八是典地费用处理。田赋及附加均由承典者负担，承典者交给出典者，以出典者的名义上交。九是追回典价。如果地价上涨，可以追加典价，称作“刚钱”。也有根据情况和出典者的困难而追加“刚钱”的情况。十是先买权。出典地要卖出典地时，承典者并没有特殊的优先权。在调查时，典地、卖地基本上没有了，在当地没有抵押的情况。应答者所在的即墨县北阁里村有220户。李、孙、于等姓各有自己的族长，但是族长只是一个名称而已。

**5. 买卖**

不论是麦子、高粱，还是地瓜，根据需要都会出卖。这些农产品都在集市买卖，城内一直没有粮店。粮食买卖在个人间直接进行，没有买卖的中间商，也没有经纪、牙行等。只有家畜的买卖以前有经纪。谷物的买卖既可以用现金交易，也可以赊账购买。大家都在集市上交易，几乎没有在商店交易的情况。行脚商人有卖布、丝、蔬菜、油等。

**6. 副业**

东郊有竹器，西郊有席、条货（柳工艺品），这是农民农闲时的副业，基本上是女人干的活。做好后拿到集市上出售。在当地没有烟草，也没有棉花，最近柞蚕的市价变低了。本县会有一些蔬菜卖往青岛。

### 7. 务工

农闲期间不少农民会去做木工、瓦工、小工（苦力），全县大约有5%的人外出务工，但是举家搬迁打工的很少。外出打工一般都是经朋友介绍去青岛及附近打工，去满洲打工都是年纪比较大的人一起前往。事变前去满洲做苦力的人很多，在日本人调查时由于手续变得复杂，去的人减少了。在青岛附近的务工，在农忙时也不回家，在工厂工作必须干一整年。在青岛干活，事变前每人每天5角，在调查时是1元5角，全都不包吃。在青岛工厂工作的大多是男性，女性只有1%。男性每人每天1元5角，女工2元（不包吃）。外出打工的人一般不是家里的主要劳动力，不会是家长、长子、次子。15岁开始外出打工比较适合。如果丈夫外出打工，妻子必须留在家里。事变时，很多有钱人（地主、大商人）都去青岛避难，调查时基本上都回来了。

## （六）即墨县城郊各村

### 1. 租佃

在磨子村，租佃地叫“租粒地”或者叫“租地”。

（1）租地手续。租佃一般要订立契约书。租户订立，地主保管。租佃必须有保证人，保证人有督促交纳地租的责任，但是没有代为交纳的责任。契约书会明确保证人的责任。

（2）租佃期限。租佃期限最短两年，因为两年种植3次，一般为五年。

（3）解除租约。因为土地少，租户不会主动解除契约，或返还土地。如果歉收可以减免地租，如果第二年丰收，地主可以提出补交要求。过了三年实际上欠缴已经失效。

（4）租佃类型。租佃有三种类型，交物、分种、交钱。所谓“交物”就是定额交物；分种是指在主佃之间分配收获物；交钱又指“把价”，即交纳现金。只要是交钱就没有契约书，因为交钱是预交租金，没有必要立契，与交物相比，交钱的地租要便宜三成。从清朝到民国都是如此。租佃契约的时间不定。

（5）不同地区的选择。县城周边的土地分配收获物的情况比较多，农村中交钱和定额交物的比较多。因为县城的人要保证粮食，农村租户大多耕种城里人的土地，如果距离太元，作物检查、谷物搬运都比较困难。分配收获物时，地主所得的作物由租户搬运，距离三四十里以上时，由地主提供每天一餐的饭。

（6）不同时期的变化。从清代开始，分配收获、定额交物，交钱的比例就没有很大变化。交物的地租没什么变化，只有交钱有些变化。在日本人调查的当年，上等地租金30元，中等地20多元，下等地10元，菜园40多元。交钱的时候，约定只有一年租期。

（7）地租调整。在没有欠缴的情况下，土地租金不会上涨，地主也不会因为有更好的条件而替换租户。

（8）租佃争议。在不同意收回租地时会发生一些争吵，大多数情况下是租户施肥太多，认为收回不合理而发生争吵。要收回租地，必须提前一个月通知，契约书返回给租户。在磨子村有130户，没有押租或者类似的东西。

**2. 田赋**

在磨子村，正赋、附加都由地主负担。在日本人调查时，每两银子要交8元的田赋，12元的附加。如果计算为每亩的价格，上等地5分2厘7，中等地4分，下等地3分2厘。

**3. 田赋附加**

田赋附加到去年为止都是1元多。但是1941年1月开始到8月已经超出6元了，这可能与正在建的兵舍有关。

**3. 摊款**

在即墨县，摊款也全由地主负担。在调查时农民的摊款很多。挖壕的费用，每亩3元；修路及保甲费每亩要摊派1元。在东关村，每天要出22人。将即墨县分为10区，每区每天分配2000人。挖壕的劳动力每天3元，比普通的短工价格高点。因为在施工地买饭吃，吃饭花2块钱都不够。有土匪活动的地区，摊款负担要翻一倍，听说每亩30多元。3区、7区、9区是土匪活动区域，占全县的30%，全部是土匪，八路军到现在也没来过。村庄每件事情都要摊款处理，过去也是如此，只不过过去由村长先垫付，但是在调查时数量太大，垫付已经不可能。

**4. 看青**

一是看青的决定。看青一般由三四个村组成一个会，由村长商量决定。看青的人每个大体是固定的。村长与看青人商量看青价格，包括各种作物每亩的看青费及看青人的姓名，这些都要向村民公布，并从决定的那天开始生效，同时开始看青。二是看青的负担。看青费全部由耕种人负担。一般小麦每亩2元，高粱、粟每亩1元4角。三是看青的时间。小麦是4月末—5月初。高粱、粟是6月初—7月初。地瓜（甘薯）、豆是7月—9月。四是看青费用的支付。看青费在收获后支付，也有换算成粮食支付的情况。五是看青人的责任。看青人带有承包的性质，但如果遇到不可抗力（例如天灾等）歉收也不必赔偿，还是要获得看青费。

**5. 家族**

在磨子村，有10户，超过100亩的3家，30多亩地的家庭比较多。总体上看来比较贫穷，但是有一些家族有族产。

（1）族产。磨子村徐姓有7户，有10亩族产，位于其他村。这些土地由族长管理，对外租佃，收益用于每年的祭礼。族产很多的是官庄村的孙家，有千亩以上（大亩）。徐姓在官庄村有30亩，其他的土地分散在周边各村。

（2）族产的管理。族产按照如下顺序进行管理：族长—管柜—庄头—租佃人。族长通过管柜给庄头某种文书，庄头决定租佃人。租帖由庄头和租佃人制作，需得到族长的许可。地主使用族的堂号。庄头的名字也作为中人被记入租帖，管柜的名字不会写在租地租帖上，他们是监督庄头的人。管柜由族人选举，有四五人，任期为三五年，非世袭，一般是选择族中的有权者。这种人可以无偿耕种40亩以上的族田。

（3）长支。族中长子这一支被称为“长支”。这一门第的人在10月1日祭祀祖先的时候成为祭主。为了筹措祭祀的费用，长支可以耕种祭田40亩。族长无偿耕种约50亩，这作为族长的事务费和车马费。

（4）族田的收入。在治安好的时候，族田收入用于购买土地、补贴族中学生、经办族立的学校、葬礼费、鳏寡孤独的救济、给接近长支的人的婚礼补助费等。

（5）租佃条件。租佃族田的条件，不管族内外全部一样。

（6）孙家的情况及治理。孙姓的同族很昌盛，分布在好几个村，但是楼子里头村最多，负责人也全部居住在这里。孙家在明朝时就已经存在，出了不少官吏。在调查时，族长有十多人，从清末到民国六年（1917）期间族中围绕族田管理起纷争，引起诉讼。3000亩的族田因为费用和其他原因被贩卖，现在只剩一半。为了处理族里的事务有如下负责人，族长为总理，1人；副族为协理，1人；再下面是监理，2人；监理下面是会计和书记，各1人。这些负责人，各自都被给予一定的土地做为事务费和车马费，各负责人可以兼任。

### 6. 土地买卖

（1）土地买卖的原因。卖地的主要原因依次为：葬礼、结婚、日常生活费。葬礼卖掉所有土地的一半的现象也存在。结婚时，男方需要200—300元，女方需要500元。

（2）土地买卖的时间。土地买卖在每年的11—12月进行。土地买卖的时候，同族、邻地者、同村者有优先购买权。违反的话会遭谴责。在同族内部，其顺序不固定。关系好的人有先买的现象。优先购买权的顺序是：出价高者可优先购买。

（3）土地买卖程序。卖方先拜托说合人（中人）。说合人先同卖家的同族商量，同族中没有买家再找别人。如果找到了买家，在完成土地实地检查后（说合人和两当事人）订立契约书。契约书中署上买卖双方、立字人（谁都可以）、中见人（说合人）四个人的名字并盖章。制成契约书后付钱，收钱后写收据。说合人没有讲究，谁都可以成为说合人，一般以朋友居多。说合人的报酬是卖价的4%。在调查时，还没有监证人的制度。

（4）契纸和契税。买卖时要用官给的草契纸，买方从县公署以每张1角的价钱购得。契订契约后，买方要契税支付，为买价的6%。

（5）更名过割。过割手续时，如在田赋缴纳期（上忙、下忙），写上买方的名字、购买时的条件，再报告给县财政科的“粮房”。

### 7. 典地

一是典地时间。典地一般在每年的11月到第二年的1月之间进行。二是典地中人及手续费。典地需要二至四位中人。谁都可以做中人。中人的手续费，过去是典价的2%，调查时是典价的3%。三是典地期限。期限为三五年的居多，不管经过多少年都可以赎回。过去超过50年就不能赎回了。根据以前的事例，大多能赎回，赎不回的只占2%—3%。四是转典。可以转典，金额相同。五是出典的对象。出典可以选择任何有利可图的人。也有出典给村外的人。六是典价。典价为地价的一半。七是租佃优先权。出典者事先商量关于出典地的租佃优先权。八是刚钱。可以用出典地来借钱。当地价上升时，出典者可以向承典者申请增加典价，这成为“刚钱”。九是典地的出卖。出典者绝卖出典地时，首先与承典者商量，承典者拥有优先购买权。绝卖时把典价与时价之间的差额交给出典者，即从出典转为出卖。十是典地的负担。典地的赋税由承典者负担，先交给出典者，由出典者缴纳。

**8. 借钱**

一是借钱的原因。因为赋税、生活费而借钱的较多。在青黄不接时借钱购买粮食的占农户的三分之一，也有为了买肥料或者家禽借钱的，没有借钱买土地的情况，借粮的也很少。二是借钱的对象。在即墨县基本没有抵押借钱。在调查时，没有当铺、钱庄，也不能从商人那借钱。一般从朋友、亲戚处借钱。三是借钱的担保。过去从钱庄借钱必须拿土地、房子做担保。如果保证人可靠可不用担保。因为多是朋友、亲戚，所以没有担保，也很少立契约书。但是借的金额和粮食多时就需要立契。四是利息。如有利息一般是年息8分，也有没有利息的情况。五是借钱期限。在朋友、亲戚之间没有期限，有钱的时候就还。六是合会。以前有合会，在调查时已不存在。

**9. 水利和水井**

（1）水井成本及补助。县城附近菜园比较多，需要水井。一般每亩菜园需要一口井。在棉花田也新挖了井。凿井费为600—800元（事变前400元）。事变之后，可以从青岛特别市的社会局无偿得到每眼150元的补助，约增加了400口井。领取补助的手续是，农民先拜托村长，村长向县申请，县里制成文件后提交给社会局。

（2）井的归属。井一般为私人所有，共同所有的少。在共有情况下，凿井费用平摊，按顺序来使用。普通的水井为两三户共有。即使有些农户没有出资，因为近邻关系也可以使用水井。当所有者不使用时，邻居可以用水，然后以帮忙耕种土地作为答谢。

（3）共有水井。饮用井也有共有的，由20户或者30户出资。10个家庭耕种六七亩的菜园，也可共用水井。

（4）井的维修。井的维修费用，耕种者支出得多，约为所有者的3倍；费用少的时候只由富人负担；多的时候相关人员聚集起来决定负担金额。

（5）井与租佃。一般是地主凿井，由租佃人负责维修。租佃人凿井的时候，与地主商量后进行，这样租佃人可长期耕作。有井的菜园比没有的菜园，收入要高3倍。

**10. 农产品交易**

农民去市场销售农产品，市场里没有粮栈、牙行（但是家禽市场有经纪），农民与消费者直接进行交易。买卖用现金交易，在商人处买东西可以赊账。也有行商来村里卖布、丝、鱼、油等，不征收通行税。

**11. 雇佣市场**

在即墨，长工少，短工多。城外有劳力市场，每天聚集 50 人左右，在农忙时可以达到两三百人。供给者直接与需求者交涉，没有中介人，也没有契约书。

**12. 牲口、农具和肥料**

每 10 亩需要一头驴马，每 20 亩需要一头骡或者牛，贫农家庭一般没有牲口。在调查时，驴马的价格为每头 100 元，牛为 150 元。没有共同饲养牲口的情况，但是农具有共同使用的现象。农民使用粪肥居多，也有使用豆糟的农家。很多家庭需要购买肥料。

**13. 务工**

农民的生活贫苦，附近靠近青岛市，离开村的人相当多。约有 5% 的人在他乡，其中贫农阶层离村率更高。比起农闲时务工，已经在外务工多年的人更多。不仅次子、三子外出务工，长子也有外出务工的。去青岛、满洲务工的人多，主要是通过朋友介绍。

**14. 村长的资格**

村长不讲财产和身份，主要以学问、品格为条件，还必须是 40 岁以上者，同时还要得到父母的允许。村长由 12 个闾长选举产生（与 30 年前一样）。选举村长时没有商量，投票也不是形式，但是一般村民不得参与。

**15. 村的裁判**

小的纷争由村长调停，大的纷争上诉到县里。在村里不能处罚村民，因为大家是邻居。其他村的人有不端正行为时要罚款，例如偷农作物的情况。

**16. 家族关系**

大家族有 30 多口人的，但是数量很少。大部分家庭为五六口人。事变后分家的多。一般是父母去世和兄弟不和时分家。家长是男性，只有孩子还小时母亲可以成为家长，但是儿子 18 岁以后就要让给孩子。分家要写分家单，富人称为“分书”，穷人称为“分单”。分家后母亲得到养老地或者儿子轮流赡养。分家时，总体上是平分家产，但是有时长子会多点，如 4 人分家，财产分成五份，长子得两份。半农半商家庭，农商财产各自分开分家。女儿没有继承权，只能得到少量的钱。债务不能继承，分家时要先清理债务再分家。一家的财产称为家产、财产，家里没有特有财产，买卖土地要得到一家的同意。

**17. 土地的界**

作为界线的标识，留出宽约 6 寸的土地不耕种，变成道路，或者植树，或者立石碑。这些由地邻相互商量后决定。有时也有界线之争，如有一点被侵犯也会争吵。村里解决不了由县解决。裁决时当事人和亲戚、朋友等出席。县当局叫来双方进行调查，再测量，立上石碑或种上树木。比起田地，宅基地的纷争要多，要猛烈，一般受侵害的一方会上诉到县里。

**18. 燃料**

农民使用高粱、粟、麦的秆做为燃料，此外还使用杂草。10 口之家需要使用煤 200 斤。穷人家去拾取其他人家里剩下的秸秆或者杂草，也拾煤渣末。

## （七）青岛特别市胶县

**1. 田赋**

在胶县，每亩的田赋是 4 银 9 分 3 厘。每两银子 20 亩。每两银子去年的附加是 8 元，调查当年已经分两次收了 16 元。也有农民自封投柜的，也有经乡约催促征收的，也有依靠乡约的情况。各乡都有乡约，是否依靠乡约各人随意。乡约催缴时会收取一些跑路费。乡约每人每年有三四百元的收入。县里有政务警，在乡约无法解决时会请政务警督促。

**2. 租佃**

用物交纳的地租用叫作“租粒”；用钱交纳的地租叫作“租价”。在胶县，交钱的时候实行价折租，即比用物交要便宜。租佃要立契，称租契为“租约”，住在县城内的地主必须立租约。租约没有期限。租佃期间不改变契约内容。在城内有很多地主，乡村基本没有地主。租粒必须在旧历正月末之前交纳完毕。

**3. 催乡**

本县的大地主全都住在城内，有 6 个家庭有 1000 亩以上的土地。每家都设置了五六个被称为“催乡”的管理人，供他们吃饭，并付给他们粮食（约相当于 100 元）。吃饭之外每月还付给催乡两三元。催乡住在地主的院子里，与地主家人分开居住。

**4. 长工和短工**

农家的长工叫作“密汉”，每年付给他们 100 元。短工叫作“工夫”。

**5. 分家与养老**

分家时均分财产，供养父母，但不供养姐妹。兄弟分家时，有姐妹没有出嫁时，姐妹在兄弟家轮流吃住。对于母亲设置“养老地”，也有按兄弟次序供养母亲的情况。父亲去世后分家情况普遍，如果父亲去世后，即使母亲在世，也对分家没有影响，不过此时的分家不会被说成不孝。在分家时，虽说是长子，但也没有任何特别权利。财产的平均分割，与是否孝顺没有关系。在分家时，女性不能分到任何土地，也不能分到卖土地的钱。分家的时候，一般实行抓阄；分家时，不会在祖先的灵位前供奉物品。分家时，族长或者母亲的兄弟或是父亲的兄弟等一起商量进行。分家后，儿子租佃养老地，其条件和旁人一样。母亲在分家后也可以买孩子的土地。

**6. 产品买卖**

农产品在市场出卖，也有在粮站出卖。农民出卖的农产品：首先是麦子；其次是豆子；最后是地瓜。在市场上，没有经纪人，农民直接和消费者交易，但有“斗行”收税，每斗收1角。斗行的朋友不需要纳税。税由买方负担。村里有流动商人，与村里人做小买卖。普通的村庄没有商店。

**7. 庄长**

庄长的选举全都采取全村集体选举的形式，实际上是从旧闾长中选出。事变时有闾邻制度。

**8. 匪贼与赎人**

在村民被匪贼绑架后，村中有实力的人物全部集合商量，集资赎人。如果被抓的是村里的庄长、闾长等，则按亩数由全村负担。如果被抓的是个人，由个人负担；如果抓的村务人员，则由全村负担。

**9. 租佃及地租额**

佃农在杨家庄、辛店庄、马家庄分别所占的比例是30%。地租的缴纳形式有所不同：菜园交钱，耕地按定额交物。也有根据地主的要求交纳代金的情况，但是很少。这时地主和租户要商量，如果租户不同意的话很难实行。交纳的谷物一般是粟、小麦、豆。地租为：上等土地3斗，中等土地2斗，下等土地1斗两三升；价格为一斗粟11元，一斗小麦19元，一斗豆14元。

**10. 租佃契约**

虽然兄弟、同族之间不需要契约书，但出租给别人的情况下必须订立契约书，这称为“揽约”。

**11. 地租交纳期**

地租一年交3次，根据作物交纳时间不同。比如，麦：4月末—5月初交纳；高粱、粟：7月中旬交纳；豆：8月中旬交纳；黍：6月交纳。

**12. 地租交纳**

如果一种作物的收获很少，则换算成其他作物交纳。实物地租由租户运到地主家。地主有很大的秤，可以用来称量。租户一般会带来比契约规定量更多的谷物。即使这样有时也会发生纷争。

**13. 地租滞纳、延期**

年内必须交纳地租。如果不能交纳，地主会催促。如果催促仍然不交纳地主就会夺佃。保证人实际上不会承担物质上的责任。一般而言，租佃人在正月之前都交不了话，可以去地主那请求延期。歉收时，在地主同意的情况下，可以少缴纳，来年再补。没有地主增租的现象。

**14. 租佃人的变更**

地主卖租佃地的时候，新地主可自由变换租佃人。

**15. 退佃**

不定期租佃有退租的惯例，每年清明节前地主会在土地前"贴告示"，告诉佃农是否让其继续租佃。佃农在清明节前去查看。地主没有直接通知佃农的必要，也不会给在经营上给佃农补助。除了地租以外佃农对地主也没有其他义务，也不提供劳务。如果有佃农凿的井，地主退租时没收井，佃农可以在停止租佃时将井埋掉。

**16. 看坡**

每村都有会有一人看护青苗，也称为看坡。看坡人看护作物，如果作物被盗，负一定的责任。耕作者要支付给"看坡"的粮食，所以佃农也要负担看青费。每亩小麦、粟、大豆计1—1.5升，价值大约为1元。一年分3次支付，也有用金钱支付的情况。每亩甘薯为1元，其他作物为8角

**17. 肥料**

每亩需要肥料约15元，肥料多是自给。农民将牛、猪的粪便与灰混合，制成农家肥。

**18. 结婚**

结婚需要有媒人，要给媒人送彩礼钱，当地人称作"彩礼金"。结婚时女方带的嫁妆有：棉被、枕头、脸盆、煤油灯等。中等家庭结婚需要花费四五百元。

## （八）益都县北城乡（旗人村落）

**1. 村庄概况**

北城乡（村）是一个旗人村庄，清朝初年大约1500人来到此地，后来繁衍到1万人，这些人除了按照旗人管理外，还开垦城内的土地，如操场、学田、马场等。后因民国政府北伐，大部分人口外迁，在日本人调查时只有1800人。在这些人中，连一个地主都没有，都是穷人。因为旗人过去是兵，不会农耕，旗人制度被废除后，不会农耕，只能沦落成苦力、小商小贩，也有一部分人成为巡查。粮食、燃料、蔬菜都要购买。现在城里有95%的家庭粮

食不足，每家每户都有人进行短工和苦力劳动，大多就近打工。女性也有去城市纱厂劳动的。农忙期的短工，做炼瓦工、搬运工、泥瓦匠、修鞋工、男服务员、保姆等工作很常见。粮食供应不足时，村内相互借贷，但数额不大，当然在村内也可能借到的大笔金额。葬礼、婚礼没有像以前一样进行，有时连葬礼也不举行。正因如此，自由婚姻也逐渐变多。

**2. 典地和指地借钱**

典借和指地借钱在北城乡几乎没有。但是在益都县其他地方，典当价大约为地价的一半，典期为 3 年或 5 年。指地借钱的价格也是地价的一半，期限为 1 年至 3 年。无法归还时地主将秘密进行双重担保。只要缴纳地租，也可以从两人那里借钱。但是必须保守秘密。典借、指地借钱都要立契，寻找担保人和中间人。保证人和中间人不用承担偿还责任。

**3. 摊款**

乡里需要钱时将进行摊款。闾长以上聚集商讨，然后按照土地面积进行摊款。财主或商人将按照适当的比例进行划分。

**4. 村庄治理**

民国十九年（1930）开始，该乡改变原有旗制，采用闾邻制度，设了村长。事变后，虽采用保甲制，但是闾长依然存在。乡长还兼任了联保主任（保甲）、爱护村长、新民会分会长、新民协议会委员、合作社班次长等。一是乡长的产生。最初乡长由县里指定。事变后，由全村村民投票选举产生。一户一人，限成年男子。不会写字的人委托他人帮忙投票。一般情况下各乡选出两位候选人，向县里推举。然后县里在从中选出一位作为乡长。普通乡村，没有候选人，由闾长和保长选出乡长。二是乡长的资格。乡长必须识字，工作做得好。家庭贫困没有关系，但是乡长是义务制，没有薪水，实际上穷人无法胜任这一职务。村内事务由乡长和保长协商决定。

**5. 村规**

该乡村有村约，它是民国十九年（1930）时废止旗制而采用乡制时制定的。

**6. 原旗公有地**

民国十八年（1929），北城乡向省请愿希望将城内的空地作为旗公有地，获得批准。各家各户有耕作权，但是没有所有权。各户分割公有地进行耕作。租佃、典当、买卖都要私下秘密进行，不可公开。如有绝户人家，将按照抓阄分配其土地。

**7. 家庭和家长**

城内住民家庭一般有四五个人，多的情况有七八个人。家长死后，孩子尚小，母亲成为家长，孩子 15 岁后成为家长。家长必须是长子，如果长子身体不好，或者头脑不好，无法处理家务，也没有关系，因为村内没有大量财产的家庭，因此谁成为家长关系不大。

**8. 家产及分家**

家产是一家的财产。父亲在世时由父亲掌管；父亲去世后由母亲掌管。据说父亲在世时家产视为父亲一人所有，父母死后将由兄弟姐妹共同所有。分家产时，女性也能得到平均分配的财产。一般情况下平均分配的情况较少，长子分得的财产略多，女儿分得的财产会略少。父母在世时会平均分配家庭财产，但是父母死后兄弟姐妹分家时，女儿会分得较少的财产。

**9. 分家与养老**

在北城乡，分家的原因与其他汉人村庄大体一样，兄弟媳妇不和，有些兄弟懒惰，家里贫穷等。分家里，父母获得养老地或者养老金，其数量取决于家庭状况、感情和父母的意愿。父母在世时分家比较少，去世后分家的比较多。旗人对分家并不避忌，认为是正常现象。家庭成员较多时，父亲担心自己死后会发生财产纠纷，便将土地平均分配方案记在纸上，将纸保留。父亲死后孩子们就按照纸上写下的方案进行分配。

**10. 女儿财产处理**

未婚女儿得到平均财产后和关系最好的哥哥一起生活。其出嫁费用由自己的财产承担。如果费用不够，兄弟商讨，平均分担，或者由娶妻的男方承担。一般会以女儿自己的财产作为承担标准，兄弟出资的金额极少。女儿持有的土地，要么卖掉做为出嫁费用，要么一并带入丈夫家。

**11. 家庭纠纷及调解**

父母死后分家引起财产纠纷时，一般会委托邻居、亲戚和朋友进行调停。这样无法解决时，将会向县的承审所申诉裁决。

**12. 家族**

旗人也有同族的意识，有族长，按照辈分和年龄来决定。由于北城乡是一个贫困的村庄，族长没有多少权力，只是在祭祀祖先时，召集同族人并进行指挥。如果族内有祭田，一般由族长来经营，但是族长要承担祭祀费用。

**13. 坟的形式**

在益都县坟墓的形状有两种：一是人字葬；二是怀中抱子式葬。墓地狭窄时根据辈分进行，埋成人字葬的形状。

## （九）德县

**1. 县的概况**

德县实施的区乡制：区——乡镇——村。全县分为9个区、75个乡镇、837个村庄。

其中，向县缴纳租税的有 67 个乡镇、687 个村庄。保甲制后，乡长兼任联保主任，庄长兼任保长。事变前实行闾邻制。一个区有 5 个乃至 10 个乡。一个乡大约有 10 个村。每村的平均户数为 80 户，拥有 12 亩—20 亩的土地的家庭最多。没有大地主，也没有人拥有超多 200 亩的土地。事变前，听说有家庭拥有 500 亩土地。在调查时拥有 100 亩的家庭也很罕见。牲口大多是牛和驴，平均每 2 户有 1 头。作物有麦子、谷子、高粱、玉米、甘蔗、胡麻和棉花等等。八区有 10 个乡、128 个村，九区有 122 个村。

**2. 村落形态**

每乡平均有 10 个村，每村平均有 80 户。多者有 300 户，少者有 10 户乃至 12、13 户。这种户数较少的村子联合形成一个村的情况较为常见（即连村）。例一，一个叫五间房的村子是由五个小村联合成立的，还有一些很小的聚落联合组成的村子。这种情况很常见。这些村名大多为三间房、五间房、八连庄等等。小村落一般会串联成团构成大村落。县里将这些村落看作为一个村来对待。然后在其中选取有权势的人任命为村长。例二，有个名为五僧的村庄，村长每三个月进行交替，据说是由各村落按顺序选举。可能村长一职并无好处，因此第八、九区的村长频繁更换。例三，五家寨村。由于每家都有望楼，因此五家联合组成一个村庄得到了允许。魏家集、干家庄源于村庄组建时魏姓和干姓的人数众多而得出此名。含有像魏家集的“集”字这样的村庄，一般都有市集。

**3. 土地占有**

所有地为每户平均十二三亩，优良土地为二十四五亩。最大的地主也没有超过 200 亩（事变前有 500 亩土地的地主）。拥有百亩土地的在乡中被称为有钱人。由于土地较少，所以村中自耕较多，租佃较少。在农忙期，贫农被雇佣，每日赚大约一元到一元四十钱。雇农者首先要拥有 40 亩以上的土地，如果地主要去县城，必须雇农，并且委托亲戚管理土地。

**4. 旗人旗地**

清朝时期，德州驻扎着德州城守营。有四旗：正黄、镶黄、正蒙、镶蒙。前二旗为满人，后二旗为蒙古人。城内无兵舍，有衙门，旗人与汉人杂居。上级官员居住在衙门，兵士居住在自己家。城守尉以下拥有俸禄土地，出租让佃户耕作。城守尉有三顷，防御人员有三四十亩，以下官位逐减。除俸禄土地以外，旗人有私有土地。这些土地是向省提出申请交纳田赋，契税后成为私有地。俸禄土地成为旗人共有地。这些旗地与官旗产清理处清理的土地不一样。俸禄地成为旗人公有地的面积大概有五顷多，它们遍布在城外 20 里以内，同样由佃户耕作。租金价格比民地便宜一半。这些租金用于钱粮、杂派以外的剩余部分救济贫民。旗人的私有地还是称为旗地，很多土地已被卖掉。

**5. 地租**

该地区的一般土地，每亩能收获 6、7 斗谷子，地租一般为 4 斗。作物种类不由地主指定，但是地租必须交纳固定的谷种（一般为谷子）。如果在借来的土地上种植高粱，交纳物也可以是自己土地的谷子。如果作物不足，那么便按照市价交纳一定的钱。

#### 6. 租契

租佃契约书称为“租契”，制作两份，双方保管。10年契约较多，在此期间契约内容不可变更，这要写入租契。租佃分为“分种”和“包租”两种，后者较多。每村情况不同，不能一概而论。分种仅限折半。包租时，滞纳份额要在第二年交纳。地租没有交现金的情况，即没有货币地租制度。10年租约，5年就退佃是不允许的。如果违反契约，地主可委托仲裁人进行调查。租契中必须写明期限，最短为5年、也有七八年的，但是没有10年以上的期限。

#### 7. 长工和短工

长工称为“扛活的”，短工称为“帮忙”。

#### 8. 共同饲养

家畜可以两家共同饲养，饲料需两家均等承担。畜舍每10天进行交替。

#### 9. 看青

在德县，看守庄稼称为看青，不是看坡。有的村庄雇人看守，有的村庄各家轮流看守。在调查的当年，陈村组织了青苗会，每晚有10人看守，若有偷盗行为则将该人带到会中，若是穷人则进行打骂，若是富人则收取罚金。其他村的村民更不可原谅。

#### 10. 田赋征收

在德县，田赋由三个单位负责征收。一是县征收处。负责征收一般民粮地的第一期、第二期田赋。二是衙征收处。负责征收卫地的田赋。卫地始于明代，是皇帝（燕王）为培养军人而开辟的。卫被废弃后，士兵们大多离散或是成为土著，卫地的地目就这样保留了下来。在德县的第三区面积最大。三是漕粮征收处。以漕粮的名义征收第三期田赋。各征收处根据地域各分得四份。

## 四 河北省安次县

### （一）祖各庄

#### 1. 寄住者

寄住者都是在本村有熟人的人，即需要熟人介绍和担保才能够寄住在某个村。担保者向会里申请，如果寄住出了问题，担保者要承担全部责任。由于大家都是亲戚或者朋友关系，所有没有做坏事。寄住者没有土地、房产，也不用交花销（摊派），但是需要交门户钱。村庄摊派有两种征收方式，一是按照田亩摊派；二是按照门户，门户费每年收一次，每次3、4元。门户钱属于村庄的收入，用于老师、勤务工、民团团长工资。

### 2. 本村人资格

如果寄住者要成为本村人，一是要有土地；二是要有房产。有些人在很短的时间购买了房产或者土地后，就成为了本村人，有些寄住者虽然有很长时间，但是没有房产、土地，也不算本村人。

### 3. 会里制度

在以前村庄由会里来负责管理，在会制度时，有村长、副村长、司事人等十余人。会也称为大会。

### 4. 保甲制

取代会里制度的是保甲制度。在保甲制度时，有正副保长、九甲长、有拨儿，繁忙时村民也会来帮忙。月拨儿是村公所成立后才有的组织。

### 5. 村差

所谓村差就是村里收的差钱。甲村人购买了乙村的土地，如果甲交了亩捐，就可以不承担差钱。如果甲有100亩地，90亩在本村，10亩在外村，甲只交90亩的村差。因此，如果土地卖给了其他村，会增加本村其他人的负担。

### 6. 分家和分户

分家后是否分户有不同，一是父亲健在时，每个兄弟是家长，但是父亲是户长，还是一户。二是父亲去世，但是兄弟们比较和睦，以长兄为户长，兄弟是各家的家长，但是仍然是一户。三是如果兄弟不和睦，则各家成为一户，挂户的牌子。分户不影响摊派，因为摊派主要是按照田亩来征收。

### 7. 家族

在祖各庄村，也存在家族，在清明会时，同族会聚集起来祭祖。早晨七点大家去族长家，然后一起前往墓地进行祭祖。同族人都会带着铁锹和锄头去祖坟，并挨个给祖坟翻新土。在上香时，没有辈分的先后顺序，烧香人是族长，供品由大家摆放，族长烧香时，由同族人来点鞭炮。族长叩头后，大家回去，将供品摆在墓地。然后各自去祭祀自己家的新坟。在族长家吃饭时，男性与男性坐在一起，女性与女性或者孩子坐在一起。男性按照辈分来坐，女性随便坐。有清明会的，族长向同族收钱购置酒菜。没有清明会的，同族轮流购买。前者男女均参加吃饭，后者只是男性参加，每家一人参加。如果供品不够吃时，会按照同族人的人数来安排。清明会上的同族，三天都在一起吃饭，非清明会的同族每天只能吃一次。

**8. 看青**

安次县也会看青。一是看青的发起人。主要由村长和校长提议，与甲长们商量。一般在村公所商量事情。二是看青人。决定看青后，就请看青人，本村的农民会申请看青，有10位申请，这些人是家里贫穷的年轻人。家里没有土地，给人做长工等。三是看青的时间，6月底—9月末。四是看青报酬。地户每家出一小升玉米或谷子或高粱，在看青结束后就上门按照面积收取。每人两袋约40斤。五是看护。10人白天和晚上都拿着棍子，在地里巡视，没有专门的房子，如果下雨就用玉米秆做一个小房子。六是外村的土地。外村的土地也会入青，同样出一小升粮食。七是偷盗问题。如果抓住小偷，本村的会让其赔偿一二斗粮食，外村的人会送官府。如果作物被盗，10人共同赔偿，从收入中扣除。八是看青结束。看青结束后，不开会，也不会吃饭，看青人也不会感谢牵头人。1942年以前没有请人看青，农民自行看护，因为粮食比较多。在调查的当年组织看青是因为粮食产量不足，才成立看青会。

**9. 自卫团**

民团也称为自卫团，是维持本村治安的团体。民国十七八年（1928、1929），基于县公署的命令成立民团。开始只是巡夜打更，后来要成立自卫团，就改成了自卫团。民团有16人，团长1人。团长是村里的老户，大约30岁。团员的年龄是20—30岁。都是本村的庄稼户，只有家里有枪的人才可以进入自卫团。团员们白天在农田干活，晚上值班。在本村，值班地点有两个，一处有10人，一处有6人。值班的时间是晚上8点到第二天的4点，每个小时替换一次。自卫团员都有枪。其实在事变之前，村里人没有枪，事变后枪开始多了，只是后来买不到子弹了。团长一般要年轻力壮的人，由大家公推。现在的团长已经任职三年，团长如果不想干了，随时可以辞职。团长每月的报酬35元，团员每月的报酬是10元。这些费用全部从村费中支出，按照田亩面积摊派。高粱、玉米长得旺盛时，白天也会有人站岗巡视。另外一个位访谈者介绍，县里规定，每50亩就得有一台铁炮，每100亩得有两台铁炮，但是有时有地的人也没有购买铁炮，一方面负担不起100元的费用；另一方面家里没有年轻人。村里大约有40台左右的铁炮，村里购买了2台，由自卫团长持有，放在团所。其中有些优质的铁炮就给了县政府、乡公所，乡公所会给一定的补偿。

**10. 自卫团的运行**

受访者陈国泰所在村的自卫团成立于民国二十九年（1940），自卫团团长由保甲长和村民投票选举产生。自卫团有16名成员，其中1位是团长，当选为团长是因为曾经在廊坊接受了一个月新民会青少年团的训练。团员都是家里有铁炮的，但是并非都是有钱人，也有没有钱的人。年龄一般在20—30岁之间。团所选在家里比较宽敞的人家。自卫团每天晚上8点到第二天的3点结束（旧表），如果听见狗叫所有自卫团成员均会出动，如果没有狗叫，就只有步哨的人在外面巡查。步哨每人一个小时，除了值班外，其他时间都是睡觉，但是要在团所睡觉。团员中没有因为偷懒不出去放哨的。如果生病要请假。也没有人谎称生病而不参加的。如果休息的时间比较长，如5天、10天的，要减少工资，按照每天30钱来扣减。一般自卫团员都是一家人，如果父亲生病了，可以儿子代替，如果儿子生病了，父亲可以代替。没有人不想要10元钱而休息一个月的。团员都是雇佣的，每月每人10元报酬，团长为35元。自卫团成立后，曾经遭遇了两次土匪进攻，被自卫团打退了。村庄一般会与外村相互联系，当遇到土匪攻击时相互支援。有些村自卫团还有制服，制服、工资、灯火、煤球等，费用均由村民分摊。村民持有铁炮需要登记。

**11. 分家的原因**

有一位家长应答人谈到分家的原因，自己年纪大了，不能管理家庭，生活比较艰辛，趁自己还在世就分了家。当时儿子们也同意，因为有些儿子家里的孩子多，有些孩子少，不公平，不能不分家。另外一家长应答者表示，前几年收成很好，家里9口人过日子没有问题，但是在调查的当年收成不太好，日子过得比较困难，所以就分家了，以便大家自力更生。

**12. 分家与养老田**

分家时，一定会先留出养老田，养老田由父母提出来，如一家52亩地的家庭，留出了18亩做为养老地，其中10亩是祖母的丧葬费。留出多少养老地，儿子们都没有意见，分家的中间人会劝父母多留养老地，因为多留养老地，自己有收入，可以有零花钱，也可购买衣服，或者吃点好的东西。而且儿子们年轻，可以挣钱。当然父母也会考虑儿子的生存。

**13. 养老田的耕种**

养老田出租，可以出租给外人，也可以出租给儿子。有一户出租给儿子，采取分粮的方式，老人不出任何花销，得到一半的粮食。不需要钱时就将粮食储存起来，需要钱时就卖掉。

**14. 轮流管饭**

如果留了养老地，就不能从儿子那里得到任何钱。如果没有留养老地，就是轮流管饭，轮流的时间是5天、15天、一个月。选择5天的家庭为多，因为5天时间较短，感情不会淡薄，长了就会厌烦。当然如果留出了养老地，也可以在儿子家里轮流管饭。

**15. 养老地的处理**

父母去世后，如果儿子们有钱，可以由儿子们出丧葬费用，土地平均分配给儿子。如果一个儿子有钱，一个儿子没有钱，养老地肯定会卖掉。如果养老地出卖后的钱办完丧事后还有剩余，兄弟们平均分配。如果养老地卖掉的收入不够办丧事，就以这些费用来办丧事。受访的老人表示，在世时有权决定养老地，但是自己死后就只能由儿子们决定了。

**16. 同族土地先买权**

如果同族的土地要卖出，要先与同族商量，不商量就卖出就会受到谴责。如果同族没有钱，就可以将土地卖给外姓。

**17. 分家的中间人**

分家时会请中间人，主要是叔叔、大爷等同族，老亲人、老朋友也可以作为中间人，甚至几个月大小的幼儿也可以。中间人与父母、兄弟们商谈，最后由中间人宣读分家单。分家时，族长可以不出面。

**18. 分财的方法**

首先分地，在减去养老地以后再平均分配。然后分家什衣物。由抽签决定。签由中间人制作，在纸上写好揉成团放入碗中混合，然后让弟弟先抽签。分家时不受时间限制，可以是白天，也可以是晚上。分家也不必一定要拜神、拜祖先，哪里都可以。如果分家时儿子们都没有结婚，未来结婚费用由儿子们自己承担。

**19. 分家散伙饭**

分家后要吃一顿散伙饭、散烟的饭。在家中吃饭，中间人也吃饭。

**20. 分家单**

分家必须写分家单，分家单上写明各兄弟所分的财产。有些家庭，父亲在世时，马马虎虎分家，可以不写分家单，但是父亲去世后还是要写分家单。当然兄弟关系好的话可以不写。

**21. 村长**

村长有一定的资格，第一，有学识；第二，家族人口多，因为人口多工作起来比较方便；第三，要明白公事。另外，还要会识字，能够阅读公文，工作能力还要强。村长的行政工作需要商量时，由保甲长和村长一起商量。

**22. 保甲制**

民国二十八年（1939）开始实施保甲制，保甲制是村里有村长，因为刚开始无法进行选举，所以由村长当着甲长的面任命保长。村长负责村里的行政工作，保长负责户口工作。民国二十九年（1940），保长由选举产生，主要由甲长、村民选举。保长更替不会影响甲长，甲长更替也不会影响保长。选举保甲长时，妇女和小孩子不能投票，只有18、19岁以后的成年人才可以投票。选举就是普通的白纸。选举保长时一般在保公所，即村庙。选举新保长由前任保长主持。保长选出来后将名单交给乡公所，乡公所交给第八分所，第八分所交给县政府，县政府再出委任状。保甲长要同时向县政府汇报工作，但是只有保长才有委任状。保长的任期为一年。选举时没有候选人，大家根据自己的意愿选择中意的人。在民国二十九年（1940）以后，保长兼任村长，保村合一了。

### 23. 甲长

甲长一般不能由穷人担任，因为穷人没有空闲时间来做公事。甲长要有地，会写字，还要有一定的能力。甲长由每甲的人选举产生，选举时乡公所会来人监督。甲长没有任命书，但是乡公所会有甲长名簿，登记在册。甲长任期一年，一年后如果不想干，则选举新的甲长，如果没有找到新的甲长，老甲长还得继续干。如果在任期内，甲长不想干也可以，要向乡公所提出申请，然后再改选，改选时乡公所会安排监察人，有时警察分所也会派人来，一村的村民聚集在一起选举。保甲制实施后，甲长全部换了。主要是甲长是义务制，工作又比较麻烦，因此大家都不想干。但是穷人愿意干保甲长，因为可以利用保甲长的权力为自己谋取好处。保甲长主要是对村里品行不好的人进行监管，同时也监管电线、桥和铁路等。村里有事就会召开保甲长会议，村长也会参加。

### 24. 值月人

在保甲制以前掌管村里财务的人称为值月人。一年分成 3 次，每次 4 个月，每个月一个人。由这些人轮流掌管财物。值月人必须会识字，会算数，家里还要有土地，没有土地的人没有时间做村里的事。

### 25. 闾邻制

民国二十二三年（1933、1934）的时候，实施过闾邻制，5 家一邻，5 邻一闾，10 家连环保。

### 26. 庙、学校及维修

村里有两座庙：大庙和土地庙，后者又称为五圣神祠，修建时间不太清楚。在调查的前一年进行过维修，花费了一万多元。维修由保长、先生、帮办人三位组织。费用由村里摊款，每亩 3 角，土坯由村民捐助，炼瓦就用以前的。民国五六年时大庙改为学校，有庙产沙地约 7 亩，由勤杂工耕种，即将土地作为勤杂工的报酬。勤杂工由校长来决定。村里有村校后，私塾就没有了。因为村里穷，所以学校难以办下去。维修大庙，其实就是维修学校。另外一座庙是土地庙，也一同维修，不过庙小，花费不多。两座庙都没有庙会。正月初一，人们会去土地庙烧香，人死后会去报庙。

### 27. 报庙

父母去世后，儿子早上会去土地庙送纸（烧香、烧纸），中午媳妇会去报庙。报庙的时候，把家中带来的烧纸放在箩筐中，然后拿着箩筐边哭边去土地庙。除此之外还会带上侄女、外甥女这样的女性同去，这时男人不去。进入土地庙后，就会喊“娘呀（母亲）

爷呀（父亲），我们给您送钱来了，您在哪儿呢，您快拿去吧”。拿着烧纸绕着墙壁转圈，然后将这个烧纸贴在死人所在的方向，然后回家。晚上女人们还会再去。媳妇在先，后面再跟着一位。翌日所有的女人都会去3次。3天中女人们早上和中午都会去，晚上儿子会去。儿子去的时候，会抱着灵牌边哭边走，进入土地庙之后也会喊相同的话。将烧纸贴在墙壁上，将贴过的纸拿下来放置在灵牌上，抱着它哭后回家。报庙要过3天，所以要进行送三。报庙时烧的东西，男人有车、纸人二名、骡子；女人有牛、猪、桢箱一对，其他的还有车、纸人、骡子，有钱人还会烧一楼二库。最后儿子去庙里时，送三的人都会一起去，然后出土地庙去烧各种祭品。

**28. 求雨**

在应答者所在的村庄，人们很少求雨。他只记得在二三十年前大旱时曾经求过雨。求雨主要是在五六月大旱之时，因为没有下雨，无法耕种，村里好事的人就会提议求雨。求雨后可能下雨，也可能不下雨。

**29. 水井**

祖各庄受访者张佩荣介绍，自己所在的村庄有4口官井，4口私井，1口共有井。全村有九甲，第九甲没有井。有些井既能够饮用，也能够灌溉，不过全村只有王姓家的井可以饮用。官井并不是村里出资开掘的。但是应答者没有介绍到底官井如何产生。不管是官井，还是私井，大家都可以使用。不管是本甲的井，还是他甲的井，都可以使用。维修井时由使用水井的家庭共同出资，如维修一口水井需要10元，十个家庭每个家庭一元，如果有贫穷的家庭，有钱人就会帮助他支付。即使是私人的水井，也不是所有者维修，而是用水的家庭一起维修。大家都会维修水井，但是不能挖掘水井。官井和私井没有什么区别。

**30. 道路**

祖各庄受访者张佩荣介绍，村里本来没有道路，但是在自家的土地上走多了，也就成了路，自己也就无法自由使用成为道路的土地了。如果道路两边的土地属于不同的家庭，这种路称为“道打中心”，以道路为中心划界。村内所有的道路都有所有者，但是大家都能够在私人所有者的道路上行走。

**31. 厕所**

祖各庄受访者张佩荣介绍，村里厕所全部是个人所有，如果家里没有建造厕所，就用别人的厕所。院子里的厕所大多是女厕所，男厕在院子外面。道路上的厕所，大家都可以使用，但是不能私自取走粪便。因为这要归厕所的所有者，可以用来做为肥料。

**32. 村庄治理**

因为祖各庄只有9甲，末满10甲，所以东王庄的二甲与祖各庄的9甲共同组成一个保。虽然如此，但是两个村除了保甲事务，没有其他的关系。东王庄的村长每3个月更换一次，除了一户姓超的外，其他全部姓王，因此王姓各户轮流当村长。在村庄有村长、副村长、地方3人，其中村长、副村长每3个月轮换一次。轮换的原因是一个人当村长就会没有闲暇时间，所以大家轮流担任。

### 33. 保甲制

民国二十八年（1939）实施保甲制，选举保长时，第八分所的人会来监督选举，与县公署没有关系。保长是一年一选举。选举时是每户一人，也有不能投票的，不能投票的人不能代理投票。妇女和15岁以下的小孩不能投票。没有人想当村长、保长，但是也有些人想当保长谋些利。但是在东王庄，村民一般会将票投给好人，虽然有坏人想当选，但是村民不会投票。东王庄不允许保长辞职。

### 34. 打更

为了防止火灾和盗贼，东王庄从清朝就开始打更，民国时期还在持续。打更时间是十一月到第二年的二月初一，每天打更时间为晚上9点到3点，也有五更和六更打更的。打更人要住在更铺儿或者更房儿。村里没有固定的更房，主要利用空屋。村里雇佣两位贫穷的人打更，每人每月由村公所给4斗粮食，夜晚还有燃料费用，这些都由土地亩数来平摊。打更人拿着木头或者木棍，一更打一根；两更打两根；三更打三根。

### 35. 堂名

分家时，长子继承父亲的堂名，其他各兄弟自己取堂名。取堂名时都会取一些含义比较好的字，或者自己喜欢的文字，没有什么特别的意义。在东王庄，每家都有堂名。如福顺堂、忠立堂、慎思堂等。堂名主要用来区别自家和别家物品，如在板凳、捎马子、口袋上写上堂名。借钱时不用堂名，但是赊账时可以用堂名。不认识时写上堂名也没有用。

### 36. 分家与分户

分家后可以分户，也可以不分户。分家不分户，一般长子为户长；分家后分户，则各兄弟都为户长。母亲不能成为户长，但是母亲可以成为家长。户长必须为男性，但是没有年龄要求。女性一般不能成为户长，但是外村人在本村寄住，与摊款没有关系时，女性可以成为户长。分家后分户与否都不影响摊款，因为摊款是按照土地亩数来进行的，不按照户来摊款。分家后不用进行土地过割。一般一代会分家一次；两三代不分家的情况比较少。

### 37. 分家与养老

分家后父母的养老有三种情况，一是分给父母养老地，虽然父母有养老地，但是自己不耕种，还是儿子们耕种，父母可以轮流在儿子家吃饭，也可以儿子给粮食后自己在家吃饭，前者比较多。二是不分给父母养老地，父母轮流在儿子家吃饭。三是分给养老地，但是出租给儿子们，儿子们轮流租佃，并向父母交租粮。四是儿子们轮流给父母养老粮。

### 38. 养老地与丧葬

分给父母养老地，父亲去世后，若母亲还在世，养老地不会卖掉，而是儿子凑钱办丧事，或者卖儿子们的地办丧事。如果父母都去世了，养老地可以卖掉办丧事，也可以儿子凑钱办丧事，然后平分土地。如果父亲或者母亲先去世，则不举办丧事，而是在三天后在自己家的院子内外建立坵子，待母亲或者父亲都去世后一并举行葬礼。

### 39. 定婚和结婚

定婚没有具体的时间，可以年龄小时定婚，也可以比较大时定婚，结婚一般是十五六岁，二十几岁结婚也有。定婚后若一方去世，需将婚帖还给对方。男方死后，不能不让女方结婚。女方死后，如果两家关系比较好，可以让女方葬在男方坟墓。大家都不喜欢孤女儿坟。未婚男女去世后不入坟，寄埋，埋在哪儿都可以。未婚女性的坟称为孤女儿坟，未婚男性的坟称为光棍儿坟。在东王庄没有结阴亲的现象。

### 40. 论辈

在东王庄和祖各庄，辈分很严格，不得乱辈分。辈分一般与父亲对照，与父亲同辈年龄比父亲大称为伯父。有本家的辈分，也有街坊邻居的辈分。两者基本相同。不过本家的辈分是根据血缘来确定。如果有人寄住在别人家，自己的辈分要降低，俗话说“在家三辈老，出家三行”（查），这并不是说一定要降三辈，而是要降低一辈。什么时候讲辈分没有定准，在拜年时一定要用辈分。长工之间没有辈分，但是长工与雇主有辈分，长工称雇主为掌柜的，称雇主的儿子为少掌柜的。

### 41. 学校

祖各庄有一所小学，设在大庙里。小学有老师一人，校长一人、勤杂和联络一人。老师每年的工资为200元，勤杂和联络为每月30元。在日本人调查的前两年没有勤杂，全由老师负责。校长没有工资，也不上课。校长由村保选举产生，处理学校的事物，负责去县里开会，开学前向县里汇报。工资分两次发放，上半年发放一次，指清明节；下半年发放一次，指大秋。学校除了工资费用外，还有茶、炉子、煤炉、炭火、糊窗纸等需要百元左右。老师的工资和学校费用由全村土地按亩数平摊。民国三十年（1941）前，县政府每年补助40元，这些钱也纳入学校预算经费，以减轻农民的负担。在小学设立之前，村里雇佣一位老人讲授儒学。在日本人调查的前几年学校遇到了困难，民国三十年（1941）庙维修关闭了半年，民国三十一年（1942）收成不好，学校全部关闭；民国三十二年（1943）春天由于生活困难孩子们无法上学。调查的前一天，治安军进驻学校。即使学校不上课，也得给老师开工资。

### 42. 村界和看青

祖各庄和东王庄之间有一块木头牌，是两地的村界，但是小孩子经常将木牌拿走。其实在公路建设以前，两村之间的边界很模糊，修了公路以后祖各庄制了一个木头牌。以前没有看青，在调查时各村自我看青，所以村界才开始清晰。看青时双方都会有土地在对方地界内，所以会一起巡视。在没有交界牌的地方，土地的所有者会在不同的地方种植柳树墩子，所以田地的边界就成了村庄的边界。

**43. 童养媳**

如果女方家里贫困就会托媒人向男方传话，将女儿送给男方做为童养媳。一般年龄为8—10岁，如果再大点就可以结婚了。童养媳因为年龄尚小，男方家也将其当小孩对待。童养媳除没有拜天地外，已经是男方家一员了，吃住都在男方家里。如果女方家条件变好了，可以将女儿带回家，但是今后还得嫁给男方，即不能毁婚。如果童养媳一人前来男方家，结婚仪式的所有费用均由男方承担，如果母亲与童养媳一起前来男方家，则女方承担一部分。结婚的媒人和童养媳的媒人为同一人，请帖与普通的结婚请帖相同。结婚前童养媳会回家一趟。在当地童养媳除了家境贫穷外，也没有什么没有面子的事情。在日本人调查时，男方和女方都是贫穷家庭，可谓门当户对，当然也有男方家不贫困的情况。男方接受童养媳也有自己的考虑，如果等孩子长大后向别人提亲，女方家就会要礼金，而童养媳可开始就约定好，不用给礼金。

# 治水惯行：对河北省诸县水利惯行调查

## ——《满铁农村惯行调查》第六卷导读之二

本部分是日本满铁调查员对河北省邢台县七里河的河水、水闸配水、分水及其管理的惯行调查。调查涉及沿河的十几个村庄，8 个水闸。调查地点主要在东汪村。访谈对象有新民会会长、村长、河正、河副、小甲、农民等。此外，调查员还做了一些当地经济社会的调查。

## 一　水利与水闸

### （一）村庄概况与经济社会情况

#### 1. 张家屯村的概况

事变前和日本人调查时，村庄的户数和人口基本没有变化。在调查时户数为 123 户，张姓人数最多，占总人数的三分之二。三分之二的家庭只耕种自家土地，三分之一的家庭还需要租佃土地。耕地面积最多的家庭大约有四五十亩。没有完全以租佃土地为生的家庭，也没有完全无地的家庭。张家屯村拥有土地最多的是张洪范家，有八九十亩土地，这些土地一部分自己耕作，一部分借出去。在张家屯村，灌溉基本依靠河流，没有用井灌溉的土地。

#### 2. 雇农与长工

到别人家做长工、月工或者短工的农民叫作雇农。长工较多，大概有七八家，在本村内做长工的情况较多，一般是二月初二开始，九月结束，一共大约 8 个月。调查时每年的收入为一百二三十元，调查前一年为八九十元，事变之前为四五十元。张家屯有五六家雇佣长工的人家，最多的是韩清申家，雇了两个人，像这样的家庭全村只有一家。屯里也有两三个人外出找工作，大致上都去了顺德村。一人经营药店，一人经营西关煤炭店，还有一人成了东关理发店的徒弟。在本村，除了农业之外，妇女们还从事织布、造丝等副业。

#### 3. 灌溉方式与地租

灌溉方式和土地质量决定地租。根据不同的灌溉方式，地租可分为四类：一是利用水渠直接往田中注水，这样的地大约占张家屯村土地面积的三分之二，每亩地租为 2 斗麦、2 斗秋。二是田地位置较高，利用水斗子、水刮子汲取水渠的水进行灌溉，这样的土地占六分之一的面积，每亩地租为 1 斗半麦、1 斗半秋。三是利用水车、人力——辘轴类用具抽取井水进行灌溉的土地，占六分之一的面积，地租略微低于第二类土地，但是差别不大。四是全部依靠雨水灌溉的土地，面积占全村土地的一半左右，每亩地租为 1 斗秋，不收麦。另外，根据土地质量的差别又可以分为芦苇地和普通土地，后者以谷物纳租，不需纳钱；前者要纳钱，通常每亩为 20 元（芦苇地的收入为每亩 40 元）。

#### 4. 土地租佃及同人

在河会村自耕农不到一半，大部分人将土地出租或者自耕一部分、出租一部分。租佃土地时，一般会写契约书，称为“保账文书”。土地租佃需要保证人，在保账文书的末尾处写上保证人姓名，叫作“同人”，由一个人充当同人的情况比较多。租佃一般没有期限，如果能够如期交纳地租可以长期续租。

#### 5. 作物与灌溉

在河会村，春季一般种植麦子，秋天种植大豆、高粱、粟等作物。这些作物按照肥料、土质、水的不同，收获量也会不同。麦子种得最多，普通土地每亩可以收获三四斗；粟、高粱和大豆产量相当，每亩四、五斗。不管是什么作物，仅有土质、肥料和耕种，没有适当用水灌溉，收获量也是不同的。因此用水过量或者用水不足都不能获得丰收。与此同时，作物种类不同，水的需求量也会有所不同。民国二十年（1931）时，县里分发了米、棉种子，奖励种植，有不少村民种植，但种植面积很小，全村仅有二三十亩，种子在秋天的时候要返还。获得丰收的人还会得到表彰。

#### 6. 播种与灌溉

东汪村使用老沟河和东汪河的水进行灌溉，大贤、袁家店、东小汪、刘双楼、王麻村、东静庵等村也使用老沟河的水灌溉，老沟河的水来自狗头泉。一是麦与灌溉。从秋分到寒露这一期间（九月上旬—中旬）播麦种，芒种（四月下旬）收获。灌溉：清明开始收获前十天左右，大概 3 次（大约二十几天一次）。二是谷与灌溉。立夏开始直到夏至播种谷子，白露（八月中旬）收获。灌溉：从种子播种之后的一个半月开始直到收获前十天结束，大概 3 次（大约每二十几天一次）。三是高粱与灌溉。三月中旬开始的十天左右播种高粱，八月中旬收获。灌溉：五月初一开始八月上旬结束，大概三次（大约二十几日一次）。四是豆（黄）（黑）与灌溉。四月初一开始的半个月播种豆子，八月二十左右收获。灌溉：播种之后的五六天要灌溉一次，到收获为止两次。收获取决于水量，没有颗粒无收的情况。即使水量减少，也仅仅是收获量变少，不会完全没有收获。

#### 7. 王快村的概况

王快村有 316 户，约 1700 人，其中男性约 900 名，女性约 800 名。村庄总面积 4198.058

亩，该村中吴姓最多，有60户左右，村中没有把地全部租借给他人而自己不耕作的人家；只耕作自己的所有地的人家有20户左右，他们的土地一般都有20亩左右；自己没有土地、专门租种别人的土地的人家大约有25户；耕作自己的土地，同时也租种别人土地的人家比较多，大约有五六十户。

**8. 村长**

村长一般是受人尊敬且识文断字的人。村长由全部村民选举产生。村长管理村里的一切行政工作，比如派款、派夫、学校及村中的费用等等，另外也会处理一些村民纠纷。

**9. 邻长**

邻长主要辅佐村长的工作，邻长管辖10户人家，主要是在村长的指挥下做村里的事务。

**10. 乡警**

乡警是村长的勤杂工，其换届没有严格的要求，可以连续任职。大部分乡警都是本村的穷人。

**11. 集会**

集会就是聚集到一起商讨事情。一是集会人员。一般由正、副联保主任，各保保长、甲长聚集到一起。二是商讨议题。主要商讨派款、派夫等事情。三是出席人员。原则上全体村民都可以参加，但每次都不是全员出席，只有代表参加。他们商讨村庄的事情，比如必须修理哪条道路等。集会一般是在村公所前面。四是集会主持者。开会时，由村庄当家的人陈述开会的内容。村长会出席集会，但是主席（翻译原话）是村庄的当家人。村政是不会让村长干涉的，只有村庄的风纪村长可以干涉。比如抓住了盗取作物的盗贼，如何进行处分这类事情，村长等就必须和村庄当家人进行商量处理。村民的集会并非只有一次，如有需要都会召开集会。

**12. 看庄稼**

看庄稼又叫看作物。庄稼成熟的时候进行看护。一是看守范围。以前穷人随便在自己想要看守的地方撒上灰，其中以最先撒上灰的人为准，撒上灰的范围之内的土地就会全部成为这个人的看守区域。二是看守后的收获。收获之后看守者就会收到各家的作物作为报酬。三是自卫团的看守。后来由自卫团丁进行轮流看守，这个自卫团和村里一般的自卫团不一样，属于半义务性质，村庄会给少量的报酬。

**13. 村费**

村费即村庄支出的费用。村费从村民那里收取，由土地所有者承担，一般分春、秋两次收取。

**14. 共同饲养**

共同饲养又称“多喂牲口”。一般两户共同饲养一头牲口，使用时协商。

**15. 大会首和小会首**

大会首是指在庙中帮忙的人，小会首是指烧香的人。一是大会首的工作。大会首主要负责掌管记录庙费的账簿，然后分配庙的费用，主要是在麦秋两次。二是庙的支出及摊派。庙的支出主要是烧香、点灯、修庙等的花费，这些费用向村民摊款，三是会首的特征。大会首一般是公正而且识字的人，在各庙周围品行良好的人中进行选择。如果会首做坏事，就会选别人来担任。经常在庙里祭拜的人是一定的。

**16. 唱戏**

有时村庄会唱戏：一是唱戏的时间。收成好的年份才会安排唱戏。二是牵头者。一般情况下由村长或村庄当家人牵头，带头人是临时选出的，一般是有着各类经验的人。然后先召开村民大会，由村民决定是否举办。三是花费。所花费的费用是按照土地亩数来进行分配。

**17. 鸣更和暗更**

鸣更是指一边打鼓一边在村中巡视。暗更是指拿着枪进行巡视。两者会在同一个夜晚轮流出来，也就是说鸣更出来的时候，暗更回去；暗更出来了，鸣更就回去。打鸣更的人由村里雇佣；打暗更的人是各家按照顺序依次轮流打更。基本原则是：有人就出人，没人可出钱，如果同时有人和土地两者都得承担。因为担任夜警的人（打更的人），要吃夜饭，需要花费很多钱。

**18. 摊款的负担者**

村庄的摊款由村民承担。县里的各种摊款由地主承担。

**19. 租佃**

租佃又称租地，主要是指借用别人的土地进行耕作。租地的时候需要写文书，也就是契约书，又叫租契。租地没有期限。主要是根据租契的内容来担保自己的土地从而借用土地，目的是为了按时收到地租。

**20. 地租**

地租又称为“租子”。租子一般是在收获之后分两次进行收纳，即麦熟之后（5、6 月）和秋收之后（8 月）。可以缴纳现金或者实物，两者相比，实物缴纳的情况较多。在调查时每亩 2 斗麦子，2 斗半秋，事变前为每亩一斗半麦子，一斗半秋。

**21. 当契**

当契是指为了借钱而在一定的时间内把土地交给别人耕种，到了期限就可以还钱取回土地的融资方式。当契的时间不确定，一般情况下是三年，也有五六年的情况。当契时要写“当契文约”。期限未到时，不可赎回土地，逾期之后也可以买回土地。

**22. 使利钱**

使利钱就是用土地作为担保，出利息借钱，如果期限到了还不上钱的话，会将土地让给对方耕作。一是使用期限。使利钱期限一般是一年，一年过了还不上钱的话贷主会来耕作土地。如果还不上本钱，能够缴纳利息的话，就不用让贷主耕作土地。二是文书凭证。在用使利钱时需要签订“使利钱文书”且使利钱文书每年不会改写。三是使用利息。在村里，村民如果需要钱的时候，经常使用使利钱这种方法，使利钱的利息一般每年要收2分5厘，其中最高是3分钱，最便宜是2分钱左右。

**23. 土地买卖**

土地买卖又叫买卖。土地买卖要写证书，这个又称“卖契文书”。在当地、使利钱、土地买卖三种方式筹钱中，使利钱使用得最多。

**24. 芦苇地的灌溉**

王快村的村外北边大部分都种植芦苇，约有239.5亩，占全村面积的18%。这些芦苇十月份收获。因为收获时残留的根会一直生长下去，所以芦苇是一次播撒，多年收获。芦苇地的灌溉一般三月初一开始，大概九月份结束。各人在自己的所有芦苇地的边缘打开水阀，同时进行灌溉。芦苇地以外的作物也需要用水，并且水越多越好。一般情况下，旱田不需要用水的时候，会将水全部用于灌溉芦苇地。旱田需要用水的时候，会将芦苇地的所有小水阀同时关闭，然后将水引入旱田。挖掘河和沟渠需要摊款、摊人时，芦苇地和旱田承担同样费用。

**25. 当家子**

村中同姓同宗的各家的关系叫作“当家子”，不叫作同族。当家子之间有桌子、椅子、锅等共同所有物，这些会在当家子之间的葬礼、结婚典礼等场合使用。当家子中最受尊重的人是族长。每年清明和十月初一的时候当家子们会聚会。

**26. 卖米**

由于村里大多都是水田，所以每年粮食不够吃或者村里人需要钱的时候会卖掉米来买普通的粮食。因为米的价格很高，所以百姓一般都不吃米，都是将米卖掉然后买来普通的粮食，因此米不会有剩余。

**27. 当地**

像葬礼和结婚典礼这样急需用钱的情况就要进行“当地”。当地就是将自己的土地让给别人耕作来借钱，没有固定期限，一直到还钱之日为止。

## （二）水闸及建设

### 1. 东汪闸与建设

为便于引水灌田，东汪闸在得到官厅的同意下由农民自发修建，于明朝永乐年间建成。建闸的起头人是一些对公事非常热心、能够吃苦耐劳的农民。建闸之前会将需要用水的村庄统计好，并由用水的各村一起出钱筹集费用。

### 2. 四六闸及闸口设计

四六闸是闸口 4 尺的闸和闸口 6 尺的闸的一个概称。同沟河闸的闸口有 6 尺，因此，同沟河和老沟河的闸概括起来说就是四六闸。同沟河与老沟河的闸口的尺寸不一样是因为从狗头泉流向北方的同沟河沿岸村落很少，水闸的闸口比较窄。向东流的老沟河沿岸村落较多，所以闸口较宽。从狗头泉分开的老沟河和同沟河，没有七里河下游那样的水闸了，所以根据闸口大小不同，水流量也有所不同，相对于村庄数量较多的地方，管理人员会考虑到多给古南沟一些水。

### 3. 永利闸及其管理机制

根据河簿记载，永利闸建成于永乐年间。一是水闸的使用范围。使用永利闸闸水的有郝麻村、赵麻村、任住村、景家屯，除此之外，河水下游的南和县也在使用。由于本县内各村用水量大，仅有很少的水流到下游南和县，且南和县并没有委托永利闸给他们供水，所以当地人与南和人也没有水的纷争（注：据县公署说，他们与南和县有关水的纷争情况很多）。二是水闸的管理。管理水闸的人有河正郝鸣珂（郝麻村）、河副景大禄（景家屯），公直 28 名（兼任帮办），小甲 14 名。在此之下还有使用水的人家，也就是镰户。三是水闸附属物的收获。永利闸土地的收获归看闸的人所有，不用于水闸的维护费。龙王庙（在永利闸附近）拥有附属地，这些土地归大贤村所有，树木和收获也不用于修闸。附近的林地非常多，却没有附属于水闸的林地，但是村庄的公有物很多。为了建造永利闸，原来有 10 亩的附属地专门用来种植树木，那里也有石头，在日本人调查时已经没有了。

### 4. 修天井

修天井就是让河的上游和河相通，通过橙槽让它从不同方向流通。为了防止河水泛滥，会在橙槽的底部安上一个像窗户一样的东西。一般情况下处于关闭状态，发大水的时候，水流过多过急，这个时候就会从横向拖着窗户，这样一来水流就会漏在下方，这个窗户就叫作“天井”，因此所谓的修理天井就是修理这个窗户。

### 5. 水闸的修缮

每年水闸的修缮以及水渠的挖掘等都需要费用，河正会与小甲商量一年花费金额，然后让农民按照地亩分摊，每年十月向农民收一次款。水闸的修缮以及水渠的挖掘都是在每年的三四月份。因此那个时候所需费用就要找有钱人“使钱”（借钱的意思），不从城内的店铺等地方借钱，每年能够借钱的人是不固定的。借钱要支付利息，每月一两分的利息（即年利12%至24%）。

**6. 挖沟**

（1）挖沟的时间。挖沟的日期是由河正来决定，一般来说都是清明节前后一周左右，所以没有必要一一征求小甲们的意见。决定好挖沟日期之后，会将日期写在黄色的纸上，然后贴在各村中进行公示。虽然会通知小甲，但是一般直接派人到各村贴上公告。

（2）人力的确定。挖沟之前，河正郝先生会在郝麻村和龙王庙之间进行巡视。挖沟通常在一周时间内就能完成，总共需要500人。这种情况下，不是按家庭，而是按照地亩数来派遣镰夫。土地的大致情况相同，也没有计算过上下土地的差异。由于水田的收获量比较多，用水量也很大，所以用工比例为每1亩水田1人，每2亩旱田1人。按照这一比例，水田的出勤人数很多，超过的人员数会留待明年使用。

（3）人员的分配。出勤人数是河正查看了现场情况后，直接将夫条（写着出勤人数的纸条）交给14名小甲，远地区的小甲由村公所或者头小甲通知。小甲管辖区域的镰夫数量在河簿中记载得十分清楚。河正将挖掘的各段划分为14个区间，各个区间根据相对应的管辖镰数，划分每个区间的镰数，和其他各小甲的管辖镰数相比较之后按比例分配。

（4）指挥与监督。指挥可以由河正单独决定，实际上他会与河副进行商量。河正也会与河副一起察看现场。镰夫们根据河正与河副的指令进行挖沟，小甲自己也要参与挖沟，因此不会参与河正和河副的指挥与监督。到了晚上，会由河正与河副带领14名小甲进行现场巡视。挖沟期间每天都要进行巡视，在巡视时，河正会就有些工作与小甲们商量。

（5）不能完成的惩罚。如果工作不能完成，小甲要承担责任。即使小甲不想做自己主管区域的工作，也不能指派别人来做。因为其他人不能发起这件事，也无法推进不同地点的工作。所以本辖区的指导和监督工作只能由小甲来做，所以无论如何小甲都必须督促镰夫完成本辖区的任务。

（6）出勤的考核。在出勤的管理上，因为挖沟一事与自己土地相关，人人有责，所以大家都得出勤，就算没有小甲要求，镰夫们也会参加。但是帮办和公直不用参加。

（7）挖沟的工具。挖沟用的是镰夫所持有的镰具，除此之外没有别的工具，而且没有事前的准备工作。根据地点不同，需要使用木桩和石头的情况也有，这个时候会特意去买，但是近年来都没有使用。

（8）挖沟的餐费。挖沟时的餐食由镰夫各自来负担。河正与河副一行人用公费来吃饭，公费由大家来负担。

**6. 修沟**

民国六年（1917），水闸和沟渠都被破坏，水沟被沙子掩埋，变成和平地一样高。因为修沟的劳动力不足，就向县里请愿，接受了县里的补助后使水沟恢复原样，同时县里也派了很多人过来帮忙。自此之后，县里再也没有管过挖沟和水闸修理工作。水闸的上部一般都是通道，即使这个部分损坏，县里也不会承担责任，包括水闸上下，县里一律将其看作水闸，所以水闸的修理工作必须由水闸工来做。这个时候会雇佣专门负责修理的石工或者木工来维修。

### 7. 修闸

一般大规模的修闸时，也会设立买办、监工、账务、管钱等职务，但是实际上平时需要的职务都是没有设立的，而是由河正与河副商量之后进行。除了管钱，其他职务并没有专门委托别人来做。因为河正是好人，所以都由他负责。如果工作复杂河正无法完成时，就会以选举方法进行选择。被选上的人并非是小甲，谁只要能但当任务都可以被选。修闸四类人：一是买办。买卖的采购人，负责购入修闸时所需要的各种材料，但不负责河沟管理。修闸时买办会与四个村的小甲协商然后决定。河老可以参加商讨，也可以不参加商讨。二是监工。工程的监督人。三是会计。他是工程收入和开支的记账人员。四是管钱。负责保管现金的人。监工、会计、管钱的人的选任办法与买办相同。

### 8. 闸间联络

闸与闸之间也会相互联络和协商。一是协商时间。挖掘河道时，在永利闸、普济闸、永济闸中，如果有一个闸带头挖掘河道，就会通知其他的闸一同开始挖掘。如果其他两闸时间上不方便，三闸商量后会更改日期，挖掘河道一定会选择大家都方便的时候进行。二是上供及会餐。每年二月十五，各闸（永利闸、普济闸、永济闸）都会来龙王庙进行上供和会餐。各闸的河正、河副、小甲各自进行各自的会餐。上供的费用和会餐的花费都由“大公中”负担，所谓“大公中”就是大家、所有人，在这里指镰户们。在此会餐上，小甲会全部出席。上供时会餐就是为了让小甲们吃饭，所以叫作“管小甲饭”。三是会餐地点及负担。上供会餐一般在看闸人的家中举行。因为看闸人耕作闸的所有土地，并且这些土地只让看闸人进行耕作，他负责张罗会餐理所应当。

### 9. 卫庄河的疏浚

卫庄河流过各村，一方面守护各村，免于匪患；另一方面用于灌溉。所以卫庄河的疏浚由河老组织，由各村镰夫参加。

### 10. 河流挖掘

（1）挖掘时间。有些闸会在每年立夏时进行挖掘，有些闸会在每年二月进行挖掘。如果在立夏挖掘闸，河正会在挖掘之前写通知票然后派发给各小甲。以调查时的通知票为例，票面内容为：3 月 22 日，当捻每小甲带夫 2 名；23 日，挑河每小甲各带全夫；24 日，挑河每小甲各带全；河正管升堂启。如果是二月挖掘河流，就不会特别的写通知票，而是由河正、河副和其他小甲进行商量之后决定。

（2）挖掘责任。这个通知票由河副拿去，小甲们在收到通知票后会在这一日来临之时，带上所辖的全体镰夫一同前往。镰夫如果不参加河流挖掘工作会收取处罚金，罚金数额按照当时的工资水平决定。无论如何不会出现小甲缺席的情况，如果小甲没有来，大家都不会参加。

（3）挖掘牵头人。老沟河、古南沟和通沟河的干流平时不会挖掘，只有在大旱的时候一起挖掘。挖掘的时候，老沟河的河老会最先倡议，因为老沟河的河老是总河老。但是其地位也不会比其他河老的地位更高。

（4）掘顺序。大旱时挖掘河流的顺序：首先是老沟河的河正让河副以口头通知的形式通知各河正（古南沟、通沟河）时间和地点，这个日子来临之时再进行商讨。定下来之后，老沟河的河正会再一次向各河老派发挖掘河流的通知票。由河副拿去派发，收到通知票的各河老再将通知票交给自己的小甲们。通知票的票面内容应为：某年某月拉大摊，各小甲带几名。老沟河河正管升堂启。这时候土地较多的河老会多计算劳动力，因为有很多河流要进行挖掘。哪位河老的劳动力挖掘哪里，或者是按照怎样的方式进行挖掘，这都是由老沟河的河老进行总指挥。挖掘河流不会花费费用，挖掘工作结束之后，各河老会聚集在一起然后互相进行慰劳。

## （三）水闸管理制度

### 1. 水利会

水利会也叫作邢台县水利联合会，是在高能臣的提议下建立的，7个闸的河正与河副进行商讨后，由村民制作组织草案，经县公署同意后自发组织起来，主要作用是调停用水纷争。它成立于民国十六七年（1927、1928），一直延续到民国二十五六年（1936、1937）。7个闸中每个闸选出一到两名会员后组成了水利会，由7个闸的河正、河副选举产生会长，第一任会长是高能臣，他是小汪村人，以前担任邢台县立师范学校的校长。该会存在的期间（民国十六年—民国二十五六年）（1927—1936、1937）各闸内部没有发生过关于水的纷争。但是在民国二十一年（1932）的时候，和关湾闸之间有过纷争。

### 2. 河正与河副的产生

为了便于对水闸的管理，民国十年（1921）就有了河正、河副。河正又叫总沟头、总头。各个村或者各个水闸的河正产生的方法不同。一是产生的方法。总体而言，河正和河副由选举产生。在河会村，即东汪闸，河正由村长决定，河副由河正决定。在郝麻村，即永利闸，河正主要由郝麻村的人担任，因为水闸离此村最近，由小甲和帮办们选举产生，郝麻村的任何人都可以成为河正。河副在剩下的三个村中进行选举。河副主要负责辅佐河正的工作。二是选举的时间和参选人员。十月十五日，河正与河副的任期结束之后，一直到正月的这段时间，没有河正与河副。到了第二年二月，河正和河副就要上任，正月里在龙王庙（大贤村）进行上供时，小甲等人会在村内的空房内或是在祠堂等地召开选举会议，推荐合适的人选，在此之前没有河正、河副的候选人。三是河正和河副的资格，只要精明强干、生活良好，即受访者所说的好人就可以当选。河正并非世袭，但是如果各方面都好，则可以连任。四是河正和河副的交接。按照惯例年年都会进行选举，如果河正河副是好人，就可以连任。选举结束后，前任河正只会将河簿和河正的印章交给新任河正。

### 3. 河正与河副的职责

河正与河副有如下职责：一是巡查。河正与河副大概每两三日就会一起对水渠的水流情况进行巡查。如果水渠某处堵塞水流不通的话，河正就会和小甲商量，请小甲安排镰夫疏通，同时也要负责监督工程。二是督查。如果水闸有损坏之处，河正要监督修缮工作。三是调解纠纷。河正与河副还要负责调节用水纠纷。水的纷争不是常年都有，只有在干旱的时候比较多。像龙王庙这样的地方，有几处水闸，各水闸竞相引水，以前有过因为竞争而引发的闸与闸之间的纷争，这就需要河正与河副与小甲们商量解决。四是待遇。河正与河副没有工资，每年五六月份会收到小甲收集后拿来的每亩半升麦子当作谢礼，然后两人平分。河正只负责关于水的事情，村里与土地相关的事物由村长负责。

### 4. 小甲

在七里河的水利管理中，小甲的职责比较重要。

（1）小甲的资格。小甲们都是长期居住在此的人，小甲都会记入河簿中，人数和家庭是固定的。各村的小甲数量不同，任麻村 2 名，赵麻村 6 名，郝麻村 4 名。这个比例是从过去传下来的，至今没有改变。小甲需要有一定的土地，以前有土地，后来没有土地了，就不能再担任小甲职务。小甲没有学识、才能（算盘）等要求，但是有性别要求，女性不能担当小甲，也有年龄限制，十五六岁以上能够辨别事情的男性才可以担任。即使犯罪，只要在家也可以成为小甲。有着公职（村、保、甲长等）的人可以兼任职务，但实际上兼任的情况很少。

（2）小甲的产生方法。小甲不是世袭，而是选举产生。各个村选举小甲的方法不相同。一是按摊确定。普济闸的 4 个村中，轮流方法都有差异，张家屯会分为 8 个摊，每年哪个担任小甲由惯例确定。二是按照镰数确定。在石井村，每年镰数最多的人会成为小甲。三是河正河副选举。在石井村，每年的正月初八选举河正、河副，正月十三选举小甲，一般在上午选举小甲，由河正和河副选举小甲。大贤村、东汪村、袁家店都是如此。四是轮流担任小甲。永利闸所在几个村庄按照河簿的记载顺序轮流担任小甲。每个村的小甲的数量是既定的，不会变化。大贤村有小甲 5 人，石井村 3 人，张家屯村 2 人，开花屯和相家屯不会出任小甲，从以前开始就是这样。

（3）选举时间。选举日期一定且在上午选举，正月初八选举河正、河副，正月十三选举小甲。

（4）管辖区域。小甲负责管理的镰夫的土地一般都是在一个区域内，主河流的支流“小沟”附近的土地就是镰夫的土地。主河流由河正管理，小沟由小甲管理。各小甲是以沟渠为中心，来决定自己所管辖的镰户，也就是规定哪位小甲管辖哪处沟渠。因此在这种情况下，自己管辖的沟渠两侧的土地就成为了自己管辖的土地，这片土地的地主就是自己管辖的镰户（镰夫）。

（5）小甲的职责。一是管理镰夫。小甲负责拨夫（镰夫的分配）、镰夫的管理，收集镰钱（河的费用）。二是带领镰夫挖沟，小甲根据河正的通知，组织镰夫并带领镰夫挖沟。三是协调纠纷，当有水闸的纷争时，小甲会出面和河正、河副一起进行调停。四是收集镰费或者河粮（作为谢礼交给河正的作物—麦子），小甲负责收集镰费交给河正。五是河正河副空缺时期，带领镰夫进行小型的水利建设。小甲们分别持有每个人自己所管辖区域的镰夫的名簿，称为“镰底”，每年固定不变。

（6）小甲的报酬。小甲不会获得与河正、河副相同的谢礼，但是会获得一张免镰（镰是镰钱也就是河的费用。一张免镰就是10亩土地，在东汪闸是10亩，但是其他的闸也不同。一张免镰每年可以免除10亩的河的费用）而且不用出镰夫和河粮。

（7）头小甲。同一个水闸中会从各小甲中选出一位头目，这叫作“头小甲”，又称“叫头人”，指监督工程劳动的人。头小甲作为河正的代理（主要是在河正卸任后而新任河正上任前的这一段时间内）是轮班制，每年都会更换，但是按照惯例，一定得是郝麻村人。在每年十月的时候（不用水期间），河正会结束这一年的任务，退任之后再选举新一任河正，在此期间，头小甲会做很多事情。比如说，这期间如果水闸有损坏，头小甲会负责进行修理。

**5. 从小甲中产生河正**

每年正月的时候从小甲中选举河正，叫作“保老人”或者“保举河正”。小甲可持续任职10年、8年。哪位小甲会成为河正不确定，但是哪条河（渠沟）的小甲会成为河正是既定的。也就是说，古南沟在东汪村的西边有4条支流（古南沟本流、小北沟、中沟、东沟）管辖这些河（渠沟）的小甲都是已定的。古南沟本流有3名小甲，其他支流每条支流都安排有4名小甲。所以每年保老人的时候，从哪条河（渠沟）来选哪位小甲都是已定的，按照顺序来选。如调查时小北沟的人当选了河正，那么明年河正就会在中沟的小甲当中选出。河正每年正月进行选举，这个时候会使用某处的家庙举行一次会餐，会餐的费用由用水的镰夫们出，叫人头也会来参加会餐。

**6. 帮办或公直**

公直又叫帮办，由河正在小甲所居住的村中选出，一年一换。还有一说是由村长选定，负责监督拨夫和摊款（镰钱的分配）是否公平。长年以及代代能够担当帮办的人几乎没有。如果是好人的话，可以连续任期两、三年。在这种情况下，河正与河副会单独商讨，两人选定帮办。因为选出的都是品格比较好的人，即使是此人与河正、小甲关系密切，也没有关系。如果大家都认为此人是坏人，就会停止其职务，不过这样的事情还没有发生过。成为帮办的人只是普通百姓。一名小甲会有两个帮办协助。帮办辅助小甲的工作，有时也会辅助河正、河副的工作。当有会计工作时，一定会让帮办帮助。会计工作的主要负责人是河正、河副、小甲，帮办负责进行辅助。帮办除了帮忙之外，还会进行会计工作的监督。帮办如果有土地的话，同样要与镰夫一样参与挖沟。

**7. 看闸人**

每个闸都有看闸人。东汪村看闸的人姓宋，他负责看老沟河河口的六闸。张家屯的看闸人是大贤村的高雪成（40 岁左右），因为他离这个闸很近。一是看闸人的选择。从以前开始，看闸人就是世袭制，调查时永利闸的看闸人是大贤村的武文奎。武家是普通百姓，但不是贫民。他们家离该闸比较近，而且为人比较好。因为看闸为世代相传，所以决定谁来看闸并不难。各小甲每年会进行商讨，之后头小甲会委托看闸的工作。二是看闸人的职责。看闸的人只负责闸板的开闭。比如说开闸是三月，闭闸是八月。挖沟时会让他保管工具，而且这个时候也要负责准备镰夫等人的茶水，也会帮人保管常见的农具。他需要进行水闸巡视工作，因为普通的年份，水闸并不那么容易受到损坏，所以没有必要每天都进行巡视。三是是看闸的报酬。看闸人没有报酬，仅仅让他们来耕作闸口附近的河流两侧的芦苇地。如永利闸，就让看闸人种植闸的十亩附属地，除此之外没有其他报酬了。四是看闸人会餐。每年二月十五的会餐在看闸人家进行，因为看闸人耕种闸的所有土地。看闸人只是张罗，费用由镰夫分摊。

**8. 水利局**

事变前县公署组织成立的水利局，进行水纷争的仲裁工作，在日本人调查时各闸之间没有组织仲裁的机关。

**9. 河道专员**

王快村除了小甲之外，没有设置帮办和公直这样的工作人员，但是有两名河道专员负责调停水的纷争之类的事情。

**10. 河簿**

河簿也称为水簿，用来拨夫和派款。老沟河的河簿里，大致上是写着用水的土地数量，根据此簿就能够决定挖掘河流人力的数量。在日本人调查时劳动力的分配仍然是根据河簿进行，而且费用的摊款也是根据河簿来决定。

**11. 河老与催役**

晋祠河有两位河老，有一名是从田家庄选出的（田文）。田家庄有 3、4 名小甲，没有帮办和公直。河老、小甲等勤杂工都有“催役”。

**12. 闸粮**

河正、河副没有工资，但是作为谢礼，他们会按照亩数从镰户收到数量不多的作物，这个叫作“闸粮”，也称为“河粮”。大概每亩地每年会收到一合半麦子。

**13. 闸地与田赋**

挖掘河道和修缮水闸之外，为了筹集费用，水闸所有的土地上种植二十几亩树木。但日本人调查时一棵树也没有，看闸的高雪成在耕作闸的土地，不用交纳地租。永利闸的土地大概有10亩左右，这些土地要征收田赋。这些田赋由镰户们出。

**14. 闸的花销账**

用于河的费用会一一记入账面，这个账面叫作“花销账”。

**15. 上供**

每年二月十五，各闸（永利闸、普济间、永济闸）都会来龙王庙（大贤村）进行上供。这一天龙王庙附近各闸的河正、河副、小甲等都会来上供，但是人数很少，主要是河老和小甲等。各闸各自准备各自的供物和祭礼，河正和河副会提前买好，因为供品不是很多所以就自己带到庙里。历年时间都相同，11点，所以没有必要一一通知。即使不通知大家，大家也会自然在这个点集合。大家集合之后，河正会把供品摆在龙王像（龙王庙中有管理各闸的龙王像）的前面，然后大家再按照河正、河副、小甲这样的顺序依次烧香叩头，祈祷时，大家都在心中默念希望来年水资源丰富，叩头完毕之后大家就回去了。贡品会摆放大约一个小时的时间，回去的时候，河正、河副和小甲们会在树下把它们吃掉，所有小甲都会出席，所以又称为“管小甲饭”。每年在选举老人（河老）的日子里也会上供，这种上供可以称为祭祀，先上供后选举。一是上供对象。上供的对象是河神。二是贡品要求。其中贡品有要求（五碗四盘）。三是祭祀人员。祭祀人员是河老（老人）和小甲，一般在选举河老的地点举行祭祀。四是祭祀过程。摆贡品、点蜡烛、摆上酒、放鞭炮，上香时先从旧老人开始。五是上供的费用。上供费用由大公中（即大家、所有镰户）来负担。

**16. 会食**

河老和小甲每年都会在正月下旬和腊月中旬聚集起来进行两次会餐。前者是那一年的新任河老、小甲、帮办一起集合，然后进行就任致辞。后者是完成一年任务的河老、小甲和帮办聚集起来进行解任的致辞。

## （四）镰户、拔镰及算镰

**1. 镰户**

从水闸引水灌溉土地的人家称为镰户，也叫作镰夫。镰户每年要参与挖沟，如果不参加挖沟，则要交罚金。除了每年挖沟以外，镰夫们没有其他任务。镰夫每年都要支付出闸的费用，每年的费用数量不定，丰收之年大概是每亩10钱左右。镰夫除了要出闸的费用，不用额外再给老人和小甲别的谷物之类的东西了（一种说法），但是在有些村，会给河老等人，如在普济闸的四个村中，各村的做法会有些差异，大概是有镰一分，就要出三合（麦子）。

**2. 拔镰**

如果农民（镰夫）把土地卖掉，记入镰底的名字就会改变，这种更名的现象叫作

“拨镰”或者“过割”。拨镰一年只有一次，大概在正月的时候，在河老所在的地方进行。拨镰日的那一天，各镰夫（仅限土地买卖关系者）、小甲、帮办和河老都会参加。因此，相关的镰夫就会在席上汇报自己卖掉的土地或者是买来的土地。这样一来，帮办就会帮助河老，将汇报内容记在账簿上：谁卖给了谁多少亩土地，谁从谁那里买来了多少土地。这件事情完成之后，这一年正确的地亩账簿就出来了。然后各小甲会在上面写上自己管辖区域的镰夫的相关事情，然后据此分配这一年镰夫和摊款。

**3. 镰底**

拨镰的时候，土地的买卖双方会一起拜访小甲，有时买主并一定要去。拨镰时，不用给小甲看白契和红契。申告结束后，小甲会将申告书誊写清楚，这个就叫作“镰底”。小甲将镰底交给河老，河老据此制定出新一年的河簿。河簿虽然有很大的权威，但是仅仅用于拨镰和水闸经费的分摊。拨镰不需要在村公所的地亩账和县的过割手册中进行登记，与县和村没有关系。不申告者必须承担镰夫和摊款，所以不会存在不“拨镰”的情况。

**4. 拨镰与租佃地**

因为镰的当割是当着所有人进行的。事实上，租佃者是作为镰夫而出勤的。首先小甲向地主催促出镰夫，然后地主会让租佃人代替他们出工。家里有佃工的大多按照这种办法进行。租佃者根据租佃面积出镰夫。在此时，出任镰夫的标准被认为是和所有地亩数的比率相同。

**5. 拨镰与分家**

分家的时候也会进行拨镰。例如，记录中的景三门的事情，景家的大儿子、二儿子、三儿子即使是分家了，但是河簿上仍然按照一家来登记的，所以三个儿子按照顺序出任小甲。

**6. 拨镰与卖地**

卖掉土地之后一定要拨镰，如果没有拨镰的话，河流的挖掘还一定要承担，拨镰时不用给小甲手续费。卖掉土地时，由于水自上而下流动。土地要是没了，水也会相应没有了。

**7. 算镰**

算镰是指核查镰的变动情况。算镰的日期不定，但是一定要在清明节之前进行。每年土地不会进行算镰，如果土地有变动，会去小甲那里更改名字和土地亩数。由河正决定后再通知集合者。河正会在清明节之前决定日期，然后叫人头（河副）传达给各小甲集合（帮办没有传令的职责），集合者有河正、河副、小甲、帮办。集合的地点有空房、河老的家或者是村内有空房的祠堂等处可以选择。

**8. 算镰与镰数**

在算镰日，小甲会带“镰底”过来，在这个上面会写着显示土地关系变动的镰户、镰数。算镰之前会定期让百姓申告土地变动，在申告前小甲会一律访谈，然后记入镰底，根据镰底进行名义的书换和镰数的计算，名义书换称为“拨镰”，镰数为旱田每亩1厘（永利闸百厘为1张），水地也即是需要用水的芦苇地和稻地，每亩按照2厘来计算，在人名下记入各镰数。算镰的时候紧跟在小甲后面就可以了。有时由于算错了，小甲会因此而发牢骚。这个手续一天时间就能够办完。

**9. 算镰程序**

在算镰日，各小甲会带上各自村中擅长写字和打算盘的人，但是每场参加的人员都会不同，因为即使他们像苦力一样工作，但是除了管他们简单的饭菜，其他的报酬也没有，这一天也不进行会餐。然后小甲带领土地变动者到河老家中（或者祠堂），也有不这样做的情况。这时小甲就会敲响自己的铜锣，一边走一边大声说：几月几日是算镰日，有土地变动的人家，请在算镰日过来算镰。小甲不会进行书面通知。土地买卖的双方都会去，不办手续的一方会有损失。算镰时不会让买卖双方带着契约书等许多资料。如果买方情况比较复杂，则会让他们带过来查看。

**10. 镰夫的分配**

算镰结束后主要事情也就结束了，这时候就会开始决定镰夫的分配。镰夫一般按照亩数摊派。上下游之间没有差异，水田和旱地有区别，一般每亩水田相当于2亩旱地，因为前者收入高些，而且用水更多。如果出勤人数很多，超过数量会留给下一次时再出镰。

永利闸引水水沟的区域，会按照如下所示的比例将它们分为六个区（五工的各区间依据镰的变动每年都会有所不同）。头工：1丈2为1分；二工：3尺3为1分；三工与二工一致；四工：3尺为1分，五工：1尺6为1分；六工被叫作多工的镰户全部一起进行挖掘。各小甲不会让担当各工的所有人都出来干活。比如头工的情况，全部小甲会率领各自应当出勤的镰户到头工所任的区间进行挖沟。但是，在头工的区间并不是无秩序的工作。在这个区间，14名小甲负责区域会被一一划分，让各小甲在自己的责任范围内进行挖掘。小甲责任区间的长度是按照算镰的标准来决定的，小甲管辖的镰数很明确。比如小甲管辖3分，1分为1丈2尺（头工），那么他就会负责3丈6尺的挖沟工作。这个挖沟工作需要多少镰夫由该小甲根据预算决定。如果某小甲的管辖区域内镰夫众多，就算只是头工，一天也不能完成全部工作，这个时候就会把他们安排到第二天，如果还有剩余的人员，就会把他们安排到二工、三工的地方继续工作。

## （五）水的分配和管理

**1. 七里河水的分配**

七里河水的分配采用自上而下的原则，7个闸一起使用水闸，从闸口开始按顺序用水。上游如果用一倍的水，则让给下游一方使用。下游一方用一倍水，然后又让给接下来一方使用，如此继续，并不是用计时的方法（开始开始，几点结束）。由于水资源丰富，一般不会遇到水量减少下游不能使用的情况，也不会出现上游的用水者连续不断往田里引水，而下游的人没有水可以使用的情况。如果发生这种情况，那么只能是下游受损。水如果多余了会流往下游，然后流入水田当中，下游的水田相接，水田在河的两侧，所以水田的水会流入河中。

**2. 古南沟的配水方法**

东汪村用的是武家庄村北狗头泉（老沟河的东半）流出的水。狗头泉（在村庄西边）有四六闸老沟河（狗头泉的东方）和同沟河（狗头泉以北）两条河流，老沟河的东半叫作古南沟，到了龙王朝这边就和七里河并流，东汪村主要是用南沟的水，也会稍微用点同沟河的水。但是该村地势高，河水水位低，所以用不了七里河的水。这个古南沟的很多地方都有水闸，用水时，上游的水顺流而下，每三天会关闸一次，这时在这里积蓄的水就会被附近的居民按照规则引入田地中。大概需要三天，水能够到达的土地都能够得到灌溉。

**3. 东汪村的配水方法**

东汪村使用老沟河和东汪河的水进行灌溉。用水采取“自上而下”和“自下而上”的办法，所谓“自上而下”就上半月用水自上而下；“自下而上”就是下半月用水自下而上。大闸、二闸（古南沟本流）这两条河每月 6 天，小北沟 6 天；中沟 8 天；东沟 8 天；按照这样的方式用水。以上全部都是划分了上半月和下半月来进行使用。大闸和二闸上半月 3 天；下半月 3 天。实际上在用水的时候，因为水量都很充足，不用根据时间。使用大闸的水的时候就会关闭二闸，使用二闸的水的时候必须打开大闸（因为在上方，如果不打开下面二闸的水就出不来）。使用小北沟的水的时候就会关闭东沟，使用东沟水的时候就会关闭小北沟。由于使用中沟水的时候，要关闭最上面的水门，所以下面的大闸、二闸、东沟、小北沟全部都没有水。

**4. 永利闸水的分配**

永利闸水的分配。因为水源充足，所以在小沟（干线沟的支沟）的上游与下游之间没有可以优先用水的情况，都是随便使用。即使罕见的缺水情况发生了，也没有优先用水的情况。这种时候，会在上游地使用水之后，用坚固的土将水的入口封住，使水进不来，这样下流的水就会变多，这是从道义上解决办法，没有经过协商。如果上游的人依然不关闭水入口，那么下游的人会进行抗议，但是这种纷争很少发生。因为没有进行协商，不接受这种做法也是可以，但是在道义上站不住脚。打开永利闸引水之后，这些水会一齐引入二道沟、于家沟、村西河。在永利闸的下流没有大型水闸，虽说有小规模的水闸，但是水闸的引水口比永利闸要宽，因为水量逐渐变少，宽闸口可以引导更多的水来灌溉。为避免水量减少，绝对不允许延长小沟用水线的情况发生。

**5. 七里桥村的配水方法**

七里桥用于灌溉的是晋祠河（从银沙泉而出）和通沟河这两条河流。使用晋祠河的时间是每月的初七、初十、二十五（以上大水），使用通沟河的时间是初一、十五（以上小水）。除了这些日子以外不再使用。而且，用水日来临之时，会让农民们分配好时间进行使用。谁从几点开始使用，用到几点结束。如果超过自己的使用时间，或者没有使用，则不能用水。使用通沟河水的日子是每月的初一、十五，这和晋祠河的按照时间使用的方法不同，是从上至下顺次使用。比如，七里桥使用晋祠河的水，每月初十未时开始，戌时结束（大水）。三十日卯时开始，午时结束（小水）（没有三十日的月份就从二十九日的辰时开始未时结束）（所谓的大水就是关闭水闸仍有充分水量，小水就是关闭水闸有遗漏的水）

**6. 田家庄的配水方法**

田家庄也使用晋祠河的水。使用日数为每月10天，即是每月初七开始的3天半，22日开始的3天半（以上为大水）；初一开始的一天半（没有的三十的月份仅使用初一的半天），15日开始的一天半。村中并没有像七里桥那样的谁从几点开始用水到几点结束的方式，只是按照地域划分日期来用水。即村庄的南北方各有水沟，因此规定了靠近南沟的土地使用南沟水，靠近北沟的土地使用北沟水。南北两沟的配水顺序是每当使用日期来临之时，水流会先流进北沟，北沟在规定日期内用水过后，水流再流入南沟。使用南北两沟的水的时候，都不用按照时间而是按照从上至下按照顺序使用。

**7. 张家屯的配水方法**

张家屯村里从明朝开始就使用普济闸的水进行灌溉，调查时和石井、开花屯、相家屯这些村一起使用水，这些水是从七里河来的。用水10天为一个周期，张家屯村会在其中使用4天，石井、开花屯、相家屯使用剩下的6天。如何使用水，哪些人能够使用水，关于河流的一切规则都是根据河簿来决定。

**8. 用水纷争**

瓦河是王快村最古老的一条河，明朝弘治三年挖掘，重兴闸、葫芦套、百泉大闸、沙河等都是在此后修建。瓦河的水源并不是从百泉而来，不过百泉也会有漏水进入瓦河。瓦河由5条小泉构成（日本人调查时只剩下4条），这些泉喷涌而出的时候就形成了瓦河。明朝万历年间，由于干旱水量不足，万历十四年开挖了葫芦套，万历四十五年开挖了重兴闸。这些都是买来全部村庄的土地后建造的。在此后（年代不详），建设了百泉大闸进行灌溉。这个时候，沙河县的人由于拥有邢台县的水，所以对水的需求量很高。当时他们就向邢台县的知事请求，想分得一点水，但是邢台县的知事并没有答应。几年后，政府的知事更换，沙河县的人又向新任知事请求，并得到了政府新任知事的同意，将葫芦套的水划分给沙河县人使用。这样一来，沙河县的人就可以使用葫芦套的水了。但是不知感恩的沙河县的人，在挖掘沙河时，破坏了邢台县的瓦河，还装作不知道。因此水流不畅，邢台县的人很愤怒，向沙河县提出抗议，然后和沙河县人起了纷争。结果就像庭院里碑文上所写，之后每年沙河县人就会对邢台县瓦河的凳槽（河上的流水装置）进行修缮。

用水纷争的仲裁：关于水源的纷争，由小甲来进行仲裁。在本村与外面的水闸有纷争的情况下，根据具体情况而定，如果不是什么大事的话，河老可以不用出面。如果不能简单解决，河老和小甲都必须出面解决。事变前成立了水利局，对用水及水闸的纠纷进行调解。

#### 9. 用水费用

使用水不需要额外支付费用，只需要承担挖掘河床、修缮水闸等费用即可，还需要交纳水渠所占土地面积的田赋。

### （六）水闸的物品

#### 1. 稻草

开沟子（挖沟）的时候，将闸关闭，必须使沟底变干，不然不能进行掘土，这时为了使闸和坝彻底闭合就会用到稻草。每年的需要量不同，但是账簿上的登记数量与每年的需要量是相当的。这个账一般保管在河正的家中。

#### 2. 椿

为了防止沟岸崩坏所用的枕木，需要 30 根，平时保管在河正的家中。每年的需要数不定。

#### 3. 闸板

每年会准备闸板，用于插入闸口调节水量，由看闸人进行保管（除此之外看闸人没有其他需要保管的物品）。

#### 4. 当款

永利闸有土地，所以要向村公所交纳摊款，这种款又叫“当款”。每亩收取 2 元，10 亩则收取 20 元。

#### 5. 完粮

水闸土地课收钱粮，一元 4 毛 8 分。作为看闸的谢礼，一般会免除看闸人摊款、完粮税金等。闸的土地属于大公中，所以大家都要负担。

#### 6. 公款

闸所有土地所交的公款中包含县款和村款。县款即是县里要求交纳的钱款，这个钱款暂时由村里出，然后再分配给村民负担。村款也即村庄花费的摊款。大贤村内的闸的土地的摊款、钱粮交给郝麻村。

**7. 经费**

挖掘河流、修缮水闸还有其他有关河流的费用是由各小甲进行公摊。各小甲会把钱数分摊给管辖区域的镰夫。一是记账。比如，挖掘河流的时候要使用草，这个时候看闸人就会去买草（赊买），然后记账人就会记账，写明谁买了多少草。有时因为河流的事情，河老在某家餐馆用餐，这些费用也是一年结束后清算。这些费用全部记入与河流有关的费用当中，小甲们再把这笔费用向镰夫摊派。二是经费。每年十月初河正、河副、小甲、帮办、闸夫（看闸人）会在河正所在的村里（家庙的情况较多）集合，将一年的费用进行清算，这叫作“经费”，主要由河正、河副、小甲负责清算，帮办帮忙。三是筹钱。在日本人调查的前一年，永利闸的各种经费是七八千元。平均费用不明，调查时的经费也不明，经费没有预算。找有钱人借钱需要支付利息，先由小甲等人垫付，不支交利息。四是分摊。各镰夫的分配比例是支出金额除以全镰数，然后再决定各镰夫的负担额。金额出来后，一直到十二月最后一天的这个期间由小甲负责收钱，帮办帮忙。一般情况下，到清算日为止，河正、小甲和帮办的工作就结束了，决算不公开。

**8. 当捻**

当捻指的是关闸，立夏挖掘河流时，必须要关闭六闸。挖掘河流的前一天堵住河道。因为如果不止住水，水就会一直流，无法进行挖掘。在挖掘一个地方的河沟时，一定要堵住水流。

**9. 拉捻**

拉捻指河流挖掘工作结束以后，弄坏河流堵塞处，让河流流通。拉捻由河正、小甲及镰夫进行，每名小甲各带一名镰夫。镰夫人员不固定，但必须身强力壮。

**10. 拉小工和拉大工**

挖掘河流支流的时候叫作拉小工。一是负责范围。每个镰夫只需负责自己所在的支流。二是开工时间。拉小工是在拉大工之前（三月份之前），每3天交替换工一次。挖掘河流干道的时候叫作拉大工，挖掘其支流的镰夫都需要过来挖掘。拉大工是在每年的三月进行。由小甲根据账本和河老分配劳动力，这样能够确定每亩挖掘的长度，镰夫就会在这3天中选出适当的劳动力完成自己的任务。

**11. 拉大工会餐**

拉大工之后，河正和小甲会进行一次会餐。一是会餐人员。会餐人员主要有：老人、小甲、叫人头和参与挖掘工作的镰夫，其中叫人头由河正带着，镰夫由小甲带着参会。二是会餐费用。会餐费由镰夫按亩来摊派。每年在固定的时间由小甲收集好后交给河正。

**12. 垫桥**

垫桥是指在桥上盖上土，然后整理平整。一是垫桥原因。垫桥主要是指使水垫桥，即哪个村庄用水就由哪个村庄来垫桥。二是垫桥时间。桥出现故障时，桥所在村庄的人就会告知用水村庄的人。三是垫桥人数。由用水村庄的河正或河正代理人前去考察，计算垫桥人数。小甲根据河正指令安排垫桥人数，由镰夫作业。

**13. 笼账**

笼账又称算账。一是笼账时间。每年 5 月份（固定的时间）的时候将一年的费用进行计算。二是笼账人员资格。笼账由小甲或小甲中识字的人做。笼账只需要一天即可完成。三是笼账地点。地点不固定，合适即可。

**14. 筹资**

筹资又称集金。筹资是在笼账当天进行。各小甲去自己管辖范围内的镰夫家收取，可以交实物，也可以交现金。

**15. 老人饭**

老人饭就是指让河老吃饭，吃几次和什么时间吃不确定。每次有河的事情的时候，都会让老人吃饭。

**16. 当账**

当账即返还金钱，具体是指从收取河流用水的费用中来返还河老一年所垫付的费用。当账是在笼账之后进行的，一般由小甲将经费收集后返还给河老。

**17. 河费的分配**

一是河费的管理者。河费按照土地亩数分配，由小甲管理，各小甲只分配自己所管辖区域的费用。二是费用摊派。费用由小甲均分，小甲再将自己所分配到的费用分给各镰夫。其中因为小甲所持有的镰数不同，所以分配的费用会有所不同，具体情况如下，用水时、分配劳动力时、分配河的费用时，全部都根据镰数决定。有些村庄，河的费用会算入村的费用，作为村庄的费用，收集村庄摊款的时候会一起收集河的费用，小甲每当分配河的费用的时候，会直接从村里收到，然后再交给相应的闸。用于河的费用会一一记入账簿，这个账面叫作“花销账”。

## 二　船会、桥会及水利纠纷

本篇主要调查河北省涿县琉璃河沿岸有关水的情况，包括对桥会、船会的调查及对琉璃河、永定河的水灾修复工作的调查。这也是水利惯行的一个重要组成部分。在调查中，调查员得到了县公署码头镇警察分所的帮助及介绍联络。本篇属于华北惯行调查资料第88辑，水篇第7号。

## （一）河、船、桥的基本情况

### 1. 琉璃河的泛滥

琉璃河又叫大清河，如其名河水非常清澈，水流缓慢，极少发生水灾。二月的时候河里的冰开始融化，水变少，六、七月进入雨季后水量剧增，水溢出河流的事情经常发生，但并不会引发水灾，如果早点引水反倒能够滋润耕地，对农作物极其有利。琉璃河的水深一般为一丈五六尺，进入夏季雨季后，水深会达到两丈以上。民国二十八年（1939），在水灾之前，琉璃河与天津之间的船只交易非常兴隆。调查时，琉璃河与下游小清河的合流之处被沙土所堵塞，下游的水不能流通，所以上方的水溢出之后就泛滥成灾。

### 2. 码头镇的船运

码头镇是一个有200余户人家的镇，有着第二区的中心地、警察分所、镇公所河商会等。这里的住民是明朝以后从山西、河南、山东等地移居过来的，最初是移民入住，接着商人渐渐从各地进来。现在本镇的商户有20余户。因为明代以后本地和天津有船运，所以和天津交易的商铺逐渐产生。但是，纯粹的商人比较少，过半数的人都持有土地，由家人耕作，其中粮店、杂货、烧锅、陶器和药店比较多，还有其他“做小买卖的”。

由于小清河泛滥、琉璃河底积沙，码头镇和天津断绝了船运贸易，各商户贸易不振，渐入穷境。在事变之前，贸易非常兴旺，特别是在事变前10年间和京汉铁路铺设的光绪二十五年前，贸易非常景气。当时最为活跃的是粮店和杂货铺，粮店将黑豆、黄豆、玉米（没有出售玉米，因为和棉花和烟草一样，由于土地质量不良，所以这一地带种不出麦子）放在十里堡的船上运送到天津。这些船在归途中，又会把杂货、砂糖、纸、酱、海带、胡椒等物品输送给本地的商户。这些运输船只并不是停在码头镇的附近，更多的是在河流的下游。天津的碗、北京运来的布匹在此地都有销售。

和码头镇相同，琉璃河镇的商店也非常多，这些商店依靠天津的船只输出物资。不一样的是琉璃河镇有铁路，还是北京与保定之间公路的要冲，同时也是从西边房山县山地运来的石材的集散地。此外，码头镇下游也有很多村镇，这一地带就成为了商业贸易的中心，但是没有本店和支店的关系。相关镇上的商人组织商会，多是官民组织，目的并不在于增强互相间业务联络以保持统一战线。而且，商会代表们会合后会进行一些商讨，除此之外没有其他的事情。

事变之后由于水灾而导致河道堵塞，商品销售也都转向了京汉线方面。以前船运的运费和调查时铁道的运费相比较，便宜了很多。生意兴旺的商店在事变之前倒闭的比较多，完全破产倒闭的也有10户左右。可以说很多商店被逼入了苦境。本镇最大的粮店、杂货店——锦裕恒每年也持续亏损，光是调查前一年的赤字就有一万元，但是商户向他乡转移的情况比较少见。不管哪位家庭成员移居了，就会有人留下，留下来的家庭成员不能经商，只能够靠耕作土地来维持生活。和事变前相比，户数减少了许多。

### 3. 商会——组织和业务

民国十几年的时候，根据县的命令成立了商会。一是组成人员。组成人员有会长、副会长各一名、执行委员五名、监察员两三名、文简两名、扶役两名。执行委员、监察员都由土地雄厚的商人担任。二是工作内容。会长、副会长不会经常到商会上班，处理公务，但是他们要和县里进行接触，同时要处理重要的事项。一切实务都由执行委员来做。中间的 3 人叫作“常务”。这 3 人负责处理日常事务，一旦有大点的事情，就得由 5 名执行委员商量后决定。在后一种情况下，会要求会长和副会长参加。监察员主要作为办事人（以上的执行员）来监督会计工作。平时没有其他的事情，只做自己的事情。文简是商会的雇员，根据帮办人的命令来写公文书。商会的主要工作是依据县的命令收集商铺的税款，然后再把税款送到县里。还有临时接到县里的命令，委托他们进行物资的调配和征发（比如民国二十八年（1939）有水灾之时，商会根据县的命令将救济用的粮食分配给各商户，这次又是为筑堤的劳动力配送粮食，这些都是在商会进行）。除此之外，商会还要进行商品的斡旋，共同购入，经营共同的仓库等，必须相互扶持才能继续。三是缴纳费用。在事变之前，商会是商户自愿入会的，后改组商会，不管商户大小都必须强制加入，也有极小的商户进来。会员要缴纳会费，这个标准是依据店铺的大小，而不是根据营业额、实际收入。商户需要负担的会费很多，多的时候，一个家庭每月要缴纳几百元。

### 4. 里公所、里枝团

镇公所在事变之前叫作里公所。里公所有里长、里副、文简、乡丁（扶役）。商会的会长和里长、里副不允许同时兼任。实际上存在兼任的情况。执行员也是如此，不能在里公所兼任职务，商会和里公所没有内部的联系。

“里枝团”，也叫作“商团”，属于自卫组织。这个商团原本属于里公所，商会成立后，为了保护商户，也为了使它能够维持下去，它的工资和花费都由双方按照商会六、里四的比例来支付。里枝团员有 8 人，里公所的摊款按照占有地亩数的摊派来征收。近年来，每亩地收五六元，农会不用缴纳。

### 5. 江工会

江工会是大家一起修理堤防的会。一是修理堤防；二是防洪，发洪水后大家会很苦恼，所以在河流沿岸的各村堤防处，都会提前堆积春土，当水量增加或者决溃，大家就会用土来进行堵塞。在此要注意，堤防建设是由官府负责，只是维修由周边的人负责。

### 6. 物资的集散和水运

事变前（1931 年），受访者原本是新城县人，民国十七年（1928 年）之后在新城县县城的粮房工作，粮房有一个资本家，受访者是掌柜的。当时新城县的农产品大部分出口天津。出口物每年不定，最多是黄豆，其次是麦子。之所以不从较近的京汉线进行出口是因为运费相差几倍。

新城县中的出口业不多，但是经营范围大的粮房在县城中有十余家。沿河有一、两百家左右的同业者，生意十分兴旺。事变之后生意不景气，粮房变少，且新城县的粮房大多倒闭。民国二十八年（1939）永定河大洪水，琉璃河、大清河产生了很多沙地，与天津的交通变得不便，以船运经商买卖的粮房破产很多。在受访者的粮房破产之后，受访者面临失业，后来通过熟人介绍来到了船会。

一是商贸关系。河边的各县几乎都与天津有着密切的商贸关系。

二是运输物品类型。由于出口的全部是农产品，所以全部是粮房，进口的有县城的杂货商、布行等等。船只一般都在去程出口农作物，在回程时运输商人的进口物品。

三是交易过程。在与天津的交易中，根据商品种类不同会有些差异，买谷物的时候，天津会有卸卖店的人过来。大多数的粮房运送自己的谷物，然后与天津的商人根据行情订立商约。

四是交易种类。粮房出口物主要是黄豆、麦子等。黄豆是由天津的商人卖给本地或者关外的油房。新城县和这里差不多。受访者的粮房每年大概出口七、八百石左右的粮食，其中大部分都是黄豆。

五是运输时间。有船运的时期是正月到十月的开河期，开河期以外的冬天大多为船的修理期。

六是装货地点。受访者装船的地方是距离新城县县城十八里东的新桥。新桥和下游的药王庙（地名）之间，河底很浅，大型船只无法通过。因此，这一区间只能使用小船，五只小船每只能装50石左右，到达药王庄之后在这里将所有物品换装进一艘大船，然后再运往天津。

七是在径路中使用船只的原因。受访者在新桥雇佣了十里堡人的船只。十里堡位于镇的下游，船只很多，船也有去天津的。不去天津的时候，就运送琉璃河上游输出的煤炭，经常在新桥之间往返。在新桥随意就能雇佣到船只，十里堡有数百条船，由于来新桥的船比较多，不存在争先恐后租船的情况。十里堡有几百条船，新桥只有两三户有船，而且没有船会。

### 7. 船户

有船的人家被称作为船户。一是船户数量。十里堡的船户大概有300户，其中一般一户有一条船的情况比较多，两三户共同持有一条船的情况也有。二是谋生。在十里堡180户主要依靠船只收入维持生活，剩余的是寻常百姓，以种地为生。卖掉船的人很少。

### 8. 雇船

一是雇主。在雇佣船时，雇主不确定，他们一般会直接委托船户来做。二是委托人员。尽量委托相熟的船主。例如，雇主雇佣了船只后，就会去十里堡，如果船户是熟人，就会受到款待。三是运送费。雇主和船户直接口头约定，运送费为每石三、四百角左右，运费先付一部分，后付大部分。四是装载货物的人。一般都是新城来的搬运工或者是本地的苦力。五是货主会跟船走。

**9. 船的运行**

一是船的停留。船在龙王庙进行货物的替换，除此之外，有几个停留点，在十里堡也会停，在码头和有桥的地方也会短暂停船，交纳税款和其他费用后再出发。在十里堡停船，是因为船户在前往天津的途中，通知家人或者在家里休息。货主作为船户的客人也会在十里堡停，会受到盛情款待。二是船户与船会的联系。在船运行中，船户不会与船会联系。三是船户手续。船户只要拥有县公署颁发给船户的船的执照，船就可以去其他县的任何地方。

**10. 船运关系的税费**

一是在来往天津之间的船户要缴纳的费用。新城县的管船局（所属县公署系统不明）收取部分钱，然后新城、永城两县的边界处，“白沟河另立管船局”也会收钱。船户大多数都存钱，所以会按照规定交钱。加入船会者，每10元的运费只交3角；没有加入船会者，要交1元。距离天津较近的范家口，在河岸处检查船的执照，检查证上会按旗印，然后收费。

二是在天津船户要交纳的费用。在天津又会有很多费用需交纳。根据船只大小费用也不同。有尺丈钱、过桥费用，比如每一座桥都要收一元或者两三角等，比如通过上方的“浮桥”时，要交3角钱左右的“过浮桥钱”，浮桥时也要给桥的看守人一点小费的惯例。还有人故意妨碍船的通行，如不给钱船就无法通行，货物卸载也会被推迟，没有办法还是要给钱。

三是货主要缴纳的税费。在码头装货的时候，牙行（又称“包商人”）会收纳课税。在天津的码头，船只很多，卸货很费功夫。在天津的码头，有“官缆”，也就是卸载货物以便整理的绳子，在一定的时间拉开绳子，卸货搬运的时候对货物进行收纳，通过的时候必须交1元2角的免照费。这个时候，货主和船户如果没有和工作人员联系的话，不管过了多久货物卸载都要推迟。因此货主必须要和工作人员保持联系，如果船户说是十里堡船会的人，就能够尽早使事情进展顺利。而且在天津，大豆和芝麻每一石会收取1角钱的“油粮钱”。

**11. 依靠船运的粮食交易**

一是货物的售卖。天津油房、粉厂的掌柜会来到新城购买货物。粮房的很多物品也会被带到天津进行贩卖，受访者表示他的货物卖给天津河边的“万春斗”店。二是价格确定。货物以市价来定。万春斗店附近有着1000、2000艘船，受访者把黄豆的样品及运送船只的名称及粮房名一起记在纸片上，然后交给万春斗的工作人员。买手会检查，审核实物，双方确定价格后交易。三是船会香头的会面（交易争执）。当有争执的时候，船会的香头会出面调解。

**12. 船的修理**

修理船的人大体上都是从南方来的，主要是因为南方船运兴旺，他们的修船技术很高。

## （二）船会

**1. 船会的沿革与组织**

船会是船的所有者自发形成的组织。很早以前就有了船会。每个村庄的船会各有不同，比如，新城和永城边界白沟的船户加入了十里堡的船会。但是，其他县的村不可以入会。如果本村的船户较少，需要其他县的船户加入才能够成为船会时，也可吸纳其他县的船户入会。

**2. 船会及加入标准**

船会是指由船的所有者组织的会，但并不是所有面向河流的村庄都有船，在涿县码头镇附近的南芦、北芦、小茨、蔡家庄、贾家庄、孟家庄就没有船只；西韦坨、东茨、西茨各有30只左右；辛庄、河西务不明。有船的人家也不仅仅靠船维持生活，如果运输量比较大，也有以船为生的情况。船会一般多出现于天津上游有船的村庄。三是船会组成标准。一般拥有30只左右的船就能够组成一个会。

**3. 船会的组织架构**

一是船会组成人员。船会有香头、副香头各一名，还有多名首事人。二是香头的资格。香头不一定世袭，且香头与村长、商会会长各自分开。香头一般是本地的船户，要有人格、有胆量，是否识字并不是必要条件。船户一般是十里堡的人，选举他村人为香头的情况基本不存在，但也不是不能选举。三是香头的年龄和性别。香头为男性，没有年龄限制，工作能力强，因此，中年人和老年人成为香头的情况比较多。四是香头信仰。香头无信仰限制。五是船会的人的信仰。船会的人信仰佛教，祭祀刘老爷、南海大士、财神。刘老爷庙是在保定东关和十里堡带治愈病痛的神。该地船户以外的人家也会祭祀刘老爷，每家祭祀的神基本相同。在船上一般会祭祀南海大士。六是喝酒抽烟情况。船会人员不会在船上一起抽烟，但是一起喝酒的情况比较普遍。七是香头财产。大体上都是有钱人成为了香头，但有钱不是成为香头的必要条件。八是首事人。首事和香头的资格相同。九是香头、首事人的任期。只要没有做坏事，任期可以很长。十是选举方法。船户聚集后选举香头、副香头和首事人。十一是香头、副香头和首事人的关系。香头是船会的代表，是组织船戏的中心人物，当发生比较的大纷争时，会出面进行调停。香头也是代表船会与县公署进行联络的代表。副香头一般叫作帮办，协助香头工作，如联络，写文书，进行各种计算等。首事主要是做执行工作。

#### 4. 船会的公共活动

一是河船戏。3 月 1 日是刘守真的诞辰，在十里堡，船会会在刘老爷庙（祭祀刘守真）唱戏，周边的很多人会来看戏，这叫作“河船戏”。二是开会。庙会开始前船会会开会。船会没有特别的办公场所，有要事时就会在香头家里聚集。三是参会人员。参会人员有香头、首事人等等。四是邀请与被邀请人员。不会邀请天津人，但是会邀请附近的人。被邀请的人会受到款待，不是船会款待，而是船户熟人的款待。

#### 5. 船会的职能

船会主要有如下职能：一是费用交涉。如果有船户被法外收税或者收费时，船会就会与县公署或收税人交涉。因此，船税很便宜，不入会的人就不知道具体金额。二是纠纷调解。当遇到大的纠纷，船会会进行调解。调解的主事人是副香头和执事人等。纷争很大的时候，即使船会全体不出动，也会派代表前往，即使是一人交涉，实际上也是代表整个团体在交涉。三是纠纷事例。在天津，十里堡的船户和码头的搬运工关于货物搬运的事情争吵了起来，即搬运没有考虑其他货物的搬运顺序，十里堡的船户很生气，就争吵起来，导致十里保船户的货物放置了很多天，无法卸载货物。最后船户和香头联系，香头与码头的搬运工头目沟通，平息了这件事。四是代表船会与其他团体交涉。船会的香头和搬运工的头目相互之间关系亲密，个人之间的交流也很多。遇到船会或者船会成员与其他团体的纠纷，香头有时会出面调停，一般情况下由首事人调解。

#### 6. 船会和船户的关系

一是入会好处。船户入会自由，入会后会有很多好处，如交税、交费，还有卸货等都会受到优待，如前往天津，船会会员只需交 3 角的税款，而非会员要交 1 元。二是会费及用途。船会向会员收取会费，根据船只大小会费有所不同，会费大部分都用于“船戏”。三是船只买卖的报告。买卖船只的时候要向船会汇报。卖船的时候还要向县里汇报，然后办理手续。四是船会会协助会员解决困难，如遇到纠纷时会出面调解。

### （三）桥会

#### 1. 桥会

所谓桥会就是为桥的建设、维修和管理而组织的会。桥会的主要工作就是搭桥和拆桥。码头镇的桥会是在明代成立，叫作普济桥会。因为桥地西岸有一座普济庵，所以取了这一名字。因为风水关系，建桥的时候，庙对土地有好处，所以建立了庙。普济桥会是由本村和芦村的人建的，其中有这样一种说法，普济桥以前仅由芦村经营，但是码头镇由于修理桥出了很多钱，这之后码头镇开始主管桥会。

桥主要建设在交通要地或者商业兴旺的地方。如琉璃河到天津下游的这一区间琉璃河镇（御路桥）、码头镇、新桥镇（新城县和永城县的边界）、南大桥、北大桥（新城县附近）、苑家口（雄县附近）还有其他地方有桥。码头镇的桥保留到了民国二十八年(1939)，后因洪水破坏被毁。在全县除了琉璃河的石桥外，全部都是木桥。一般而言，有桥就会有桥会。如果是极小的桥，由四五人建成的话，建桥者收取渡桥费。

桥会与村公所区分开的原因是桥会并不是一村所有，与很多村都有关系，他村的人也能够加入桥会。

**2. 桥会的出资者**

桥的出资者一般是距离较近的，经常过桥的村庄。参加码头镇桥会的有北芦村、马庄、辛庄窝、北港、码头镇等。桥是地方人自己推进建成的，但是也得到了官府的许可。一般是由绅商提倡，然后大家筹资建设的，与庙没有关系。这些乡绅都是有德的买卖人，其中码头镇最多。

**3. 桥会的组织架构**

桥会是一个比较完整的组织，有香头（会长），首事人等10余名工作人员，香头以下的全部工作人员都叫作经理人。参加桥会的村庄必须出任经理，入会的村庄的有些村民还会向桥会捐赠土地。

**4. 香头**

香头又叫会首。香头的香是烧香扣头的香。码头镇桥会的香头是甄衡（本镇）、刘凤五（北芦村）、刘恩华（马庄）、王树芳（本镇），四位香头地位相同，权力平等。一是管理方式。桥会采取轮流管理的方式。二是香头的产生。香头由首事人等选举产生，但是老管事人在事前会与首事人商量后再决定。出任香头的村庄不固定，不适当的香头就不能继续任职。三是香头的资格。香头没有土地和财产的要求，但是能够成为香头的人一定是交付了垫付金或者捐赠金的人。香头还需善良、受人尊敬、工作能力强等品质，即使不识字也可以。其他村的有钱人、本地出生但居住外地的有钱人不能成为香头。香头以老年人居多。虽然也有人推荐年轻人，但是有能力者大多数是老年人，所以年轻人没有成为香头的。四是香头的任期。只要香头不做坏事，可以连选连任。一个桥会的几位香头不是在同一年或者同一时期产生。受访者表示，他所在的桥会，开始只有一名香头，后来变成了4名香头。如果内部缺人就会邀请有资格的人担任香头。

**5. 老管事人**

老管事人要负责会里的工作，进行商讨后办事，同时承担责任（老管事人也没有工资）。一般情况下老管事人来决定一切事情，但是根据工作性质也会有所不同。

**6. 首事人**

首事人工作要出垫付金及其他费用，这是名誉职位。一是首事人的产生。老管事人会询问首事人等人的意向，然后再邀请。二是担任首事人的仪式。会在普济庵举行会议，老管事人、首事人参加。三是首事人与募金。建桥费用不足的时候，会增加首事人，让他们来出钱，这些人可以是北京或者附近的人（但是只限本地出身者）。四是首事人的资格。只要有钱就可以成为首事人。五是首事人的特征。30 岁以上的人居多，且首事人多信仰佛教。首事人出身的村庄几乎都是固定的，因为这些村庄和有钱的人家是固定的，几乎不会有变动。首事人不是世袭制，父母去世了，孩子不一定会成为首事人。如果孩子想要成为首事人的时候，老管事人和首事人如果觉得合适，会重新进行邀请。六是首事人的任期。一旦成为了首事人就会一辈子成为首事人，除非自己不想担任首事人。如果首事人变成穷人，出不起垫付金的时候，本人会申请辞任，然后就能退出。

**7. 桥会的会议**

桥会的会议分为定期会议和不定期会议。定期会议有三个：十月收租，五月折桥，八月搭桥。不定期会议主要邀请相关人员参加，一般安排在八月搭桥之前举行，由于搭桥需要筹集费用，所以就会开会来筹集垫付金。会议一般在普济庵举行，首事人都会参加。十月收租，指的是商量桥会土地的收租事情。五月折桥，指的是撤离的日子，由于要进入雨期，如果没有把桥解体，流水就会对桥造成损坏，这时就会商讨撤离的日期。八月搭桥，就是对八月架建桥的事宜进行商量。会议一般由老管事人决定后征求大家意见，首事人一般都会同意，即会议的决定权在于老管事人。

**8. 桥夫**

雇佣对桥进行管理的人称为桥夫。普济桥会雇佣码头镇人王老道做为桥夫。王老道从民国二十八年（1939）开始到日本人调查时一直作为桥夫，他家的土地很少。王老道做为桥夫的工资为每年 10 元，庙附近的 8 亩土地都由他种植，以此做为管理桥的报酬。桥夫如果做得好，可以一直雇佣，十年、二十年都没有问题。桥夫主要对桥进行监督，修理桥的破损处，对桥附近的道路进行修理和给道路洒水等。

**9. 摆渡**

在渡场以渡船渡人叫作摆渡，摆渡地点一般在桥的旁边，如在普济桥的摆渡叫作普济摆渡。普济摆渡很久以来就由普渡桥会经营。摆渡船平时不让使用，一旦桥变得危险或是桥有损坏的时候才开始使用，而且规定了只有马车才能用船来摆渡。渡口有一艘摆渡船，可以乘两台大车、两匹家畜。渡口有两人摆渡，摆渡人负责保管渡船。摆渡人也称为船户，船户和桥夫都不是有钱人，因此也不能成为首事。摆渡人是船户，住在自己家，桥会每年会给每人 10 元左右的工资。摆渡的船夫会有一些额外的收入，以码头镇为中心的二三十个村，每年在大秋、麦秋、新年、腊八时会给摆渡人送些粟或者麦子。送的数量，由送的一方随意决定，不送也可以；商人一般不会送物，但是会送一些钱，这是公开进行的。到了这一时期，船夫就会去各个村庄，首先去村长家，然后在村长的带领下去各家各户，收点摆渡费。在码头镇附近几乎没有向过桥或者摆渡的人收取费用的情况，在芦村附近有以个人的渔船作为摆渡船的人家。船为个人所有，因此每次摆渡收 1 角到 2 角摆渡费。

**10. 桥会的募捐**

一般新建桥时因为经费需求比较大，一般会募捐。一是募集的时间。桥会募款是指在桥材腐朽需要重新建造的时候募集捐款，也就是租金或者其他的公用金不足的时候。二是桥会募集的范围。桥会的募款是在河北省一带，有时也从山西或者河南募款。三是募集的原因。大规模的进行募款是因为仅仅从周边村庄无法收到足够的建设款。三是桥会募集的方法。将普、济、桥、建、筑五字分开，每个字25枚（根据编号进行整理）。桥会将其分配给本镇的商人以及这附近的出身的人，并由在北京、天津成功的人士进行募集，而且也与天津重镇的船会和桥会联系之后进行募集。

**11. 桥的修补**

由于水灾发生，桥材的破损，需要对桥进行维修。一般是雇佣人维修，维修时需要给人工费和材料款。钱不够时，由香头或者首事人垫付。

**12. 桥会的土地和收入**

桥会的收入主要来自于桥会土地、房屋的出租收入和捐献收入。土地捐献数量为五六亩到30亩左右。人们将土地捐献了，捐献的人依然会耕种，产权仍然属捐献人所有，会里只有收租权，不能将土地卖掉或者随便种植东西。桥会可以处理自己拥有产权的土地、房屋，捐献的土地如果只捐献收租权，桥会则不能对其买卖和处置。

**13. 桥会土地与佃户关系**

耕种桥会土地的人叫作佃户，佃户向桥会交地租（又称“租子”）。总体来说租子是3角5、钱粮是2角5。这一带普通土地地租大约十五六元。桥会可以从每亩土地得到从租子里扣除钱粮的收入。民国前桥会土地的租子随土地性质的不同而变化，民国后就几乎没什么差别。民国初年（1912）为200、500钱，之后为1角5、2角5，民国二十八年后为3角5。租子一般是固定的，8年、10年才变动一次。桥会田的租子通常由老管事们决定，不会与佃户商量。

**14. 学田**

租票有“学字第△号”这样整理号码的是指以前的学田，由镇公所管理，那些土地的租子被充作学校的经费，因此加上“学”字整理而成。

**15. 桥会的房基地**

房基的土地又叫房基地。马头镇市街还有岸边有4段房基地，有五六亩。桥两边的土地也都是桥会的土地，右边的4段有房子，由桥会建成，一般会租出去，收入充当建桥费。

**16. 桥会房屋及处理**

桥会有两处房屋，一处有6间房子（租借费每年10元），在街道中间；一处有30间半（租借费每年30元），其中6间房子借给镇公所用，不收取房租。这些建筑修建已有百年以上。这些土地原属于民地，桥会购买后修建了房子。桥会的房屋采取如下方式租佃：租的人会向桥会的香头（会长或者镇长）申请，如果同意，香头确定房租价格就可以了，不用写租借契约书。只要不滞纳房租，那么想租到什么时候就租到什么时候。滞纳则会把房子收回来。租房的人不可以改造或者增建房屋。

**17. 桥会财产的处理**

桥会可以卖掉具有产权的土地，卖地由香头或者老管事人决定，事后会告诉首事人，但不是非要求得到他们的同意和谅解才能卖地。

**18. 桥会名义上的土地与捐赠者**

桥会的土地基本上都是附近村落的人捐赠的，其中富人较多。捐赠的时候，原来所有者会把地契交由桥会保管。原所有者几乎都会租佃（捐的）那块地，租佃期限是永久的。如果要证明现在的佃户就是原先的那块土地所有者，就要依据桥会里的地亩账簿和本人持有的租票。每年桥会从这些土地取得300元左右的净收入，即租金扣除钱粮开支后的收入。捐赠不受时间和地点的限制，只要捐赠，桥会就会接受，捐赠数量也由捐赠人决定。

**19. 桥会土地的滞纳、佃权和黑地**

因为桥会捐赠的土地的产权属于捐赠者，所以即使捐赠者滞纳几年的租金，其租佃土地也不会被桥会没收。在事变前，因为租金便宜，不缴纳的人家很少。佃户把土地卖给别人的行为叫推或推佃。民国二十二年（1933）后，除租金以外，佃户还需负担附加费。同一年，国家对黑地进行了整理，一块土地如果是黑地就要向县里申告，之后就要既交钱粮，又要交附加费。在这之前，黑地既不用交钱粮也不用交附加费。

**20. 桥会地的推、典及手续**

捐赠者将捐赠土地卖掉称为推，捐赠者也可以出典。推地需要在桥会办手续，而典地不需要和桥会联系，当事人之间直接进行即可。推地和典地在民国十七年（1928）之前与县公署没有关系，只需与桥会办理手续。要推地时，首先制定文约，卖主交给买主老文（旧文书）以便交易的兑换，等到十月缴纳租金时，在香头传唤下到场，在香头的账簿上更换名义，这叫过割。民国十七年（1928）后县里对推地和典地下了命令，推地和典地的人需到县公署，用县里规定的样式纸填写，以求批准。在县公署看来，这是桥会的土地，其实佃户才是真正的土地所有者。佃户不希望县公署知道实际情况，因为知道后就要交钱粮和附加费了。捐赠给桥会的土地在买卖、典当的价格比普通土地相对便宜。因为有两个所有者，这种归属不清的土地谁都不想要，佃户们也的确想把它变成自己的所有地。

**21. 桥会的收入及管理**

桥会只有在造桥经费不足时才会募款。普济桥会每年的收入是200元，每年花费在桥上的经费为百来元，主要是桥夫、船夫的工资及桥的日常维护费，剩下的钱存起来为将来修桥所用。这些存金每年都会有所增加，可达到相当的金额。这笔钱由专门的人保管，不会用在金融方面（也有人说可以出借）。

**22. 桥会间的关系**

桥会之间不会联络，桥会会议上也不会招待其他桥会的人，因为桥会之间相距很远。在办普济庵庙会时，桥会什么都不做，组织戏剧、举办宴会都由庙里的人负责。各地桥会的香头间也没有交往。但桥建成时会举办庆典，这时会邀请其他村的人参加，邀请的一般都是村长、财主这类有权势的人，船会的香头也需招待。

**23. 桥会和船会的关系**

普济桥会在募款时，不会向其他桥会请求援助，但一般会向十里堡的船会求助。因为参加桥会的多为商人、财主，他们经常雇船让船夫帮忙送东西，所以大家关系（包括私人关系）很好，而十里堡的船户们又多为熟人，所以桥会在募款时，会拜托船户筹集资金，船户也很乐意帮忙牵线、搭桥，以取得更多捐款。但募款不是以个人名义拜托的，募款时从管事人到首事人会全员动员，安排各方面事务。比如，当有十里堡的船户来到本村，就有桥会的人出面（非特定人）拜托他募款修桥的事。回村后，船户把消息转达给船会的香头，香头将船户们召集起来，筹集捐款并记录、汇总。现在桥会里保存的船户册子就是当时记录具体捐款金额的。此外，桥会和船会没有别的联系。桥会在建桥的时候，会款待船会的人但并不是特意款待，有要事的时候会叫船只，拜托他们募款。委托十里堡船会进行募款后，就能够收到白沟上游船户的募款。民国二十四年（1935）普济桥会收到了千元募款。桥建成之时，本地的桥会款待了十里堡、杨家屯、团林、白沟河镇船会的香头等人，作为捐赠金的谢礼。

## （四）涿县水田的纷争

**1. 历史沿革**

千年前，一位有名的儒者邵康节先生隐居在其故里范阳郡（现在的涿州），先生除了学问（主要是易学）之外还从事农业。因为范阳郡的水特别多，人们苦于无法栽种麦和粟米等作物。自从先生来了，自己尝试种植水稻，获得成功后便向农民传授种植方法。农民学会后，利用上游流下的泉水，不断扩大水稻种植面积。目前，水稻种植面积已达万亩以上。这地方就是如今涿县以大邵村为中心的水田地带。可见，涿县的稻田至少有一千年以上的历史。

**2. 水源地和灌溉水的变迁**

万泉庵位于房山县境内，涿县水田地带长沟镇往西 12 里处。这里有很多泉眼，最初甚至有个直径约 50 厘米的泉眼，地下水不间断地涌出。民国后，水利委员会在泉周围修筑池子，将泉水引到别处去。泉水从万泉庵出来西流约两里就到了下营村，在这里，河道被分水坝一分为二，一股为主干，流到涿县水田地带灌溉一万亩水田；一股由第一引水沟引流到房山、涿县境内，直至涿县秧坊村，用来灌溉旱田。主干流再向东南流五里来到半壁店，在该地，一部分水由滚水坝引流到引水沟，向北流六里，到达终点北郑村，用以旱田灌溉。另一边，主干流继续东流流入涿县水田地带，灌溉田地。为使主干流流入涿县内各田地，水利委员会还在田地各处修造了许多小沟。

**3. 水利纷争**

（1）水力磨

水力磨是涿县水田地带产生纷争的源头之一。据惯例，水力磨的使用时间为白露至来年清明节。当到清明节，下游的人便会来拿掉水力磨，因此常有纷争。

（2）第一次纷争：清代

清代初期，明朝遗臣冯阁老持有几块涿县秧纺村的废产（无法耕种的地）。冯阁老将其开垦为耕地，并在位于泉水流经的下营村附近堵住主干的水，开凿水沟，引入泉水以灌溉自己的耕地。这种引水方法给地方带来两大灾害：一是引入的泉水水量较大，经常造成泛滥；二是上游水被堵住，没有水流入的涿县水田，导致下游屡屡发生旱灾。因此，农民们便一起到县公署投诉。县长虽曾传唤冯阁老的管家（仆人之首，管理钱财的人）到县衙，但碍于冯阁老的权势也束手无策。之后农民们又投诉到直隶总督处，也毫无成效。冯阁老不仅不顾农民的两次投诉，而且命令北京的九门提督不许涿州人上京。终于在三年后，一名叫骆延忠的农民男扮女装潜入京城，因其和太后认识便向太后告状。太后知道后立刻通过顺天府尹下达龙票，命其调查引水沟之事，并建造分水坝。分水坝长达 8 尺，将水划为三七分，七分给主干，三分留给引水沟。此外，为给主干分更多水，还朝着主干修建了一个 8 尺的倾斜面，这才解决了该事。

（3）第二次纷争：清末以后

不早于乾隆年间，皇帝在房山县的东北面建了一所行宫。行宫前有一条约 7 尺长的水沟，叫御河，河上有一座桥。以前那一带人很少，但“看守行宫的”人除看守外，还发展了农业，渐渐家族繁衍壮大，形成南郑村和后河村两个村落。这里的农民为灌溉耕地，在泉水主干上建了引水沟，并将其延长，有时还偷盗主干泉水的水。因为这种事一直有，涿县水田边的人便共同雇了“看水人”监视水源，“看水人”负责监视上游的水。民国十八年（1929）四月左右，“看水人”发现南郑村人盗水，大骂其小偷。附近村落的人赶到，气愤地表示，水源在房山县内，因此水属于房山县。今后涿县不能再用水，并用石头把主干水堵住，将其全部引到引水沟里。于是，涿县人状告到涿县公署，涿县县长宋大章随后到房山县半壁店调查该事件原委。但宋县长刚到半壁店，就被村民包围，遭到刁难。当宋县长知道是房山县王县长指使这件事后，在天津省公署会议上便和王县长吵起来，并向省长投诉，但即使如此，该事也未得以解决。

农民们无可奈何只能投诉到北京地方法院，这是法院十九年来第一次开庭审判。房山县的律师陈竹溪是南郑村人，是引水沟相关事务的总代表；泉水主干这边的代表是梁谷庄的梁万祥（红眼）。引水沟这边拍了19年前刚开始种植水稻敷亩的照片，以此向法院证明，从前开始这里就是水田。但在审判时，梁谷庄的梁万祥通过正确、充足的陈述理由使对方陷入窘境。陈竹溪在一轮审判结束后便遭到暗杀，其尸体后来在房山县坟庄附近发现。因此，这事又以未解决收场。

民国二十年（1931），涿县县长宋大章得知吴铁城的到来，遂与其见面，告诉他关于水源纷争之事。吴铁城大体浏览诉状后表示，该事归水利委员管，可直接交给他们。涿县县长认为此事总算得以解决，便递交了辞呈。

河北省公署最后决定派遣水利委员会的技术员到半壁店修造滚水坝。在半壁店召开民众大会后，决定将水分为两部分，主干流占四分之三，引水沟占四分之一。但技术员在修水坝时接受了引水沟杨树村的贿赂，所以在水坝上作了弊。首先在长度上，并不是四分之三对四分之一的比例；其次在宽幅上，引水沟只比主干流短5厘米；最后在倾斜度上，主干流是水平的，而引水沟是倾斜的，因此水会较急。

（4）第三次纷争：民国三十一年（1942）前。

事变以来，上游治安较差，所以涿县的人不常去房山县。直到有一年，天大旱，雨水不足，上游几乎没来水。六月四日，涿县建设科长与大邵村村长冯秀山一起前往上游了解情况。7天后，涿县县长和房山县县长在半壁店立下约定，决定在日军的帮助下修理河道。之后，在日军的调解下，引水沟利用几天时间将水堵住，让其流到涿县。

**4. 修理河道计划**

涿县第五区大邵村、小邵村、冯村、夹河及房山县东梁个庄、南梁个庄、北梁个庄7个村约一万亩的稻田均用万泉庵泉水灌溉，此河历年由7个村村民随时修理。事变后因治安问题，5年间村民未敢前往河道查看淤泥深浅并及时清理，又值该年天旱无雨，稻田不能栽秧，逢增产关键时期更需修理。

（1）分水沟：明末清始，冯阁老因灌溉羊房村私人花园，在下营村东北面的万泉河右岸开凿引水沟，之后羊房、半壁店、纸房等村民均用此沟水灌溉旱田。该引水沟宽8尺，河道宽约3丈6尺。如今河道左岸开垦出稻田约3亩，侵占河道约2丈4尺，以致本河流量减少。因此，计划掘去左岸稻田被侵之处，恢复河道原3丈6尺的宽度。

（2）滚水坝：清代，皇帝在河左岸建行宫，宫前修御河桥，其中一座桥在河左岸，遂挖掘引水沟一道通御河桥下，以备之后沿沟附近村，如杨树下、南郑、北郑等村民灌溉旱田之用。至民国二十年（1931），因旱田村与循园村争执水利，经水利委员会测量，本河宽20米、深0.6米，引水沟宽10米、深0.7米。今河道淤塞、水草丛生、流量减少，遂计划挖出河内草、石。

（3）水力磨：之前因其使用时妨碍水流惯例，所以规定每年白露节后开始使用，清明节后停止使用。现竟四季连续使用，妨碍水流。因此计划停止使用，并撤除拦水石。

（4）万泉庵涌泉水最旺盛处：如今水草丛生、乱石淤塞。因此，计划掘出乱石、清理水草、疏通河道，并对多处进行修理。

预计一周时间内完成修理工作，从七个村中挑选劳动力共250名，由涿县、房山的警察与友军担任计划开展的监督者。

## 三 水灾修复和河务管理

本篇是针对民国二十八年（1939）小清河、琉璃河的水灾，河道挖掘与筑堤工程的参观调查及同年永定河、小清河泛滥时的治水惯例进行调查的记录。调查方法是访谈法。调查中心是琉璃河泛滥地区的复原工程。本篇属于华北惯行调查资料第89辑，水篇第8篇。

### （一）受灾的基本情况

（1）泛滥决堤情况

民国二十八年（1939）夏季有三四天降水量很大，永定河水量时涨时降，水量增加通过卢沟桥的闸口流入小清河，因此两条河水的上涨程度相当。琉璃河比永定河更早出现水量上涨，且上涨很多。洪水不是一直都有，小清河有时会退水，但因为河的水位一直很高，稍有增水就会向两岸溢出，储蓄一段时间后，导致永定河发生决堤，以小清河河道为中心，广袤的一带都被洪水淹没了。因人力不足，在溃口有水溢出时地方未召开相关防水会议。

增水时，洪水在不同的地方深度不同，耕地最深处有2丈5尺，平均1丈左右；村里最深处有4—5尺，一般为2尺。铁道的东边因离决堤点较近，受灾严重。据七月上旬的调查，耕地有3/10受到洪水威胁，农作物和原来相比减产许多。作物以高粱、玉米、谷子、豆类等居多，大部分洪水过了两个月才退，因此土地变得又湿又软，只适宜种植麦子。据七月中旬的调查，受灾民众数量有11358名（其中需紧急救济的有4087名），在七月二十六日的调查中，受灾民数为22890名（月前12508名）。受灾民众基本没有存粮，他们都等着秋收，因此，这场大水使一半的灾民为来年的粮食发愁。此外，村中很多土方都被损坏，有两处桥梁受灾，电话被损坏，道路也是一片狼藉，这些都是一个月后才修复的。

（2）泛滥原因及排水

民国二十八年（1939）七月发大水时，永定河在卢沟桥处决堤，其洪水量的80%都流到小清河里，小清河又在涿县码头镇境内上游1000米处（郎庄）决堤，之后洪水从决堤处右折迂回，经过码头镇北端，流入琉璃河河道。这股洪水含大量泥沙，且小清河洪水水位比琉璃河高，导致小清河逆流到琉璃河，从合流点开始，上游泥沙沉积，下游河床上升，这是琉璃河河水积滞上游的原因。此外，周围的河川没有防堤和护岸使得少量水位上升都会扩大泛滥面积。1942年3月，因上游冰雪融化，冰雪融水致使泛滥区域急剧增加。部分洪水只能从北港村北端流过凹地，经过南沟村，向涿同村的洼地排出。由于滞水范围过广，且处理需消耗大量经费，因此县里没有对滞水地排水，而是一直放任。当初的滞水地，如今因蒸发或被地下吸收而变少许多，但目前良乡管辖内的13970亩地及涿县的7709亩地还有滞水。

（3）各河流情况。

小清河流量大增，现流量为30立方米每秒，量大且夹杂着泥沙。而平时小清河上游的水加上雨水，水量约是3立方米每秒，且都是清水。

## （二）工程修复

### 1. 工程决策

基于各个调查机构的调查报告决定：一是工程时间，5月25日至6月15日。二是工程地点，最初十日为琉璃河河底挖掘以及河堤的修筑，然后在小清河挖掘和修筑。三是苦力的分配，涿县5000名，良乡县3000名，房山县4000名，住宿地为工程附近的农村。

### 2. 修复工程

这些滞水地，一部分农民可用来种水稻，良乡县内琉璃河站西北处的滞水地可用作水田。工程有两方面的目的：一是为挖掘琉璃河、小清河的河道，排出民国二十八年（1939）大水灾时的滞水；二是通过对水灾多发地的复原以求农作物增产，同时预防从永定河流到小清河里河水的泛滥，稳定民心、民生。工程的主要动工点为：清理小清河河道中的泥沙，在小清河至琉璃河的溃堤处建筑防波堤，同时疏通琉璃河河道。

（1）对策及理由

根本对策是恢复各河道流径，建造防堤护岸工程，以达到防止泛滥的预期目的。工程分两期：一期工程为挖掘被埋的琉璃河河床，且在现小清河与琉璃河合流处建造简单的导流堤；二期工程为修复郎庄北端的小清河决堤口，并掘出被埋的原小清河河床。另外，如果条件允许，可在琉璃河上新建防堤和护岸，抬高琉璃河水位，使水流更顺畅。

首先，一期工程可以使现在的水量在很大程度上减少，即使发洪水时也可减少泛滥，尽可能降低对农作物的影响和伤害。其次，小清河与琉璃河几乎是以直角合流，且小清河流势更急，而该工程可使其以锐角合流，减缓小清河流势，防止水流在激荡处破堤，并预防合流点上游的琉璃河河床泥沙堆积。

二期工程的理由则是，现卢沟桥附近正建造的溢流堤，预计在后年永定河洪水期会有大量的洪水流入小清河，如果放任小清河河道，可能会再次堵塞琉璃河河口，导致琉璃河沿岸受灾越来越重。此外，放任不管不仅会对粮食增产计划的实施造成阻碍，而且会浪费该处最适合耕种的地。

（2）工程委员会

复原工程委员会设在码头镇（涿县），会长为燕京道尹李少徽，副会长为涿县知事杨开明、良县知事陈仲和、房县知事唐祖熙。委员会事务所里常驻人员有：省公署、道公署、县公署的职员（涿县建设科科员一名、县警察队队员三名、良县建设科科员一名、县警察队队员两名、房山警察队队员三名）。工作人员在动工前3日就到码头镇集合。负责监督的军队统筹全局、决定所有事务，里面包括省公署派遣的日本技师及3个日本承包人；县负责安排工作；委员会则是在动工前大家商量好后，决定工作的分配。委员会内没有组织章程，运行原则是让事情运作到最好即可。委员会大致按如下分工运作：

一是文书股负责撰写、发送委员会递交到外面的公文，并制作统计表。此外，每五天写一份报告，主要是给省、道、县里写，主要起草者是公署秘书和日方代表。

二是会计股主要负责钱财的收集、保管、出纳、工程用具费用等。另配有内勤一名。

三是配给股负责每天召集劳工代表，合计劳工数，把小米和玉米交给他们。另配有内勤一名。

四是联络股主要是在工程现场进行工作方面的联络。

五是劳工股负责作业区域内现场劳工的工程分配，并监督劳工的作业情况，调查到工人员数。另配有内勤一名。

六是材料股负责收集工程材料（领取、分类、保管及分配）。材料包括麻袋、树木、搬运用的笼子等。

七是警备班主要预防外匪、潜匪，并负责看守以防有人逃跑，有时会斥骂那些偷懒的人。警备班有一定的管辖范围，主要是劳工工作的区域。劳工有固定的住宿地，良乡的警备班就住在同县劳工的住宿地路村附近，房山的警备班住在南乐附近。除警备工作外，警备班还会有固定的三分之二的人去工程现场负责监督。

### 3. 出工分配及劳工工作

劳工数量是由委员会计算，然后通知县里，由县公署统一安排。在每个县的劳工工作区域内，大体是按区和乡的排列顺序分配劳工数量，但一般一项工作完成后还会有别的工作，所以有时顺序会打乱。出工数量以按照区进行均摊，特殊情况有二区和六区。二区按照每10位男人出2名劳工的原则进行安排，除出劳工外，还需要提供很多物资，包括工程需要的柳条、圆木等，但这些是有偿的。六区是因距离最远而特殊。

通常，一个村的劳工会有一处固定的工作点，每人每天大约可获得5角的小米和玉米。木匠由委员会雇佣，安排指定的工作，并获取相应的工资。劳动时间为上午6点半到中午，下午3点到7点，休息时间为中午至下午3点。出工者来工作地时有人引导，一般知事理的人就可以出工。引导人在每次劳工轮班时会变动。通常引导人需要在出工第一天去委员会露个面，劳工股的人会通知引导人相关事情，之后只需在现场督促劳工。引导人负责监督劳工，并根据劳工股的指示给劳工分配工作场地，同时照看病人（主要是消化器官方面的病，军方、良乡、涿县公署都会有药品的补助）。关于轮班安排，县考虑户口数、距离和经济情况，让各乡派出指定的人数，各乡又根据各村实际构成分配人数。

### 4. 监督机构

涿县、良乡、房山及其他地方均配有警察进行监督，其中涿县有警察30名，保甲自卫团50名；良乡县警察10名，警备队30人；房山县警察5名。该工程实施之际和治安强化运动有一定的关联，当地技术指导劝导相关县民（良乡、涿县）进行义务劳动，并用部分经费对其进行物资补贴。

### 5. 工程实施机构

工程的实施计划、经费等问题由省公署负责，建设总署只配合做调查。且前后两期工程没有联系，前者是在军队的作战命令下开始动工，后者则是良乡县直辖的工程。

### 6. 工程的预算

工程经费因计划更改变成28万元，省公署出4万元，涿县公署3万元，良乡县2万元，目前正向政务委员会申请了8万元。

## （三）以永定河河务局为中心的河防

### 1. 华北水利委员会

华北水利委员会成立于民国十年（1921），是国民政府的直属机构。委员会在永定河洪水泛滥期间派人来调查过受灾情况，但没有常驻。

### 2. 永定河河务局

永定河以前叫无定河，河道不定，乾隆年间修了堤坝，改为永定河，还为此设立了管理机构。永定河河务局是管理永定河的机构，成立于乾隆年间，总部设在天津，在河边有常驻事务所。河务局主要负责监视并保护河堤、闸，紧急时可随意征用附近居民，命其修复河堤；否则必须先与县警察署联系。

河两岸为防护河流将合适的区间分为一“段”，实行分“段”管辖，“段”的间隔不固定。一个“段”内有段长一名（无副段长），下设办事人两三名，工巡官带领的河兵有二三十名。段长、办事人平常在城里，每年涨水期7月1日到10月1日在当地事务所。河兵则一年都在事务所。

管理边界在有水时以流水中心划分，没水时则以两岸的中心线来划分。就涿县附近的永定河来说，有南上四工、南上五工衙门。之后把“工”换成了“段”。南上四段的事务所在韩营（良乡县），南上五段的在长安城（宛平县），他们在各自的堤坝附近，县内北寨也有河兵驻扎。

### 3. 与河相关的土地

从堤防开始，十丈内的土地都是官地（以前是民地，成立河务局后就变成官地），归河务局管辖。这片地不好，不能做耕地，河务局便在土地上种植柳树。河边除量水尺外，没有别的设施。

**4. 河务局员的职务权限**

河务局有工巡官，工巡官指挥和监督河兵。河务局主要有如下职能：一是负责巡视河堤和闸。河兵负责巡视，段长、办事人不会巡视，有事时才出面。河兵在巡视时，有时也抓捕破坏堤防的人，但不能处罚他们。范围限定在10里内，但实际不止10里，因为如果实行这样的限制就无法抓到破坏者了。河兵在10里内抓捕到的犯人由河务局负责处罚，多数情况下处罚较轻，只需归还偷盗物品，没有罚金。但破坏堤防属严重犯罪，需要河务局将其送到地方法院（事变前在涿县，事变后不清楚），审讯时要求河务局人员在场（目前未发生过该种情况）。若有犯人逃来码头镇一带，则必须联系警察分所进行逮捕。二是征用民工修复河堤，如果遇到紧急的情况，河务局可以征集周围的农民做为民工修堤。如果是不紧急的情况可以先与警察署联系。

**5. 民工的征用**

河务局不时会在河岸10里内征用农民，进行征用时需和附近的村长商量决定。征用10里外的人员则是警察分所直接进行人员招募。一般在春天未涨水时，河务局会雇佣10里内的村民作为小工进行堤坝修筑。紧急必要时，河务局可随意征用10里范围内的人员。这时工程不施行就会威胁村庄安全，所以征用不需给钱，而且村民为自己的村庄也不会索要钱。不紧急时，如果是大工程，应在事前联络后再征用；如果是小工程，则不需联络。这种普通征用通常会按照市价支付劳银。

**6. 县、警察的临时水防事务**

临时水防事务是根据县里预先注意到永定河水量的指示进行的。通常，警察所的3名警官会带领附近20—30名村民（总计两百多名）巡视河边地区，这需要事先和驻扎员打招呼。码头镇警察分所会有30名职员，但有一半是被派遣到当地任职的。永定河附近的村庄中也会派出应援队员。在河兵未到之前，大家接受当地警察的指挥。河兵到后，因其很了解水势，所以由河兵指导。

**7. 日常水量调查及预防措施**

水灾前特别派了分所员每天往返永定河、小清河、琉璃河等地，进行水量调查。永定河的水量调查由里渠的驻扎员负责，因为有通到里渠的电话，所以方便了解每天的水量状况。里渠的驻扎员会和河务局交涉，他们每天都会让在村里的自卫队去永定河做调查，涨水后每天都能收到水量报告，报告之后会递交到县里。县和分所为预防洪水采取了巡视永定河堤防，并继续补修、强化的措施。

**8. 保甲自卫团、派员**

事变后，保甲团的队长鲁化南常驻里渠，他手中还掌握着除驻扎员和河务局河兵外的其他权力。驻扎员在征用人手或征收东西时，需要得到鲁化南的许可。当时永定河还未实行保甲制，只是冠名的自卫团。保甲团属于县公署直属的独立机构，专为治安管理和防备贼匪，与行政、警察所都无关系，仅与土地相关。自卫团有500人左右，主要是里渠的自卫团员和北蔡村的村民。因为当时距离事变后不久，治安很差，所以，参加永定河护岸的人，警官和自卫团都会让他们拿铁炮以作防身之用。此外，在现场指挥村民时，铁炮也可以显示威严。派员是指如有修堤需要，就从北蔡及其他村庄征用10—20名小工。出工的人只用携带铁铲。这些征用都是由警察分所直接安排的。

### 9. 河堤修补与巡视

警察分所不从附近村落筹措修理所需材料。急需木料时会砍堤防的柳树，土用的是堤防十丈以内官地里的土，春季河兵会让农民挖掘并堆积好。尽管这些事务都属于河务局，但河防是大家都应该做的事情，一方面警察会按河兵的做法做，不会做得很离谱，另一方面事情紧急，不照会河务局也能得到理解。

河务局会派员巡视河堤，发现堤坝缝隙溢水，就要让农民来填土，另外还要在河里打桩制水。派员不夜宿河边，会当日返回。夜间由河兵巡视，白天警察也要巡视。

### 10. 河防联络

一是巡视人员与警察联络。白天会安排人在河岸边巡视，当天回来，所以这些人跟警察所有联络。派员不在现场，里渠的驻扎员就会多注意，然后跟警察所联系。河流一旦溃了口，就根本没有办法联络了。二是河堤各段联络。民国二十八年（1939）永定河溃口，水来得很快，哪里都没有消息传到警察所，但河务局各段之间是有通电话的。河务局主要负责堤防监视和修理，不负责通知。三是河务局与县公署的联络。河务局和各县公署之间也没有中间联络的机构，河务局要和警察所联络，就会派普通的河兵或者附近村庄的村民，但一发大水，就没法进行联络了。四是县之间联络。县公署每天都会用电话打听邻县的水量。发大水时警察所要和县城联系就得用船，电话打不通。大水前，警察所会在水位变化很显著的时候向县里报告，大水之后每天都报告。

一旦发大水，河边的村庄会依靠各个机构，不管是河务局、警察分所还是保甲团，警察分所也被要求尽可能出更多人修理永定河河坝。河边的村庄不会通过里渠驻扎员互相商量，决定区域，一起进行防水，没有这种惯例。河边的村庄也没有出现对水务很了解的人，进行巡视、指挥防水工程之类的。他们只在官方指示下干活。没有人命令和指挥，农民不会一起来防水。民国二十八年（1939）永定河溃口以后，上游的村庄没有采取烽火之类的方法向下游通知洪水，他们有敲钟和敲锣，不过不是为了联络别的村庄，而是为了告知自己村的人。

### 11. 河务局和警察

警察分所和河务局平常不经常联系，对河务局的工作也不甚清楚。春季永定河大体上是干涸的，但是一进入夏季，就会加强防范。如果预感会发大水，警察分所将派人帮忙，但何时会发洪水，河兵往往很难判断，当知道洪水来袭，交通已瘫痪，也就没有办法联系了。

#### 12. 预防处置避难设施

县里、警察所或河务局，都没有预测洪水的设施和指定的村民避难处，也没有让各村庄准备好排水用的盛土、木材等，更没有准备救护船。但北蔡、南蔡一直放着河务局用来搬土的笼子，因为它们离永定河很近，河务局就让他们代为保管。村里也几乎不会建设排水避难的设施，沿岸的村庄也没有，水力太大做什么都没有用。大水来了就逃往村里的高地，有钱人也不会离开村庄。大家觉得只要逃往村里高地大体都能得救，但大水来了，村民会在村里重要的地方盛土、排水，谁也不会泰然处之。在低地的村庄，像北蔡村，洪水一来就算是很危险的地方，但谁都不外逃。地券、借贷证明书等物品，会藏在柜子里，就算家被冲走了，这些东西也不会浸水和丢失。也会有一些人把这些贵重物品委托给城镇的人保管。

#### 13. 水灾监视与自救

大水来了，村里的人不免恐慌。由于难以从村里出逃，妇女、老人等就去村里的高地避难，去邻村避难的极少。男人则不会避难，一般会以村公所为中心，把所有能干活的男性劳动力都召集起来监视水的涨落。除此之外，大家就各自管各自了。对于那些因房屋浸水而没有住的地方的人，村里不会做什么，本人直接去投靠关系好的人家。不会有人自发救济那些受苦的人，不过如果有人受到求助，不管是住宿还是食粮，能借则借，能帮则帮，并且不会向求助者或村里索要任何费用。

### （四）水灾救济

#### 1. 水灾委员会

码头镇没有慈善团体，也没有做慈善事业的会，即使在水灾和饥荒时候也没有出现慈善家。不过以前发大水的时候，会成立以警察为中心的会，但名称不叫委员会。民国二十八年（1939）水灾后，成立了两个水灾委员会，一个在县公署内，一个在当地。两个机构相互独立，没有联络。县公署的水灾委员会则是在县里的命令下成立的，地方上不会有人作出设立委员会的请求。当地的水灾委员会正式名称叫涿县临时水灾救济会码头分会，是溃口十多天后，分所长提议，并与军队、镇长、保甲团长、商会长、里长商量成立的，这些“上面的人”商量过后，便会向有大片土地的或有钱的人发出“邀请”。委员会的成立在分所长提议那天，没有举办成立仪式，也没有在各村张贴委员会成立布告，而是通过分驻所、用船巡视的警官、自卫团的人通知各地方。码头镇的水灾救济会一开始完全和县里没有联系，成立之后，县里的委员会才成了本部，而该会作为县本部在第二区的分会。不过，该会的创立的确是县里授意的，因为不管是警察分所还是镇公所、商会，不得县的许可，不可随便设会。

**2. 水灾委员会的组织架构**

会长是现分所长，副会长是保甲团长和商会长，顾问为五十岚警备队长，其他的有董事数十名。董事中，既有在镇里或保卫团、保甲团担任职务的，又有村庄的村长；既有学校的教职人员，又有商人和财主。村长成为董事，是为他是村里的中心人物，一个村的救济事务是以村长为中心展开的；而商人和财主较多，则是因救灾的金钱物资之需，他们提供捐赠或救灾成本垫付。这些职务，在很久之后，都收到了县长颁发的委任状。

**3. 水灾委员会的职责**

委员会的主要工作是受灾调查和难民救济，主要的工作方针和安排会由委员会成员聚会商定，之后也会随时开会讨论。开会的议题主要有募款、施粥、收容、调查、防疫等，而首要的则是督促各村长调查各村受灾情况，同时展开救济。委员会在警察分所办公，由警官充当办事员，人手不够的时候会让自卫团的人帮忙。

**4. 水灾委员会的经费**

水灾委员会的经费大约有7000元，先由富商垫付，然后再筹款清算，县城委员会有几百元的支持，日本军的队长也捐一些。各村在水灾来临时不会成立灾民救济会，有村公所就够了。村级救灾费用镇委员会不管，直接由村里负担。

**5. 会以外的救济对策**

委员会成立之前，在码头镇进行了难民避难，警察协商了住宿。水灾发生后也做了各地的实情调查，然而大水导致交通瘫痪，阻碍了调查进展，不过巡官用船到各地调查，还是慢慢摸清了情况。委员会成立后，首先也是让码头镇的难民去避难，并依据各地的受灾调查开展救济工作。

**6. 受灾和避难**

码头镇当时的情况是，村庄周围的全被水围住了，村内的房屋也大多浸了水，虽然全部损坏的房屋没有，破损了一部分的很多。因为水流到了院子和坑底下，睡在地上和小屋里的人就没有住的地方了，他们需要转移到别的避难处。由于水会不时涨起来，住在村头的村民危险性更大，需要转移到安全地带。此外，有些住房尽管没有受害，但房子是用泥土做的，浸水容易崩坏，也需要转移。综合上述情况，需要避难的有六七十户，多达五六百人。有10户被大户人家的熟人、朋友收留了，但其余的就通过亲戚朋友转移和收留。

**7. 避难处的委托关系**

除了亲戚朋友，村民还会到码头镇的商铺请求投宿，这部分人几乎全是农民，数目不明。最开始农民自己直接向商铺请求，而不是选派代表同商铺协商，镇公所既不安排避难场所，也不派人帮忙，后来才由警察分所帮助避难者与商铺协商投宿。相对乡公所、商会、庙、学校等机构，大家更多的还是去商铺避难，一来前面这些机构都有人住着，没有收容余地；二来商铺比这些机构更乐意收留。难民在选择避难商铺时，一般也不会考虑是否与之发生过交易，因为大家都互相认识。

**8. 难民收容所的设置**

警察方面将如下商铺作为收容所：广盛聚、天福堂（药铺）、德义祥、鸣兴文、福音堂（美国人的但是美国人没来过）。警察方面把店主叫来要求他们承诺，大家都欣然应允，尽管在这之前不会有自发提出提供住宿的。除了福音堂外，其他商铺先前都有难民通过个人交涉后入住了。警察方面与商铺商定之后不通过张贴布告，而是通过巡官通知，很快就会传遍村里。商店街在镇子也算是高处，商店的屋子和仓库都可充作收容所的房屋。

难民的收容场所既不作统一分配，也不会按地域或同姓划分，也不会规定收容所的收容人数，去哪里由难民自我选择。不过收容所的收容事务还是会由巡官、镇公所、商会、自卫团的人负责，但不是每一处收容所都有负责人。他们会把一家子分在一起，而不会把老人、妇女、小孩单独分开。避难者中女的、小孩特别多，而男的大都被纳入自卫团。为了监督以及让家里有人照料，也会留下一些男人，但男人们会尽量睡外边，把好点的屋子留给女人。

除了寝具，收容所不会特别指定难民需要带什么来，自己需要便可携带，在商铺是什么都借不到的。粮食由负责收容的商铺来出，他们很乐意的，但是也有少数人带来面粉、大米、麦，自己做饭。水灾之后几天，委员会成立了，这时候大部分人就已经回到自己家里了。

**9. 粮食的调配和发放**

七月下旬左右开始的三个月间，委员会发放过粮食，这些粮食大部分是委员会买的，一小部分是从县里得到的。一开始没法做贫户调查，就根据村庄大小决定发放数量，到了8月份，慢慢了解灾情后，就根据调查来发放。

开始是汇总交给村长，由村长发给极贫户，经由村长发放的时候会根据受灾的多少给村庄排序号，一一发放。后来做好了“极贫人数册”之后就让他们本人直接到委员会，然后给他们。极贫册子上有12000人，涉及了管辖的各村。

前两个月在基金范围内，选择适当时机发放粮食。有粥厂的时候，就不怎么发粮了，粥厂在码头镇的小学运动场有一处，冬天一天施两回。施粥费用需要几千元，委员会主要从本地粮行购买，既有通过商会买的，也有直接买的。粮行没有给委员会捐赠过粮食，委员会也没有从商会借用过金钱物品。周围村庄的人会来粥厂领取施粥，远处村庄的村民也会来，但经粥厂人员调查之后才发放给他们。

**10. 灾民调查和证明**

水灾十来天后，各村长开始调查灾民情况，调查后从灾民里选出极贫户，制作“极贫人数册”。这个册里记录有户主、男女分别的数量。需要施粥的灾民会得到金属制的号码牌，施粥一天两次，喝饱为止，每人小米半斤左右，一天可招待千人；第二次施粥完了交还号码牌，做粥剩下的小米也会分给贫户。

**11. 疾病对策**

民国二十八年（1939）水灾没有引起疾病蔓延。上边有命令让作病人病情汇报，委员会也买了大约百元的仁丹、避宝散、十滴水发给他们，但没有雇医生派驻各地。不过灾民中若有病人无法支付全部费用，就会让他到码头镇中医那里免费诊查，其费用由委员会随后清算，但往往数额不多，医生就婉拒了诊查费用。

**12. 教会和救济**

二区的福音堂在码头镇一处，主管人员是中国人，灾害时和平常一样，并未借机进行传道活动。平常他们不会救济灾民，水灾时救灾也没有那么积极主动。如果灾民是信徒，他们会优先收容，在委员会的协调下，他们宣称对一般民众开放，但实际上似乎没有这样做。

**13. 避难民的状况**

民国二十八年（1939）夏天的大洪水，一个月左右水就退了，但当时镇里避难民众还有很多，既有灾前的难民，也有灾后难民，大约各占一半。避难民众中，那些乡下的有钱人和保甲团的家人比较多，他们大多是外乡人，和保甲团一起来到本地。当时乡下贼匪非常多，他们被盗贼盯上，丢失了钱财。当时镇里空屋很多，很多镇里的有钱人迁到了北京、天津，所以避难场所很容易找。

**14. 水灾和贼匪**

民国二十六年（1937）十月，贼匪侵入镇内，南北街路西的房子被烧了很多。民国二十八年（1939）水灾之后有贼匪袭击村庄，保甲团、警察很快就出动了。一个月左右之后又有两百名左右的贼匪来袭，所幸镇子没有被他们毁了。

**15. 救济会的物资调动**

一般情况下，救济会让商会出救济粮食，商会再通知富商出粮，这是暂借而非捐赠。也有不通过商会直接向店铺借粮的。

**16. 田赋减免**

水灾后，农民没有请愿减少田赋，不过县里针对水灾地的处理开了会，有人提议田赋减免。县里命令进行受灾地调查，在民国二十八年（1939）末发出了废除第二区二十九年（1940）的田赋和附加的指示。

# 四　河务管理与屯田开垦

## （一）天津小站水务局及管理

本篇是华北惯行调查资料第 90 辑，水篇第 9 号，日本满铁调查员对河北省天津县小站乡河务管理的调查。

### 1. 事变前的河务机构

在清代，华北的河务中央机构是京畿河道总办处，而近代河道管理开始于民国四五年（1915、1916），在天津意大利租界成立的顺直水利委员会。民国初年（1912），河务局成立，开始管理各条河流。辽东政府成立之前，北运河河务局在通州，该政府成立后，移到了天津。南运河河务局之前就在调查时天津的南北运河河务局的那个地方。“七七事变”之后南北河务局改组合并。永定河河务局事变前在卢沟桥，事变的时候一度移到了丰台，最后又回到了旧址。大清河河务局事变前是在任邱县什方院，事变后移到了新城县。子牙河河务局在事变前位于大城县玉家沟，现在在天津。黄河河务局事变前在濮阳县濮头镇，事变了就停办了。卢沟桥事变后没有颁布新的河务法规，仍沿用事变前河北省公署建设厅颁布的法规。

### 2. 河道管理的段

河道分段管理，一段的管辖距离根据地势、河川利用状况、沿线经济情况等而定。一个段可以管理两岸事务，也可只管理一岸事务。大体上一段配有段长 1 人、事务员 1 人、工巡夫 5 人，还有工巡目、雇员等。只有永定河用河兵代替工巡夫的工作。

### 3. 南北运河河务局构成

南北运河河务局设置局长 1 名，3 名科长，分别为一科科长、二科科长、主任科长，下面设置了科员 2 名，事务员 6 名，技术员 6 名，雇员 6 名，测目 1 名，测夫 7 名，公役 8 名。还有汽油船长，赶大车的各 1 人。

### 4. 南运河各闸人员

南运河有 5 个闸，都设置了管理员、事务员、闸目、闸夫，后两者的薪水分别为 1—2 元和 7 元。

### 5. 官地

小站的第七区各类官地较多，官地和民地比率大约九比一，官地由农田局管理。第七区的全部户数约有七千户，农田局下辖的土地涉及到了 20 个村庄，总面积约为 5380 亩。

**6. 河务局附属土地**

河务局有不少附属土地，总共有河淤地、河滩地、耳河滩地、籽粒地、荒地、麻课地、上苇地、茨苇地、鱼藕地、借水地、房基地、水井、大井、机井、过堤水池、芦苇地、冰窖等18类土地。

（1）麻课地。在北运河，约有1万亩以上。所在地不仅仅是河边，离河相当远的地方也有。这是没有田赋的土地，以前开始耕作的人就以麻抵租金上交河务局。现在每亩是7—9分的租金。

（2）籽粒地。由来不明，属于皇室，也叫燕粉地，麻课地、籽粒地都没有田赋，像黑地一样。由于被免了田赋，就归属到河务局，也有人用很便宜的租金永远耕作。

（3）河淤地。因为大水携泥土流来，导致河底的变化，新产生的淤积土地。

（4）河滩地。河滩地是堤防侧面没有流水经过的土地。过去一直存在这类土地。

（5）耳河滩地。耳河挖的土堆积而成的土地。

（6）上苇地、次苇地。种植芦苇的土地，有些土地距离河流很远。

（7）荒地。不能种植作物的荒地。马厂减河上游特别多，距离河很远的地方也有。

（8）鱼藕地。在河边种植藕的地。

（9）借水地。在附近的民有地上为将运河的水用于灌溉而使用的土地。

（10）房基地。民众在河务局的土地上建造住房，缴纳租金的土地。

（11）水池子。为了将水引到河边的田里而挖的池子。一个池子可以灌溉3—5亩的菜园，也有用来灌溉麦田，没有用池子水灌溉稻田的情况。抽水器有桔槔、搬斗子（两个男人使用，引水的斗子）。池子没有大小、深浅的限制，也没有设置地方和距离的限制。每人挖池子的数量没有限制。只要申请一般都会许可。农民向河务局口头申请，只要后者不反对，就可以挖池子。池子每年交使用费5角。虽然池子由个人建造，但是相邻几户可以共同使用。大约半个月抽一次水。如果将池子的水引到隔壁的沟里也不会收取费用。

**7. 河租收入**

河务局共有七处，31.3亩地出租，每亩1元、1.25元的租金，总收入为59元。十、十一月征租，兴农开闸、闸夫催租。

**8. 土质**

第七区马厂减河附近的水田地区长年有水流过，碱性很小。尽管这样，只要没有引水，碱性就会显示出来。减河以东的地区，除了一部分水田，就是碱性的荒地和湿地。水田和旱田在地层本身没有多大的差别，旱田因为无法引水，所以没有办法变成水田。海边有盐场，完全无法耕作。

**9. 水田**

第七区除了农田局官地外，在减河一带，有水田300顷左右。在天津县各地水田都很多。从天津到小站的途中和大小孙庄、郑家庄、杨家庄、挂甲寺等地都很多。最集中最多的还是小站地带。在小站地带，七八成都种稻，也有种植高粱、玉米等，还有种植芦苇的。

#### 10. 旱地

减河以东农田局管理以外的地域是碱性土地，种植高粱玉米和野菜，土质不好，产量很低。沿海地区的居民通过渔业谋生，有的地方也生产盐。减河以西的四丈河流域的土地同样由于水利问题，土壤碱性很强，虽然种植着高粱、谷子、玉米，但是产量非常低。可以说除了水田地区之外，一般的土地都很贫瘠。如果采用引水方法改旱地为水田，则需要进行大工程，而且最终的水还是引自减河，并不能造出大的河流，所以称不上是好方法。

### （二）小站地区的水稻种植

#### 1. 水田的耕耘

小站地区水稻的收获期因稻谷的品种而异，早稻大概在八月十五收获，晚稻大约在十月份收获，但播种同时进行。同一个地方一般只种一个品种，首先，播种之前要掘地或犁地，以降低土壤碱性，用铁锹的最多，因为掘得深一些，但费人工；其次是犁杖，近年劳务费和粮价上涨，用此方式的增多。

#### 2. 选种

“七七事变”之前，大部分人都用自家储藏的种子，之后就几乎都是购买，每年从日本引进，通过军粮公司购买。八九月收获后就立刻选种，把种子放在麻袋中，置于干燥处保存，不会放在缸子中。

#### 3. 浸种

播种前先将种子浸泡10多天，叫“播芽子”，每3—6天换一次水，到种子发芽时候取出。减河水量多可以少泡几天，水量少就得多泡几天。以前种白芒、红芒这些品种，一亩地播7斤，后来使用日本的种子就得播10斤。

#### 4. 播种

秧田在小站地区被称为“芽子垣”或者“沐子垣”，很久以前就用这种移植方式种植水稻。清明节后就开始移植，到谷雨有10天时间。芽子垣会选择在地势较高、水较多的地方，这种地方土壤含碱少。秧苗最多生长40天就可以栽种了。

#### 5. 浇水、换水

芽子垣每天早上要换水，本地称“拉水”“放水”，不然碱量增多，抑制秧苗生长。

一开始要加大水量，不然幼苗易倒，有3寸的水位就够了；秧苗稍大一些时就白天减少水量，以使叶子充分吸收阳光和空气，夜间增加水量减少呼吸作用。秧苗长成就移植到本田，当地称本田为“坵”。

#### 6. 移植

旧历的四月份开始栽秧（插秧），持续到四月中旬。减河一般能够满足种地的用水需求，但遇到旱灾频发年份就有些供不应求，加之日本人和朝鲜人在上游的使用，就会缺水。到了芒种，支流沿岸的地主们联合请愿，或是整个小站地区派出有权力的代表去河务局请愿，河务局的人就会打开九宣闸，把减河的水引进来。一株秧苗五六根，秧苗间距不超过半尺。

#### 7. 水的调节

为保持恒定水量，每天要放水，随稻苗生长，水量也增多，但水深不会超过4寸。

#### 8. 除草

除草也叫作“敖秧”，一般的田地需要3次除草，分别在五月初和五月中旬，有钱人在五月初和五月中旬，另外再根据需要除草一次，时间不受限制。

#### 9. 收获

稻子收获叫“担稻子”，早稻八月十五左右收，晚稻九月中旬到十月初收。收割使用镰刀，因为要一株一株地割下再捆起来，20株稻子捆成一束，一人一天只能割一亩地，如果只是割稻子能割一亩半。

#### 10. 打谷场

打谷场又叫作“场”，在住宅的前面。根据贫富差异、水田大小有所区别，一般的打谷场有2亩地，最大的有3亩。100亩的水田需要3亩的打谷场、200亩的水田就要造两个3亩的打谷场。

#### 11. 脱壳

运回场的稻子，首先放在场里晾晒一整天，然后用碾米机或者用马拉来脱稻壳，也叫咯稻子。碾米机分为足踏式和畜力式两种，前者三百元，后者两百元。拥有八十亩水田以上的人，大多通过马力来脱壳，价格在一千元左右。只有很穷的佃户才会用木板碾压稻子来脱壳。脱壳之后不用碾米直接卖给军粮公司，因为不允许卖给别人，也不允许私人储藏粮食。以前需要碾米，然后用车运到天津市去卖。稻子的茎除了用作燃料，还会卖给咸水沽的日本制纸公司，糠都当燃料烧了。

#### 12. 青苗会

割了的稻子大多数留在稻田，等两三天后再带回自家打谷场。这期间晚上有人看青防偷。看青有青苗会，一个村庄里面有五六个。加入青苗会的人都是有水田的人。因为水田连在一起，如10家一组，共同雇佣看青的人。在本地请庙会只为看护稻子。在稻子开始变黄的时候看护，一直看护到收获后把稻子全部运出去，这段时间要给看青的人三五十元报酬。

**13. 铺**

在水田里面时不时地能看到一些小屋，这些小屋叫“铺”，可供耕作的人居住，因为离水田近的地方住，可以在耕作上更方便，穷人往往这么做。有钱人都住在镇子或者村庄里，但有钱人会建几个铺，让佃户住进去。过去曾经有人一整年都住在铺里，后来少了，因为害怕强盗匪徒，如果治安变好大家都会住在铺里面。

**14. 雇佣劳动**

栽秧和收获需要大量人手。栽秧的时候需要的人手最多，几乎都会雇佣短工。这个地区劳动力不多，有很多人三四月份插秧的时候会从山东和河北过来受雇。他们是穷人，但不一定是难民。每到三四月份插秧的时候，在小站的四大桥会设立短工市场，来这儿务工的人都会去那儿。山东各县都有人来务工，他们走过来，不坐火车；也有从河北过来的，静海县、青县、沧县、东光县、兴山县、大名县最多。每天至少有四五百人，也有过一天来一千多人的时候，持续约两周。他们在本地基本上都做农活，有些会在这儿买下旱地，等到农忙的时候过来，但不会定居。这边薪酬比山东高，事变前一天能拿到10元，事变后一天只能拿五六元（雇主包饭），因为事变前减河水量足，对雇工需求大。栽秧的时候，100亩的水田需要雇佣30人左右。一般农户差不多四五十亩，需要雇佣10人左右。他们到这儿来一般都会住在小站的“店”里面，极少数住在雇主家的家里。他们先与雇主签一天合同，等雇主看过劳动成果，觉得还不错，再继续雇佣；但也有一天一天地签合约，一直雇佣一个月的情况，他们都被称为“短工”。

**15. 伙计**

雇佣一整年的情况叫作“长工”，但更多会称为“年工”或“伙计”。有30亩水田会雇佣一个伙计，如果有100亩就要雇佣五六个伙计，这样的家庭在小店有十几户。伙计的酬劳按年计算，包括伙食费在内300元左右。长年雇佣同一人的情况很少，偶尔有雇佣七八年的情况。雇主雇佣伙计和短工一般不考虑籍贯，都会挑选那些能力强，干得好的人。短工有成为伙计的，但这没有定数。若雇主家人不在，会把事情交给管事人，而不是伙计。伙计升成管事人的极少，只有那些亲近的、有诚意的人做管事人。伙计之间有报酬差异，也有阶级差异。

**16. 大头子、二头子**

伙计又可以分为大头子、二头子和小伙计。大头子不怎么做农活，但是所有的大事都要由他经手，由他负责，他会指挥大家做具体的事。二头子把大头子说的话传达给小伙计，有时也与小伙计一起干活。管事人在的时候大头子听管事人的，因为管事人相当于主人的代理。若是把一切工作交给大头子，大头子就成了管事人，这很难得。因为管事人是那种可以把所有事情放心地交给他做的人，所以需要大头子很善良且活儿干得好才能行。

**17. 管事人**

如果家人不在，会把照看水田的工作交给管事人。管事人往往不是从短工和伙计升上来的，而是与雇主亲近的人或是很有诚意的人。管事人相当于主人的代理，所以和主人一样会给大头子下达各种命令。没有管事人的家庭，大头子就是管事人，如果大头子很善良，而且活儿干得好，雇主会把他提拔成管事人，但是这种事很难得。管事人都是那种可以把所有事情安心交给他做的人。

## （三）以小站开垦为中心管理：农田管理局

**1. 小站农田管理局历史沿革**

清朝末年，提督周盛传曾在小站驻军，由于小站地区原野广袤，适宜屯垦，就按市价买荒地五百余顷，挑河建闸，分营屯田，营田的名字就是从这里来的。甲午中日战争（1894）后，周公退休后，当时的营田收归国有，设立营田局对营田进行管理，主要管理小站新城咸水沽各区营田，招当地居民租种营田，按年纳租。

民国四年（1915）开始设局长，隶属于直隶省长公署。军粮城的官田，也归营田局管辖。民国十九年（1930）八月，这些田地曾让南开大学代管。民国二十六年（1937）一月由冀察绥靖公署收管，设立小站营业管理局。

卢沟桥事变后，局务陷于停顿，1937年八月成立天津市治安维持会，十月委员局长李芬接办局务，定名为天津治安维持会天津县政府小站营田局，暂由天津县代管。

民国二十七年（1938）三月，改为河北省天津县小站营田局，同年十二月奉令归河北省公署直辖，改称河北省小站营田局，民国三十年（1941）一月奉令改为河北省小站农田管理局，一直到调查之时。

**2. 小站农田管理局机构设置及其职责**

小站农田管理局直隶属于河北省公署建设厅，负责管理小站军粮城、咸水沽四官庄新城、省有农田各产及办理农田水利工程并收租款。

小站农田管理局设局长一人，由河北省公署任命。综合管理小站农田管理局一切事物，并监督指导所属各职员。设总务、经征两股，分掌各股事务。总务股设股长1人，股员4人，测绘员1人，负责文书、会计、农田各产管理整顿、农田水利及农田的清丈、工程的设计及实施；经征股设股长1人，股员1人，催租人4人，外镇催租员4人，负责征收租款、填发租据、稽查并催收租、审核租册租据及月报旬报。各股股长由局长任命领导所属职员办理本股事务。

### 3. 小站农田管理局征收各项租费及其规则

小站农田管理局征收各项租费包括地租、苇湖租、水利费。其中地租的征收对象包括：稻田，旱田，区田，荒地，荒场，河埂，河边等；苇湖租的征收对象包括：苇坑，苇沟，鱼苇，曳水沟，曳水河，荒坑等；水利费的征收对象包括：居民引用本局辖境内的水流。

地租，苇湖租，每年分春秋两季征收：春租，从 5 月 1 日起开征，征收年额的 1/4。秋租，从 9 月 15 日起开征，征收年额的 3/4。水利费于每年秋后由小站农田管理局按亩丈量，将应征收水利费数目，通知地主赴小站农田管理局一次征清。

如果小站农田管理局征收各项租费比原定数目征收有增减时，会在开征前通知佃户，并将某租某费增减理由及数目，呈报省公署查验。

小站农田管理局每月征收的各款租费，会按月造具四柱清册，在次月 10 日以前呈送到财政厅查验。

如果各农田遇到灾歉，小站农田管理局查勘明确拟定成灾份数，并将受灾区村佃户姓名，受灾地亩，及应减免租费数目，造具清册，呈报省公署核办。

租户缴纳租金时，会拿上年度交租收据，赴局直接缴纳，但在派有催租员的外镇，由催租员就地照章征收，到期送往小站农田管理局。当地曾有过受灾户联合请愿的情况。请愿发生的时候，小站农田管理局的职员会去现场调查，如果请愿有理由，就会向省政府提出申请。省政府会进行书面审议，派人过来再次调查，如果情况属实就会减免租金，手续十分烦琐。

征收租金和水利费时，会颁发收据，以供省库核收，收据一共分三联，甲联给交款人收执，乙联径呈财政厅备查，丙联存局。收据由小站农田管理局制作，由省公署盖印后使用。但是对于小站农田管理局管理下的土地不收取水利费，对于属于管理范围外的民田供水的时候才收取水利费。收取水利费的区域范围是距本局管理的土地边界两华里范围内的土地，只限于从本局管理地引水过去的土地。对于那些虽然用水，但是用自家水的家庭，不收取水利费。从调查时开始上述的两里范围增加到五里。局里的催租员会在收获期前往调查。经调查后的土地收取每亩二角五，现在变为每亩五角的租金。

如果租户和用水户拖欠租费，小站农田管理局会联系保人催租，限期交纳，到期不交，由保人代交，或收回租权，以及禁止来年用水，并呈报省公署查验。

## （四）屯田开垦与管理

### 1. 驻军屯田

周公名字叫周盛传，是一位汉人将军，盛军的统领，原先是李鸿章的部下。马厂—小站—大沽—塘沽一带是守护北京和天津的要地，清末为了防范长毛贼的骚乱及外国在沿岸的侵略而被派来驻守此地。周公屯兵最早始于光绪三年（1876），这之前小店没有军营，是个荒芜不毛之地。周公管 18 个营，小站就有步兵的 13 个营，一个营 500 人。现在 13 个营各变成一个村庄，后来又多加了1个村庄，总共有14个村庄。周公祠所在地以前是周公营地，称为安徽会馆，其他营以此地为中心散布。周公的部下南方人很多，南方人经常吃米饭，所以要开拓水田，每营70顷。周公后代就定居在北京、天津，周公同姓远亲有许多也分散在小店及周边。

周公于光绪初年开始驻扎此地，历史上这一带土地荒芜，生产粮食较少，为了兵粮自给，周公驻军开始一边屯兵，一边开垦水田。引水计划为：修建减河，并引运粮河水入减河，以减河水作为灌溉水源，将荒地开垦为水田。

减河的挖掘是从光绪初年（1874）分区间开工的，大致过程为：将海河水引向小站方向，接着开挖了月子河，还开挖了连接咸水沽和小站的河流，之后再开挖小站到九闸之间的河段。还有另外一种说法：光绪初年（1874）在潮宗桥（静海县）附近开工，然后逐渐地往海河方面开挖。直到光绪二十年（1893），日清战争时周家军从此地撤防调往东部，他们共开垦营地水田500余顷，并带动了周围的水田修建，日本人调查时当地水田的大部分是周公开垦。

**2. 屯田的资金和劳动力**

屯田开垦是一个大工程，由国库划拨主要资金。周公在屯田开始时以个人名义捐出了很多钱，也经常以个人名义出资发放开垦所用的农具。军队是土地开垦的主力，但屯田开垦是大工程，也雇佣了一般的民众，但不作为主力。

**3. 营田的分配**

周公曾买下减河和中耳河流域的田地，作为军队产业经营，买卖情况在九宜闸有石碑记载。被军队买下的产地，只分给在营地里居住的士兵，士兵都是独身，没有把家人带到屯所。分配时，每户分配一定的面积，据说将官分得多一些，普通士兵分得很少，但营产地所有权归军队。

**4. 营田的经营**

屯兵平时务农，每星期只到营地集中训练一次，结束之后返回自己的家里干农活。屯兵在开垦地共同劳作，有时可能会雇佣普通人开垦土地。分配耕种的土地不是无偿的，会收取地租。

**5. 营房**

屯兵在周公终结时就没有了，后来都是纯粹的军队，兵营都建在小站西边。营房由于时局的变动，有时有，有时没有。在直隶总督和北洋大臣袁世凯时代有兵营，袁世凯的军队使用营房，不时会有顾问过来练兵。光绪二十年（1893）前后也有兵营，张之洞的时代也有兵营，民国初年（1912），袁军骑兵团的一个旅在此地驻扎，一共有1500多人马，民国四年（1915）营房被废弃。

### 6. 减河的管理

河务局建于光绪年间，那时有以通州作为本部的河务道台，一直持续到宣统年间，是河务局的前身。周公时期管理减河的部门是周家军。最初减河分成三段，分 3 队来监视减河，一队有二三十人。河兵之前，有闸夫管理闸口，闸夫会被分配到东闸口或九宜闸，闸夫平常都是农民，以种地为生，在需要用到闸的时候再来开关闸口。民国初年减河才开始与河务局有关系，日本人调查时减河有了第六段，段长在唐官屯，工巡夫总计五人，九宜闸到潮宗桥之间有两人，潮宗桥到海河之间由三人管理。

调查时期，农田局对于减河水的使用有较大一部分的决定权，但最终由河务局和农田局商量之后再做决定，即使是农田局的土地也不例外。但是像小站附近的农民在河边设立秸杆引水浇灌菜园，不需要河务局的许可，因为无论秸杆汲取了多少水，对于减河水量的影响都是微乎其微的。

在减河的干涸期，不需要掘土来疏通河道，因为河底都是泥土，无论堆积多少，都不会阻碍水的流动，因此没有掘土的必要。

### 7. 营产的管理

周家军驻扎期间有各营的住房，光绪二十年（1893）日清战争时，周家军全部被派往东边。战争结束后，很多人没有回来。之后各营的住房保持不变，光绪二十六年（1899），义和团事件发生前后成立了营产局，专门管理营地。营产局的上级部门有很多变动，民国初年营产隶属于津海道公署，直到民国十九年（1930）营产局都被称为营田局。民国十九年（1930），傅作义从天津警备司令的职位上离任时，曾委托熟人南开大学的校长张伯陵代为管理局产。之后一直到民国二十三年（1934），营产一直被作为大学直属的学校资产而由校田管理处管理。之后又归王哲元的冀察政务委员会所管理，被改称为营产营房管理局。事变发生的时候，一时之间无人看管，在这期间营产置于天津县公署的管理之下。直到民国二十七年（1938），营产由河北省公署建设厅直辖，日本人调查的前一年春天改名为农田局，事务系统处于建设厅商务科的治下。

### 8. 屯田的买卖

周公的屯兵撤退之后，如果原来的屯兵回来，营产局仍然让他耕作。如果不回来就卖给民间，实际上回来的人微乎其微，所以大部分屯田卖到了民间。

### 9. 周公祠

周公祠里供奉的是周武壮公和周刚敏，两人同时在此地任职，是远亲关系。周公祠是光绪十七年周公在世的时候十四营的人为了感谢他而修建的。附近人们举办庙会时，会到祠里来祭祀周公，因为依靠周公，这一带才开垦了水田，人们对此表示感谢，也会祷告商业繁荣，治愈疾病之类。祭拜这个祠堂的人主要是十四营的人，其他人也有，但很少。

周公是被作为农田的开垦者而被敬重的，祈雨等仪式都是在小站的老君堂举行。周公祠有很多，周家军治下的青县、静海县、沧县、苍台都有周公祠，在天津和保定也有。受访者所在的周公祠的管理者是一位周姓的第19任保长，祠堂的维持费用以前由周家人负责，后来由十四营出资。周公祠的祭日是三月二十八日和七月二十八日，其中之一是周公的生日。事变前举办祭祀活动时这里很热闹，有时会演戏。事变之后因为治安恶化，所以庙会不如以前热闹。

**10. 祠堂土地**

受访者所在的周公祠有附属的土地，在祠堂的附近，由石记的周家租赁。

**11. 庙会**

日本人在调查时看到过街头张贴的广告，调查当天的庙会是由小站商会主办的。以前在举办庙会之前，因为要演戏，所以要从军队那里获得演戏的许可。日本人调查时商会有权势的人们并不需要聚在一起讨论准备事宜，也不举行商会仪式。在庙会当天，不论职业、男女，大家都会来祭拜，人们聚集起来一起烧香叩头。调查时成立了农会，各村的保甲长都加入，会长们会带着保甲长们来祭拜。事变之前都是由个人随意来祭拜的，现在以团体来祭拜与警备和治安有关。

**12. 道士**

庙里住着一个老道士，其父亲是住在这里的居士，他留在这里当了道士。以前老道士会走访各个村庄，讨要生活费用。日本人调查时生活不景气，需要农会聚在一起商量，提供费用，不然谁都不会出钱。在调查当年的七月十五日鬼节，农会的保甲长们聚在一起商谈，由各村支付老道士的伙食费。这是根据个人的意愿来出钱，实在出不起钱的人也可以不出，一般人都会出一元左右。

**13. 区田**

区田是指农田局管理下的土地。在小站地区附近没有区田，军粮城有区田。区田都是水田，从海河引水灌溉，与普通的水田相比土质差不多，一般的水田按亩交纳租金，而区田以一整块地交纳租金，租金与一般水田差不多。

**14. 荒场**

荒场是指以前的放马场，只是军队的土地，在东大站的本局管理地的边界附近。一般是引不到水的碱性土地，没有水所以就连苇子都种不了，也就是除了秋草之外什么都不长。

**15. 河埂**

河埂是指那些在支流或耳河边挖土堆出的像堤坝一样的土地。荒废的河流留下来的堤坝，也被称为河埂，在河埂上面可以种豆子和麦子。

### 16. 苇坑、苇沟、鱼苇

苇坑和苇沟都是种植苇子的地方，前者是像圆形的池塘一样的坑，后者是指变成沟的地方。鱼苇是除了种植苇子外，还可以捕到鱼的地方（不是特意养鱼，而是捕那些自然地聚集在这里的鱼）。鱼苇是以前就能捕到鱼的地方，那是惯于捕鱼的人家（不叫渔户，还是佃户）经常去的地方。

### 17. 河沟

沟和河的区别只在于大小的不同，沟比河要小。在这些地方有种植苇子，也可以捕鱼。有些地方原先属于苇沟，也可以算是鱼苇。

### 18. 荒坑

荒坑是无人管理，让其自行生长植被的地方，可以用做采集牧草。

### 19. 打鱼的纷争

民国二十九年（1940）九月，花园村夏矩臣和后营的居民共同向当局提请禁止打鱼的方案。因为在上述两个村庄的上游，有时会有人把水堰住打鱼，他们为了防止这种情况而请愿。调查时，石柱子河、大道沟、北潮河一带原本禁止打鱼的区域还有打鱼的人。以前打鱼是要向当局缴纳费用才能获准，而且即使是在被获准的情况下，也不可以把水堰住。把水堰住打鱼的人，一般是没有获得当局许可而打鱼。打鱼本身并没有什么错误之处，但把水堰住确是在做坏事，在当时人眼里，这样的人就跟土匪一样。后来因为治安环境变差了，为了防止出现其他问题，当局颁布了禁止打鱼的法令。一些人与新民会联系获得打鱼的许可后，还是会打鱼。

### 20. 渔业许可和捕鱼范围

属于农田局管理的河流包括耳河和曳水沟等，不是由县政府而是由农田局颁发渔业许可证。拥有渔业许可的人家以前有二三十户，调查时有六七户，均用四个角的吊网捕鱼，户数减少是因为鱼的数量变少。但在事变之后，由于缺乏监管，除了获取许可的人之外，依然有其他人在捕鱼。属于农田局管理之下的人，不能随便设置捕鱼网，经农田局的许可后方可。另外减河属于河务局管理的范围，不在农田局的管理范围，而且减河流域鱼的数量很少。获得捕鱼许可之后，他们会被颁发对于租地的执照，在这块土地的范围内随便可以设置渔网，其他人不可以在那块区域里面捕鱼。渔网放置的地点一般是固定的，这些固定地点并非当局指定。

### 21. 官有土地的地租

地租是农田局的佃户向官方租赁土地，种植除了苇子之外的其他作物，比如水稻和谷物，然后向当局缴纳的土地租金。地租指的就是佃户缴纳的钱。地租根据土地种类不同而不一样，即使土地的种类相同，而质量不同时，地租也会有所不同。

### 22. 苇湖租

苇湖租是指苇地的副产货物的价格。苇湖租的总面积并不是很大，苇子地和水田面积一直没有变化。苇湖租和地租的规则相同，不会因为土地种类和缴纳租金的区别附带特别的条件。对于那些像稻田和苇坑必须要用到水的土地，交租也不会有特殊区别。苇子租额由于土地种类和土地规则不同也不一样。此外，捕鱼的家庭也还要缴纳租金。

### 23. 苇湖租金的减免

当局有保持苇湖水流动的义务，如果因为没有水导致无法收获苇子，可以申请减免租金，但如果没有向省公署提出申请，或获得许可的话，也不能减免。如果水田也发生供水不足的情况，水田会改种旱田的作物，这样不会减免租金。如果已经为种植水稻做好准备，而导致种不了旱田的作物，根据不同情况也会有所减免。水田的减免与苇子地的情况相同，并不会因为是水田或是苇子地就特殊对待。

### 24. 苇子地和水田的供水顺序

苇子地跟水田一样要供水，当局的方针是首先向水田供水，再把剩下来的水引向苇子地，但是具体实施时因为地势等原因不一定这样做。一般情况下，水田大多离减河较近，所以水会先会流经这里，不会为苇子地优先供水，但是在水流不到苇子地，而导致那里收不到苇子的情况下，会减免租金。

### 25. 水利费

水利费是对农田局管理范围外的民田供水的时候收取的费用。对于农田局管理下的土地不收取水利费。收取水利费的区域范围是距本局管理的土地边界两里范围内的土地，只限于从本局管理地引水过去的土地。对于那些用自家水的家庭，不收取水利费。从调查当年开始已经从两里范围增加到五里。对于规定范围以外的土地，局里的催租员会在收获期时前往调查，经调查后的土地收取每亩二角五，调查时变为每亩五角的租金。

### 26. 减免请愿及减免

减免请愿一般是农民自发进行的，以前有过受灾农户联合请愿的情况，但没有整村请愿的情况。如果有请愿的理由，可以向省政府提出申请。请愿发生时，农田局的职员要去现场调查，进行书面审议，如果情况属实就可以减免租金，手续十分烦琐。

### 27. 土地执照

日本人调查时，土地执照由农田局管理。土地名义变更以及土地纷争时，佃户须拿执照到农田局办理变更，或者处理纠纷。有时会有佃户出示旧的执照，这些旧执照有光绪年间的，也有宣统年间的，但调查时不允许这么做。在民国初年以旧执照换新执照，以后旧执照数量极其稀少。

**28. 永佃**

周公原来的开垦的屯田卖给普通民户后，所有权仍然属于国有，只是给予民户永佃的许可，取得永佃资格的人叫“佃户”或者“永佃户”。永佃资格的获得并没有地区的限制，但因为地价相对便宜些，所以很多天津人会购买。获得永佃资格的佃户要按时交纳租金，租金非常便宜，但不能由营田局出租金。佃户如果没有交纳租金，就会被撤去永佃的资格，但佃户没有交纳租金的情况很少，以前会给买土地的人发放执照，但在事变之后，佃户的管理主体发生了变化，为了方便管理，收回了旧的土地执照，发放新的执照，因此农民手上没有原来的执照。

**29. 永佃地的让渡**

一般情况下，佃户的土地转卖给他人，需要获得当局的批准，不允许不告知当局就私自将土地转卖给他人，调查时依然有这样的规定。在事变之后，土地政策处于紊乱期，有很多民众瞒着当局私自转让土地，对于这种情况的处理比较麻烦，而且需要花费很多的费用，所以当局并没有对这类情况进行制止。

永佃地的让渡又称为“兑”。“兑”价为一亩地两三百元左右（根据调查者在省公署建设厅调查得知，藤井公司买下农产局旗下土地时，支付给佃户 180 元，支付给省政府 140 元）。在兑地时会订立契约，当事者只需要到农田局说明自己的情况，不需要在县公署办理税契的手续，也不需要村长的证明，如果其中没有问题，农田局会发给他们新的执照。

**30. 永佃地过割**

名义上土地交换的手续叫“过割”，过割一亩地收取两角的费用。当确认兑地的行为没有问题之后，买卖双方到场办理，双方当中只有一方到场也可以，双方都不到场，而由铺保（保证人）办理也可以，农田局会回收从前卖主的执照，然后发放新的执照。

**31. 永佃地的出典**

实际生活中经常发生佃户不经过农田局，直接将土地典当给他人的情况，由于当局本来禁止典当土地，所以农田局不知道典当土地具体价格，据说大概是 200 元左右。典当之后，有的承典者会以佃户的名义交纳租金，也有佃户本人交纳租金，具体是由双方商量之后决定。

**32. 永佃地的押**

佃户可以不经过当局同意进行抵押土地，抵押价格与典当的价格差不多，也可以不经过当局把土地给别人租种。

**33. 小佃户**

永佃户之下的租种人叫小佃户，小佃户不能再把土地租佃给别人。小佃户租价大概为下等地最低10元，最高有十三四元的。事变前最低3元，最高8元。农田局对于佃户们的住所都有所了解，但没有关于佃户住所的统计表。

天津附近只有少数的佃户把土地租佃给别人。佃户自己耕种土地和自己不耕种而转租给别人，这两种情况的比例大概是前者占十分之六到十分之七，后者占十分之三到十分之四。永佃户的耕作面积和小佃户的耕作面积的比例，大概是前者占十分之七到十分之八，后者占十分之二到十分之三。

永佃户将土地转租给别人一般只有口头契约，基本上一年签一次合同。土地转租后由永佃户缴纳地租，实际上也有小佃户以永佃户的名义来缴纳，永佃户不需交田赋，只需要交七角的亩捐，亩捐是事变后新设立的。县公署的摊款也与佃地相关。

永佃户实际支付了不少村庄摊款。比如，挖掘耳河等河流的费用，虽然由省公署认可后得到的资金，日本人调查的当年农田局在耳河动工有六千元经费，但实际上仅凭六千元是无法修理闸口的，所以挖土的钱由村庄支付的情况很多，实际上最后还是佃户来支付费用。

## （五）农田管理设施及河务管理

本篇属于华北惯行调查资料第91辑，水篇第10号，调查对象是河北省天津县第七区，主要是调查农田水利设施。

**1. 排水设施**

耳河上为灌溉水田而建了一些设备，水经由曳水沟排向其他地方，肥水闸、东耳河、咸水河等都发挥排水的作用。管理范围之内的耳河被称为“三闸五耳河”。除“三闸五耳河”，还有南双闸、北双闸、北闸口、潮水闸、北小闸（大有桥附近）、南潮水闸等闸，只是这些闸规模很小。

在减河上游的新引河闸是为在每年七月到九月之间排水而修建的，大概是在周公的时代建造，原来有一个有五个孔的闸口，但是后来被破坏了，导致无法发挥涵洞的作用。这个新引河闸平常关闭，在水量上涨的七月到九月之间为了排水才开放。

这个闸的开启和关闭由河务局指示，在小站地区的用水期，擅自把这个闸打开会造成严重的后果。所以没有河务局的指示，在需水期时也不会有人随意打开闸。在水量上涨时，如果不排水会有泛滥的隐患。排水是第一目的，被排出去的水被附近的村庄用作饮用水，河务局和农田局对此都不会做出干涉（还有一说是，闸口的开启是由农田局来决定）。

**2. 桥和闸桥**

以前本区域内的桥都属于农田局管理，这些设施的维持费和修理费都是由农田局支付。在调查时只有与闸在一起的桥属于农田局管理，其余由县政府管理，比如不在闸的附近专门用作交通通道的桥，村庄或个人建造的非常小的桥除外。

这些由县政府管理的桥是调查近期移交给县政府的，主要是因为属于农田局的桥，农田局要支付修桥费用。农田局修桥时，需要向省里提出申请，省里办理认可手续时间较长。桥移交给县里后由县里向各村平摊劳动力和费用。

在修桥时，如果经费在省认可的范围之内，农田局会雇佣人来修理。但日本人调查的时候，农田局缺乏资金，没有对桥进行过修理。

另外，事变之前减河上有10座桥，现在只剩下西大桥（小站）。与农闸一样，下面是闸口，上面是道路的桥梁，是由河务局出资建造，属于河务局的管理。

**3. 船**

在小站地区有二三十艘船，但小站没有进行船只登记的机关，也没有形成特殊的协会（民国二十九年（1940）在天津成立了叫作船运工会的机构，致力于解决雇佣船只的协商，但与此地没有任何关系）。小站的船只是把上游的杂货、木材、石炭、糖等输送到九宜闸附近的村庄。如果这些船不在上游装运货物就回去，农作物也不会在小站地区集散，只会经过津浦铁路输送出去。

**4. 涵洞**

涵洞是附近的村庄为了获得饮用水及苇地灌溉用水而修建。涵洞所在的村庄也不需向河务局缴纳租金。涵洞开启的时间有一定的惯例：小站用水地区的需水期大约是从小满前后开始，直到白露这一段时间。如果没有发大水，涵洞一直关闭，在那之后打开闸口引水。这个惯例在事变之前被极其严格的遵守，事变之后好像没有那么严格了。

在水田的需水期，用涵洞引水的村庄都有苦水井，所以会依靠那些井水。白露之后，就可以使用减河的甜水了。除此之外，苇地也会在发大水的时候引水，所以有很多办法可以解决水田需水期的饮用水问题。

**5. 涵洞的设置**

按照设计，涵洞的引水口，大都距河底一米以下，耳河的引水口比涵洞的引水口高一些。在引水口为同样高度的条件下，涵洞里的水可以顺利通过，但耳河里的水不能通过的情况时有发生。这样的涵洞在减河流域共有15处，基本上都是为附近村落提供饮用水。虽然没有详细的调查，但是还有很多破损之后无法使用的涵洞。

以前在上游地区设置涵洞，需要得到农田局或河务局的许可。很久以前在符合关于限制使用的附加条件的情况下，有过允许设置涵洞的先例。如果将涵洞的水给水田使用是绝对不被允许的，因为这关系到小站地区农民的生存问题，农民们会联合起来反对。

**6. 围绕涵洞的纷争**

事变之后旱灾频发，上游区域水田的开发由日本公司主导，这些水田都是从马厂减河引水，他们建造闸口，用马达来抽水，马厂减河的水量减少很多，下游的水量减少。在以前农田局的水田能得到优先引水的权利，但在事变之后失去了引水优先权，因此有时会产生关于涵洞的纠纷。

民国三十年（1941）农田局曾向省公署提交公文，介绍当时发生的中塘地区新建设闸口开垦水田的日本水田公司与下游农民关于涵洞的纠纷的情况，另外还向省里送去农民申请禁止新闸建设的呈文。

在这个呈文中，农民首先说明小站附近的水田有1100顷（官田500顷，民田600顷），都要从马厂减河引水。灌溉面积虽然每年有所浮动，但大致不变。在纠纷发生时（民国三十年（1941））中塘地区由于日本水田公司新建设闸口开垦水田，导致距离马厂减河较远的共计百顷的官田土地及共计400顷的无水可用。

最后日本公司这一行为被禁止，并作出了做出赔偿。在日本人调查以前经常发生村与村之间争水的事，水利情况不好的村庄会袭击那些富足的村庄，甚至曾有用铁炮的案件发生，也曾有因为争夺水最后被砍头的案例。事变之后关于用水的争夺没有具体数据，但这些纷争仍会被视为骚乱。

### 7. 涵洞的管理

河务局管理下的减河的大致范围为：河道及两侧堤坝之外的河流，到与之平行的耳河之间的面积，但耳河及耳河的闸口不属于河务局管辖范围。因此，减河下的涵洞是在河务局管理土地的下面。

对于涵洞的设置有较为严格的管理，不允许个人随意建造涵洞。在减河流域没有特别的排水河，不能改变减河正道的流向。如果随便建造涵洞，再从那些涵洞引水，最坏的情况是会引发洪水。设计涵洞的时候，需要使用河务局管辖下的土地，因此设置涵洞首先要获得许可。

### 8. 水池和井池的租

当局对于这些闸并不收取任何费用，在南运河附近地区，对于在河边建造水池和井池的土地要征收租税，但在当地没有对于建造其他设施征收租税的情况。

### 9. 房基租

沿岸的堤岸上的船户、做小买卖的人及其他贫民，要收取一间房四角的房基租。在小站没有收取房基租的情况。

### 10. 河滩地的租金

河滩地是需要收取租金的土地。租金为每亩地1元。因为这些土地水分充足，都很肥沃，可以种植高粱、谷子、玉米、白菜等作物。在耳河也有滩地，与减河的土地拥有同样的土质，价格也差不多。河滩地的租金先由各闸夫收集，再交给河务局。

### 11. 河滩地的改造

以前在河边，曾有河务局名下的房子，事变之后便不存在。实际上不经申请，不允许在河滩地或是耳河滩地上建造房屋，如果要建必须先获得许可。在当地，没有在减河岸边建造水井或把收房基租的土地改造成水田的情况。

**12. 九宜闸及其管理**

九宜闸是在光绪年间，周公开垦水田时建造的，民国六年（1917）左右改为现在的新式五孔式。民国六年（1917）之前也是五孔，但旧式的九宜闸，由人工手动升降闸板。新式的变为由机器来控制。当时周公为了修建减河，调节运河的水，建造了九宜闸，不仅是为了向水田地引水，只有运河多余的水才用于水田灌溉，所以灌溉用水不是最先考虑的问题。运河发挥着交通要道的重要作用，保障运河的水量是最重要的任务，灌溉仅是次要的作用。

闸是十分重要的设施，必须由河务局管理。九宜闸的直接管理者由河务局直辖，不由各段任命。这些管理员和事务员在唐官屯的第六段事务所办公，闸目和闸夫就住在能直接看到闸的地方。

日本人调查时管理员60多岁，民国十八年（1929）—十九年（1930）左右开始担任九宜闸的管理员，薪酬为60元，闸目和闸夫都是当地靳官屯和其他几个村庄的村民，事变前就开始当闸夫，薪酬分别为12元和7元。闸夫不是所有时间都要看管闸，平常是普通百姓，兼职看管闸的工作。闸夫每天都要去观测水位，然后向管理员汇报。

**13. 运河水量及管理**

（1）运河的水量。

运河的水量在新历的七、八、九月最多，三月、十月和十一月的时候，与九月相比水量有很大的减少，虽然每次都不同，但有过一次性下降半分高度的情况。四、五、六月大多时候水都很少，十二月到来年二月水面会结冰，在这段时间内不能航运。

七月到九月丰水期，闸夫要频繁地去测量闸附近水域的水位，在必要的时候把闸打开。如果把九宜闸的五个孔全部打开，减河的水量占七成，运河占三成。这样运河上航行和船只会有危险。在通常情况下，会关闭几个孔，具体关几个，上级没有相关规定。

（2）闸的开关。

七月到九月丰水期，闸夫要根据管理员的指示开启和关闭闸，如果没有向管理员请示的时间，一般都会依据处置法的指导，适当地处理，原则上需要河务局的许可。冬天时大体上水量很少，而且也没有航运，所以会把闸关上。不开闸泄水，减河一带地区的饮用水也会严重不足，饮用水基本上都是用减河的水。

（3）水的调节。

水田的用水期是芒种之后，新历的四到五月间。如果运河的水量充足时，在保证运河航运所必须水量的前提下，把剩下的水引向减河。在水量很少的时候，白天让水流向运河，晚上让水流向减河。需水期水量不足的时候，都会采用这种办法，日本人调查的当年旧历五月到七月也曾这么做，实际上不是上级没有规定，而是在这段时间里发生这种情况的次数较多，形成了习惯，一般从早上八点到晚上八点，把所有的水引向运河，而在其余时间，把水引向减河。

小站地区的水田需要用水，而运河夜间的航运也会停止，一般要把运河放在第一考虑的位置，不会使运河因缺水停航，如果运河因缺水面临停航，就不会向减河输水了。

时间段上，在芒种前后这几天开始向减河输送大量水，从小满、芒种开始一直持续旧历六月上旬左右。如果航运条件允许的话，会像上述提及的那样开始输送水，但是也不一定，之后通常会因为降水的缘故使得水量增加。

（4）开关九宜闸的请愿。

在用水期，小站一带的农民一般让农会作为代表，在小满前后对开关九宜闸进行请愿。但是农会并不会召开农民会议来收集意见，因为春天需要用水，这是谁都懂得的道理，所以不必特别为此召开会议。

代表首先会向农田局、河务局、兴农闸的稽查员请愿，但九宜闸的人没有决定的权力，请愿只能在当局解决，向农田局的请愿会有很多次。除了向农田局或河务局的兴农闸的稽查员申请之外，还会多次向农田局发送请愿的文书。但向农田局请愿的时候，不会明确提出想要的水量、持续的时间，因为水量是由河务局决定，而且河务局会和各个机关商量，比如说建设总署或军队。

实际上即使不请愿，按照以往的惯例也会在小满前后打开九宜闸。但是农田局要考虑农民的想法，所以必须要进行这样的手续。

（5）开启的基准。

事变前，在九宜闸的上游有标尺，如果那里的水位在8.36米（大沽标准）以上的话，就会开始向减河放水，8.36米的高度可以保证运河的水位。但即使在需水期，水位没有达到8.36米，不会向减河送水，但在需水期时大体上水位都会达到8.36米以上。

在事变前除了向水田引水，就不会再开启九宜闸。但是事变之后，军粮城军粮公司的船会来小站购买小站一带的稻米，船会从小站的槽场（在农闸的上游）逆流而上，如果没有水就无法航行，所以根据天津机关的指令，会打开九宜闸放水，调查当年三月之后有过这种情况。

（6）九宜闸的社会调查

九宜闸距车站约有6公里的距离，运河沿岸半里之内基本都是菜园，种植着大白菜、蒜、马铃薯等作物，河边用来引水之处，会在面对着河的地方掘土，将水汲取上来。

九宜闸附近有茶店，由一个闸夫经营，也兼做锻冶屋。根据调查员在茶店里的听闻，九宜闸有一位管理员、一位书记，但平常不会到场，他们居住在唐官屯。闸夫有4人，2位是靳官屯的人，2位是王千户屯的人。据说在他们中间有王千户村的闸目。

在闸畔的茶店里，从靳官屯的老百姓那里获知的信息如下：九宜闸是在距调查时63年前由周公建造的。最初是木闸，在民国六年或七年改为调查时的新式闸。

一是大王庙。在运粮河和减河交汇之地，减河北岸有一座大王庙，大王指的是龙王。庙宇的规模很大，调查时处于荒废状态，大王庙的匾额上有很多对以前水神的赞颂。正殿上供奉着龙王的雕像以及“靳官屯减河大王之神位”的木牌，在这个庙里面会举行这个地区的祈雨仪式。

二是碑文。大王庙庙内的一块碑文，记述了民国六年（1917）河务局各河管辖的由来，以及县长承办清理堵口的工程，另外还记载着一次下大雨的时候，在大王庙做法事后水灾减少的事迹。

在九宜闸附近还有两块碑，一个是在民国十五年（1926），由天津、青海、静海各县南运河一带的四十多个村庄共同建立，以纪念直隶镇威第七方面军团第二师第一旅旅长干公的德政。碑文的大意是“以前，堤内的若干荒地招佃纳租之后得到开垦，上交的租交钱入国库，在河滩淤地上居住着数千户的人。在干公（山东人）驻屯的时候，对于两岸的河淤实行了‘改佃为业’的政策。这是为民造福的政策，民众很欢迎这种甘霖普降的处置。另外这段时期里官淤由河务局经营，收取租款作为挖泥船的经费。”

另一块碑是民国十五年（1926）十月，由静海、天津、青县，南运河、减河两河40多个村庄共建，是直隶保安总局司令兼大将军的德政碑。碑上记载着：“减河两岸的河淤地总共有数千百顷，收上来的租税不仅保护着减河，还保护着减河旁数千百万的民众，这是一个伟业。”还记述了开垦减河的历史：“以前武庄公挖掘减河的时候，把高处挖平，填入沟渠，削高填凹，披荆斩棘，历经多年，终于建成一块一望无际的平原。”

**14. 双闸的管理**

在周公时代管理九宜闸与兴农闸的机关，以及之后的河务局是从何时开始管理九宜闸和兴农闸的，现在都已不可考。

虽然闸位于农田局的土地上，却由河务局来管理。因为由农田局来管理，只会向水田引水，经常会让闸里的水堰塞，造成九宜闸过来的水量过多，最后会导致泛滥，所以由河务局管理。

兴农闸的管理员是第六段段长，兴农闸与其他的主要闸一样在十多年前开始由河务局直辖，第六段的段长是兼任本闸的管理员，第六段的事务所位于唐官屯（第四段事务所也位于唐官屯）。第六段的管辖减河全部，但是九宜闸和兴农闸是在各闸管理员的管理之下。

（1）工巡夫

工巡夫就是指日本人调查时河务局的河兵，有些地方的工巡夫仍旧被称为河兵。光绪时代已有河兵，但他们不负责减河的监视防护。河兵主要的任务是对堤坝的管理，平时为了防止堤坝被破坏，监视堤坝，发大水的时候防止决堤。

工巡夫都是在河边的村庄里的村民，工巡夫的老李住在上游的十八户村。他是统率工巡夫的人，所以不用像苦力那样到处巡视。小马住在万家码头，小齐住在西小站，小车住在东大沽，这些村庄离河很近，所以在管理上较为便利。他们各自负责看管他们的居住地附近的地方，薪酬是七元。小齐在西小站保公所当扶役，但是小马和小车不在村公所工作。

（2）工巡夫的工作

工巡夫平常是普通的百姓，水量少的时候工巡夫可以不用工作，在河水有变化的时候，要去观察水量状况和有无河堤决溃的情况，并将这些事报告给上级，具体来说，有关潮宗桥以下地方的事情向河务局稽查员报告，其上游情况向第六段的人报告。

虽然名义上是由第六段来管理减河全部区域，实际上因为距离很远，加上并没有重要的事情要做，所以第六段基本只是看管从九宜闸到潮宗桥的这片区域，以及兴农闸和潮宗桥以下的河堤。具体由工巡夫巡查堤防，确定有无破损。工巡夫是类似于苦力的工作，与河有关的工作都要去做。

（3）稽查员

稽查员的主要工作是监督兴农闸的开启与关闭，还会对河水进行巡视（在水量多的时候会进行），并进行收租和其他的各种报告。稽查员是闸目和闸夫的上级。

（4）看闸、闸目、闸夫

闸目和闸夫是为了保证闸的安全看管闸口的人，在结冰期通常没有重要的事情要做，在小满前后几天开始忙碌起来。

调查时共有5个人看闸，其中一位为闸目，是闸夫的上级。闸目是闸附近王千户庄的村民，闸夫中有2人住在靳官屯，2人是王千户庄人。闸夫不是由村民选举，而是由河务局雇佣。

闸目和闸夫不是世袭制，但都是长年干这行的人。闸目需要有闸夫的长期经验，所以必须在拥有7年到10年经验的闸夫中挑选。对于闸目的地位、帮派、信仰情况已不可考。他们并不是在村中十分有权力的人。

闸夫的日常任务是把位于闸入口处标木上显示的水位汇报给唐官屯的管理员。管理员再与各个机关商量，对闸夫下达开关闸的命令。闸夫只用负责开关闸，这对于普通人有一定的难度，因此需要对他们进行培训。他们的候补是东闸村的小徐、小杨、小朱、小陈四人，在调查时四人正在接受开关闸的培训，一旦闸夫出现缺口，就会从他们中间选出新的闸夫。

闸目和闸夫与村民之间没有工作上的直接联系，如果需要征用民力，由稽查员联系县里的警察，从那里获得出动的许可，不允许直接从村庄里发出征发的命令。

除了河务局的薪酬之外，闸夫没有其他收入，也没有从局里或者村庄里获得特别的恩惠，工作特别忙的时候也不会发放津贴，水田地区的人们也不会给他们谢礼，但是村庄也许会给一些报酬，但数额很小。实际上，他们并不是很贫穷的人，就算什么都得不到也没关系，工资对于他们来说只不过相当于零用钱。闸夫的工作很困难，所以他们不是特别想干这行，但因为服务大家，不会有人抱怨。

不忙的时候，闸夫在兴农闸东岸休息的地方，在那儿必须有一人值班，其他人可以去做自己的事情，当值的人每天交换一次，闸目一天中必须在现场露面一次。

（5）闸目、闸夫的生活

闸目、闸夫住在兴农闸附近的东闸村，不过也可以是其他村庄的人。只是东闸村离闸近，所以闸目、闸夫都是这个村的人。这些人大概已经做了20多年闸目和闸夫，有很多人的祖辈也是闸夫。

清代时国家不会单独给闸夫发放土地，但闸夫老王有50亩土地；老岳没有土地，做短工的工作；老贾的情况不明；老朱有七八十亩土地；老刘也有七八十亩土地。老祁有10到20亩土地；贾凤祥有7亩土地。这些有五十亩到七八十亩土地的，在这个村庄里可以称得上中等阶层，其中一人为九宜闸的管理员做饭，另一人在闸畔的小屋经营茶店兼锻冶屋。闸目老孙情况不清，老孙当了10年的闸目，在调查前不久前辞职了，调查时的闸目是王德和。

（6）兴农闸的开启与关闭

兴农闸开启与关闭的时间不定，没有水或者水量很少的时候就关闭闸口，水量多的时候（大多是在七月到九月间）全部打开。开启与关闭的时间与每时每刻的水量紧密相关。减河是为了运河的排水修建的，所以决不允许将闸关闭妨碍排水。需水期会将九宜闸打开，为了把水堵住，要将兴农闸关上。

**15. 民工的征用**

实际上减河不会发生洪水，洪水只会从运河或者子牙河过来。一旦险情严重，河务局能征用减河沿岸 10 里内的居民，但没有发生过这种情况。工巡夫不能直接征用民工。如果要征用，需要遵照第六段或其他上级机关的命令。洪水期间，工巡夫需要遵循河务局稽查员或者第六段的指示。征用民工时，一般由河务局支出征用的费用。河务局稽查员处理这件事时，要首先向河务局请示，再根据指示来行动，不能擅自处理。

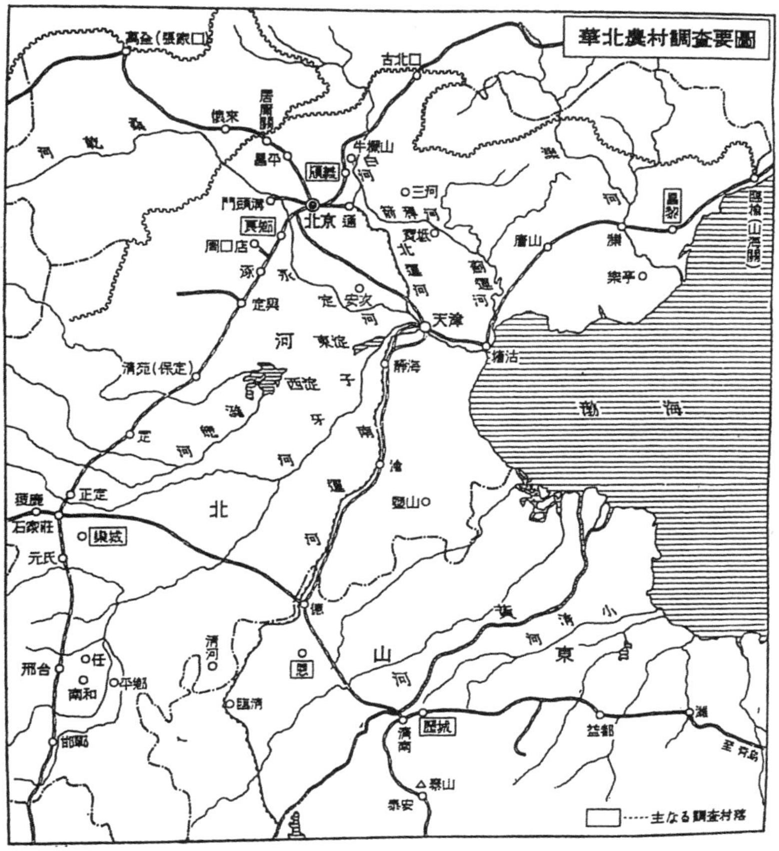


华北农村调查要图

元氏县的水井

栾城县寺北柴村的水井

华北综合调查研究所时代的满铁华北经济调查所分设机构（惯行班）
前排左侧为已故的早川保先生，前排中间为已故的郭文山先生——1943 年——

顺义县的档案（中华民国元年的物品）

在昌黎县侯家营村公所的调查员和农民
后排最左为侯定义，其后依次为侯瑞和、萧惠生
等诸位，前排最右为已故的德田良治先生
——1942 年 10 月——

在密云县的调查员
左二为已故的早川保先生，最右为刘钧任先生——1940年——

在良乡县的已故的末弘博士一行人等
最右为末弘博士——1940年——

在顺义县沙井村的调查班和儿童
——1942年3月——

在顺义县沙井村公所（会首等人和调查员）
——1943年11月——

栾城县城盐店庭院的调查班和农民
后排最右为已故的早川保先生，左五为张乐卿先生—1941年11月——

在良乡县吴店村与农民谈笑的调查员
左二为已故的佐野利一先生
——1942年5月

# 原书序

本丛书第1卷于1952年发行，以此第6卷结束。本卷收集了河北省的滦县、乐亭县、昌黎县，山西省的太谷县、介休县、沂县，山东省的益都县、德县，以及涉及其他县的概况调查，河北省的涿县、邢台县等的水利调查，以及水利方面的资料。除此之外，还收录了顺义县、历城县的赋税等原始资料。此外，本卷还包括以调查者为中心的座谈会记录和索引。

我们已经在第1卷的序中提到，“从全部资料的出版计划来说，这次的出版仅仅是个开始。到把所有的资料出完为止，今后还需要相当多的经费和时间，希望给大家给予更多支援”。自第1卷出版以来，我们得到了各个方面的援助。在此期间，尽管有很多困难，但也终于取得了今天的成就。回首来看，自从1951年着手印刷第1卷以来，到今天为止已有8年了，加上准备发行的2年时间，就是10年。而且，从出版物的数量来看，本书可以说是战后日本发行的与中国相关的出版物中规模最大的出版物之一。可是，在这10年里，日本和中国各自的情况都发生了很大的变化。特别是作为本书描述对象的中国，于1949年成立了中华人民共和国，进行了土地、婚姻、劳动三大改革，整个社会结构焕然一新，且于1954年颁布宪法，奠定了法制基础。农村于1955年—1956年基本实现了农业合作化。所以本书所反映的华北农村的实际状况，变成了对过去的记录。因此，关于此调查资料的意义，我们有必要与第1卷的序有所区分，阐明状况。

虽然我们认为本书现在有几种评价角度，但是以下只涉及其中的三点。第一，构成本书内容的调查是接着中日甲午战争后的“台湾旧惯调查”，日俄战争后的“满洲旧惯调查”以及本次战争中的华北农村为对象的调查。不能否定本调查的计划人期望将此次调查作为日本统治华北的“立法行政资料”（参考东洋文化第25号登载的福岛正夫先生的论文），因此可以说，本调查属于日本的殖民地调查系谱。尽管如此，本调查的最高指挥者末弘严太郎博士针对本调查的目的，说明如下。“本调查以在中国社会进行法律上的惯行调查为目的。虽说同为法律上的惯行调查，但是像过去在台湾进行的旧惯调查一样获得立法或者行政上的参考资料并非其目的，这是非常明确的。那么，说到本调查的最终目的是什么，我认为是中国民众在怎样的惯行下经营社会生活的。换言之，通过弄清楚中国社会现行的惯行，活灵活现地描绘出其社会的特质，这才是我们调查的目的”（第1卷第18页[1]）。末弘博士非常明确的调查方针不是面向今时今日，而是处于战争中的1940年所表达的意思。从这里我们必须深刻地领会到，当时的学者对于策划者收集“立法行政的参

[1] 译者注：此处的页码是指引文在日语原书中的页码。

考资料”这一以往调查方针的批判。当然，对于末弘博士的这种调查计划，策划者一定深感困惑，并表现出反感。但是，博士直到最后也没有改变信念。此外，担任实地考察领导的杉之原舜一先生对调查目标阐述如下：“虽然满铁迄今为止的调查（中间省略）主要是为我国对满洲、对中国政策的建立和完成做出了贡献，但是此调查却不是这样的，它是纯粹站在科学立场上的调查，是专门为学术界做贡献的”（本卷第540页[1]）。于是，杉之原先生没有怀着把调查作为即时政策的目的，而是立志投身于需要很长时间的科学调查。本调查很宝贵的一个方面在于，末弘博士以及包括杉之原先生在内调查员的调查态度。但这次调查是在1940年—1944年间开展的。之后，随着战争愈演愈烈，作为没必要也不紧急的事业，本调查奉命停止，第二年甚至发展到了调查班自行解散的地步（第1卷第15页[2]）。换句话说，虽不能否定本调查——从策划者的意图来看——是“台湾旧惯调查”之后日本殖民地调查最后的产物，但它也是于当时政治与学问的矛盾之间形成的产物（幼方直吉先生，本卷第484页[3]）。在第1卷简介的最后，平野义太郎先生在确认毛泽东的种种农村调查与本调查的本质区别之后，阐明了本调查的界限，同时阐述道：“因为从当时的环境和调查方法来看，调查已是不得不进行的事情。我认为与此同时，即使是外国人，在中国社会感受到了无尽的爱，想在学术上探究这个社会的实际形态的有热情、有学问、有良心的学者在实事求是地理解旧社会的生动惯行的时候，调查是在日本的中国研究方面有积极一面的东西”（第1卷第12页[4]）。调查地的农民与调查员之间产生了特别的信赖关系，这也是因为除以上的学问调查之外没有其他政治目的。根据调查员之一旗田巍先生的记录（第1卷第68页[5]），调查员有受委托调解农民之间的纷争的，也有解决县城和尚夺取农民土地事件的。旗田先生又进一步记录道：“村里的人去过几次调查员所在的北京。战后的苦难时期，住在北京的村里人担着小麦粉袋来看望我，这事让我很难忘。在日本军事统治这一无法改变的障碍中，此学术调查能够进行的最大原因之一便是与上述的农民建立了亲密的关系。”这反映了怀有学术使命感的调查员与农民之间的主体关系。

作为本书评价角度，值得思考的第二点是，隐藏在上述末弘博士调查目的背后的基础是博士的法律社会学方法。此调查方法当然与调查目的是吻合的。末弘博士法律惯行调查的目标是“活着的法律”。它与使社会经济结构在现实中形成的意识条件相关联，以便把握社会内部的现实结构。当然，即使是“台湾私法”，也不能说只是在追溯已经灭绝的法律。但是博士把“旧习”和“活着的法律”在意识上明确地区分开来，并且明确了“活着的法律”的目标。博士“活着的法律”的理解方法和分析方法的特色，是并未从德国民法，六法全书以及所谓的近代法概念中借来工具。这与以“台湾私法”为首的以往方法截然不同（东洋文化第25号，福岛先生的论文）。博士的“活着的法律”可以视为在新

〔1〕　译者注：此处的页码是指引文在日语原书中的页码。

〔2〕　同上。

〔3〕　同上。

〔4〕　同上。

〔5〕　同上。

旧两股势力的对抗关系中形成并出现的不连续性涡流。博士把锐利的目光投向法律的变化以及隐藏在法律稳定中的变动。要是失去了这层力量关系，就不能掌握“活着的法律”乃至法律的历史了。且杉之原先生也如下说道：“惯行总是生成发展的，可以说，有生命的东西是不会停止的。所以为了科学地理解有现在实效性的惯行的实际状况，（1）要查明形成和发展惯行的力量关系，在此力量关系上形成的经济基础，并查明在这个基础上形成的力与力的社会、政治等各种关系等，必须通过这种关联来理解把握。（2）并且作为调查对象的带有当前实效性的惯行总是生成发展的，可以说，因为是有生命的东西，所以必须当作从过去向将来的发展过程中，即历史长河流淌中的现在的惯行来理解掌握”（本卷第540 页[1]）。本书的读者和使用者热切关心调查员对事物的看法、理解问题的方法和调查的具体内容，今堀博士曾经也谈到过这个事情（法制史研究第 7 号）。本卷刊登了以满铁方面即现实的调查者为中心的座谈会的会议记录，其中也很坦率地提到了这一点，但是对于如何有效利用调查这一问题，我认为这多取决于调查使用者自身的态度和方法。例如调查内容屡次推翻迄今为止的定论。而且这其中也包含与长期固有的意识形态不可调和的相矛盾的东西。即有可以任意处置家庭财产的家长存在时，孩子反抗并进行“盗买盗卖”，可以说是“不孝顺父母”，像这样的农民资料也包含在调查内容之内（第 5 卷第 71 页[2]）。也有人确信这种违反定论、以与某种意识形态不相融合为目标的调查有误，但是这反而显示了此人自身的态度和方法存在问题。关于这样的定论和意识形态，或许在以往的文献中容易找到。且除地主和官员之外，即使不是全体，在农民中也有支持者，此事也受到质疑。但是，有必要重新思考杉之原先生的发言（本卷第 542 页[3]），不仅“原有的文献中存在有因实际状况调查而必须大力给以批评的内容”，而且“通过实际状况调查，已有概念自身存在必须得到改变的可能性”。此调查的目标不是确认定论，而是如果有矛盾就探究矛盾之中“活着的法律”，而将要把握的也不是以往固定的意识形态，而是真实的“法律的历史”。

作为本书评价角度值得思考的第三点与第二点有关联，进行调查的时候与甲午中日战争和日俄战争结束后的“旧惯调查”情况不同。在华北，中日之间的战争正在进行，即处于所谓的持久战阶段。华北地区日军占领区与解放区混杂在一起，在日方看来，昨天治安较好的地方，今天就变成了治安很差的地方，这可以通过本卷的座谈会会议记录内容得知。调查的地点被限定于日军占领下的受旧要素支配的农村。这些地点固然与解放区是不同的，从历史上来看处于旧中国农村的最后阶段。而且，由于政治上的原因，内部改革被隐藏了起来。所以，无法从这些农村直接预想出解放后中国农村新要素被充分调动起来的情况。但是从今天的阶段来重新探讨本书的话，可以看出描绘以解放为前提的旧中国农村实际情况的珍贵材料的意义。换句话说，本书描绘了当时华北农村质性内容的一半，其学术价值可信，但是在中国社会研究的整体中该如何对它定位却是今后的课题。

---

〔1〕 译者注：此处的页码是指引文在日语原书中的页码。

〔2〕 同上。

〔3〕 同上。

从战时到战后，尽管使用本书部分资料的研究很多（参考第1卷的相关书籍和论文），但在今天的阶段如何使用本书，却是本书自身最大的问题。古岛敏雄对本书第1卷的书评（第4卷第317页[1]）已在第4卷的序中表明了第1卷是富于启发性的重要内容。古岛先生将读后的最初感想叙述如下："在完成站在问题设定者立场的总结性概括的本报告之后，我希望你们向我这种程度的读者展现出从该调查中得出的，革命前的中国农村面貌"。本书归根到底是素材，而不是完成了的报告书。所以，我认为与本调查相关的人员有以本书为素材描绘出解放前中国农村面貌的学术义务。除若干例外之外，由于1944年本调查工作解散，以及此后日本社会的变动，导致义务未能完成。但我们并未放弃古岛先生所要求的根据本书而做的研究。作为研究的准备，我们制作了收录于第6卷的事项索引[2]。由于本书卷帙浩繁，并采用了问答记录形式，对于一般读者来说，在使用方面有困难。因此，在提交以本书为基础的研究报告之前，为了让一般的读者能够利用本书的内容，我们制作了包含全6卷的特殊事项索引。其中包括的分类项目表，是一份五十音[3]索引的指南，同时也有本书鸟瞰图的意义，是本书理论分析的准备工作。在此意义上，我们想请读者充分利用事项索引，和我们一起使用本书，分析本书。此外，座谈会记录是进一步展示本书的历史条件具体状况的资料，我认为也是在考察分析本书方面可发挥作用的资料。

最后，我想记录下直至全6卷完成为止来自各方面的鼓励和援助，并向大家致谢。特别是第1卷发行后不久，本书获得了1952年度朝日文化奖。而且，第1卷获得了1951年度文部省研究成果出版费补助金和来自政治经济研究所（所长伊藤武雄先生）的出版援助金。此后，直到本年度即1957年为止，我们几乎每年都持续受前述的文部省补助金资助，以便继续出版书籍。此外，在编辑内容方面，我们屡次承蒙天海谦三郎先生的教导。本书的原始资料来自政治经济研究所藏的文献，一部分则来自村松祐次先生所提供的文献。我们也受到来自岩波书店的不少协助。如果没有岩波书店的协助，完成出版是极其困难的。另外，山田三良博士从一开始就参与这项农村惯行调查事业，从刊行委员会成立至今一直担任顾问给予指导，我们对他致以诚挚的谢意。

在第1卷的序中，记载了前会长末弘博士在本书第1卷完成之前去世一事，而委员当中的田中清次郎和佐野利一这两位先生也没能见证全卷的完成就去世了。对此，我表示深深的悼念。担任本书编辑出版中心的7名编辑委员，尽管各自从事条件不同的职业，却利用闲暇时间一起共同承担了编辑、校对工作，我想在序的末尾记录这件事情。

1958年3月3日
中国农村惯行调查发行会
代表人　仁井田陞

---

〔1〕 译者注：此处的页码是指引文在日语原书中的页码。

〔2〕 译者注：索引部分收录于日语原书第六卷的最后一部分。

〔3〕 译者注：是指将日语的假名（平假名、片假名）以元音、子音为分类依据所排列出来的一个图表，是日语中的一种排序方式。

旗田巍*
早川保
本田悦郎
前田胜太郎*
村田久一
山本义三
山本斌

# 凡 例

一、本卷刊载的调查资料为已经出版了的顺义、滦城、历城各县资料之外的部分，包括河北、山东、山西各省的地方概况篇各辑，河北省涿县、邢台县等地区以及与天津小站地区相关的水利篇各辑。除了在水利调查期间所收集的河簿、水簿和水利方面的碑文等原始资料之外，本卷还刊载了之前各卷没有刊载的所有顺义县和历城县的访谈资料（主要为与赋税相关的卷宗），以及在顺义县公署抄写的土地执照。

二、这些卷宗、土地执照、碑文等，原文本身有很多难懂的地方，并且农民的惯用语言、借用字等对于使用者辨读来说存在很多困难。考虑到这些，特别拜托明治末期以来就在满铁调查部从事满洲旧惯调查的天海谦三郎先生进行修订，错字漏字等得到探讨和订正。除此之外，水利方面的资料也添加了注释。但是除此之外，本书正文以及附录中的地名、人名、其他土地执照、卷宗等原始资料，我们极力修改了被认为是转写错误的内容，此外农民惯用的借用字的情况虽然很少，但是即使意思不明确，也很明显地被认为是错误的东西，除这些东西以外，本卷与之前各卷一样，遵循满铁原样誊写原始资料的原则。

三、本卷是本发行计划的最后一卷，所以对于使用者来说，必要且有益的以下两点是编辑的重点。其一是为了资料使用方便且不可或缺的事项索引，但是其完成方针和完成经过正如序文描述的那样，关于它的使用，请参考事项索引的凡例、符号说明等。还有，因为第一卷之后涉及全卷收录的文书、卷宗、土地执照，碑文和其他的原始资料相当多，所以决定各部门完成各自的资料目录同时提供使用。其二，尽管本书详细记录了与访谈调查相关的对话，却没有介绍有关调查的各种条件、气氛、对成果的批判等，因此以补充这些内容为目的，我们刊登了若干资料。首先，除了整理编辑由实地调查相关人员召开的数次座谈会的快速会议记录之外，我们还要求担任实地调查指挥者的杉之原舜一先生执笔完成调查记录，以此代替出席座谈会。此外，本卷一并收录了其他有参考价值的内容，包括满铁的中国惯行调查计划的纲要，调查计划最开始时的东京研究方面的工作记录等。

四、关于本调查资料的整体使用，通常使用方面的注意事项和希望，已经在上述事项索引的凡例中列举出来了，所以请参考凡例。

五、在本调查的实地调查中，各个部门的调查项目是由一两位调查员各自分担，每位承担者自主开展调查，所以关于调查内容、围绕调查的各种条件和其他等，承担者以外的人不了解的地方有很多。在此意义上，即使由本书各篇的承担者自已来编写是最符合希望的，已所能涉及的方向为目标，但是也有不尽如人意之处。上述的座谈会是一种补充手段，可以借此来理解。此外，编辑方面的具体问题，虽说每回各个委员竭尽全力通力合作，却难免存在不足之处和意外的错误。

承担者中的早川调查员于战后客死于西伯利亚，佐野调查员也没能等到全卷完成，于本年年初遗憾去世。此外，东京研究方面，研究员德田良治先生也于战后不久在大陆逝去。作为曾一起从事调查事业的人，以及期待今后能一起研究的人，我深表遗憾。

六、卷首刊载的照片是从内田、旗田、安藤各调查员收藏物品中挑选出来的。惯行班后期的根据地即华北综合调查研究所的满铁分设机构，以及在顺义、滦城、昌黎等县的调查员和农民们交流的情景、调查开始时已故末弘博士在农村访问的情景，以及除上述已故诸位，从调查开始一直担任优秀的翻译和助手的已故郭文山先生的遗照等，成了追忆当时的留念。

# 中国农村惯行调查资料总目录

1. 部门名称简称　　买卖 = 土地买卖　　金融 = 农村金融和贸易　公租 = 赋税
2. 部门名称前面的数字是所有资料的辑数序号，其后的数字是部门序号

| 卷数 | 调查地点 | 1940 年 11 月—12 月（第 1 次调查） | 1941 年 2 月—3 月（第 2 次调查） | 1941 年 5 月—6 月（第 3 次调查） | 1941 年 10 月—12 月（第 4 次调查） | 1942 年 2 月—3 月（第 5 次调查） | 1942 年 5 月—6 月（第 6 次调查） | 1942 年 10 月—11 月（第 7 次调查） | 1943 年以后 |
|---|---|---|---|---|---|---|---|---|---|
| 1 | 顺义 | 7 家族 1（本田）<br>8 村落 1（旗田） | 31—1 家族 4—2（内田）<br>31—2 家族 4—2（早川）<br>32 村落 4（旗田） | | 53 概况 4（山本斌）<br>55 概况 6（山本斌，杉浦） | 60 村落 8（旗田）<br>64 概况 9（杉之原）<br>65 前郝家疃概况 10（杉之原） | 108 家族（7 月）17（内田） | 112 村落（12 月）14（旗田） | 113 村落（1944 年 11 月）15（旗田）<br>114 村落（1945 年 8 月）16（旗田） |

续表

| 卷数 | 调查地点 | 1940年11月—12月（第1次调查） | 1941年2月—3月（第2次调查） | 1941年5月—6月（第3次调查） | 1941年10月—12月（第4次调查） | 1942年2月—3月（第5次调查） | 1942年5月—6月（第6次调查） | 1942年10月—11月（第7次调查） | 1943年以后 |
|---|---|---|---|---|---|---|---|---|---|
| 2 | 顺义 | 2 公租（原土地所有）改1（小沼）<br>2 公租 改1（小沼）<br>2 水1（本田）<br>3 买卖1（本田）<br>4 租佃1（山本斌）<br>5 公租2（小沼）<br>6 金融1（旗田）<br>资料 与土地所有和土地课税相关的资料（小沼） | 24 公租（原土地所有）改4（杉浦）<br>24 水4 改4（杉浦）<br>25 买卖4（早川）<br>26 买卖5（旗田，安藤）<br>27—1 租佃5—1（佐野）<br>27—2 租佃5—2（山本斌）<br>28—1 公租6—1（本田）<br>28—2 公租6—2（小沼）<br>29 公租7（盐见）<br>30 金融4（安藤） | | | 58 金融7（安藤）<br>59 公租11（盐见）<br>66 租佃11（本田）<br>资料 沙井村17户农家个别家计调查（安藤） | | | 114 租佃（1945年8月）18（本田） |
| 3 | 栾城 | 9 公租（原土地所有）改2（杉浦）<br>9 水2（杉浦）<br>10 买卖2（安藤）<br>11 租佃2（佐野）<br>12 租佃3（佐野）<br>13 公租3（盐见）<br>14 金融2（安藤）<br>15 家族2（佐野，安藤）<br>16 村落2（杉浦） | | 33 租佃6（山本斌）<br>34—1 公租8—1（小沼）<br>34—2 公租8—2（本田）<br>资料 赋税资料（小沼，本田） | 37 买卖6（杉浦）<br>38 租佃7（本田）<br>39 租佃8（佐野）<br>40 公租9（盐见）<br>41 金融6（安藤）<br>42 家族6（早川）<br>43 村落5（旗田） | 57 家族8（早川）<br>61 家族9（内田）<br>62 公租12（小沼）<br>63 概况8（杉原）<br>67 租佃12（佐野）<br>68 买卖8（杉浦） | | | |

续表

| 卷数 | 调查地点 | 1940 年 11 月—12 月（第 1 次调查） | 1941 年 2 月—3 月（第 2 次调查） | 1941 年 5 月—6 月（第 3 次调查） | 1941 年 10 月—12 月（第 4 次调查） | 1942 年 2 月—3 月（第 5 次调查） | 1942 年 5 月—6 月（第 6 次调查） | 1942 年 10 月—11 月（第 7 次调查） | 1943 年以后 |
|---|---|---|---|---|---|---|---|---|---|
| 4 | 历城（恩县） | 17 买卖 3（早川）<br>18 租佃 4（早川）<br>19 公租 4（村田，刘）<br>20 公租（原土地所有）改 3（村田，刘）<br>20 水 3 改 3（村田，刘）<br>20 公租 5（村田，刘）<br>21 金融 3（村田，刘）<br>22 家族 3（内田，早川）<br>23 村落 3（村田，刘） | | 35 金融 5（安藤）<br>36 家族 5（内田） | 44 买卖 7（杉浦）<br>45 租佃 9（本田）<br>46 租佃 10（佐野）<br>47—1 公租 10—1（盐见）<br>47—2 公租 10—2（小沼）<br>48 家族 7（早川）<br>49 村落 6（山本义）<br>50 村落 7（旗田） | 56 路家庄概况 7（旗田，内田，本田，盐见，安藤） | 恩县<br>71 家族 10（内田）<br>78 村落 11（山本义）<br>79 买卖 10（和11）（杉浦）<br>79 金融 9（杉浦）<br>80 公租 14（本田）<br>81 租佃 14（本田） | | |
| 5 | 昌黎 | | | | | | 70 村落 9（杉原）<br>82 家族 12（安藤）<br>83 金融 10（安藤）<br>84 买卖 11（小沼）<br>85 公租 15（小沼）<br>86 租佃 15（山本斌）<br>87 水 6（山本斌） | 99 家族 15（杉之原）<br>100 村落 13（旗田）<br>101 金融 12（安藤）<br>102 公租 17（小沼）<br>103 家族 16（早川）<br>104 买卖 13（杉浦）<br>105 租佃 17（本田）<br>110 家族 19（内田） | |

续表

| 卷数 | 调查地点 | 1940年11月—12月（第1次调查） | 1941年2月—3月（第2次调查） | 1941年5月—6月（第3次调查） | 1941年10月—12月（第4次调查） | 1942年2月—3月（第5次调查） | 1942年5月—6月（第6次调查） | 1942年10月—11月（第7次调查） | 1943年以后 |
|---|---|---|---|---|---|---|---|---|---|
| 5 | 良乡 | | | | | | 72 村落 10（旗田）<br>73 金融8（和9）（早川，佐野）<br>74 家族 11（早川，佐野）<br>75 公租 13（盐见）<br>75 买卖 9（盐见）<br>76 租佃 13（佐野）<br>77 静海概况 11（旗田，盐见，早川，杉之原，佐野） | 92 家族 13（杉之原）<br>93 村落 12（旗田）<br>94 金融 11（安藤）<br>95 公租 16（小沼）<br>96 家族 14（早川）<br>97 买卖 12（杉浦）<br>98 租佃 16（本田）<br>109 家族 18（内田） | |
| 6 | 各地（概况，水和资料） | | 资料 顺义土券集（2月—3月）（杉浦） | 1 河北省京山铁路沿线概况（8月）<br>1（安藤，刘）<br>51 京津，津浦铁路沿线概况（8月）<br>2（内田）<br>52 山西省同蒲，东潞铁路沿线概况（7月—8月）<br>3（盐见，山本斌）<br>54 河北省元氏，山东省德县，益都，青岛概况（8月—9月）<br>5（佐野，杉浦） | 资料 历城赋税资料（10月—11月）（小沼）<br>资料 顺义赋税资料（12月）（小沼） | | 69 水（邢台县）（4月—5月）<br>5（山本斌）<br>88 水（涿县）（6月）<br>7（山本斌）<br>89 水（涿县）（6月）<br>8（山本斌）<br>资料 水资料（邢台县）（4月—5月）（山本斌） | 90 水（天津县）（9月）<br>9（山本斌）<br>91 水（天津县）（9月）<br>10（山本斌）<br>106 水（南和，任，邢台，平乡县）（11月—12月）<br>11（山本斌）<br>107 水（邢台县）（11月）<br>12（山本斌，郭） | 111（安次概况）（18年11月）<br>12（内田，杉浦） |

# 概 况 篇

# 1941年8月

（华北农村惯行调查资料第1辑）

概况篇第1号　河北省冀东道京山铁路沿线农村概况调查

调查员　刘钧仁

安藤镇正

助　手　徐　颖

因为本篇是关于京山铁路沿线的县或乡镇农村惯行的概况调查，所以弄清楚作为惯行调查的预备阶段的一般性调查且与此同时为选定将来实态调查地点提供帮助是本篇的目的所在。首先，预定从冀东道道公署所在地的唐山开始，到丰润、滦、乐亭、昌黎、临榆各县，但是因为某些缘故放弃了丰润调查。

调查时，出于便利把项目分成两部分，土地所有权和水、土地买卖、地籍和土地公证、赋税四个项目由刘钧仁负责；村落、家族制度、租佃、农村金融及贸易四个项目由安藤负责，但是因为各个地方的情况有差异，所以调查的方法及程度表现出差异的地方有很多。

鉴于以上原因，所以在各地尽量采用问答方式记录情况。除了笔记或拍摄的土地执照及其他资料采用附录的形式以外，我们也一并收录了1940年3月受天海嘱托参观访问的通县和昌黎县的记录以及土地执照等。

## 调查日记

**【调查日记】**

## 8月12日

京都大学经济院山崎武雄、白永兴两位先生提出了要参加这次调查的要求，于是决定明天在天津会合。傍晚从北京出发。

## 8月13日

去往天贸大厦满铁天津调查分部。山崎先生已经到达，委托分部的职员吉田联系其他机关。十点以后，在吉田的引导下，山崎先生也一同亲自出面去特务机关，会见政务组的广田先生，讲述调查目的，委托他们协助联系，询问冀东道的治安状况以及其他情况。由于要通过道公署打电话联系各县，我们道谢之后就告辞了。下午，山崎先生和白先生视察了南开大学方面的民宅后就离开了。新民会由吉田先生负责联系。

## 8月14日

上午十点，一行五人在车站碰面后去往唐山。下午到达唐山，由于听闻道、市公署都是下午一点下班，所以我们去了日本设在道上的顾问家，说明调查目的，委托援助。之后，我们拜访了大武市顾问，也同样去寒暄。两位先生都是“满洲事变”[1] 后在满洲工作过，自冀东政府成立后，又来冀东活动的老练之士。辞别两位之后，我们在回去的路上又去了八旗王公旗产联合清理会。这个会虽然现在还没有开展工作，但是处理一切事务的副会长李定全先生以前是清朝皇室的官员，所以我们认为他对旗产的事情相当了解。

他说，没有处理的旗产还有河北省的39 000多顷，还说了对此的希望和苦衷等。但是由于去年来实行土地清查，能够想象，被当作黑地申报的土地中应该有很多旗产。可以说，这些人的希望以及问题的解决变得越来越困难。此人似乎多少保管着一些资料。另外，我们被告知，事变前处于实施中的官旗产清理方面的文件，由冀东道公署保管。因此，我们在公署询问了日本顾问，得到的回答是文件可能被转移到了临时政府财政部，即现在的华北政务委员会财政总署。

## 8月15日

早上，我们来到道公署，与顾问会面，询问二三事。以前的冀东道原封不动地管理冀东政府下的22县1市，但是由于1940年7月1日的变更，只将其东半部分的10县1市1办事处交由冀东道管辖。因此，道公署变更了组织，裁减人员，经费缩减了一半。随后，所谓大乡制这种在冀东模范县实施中的制度推广到了各个县，1940年11月发出了这样的命令并着手实施政策，因此以前的80户到300户为一乡或者一联保，现在以一乡一千户的标准将其作为一联保，山岳地区或海岸地区有一乡不足一千户的，镇上有一乡两千户以

〔1〕 译者注：即“九一八”事变。下同。

上的。在这种情况下，即便有些数量不足，也可以作为一个联保，镇上则分为二至三个联保，我们都给予其能够伸缩的余地，目的在于渗透行政力量。此外，从1939年12月在冀东地区开始的土地调查到1940年10月为止，大体上得到了如下结果：

| | |
|---|---|
| 原有亩数 | 8 732 419.221 |
| 调查后亩数 | 15 913 738.021 |
| 相减后增加的亩数 | 7 181 318.799 |

虽然冀东地区靠近京津地区，然而在经济上与满洲的关系却向来具有重大的意义。但是满洲国的统制贸易限制、从满洲输出资金的困难、五谷杂粮类引进的困难以及产品输出难等似乎导致了种种困难问题（粮食问题及其他）。

我们拿到了若干印刷品，又赶赴市公署。与顾问会面，并请求允许视察近郊的农村。在行政股长的带领下，去了北郊的一个叫城子庄的邻近村庄，在警察分驻所叫来若干名保长并进行提问。下午，我们有事在身，终止了提问回到市里。傍晚，向日方的大武顾问道谢，商量之后，决定中止去丰润，多用一天来询问本市近郊的农民。

## 8月16日

去市公署，见到行政股长。他帮我们叫来了昨天见过的郭副联保长，我们和道、王联保长聊天，一同前往保长联合办事处，又帮我们叫来宋谢庄及马家屯的数名保长以供询问。下午，我们去了新民会，已经下班了，没人。傍晚与前面提到的李定全先生一起用餐，听了他的讲述。

## 8月17日

山崎、白两人因为与其他班的调查员同行，回北京了。我们三人奔赴滦县。马上去往县公署，去见长岛顾问，由于治安状况决定放弃郊外的调查。下午去往城厢镇公所，请人找来附近的两名乡长询问。

## 8月18日

上午去往县公署，询问了财务科长很多问题，然后在税契处看了地契，拍了两三张照片。下午到镇公所，询问了昨天见过的乡长及其代理人。

## 8月19日

早上起来，急忙赶往去往乐亭的汽车站，四台坐满人、连车顶上都载着满满的行李的汽车同时出发。距离乐亭县城约70里，花了两个多小时到达，沿途看见高粱、玉米、谷子、黍子、旱稻等。大致都是一派丰收景象。并且，这个地方树林很多，土地肥沃，呈现出一派树木生长茂盛的风景。县城大部分的城墙都已坍塌，但是街上似乎商业繁荣，看起来比滦县县城更有生机活力。

我前往县公署，与密冈顾问会面。寒暄之后，询问了种种如下所述的问题。关于惯行调查的说明，顾问对我说："这是很好的调查，等这次的调查报告出版了，要给我一套。"在栾城县也曾有过这样的待遇。之后，我去了财政科，询问科长若干问题，又在税契处看了地契，照了相，询问了两三个问题。

## 8月20日

上午去了县公署，在郝秘书的帮助下借了马匹，骑马警备队的两名成员随我们一同前往约7里外的吉祥寺乡。乡公所崭新、漂亮、整洁。因为是模范乡，所以可能视察者经常被带到此地。他们帮忙叫来两三名保长，加上代理乡长一起回答我的问题。警察分驻所所长虽然很年轻，但是对各种事情非常了解。此人以前曾在第六区的汀流河任职，但是却有传闻说他是冀东第一首富（见后文）。总之，此地的商人相当多，因此我认为一般的有钱人也很多。

## 8月21日

因早上的汽车人满为患，我们没能搭乘，坐了中午的汽车。因此没能在栾城赶上汽车，等到晚上才到昌黎。

## 8月22日

上午去了县公署，可能因为本地是富裕县，此处的县公署气派到了让人以为是河北第一的程度。与小林顾问会面，得知前年见过的奥田顾问已逝世。向县长自我介绍，他给我介绍了财政科的主任，在其带领下看了财政科税契处、存卷式、田赋征收处等，并进行询问。此处的税契已经全是只有草契，没有白契。存卷室里堆放着以往的类似征簿的上次以及本次土地调查的申报表册等。在田赋征收处，因为来的时机不对，还没有纳税部分，根据土地调查完成新造册，现在甚至雇佣临时工用算盘来计算新账本的计算是否无误。我想这里恐怕是进展最快的吧。但是土地调查能不能顺利进行又是另外一回事了。得到县财政概况以及两三本印刷品，我就告辞了。

随后，我又去了城镇公所，见了镇长、副镇长。他们帮我叫来了16名保长，问了很久的话。

## 8月23日

去了县公署，决定去近郊约8里外的犁湾河乡，叫来两名警官就一起出发了。与乐亭相比，这里道路状况不好，在高粱田间曲折穿过后，到了乡公所。这里因为是模范爱护村，所以交通公司的人时常会来。问了乡长、保长等一些事情。听说到处都有粮食不足的情况，可能大抵如此。

## 8月24日

因为火车时间合适，所以在县城内外走走看看。搭火车前往山海关。是星期天，就不去县署了。

## 8月25日

去临榆县公署，见了小仓顾问并自我介绍，他说惯行调查是非常有意思的调查。听说这个县作为国界接壤地带的县，有很多有意思的问题。日本、满洲国的机关聚集，即使是他们之间的交涉，也似乎存在在各种各样过渡性的问题。并且外国人别墅地区——北戴河也属此县的管辖范围内，并且还有一些特殊的事物，但本次调查不涉及这些。随后，我们去了财务科，询问科长若干事情，看了地契并拍照。

下午去往西关的镇公所。在关帝庙里，对副乡长以及叫来的保长提问，并倾听回答。

## 8月26日

从山海关出发，到达天津。

## 8月27日

向满铁调查分部道谢，去特务机关寒暄，最后返回北京。

## 唐山市访谈内容

## 8月15日

调查员　刘钧仁
应答者　刘福瀛（33保保长）
地　点　唐山城子庄警察分驻所

**在城子庄**

【地籍、公证以外】

地籍、公证等

一、官旗产清理

以前在滦县、丰润两县进行清理。现在市里没有官旗产了。

2、地籍

1. 旧地籍公簿由滦县、丰润两县保管。

2. 从本年度开始在市公署进行登记，现在正在进行，于市公署财政科会计股处进行办理。

三、税契制度

1. 税契种类　当契　卖契（没有推契）

2. 管辖机关　市公署财政科税捐股（本年度以后）

3. 准据规则　河北省公署通令，与各县署相同

四、过割制度

1. 以前唐山距离滦县、丰润两县很远，所以每年“里书”亲自来市里办理过割的事务，除了正项的税收以外，还要加算并收取以前的路费。人们为了方便，也愿意出这个钱。

一到今年土地清查登记就告一段落，“里书”的制度也被取消，人们开始直接去市公署纳税。

2. 地点在市公署财政科税捐股

3. 以前的税契以典或者卖的契约成立后的六个月以内为期限。过割每年举行一次。

五、监证人制度

1. 监证人俗称“官中”。现在由32保保长刘云甫担任，成为全庄的代表。

2. 依据省里指令，但是监证费的用途由市公署来指定。

六、验契　唐山无

七、不动产登记

1. 本市的土地登记以今年的 8 月 20 日为截止日期

2. 市署财政科办理

3. 现在正在申报中，城子庄的面积约为 12 顷多，将来市公署会再一次进行不定期调查。

八、土地清理　无

【赋税】

唐山赋税

一、征税机关

唐山市以前在滦县、丰润两县进行征收手续。今年进行修改后还未开始征收，预定将来人们直接投税到县公署，废除以前的“里书”制度，根据省令，田税将由乡公所与催税征收一起代办。

二、之前的田赋率　每亩 1 分 2 厘 4

房基地税率　每亩 1 分 3 厘 7

房捐　灰棚—5 分至 7 分　瓦房—1 角　楼房—1 角 5 分　（从今年 7 月份开始）之前的田赋交纳期为每年的秋天，另外 9、10 月中交纳租金。

田赋正税　原地主（即原业主）负担，如果有特别的契约就由佃农负担，也有这种情况。

附加捐取消　亩捐率尚未公布

三、田赋以外的各种税

赋役以及现货课征

没有往年定期的出夫，今年为了修建吉祥路、警备路，城子庄总共派出 18 人，总共四天，按照保甲所（旧乡公所）发放的摊夫方法执行市公署的命令，食物自备，派不出人的时候，出两块钱来委托代理人。

## 关于八旗王公旗产联合清理会

应答者　李定全（清理会副会长）

任务

一、收集地亩台账

想来清军最初入关以后，各王公策马占有其范围内的土地，国家对此也表示同意。但是当时只承认其收租权，而不承认其所有权，简单来说就只是土地的租税直接由王府收缴，而不交纳给国家。人们在圈地以后变成了王公的佃户，但是实际上人们购买了土地，这首先就与一般情况不同，因为是用金钱购买的土地，所以在事实上也不得不承认其所有权。因此国家为了协调双方，初次设立“不增租，不夺佃”的规定，相传已经有两百多年了。

当时的王公就这些土地的权利发行了一种“龙票”，但是恰巧与封建时代的封疆相同。

人们互相进行土地买卖的时候，表面上禁止使用买、典这些词汇，但实际上采用推让的方法，所以就有“推契”，一般说“许推不许拿”就是指的这个。

之后经过若干年贫富不均等，王公也秘密地将土地转让给别人，《清实录》中还载有乾隆时代曾有经过三次才从人们手里赎回土地的事。当时出台了严禁旗产买卖的条例。

到了清末，这项制度日久失效，表面上以抵借的名义，实际上秘密进行买卖。而且，土地价格时高时低，所以经常引起纷争，旗人和平民双方都很困扰。政府为了想出解决的方法，决定准许旗人与平民之间的卖、典，但是旗地还要向旗的机关缴清租课，平民只要纳税给县府。

即便到了民国，也把旗产列为优待条件。但是在民国十三年，清帝离开皇室，旗产清理处开始成立，人们自己命令扣留旗地。即划分成上、中、下三等分，当时拥有肥沃的土地和执照的人也大体上全部完成了办理，但是未清理的土地却不止于少数。其原因（1）凭证丢失——丢失的原因，有些是王公因为年代久远丢失了凭证，或者王公失踪了，又或者偷偷让渡给了他人或佃户。（2）佃户的隐藏——佃户为了世袭佃权已经把它看作私有财产很久了，或者谎报遗失补给我们新契，或者谎称原主已死，所以不拿出来辗转蒙蔽，调查十分困难。所以在清理会上收集的册账，其效力等于零，何况这次的土地调查准许黑地补契，并把其视为新增地，所以今后的调查将变得更加困难。

二、承领处理旗地租价

这里是指已经处理了的旗地租价，即扣留平民交纳的价钱。据李副会长说，河北省财政厅还有三四万元的存款没有收取，这是本清理会唯一的目的。此话真假还有待调查。

八旗王公旗产联合清理会会员

| | | | |
|---|---|---|---|
| 恒亲王 | 恒桂 | 刘公 | 溥钊 |
| 怡亲王 | 毓麟 | 森公 | 溥森 |
| 睿亲王 | 中铨 | 祥公 | 毓祥 |
| 庄亲王 | 溥绪 | 炤公 | 毓炤 |
| 成亲王 | 毓撄 | 王公代表 | 志良 |
| 克勤郡王 | 恩钰 | 镇国公 | 增培 |
| 和亲王 | 毓芳 | 辅国将军 | 善谦 |
| 仪亲王 | 毓峒 | 大公主府 | 德鉴 |
| 温良郡王 | 恩普 | 裕府祥宅 | 维昆 |
| 惠端郡王 | 金伯藩 | 头等公 | 佟文清 |
| 孚公 | 溥裕 | 老四公主府 | 德谦 |
| 僖公 | 全斌 | 头等男 | 恒湘 |
| 原公 | 毓连 | | |

河北省旗产最多的各县

| | | | |
|---|---|---|---|
| 盐山县 | 1900多顷 | 密云县 | 1700多顷 |
| 丰润县 | 1700多顷 | | |

最少的各县

| | | | |
|---|---|---|---|
| 肃宁县 | 39亩 | 东安县（安次） | 59亩 |
| 高阳县 | 85亩 | | |

没有旗产的各县

井陉县　　获鹿县　　栾城县

全省59县共计旗地39 000多亩（不包括皇产）

皇产未清理的部分

都虞司

土地868顷62亩5分

白银4243两1钱

土地415顷

各县代征银2075两2钱

掌礼司

土地1508顷52亩

白银5838两5钱5分

退差地254顷

白银2100两

营造司

土地91顷50亩

白银54两

管理各旗银两庄头处

土地4743顷20亩

白银46501两3钱

土地943顷84亩4分4厘

白银5398两4钱9分

8月14日写　八旗五公旗产联合清理会副会长李定全先生保管

财政部委任令第6号

为令委事据该员呈以清室五处庄园地亩现无正式机关掌理其事征租处分诸感困难请派员监督以剩进行等情前来查原呈所请派员监督各五处庄园地亩清理事宜一节尚强可行应即设立专处定名为清室王处庄园地亩清理处并由部派委郝鹏为该处监督该员为

该处处长张曜远为该处帮办除分别令委外合行令仰各该员遵照令同悉心妥拟章程呈部核定认真进行可也此令。

中华民国十六年一月十二日
署财政总长　潘复

财政部训令第25号
令清室五处庄园地亩清理处处长　李定全

为令行事查本部前因该处清理事务重要曾派张曜远为帮办在案兹据该员将原令缴回应即将原委撤销改聘京畿宪兵司令王琦为该处会办分行外合行令仰该处长知照此令。

中华民国十六年一月十九日
财政总长　汤尔和

## 8月15日

调查员　安藤镇正
应答者　刘福印（农民）

【关于城子庄】

城子庄在唐山市区域以内，距离市中心约3华里，在采石山山脚下，附近有水泥公司的工厂，并且途中可看见水瓮、瓦管等陶瓷器小工厂。

【租佃】

本庄总户数960户，其中老住户为300户，以务农为主，其他的从事采石苦力和其他工作。其中纯商人有38户，除务农外，做农工或从事其他工作的有50户。没有称得上大地主的人家，最多拥有50亩土地，并且雇长工与家人一起自己耕种。通常，自己耕种的约占四分之三，租佃土地的约占四分之一，自耕兼租佃的仅有10户左右。自耕就能维持温饱的约40户，但还是要购买食品。维持温饱的话，平均每人需要5亩地。

耕地皆为旱地，雨天积有雨水，无雨则土地龟裂。作物为高粱、玉米占50%，大豆20%，谷子20%，黍及其他占10%，只有少量花生、棉花。没有受事变影响导致的特别事件。没有大地主，也没有人去城里避难（但是农村的地主财主当中有）。有一两户不在地主，由其一家子来管理土地。

民国二十六年的地租是每亩四五元，民国二十七年为10元，现在平均8元左右（地基为16元左右），都是先交、用现金交。（自古以来）契约大体上是人们口头说定，立简单的租条，地租以外的田赋等由地主负担，青苗钱（每亩三四十钱）由佃户负担，修路或警备费等产生的摊款由地主（租房子的由房东）负担。把牲口、肥料、种子等借给佃户的例子很少，也有佃户之间或者从地主手里借的情况，那是白借的（人情关系），没有特别的名称，有“搭套”，形成了互相借自有牲口、车等关系，但是与上述内容不同。自耕者当中有雇长工的。有 20 亩以上土地的不到 20 户。

【金融】

二、农村金融关系

借钱的情况是办红白喜事（婚丧）的时候居多，也有因为患病而借钱的，其他情况很少。借粮食的很少。

从借入方来说，没有土地的人基本借不到钱，有同族、亲戚等的人能借到，但是没有这些的人借不到。

向谁借钱。按顺序来说，先是同族，然后是亲戚，其次是朋友，这些人都没有的时候找邻居。没有向陌生人借钱的情况，但是经常有买东西时向商人借三四元的情况。街上有当铺，可以借到抵押物品价格的一半。只要有东西，任何人都可以在当铺借到钱。其次，关于合会或钱会，请会多在唐山市内举行。那里请会的规模大，人数为 10 人，为期一年，每人一次交 10 元，会的名称为摇会，大致在相互之间感情好的人们当中举行。

借钱的时间没有特别的限定，但是一般春季居多。

关于借钱的情形或种类。依据字据或口头约定，买卖人必须从买卖人处借得钱。百姓用土地指地，或者订立契约借钱。农村虽然有借粮还粮的情况，但是利息太高。没有担保的借钱，一为亲近的朋友且有信用的情况，二为债主认为借主非常贫穷，即使借钱也还不了，那么不还也不要紧的借钱情况。

关于担保。借钱的时候，一般有中人的情况少，自己亲自去借的情况多。但是以土地为担保的话，一定得有中人，并且此时还有代字人。信用借钱的话，也有不立字、无中人、无保人的情况。不立字、有中人、没保人的情况很少，没有立字、无保人的情况，有立字、有保人的情况，但很少。信用借钱的保人大都是熟人，还不了钱的时候，他没有责任。关于物质担保，当铺以外不存在动产担保。有指地借钱的情况，但是不多。

典。此处叫当。有当房子的（没有当牲口的），总之都必须要立字。土地的话，不管什么土地都能当。即使是攻地，因为能种出水果，也可以当。金额为少于价格的一半，期限为 3 年，但是可以在此基础上延长。而且，双方交情好的话，也可以在期限前赎回来。其次，急需用钱时，典主若有钱，可以增加借钱金额，若没钱，可以转典给其他人。增加借钱金额的话，还是要立字据。此时，有把旧字据烧了重立新字据的情况，也有给增加借钱金额单独列张字据的情况，前者的日期为立新字据的日期，期限为从那时开始的 3 年。后者叫作借条儿（例如当了价值 50 元的土地，又需要用钱的时候，想得到小于等于土地买卖价格的，这叫作伐价，土地也拿不回来）。赎回的时间是从秋天结束起到春天惊蛰之前为止，即耕作期间不可赎回。麦田的话，即使麦子已经收割了，地里还种着其他作物，所以也不行，赎回土地通常要提前通知。此后就不再种作物了。通常经过几十年也可以赎回土地。特殊情况的话，虽然约定过了 5 年就不能赎回，但也有出价高到接近卖价而赎回的，不过这种情况很少。关于利息，中国当铺的月息是 2 分，也有腊月降到 1 分 2 厘的情况，但这是因为正月前购买年货需要用钱，当铺想尽快收回钱，利息低，农民也容易还钱。当铺的期限，过去是 30 个月（3 年），现在是 18 个月。利息的计算方式是过了 5 号就算一个月（可以到 4 号为止）。信用借款的情况下，利息是每年两成，月利为 1 分 66 厘以下，超过就算违反中国法律。有高利贷，但是很少。在北京、天津等地有印子，在唐山有称作转子的东西（一般又叫作印子）。因为这是在窑子、赌场里使用的，所以在借的当天就能收取利息。在农民当中绝不存在。指地借钱的利息是每年两成。利息与本金一并随后支付。期限因借主而异，根据自己何时能还钱，预算也有所不同。一般写一年，不能偿还时延期的情况很多，延期时必须交利息。此处没有把利息算入本金的（即利滚利），即使支付不了，本金也不会增加（例如借100元，两年之后就变成140的情况）。

【字据格式】

以下是各种字据的格式（刘福印写）

立借据人某某今因正用以本身自置地一段五亩作为抵押借到某某名下通用国币几十元言明利息按一分行息以五个月归还到期还清取回是字以照信用空口无凭立此借字为证

年　　月　　日

立字人　〇〇〇

保证人　〇〇〇

立当契人某某今因正用以本身自置坐落庄南地五亩自烦中人说合情愿当与某某名下耕种言明当价一百元以三年为限到期钱到回赎空口无凭立字为证

年　　月　　日

中证人　〇〇〇

立当契人　〇〇〇

立卖契人某某今因正用将本身自置坐落庄东地一段五亩自烦中人说合情愿卖与某某名下永远为业言明每亩价洋通用国币两百元自卖之后并无反悔空口无凭立此卖契为证

年　　月　　日

中人　〇〇〇

〇〇〇

立卖契人　〇〇〇

调查者　山崎武雄（京都大学）

应答者　王捷三（农民）

【租佃】

1 关于应答者王本人。有土地27亩，旱地，农作物有粟、豆、糯米等。其中租出去10亩。地租为每亩8元（从去年开始），事变前为4元（田赋以前为每亩3分银子，现在变为1分2厘，市政府未实施）。10年前租佃给王会云10亩地，每亩收获1石（160斤，约20元），加上自己耕种的那份也不够生活费。15年前，拥有70亩以上的土地，因为需要用钱卖掉一部分（每亩30元左右，现在每亩200元左右），孩子15年前去世，现在有孙子20岁，中学5年级（6年制）在读，有妻子（25岁）和儿媳妇，自耕的土地（8亩）

雇了短工，自己不耕作。（短工一天吃三餐并付给2元50钱），还有剩下的8亩地也用来租佃，这个是分益，交纳实物，连秆都是各分一半，佃农除此之外不用负担任何东西。这个是口头契约，没有时间限制。想要他返还的时候，就在收割后通知，明年春天就可以收回。上述的10亩也一样，口头契约没有时间限制，土地返还方面也如上所述。因为是同村人，所以不需要中人。想提高地租，但是物价高，对方不同意也不行。地租通常由市价和土质来决定。除了交地租以外，对方会在（我）家里很忙的时候来帮忙，但不会带东西来拜访。没有不交地租的情况，因为不交地租，来年就不能耕作。作物的话，高粱、玉米收益多，但是现在为了防土匪，不准耕种。

【典当】

2. 典当

当不多是因为要税契，过去不用税契，但是现在没有税契的话，法律上就不成立（?）[1]。手续是先立当契，中人一般有2个（亲属或朋友），当了的话3年内不能赎回来，此后无论过了多少年，只要有钱就能赎回来。也有转典的情况，但那样很便宜。赎回转典的土地，把钱给最先经手的人。第一个出典人在出典后仍需要钱的时候，可以向中人申请追加典价。给中人的酬谢金也因彼此的关系而不同。非常亲近的情况不收钱。不太亲近的话，交典价的百分之一。不管哪种情况，立好契约后要招待吃饭。出典价格为地价的一半。赎回土地的话，关系亲近的，需要钱的时候，先要求其归还土地，并且把土地卖给别人之后还钱。关系不亲近的，向第三者借钱赎回，把土地卖给其他人还钱。其次卖土地的话，先告诉典权者，对方没有购买土地之意时，再卖给第三者。

【土地买卖】

3. 土地买卖

近年来例子较多。买卖的时候必须有中人。关系亲近的不需要酬谢金，一般情况则是卖主出卖价的百分之二，买主出卖价百分之三作为酬谢金。此外，买主要在自己家请客吃饭。以前在吃饭时写契约，现在去市公署写契约（税契也是）。买卖的时间在收割之后。买方优先考虑同族，同族不买的时候，他人也没有优先权。价钱方面，在所需钱数的范围内卖个适当价钱。是给亲戚好田还是坏田，由当时需要土地一方的状态所决定。亲属和其他人都一视同仁。

近年来，本村三分之二的土地都被收购了。

（1）钟纺

5顷以上以每亩100元（地价200元）的价钱强制收购，将其用来租佃，地租16元5可包租。

（2）华北电气公司

3顷，这是普通的市价。

（3）启新水泥公司

每亩600元，工厂用地。

---

[1] 译者注：原文如此。

4. 关于本村，没有租佃争议，租佃也不用押租，一般预租（10月15日前交租），关系亲近的则在收割后（农历八月半）卖掉庄稼再交租。在本村900户住户当中，纯农民有300户，其余是从别处迁移过来的，所以劳动者、农民主要是农闲时外出劳动，农忙时返回村里。

农民的劳动方面

水泥公司、钟纺、华北电气、陶器制造、采石场等。酬劳是每天1元50钱，熟练工为2元50钱以上，不包伙食。农业劳动者在农忙时包两餐（中餐和晚餐），收入在1元以上。

## 8月16日

调查员 安藤镇正

应答者 谢位珍（宋谢庄保长）、马子元（宋谢庄保长）

地 点 唐山市第三区联保第一分所保长联合办事所

### 关于宋谢庄

【租佃】

1. 关于租佃

本庄户数为350户，其中一直在本村的有50户，村里的耕地约3顷，最大地主有2户，1户有1顷地（以上内容的陈述者，都在本庄居住），有50亩地以上的有两三户，自耕租佃各占一半，虽然有自耕兼租佃的，但只有六七户。村里拥有超过50亩土地的人，大多把土地租给别人。要靠自耕就维持温饱的话，家里平均每人需要四五亩土地。

农作物以高粱、玉米、谷子为主，这一点大体相同。此外还有大豆、米、棉花等各少量。

地租从以前开始就是先交，用现金交纳，没有例外。租佃契约全部是口头形式，不立字，期限为一年，每年更新。地租以外的负担方面，钱粮、摊款由地主负担，看青钱由佃农负担。

没有地主借牲口、种子和其他给佃农的情况。

【金融】

2. 农村金融关系

借钱之人为有土地、房子或者经商之人。有信用的人，即便靠信用都能借到三五百元。指地借钱等必须立字，但是信用借款不需要立字。借钱的原因主要是红白喜事，但是有借钱做生意的，也有因粮食不足而借钱的，但是这种情况不多。有为了盖房子，因为生病而借钱的，但是不多。而且，也有在大家庭中，因为人口增多、土地没有变化、生活困苦而借钱的人。

出借方一般是有钱人。如果本村没有，则向外村人借。如果不认识对方，可以委托中人。借钱时，先委托谁，并没有定数。也有人利用当铺，但不那么多。请会相当盛行。人数为六七人到20人，金额为每人三四元到十二三元，每个人每个月都参加。某人想要借钱的时候（这个人成为会头），他委托认识的人请会（会友，会的名称为请会，叫作摇会的是赌博）每回利息出得多的人得到机会。此外，也有朋友之间不设利息的。还有向钱铺、银号、钱庄、银行等借钱的，但上述情况没有土地就借不到。没有跟合作社借钱的（过去没有合作社）。

借钱的时间不固定，视借钱原因而定。

有借粮还钱、借钱还粮的情况，但是很少，借粮还粮的也很少。担保—在信用借贷中没有特别的名称。也有浮拿摘借的，一般没有介绍人、没有利息的居多，没有保证人，也不立字。立字的话，有利息，也有保人。物质担保方面，没有动产担保。指地借钱的时候，有中人，也立字，期限有1年的，也有3年的。3年不能赎回的时候，变卖的情况居多（在此情况下，多卖给别人）。当地—比指地借钱稍微少一些，在建筑物担保的情况下，指房的较多。土地的话，什么土地都能用来担保（坟地也可以）。当价为地价的十分之六，指地的情况不是统一的，根据需要可以借到十分之六七。当地的期限以3年或5年居多。以前即便过了100年也可以赎回土地，也有提前借银子或铜子儿，然后再用纸币（少量）赎回的。期限为3年时，在两年过后想赎回时，如果双方是同村人就可以。赎回的时间为秋收后到春天以前，即不耕作的时候。

利息——一般2分到2分5，两三年前曾有月利3分的。信用借款没有利息，有钱多的时候加上利息的，但是利息很低。年利1成（6分—8分），指地借钱的利息不固定，借七八十元到100元时月利2分，接近1000元时是1分8厘左右。

中介人又叫中保人、中见人、介绍人。这里介绍人变成中保人，在字据上有名字。有介绍人以外还有保证人的情况，还有金额多的时候三者都有的情况。借主不能还钱时，指地借钱的中保人没有代还的责任。此时因为有土地，就把土地卖掉还钱。

借钱的期限在此处是1年，长的也只有3年。期限内还不了钱的，即便以后过了几十年也能提出请求（并不是说还不了也没关系）。

【贸易】

3. 关于农村贸易

村民的农作物一般用来食用，基本上不出售。粮食以外的东西也一样，村里园子很少，没有供出售的东西。村里没有集市，往东1里多的桥头屯和往西1里多的王谢庄有。两个集市现在都在唐山市内，要买东西的时候基本去唐山，粮食和杂货都在那里买。比起集市，在市内的粮食店购买粮食的人更多。集市上都是用现金贸易，但也有赊买的。赊买的人很多。赊买者通常在一个月后拿到月薪时给钱。如果赊买者不是工人而是农民，则在三节（端午、中秋、春节）时给钱。

除农业以外，村民还做工（劳动）。即在水泥窑、纺织工厂、铁路局、石头坑等地做一整年的工。大多为长工，也有短工。

【家族】

4. 关于家族

庄内家人较多的一家？=有30多人，家长是林益之，74岁。在家的有25人左右。其他人去了别的地方。

这家有几代人？=四代。

女人可以成为家长吗？=可以，但不多。

有儿子的话也可以吗？=丈夫死了，儿子年幼时可以。儿子一旦结婚了，他就成为家长。

一个家庭的所有财产叫什么？=叫“事业”（但是发音稍微有点不同）又叫“产业”（叫“祖业”的时候，自己得到的东西不包括在内）。

家庭中的个人财产叫什么？=有称作“提蓄”的。

分家在什么情况下进行？=有很多种情况。家长年老临近去世时，为了阻止孩子吵架而分家的很多。有孩子之间关系恶化分家的。还有家里有3个孩子，其中1个懒惰不做事，年长的孩子抗议要分家的，或是有孩子们的太太彼此关系不好而分家的。

村里同姓的人很多吗？=姓谢的很多，有20多户，其他的不清楚（李、宋、王、赵、马等）。

谢姓有族长吗？=有，辈分和年纪大的成为族长，没有族产。

有街坊的辈吗？=以前有过，现在没有了。

坟墓的形式？=呈一字形埋葬（同一辈埋于同一列）。

当家的名称？=有，叫家长（在家中称呼的名称，不对外人说）。

【村落】

5. 关于村落

有庄长吗？=没有，只有保长（以前有村长，现在没有）。

怎么选定保长？=100户村民集中起来投票选举。

过去的村长呢？=推选的，村民中有信用、名望的人选定后，再问村民。

保长有几人？=有4个保，所以有4个人。

这其中有当村长的吗？=根据投票决定，即村民每户出1人（不出女人）来警察分驻所。

有叫会首的吗？=过去有，是我祖父那个年代的事情，都去世了。之后有叫经事人的，没了经事人之后，就改叫村长、村副了（农村现在还有村长和村副，唐山没有）。

村民的会议呢？=以前有，现在没有。以前有保长、甲长会议，以前还有叫青苗会的，商量种地，看青的事情等。

调查者　山崎武雄（京都大学）

应答者　马利谦（马家屯保长，职业为铁道的会计）

## 关于马家屯

【屯概况】

1 屯概况

马家屯有300户，每户平均6人，可耕地有130亩，没有地主。土地多的1户有30亩，自耕的有4户，租佃的15户，大体上佃农居多。民国六七年左右时，村中耕地大约有300亩，但是变成了住宅地，并且一半为其外村地主所有。15年前，全村户数为30多户，其中姓马的28户，其他的为客户。现在户数的剩余部分有小买卖商人（包括小贩），有很多工人，工人的工作地点为开滦煤矿、水泥公司、铁道、电气公司、纺织公司等。作物为粟、豆、旱稻等。高粱、玉米很少遭受旱灾、水灾，村里的土地适合耕种这些作物，所以之前一直在种，但是由于衙门的命令，现在不种了。

【旗地】

2 关于旗地

以前，九成土地是旗地，被清理之后（民国十六年）就没有了，佃户变成了现在的所有者（以上等地每亩6元、中等地4元、下等地2元的价格购买的），钱款交给官产清理处。在此之前，有永久租佃权的时候，可以转佃也可以卖掉，这叫作“过”，典的例子很少。旗地的地租比普通土地稍微便宜些，没有田赋，旗地的地租（租子）由庄头来家里收，除此外不收其他东西，不要佃户提供劳动。庄头住在村里，也耕种旗地，而且不交地租（租子），不能从旗人那里得到报酬。没有永久租佃权的契约，交纳地租（租子）的时候可以得到收据，也有旗人（王府）卖掉土地所有权（征租权）的，但是与永久租佃没有关系（村里没有这种例子）。

【田赋】

3 关于田赋

田赋与附加税一共是每亩30钱左右，但是此外的临时摊款1年是每亩1元多。以前比这要少，即前年40钱，去年60钱，今年原定80钱，但是不够用，所以变成1元。此外还有联保费（道路、电灯、警备费等），因为这是前年创立的，每年每户2元左右，穷人、富人没有太大差异。

田赋分上忙（二月半）和下忙（九月半）两次交纳。富户和穷户的负担相同，也有水灾旱灾、歉收时，政府调查后免收第二年田赋的情况，但是人们不会这么做。实际上几十年来没有减免的情况，倒是有增加征收的。很多官员中饱私囊（在兑换银子和现在的纸币时捣鬼），人们没有迟交田赋的情况，即使卖掉土地或者借钱也要交纳。

【土地买卖】

4 关于土地买卖

地价方面，宅地每亩3000元到4000元，耕地每亩200元到400元（因土质而有差异），买卖的时候必须有两个中人，一人为私的中人；一人为公的中人，后者是县或市财政科的人。立契的时候，由公的中人来做。给中人的酬谢金当中，卖主出百分之二，买主出百分之三，契税为每100元交纳17.6元给市财政科。数量不多，容易捣鬼，现在监管很严，没有里书和社书。

【租佃—耕作】

5 关于租佃

租佃契约为口头形式，地租为先付和现金交纳，每亩10元到14元，但菜园地要立契约，地租也是每亩20元左右（因为这需要很多肥料）。和地主不是熟人时，需要一名中人，没有报酬。

没有租佃争议，地主也没有租金以外的要求。

不灌溉土地，相对而言，旱灾多，水灾少，没有针对水旱灾害的共同防御设施。

雇工时，包3餐付2元，没有女劳动者。也没有共同耕作的农民。农具是旧式的，互相之间可以借。朋友、亲戚的话是无偿的。村里还有搭套的。

家禽主要使用骡子（一头500元到1000元），但是拥有30亩地左右的人也无法饲养骡子，所以向别人借。一头骡子加上赶骡子的人的租金加起来是一天8元，一天可耕6亩到9亩地。这种情况下，给人提供三餐，但不提供骡子的食物。村里有骡子的只有一户，所以没有用人力交换的情况。骡子以外的家禽有少量的猪，鸡比较多。

肥料是使用人的粪便和金肥（肥田粉）。后者以往购买德国和英国货，现在没有了，使用日本金肥。日本的便宜，但是质量很差。人的粪便40斤1元。金肥去年6斤1元，今年2斤一元。施肥时，每亩地先施10元的人粪，之后每亩再施5元的金肥。没有绿肥。拾牲畜的粪便使用。买肥料时，金肥是自己去城里的商人处购买，人粪在城里的粪厂买，都使用现金，不借钱。

村里的大地主是一个家里有26口人的大家庭，姓马。有1头骡子，祭祀祖先的时候同姓的人都会来。

### 滦县访谈内容

## 8月18日

调查员　刘钧仁

应答者　张威（冯坎家乡副乡长）

地　点　滦县城镇公所

【地籍、公证以外】

地籍、公证等

1 官旗产清理

官产即学校。

旗产在民国三十年后分3次处理掉了，在清理处，现在已经卖完了。

皇产的清理不清楚。

2 以前的地籍称为红册，从今年开始改为新粮册。

3 税契制度

（1）当契、卖契（世俗惯例中，人老没有儿子时，把侄子当继承人继承房子和土地，立一张契约，名为“过契”，并且可以投税）。

（2）管辖机关—县署税契室。

4 过割制度

本县的社书叫“总书”，村民凡是买典房子、土地之后，不直接去县署过割。每年阴历正月二十九日全县的总书聚集于县城。把这当作过割的时期。村民也必须来县城报告。

本年度已经废除了，改为由乡公所代办。

5 监证人俗称“官中”，在滦县的土地买卖中过去有介绍人在中间斡旋，这个介绍人没有收中介费用的习惯，从今年开始变成县公署指定监证人（乡长完成）。但是由于村民们习惯于以前的制度，所以没有彻底实行。

6 验契　民国初年举行了，事变前后也实行了。

7 不动产登记　从民国二十九年五月开始在县公署进行土地登记，民国三十年进行过一次调查（选择清查）。

8 土地清理　没有。

【赋税】

赋税

（1）征税机关

本县的社书叫“总书”。农民凡是典或卖土地时，先通知社书，每年正月二十九社书都来城里办理过割事宜。按顺序制作红册，然后报告给县公署。县公署根据红册征收田赋。有拖欠者时，总书来乡里代为催促。本年度土地清查以后，“总书”制度全部被废除了，今后改为由乡长代催代征。

（2）田赋及附加税

冯家坎全乡的土地共计 38 顷。

过去每亩征银 1 分 3 厘 7，征粮 1 合 2 勺。

本年度改为亩捐，每亩 4 角多。

根据过去的事例征税分为上忙、下忙，上忙为二月左右，下忙为八月左右。

俗称“春分银子秋分粮”。

田赋正税以及亩捐全部由土地所有者承担，与佃农无关。

以前拖欠、逃税的话，社书会派遣催书去村里催促，但是从本年度开始，变成由乡长去催促。

（3）田赋以外的各种税

由于附近矿产的缘故，本县需要相当多的木材，这种税由“木牙”的包商人来承担。虽说从本年度开始，由于省里的命令，该税被禁止，但尚未实行。

（4）赋税及现货课征

没有每年定期出役的情况。

第一分局及乡长接受县里的命令，安排临时夫役事宜。

“摊夫”以地亩为标准，大概 10 亩地出 1 人。

食物各人自行解决。

代理的理由——凡是家中没有壮丁的，可以雇人代理，但是费用由雇主支付。

现货课征从清末开始改为完全换算成银钱征收。

乡村摊款以地亩为标准。

在本县有一种特殊的习惯，购买土地或者典当时，本村人拥有优先权。

青苗会是指秋季粮食成熟期后，每户出 1 人参加会议，找两个人当“看青的”，年薪为每人 150 元以内。

## 8 月 17 日

调查员　安藤镇正

应答者　王凤山（八里桥乡乡长）

地　点　滦县第一区城镇公所

【村落】

1 有关村落

您所在的乡以前就叫乡吗？ = 乡是去年 6 月份设立的，但地名是以前就有的。以前是 3 个村的小乡，从去年开始变成 13 个村的大乡。

小乡是从何时开始有的？ = 从民国二十年以前开始。

在那之前只有各村没有乡吗？ = 是的。

当初各村有村长吗？ = 没有，有保长。

现在的乡是由乡长兼任联保长吗？ = 是的，乡长必须兼任联保长，13 个村有 9 个保长（每 100 户有 1 名保长，每 10 户有 1 名甲长），在此之上有联保长。

保长是怎么选的？ = 投票选举（公举），村民全都来官署。

过去的村长是怎么选的？ = 还是投票选举，由全体村民选择。这是在村里选举。

八里桥乡以前叫什么村？ = 离八里桥八里的是包麻子庄。

包麻子庄有多少户人家？ = 百十余户（小户），大户有 60 多户（大户是没有分家，叫作一门口儿，小户是有兄弟 3 人就分家了）。

以前都是农民吗？ = 是的，其中买卖人有 2 户。

王先生也兼任那个村的保长吗？ = 由别人任职。

那个村有青苗会或看青会吗？ = 有。

那是只有一个村呢？还是几个村一起的？ = 由乡里决定看青的，然后派遣到各村。

那是选村里的人吗？ = 是的，都是本村人。

村里以前没有叫会首或首事人的吗？ = 有会首，在大庄里有十余人，小庄里有两三人。

是因为会首与青苗会有关系吗？ = 不是，是因为他们处在村和官署之间，沟通很多事情。

会首以外有村长吗？会首可以兼任村长吗？ = 会首的时代只有会首，之后才有村长、村副。

有几个会首的时候，其中没有人当村长吗？ = 大家地位相同，不会特别称呼“长”。

之后在村长、村副的时候呢？ = 各一人。

以前当会首的人成为村长、村副以后，其他人与村里的事就没有关系了吗？ = 与村里的事没有关系。但是会首变成村长的情况很多。

之后变成小乡时，除了乡长以外还有哪些人？ = 有乡长、乡副、外闾长、邻长（5 户 1 邻，5 邻 1 闾，闾以上为乡）。

会首的时代，村里的事仅由会首决定吗？ = 是的。

那个时候，村民全部集合商量过事情吗？ = 没有，但是各姓派出代表商量过与村相关的事（不是很多，大多为雇佣看青，官署有事情的时候或者修路的时候等）。

小乡的时候，有村民全部集合商量事情的情况吗？ = 没有（小乡为民国以后），但是有了解情况的人聚集起来的，也只是比之前的时代人数多，那是因为民国初期与官署打交道变多了，只靠一两个人决定不了。

小乡的时候，有过集合所有人开会的情况吗？ = 有小乡长全体集合的情况，但没有所有乡民都参加的会议（也没有只让乡民中了解情况的人参加的会议）。

在包麻子庄等地过去没有村规和村约吗？ = 没有。

【租佃】

2 关于租佃

作物？ = 以高粱、玉米、谷子为主，也有稗子、豆子、花生、麦子、棉花很少。

土地？ = 旱地，没有井，没有钱所以挖不了，并且沙子填得满满的，湿地、洼地很少，三区有，那里没有稻田，但是二区有。

关于土地分配？ = 在 900 户人当中，有 50 亩以上土地的是 200 户，有 100 亩以上的是 80 多户，平均数为 30 余亩（一共 280 顷），纯租佃的有 60 多户，自耕兼租佃的有 140 多户（两者加起来 200 多户），剩下的是自耕，没有自己不耕作叫别人耕作的（地主），也有因为事变在城里避难的，但是都回来了。如果五口之家的人都很勤劳，不浪费的话，大致有 30 亩地就能维持温饱。

| 地租？ = | 上地 1 亩 | 中地 1 亩 | 下地 1 亩 |
|---|---|---|---|
| 民国三十年 | 15—16 元<br>（瓜子地 17—18 元） | 12 元 | 10 元 |
| 民国二十八年 | 10 元 | 7—8 元 | 5—6 元 |
| 民国二十七年 | 9 元 | 6 元 | 4 元 |
| 民国二十五年<br>（事变前） | 6 元 | 5 元 | 3—4 元 |

租佃契约？ = 不立字，口头约定，期限 1 年，地租从民国二十年开始为先交，之前是后交，这是因为以前佃农后交地租也没有关系（有钱），但是后来变穷了，交不起。佃农是穷人，收成不好就交不起地租。也就是说，20 年前收成好，此后的年份歉收多。并且以前地租便宜，后来变高了。即使在后交地租时，也是交现金，此后也是交现金。

期限不只一年，而是可以连续耕种几年吧？ = 不是，最长也就 3 年或 5 年。

旗产？ = 过去有，但是从民国十六七年开始就没了。

即使以前是旗地的土地，其佃农是每年要换吗？ = 是的。

地租以外的田赋、摊款由谁负担？ =地主，看青钱由佃农负担。

地主借牲口、农具、其他东西给佃农吗？ =交情好的话有借的，但是不借的多。

佃农给地主帮忙吗？ =不帮。

大地主是出租土地的多还是雇长工耕作的多？ =后者居多。

农忙时雇短工的多吗？ =雇长工，也有在此基础上再雇月工的（即短工）。

【家族】

3 关于家族

家里人数最多的家庭有多少人？ =即使多也不超过20人左右，40年前我们（王）家有40人，我13岁时分家了（现在56岁）。

在包麻子庄什么姓的多？ =陈（30户）、王（30户）、张（30户）等。

各姓有族长吗？ =过去有，现在没有。

各姓有共同财产吗？ =没有。

村里的街坊有辈吗？ =有。

坟的形式？ =一字葬。

有当家的吗？ =有，家长。

全家的财产叫什么？ =“产业”（产—土地，业—家业，所有的东西）。

家人各自的财产呢？ =叫“提蓄”。

分家在什么情况下进行？ =

（1）多为家业日渐衰落，然后分家。即人口多，心思多，各自分开，一起生活不下去的时候。

（2）其次为兄弟吵架，一个人赌博等浪费，另外一个人勤奋劳作，不公平的时候。或是两兄弟的妻子吵架的时候。

（3）家长患病，临死之时，命令孩子们在其活着时分家。

分家是在家长死后分的多，还是在其活着的时候分的多？ =大抵是在其活着的时候分的多。

在冯坎家庄，家里人最多、没分家、有20多人的家庭有2、3户。（该庄乡副所说）

## 8月18日

应答者　张葳（冯坎家庄乡副）

【金融】

1 关于农村的金融

借钱的原因？ =因为粮食不够、红白喜事等，但主要是婚丧，前者相当多。

借主？ =没有土地的人不好借。有人没借过钱，但是很少。土地很多，并且不奢侈、不浪费的人借钱很容易。

借钱顺序？ =按顺序的话，（1）一家子；（2）邻居；（3）亲戚；（4）朋友；（5）不认识的人，还有向城里的店铺借的，但必须要中介人（熟人也需要）。

城里有一家当铺，借钱的人少，借出两三成，期限为12个月，月利2分7。

钱庄和银号都没有，银行也只有冀东银行的一个分行，在那借钱的是买卖人、资本家（大地主）等。

向合作社借钱的是有土地的农民为了买肥料、农具等而借钱。

时间？ =还是春天居多，那是因为一年的钱基本到那时就用完了。

种类？ =借钱还粮的基本没有。有借粮还钱的，但是很少。有借粮还粮的。每一种都没有特别的名称。

信用借钱？ =有。互相交情很好、有信用的时候可以。土地少的、没有土地的，都能借到，只是金额多少不同，金额少的时候居多。一般因为是朋友，了解情况，不会撒谎说土地等很多。有信用的时候，或者借主非常贫穷，他不还也没关系的时候，也能借钱。手续方面，立字、有保人的较多，其次是不立字、没有保人的情况，再其次是不立字、有保人的情况。没有立字而没保人的情况（即立字的时候大致都有保人），不管哪种情况都有中人。中人和保人是同一人，中人是有信用且很了解双方的人。

有担保借钱呢？ =一般不实行动产担保，只有土地和房子。所有的土地都能成为担保，坟地也可以，但是只有坟的地方不行，指地借钱、指房借钱、当地、当房的都有，当地的更多。用价值100元的土地借钱时，在指地时能借到30元，最多也就40元。与此相对，当地的时候能借到50元。价钱更高的是当地时，根据使用土地的人（当主）希望使用土地的缓急程度，也有人看情况出接近地价的价钱，但是很少。

指地借钱的期限一般是3年，当地则不固定，有一年的，也有更长的，最长的有30年，到民国二十七年为止。以前是不管经过多少年都能赎回来，但是以后超过30年就不能赎回来了（?）[1]。本地有在契约上写明期限的，也有不写的。写了的话，没到期限就不能赎回来。没写的话，一年过后任何时候都能赎回来，即有钱想向出典者赎回来的时候，任何时候都可以。指地借钱和当地通常都要立字，也有不立字的情况，但是极少。其次，指地、当地不论哪种情况，中人就是保人。与此相对，指地借钱在当地的时候至少一个人，多的时候也有四五个保人的情况。

增借？ =可以，当地的时候，除旧契约外，在小纸片上写上借增（续当），有全部改写的，但是少，指地的情况也同样可以（续借契）。

找价？ =即拿到与地价（卖价）之间的差价卖掉那块土地的时候，如果找价就不能赎回了。在指地和当地的情况下，任何时候都可以找价。

转当？ =秋后，地价上涨且出典者又需要钱，没有钱给典主的时候，可以转当。另外，典主需要钱的时候，必会找保人商量，没有钱给地主（出典者）的时候，可以转典。在此情况下，如果不超过地价，可以高于原当价，转当出去（有实例），这时要立新的当契。赎回的时候，原地主向最初的当主申请，然后原地主向转当主申请，期限在原当期限以内。期限是三年的时候，一年过后转当，可以转当两年，但是一般不写期限。

[1] 译者注：原文如此。

赎回？＝秋后，选择能拿出钱给地主的时间。期限为3年的话，一定选在第3年。3年以后的话，不管过多少年都行（但是30年后不行）。春天播种之前，清明以前都行。

利息呢？＝即使是信用借钱，没有利息的也少。只有在时间短的情况下，利息最高每年3分，一般为2分5，最低为2分。指地借钱也一样，有3分以上利息的，但很少。例如，当本村借主没有产业靠信用借款时，要在债主指定归还的时间之前还。比如，有人在阴历正月之前为了买年货（而借钱），说一定会在“寒食”之前还，利息稍微高一点也没关系，希望能借到钱的情况。但是这样的情况很少，利息和本金都是之后再还。

在期限内还不了钱的情况呢？＝连利息也支付不了，可以延期。付不起利息时，把利息和本金算到一起，这在信用借贷中有，但是很少。一般是保持原样，指地借钱的情况下还不了利息时，来年其土地必须给债主耕种。并在随后的来年，交3年的利息（可以不用还本金），并且地主可以耕种其土地。

指地借钱时，借主在期限内还不了钱的情况下，这边中保人有责任要代为偿还，并且每年支付利息的时候，必须经过保证人交给债主。保证人代为偿还的情况非常少，在这种情况下，由保证人耕种土地。如果向保证人还钱，就能拿回土地。

信用借款也好，指地借钱也好，期限之后不管过了多少年，债主都能向借主提出请求吗？＝可以，但是借主真的没钱，没有办法，就只能拿到利息，并且一般会向保证人提出请求。

【当契样式】

（字据样式）（当契）

立接钱当契人〇〇〇今将本身民地一段五亩坐落在〇〇〇庄东四至列后同中人说合情愿当与〇〇〇名下耕种管业言明当价国币洋〇〇元二家情愿各无反悔钱到取赎地归本主恐口无凭立接钱当契存照

四至东　南　西　北

中人　〇〇〇

代笔

年　月　日

【贸易】

2 关于农村贸易

作物有哪些？＝谷子、高粱、花生、豆子等，棉花少，从过去就是这样。农作物大多用于自家食用，用来卖钱的非常少。村里的买卖也很少，买卖一般在集市里进行，因为价格公平。一般在秋后卖东西的人多。

集市呢？＝在县城的北门外，此外的集市距县城20里以外，本乡没有。阴历的三、八日为大集，一、四、六、九为小集。大集的各种商品齐全，人多、买卖也多。小集的商品少。有很多商品在大集上买，小集里没有。

村民要购买需要的东西时，秋后去集市买东西的多，春夏去城里商店买东西的多。这是因为此时集市里的商品少，也因为集市里用现金，城里的商店可以赊账。商店的商品来自天津、唐山、北京等地。过去还有从奉天来的，现在没有了。粮食多来自河南的彰德，这是本地的商人去那边买过来的。那边盛产小米，而这边的主食是小米。

从县城等地来的商人只在农村采购花生。

牙纪呢？ =在集市做买卖的时候，以前有牙纪，粮食方面的称为斗牙。从去年6月开始就没了，变成了由合作社来做。另外，买卖牲口有牙纪，也有叫木牙的，在大集那天，买卖从滦河搬来的树时有，树多用作矿炭的窑柱。木牙税现在也是包商来管，畜牙税由屠宰场管理（由于省令包商被禁止）。此外，出口货需要呈报，在商会得到许可证后，才能运往县外。

粮栈、油坊呢？ =县城里只有小规模的粮栈，有油坊（打花生油），但是磨坊很少。油坊去农村用现金购买花生，所以集市里有卖花生的，但是很少。

物物交换呢？ =多少有些彼此之间的少数物物交换，像豆子和豆腐这种。

农具呢？ =小的在来农村走街串巷的小贩处购买，大的在集市里购买。

肥料呢？ =在县城购买。人粪、马粪找城里人购买或拾捡，化学肥料在商店里买。后者赊账的多，给现金的少。没有一起买肥料的。

燃料呢？ =除农作物的秆之外，不足的部分就买煤。去县城、车站或者煤的产地，用现金购买。

合作社呢？ =除了面粉、高粱之外，还卖少量煤油。

行商人呢？ =卖妇女使用的东西、鱼、陶器、小农具、扫帚等。

村民的副业呢？ =做豆腐、粉条儿，有种甜瓜、西瓜等出售，还有做短工的。

## 8月18日

### 在滦县公署财政科税契处（安藤）

【补契】

关于补契的说明

目前在做的事，是给因事变丢失地契的人于民国二十六七年向本税契处呈报后补契。随后，在此处收齐截止民国二十八年六月，并且延期到同年年底的呈报。从民国二十九年初到同年年底的由省里处理，收齐一切送到省里。现在要办理的是民国二十九年的，手续方面要补契，在此处办理。把呈报人的名字报往省内，省里把尾契送来此处，此处把尾契粘在契上，盖上县的章（今年已经不认可了）。今年办理的话，还要另外交税（以前需要纸价60钱和手续费20钱）

关于卖契

形式方面，此处是把（买契的）草契和契尾贴于白契的形式（与其他县有不一样的地方）。此外，现在的白契要花押，但是同治年间的（像是伪造的）没有花押。

## 乐亭县访谈内容

# 8月20日

调查员　刘钧仁
应答者　马行周（第1保长，后寺庄）
地　点　吉祥寺乡乡公所

【地籍、公证等】

地籍、公证等

1 官旗产清理

本县除公共场所之外，民国二十二年以前官旗产完全变成了民地。

2 地籍

以前称为红簿—县公署保管。

从本年开始称为粮册—同上（吉祥寺回到城社）。

3 税契制度

税契的种类（1）买契；（2）当契（推契以买契为基准计算）。

管辖机关—县公署税契室。

准据规则—与其他县相同。

4 过割制度

本县的社书从民国十年以前就存在，当时的过割及更名在每年的清明节前后举行，社书交1元给县公署，从人们那里征收2元，把这命名为“开一收二”。此后，乐亭先于其他县废除社书，所以被称为模范县。

5 监证人

从民国十七年开始实行监证人制度，最初任命小学校长，民国二十年改为乡绅担任，现在由乡长兼任。凡是典或买的契约都必须由乡长盖章后，双方再自己去投税，监证费为百分之一。

6 验契

各县相同。

7 不动产登记

土地清查　民国二十九年一月截止，现在调查结束。

处理机关　县公署财政科。

8 土地清理

事变前没有。

【赋税】

赋税

（1）征税机关

乐亭县以前设有经征处，田赋全部由此经征处征收。每当征收期到来时，召集以前的里书和经征员一起协同办理。现在已改为直接征收，但偏远地区是由乡长代收齐后，送往县里交纳。

迟交田赋的话，过去由社书代为催促，但是现在由政务警代为催促。在乐亭的税契里，有一项特殊的制度。按照普通百姓的说法，所有买或典的双方税契的时候不直接交给县里，而是先交给县城东街的商号，名为“福发镒”。这家店投税给县里，领取契纸后发给人们。

（2）乐亭县省款每年田赋额征收数 37585 元多

“县款”附加额 28 410 元

税率以前是以换算成银子，金额为“2 元 3 角”来征收，但是这次改为三等九则制度，变成最多 2 角，最少 2 分。交纳时间分为上下两忙。上忙在麦子收割之后，下忙在大秋之后。上忙并不那么重要，所以到了下忙，必须全部缴清。

田赋正税的负担者—原地主（当契不过割，所以由原地主负担），佃农完全不用负担。

附加税从去年开始改为亩捐，已经变成由地主负担了。

拖欠及逃税　本县由于死亡或者逃亡原因未纳税的花户在民国二十七、民国二十八、民国二十九这 3 年里已经达到 1600 多元，由乡公所代为交纳。在本年的县署会议上确定这份钱从此以后由无粮的花户交纳。

（3）包税

本县过去的包税分为 7 种。

| | | |
|---|---|---|
| 1 | 木牙 | 百分之一 |
| 2 | 牲畜 | 百分之三 |
| 3 | 棉花 | 百分之一点五 |
| 4 | 斗秤 | 百分之一点五 |
| 5 | 花果 | 百分之一 |
| 6 | 屠宰 | 猪 6 角　羊 4 角　牛 3 元 |
| 7 | 烟酒牌照 | 年额 9000 多元 |

以上由旧日投标的方法包出。首先交两成的保证金，然后需要两家可靠的店的保证。本年度开始在贸易场贸易，酬谢金取千分之五。但是贸易场的职员都是旧时的牙纪。

赋役

没有常年定期外出办事的。

临时出夫是根据县公署的命令，由乡公所通知给各户，使其派出人夫。大工归乡，小工归保，平均每人的雇佣费为一元（伙食费另算）。

有钱人或家中无壮丁的可以雇人代理。没有现货课征的制度。

村费过去作为临时摊款由乡公所指定，从本年度起改为县公署的许可制，分为春夏秋冬四季摊款。每期每亩地支付 4 角，无论是村外还是村内居住者，都以土地为标准。

## 8月19日

调查员　安藤镇正

应答者　密冈一英（县顾问）

地　点　乐亭县公署

【县概况】

概况？ =本县土地大致良好，不管降雨多少都能种出作物，一般降雨少时也可以。但是县内的农作物中粮食数量不足。海岸的相当一部分面积土地，由于数年前海潮上涨，残留在土地上并干燥了。现在百姓什么也不种，但是我认为将其表面的残渣清掉，就能变成好地。另外，引来滦河水的话，可以变成很好的稻田。现在一般旱稻也不多。农作物以高粱、玉米、黍子、粟等为主，也有花生。

本县以前相当富裕，有很多商人去满洲做生意。最近由于不能寄钱的关系，也有全家搬走的。大地主在县内有三四十顷土地，加上在其他县的土地，有百顷以上。另一方面还有做大买卖的有钱农人，还在天津有银行（注：根据后来所听到的内容，最大的地主是县北第六区汀流河的刘氏，除在各地经营叫义发号的商店以外，还在天津以外各地有义发银行，现在乐亭县城也有。从以前开始就被称作京东第一富户，所以邸内有小学、中学、女校，成为名士等屡屡参观的地方，每年光是招待费就达20 000元以上）。

尽管海岸渔业相当盛行，但是因为沿岸没有港口，所以搬运不方便，即便通往地方的县里也不能利用这些鱼类。滦河在下流分为新、旧两支，在雨季，水溢出来，中途汇流，淹没沿岸的土地。

本县曾在昌黎县有飞地，已经划归昌黎县并整理完毕，但是滦县在本县的飞地尚未整理。

在税契处

【补契】

补契的关系？ =民国二十九年六月截止，之后没有补契，以后遗失的东西由自己按时价重新制作填税契，交纳田赋。民国二十九年六月为止的手续由乡长、乡副以及四邻写保证书，根据保证书申请补契，与保证书一起送往省里。另一方面，以前买卖时的中人制作同样的普通的白契，只把省里来的契尾贴于白契上。补契不需要草契纸，也不需要监证人。

在财政科

【集市】

牙税呢？ =在贸易场由合作社收，从民国二十九年七月一日起废除包税，以前的包商有些现在什么都不做，也有些被录用当征收员（木牙和此处现在都取消了包税）。贸易场各区有一处。以前的集市根据物品彼此分开，现在都集中于贸易场一个地方买卖。贸易场在3、7日为大集，1、5、9日为小集。以前全县有9个集市，现在只有7个。集市的日子有相同的也有不同的。这里没有短工的“苦力市场”，因为雇佣的时候大抵能互相知道委托谁。

## 8 月 20 日

调查员　安藤镇正

应答者　王阵国（吉祥寺乡后王庄第 2 保第 1 甲 1 户）

【村落】

1 关于村落

现在乡公所东邻有关帝庙，叫吉祥寺，好像吉祥寺乡的名称就是从那来的。听说这个地方的人也是从明朝开始从山西来的。

后王庄王姓居多，58 户中有 40 多户姓王。58 户中在满洲做买卖的有 10 户（其中在村里有土地的有 10 户），其他的都从事农业。且除此之外还有把做小买卖当作副业的。关于乡，第 6 乡是县里取的名称，一般以地名称呼。县里有 57 个乡。大乡制从去年 4 月开始实施（大致以前的 3 小乡为 1 大乡）。在那以前的小乡制，是从民国十七年起实施。只有吉祥寺乡与当时的管辖范围大体相同，其中有 33 个大小村庄（没有增减）。小乡制之前，这些村没有关系。闾邻制度（5 户 1 邻，5 邻 1 闾）与小乡制同时实行。此前是会的制度。

会的制度时代，各村不同。每村有一名会首，并有代表上述 33 个村的总会首，又叫警视员。这个警视员的职务是代表村民的参政权，参加县的参政会，监督乡内的政治。在村与村之间有纷争时进行调停，调停不了时向上申诉。这种会的制度从民国初年就有，也叫作乡农会，青苗会也包含在其中。在那个时候，也有过把村民召集起来开青苗和村保卫团相关事务的会议。民国初年，建庙、挖井的时候，曾把此地的绅士、商人召集起来商量过。普通的事情由会首一人决定（会首相同），或者与地方的有钱人（有家产的人）商量决定（即财主、富户——因为当时公共事务只有有钱人出钱，穷人不出钱）。那个时代也没有摊款，只有青苗会。出钱的也只是有资产的人，连有 10 亩土地的人都不用出钱。那叫看钱。一年在麦秋、大秋时出两次钱。那时出钱的人凑在一起吃饭，在席上决定金额，那叫吃青苗。当时的总会首还是由投票选举，各村代表集中起来决定，即从当时开始，看青等是 33 个村一起操办。各村代表是有资产有声望的人（即会首），事务在聚集时决定。各自的村里没有青苗会，但是好像其他乡有。在小乡制度的时代，邻长、闾长从村的一端按顺序设每 5 户为邻，由村里选定邻长，5 邻的邻长选定闾长，闾长集中选定乡长。根据投票选定，投票权在农民手里。不过，起初由县里发出关于乡长资格的规则，按照规则，想当乡长的人向县里申请。县里据此告知农民有几位候选人，再从中选举。与此同时，在候选人以外选出 4 人到 6 人做监察员，乡副也是从候选人以外其中选出 2 位。监察员专门监督乡长、乡副，并同时检查庶务、会计等乡长雇佣的事务员所写的账簿。

在大乡制中，乡长兼任联保长。但是职务不同，即联保长以下有保长、甲长，乡长以下有乡公所里的总务系、合作系、保甲系三系，各系有事务员。与乡有关的事，以乡长身份告诉保长、甲长，与各保甲相关的事以联保长的身份来说。保公所里也有书记，其上有联保办公所。事务由乡公所的保甲系处理。

乡长是根据投票由所有乡民选出2人，县长指定其中的1人，叫去县里培训，获得认可后才确定此人为乡长。

随后叫另外一个人去培训，副乡长为1人，由投票选出，按照结果确定人选。乡公所的事务员由县里征集，培训再派遣。参加投票的人是男性，以户为单位，即家长参加。没有男人的时候，女人也可以，但是实际上没有女人来。这点与小乡时代相同。

乡长又兼任新民会的乡分会长。乡分会接受县总会的指示组织青年团、自卫团，聚集会首。

关于乡民的会议，与乡政相关的事情召集保甲长，在祝贺会，或有土匪信息时，或有蝗虫时等，召集全体村民开乡民大会，有抚慰演讲时也像这样开会。

即使在小乡制时代大致也是这样，但是那之前不是。

村规、村约之类的，在会的时代没有。小乡时代有规则，但是没有实行。现在有，也正在实行。

村里忙的时候，没有共同合作的情况。

雇短工（工夫）。

应答者　贾竹亭（代理乡长）
　　　　程荫庭（警察分驻所长）
　　　　王振国（前文出现过的保长）

【家族】

2 家族制度

乡内的大家庭

40余人　王乡长

30余人　张某

20余人　张保长

每家都是一家人住一起，10人以上的家庭非常多。

乡长的家、张保长的家也是4代住在一起。

一家的财产？＝叫财产或者产业，但是前者居多。

家庭的特有财产？＝有“体蓄”或者“提蓄”。例如，如果没分家的人外出务工回来，他赚的钱也是共同财产，但是女儿出嫁时以带过去的财产为本钱赚到的钱却成为提蓄。另外，过节时家长给家人发零用钱，以及闲暇时赌钱赢的，或者孩子出生第12天从人们那得到礼品和钱，这些都成为提蓄。丈夫没有兄弟的时候，不叫提蓄。

同姓的人怎么称呼？＝叫当家子、一家子。也有叫同族的，但是很少。

有族长吗？＝有，辈份大、岁数大的成为族长。

族产呢？＝有，有坟地和其他，土地和钱等共同的东西，雇人看坟的工钱，为了各个节烧香、烧纸、上供物品而捐赠的钱，以此为基金。王乡长的同族有，其他的同族大致也有，管理者为族长。

街坊有辈吗？ =有，叫“三叔二大爷”（对内的）。

坟的形状是？ =都是按辈葬成一列（一字葬，但是没有这种叫法）。

分家的原因？ =

（1）人多，与此相对财产变少，互相变得懒惰的时候。

（2）家长死前命令分家的时候，即家长死后无人管理家业，为了防止群龙无首产生混乱的时候分家。

（3）也有因为家人吵架的，但是这只是很小的原因。

家长死后，兄弟有两人以上时，分家很正常吗？ =按照乐亭的习惯，父母死了的话，必须分家。财产多也好，财产少也好都要分。

称当家的为？ =家长，这样称呼。

长工等呢？ =家族里数不清，佣工的话，数得清。

一家子在一年中干什么呢？ =清明节扫墓，同族里每户出 1 人，一起去上坟，回来一起吃饭。顺序是这次去甲家，下次去乙家，形成这样的习惯。还有栽树时一起吃饭的（清明节时，在同族的土地上植树）。

家长死了的话，谁成为家长？ =长子。长子死于家长之前的话，就是次子。按照这样的顺序类推，或者选兄弟中最有能力的成为家长。母亲在世时，由母亲选择。没有母亲时，由全部兄弟推举，但还是前者居多。

有纳妾的人吗？ =有，但是少。那也是因为没有孩子而纳妾。太太明明有孩子，还要纳妾就不行。

【租佃】

3 关于租佃

作物呢？ =高粱、玉米两种居多，其次有谷子、豆子、棉花、麦子等，但是今年麦子不好。常吃高粱。

土地呢？ =旱地，没有井，没有稻田（但有少许旱稻）。

关于土地分配？ =土地多的有 2 顷以上，有 4 户，一般为三四十亩。

在五口之家里，每人有 4 亩土地，即全家 20 亩就能维持温饱。没有土地的人不少，但是多为商人，不过也有农户。拥有 2 顷以上土地的人中，有专门务农的，有兼做买卖的，还有当官的。

一般而言，自耕较多，租佃的有 200 多户，出租土地的有 150 余户，自耕兼租佃的有 100 多户

不在（村）地主呢？ =是外乡人在本乡有土地的，有 300 多户。是本乡人在本乡拥有土地，住在外乡的，有四五户。这些人都是财主，多的有 10 余顷土地，少的有 1 顷多。在城里做买卖，土地由自己管理，租给别人耕种。

地租呢？ =今年每亩 12 元，先交（清明交），也有在这前后分两次交纳的（耕种前交一半，秋后交一半），每一种都是现金交纳，不分粮。

租佃契约呢？＝口头约定，没有证书，期限为1年。但是地户继续租佃的多，每年变动的很少。

地租以外的负担有哪些？＝田赋、乡款、亩捐，这些都由地主（乡款就是乡公所的经费）负担。

有地主特地借出农具、种子、肥料等的情况吗？＝有，但不多。民国二十七年以后，有是有，但是少（民国二十七年地主自己不耕作，所以有这样做的）。

有佃农给地主家帮忙的情况吗？＝一般没有。如果双方同村，只在红白喜事的时候帮忙。

拥有很多土地的人是雇佣长工耕地的多，还是租地给别人的多？＝这个不固定，但一般是前者居多。

有当地之后，其所有者租地耕种的情况吗？＝没有。

农忙的时候，雇短工的多吗？＝多。

短工是什么样的人呢？＝当地人也是穷人，没有外乡人。在城里有短工市场，多雇佣本乡内认识的人。

短工的工钱？＝一般一元（管饭），忙时一元20钱或一元30钱。长工年收入170元至180元，除了供饭，不用再给其他报酬，长工一般住在雇主家里。

【贸易】

4 关于农村贸易

村里的作物有哪些？＝与以前相同，没有变化。

一般作物是供出售的，还是食用的？＝出售的比较少，食用的比较多。因为乐亭人口多、土地少，卖东西的人少。如果种绿豆、大豆，可以制作粉条儿、豆腐等供出售，有人以此为副业。

如果只靠自种的农作物，口粮够吃吗？＝不够者居多。

口粮不够的人怎么办？＝在县城市场或店里购买，后者居多。在商店买粮食的百姓不能在贸易场购买（有规定?）。在商店购买的时候用现金，但也有人赊账，前者居多。

贸易场是从什么时候起有的？＝大致从今年年初，去年以前在集市的任何地方都可以买（粮市）。

去年以前有中介人（牙纪等）吗？＝有，即斗子。由斗子称重，每1斗收1分多的酬谢金（其中包含牙税），斗子是包商一方的人。还有叫秤子的，卖用秤量的东西时做中介，并收牙税。这些当过斗子、秤子的人现在也在贸易场工作。

牙税呢？＝在集市上收，但是由县署在贸易场收。贸易场由合作社负责，合作社收取金额的1.25%作为酬谢金。牙税是除此之外的部分，在县署交纳。

有一起来村里买东西的人吗？＝没有。

村民的必需品在哪里购买？＝在县城的店里购买，杂货等也在店里购买。贸易场只出售粮食，集市的时候也出售上述之外的物品。现在也有粮食以外的集市，牲口市场、菜市场、席市场等。

肥料呢？＝大致在县城里购买，化学肥料在店里购买，大部分人都买，不少。这对所有的农作物都好（叫作肥田粉—硫铵），人粪、马粪等在城里的旅店、人们手里购买（没有粪厂），无论在哪买都是用现金。

合作社呢？ =去年，发过一点面粉等，只有这个。

村民的副业呢？ =有做扫帚的人、做粉条儿的人，但不多。前者有少量在本乡出售，做得多的人与县城卖扫帚的商店商量好。粉条在县城的集市出售。

来村里行商的人呢？ =多，大多是这个地方的人，破产的商人或贫穷的农民，出售食物、蔬菜、水果。除此之外还有布匹、油、面、针线、石硷、烟草等。

燃料呢？ =当地一般使用玉米杆、高粱杆，还有树木、劈柴等。因为烧炉子，只在冬天用煤。煤在城内的煤铺里买（有的也是从唐山等买来的），树木和劈柴在家里有。

有粮栈吗？ =城里有，在贸易场购买粮食，买的大部分都是当地出售的。

油坊呢？ =城里有一家，材料在贸易场购买，都是用现金（不允许在贸易场以外的地方买）。

【金融】

5 关于农村金融（同前代理乡长）

借钱的情况如何？ =乡里今年没有（因为没有钱），以前有。

原因是什么？ =为了红白喜事，为了购买耕种土地的农具，为了雇人，不种就没有口粮等，还有为了购买土地的人。

方法呢？ =总的来说，指地借钱的多。即使是没有土地的人，人好、有信用的话，也可以信用借款。

借钱顺序呢？ =现在没有了。以前的话，向从满洲回来的商人那里借，先向谁借不固定，都有钱、同族感情好的时候向同族借，其次是亲戚、朋友、邻居。但是一般先找邻居，邻居没钱的时候去找亲戚、朋友。这些人都没有钱的时候，委托这些人向有钱人借。即使是没有什么关系的人，有钱的话，也愿意借。

当铺呢？ =小额的时候去当铺，钱多的时候不行。期限为 2 年，利息为年利 2 分 7（月利 1 分 5 厘），过了 5 天算一个月。

请会呢？ =没有。

银行呢？ =有冀东、河北、义发等银行，但是不能从那里借钱，没有钱铺、银号等。

城里的商人呢？ =现在没有找他们借钱的，民国二十七年以后基本上没有。这个地方商人多，其资本主要在满洲，因兑换管理的缘故不能汇款，店里资金困难，借不出钱，但是以前很多。信用借款不立字的多没有担保，有些有中人，有些没有中人，没有保人的多，这是因为本地人都是朴实、有信用的人。

时间呢？ =春天，或者过年以前，清明节前的居多。

种类呢？ =指地借钱的多，其次为信用借钱，当地的少，借钱还粮、借粮还粮、借粮还钱的都没有。

信用借款的情况如何？ =立字有保人的很多，没有立字无保人的（立字一般有保人），不立字没有保人的也多，接着是不立字有保人的。不管哪种都基本没有中人，有的话就是保人，保人是互相熟知并且有资产，有声望的人。

担保呢？＝没有动产担保。

指地借钱呢？＝必须立字，有中人，除中人就是保人之外，还需要保人，一般有两人，期限为一年，100元的地价可以借到40元—50元，但是（当地也是）与土地的地租和借款的利息额相比，如果是交不起相应地租的土地，也借不到相应金额的钱。借主支付不起利息的时候，债主可以自己耕种其土地，或者借给别人收取地租当利息。指地借钱的利息为年利3分（3成），月利2分5厘。

当地呢？＝现在少，这时必须立字，中人一名，不用保证人，期限大致为10年，期限以内不可以赎回。还是地价100元可以借到40元—50元，期限过后任何时候都能赎回来，但是30年以后就不行了，坟地不能当。

借增呢？＝在指地借钱时不可以，当地的时候一般不可以。可以找钱，即直到当地以后地价增高的时候，把情况告诉当主，当时能借多少就只借多少。去年同今年地价相同的话，找价为借到相当于地价金额的钱，这叫“找死”（不能赎回了）。借增，即找钱的方法有原封不动的保管旧契，写在小纸片上然后贴在旧契上，也有立新契约，旧契约作废的，这个时候新契约的日期写新立字的年、月、日，期限不清楚。

转当呢？＝有，自己赎不回来，当给他人拿到剩余的钱的情况。当主把土地当给别人的情况也叫转当。在此情况下，期限也是在之前当的期限以内，期限以后不可以。金额也在原当价以内，即使有自信偿还，也不能超过原当价。

赎回呢？＝清明节以前（一般选在清明节，契约上也写着）期限内不可以。赎回的时候，必须先通知，期限以后不管过多少年都可以（30年的话，法律上不可以，习惯上可以）。

指地借钱的在期限内还不了钱的时候呢？＝债主耕种其土地，契约书上写清楚了，在这之前债主每隔一定的天数，直接或通过保人把此事转告借主（因为是不得已而做）。即使在还不了钱的时候，保人也没有代还的责任，保人只能保证有土地。也可以支付利息后延期还钱，一般这样做的比较多，有把利息算入本金的，但是少。利息与本金一起归还，大致多在清明节时支付。还不了的时候不管过多少年都能提出偿还申请（没有不能申请的）。

【字据的样式】

字据的样式（代理乡长　贾先生写）

信用借款字

立借据人〇〇〇今借到某〇〇名下洋若干元言明按年二分行息至来年清明期满本利如数归还倘有逾期不交有承保人某〇〇担负偿还责任恐后无凭立此借据为证

中人　〇〇〇

〇〇〇

承保人　〇〇〇

年　月　日　立借款人　〇〇〇

指地借钱字

立指地找钱人〇〇〇今因正用愿以本身坐落某处地几亩为凭借使某〇〇名下洋若干元言明按年二分五厘行息期至明年清明本利如数交换倘如至期本利不交以所指之地任凭钱主耕种自便恐后无凭特立字据为证

〇〇〇

中人　〇〇〇

〇〇〇

年　月　日　立借款人　〇〇〇

当契

立当契人〇〇〇今因正用愿以本身坐落某处民地一段计数〇〇亩当与某〇〇名下耕种自便言明每亩当价洋若干元共合洋若干元其钱笔下交足并不短少自当之日起以十年为限过限钱到取赎地归本主恐口无凭立此当契为据

中人　〇〇〇

〇〇〇

年　月　日　〇〇〇　立

## 昌黎县访谈内容

# 8月22日

调查员　刘钧仁

应答者　李作周

地　点　犁湾河乡公所

【地籍、公证等】

地籍、公证等

1 官旗产清理

官产早就卖完了。

旗产于民国二十三四年被官产清理处清理了。官产清理处在冀东政府与河北省合并时被废除了。

2 以前地籍的底册称为“红册”，由社书保管。

从本年度开始改为“粮册”，即新清查的部分，由县署保管。

3 税契制度

有卖和典两种。

管辖机关为县公署税契室。

4 过割制度

以前在昌黎保存着社书制度。每年秋天收获后是人们买卖土地的时期。第二年的正月二十日，社书全部聚集于县城，共计47社，办理过割、钱粮、地亩的事。根据调查的过割情况，社书每亩收取酬谢金2角至3角。如果乡民来了城里还没赶上的话，必须额外加收私费。之外的成为纳入社书年薪的收入。过割完成之后，社书造红册，二月十五之前送往县里。

5 监证人制度

监证人是乡长，买卖普通的房屋和土地时，除监证人外还有介绍人，俗称“跑房人”或“跑地人”（费用不固定，但是不多）。

准据省令（其他县相同）

监证人不盖章的话，就不能税契和过割。

监证费4厘（100元付4角），由买主交纳。

6 验契　无

7 不动产登记　事变前没有

8 土地清理

从民国二十八年一月开始土地调查，旧有的亩数计15934顷，清查后土地计19000多亩。

以前的粮票上写着10亩，实际上有十三四亩。黑地的话，从这次的清查开始，一切的黑地都可以当作新增地，无条件进行补税，这称为“补契”。但是民间隐瞒旧有的旗地不报告，以后的调查变得越来越难。

犁湾河全乡土地计90顷（包含房基地）。

【赋税】

赋税

1 征税机关

本县以前的制度是，把田赋的征收分为上下两忙，上忙从3月15日到6月15日，下忙从9月15日到年底。

社书在过割人们的土地后，详细地造好红册送到县署。县署根据册子里记载的内容开始征收，拖欠以及逃亡绝户的地税都由社书负责催收，这被命名为“扫数楼封”。

2 田赋

以前的田赋为每亩地支付3分8厘大洋。

本年度土地清查后的旧有土地的田赋率与以前一样，新增地分为3种税率，即（1）1角5分；（2）1角；（3）3分。

附加　以前的为每亩5分4厘及6分7厘。

从本年度开始改为每亩2角2分。

田赋正税的负担者是地主。

3 田赋以外的各种税

本县的包税原本有8种，即牲畜、屠宰、牲畜牙、斗行牙、花生、棉花、核桃、鸡蛋。

以上的包税制度在民国二十八年以前通过投票进行，于民国二十九年改为承征员（即以前的牙纪），从本年度开始改为征收员。

现在　牲畜和粮食都在贸易场贸易。

水果在果树改进所贸易。

4 赋役及现货课征

本县临时的出夫，是在接受县里命令后由乡公所分配给各保甲长，大抵以摊工为原则的居多，少数的摊钱是例外。摊钱的话，现在是每天薪水 3 元多，至少也有 2 元 6 角以上。

没有现货课征，但在修缮桥梁的时候，有乡公所从人们手里无偿征用的。

村会摊款取名为“乡亩捐”，每年每亩 2 元 2 角，分 4 次交纳。

官亩捐，乡亩捐以及正税都由地主缴清。“当地”的时候由“当地主”缴清，看青以及自卫用款由当主或者佃农负担。

【资料】

**昌黎县民国三十年度省税收入状况表**

| 税别 | 本年度额征收（单位：元） | | 备注 |
|---|---|---|---|
| 牲畜税 | 65 602.000 | | |
| 屠宰税 | 38 900.000 | | |
| 牲畜牙税 | 96 333.000 | | |
| 斗行牙税 | 25 520.000 | | |
| 花生牙税 | 12 035.000 | | |
| 棉花牙税 | 1 595.000 | | |
| 鸡蛋牙税 | 7 015.000 | | |
| 蒸酒牌照税 | 8 470.000 | | |
| 当税 | 300.000 | | |
| 营业税 | 58 380.000 | | |
| 田赋 | 63 700.556 | | |
| 契税 | 36 663.000 | | |
| 契税学费 | 3 667.000 | | |
| 合计 | 418 810.556 | | |

**昌黎县民国三十年度地方款额征数目表**

| 科目 | 全年额征数（单位：元） | |
|---|---|---|
| 契税附加 | 30 000.000 | |
| 牲畜牙税附加 | 16 792.000 | |

续表

| 科目 | 全年额征数（单位：元） | |
|---|---|---|
| 商捐 | 63 372.000 | |
| 亩捐 | 352 083.000 | |
| 兽皮捐 | 270.000 | |
| 火车捐 | 1 400.000 | |
| 妓捐 | 500.000 | |
| 娱乐捐 | 8 500.000 | |
| 屠羊捐 | 100.000 | |
| 屠牛公益捐 | 1 500.000 | |
| 屠猪查验费 | 10 732.000 | |
| 小肠捐 | 20 000.000 | |
| 县款存库生息 | 600.000 | |
| 中学基金生息 | 2 958.000 | |
| 高小基金生息 | 3 206.000 | |
| 初小基金生息 | 250.000 | |
| 儒学基金生息 | 105.000 | |
| 校士馆基金生息 | 342.000 | |
| 矿股基金生息 | 141.000 | |
| 官地租金 | 125.000 | |
| 缝级机租金 | 36.000 | |
| 男师范学杂费 | 5 140.000 | |
| 女师范学杂费 | 1 284.000 | |
| 屠宰场收入 | 33 046.000 | |
| 劝农场收入 | 600.000 | |
| 遣警罚金 | 406.000 | |
| 呈文纸价 | 16.000 | |
| 司法罚没 | 383.000 | |
| 省行政经费 | 18 408.000 | |
| 省特别补助费 | 2 480.000 | |
| 省司法经费 | 6 442.000 | |
| 省司法补助费 | 2 214.000 | |
| 牲畜费留拨 | 16410.000 | |

续表

| 科目 | 全年额征数 | |
|---|---|---|
| 屠宰税留拨 | 4 850. 000 | |
| 斗牙税留拨 | 966. 000 | |
| 花生牙税留拨 | 250. 000 | |
| 核桃牙税留拨 | 150. 000 | |
| 果品牙税留拨 | 40. 000 | |
| 鸡蛋牙税留拨 | 2 105. 000 | |
| 税赋征解费提成 | 6 000. 000 | |
| 职员津贴补助费 | 2 400. 000 | |
| 合计 | 616 602. 000 | |

## 8 月 22 日

调查员　安藤镇正

应答者　张寅樵（镇长）

　　　　刘仲儒（保长）

　　　　齐文洲（老绅士，后半部分主要是其作答）

地　点　昌黎县第一区城镇公所

【集市】

1 关于集市（之后老绅士的话大部分听不明白，暂且原封不动地记下）

城内的集市，粮食市场以前是轮流着来。例如三十在北街，初五在西街，初十在南街，十五在东街，二十在北街，按照这种顺序在各个街上进行（集日为阴历逢五和逢十的日子，没有三十的话就为初一）。将南门外铁路南侧的地点改为贸易场，从去年的春天开始由新民会管理。新民会派人，每当有粮食贸易，新民会派人从买、卖两方手中，每 10 元各抽取 3 分作为手续费，此外还有斗税 6 分，加起来一共拿 12 分。

以前就有斗牙税。从民国初年开始在县公署有粮房，想承包斗牙税的人在那里申请承包，这就是包商，但是包商是民国十年以后的事情，清末民初没有包商。民国十年以前是官产。庙的看庙（和尚）、鼓楼敲鼓的、皇室的轿夫、三班六房（皇室的关系者）等人们，为了使其维持生活，给予他们量斗的权利。因此这些人聚集人（斗子）使其量斗。在量斗的时候，在斗的上面堆高起来的部分用棒子弄平，然后斗子接住掉落下去的部分。民国十年以后，变成包商在做。如前所述，包商向县里申请，交纳一定的金额，承包几个斗（几面斗），由于只有一定的权利，所以只能斗量一定的数量。然后召集斗子，从包商处，斗子按照一面斗多少钱的金额向包商交纳，交纳两面斗的钱，就得到两面斗，得到称量此种程度的权利，据此收取斗牙税。到去年为止，斗子用同样的方法在集市里称量。在集市这样做的时候，除了收取上述费用外，不收其他。但是在粮栈称量的时候并非如此，还要额外收取费用（利率不清楚）。每当有买卖的时候，去店里叫斗子，直到去年为止都是用这种方法。粮食集市之外的集市，有西关的牲畜市场（逢五和十的日子），东门外的菜市场、鱼市场、肉市场（每天早上），北门外的果子市场（每天），东门外的木头市场（每天）等。农具及其他杂货等不叫集市，哪里都有卖，但只在集市那天才来。

牲口市场有牙子，买主给钱，没有固定的比率。牙子在买主、卖主两者之间斡旋，没有资本。买得便宜的时候，买主会多给点（与包商没有关系）。此外，有包商，准备桌子，按照规定收税，包商要佩戴袖标。

【家族】

2 关于家族关系

城里的大家庭？ =有30余人的家庭。不过，城外碣石山乡（约8里）有位叫刘峻臣的，五代同堂。

一家的财产？ =叫财产，俗称过度、度用。

家庭的特有财产？ =俗话称“提携”（个人可以拿走的意思），一起住的时候这样叫。女性的是指出嫁的时候可以带来的财产，男性的是指从作为家长的父亲手里得到的钱、动产、不动产。自己劳动得来的钱成为家庭财产，如果父亲从中拿一点的话，也叫作提携。妻子同意的话，可以使用妻子的提携。

同族呢？ =就叫作同族，五亲等以上的叫近亲。同族又叫当家子。

族产呢？ =有。坟地、祭田，这是公有财产，由坟会（同族的）的会董事管理。城里的韩文公祠有祭田。传说是县里韩家营的韩姓同族，但不知道是不是真的。

年岁大、辈分大的人当族长，族长现在没有权利。

坟会的会董事也有当族长的，但是此外还有几人。

街坊有辈吗？ =有。过去依照年纪吧，等孩子们陆续出生以后，以父亲的街坊之辈为标准称呼（以父亲或祖父的年纪为标准）。

坟的形式？ =还是依据辈分，葬成一列。

分家在什么时候进行？ =家族制度中以不分家为原则（分家是不幸福的）。分家的主要原因是家庭的不和，也有人多财少的，因兄弟兴趣不同等，意见不统一、不能合作的时候等。

（注：说后面一大半话的是毕业于北京中华大学叫齐文洲的老人，曾在满洲呆过，听说在大学里学过日语）

## 8月23日

应答者　王莜侯（乡长）　周鸿恩（联保副）

　　　　沈凤仪（保副）　邱永辰（司计员）

地　点　第一区犁湾河乡公所

【概况】

犁湾河乡距离县城约7里，是模范爱护村。同名的大乡由1个主乡，5个副乡构成，总户数为1609户，人口8339人。其主乡犁湾河有559户，人口3147人。土地中的上地有398.46亩，中地有413.958亩，下地有8437.23亩，共计9249.597亩。这个村有很多人去满洲做买卖。每户都由于人多地少，形成这样一种现象。但是现在回不来，也去不了。做生意赚了钱的人很多，例如以前的东北官银号的副经理是本村人，现在搬到哈尔滨去居住，姓李，在村里没有房子，却有土地。

【村落】

1 关于村落

犁湾河乡是大乡，从去年4月开始是大乡，之前是小乡（现在的大乡为6小乡即由6个村构成）。小乡制度的时候，1个村为1小乡，这是从民国二三年开始，那之前是会首制度，是前清以来的东西。6个村自开辟以来各自为1个村。

会首制度的时候，一个村里有10名、8名会首。为了决定青苗会的事情、摊款（1年2次）的事情等，召集会首开会。摊款又叫“犒差”和“摊差”，把摊款收齐交纳给县里。村里的费用（青苗费和其他）也包含在内。会首的会议主要是为商量摊款的事情，正式的在春秋两期召开，临时的是有打官司的事情发生、与临时的费用—招待费相关、有与其外村相关的事务时，召开全体会首的会议。除会首的会议之外，没有村民的会议。会首是通过投票选举的，大多是在村里拥有很多土地的人，但土地少却了解事情的人也可以担任会首，通过讨论决定。

其次，从民国初年起是有村正、村副的时代，民国十年开始实行小乡制。小乡制的话，除了乡长、乡副，没有其他领袖。村正、村副也是通过选举，由村民中了解事情的人作为代表被选举。那个时候没有村民会议。当时村里也没有什么特别的大事，所以小事就由村正自己决定。摊款也只是一年每亩8个铜子儿（等于现在的2钱），所以村正不在的时候，就由村副决定。

民国十年以后小乡制时代的乡长、乡副也和以前一样通过选举，只是改变了称呼。在这个时代，曾有了解村民的事情的人聚在一起讨论过，但是很少。例如，看青的捉住了偷庄稼的人向乡长报告时，或是村里死了人（死在路边）身份不明时，或是修路时会召开会议。除此之外，就是决定摊款等的时候开会。村长会指定了解事情的人。他们被称为会首或者董事。大致有十多人。直到去年的四月为止都是这种做法。另一方面，这个时代实行闾邻制（民国十年以前没有）。大乡制从民国二十九年四月开始，6个村共有14保，每个保有保长、保副。往上有联保长、联保副各一人。每个乡公所有乡长、乡副各1人（与联保长、联保副不同）。在乡公所，还有司计员1人、事务员2人、书记2人、乡丁3人，书记是会计，事务员是公事（公文、报告等的关系），书记做记录，乡丁发挥使丁的作用。乡公所与保甲没有关系，联保的工作在保甲办公地点一起做。

乡长、乡副由全体乡民（各户的家长，没有女性）投票选出。但是那个时候也有不来的（选一个人，没有乡长指定的情况）。联保长、联保副也是投票选举，保长也是一样，那时警察署会派人监督。

摊款等是现在制作预算表，得到县长的许可后，再决定乡内的土地平均每亩交多少钱。在本乡，现在不论什么土地，一律这样做（在其他乡也有有问题的地方）。

乡民会议是，如果有事情，所有乡民集合，召开会议（通过命令），还没开过会议。所谓的事情是关于道路、修桥、开凿沟渠等重要的事情。

各小乡有土地台账，按照所有者、坐落、地目、亩数、土地的上/中/下的类别等书写。

【租佃】

2 关于租佃

作物呢？＝高粱、玉米、谷子、稗子、旱稻、黍子等。此处没有花生，棉花很少（因为土地好）。

土地呢？＝只有旱地、没有井。

土地所有关系？＝最多的有3顷，有1户；其次是2顷的，有六七户；1顷的有10余户，平均下来有十六七亩（全部92顷多，户数为530户）。没有土地的有100多户，自耕的有200多户，没有纯地主，纯租佃的有30户，租佃地有15顷，自耕兼租佃的约300户，在本乡有土地住在其他地方的有3户（住在城里）。要维持五口之家的温饱，需要约25亩土地（每人5亩）。本乡产的粮食不够本乡的口粮，每年要在城内购买200多石。

地租呢？＝预先交，交现金。

| | 地租（每亩） | | | 地价（每亩） | | |
|---|---|---|---|---|---|---|
| | 上地 | 中地 | 下地 | 上地 | 中地 | 下地 |
| 民国二十六年 | 5、6元 | 4元 | 3元 | 60元 | 30多元 | 20多元 |
| 民国二十七年 | 5、6元 | 4元 | 3元 | 大致与上相同 | 稍高 | |
| 民国二十八年 | 7元 | 5元 | 4元 | 160元 | 140元 | 110—120元 |
| 民国二十九年 | 15元 | 12元 | 10元 | 250元 | 200元 | 140—150元 |
| 民国三十年 | 18—20元 | 14、15元 | 12、13元 | 今年还没有买卖，变成秋后、冬天以后 | | |

租佃契约呢？＝不立字，口头约定，没有中人，期限1年。

地租以外的负担有哪些？＝钱粮和其他由地主负担，只有青（苗）钱归佃农，地主不借农具、肥料、种子给佃农。实际上有暂时借与的，但是只在忙的时候，而且很少。

有很多土地的人，有雇佣长工的。长工现在每年收入一百七八十元到200多元，事变前是七八十元。短工在忙时为3元到3元50钱，一般的时候为1元50钱，事变前为四五十钱。

【家族】

3 关于家族

乡里有1户30多人的大家庭，一般家人多的现在都分家了，10多人的家庭很多，家长一般叫当家（方言）。没有男人的时候，女人是家长。也有人多的家庭，由年老的母亲做家长。还有即使孩子三四十岁了，由女人（母亲）当家的。每家的财产叫财产，还叫过度。同族的叫当家子、一家子，村里西边的苏姓有60多户同族，有族长。族长是辈分大、岁数大的人。没有族产。街坊有辈分。坟的形式也和其他地方一样。

分家的原因，打架、过度少而人变多的时候、兄弟不和、妯娌（兄弟的妻子）不和的时候居多。

【金融】

4 关于农村金融

借钱的原因是什么？ =婚丧，为了购买粮食，为了购买家禽，为了购买春前耕作的农具、肥料、种子等。

借主？ =关于借主，一般没有土地的人借不到钱。

借钱顺序？ =一般没有特别的顺序，向有钱的人借。

向朋友、邻居、亲戚等借钱的时候一般没有利息，所以通常即使同族人有钱，苦于以后催债就不借。本乡委托中人向第三方借钱的很多。

在乡内借不到钱的人拿着衣服和其他物品去城里的当铺（裕民公当）。月利2分5，期限18个月，过了5号就算一个月。

没有请会。关外有，但是这里从过去就没有。事变以后城里就没有钱庄、钱铺等了。以前也有在那里借钱的人，没有向银行借钱的。

合作社有春耕贷款，事变前没有。

借钱的时间？ =年底居多，多在阴历正月之前，春天有，但是很少。

种类呢？ =借钱还粮、借粮还粮的都没有。

信用借款即在亲戚、朋友等当中进行。一般没有中人。

立字必须有保人，这种情况很多。因此没有立字无保人的情况。不立字、无保人以及不立字有保人的情况有是有，但是很少。

担保呢？ =没有动产担保。

指地借钱的也多，当地的也很多。也有指房借钱、当房的。

坟地可以用来指地借钱，但是不能用于当地。

从价格上来说，100元的地价，指地能借到三四十元，当地能借到50元。

期限指地为一年，在立字时写上，还不了本金的时候打利后延期。当地的时候，不写期限（立字的时候写），并且能还钱就归还土地。

借增的话，两种都可以。叫“提价”。此时，两种都要重写文书，即立全新的契约，时间也写新的。也有转当，那是在原当价以内，没有期限。甲当给乙的土地，甲当给了别人——丙，这种情况有是有，但是不叫转当，叫另当。

赎回土地，如果过了最少限度一年以上，不管何时都可以，一般在年底当地，在年底赎回的多。这个地方的习惯就是这样，基本没有年后赎回土地的。再往南的话，在清明节之前赎回的多。

指地借钱的利息是每年3分（3成），过去是2分或1分5。利息与本金一起还，还不了本金的时候，只支付利息后延期。有利滚利的，但是很少（通常在借主什么财产也没有的时候）。指地借钱和当地都立字，必须有中人，中人就是保人。保人有1人就可以了（借主和中人都不会写字的时候，委托会写字的人当代笔人）。当地的时候，期限后过了几十年都能赎回来。

拿着借字（文书）借钱的时候，指地借钱的债主不用额外订立契约（把它交出来）。不交出来的时候也可以立字。这个时候必须给债主看文书，金额为文书原金额的一半，但这样的立字很少。

【贸易】

5 关于农村贸易

作物呢？ =卖粮食的人，在县城车站附近的贸易所，此外在东南西北的集市里出售。时间是一年中任何时候，但是秋后居多。以前大家都在赶集的时候卖。量斗的是斗子，除此之外没有牙伙，斗子只取撒粮，不收钱。

在集市买粮食的人是粮食不够的人或者买卖人，商人中有粮栈，也有为了粮食而购买的人。

集市的贸易全部用现金，粮食的搬运都是自己用车、驴子。

农民的必需品都在城里、集市里购买，但是在商店里买的人很多。

在商店买东西的时候用现金，赊账的少。从两年前开始变少的。事变前，买东西的时候大多数是赊账，原因是物价慢慢上涨，赊账会亏损。

农具、肥料、种子等都在商店买。

燃料有木材、高粱杆、玉米杆等，冬夏都用煤，煤在合作社购买，也有人从商店购买，但是前者要稍微便宜些（新秤100斤1元5角）。

行商人卖水果、烧饼，也有卖其他东西的。

村民没有特别的副业。有做豆腐的人，大致是冬天去山里收集燃料，去城里做工的很少。去山里取燃料的话，去哪里都可以。

【字据样式】

指地借钱字

立指地借钱人○○○因有正用今借到○○钱○○元言明按年行息○分本利不到地归本主耕种恐后无凭立字为证

中人　○○○

年　　月　　日　　　　立字据人　○○○

（信用借款的时候，把上面的指地借钱和地点改一下就可以了）

当地字

立当契人○○○因无钱使用今将某处地一段计○○亩当与○○○耕种言明当价○○元钱到须赎地归本主………………

中人　○○○

年　　月　　日　　　　　　　　　　　　　　　　　立字据人　〇〇〇

（上面字据的例子，司计员写的地方，以及实际上是否照此执行都有疑问）

## 临榆县访谈内容

## 8月25日

调查员　刘钧仁

应答者　王永吉（第二保长）

地　点　第四镇公所

【地籍、公证等】

地籍、公证等

1 管旗产清理

冀东政府时期有官产清理分处，河北省公署接收时已经废除了。

2 地籍

（1）以前，地籍公簿由社书每年制作送出，实际由社书保管。

（2）从民国二十九年度起接受命令开始土地清查，于本年8月结束，变成由县公署财政科直接征收，定为二等六级。

3 税契制度

（1）税契种类

分为当契和买契两种，今年土地清查以后，所有无契的土地都允许办一次“补契”，不收取契税。

（2）管辖机关

由县公署财政科办理。

（3）准据规则

各县相同。

4 过割制度

（1）临榆的社书制度极度发达，俗称“什季”（参阅后述），买卖双方在契约成立后通知社书来年进行更名，与县公署没有关系。

（2）本年度土地清查结束以后，就没有社书制度了，人们直接去县里过割。

5 监证人制度

监证人由保长担任。

6 验契　没有

7 不动产登记

到事变为止没有。

原有土地216715亩，本年的土地清查以后变成804624亩1分3厘5毫。

8 没有土地整理

【赋税】

赋税

1 税收机关

临榆县征收制度就是从过去开始的社书“负责包封”制度，分为天清、地宁、长治、久安、属国、年有、丰登七社，社以下又分甲，每社有10甲，只有丰登社有5甲，共计65甲。社书共有40余人，税率有16种，县署完全不直接征收，完全交由社书包封。社书首先向县里交若干金额得到串票，然后去农村催征。

但是，里书、社书的制度创始于明初，把县分为里甲的时候称里书，分成社甲的时候称社书。以前只不过是吏胥的一种。即以前人们知识少，很多人不识字，所以在各社里最初雇一名书吏，专门从事记入社中或者里中鱼鳞册的事务。官长如有机遇可以高升，但书吏永久性不能升迁，渐渐地形成了一种潜在势力。官府方面为了办理事务方面的清楚、便利，也就都默认了。其次，中国以前的公事不论何时都把“依据惯例”看得很重要，上至各部院，下至各里社，基本没有不按惯例行事的。里社的书吏大致同各部的“书办”相同，专门依据惯例办理公事。清光绪末实行政治维新，各部的“书办”开始废除，但是各县的“里书制度”直到现在也没被彻底的根除。里书和社书已经拥有政治上的势力，长久扩展下去会有危害，形成利益群体，因此变成一种世袭制度，父子相传，不允许其他人介入。有时候没有儿子的人或是招徒弟，用抚养的条件做交换，或是收取高价让给别人，形成一种特殊的财产阶级。新官上任，一切的“办差”费用由里书出，征收钱粮官吏的额外残余也仰仗里书。即历史上所谓的“飞洒”和“诡寄”等各种弊害，权力由里书掌握。这是里书最繁盛的时期。前清光绪末年的百日维新，率先废除了“书办”，改革京城中各署，即使在各县也高呼废除里书制度。但是因为民智未开和办事方便的缘故，不得已又使用里书，因此难免对税收造成影响。甚至还有把里书改为征收员的，实际上没有任何变化。只因政令上不允许使用里书制度，所以里书的权力才日渐减少。在此，将本次调查所知的里书敛取财源最普通的部分详细描述如下。

甲、里书对于县公署已经负有责任做“包封”，全县的赋额是固定的，但是全县的地亩没有确数。例如临榆的原有地亩为216000多亩，但在最近的清查中变成804000多亩，这个比例增加了3分之7以上。其中黑地、荒地占大多数，在县署案卷里查不到。里书和人们的关系很直接，自行改动记录很容易，所以除每年应该交纳金额的田赋以外，其他金额全部落入自己的口袋。人们因其数额低于正税而欢欣，上下串通，沆瀣一气。

乙、买卖过割　在同村相互买卖的时候，每亩付给里书用费1元，外村人增加到2元，并且每年春季更名，定好日期，全县社书汇集于一处。赶不上更名的人，里书会自己去农村帮其办理，此时所有旅费必须由人们承担。

丙、把串票的零头整数化，例如1元44钱按照1元50钱计算，且串票收取额外的费用，大概5钱至1角。

丁、每年到了秋天新粮上市的时候，里书会自己去农村里的有钱人家里，从拥有50亩—60亩土地的人家敛收粮食。

戊、里书家里有婚丧的时候，乡里的人们送钱和食物的不在少数。

在临榆县本年度土地清查以后，人们将直接去县里纳税，逃亡绝户以及拖欠者的那份由镇公所和乡公所承担责任代征。

2 田赋

往年田赋的征收总额为 17 970 元 1 角 1 分 3 厘

本年度清查以后的征收总额为 62 570 元 2 分 4 厘

科则分为二等六级计

中等四则级　　每亩征洋 2 角 5 分

中等五则级　　每亩 2 角

中等六则级　　每亩 1 角 5 分

下等七则级　　每亩 8 分

下等八则级　　每亩 3 分

下等九则级　　每亩 2 分 5 厘

交纳时间　临榆县没有上忙和下忙的区别

田赋征税　地主负担，典的话典主不负担，佃农也不负担

以前　据省令附加税不能超过正税，从本年度开始改为亩捐

拖欠及漏税的处置　在县公署押追（拘留交纳）

3 田赋以外的各种税

以前包税的种类

（1）牲畜税；（2）牲畜牙税；（3）花生牙税；（4）斗牙税；（5）杂货牙税；（6）花椒炭牙税；（7）梨果牙税；（8）麻油靛棉花牙税；（9）煤灰牙税；（10）皮毛牙税。

以上各种牙税在以前全部通过投票放到承包中，但是从本年开始省令不允许“包税”。不过，税收额数还是可以与以前的额数相比，且临榆县的贸易场也没成立，所以本年度还是需要“包出”。如果不这样做的话，就没有征收的方法。

【资料】

**临榆县民国二十九年库款收入数目表**

| 税亩捐 | 收入额（同年自 1 月至 11 月末） |
|---|---|
| 田赋 | 18 689. 810 |
| 旗租 | 719. 700 |
| 买契税 | 38 784. 000 |
| 中学费 | 3 878. 000 |
| 典契税 | 3 750. 000 |
| 省学费 | 341. 000 |
| 买契田房中用 | 12 828. 000 |

续表

| 税亩捐 | 收入额（同年自1月至11月末） |
| --- | --- |
| 典契田房中用 | 568.170 |
| 营业税 | 152 125.990 |
| 屠宰税 | 32 933.000 |
| 牲畜税 | 19 610.000 |
| 牲畜牙税 | 17 585.330 |
| 花生牙税 | 16 623.000 |
| 斗牙税 | 11 952.000 |
| 杂货牙税 | 4 512.000 |
| 梨果牙税 | 2 560.000 |
| 麻油靛棉花牙税 | 1 050.000 |
| 煤灰牙税 | 2 954.100 |
| 皮毛牙税 | 2 900.000 |
| 蒸酒牌照税 | 12 727.000 |
| 当税 | 600.000 |
| 买典契纸税 | 3 137.000 |
| 学粮办公 | 280.000 |
| 契税罚金 | 14.820 |
| 买典契注册费 | 627.400 |
| 烟赌罚金 | 49.200 |
| 合计 | 365 126.830 |

车款警捐

| 捐目 | 收入额 |
| --- | --- |
| 铺捐 | 13 059.300 |
| 大车捐 | 5 080.500 |
| 小车捐 | 28.000 |
| 人力车捐 | 9 416.800 |
| 游戏场捐 | 1 915.100 |
| 乐户捐 | 1 735.000 |
| 妓捐 | 11 025.500 |
| 坤伶捐 | 830.000 |

续表

| 捐目 | 收入额 |
|---|---|
| 客栈捐 | 6 854. 100 |
| 游客捐 | 4 029. 000 |
| 椎床捐 | 1 181. 100 |
| 小贩捐 | 5 359. 000 |
| 驴脚捐 | 808. 5000 |
| 马脚捐 | 1 125. 000 |
| 杂货捐 | 7 749. 100 |
| 鲜货捐 | 1 533. 080 |
| 义务捐 | 8 283. 900 |
| 医师证书费 | 28. 000 |
| 营业许可费 | 962. 000 |
| 建筑许可费 | 370. 000 |
| 妓女许可费 | 576. 000 |
| 冰糕检验许可费 | 352. 500 |
| 嫁娶通行证费 | 107. 200 |
| 抬埋通行证费 | 133. 600 |
| 妓院循环簿费 | 215. 000 |
| 运云护照费 | 68. 000 |
| 药商化验注册执照费 | 24. 000 |
| 开滦矿补助警饷 | 6 000. 000 |
| 旅店循环簿 | 1 146. 000 |
| 屠兽检验捐 | 15 218. 000 |
| 屠宰场捐 | 17 792. 000 |
| 花生出口捐 | 2 139. 000 |
| 小肠捐 | 7 790. 000 |
| 废骨捐 | 410. 000 |
| 肥料捐 | 794. 000 |
| 合计 | 134 236. 280 |

**临榆县民国29年县款收入数目表**

| 税亩捐 | 收入额（自1月至12月） |
| --- | --- |
| 屠宰税留拨 | 11 700.000 |
| 牲畜税留拨 | 490.000 |
| 各牙税留拨 | 6 159.270 |
| 契税附加 | 67 247.020 |
| 田赋附加 | 131.430 |
| 生息 | 8 883.590 |
| 房地租 | 149.700 |
| 学费 | 7 234.500 |
| 砂利采取料 | 350.000 |
| 鸡鸭捐 | 3 144.920 |
| 学粮 | 150.000 |
| 小肠捐 | 3 126.400 |
| 花生捐 | 1 216.540 |
| 灰窑捐 | 100.000 |
| 海阳镇检验捐 | 730.000 |
| 冰捐 | 90.000 |
| 售卖呈文纸捐 | 12.700 |
| 商民椎款 | 100 952.400 |
| 妓捐 | 90.000 |
| 山海关书场捐 | 444.800 |
| 合计 | 205 892.220 |

# 8月25日

调查员　安藤镇正
应答者　揣继德（镇长）　王世勋（副镇长）
　　　　干振魁（回马塞村民）
地　点　临榆县第四镇公所（西关）

【村落】

1 关于村落

第四镇公所于民国三十年一月成立，以前是第三乡、第十六镇及第十七镇，合起来成为第四镇。回马塞以前属于第三乡，从民国二十年起有第三乡，之前是村，回马塞以前是一个独立的村（民国十年以后）。此前是始于前清时代的会的制度。

在会的时代，有2名会首，村里年纪大、有声望的人通过投票选举成为会首，即被全体村民推举。其职责是与县之间交涉、有诉讼的时候解决诉讼，或者根据县的命令收钱（摊款等），与田赋等没有关系，那些由县里派来的司计收取。有全体村民会议，在会上商量与看苗相关的事情。

村的时代，有村正和村副，由全体民众投票选出。这些人和会首做一样的事情，村正不在的时候，由村副代理。当时没有村民会议，重要的事情也是由村正、村副两人商量决定。

民国二十年以后变成乡，有乡正、乡副，其下有闾长、邻长，都是由村民投票选出。没有村民会议，也没有闾长、邻长的会议，全部由乡长、乡副决定。那个时候，9个村为1个乡，这种情况一直持续到去年为止（事变前后相同）。从今年起，第四镇成立，现在它包含9个村和大西关（以前的第十六镇和第十七镇）。这里是镇，去农村就叫乡。镇里有镇长、镇副、事务员2人、书记2人、镇丁4人。镇长、镇副、两位事务员由县里委任，书记和镇丁是在镇公所由镇长雇佣的人，镇长、镇副为投票选举产生，候选人由县里通知人们，再由人们进行选举，选出人后通知县里，县里认可之后就任。此时要选出2人，指定其中的优秀者当镇长。回马塞有54门（150户），第三乡有178门（门坐）。

回马塞村有村规或村约，从会的时代开始就有。比如不能随便拿农作物，严禁赌博，不能敲庙里的钟，有这样的规定，但应答者不是很清楚。

【租佃】

2 关于租佃

第三乡的居民都是农民。

农作物有哪些？ =数量是按照高粱、棒子、花生、豆子、谷子、红白薯的顺序，棉花少，旱稻也非常少，没有水稻，土地全是旱地，没有井。

土地所有关系？ =在第三乡，大地主都住在城里，在村里的人也只平均拥有10亩土地。回马塞的耕地约1500亩，第三乡一共有多少土地不清楚。马姓（不是村民，住在城里）有约300亩土地，即60套。

（一套为5亩，按照村里的习惯，一般用“套”）

（以前使用的亩为360弓每亩，现在使用的为240弓每亩）

村里的自耕农有81户，自耕兼租佃的有20户左右，租佃的有七八十户。五口之家要维持温饱的话，自耕需要20亩，租佃需要30亩。

租佃契约呢？ =口头约定，不立字，期限1年。地租为提前交纳，用现金。

但是听说县里西边的某地，有立租约、期限大致为5年的，不过还是用现金提前交纳，叫作前拂。

地租和地价的对比表（每一套 =5 亩）

| 年度＼地租 | 上地 | 中地 | 下地 | 地价 | 上地 | 中地 | 下地 |
|---|---|---|---|---|---|---|---|
| 民国二十六年 | 15 元 | 10 元 | 7、8 元 | | 250 元 | 170—180 元 | 100 元 |
| 民国二十七年 | 15 元 | 10 元 | 7、8 元 | | 250 元 | 170—180 元 | 100 元 |
| 民国二十八年 | 40 元 | 25、26 元 | 20 元 | | 500 元 | 400 元 | 300 元 |
| 民国二十九年 | 75 元 | 55 元 | 35 元 | | 大致与上相同 | | |
| 民国三十年 | 大致与上相同 | | | | 700 元 | 500 多元 | 400 多元 |

地租以外的负担呢？ =田赋由地主出，摊款、青苗钱由地户出，没有地主借农具、牲口、肥料、种子给佃农的情况。在村里没有雇佣长工的，农忙期间还是有雇佣两三个月短工的，短工的工钱一般为 1 元 50 钱（管饭），忙时为 3 元。

【金融】

3 关于农村金融

借钱的原因是什么？ =主要为购买粮食。在回马塞，只靠村里的粮食是远远不够的。其他有购买农具、雇佣短工的，红白喜事的话，没钱就不办或者极简单地操办。

借主呢？ =没有土地的借不到钱。

债主呢？ =向谁借不固定，一般委托中介人向有钱的或者不认识的人借。亲戚、朋友、邻居等，即使他们有钱也基本不去借，因为面子的关系不去借。多数情况是在村里有土地的人，经常去那人的店里买东西，有这层关系就借得到，这种情况多，但一般而言又不是那么多。

在当铺借钱的人，村民里有 20% 吧，金额多的有三五元，利息为 1 年 2 分 5，期限 1 年，在城内有 4 家，钱庄、钱铺的事情不清楚，没有从合作社借钱的。

时间呢？ =春天到来之前较多（开春儿）。

种类呢？ =借粮还钱、借粮还钱、借粮还粮的都没有。

信用借款呢？ =有 10 元以内短期借款的，叫作“浮挪暂借”或者“摘肩儿”，往上就没有了。

担保呢？ =没有动产的担保。

有指地借钱，也可叫抵押，这占 30% 左右，不少也不多。当地的也不多，20% 左右。指房借钱和当房的都有，但是很少。坟地不可当，也不能指地，其他土地一般都可以。

价额呢？ =地价 100 元的土地，指地借钱一般能借 20 元，当地可借到 40 元。期限方面，前者多的是 3 年，也有 2 年、1 年的，后者一般 3 年，但也有 4 年的。

当价的借增叫“撩价”，只在地主非常贫穷、难以为生的时候才可以，但是在地价以内。此时所有权还在地主，这种情况下通过双方的商量，或者订立新契约，或者在旧契约之外立字。前者的话，金额写合计起来的金额，日期也是新的，写立字当天为日期，期限也据此写新的，旧契约就不要了。后者即额外立字，形式相同，期限也以新日期为准，由于这是额外的内容，地方上的人称之为“撩价”。

指地借钱中也有“撩价”，那是把旧字舍弃立新的。“找价”即找死，与上述不同，因为需要的金额很多，所以在撩价不够用的时候使用。

指地借钱在这个地方有与其他地方有不同之处，即钱无利息、地无租价（比例很小）。这与当地的区别是，当地的时候期限为3年，此前不能赎回来。指地的时候，即使设定了期限，任何时候都能赎回来（还有契约与字据的差异，即契约是指在县里税契后盖县章的文书（红契）和盖章之前的文书（白契），也就是买卖、典当的证书，字据是指除此之外的证书。

上述以外，有带利息的指地借钱，比率在这里很大，月利3分，金额多的时候为2分。

转当呢？＝有，但不多。当主需要钱的时候，与地主商量转当的期限（使其趋同），不商量就这样做的时候，在期限内不能超额。地主把土地从最初的当主手里赎回当给别人时，不叫转当，叫另当。

赎回土地的情况如何？＝选在春前（种地以前）以及秋后，并且一两个月前必须通知，期限之前不可以，期限后随时都可以。数年前，县里发出了30年以上就不能赎回的命令，但是实际上无论过多少年都能赎回来。

手续呢？＝指地借钱和当地都必须立字，有中人，就是保人。

当地时，除此之外还需要监证人（乡长）。指地借钱的时候，中人以外还要1名保证人。

指地借钱的利息，在这个地方多是半年交一回，交的时候债主会去催，即去确认有无交利息的能力。没有的话，采取特别的方法，即取得土地的耕作权或者劝其卖掉土地。通常多是交利息后延期。

上述任何一种都要通过中人完成，不用重写证书。

借主以农作物没有收成为由不还钱的时候，牺牲利息。

信用借款呢？＝非常少，即使有也是立字的多。如果问“摘肩儿”时多少年都不还该怎么办，因为2个人是朋友，感情好，所以不会要求还。如果认为不论过了多少年，不还也行的话，可以不提要求。但是，一般有字据的情况，应该不管过了多少年都能要求还，这叫作“子孙账”（子孙要账的意思）。

【贸易】

4 关于农村贸易

没有在村里卖农作物的，只有买的，全都在西关的粮铺购买。量多的时候在集市购买，临榆还没有贸易所，每天有粮市（不分大小）。

现在西关、城内的柴火市场和虫王庙有粮食市场，南关以前有过，但是改在虫王庙了。购买粮食的时候，有斗子量斗，还有包商、牙纪。斗子量斗以后，每5斗得20钱左右的辛苦钱，牙纪不做中介（中介由斗子做），只收税，从卖主手里每1元收3厘，从买主手里收7厘，比率从前年起一样，以前更便宜，每一垛儿（5斗）20钱左右吧。牙纪不从包商处拿工钱，据说只有收税权。牙纪从上述的买卖两主手中共收取1钱，不收其他钱。包商以前更过分，没有一定的标准，很随意。粮食以外的牲口市场、果子市场等也有包商（花生是商人去农村里买）。

集日

| | | | |
|---|---|---|---|
| 阴历 | 逢三、八的日子 | 虫王庙大集（有粮食市场、牲口市场） | |
| 阴历 | 逢二、七的日子 | 柴火市场 | 小集 |
| 阴历 | 逢五、十的日子 | 西关（逢五逢十） | |

在牲口市场有牙纪，牙纪做中介、收税，在果子市场也有。杂货没有集市但收牙税，牙纪去商店，从买卖两主手中分别以三、七厘的比率，根据商店的销售额收取。

农具在商店里买，种子自己储备。

肥料的话，人粪主要是从拾粪的手里购买，基本不使用化学肥料。只有有菜园的人才在城里的商店购买。在商店买的话，付现金的多，赊账的少。

燃料用秫杆、横茅草、楂子等，不用煤。

没有特别的副业，主要在农闲期打柴火，去北山捡，谁都可以去捡，可以随便捡。

合作社刚刚成立，什么也没做。

【家族】

5 关于家族

家人数量最多的，在回马塞有12人的大家庭，在第三乡顶多也就有十几人的大家庭吧。称家长为当家的，有老太太当家的情况，那是丈夫生前存下家产，丈夫死后，孩子还小或者不认真等原因，由老太太当家。一般儿子长大了就由儿子当家，每家的财产称作“产业”，家人的特有财产称为“提蓄”或者“余钱”。“提蓄”是秘密的东西，可能有把土地叫“提蓄”的，但是很少吧。

同族的叫本家、一家子、当家子，有族长，也有祭田、公共坟地的例子。族产由被选出的族中公正的人管理，卖掉的时候，族中的每家出1个人合议，根据少数服从多数原则做决定（也包括族长）。

有街坊的辈分，坟的形式与前述各县相同。

分家的原因，生活上的关系较多。祖产只有一定数量，但是人口逐渐增多，不工作，互相产生依赖心理后生活困苦，这种情况比较多。也有家务不和、妯娌不和，以及兄弟中有吸食鸦片等不良嗜好的人，这时也会分家。

分家时间方面，有很多家长死后马上分家的，一年之中秋后居多。

附1　**1940年3月16日**

**昌黎县公署参观时的访谈内容**

（天海谦三郎嘱托，佐野利一、小沼正、安藤镇正、刘钧仁一行5人）

奥田顾问所说的内容

前任地迁安县从最开始就是自己设立的，官员也全部认识，调查起来很方便。但是昌黎有钱人很多，调查难度大。县公署重要的职位，即使担任时间不长，似乎也能得到数万元钱，所以从远处来活动买官的人很多。

在这次的土地调查中，土地是增多了，但是只有 7700 多亩，少得可怜，和迁安县一样。

是以前的两倍半吧（这足以让人知道黑地有多少了）。

财务科田赋征收处的相关内容（大致在《有关中国土地问题的调查资料》中的天海先生的资料（63 页[1]以后）中有详细介绍）

【社书制度】

社书制度（社书名称、临榆县时记、抚宁县里书、滦、乐亭县、小催、昌黎县、社书）

县里有社书 72 名，其上的总社书 3 名，都住在乡下，没住在城里。社书的职位原则上是世袭，没有孩子或者孩子不继承这个职位的时候，让别人担任，且总社书原则上来自于社书。

现在的总社书 3 人中，两人是前社书（民国二十三四年），一人之前是县里的官员，总社书管理的社书是（按姓名分类表）

1　陈铭九　56 人

2　孟福臻　8 人

3　张铭阁　8 人

造册（田赋征收台账的种类、册数、样式等参考前面天海先生的资料）

此台账（征册）是社书自己制作的，一本呈交给省里，一本给县里，一本是自己的记录，没有对照过各本台账，所以要想详细知道实情必须看社书保管的那本。根据权利的得失更名过割，记载在另外的银粮底册上，在每年定期的社书会议（阴历正月二十日）上交换整理相互的出入变更后，以此底册为基础更名过割征册上的花户姓名，征册的记录事项，花户姓名、土地亩数、税额都由社书记录，县里只记录纳税年月日和完成的标记。

交纳钱粮大抵来县里，不来的人委托社书来取，或者社书垫付以后自己强征。比例方面，直接投税的比例占三成，有钱人居多，经社书的手的人占七成。纳税的情况很好，但没有全部完成，即使收了 63000 元，也还有 3000 多元没交。内社的部分交清了，但是外社的部分很多没有交清。

这是因为内社方面即民地的部分由社书垫付了，但是外社的部分没有。即

外社（项地）
- 海防—之后开垦的土地，不好的土地很多，所以税额 139 元
- 面积 12 顷 94 亩 2 厘
- 海荒—先开垦的土地，税额 2521 元 140
- 面积 700 顷 4 亩 1 分 3 厘

土地不好，也没有纳税计划，不交纳的也没有保证。

所以全县亩数约 16 000 顷，省税率为每亩 1 分 2 厘到 1 角 4 分止，附加税率每亩 6 分

[1] 译者注：此处的页码是指引文在日语原书中的页码。

4厘（但是全县每亩征收3分8厘（田赋）的土地共计10 000顷，所以附加税超过了省税）。

串粮票与各县相同是四联式，第一联是通知书，实际上也不会送达出去，按照约定的那样反复，只是在一定的时间发布纳税的公告，农民一般也知道。

由于水旱灾害等，无法纳税的时候盖“缓征”的章，两年之后交纳打折后的税额。

粮柜的事务员不是一整年都在工作，是上下两忙各临时雇用两三个月，认识17个人，钱也不是按月给的，地方款（附加税）每个月付3元，库款（省税）高于100的付1元，按照这个比率发工钱。

【土地陈报】

土地调查—土地陈报

这是在河北省冀东道各县试行的内容，不是依据法令，据民国二十八年12月29日的命令，于3月10日结束。正在按照此陈报造册，现在尚未使用。调查将于陈报后在各乡随机挑选10户，试调查后申报，如果正确就保持原样，能判定数量不足时，没收调查到的不准确申报者的全部份额。地籍图也画出了一部分，但是因为有3月10日截止的时间限制，最终也没完成就中止了。且根据这次调查，关于新查出的土地，科则等也不明确，升科就未整理。

【税契】

在财政科税契处

勤务员中县的官员有3人，临时雇佣人员7人，按照月给制各16元。由于去年年底之后的土地调查，来税契的人也激增，雇用了临时人员进行整理。契税也涨到了相当金额。

手续方面，大部分一律采用“买卖田房草契”，先带来白契，刚开始也叫贴上原契。数量一多，处理起来就麻烦，所以改为要乡长证明后再黏贴（由科长），然后在草契左端的税契年月日的右边写上原契某年某月某日。即在乡长处把旧契改写成草契，所以草契用纸由乡长从县里买来。除乡长的盖证印之外（100元付4厘）还要小学校的章印，付1钱充当给小学校的费用。

税契处与社书之间没有任何联络。

【租佃】

昌黎县租佃制度（刘嘱托记录）

1 现金租　本年度每亩14元即每斗粮的价值

2 物租　本年度每亩1斗（按每亩出产5斗，以1斗为租价）

3 分种　分种时肥料由地主负担的话，高粱秆也平均分配。由佃户负担的话，高粱秆归佃户独有

【资料—社书名簿】

昌黎县社书名单及其项目（经管者）

1 陈铭九经管

| | | | | | |
|---|---|---|---|---|---|
| 刘文阁 | 郭庆春 | 张葵午 | 下廷献 | 朱树望 | 张成修 |
| 付占民 | 张福善 | 李善百 | 顾焕文 | 下廷栋 | 张振威 |
| 郭瑞祥 | 朱子章 | 王长升 | 朱西囡 | 李子文 | 韩瑞征 |
| 刘谷廷 | 赵握符 | 李春芳 | 顾荣贵 | 康云富 | 胡稚轩 |
| 张廷选 | 刘福廷 | 刘汗臣 | 陈壮囡 | 张宝珍 | 干德春 |
| 孟锡章 | 史助臣 | 朱信斋 | 费　廉 | 丁宝谷 | 陈　谦 |
| 郭润峰 | 李恩丕 | 代忠元 | 杨子仁 | 冯玉望 | 曹宪文 |
| 刘景和 | 赵德贵 | 曹辅臣 | 王　宽 | 宋恒全 | 曹国文 |
| 祖与孝 | 万国一 | 侯进祥 | 王雍春 | 马荣成 | 万九韶 |
| 斋运隆 | 李　裙 | | | | |

2 孟福臻经管

| | | | | | |
|---|---|---|---|---|---|
| 曹陞起 | 侯进祥 | 翟荫春 | 马秀方 | 胡世才 | 张荫廷 |
| 宋文正 | 孟长宽 | | | | |

3 张铭阁经管

| | | | | | |
|---|---|---|---|---|---|
| 胡俊卿 | 郭祥瑞 | 张葵午 | 孙九和 | 杨继阁 | 周焕章 |
| 王庆春 | 王仁俓 | | | | |

**附2　1940年3月11日及12日**

**通县公署参观时的访谈内容及所写内容**

(天海嘱托、村田久一、盐见金五郎、佐野利一、小沼正、大木正夫、安藤镇正一行7人)

【田赋征收——粮柜】

田赋征收处（粮柜）访谈内容记录

(在《有关中国土地问题的调查资料》中的天海先生的资料（53页[1]以后）中有详细介绍，可参考)

粮柜分为东西两柜，正如上所述，但是征收处以前就分为两个地方，现在合起来在一个房间办公。柜头现在有1人（?）[2]，柜员数名，粮柜的事务员有数名，月薪制分15元、14元、13元三种，此外的作为征税费，在上忙、下忙有各交付1000元的，且根据征税成绩，县长、粮柜会有奖赏。

粮差征税情况不好，或者死亡的时候换人，以前是世袭垄断，现在是选举（由乡长等），可以在县公署选举，但理所当然要选精通花户事情的人。

手续是带来上一年度的发票，先交纳地方捐（附加税），拿着这个票交纳正税。串粮票和各县一样是四联式，第一联为给花户的通知，第二联为收据，第三联送往省财政厅，

---

〔1〕 译者注：此处的页码是指引文在日语原书中的页码。

〔2〕 译者注：原文如此。

第四联作为存根。串粮票的用纸，有县里的盖章，每当接受册子时，在领串票处记账留做备用。

各粮柜有征税定额（额征），查出征税台账中的拖欠者，列出清单交给县长，把清单交给粮差，让其督促。粮差不督促，也不自己征税，让人们自己过来纳税。但在距离远的地方，乡长或族长会收齐带去纳税。

关于纳税状态，把如下的文件、簿册送到财政科让其检查。每10天将其合计对等盖章，即台账以外有如下账簿。

缴款总簿——旬报，每10天报告1次各地目的收税额。

地粮日报簿——每天的报告簿

通粮流水簿——不按各地目分类按收税顺序记入的日记账

还有稽印簿，制作簿册接受县印的时候，盖上知事的认印。

另外有水灾调查簿，根据那年的状况调查员进行实地调查，看作物收成，记下何村5分、何村7分等，还有以前的有中国民国二十三年分漷邑、通邑各里甲粮船头地粮额银数的簿册，此簿册是记录剥船制度中催税的、里甲制度中的船头的分担责任额的文本（?），现在由于粮差制发生了变化。

**通县公署地亩额征数目表　民国二十九年度**

| 名称 | 地亩数 顷 亩分厘毛 | 额征数　元 | 备注 |
|---|---|---|---|
| 地粮地 | 10421.42.0.12 | 56298.748 | |
| 旗租地 | 1136.16.4.00 | 10333.469 | |
| 屯租地 | 8.80.2.50 | 81.863 | |
| 马馆地 | 13.55.0.00 | 576.975 | |
| 军饷地 | 8.82.4.00 | 96.182 | |
| 广恩库地 | 8.71.1.20 | 184.677 | |
| 西河岁修地 | 2.28.8.50 | 75.292 | |
| 合计 | 2609.76 | 67647.206 | |

【税契】

通县税契处访谈内容

一　税契的数量相当多，一年3000件以内的情况。

二　手续—带来白契、权原证明文件、地税收据，有旧契的把旧契带来，因为烧掉、遗失等原因一样都没有的人（失契公告费例外）可依据四邻地主的保证，出面的只有买主。

受理簿写成日记形式，主任盖章，要科长、县长盖呈出印。

税契买六、典三，其收据有正税、附加税两种，三联式（本人提交，送到省里，县的备用）县印由秘书室保管。

三 买契、典契用纸上有河北省的章，从省里送来。

四 有监证费的名义，监证人现在没有了，此钱用于社会教育。

五 契税以日记形式记录，每 10 天合计 1 次，作为月报，每个县向省道公署交 1 份。

六 税契时间，是从契约时间起 6 个月以内，实际上好像是年底、年初居多。

【资料—地契等】

附 3 **地契集**

在滦县公署税契处所拍地券的抄本（8 月 18 日）

1 补契的例子

立补契人郭信从前置买郭明训民地一段三亩六分坐落漏风地现在价值大洋一百五十元因红契遗失邀同保长邻地邻新丈量清楚并无舛错恳请准于补发红契以维产权预后有凭立此补契为证

东 曹 骞◎南 道

计开四至 至 至

西 郭成云◎北 排坟

保长 田茂枝 ☐

代字 郭金山 ☐

民国三十年阳历八月一日 立补契

南北长 六十一丈五尺六寸

计开丈尺

东西宽 三丈五尺二寸

2 卖契的例子（黏贴于上面的草契及尾契上）

立卖契人张文越因正用今将自己民地一段计地四亩五分六厘坐落减滩地其地东西长南北宽东至荒结西至道南至张姓北至荒结四至明白同中情愿卖与张广越名下永远为业言明卖价钱九十二吊其钱笔下交足并不欠少恐口无凭立卖契为证银粮送时过割弓尺开列于后

东宽 二十八弓一五

计开长弓三十八弓二

西宽 二十八弓三五

张干
中人 张通仪 代笔
张温
同治四年十二月初十日 立契

3 过契的例子（黏贴于上述“推当田房草契”以及契尾“推契”上）

立过契人张钧琛因正用今将本身白地一段三亩肥瘦在内坐落高地同中情愿过与张凤发名下耕种永远为业言明过价大洋一百二十四元整其洋笔下交完不欠此系二家情愿各无反悔恐后无凭立契存照

租子随时过割共出租七吊六百五十

东 恒地 南
四至 至 至张姓
西 道 北

民国二十年旧历二月二十日 立过契

土林 公平
佩元 卄
中人 张钧选 丨
凤春 平
允义 代笔

4 当契的例子（都贴在上面的“典当田房草契”及尾契“典契”上）

(1)

蔼山

立当契人马蔼山玉文因长兄长嫂相继逝世治丧乏资愿将长兄所遗坐落在本镇河东路南庄房一所计草房四间厢房二间连同前后院基地当与孟树秀名下暂行管业言明当价市洋四百元整笔下交足三年为限钱到取赎如期满无力赎回时只可央中再议此系双方情愿各无反悔如有亲族事执尽由中人完全负责恐口无凭立字存照

东至 孟姓
南至 田姓
四至 西至 田孟二姓
北至 街心

中华民国二十九年九月二十四日

立当契人 马蔼山 自书
马玉清 +

马玉文　+
中人　孟度书　+
孟度利　平

(2)

立当契人张荫生因正用今将应分民房半所坐落河东路北草正房三间西厢房二间一切地基俱按分单为凭烦中说合情愿当与胞弟张荫铎名下居住管业言明当价国币八十元正其国币笔下交清不欠自当之后各无反悔空口无凭立当契为存照。

民国二十九年七月二十六日

立当契人　张荫生　□

明窗户壁俱全以当十年为满期

耿秋棠　+
田晓亭　+
中人　李会亭　|
田静齐　手书
张荫增　×

在乐亭县公署税契处所拍地券的抄本（8 月 19 日）

1 卖契的例子（黏贴在上面的“买卖田房草契”和契尾“买契”上）

立卖契人刘顺因正用今将祖遗地一段计二亩整坐落苟榆坨庄东北地南北长东至卢进荣西至严德幼南至官道心北至置主预地四至分明同中说合允卖与卢好生名下永远为业言明卖价遂市大洋二百二十元整其洋笔下交清〇文不缺此系双方情愿各无反悔恐口无凭立卖存证

遂代原契一张弓尺列后
计开弓尺南北长五十二弓五寸
南宽　九弓五寸
中宽　九弓
北宽　九弓二尺五寸
中人　石佩新　●
刘云从　◎
张国完　□
石玉成　代笔

民国二十九年国历一月十七日

立　卖契人　刘顺

2 当契的例子（贴在上面的典当房草契及尾契“典契”上）

立当契人温刘氏因正用今将自己民地一段计一亩八分外有坟地七分六厘七毫此地坐落封〇〇其地南北长东西宽南至赵锡纯北至毫锡纯东至赵锡纯西至孟耀光四至明白同中情愿当与〇〇发名下耕种言明当价遂市洋八十元整其洋笔下交足并不短缺日后钱到取赎地归本主恐口无凭立当契存证弓尺开列于后

计开弓尺南北长三十二弓三尺

东西均宽八弓四尺五寸

中人　蒙瑞兴　◎

牛震崙　代笔

中华民国三十年一月八号　温刘氏　◎　立当契

在临榆县公署税契处所拍契字的抄本（8月25日）

1

立卖地契人王喜财因乏手无钱使用将自己熟地一段坐落庄北小河沿东西垅三十一条烦中人说合情愿卖与王金生名下永远为业价银二十两整其银笔下交足不欠并无私债亦无族邻争竞如有族邻争竞俱在卖主中人一面承管此系二家情愿各无反悔恐口无凭立契为证

东至河沿

四至　南北顺垅

西至道

随契过割随代丰五中黑白粘15

征收田赋收据

民国二十九年十一月二十二日盖

监证人印

···这是去年盖的

南北宽　五丈七尺

东西长　二十七丈

合亩　二亩五分七毫

中人　王宽　+

王喜德　+

光绪二年冬月十六日　立

王喜恩　+

卖契人 王 中 +
王喜财据 +

（然后在下面贴“契尾”）

2 （在下面贴有契尾（民国二十九年））

立杜卖地契文约人赵刘氏同子榜、棚头因夫客出年久二子俱〇过日无资料将祖遗熟地二段座落交界河庄家西南西南山四至列后求中人说合情愿卖与刘姓名下为业三面言明时价纹银〇十两整画字在内其银笔下交足并无私债折准等自卖之后任买主阴阳使用如有亲族邻佑争竞者俱在卖主一面承管〇〇有凭立契存证

随代老契一帘

计开四至

东至 壕

南至 自东至李镜英地上壕缀至李永机地上壕缀至李庆祥地上壕缀李庆吉地壕至西

西至 小道有界石

北至 道邻东头至垅西头杨方

东西长 百八十丈

南北长 十二丈

合 二十七亩正

光绪八年三月十四日

监证人盖印

立杜卖地契人赵刘氏一同子 榜 | 头 棚 +

中见人 朱学文 − 杨方 +
李庆吉 + 刘栋 +
李永盛 + 刘富 +
李永茂 + 赵梨 +
李永树 + 赵忠 +
高洪勋 +

代笔人 李镜笑 平心

3（在下面黏贴同上契尾（民国三十年））

立卖荒山地契人李昌因手乏今将自己祖遗坐落东围庄北荒山一座烦中人说允情愿卖与张玉荣名下永远为业言明时值价钱一百八十吊整其钱笔下交足亦无私债折准等弊自卖之后任买主自便或开或种不○卖主相干此系两厢情愿各无反悔如有亲族地邻争竞者在卖主一面承管空口无凭立此卖契为证

计开四至　　南至　毫　西至　道
　　　　　　北至　道　东至　道

于民国二十九年十二月二十五日
乡长　监证人盖印

随代荒田四亩　　中人　张永盛　+
　　　　　　　　　　　李广义　+
　　　　　　　　　　　鲁　丰　+
　　　　　　　　代字人　张作新　+
　　　　　　　　立　卖契人　李昌　+
大清光绪二十八年七月初三日　立

4（同前在下面贴上民国二十九年十二月的尾契）

立杜卖房院人王金有同中人情愿将祖遗房屋一间卖与王金杨兄弟三人为业言明做价银八两整笔下交足不欠此系当面言明永无反悔明墙土木俱在其中恐后有凭立契为证

随契有丰三甲黑白粮一斗三升日后归王金阳三人
封纳永不与王金有相干

四至　　东至　魏姓　　西至　买主
　　　　南至　买主　　北至　街道

此房基一段　　南北长　　十八丈五尺
　　　　　　　东西宽　　三丈一尺
　　　　　　　　　　○亩九分九厘

王郅隆　+

王学古 +
王鸣阳 +
中人 王西义 +
王金铭 +
王金三 +
书契人 吕范吾 悉
光绪三年正月二十七日 王有金立

民国二十九年十一月十二三日盖
监证人印

5

立归并契人杨祥因有正用自烦中人说合愿将祖遗坟地一段归并族兄弟杨春名下永远为业作价东钱八十吊其钱笔下交足不欠至归并之后各无反悔若有反悔中保人一面承管恐后无凭立此字据为证

中人 梅雨亭 +
刑宝山 +
代字人 田 秀
计开四至 东 水沟 西 河沟
南 田姓 北 河沟
山
随带三甲粮六亩
荒
光绪元年正月十七日 立归并契人 杨祥字据押

6 财字第十一万八千六百一十三号

财政部执照

国民政府财政部　　为
给照执业事今据河北省地榆官产局呈报临榆县人逆致义
承买坐落　倪壮　地方官有　地　除有该县登记并将
四至丈尺亩间数既应缴买价分款开例外合行给发执照须至执照者
计开
四至　东至　道　西至　熟地
　　　南至　熟地　北至　熟地　面积东西　丈　尺南北丈
共　顷肆　亩　分　厘　每亩买银四元
间
共计买银十六元　带收照册经费八角　合并遵照
右给承买人倪致义　准此

在下面贴上契尾『买契』

此联给承买人收执

此联给承买人收执
（在下面贴着契尾“买契”）

在昌黎县公署抄写的地契（1940年3月16日）（在为了土地调查提交的税契材料中）

1

立杜绝卖契人杨春因国课无出今将自己凭仲人说允祖遗破相房三间牛棚一间破猪圈一个地基南北长二十五丈南宽二丈三北宽二丈二南北至道东西邻至杨姓又一段北场地基长四丈宽五丈七东西邻至李姓南至道北至顶场共按两股均分四至明白情愿卖与胞兄杨发名下永远为业言明卖价银十整笔下交足并不短少恐口无凭立卖契存照按簿钱粮随时过割自卖以后不许二家反悔如有反悔者全再其中人一面承管

杨深　+
杨义　+
中人　杨泰　+
杨国宝　+
杨朝选　代笔

大清同治八年腊月十九日　　立契

2

立退契人王大忠因无立封纳官租今将祖遗官租地一亩四分二厘五毫情愿退与王克

让名下耕种按年封纳租银共银一钱六分五厘三毫自退之后由置主盘窑打井使土栽树自便恐后无凭立契存照

道光二十七年十月十一日

杜之花
中见人　王大鹤
王家英荣代

立当契人王大忠因乏用金将本身官租地一段一亩九四分坐落大寺前寫坑南北长至道东至张姓西至王姓四至明白情愿当于王克让耕种言明价钱六十吊整其钱即日交足恐后无凭立契存照

道光二十七年三月初十日　立字

王家祥
中人　王家魁
大志书

3

立永远退契人张大富、张大文今因手乏今将祖遗旗租地一股四亩五分正此地座落上岗子南北长东西宽南至顶地北至道东西至张姓四至明白同中情愿退与王泰有名下永远为业言明退价钱二千九百七十吊其钱笔下交足不欠自退之后任其置主自便不与退主相干盖房使土盘窑打井由其自便恐口无凭立退契为证

历年与韩家封小租钱四千六百文

计开丈尺

南接长四十八丈七尺
北宽三丈二尺二寸
中宽三丈三尺一寸
北接长六十八丈七尺一
南宽三丈四尺四寸
北宽一丈六尺八寸
中宽一丈六尺又一丈五尺一寸又一丈五尺五寸

张德贵　押　李现白　押
中人　王弼臣　押　李思宝　押
张居安　押　李生白　代笔
张永忠　押

民国十二年二月二十二日　立退契

4（注：汗＝漢　坊＝房　千＝钱　种＝重　勤租＝缺租　遗主＝业主）

立永远租契人正白旗汗军双成佐领下闲散王士祯同子国龄因正用今有祖遗老圈地一段三亩坐落杨树行南北长东西宽南至道东北至顶地东西至王姓四至明白弓尺开后同中情愿租与王占元名下永远为业凡盖坊使土安茔栽树由置主至自便不与去主想干言明押租东一千三百四十五吊正其千笔下交足不欠因押租过种现租当轻按每年每亩出现租东一千五百文共计租东钱二千五百文按每年十月十五日交齐永不许增租押借夺佃以不许勤租不交一地二养子孙世守日后地随遗主佃户仍旧恐口无凭立永远租契为证

南北长一百六十八弓三　南北西宽四弓

北东西宽三弓四尺七寸五厘

王世荣　张义

中人　张永　张大寿

王建邦　+　陈殿英　代字

王茂龄

大清同治十年二月十六日　立租契

在通县公署抄写的地契（1940年3月11、12日）

1

立卖杜绝地契文约人宋连元、宋连甲、宋连挥、宋连起、宋凤林、宋凤来等因正用自烦中人说合情愿将祭田地一计地四亩整坐落通县第三区八十九乡黄垡家南北为陇所有四至东至宋奎南至道西至道北至宋连珠四至分明情愿出卖与宋连达名下为业同中言明卖价国币洋一百二十元整其洋笔下交清不欠此系诸家情愿各无反悔如有反悔者有中人一面承管恐口无凭立卖杜绝字为证

东长六十七丈五尺

西长二十七丈五尺

计开弓尺　南、北宽五丈

中宽五丈六尺

中保人　王守山　+

起　+

立杜绝字人　宋连辉　+

甲　+

元　+

中华民国二十八年国历十月一日

宋凤　来

林　+

代笔人　宋礼廷　押

永远为业

2

立卖地基面积字人张兰浦此地基原有铺面房勾连搭共计七间因涨水此房被淹坍塌倒坏土木均在其内无力修盖坐落在通县北关第三乡栅栏口路南四至东至姜想西至萧凤全南至萧凤全北至官街东西宽二丈南北长五丈八尺今讬中人说合情愿将地基面积土木卖与崔少云名下永远为业卖价国币一百八十元正笔下交足该地基盖房等任凭置主自便倘有发生亲族等争论以及任何舛错等情均有原卖主及中人担负全责此系双方情愿各无反悔恐口无凭立卖字永远为证跟随地基及房契二套存证

立卖地基面积土木字人　张兰浦　忠

中人　贡成和　⊙

代笔人　焦辅注　□

中华民国二十八年九月十五日

永远为业

3

| | |
|---|---|
| 王公府等旗地 | 立推花户地字文约人韩国祯童子银今因手乏无钱今将自置地花户地 |
| 称作花户地 | 二段计地八亩此地坐落三道沟道东一段地五亩半东至小横道西至车　道南至苗姓北至王姓西地一段东西至道南至苗姓北至韩姓四至分明自讬中人说合情愿将此地推与 |
| 地经子随过 | 宋长山名下耕种永远为业准与宋姓转倒转典不与韩姓相干由宋姓自 |
| 已获得儿子 | 便韩姓老字据地经子随过仝中人三面言明地价银元一百三十元整其银笔 |
| 的同意 | 下交清并不欠少并不债准折扣立字之后道东地内有大小坟墓七座以后准与坟开山不准在埋新坟年例大麦秋两季交萧王府租项钱每季交 |
| 大麦小麦 | 钱四吊七十六文以先如有拖欠租项俱归韩姓承管不与宋姓相干此事两 |
| 秋和秋收 | 家情愿各无反悔如有亲族热等争论一切情故俱有知情底保一面承管恐口无凭立字据为证 |
| 这个部分是 | 计开{东西长一百零八弓；南北宽十七弓七} |
| 后来写上的 | 中华民国五年阴历十二月初五日 |

立字人　韩国祯　　恶忌　长子　锟　+

中保人　张起　　＋
　　　　宋全　　＋
代笔人　王纪瑞　忠

永远为业

（注：只出现长子名字的意思是次子以下的都很年轻或者只有长子一人作为兄弟的代表出名）

4

（推契中华民国二十八年十二月）

立兑花户字据人刘文成因乏用不便记中人说合今将本身房基旗地一段坐落村中井北东至王姓西至置主南至坑边北至置主四至分明情愿将此地兑与刘廷相名下永远为业凭中人言妥使地价制钱一百吊整其钱收足并不欠少立字以后永无刘永成相干自有刘廷相认个交租自便此系两家同中人觌面言明各乡情愿永无反悔如有反悔者有中人一面承管恐后无凭立字为证

此地东西宽三丈南北长十三丈五尺

立兑花户地人　刘永成　＋
中保人　郭万贵　＋
　　　　刘永清　＋
代笔人　王茂亭　＋

光绪十七年十一月二十五日　　立字存照

5

|
| 推契
|

奉准买与推契税每100元附收卫总团款1%　　推字　第一六一七号　完税六元六角六分四厘

中用买二分之一

立推地字人绳瑞金银正用不便有祖遗受分窪地一段十三亩整此地坐落通县第二警区马各庄村东南高安屯村东地名绳家坟计开四至东至吴万瑞西至大道南至绳连北至绳林四至分明亲托中保人说妥情愿将此地推与徐宽名下永远为业当面言定推价国币洋二百零八元整其洋笔下交清分角不欠自立字后概由徐姓自便毫无绳姓相干以后如有亲族人等争论并其他舛错等等情事概有立字人并中保人担负完全责任同中言明此地如有舛错有北界绳林受分地十八亩补偿此系双方情愿各无异说恐口无凭立推地写为证此地合

弓三千一百二十弓

立推地字人 绳瑞 ● 左手二指
马各庄乡长 李国珍 印
知情负责人 绳林 ● 左手二指
中保人 徐国泰 +
张彩 +
代笔人 孙月堂 印

中华民国二十九年正月初一
印阴历二十八年十一月二十二日 立

永远为业

6

立推老坟茔地文约人张门杨氏因手乏用亲托中人说合今将本身地一段二亩八分坐落诸葛店庄南张家坟计开四至东横头南、西小道北至张姓四至分明情愿出推与周最长名下永远为业同中人三面言明实推价银元六十元整其银元笔下交完并不欠少自推之后任凭置主自便不与推主相干此地内有散坟有小坟座二十六座似后许推主自家葬坟并无有回赎异说此系两家情愿各无反悔恐口无凭立推字为证

张九山 +
周凤彩 悉
张九和 +
中保人 许文汉 +
周最明 +
贾总礼 悉
周最与 +

中华民国十五年正月二十一日
立推字人 张门杨氏
代字人 张九牧 悉

永远为业

7

立典红契地字人张兆锋今因正用不便有祖遗受分红契地一段五亩整此地坐落通县八区马各庄村东北地名王胖子地计开四至东至大道西至大道南至张兆锋地北至果仲三四至分明亲托中保人说妥情愿将此地典与郭成志名下耕种当言完典价现行国币洋六十六元整其洋笔下交清分文不欠同中言明立典五年为期原价回赎不到年限不准倒典找价

如其不赎永久种地立字后如有亲族人等争论舛错等等情事概有立字人并中保人负担完全责任此系双方情愿各无异说恐口无凭立典红契地字为证

立典字人　张兆锋　印

乡长　李国珍　印

知情中保人　张兆錤　+

中保人　宋起鹤　印

刘德铭　押

代笔人　孙月堂　印

中华民国二十八年二月二十六日

即阴历二月初五日　　立

8

立典房字约人宛与民今因正用亲讬中人说合愿受分祖遗住房一处坐落通县城内第七乡蔡老胡同路北门牌二十五号里院北房三间东跨院空地基四尺南北院庭一方西至厢房房基为齐典与张友名下言明典价通用国币一百八十元整其洋笔下交清言明一典四年为期至期准其钱到回赎不准短少此房门窗户壁俱全砖坑二铺东屋有柏木坑沿一段前院官道伙走不准转租转倒如有建筑借地不准拆毁历年大修归业主小修归典主立字之后倘有亲族人等争论自有立约人担负完全责任并有中人一面承管此系同中言明各无反悔恐口无凭立约为证

附注

外有修理费十元至回赎时一并交付院内有枣树二棵

此房东至宛华庭南至宛华庭西至山雨震北至王兰亭

四至分明

立字约人　宛与民

戴德村　印

中人　李马氏　+

杜杨氏　+

代书人　刘君秀　印

监证人第七乡乡长　杜光远　印

中华民国二十八年九月八日　　吉立

9

立典地文约人刘永贵今有自种民地一段计二十亩坐落在西马庄东东至荒阶西至岗

子南至大道北至焦姓四至分明自讬中人说合情愿典与连钟伯名下耕种为业典至至三年未满钱到赎回地归本主言明典价通用大洋四百七十元整其钱笔下交清并不欠少钱无利息地无租价此系两家情愿各无反悔如有舛错等情均有业主中保人一面承管恐口无凭立典地字为证

业主有红契一张计 亩作押

中保人 张万成 +

代笔人 张文菴 印

中华民国二十七年古历八月二十三日

立典地字人 刘永贵

信行

10

立典地文约人俞富仝子世泉因乏用烦保文说合今将祖遗民地一段坐落滦县南门外俞家坟地东西为陇亩计地十亩今将此出典与俞惠名下耕种言明典价银元二百九十三元整其银元笔下交足并不欠少三年之后准其本人后辈回赎不准本族人等回赎仝保人言明两家情愿各无反悔如有反悔等情自有中保人一面承管恐口无凭立字为证四至列后东至徐涤西至道南至张治邦北至道

中华民国二十六年冬月初九日

立字人 俞富 +

仝子 俞世泉 +

代笔中人 李宝琛 +

担保人 韩进坦 +

信行

11

立典房字文约人王金今因手乏无钱使用今有祖遗东相房[1]一间半门窗户壁俱全此房坐落乔庄中街东头路北今讬中人说合情愿典与王林名下居住三年为蛮同中言明典价洋三十元三年以后洋到回赎自典知后案每年修盖大修旧二家小修旧住房一家此房前走道二尺通道自系两家情愿各无反悔恐口无凭立字为证

中保人 郭德顺 +

立字人 王 金 +

代笔人 张玉臣 凭

[1] 译者注：原文如此。

中华民国二十八年九月二十九日
典字为证

12

立典房字约人居凤山同子志谦今因正用亲托中人说合愿将自置住房一所坐落通县城内第七乡后河沿小胡同内路西门牌二十五号院内商房三间装修风隔子乙扇砖坑二铺大小玻璃十块门窗户壁俱全院庭公用衙门伙走东至官街西至白文乡南至王铁北至本宅四至分明典与谭恩寿名下典价通用国币洋一百元整其洋笔下交清并不短少此房一典三年至期准其钱到回赎不许短少历年大小修理均归立字人自立字之后倘有亲族人等争论及纠葛不清情事均有立字人同中担负完全自认此系三面言明各无反悔恐口无凭立字为证

立字约人　居凤山　同子　志谦 □

●

中人　朱庆光 □

代笔人　刘君秀 □

中华民国二十八年八月十四日　吉立

信行

13

立老典地文约人张镛、张铨今有祖遗受分自耕种地一段计数三十四亩整此地坐落通县第五警区长营村东北东至海洪义西至张金氏南至张文山北至张玉山南北长三百六十弓正东西宽二十二弓七尺四至分明因手中空乏无洋使用今托中人说合情愿老典与吴起洪名下耕种言明典价现通用国币洋八十二元整其洋笔下交足并不短欠言明一典二十年未满洋到原价回赎洋无利息地无租价此系两家情愿各无反悔嗣后如有亲族人等争论舛错者有张镛、张铨同中保人一面承管并无吴姓相干恐后无凭立老典字据为证原有典约二张跟随

立老典地文约人　张镛 ●

张铨 ●

中保人　张济升 +

杨长山 +

张国旺 +

乡长　杜国瑞 □

副乡　张玉珍 +

代笔人　吴崑 □

中华民国二十九年一月一日　立

14

立指地借银洋元文约人李均因正相无银元使用今本身有自种红契地一段二亩五分此地坐落小庞村庄后东至到西至马姓南至李姓北至周姓四至分清自烦中人说合情愿将此地指与周以田名下耕种言明借银洋元一百二十五元整同中当面笔下交清不欠言明银元无有利息地无钱粮言明地种三年银元到回赎此系两家情愿各无舛错口说无凭立字为证

中华民国十九年九月初一日

中保人　曹得禄　+

立字人　李均　+

代笔人　刘瑞亭　悉

永远执照

15

（典契　民国二十九年一月　日）

立指房借钱人罗骏因正用将自己北上房一间半小过倒[1]（道路）一间坐落南门外西营后街门牌十二号程氏太情愿将此房借到胡太名下国币三十元整笔下交清使至三年钱到即准回赎钱无利息房屋租价日后如有纠纷舛错等情俱有业主罗姓一面承管此系双方情愿各无反悔空口无凭立字为证

立指房借钱字人　罗　骏　+

中保人　胡连元　+

代笔人　刘子清　+

中华民国二十八年十二月二十六日　立

信行

〔1〕 译者注：原文如此。

# 1941年8月

（华北农村惯行调查资料第51编）

概况篇第2号　京津线及津浦线沿线家族制度概况调查

调查员　内田智雄

翻　译　郭文山

## 8月4日

应答者　寇仁轩（商会长）

安定站警务段员　商会负责人2名

地　点　安定

本调查地安定是接近安定站的安定，设立车站以后才形成村庄。因此，村庄的户数有四十多户，姓也有四十多个。以前的安定村在隔着数华里的地方，治安也不好，所以决定改日去那里调查。

【坟的形式】

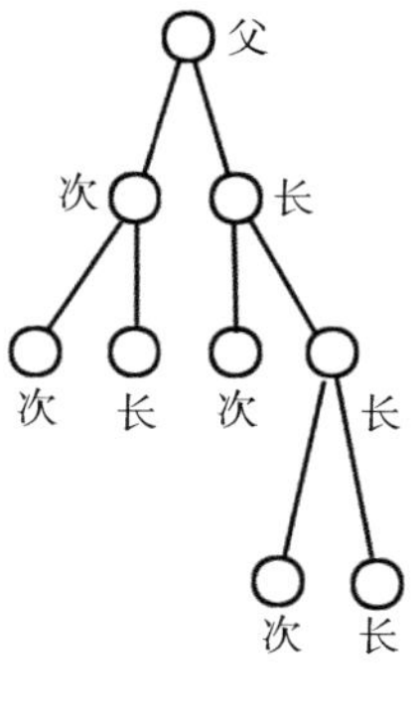


像这样的坟的形式叫什么？＝祖领葬、领孙葬（商会长寇仁轩是冀县人，所以向他询问冀县的坟墓的形式和名称）。

在冀县有这样的坟墓形式，其名称是什么？＝还是叫祖领葬。

排骨葬是什么？＝排骨葬就是从死的早的人开始埋葬，因此不考虑辈分。是回教的坟，但是只有宗祖。

【街坊的辈分】

街坊有辈分吗？ =有。

怎么确定？ =首先是年龄。由父母转移到子女。

来自其外村的移居者怎么确定？ =没有熟人的话，不会移居过来。

【过继】

过继子是指什么？ =有兄弟 2 人，其中有 1 人没有儿子的时候过继。

辈分是怎样的？ =必须是相同的。

（举具体的例子）有像这样的辈分不同的过继子吗？ =没有。

【家长】

家长是男的还是女的？ =没有男的时候，就是女的。如果孩子还小的话，母亲就是家长。

孩子多少岁左右取代母亲成为家长？ =20 岁左右。

成年是多少岁以上？ =20 岁以上。

在这边有当家吗？ =有。

做什么？ =做家里的事情。

家长和当家有什么不同？ =相同。

家长 70 岁，有 50 岁的儿子的话，当家是谁？ =50 岁的儿子。

【分家】

分家在什么时候进行？ =兄弟不和。

田地的分配方法是怎样？ =兄弟都相同。

有 20 亩的田地，有双亲和兄弟三人时，田地如何分配？ =首先留出养老地，然后把剩余部分平均分成三份。

【分家后父母的生活方式】

没有养老地的父母在兄弟家轮流被赡养，这叫什么？ =叫轮户饭。

没有养老地的兄弟平等地供给父母粮食，这叫什么？ =叫养老粮。

养老地和孩子的分配额的比例是一定的吗？ =不是一定的。

以上三种分家方式中哪种最多？ =养老地。

其次？ =养老粮。

【族长】

有族长吗？ =即使有也很少。有同族的就会有族长。

【家产和家长】

家产是什么？ =家里的金钱和物品。

那是家长的东西还是全家人的东西？ =是年纪最大的人的东西。

家长是 70 岁的父亲，50 岁的儿子是当家的话，家产是谁的东西？ =家长的东西。

家长只是管理，并不是自己的东西，是吗？ =家长可以随意卖掉，但要和家人商量。

【族产】

族产是什么？ =没听说过。

没有同族共有的财产吗？ =就是族产。

是什么样的东西？ =是不动产，土地、房子等。

其用途是？ =同族中有哪家死绝时，其家产变成共同所有。用来买上坟的香等。

有剩余的话怎么办？ =有剩余也不分割，用于同族共同的事务上。

冀县附近是怎样的？ =和这附近一样。

族产的用途由谁决定？ =（没有回答）

族长不能决定吗？ =不能决定，得选举公正的人。

【族长】

族长是辈分最高的人吗？ =是的。

【同族】

寇先生的出生地冀县的村庄户数大概是多少？ =全部有400户。

寇姓同族有多少？ =200户。

## 8月5日

应答者　徐永贵（村长，61岁）

地　点　黄村站饮马井

饮马井的户数为90多户，分为7甲（因为有附户），听说是乾隆年间形成的村，过去有10多个姓。现在约有20家是以前就有的。徐（20家）、许（七八家）、贾（1家）、刘（3家）、李（2家）。

【同族】

这边有“同族”这个词吗？ =有。

【族长】

族长是谁？ =不知道，没有。

同族中辈分最高的人叫什么？ =（似乎无法理解意思的样子）。

【分家的原因】

分家的原因多是什么？ =妯娌不和、兄弟不和、父子不和、婆媳不和。

【分财产】

分家的时候怎么分财产？ =一种是除养老地外，剩下的孩子平分。一种是给父母粮食，养老粮。

不搞轮户饭吗？ =不搞。

怎样决定用以上哪种方法？ =根据父母的意见。

【女性家长】

家长可以是女的吗？ =可以，根据孩子的年龄和才能。

孩子大约多少岁可以当家长？ =从十五六岁到 20 岁左右。

【街坊的辈分】

街坊有辈分吗？ =按年龄决定。

没有其他的决定方法吗？ =没有。

以前的家里有不按年龄决定的吗？ =有。

【过继】

过继子是从哪里得到的？ =没有同族的时候，从其他姓氏得到。

不在乎辈分吗？ =必须是同一辈。

从其他姓氏得到的人也叫过继子吗？ =叫。

不叫养子吗？ =叫过继子。

【义子】

义子是什么？ = （答案不明）。

## 8 月 6 日

地　点　天津北站（在附近的农民称为超家坟的坟处）

【坟的形式】

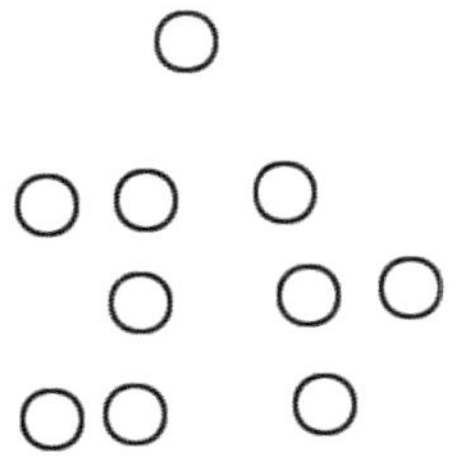

这种坟的形式叫什么？ =叫人字排。

这边的坟用什么形式的多？ =人字排少，一字排多。

一字排又叫排骨葬吗？ =是的。

【修坟的年龄】

小时候就修坟吗？ =不修。

大致是多少岁以上修坟，多少岁以下不修坟？ =不固定。

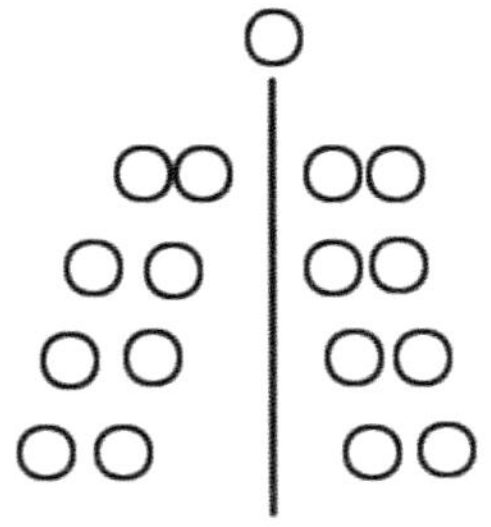

这里称作明堂或明道。

【阴亲】

实行阴婚吗？ =实行，叫作死者的婚。

也叫阴亲吗？ =叫。

也叫冥婚吗？ =不叫。

（在小闸口村走了一圈，拜访农户，参观坟墓。在王家塘村走了一圈，参观王氏先祖坟墓。）

## 8月7日

参观塘沽的义园。

## 8月8日

应答者 李子荆（私立成达小学的校长）

地 点 天津北站小于庄公所

【坟的形式】

坟的形式里有什么样的叫法？ =没有名称。

【阴亲】

有死者间结婚的吗？ =死婚很多。

【孤坟】

在路上问农民说起〇〇的孤坟的事情，孤坟是什么？ =埋于祖坟的后面。

【指腹婚】

现在还实行指腹为婚吗？ =现在没有了，以前在朋友之间有。

【分家的原因】

分家是出于什么理由？ =儿子长大成人，独立、分家。

兄弟关系不好时，不分家吗？ =也分家。

成人大约是多少岁？ =25岁以后，有妻子。

分家的时候，平分田地吗？ =平分。

【分家后父母的生活方式】

有父母的话，分家怎样进行？ =养老地和轮流管饭。

哪种多些？ =没有财产就轮流管饭。

父母死了的话，养老地怎么办？ =将来变成儿子的东西，由孩子分配。

【同族、族长】

有同族吗？ =有。

有族长吗？ = 如果不是大户，就没有。

大户是什么？ = 大家族。

大家族是什么？ = 同族的数量很多。

族长是什么样的人？ = 辈分和年龄最高的人。

【街坊的辈分】

街坊有辈分吗？ = 有。

【过继】

过继子辈分不同也可以吗？ = 必须辈分相同。

【族产】

有族产吗？ = 不是大家族就没有。

族产里面有些什么？ = 附属于祠堂的东西、土地等。

【女性家长】

家长可以是女的吗？ = 不行。

儿子还小的时候，母亲能成为家长吗？ = 孩子是家长，母亲是当家。

即使孩子 3 岁也是这样吗？ = 是的，1 岁也是这样。过去只限男的，民国之后，女的也可以了。

【家产和家长】

家产叫什么？ = 家的不动产。

家长可以任意处理家产吗？ = 可以。

家长实际上不仅管理家产，是吗？ = 是的，但是处理家产的时候，要与家人商议。

【分财产】

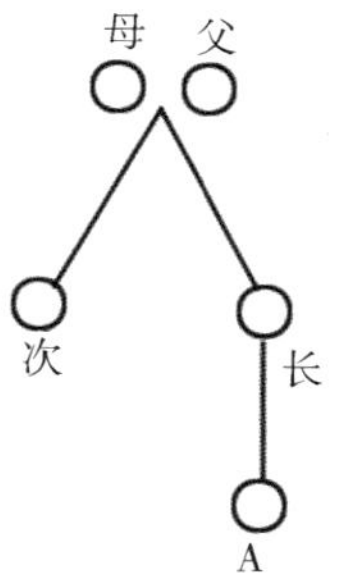


在这样的家庭关系中，A 的父亲死了，祖父母死了，A 与作为次子的叔父分家时，财产怎样划分？ = A 和叔父一样。

【义子、养子】

义子是什么？ = 得到其他姓的儿子。

养子是什么？ = 抚养死了父母的孩子。可以把他当自己的儿子，不进行法律上的手续的话，就得不到财产。

法律上的手续是指什么？ = 改姓。

【义子、养子和家长】

义子和养子比亲生儿子年长的时候，下一任家长是谁？ =自己有孩子就不能收养，在有自己孩子之前收养。

亲生儿子在收养孩子后出生怎么办？ =和亲生儿子关系好的话，有成为家长的。还有给他一部分钱回宗的。

【另过】

另过是什么？ =不一起居住，自己另过。

【坟的形式】

李先生是河间的人，那边的坟的形式是怎样的？ =和这边一样。

一般怎样埋葬呢？ =

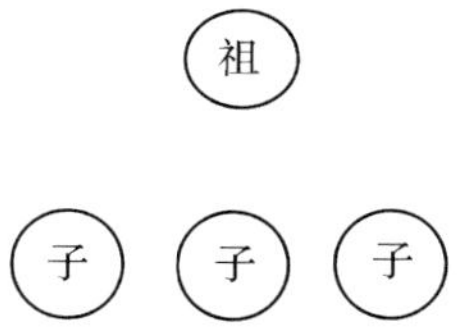


儿子和孙子很多的时候？ =

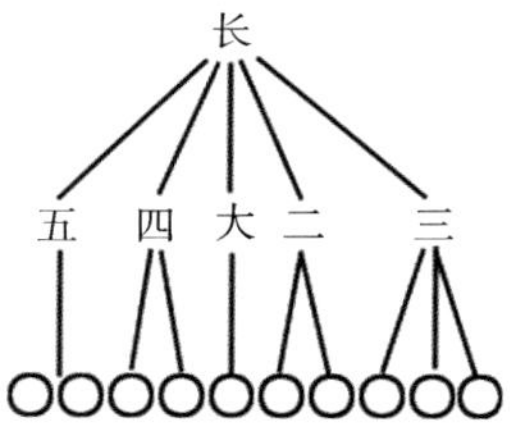


空地很广的话，这里叫明堂

有人字葬吗？ =有。

有三个儿子的时候，怎样埋葬呢？ =

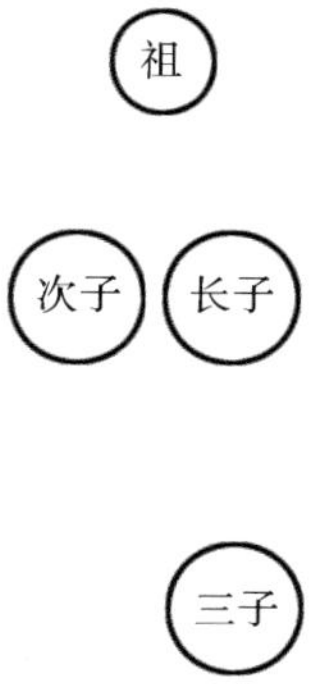

# 8月10日

应答者　赵子仪（乡长）　李镜（新民会负责人）
地　点　杨村新民会

【同族】

赵姓有多少同族？ =赵同姓不同宗。

杨村什么姓最多？ =杜姓多，也有姓诸葛的。

赵的同族有多少？ =六七家。

同姓呢？ =30户。

诸葛的同族呢？ =20多户。

有同姓不同宗的诸葛吗？ =没有不同宗的。

在赵姓中有族长吗？ =不叫族长，没有。

【同族的集会】

同族的集会？ =杜姓有。其他没有，这也不固定。

【同族的坟地】

有同族的墓地吗？ =有的有，有的没有。

诸葛有族长吗？ =不知道。

同族都葬在同族的坟地吗？ =埋不了的话，各自在其他地方挖坟。

【坟的形式】

坟的形式中有些什么？ =人字葬多，人字葬很占地方，所以贫穷的人埋得很分散。

人字葬中有兄弟时怎么埋？ =

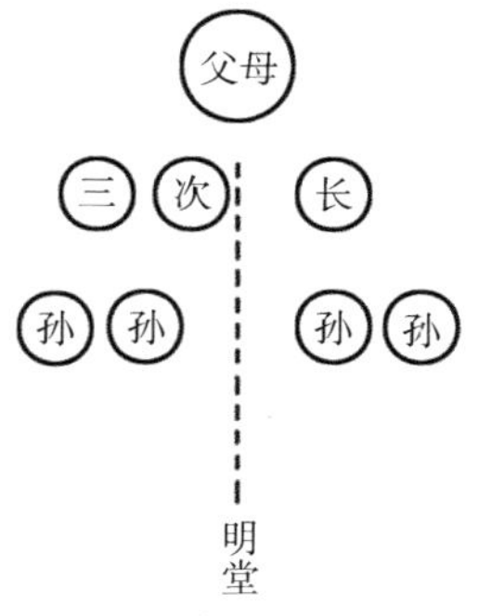


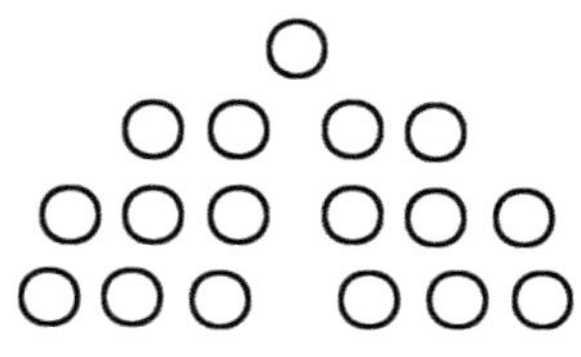

这些都是人字葬。

人字葬以外就没有了吗？ = 跑马葬。不成形状的东西。

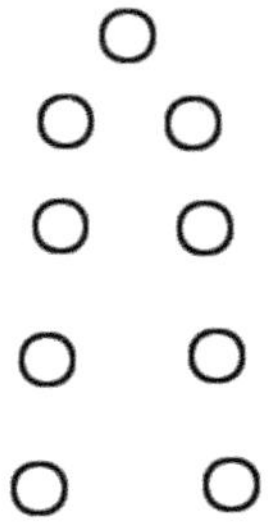

在这边有这种坟形吗？ = 可能有。

可以忽视辈分埋葬吗？ = 必须按照辈分。

【分家的原因】

分家的理由多为？ = 与财产相关的多，兄弟收入不均衡，兄弟意见不合等。

【分财产】

兄弟分家的时候平分吗？ = 平分。

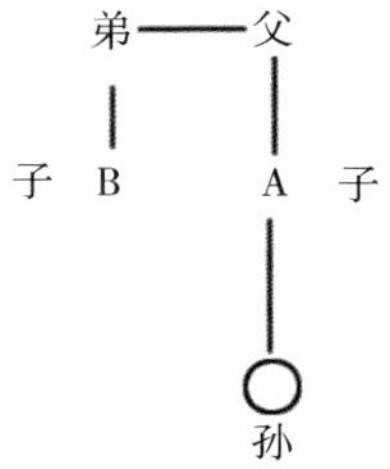


在这样的家庭关系中，父亲死了，弟弟（叔父）是家长，儿子 A 死了，孙子和叔父家长分家的时候怎么分？ = 有 20 亩土地的话，叔父和孙子各 10 亩。

【街坊的辈分】

街坊有辈分吗？ = 有，相当于除父母外在家里使用。

【家长的资格】

家长是什么样的人？ = 辈分最高的人。父亲到了年老的时候让给儿子。不一定是给长子。

像这样让给儿子的叫什么？ = 没有名称。

【当家】

这边有当家这个词吗？ = 有。

【阴亲】

有已逝的年轻人和姑娘合葬的吗？ = 阴婚。

阴婚的两家是作为亲戚交往的吗？ = 办阴婚，但是和还在世的不一样。

【指腹婚】

有指腹婚吗？ =有，现在也有，但是少。

什么样的家里有？ =门当户对的人家，特别是关系好的家庭。

【女性家长】

女性可以成为家长吗？ =没有男的时候可以。

【家长的顺序】

在这样的关系中，丈夫死了，妻子年老，长子（弟）年幼，谁是家长？ =长女（姐姐）。

【家长的代理】

长子何时成为家长？ =结婚了就成为家长。在那之前都由同族的近亲代理。

近亲代理家长，这叫作什么？ =没有特别的名称。叫照管。

【过继】

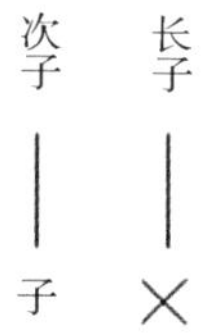


在这样的关系中，长子可以收养过继子吗？ =可以把次子的儿子当过继子，绝次不绝长。

在这种场合下，需要辈分相同吗？ =需要。

【养子、义子】

从其他姓得来的孩子叫什么？ =领来的。

不叫义子吗？ =双亲是同盟兄弟，其儿子叫义子。

同盟兄弟是？ =盟父，写兰谱。

义子的别称是？ =干儿子、干爹。

现在同盟兄弟多吗？ =少。

养子还叫什么？ =领来的。

义子和养子有什么不同？ =相同，养子不埋在家坟里。

【另过】

另过是什么？ =与分家相同。

另过与分家有什么区别吗？ =被父母赶出来时候叫另过，一般叫分家另过。

【分家后父母的生活方式】

有父母而分家的话，必须有养老地吗？ =一部分留给父母后再平分，只留生养死葬的钱。

有无养老地的分家吗？ =孩子们分土地，然后给父母钱的时候有。

有轮流管饭吗？ =有。

养老粮呢？ =有。

【分家】

最近分家的变多了还是少了？ =没有变化。父母年老了，就给孩子分家，为了防止死后兄弟吵架。

【订婚】

对于订婚一事，年轻人难道没有异议吗？ =北京天津与农村不同，农村都是按照习惯来的。

订婚的年龄？ =不固定。

通常男女哪一方年长？ =一般男的大一两岁。

在其他地方有女的比男的大一两岁的，在这边怎样？ =有。父母年老，孩子年少时有。

## 8月12日

应答者　杨润生（教育科长）还有2人

地　点　沧县县公署

县城内的户数有多少？ =不知道。

【同族、族长】

同姓同宗的叫同族吗？ =叫同族。

同族年纪最大的叫什么？ =族长。

族长是什么样的人？ =辈分大的。

县城内人最多的同族是？ =刘。

有多少？ =100户，回回教。

【族产】

有族产吗？ =有。

叫族产吗？ =叫祭田地。

有多少？ =这与同族的大小没有关系。

杨姓没有祭田吗？ =有20多亩。

【族产的管理】

怎样管理的？ =按顺序耕作得到收获。

20多亩1年能收获多少？ =数百元。

怎样使用它？ =用于修坟、上坟的聚餐费。

修坟是各家各干各的吗？ =一起修。

【同族坟地】

同族的坟在同一处吗？ =全部都在一个地方。

刘姓的坟有数百个吗？ =不是。

【上坟】

上坟是在什么时候？ =正月初一、清明节、七月十五日、十月一日。

怎样祭拜？ =正月初一是斋菜、线香、纸钱、酒、爆竹。其他日子是带香和纸钱去。

坟是各自随便拜吗？ =没有规定。也有根据天气的。

【祠堂】

有祠堂吗？ =有。出秀才的家里，县里有四大姓氏：戴、王、吕、刘。

【上坟后同族的聚餐】

上坟的聚餐？ =只在正月进行。

在哪？ =不固定，在面积宽广的房子里聚餐。

那时，同族全要聚齐吗？ =每家出一两个人。

上席是谁？ =族长，之后按辈分。

【族产的管理】

祭田地年收入的余额？ =先存起来。

由谁保管？ =由值班的人保管。

值班的人叫什么？ =轮流值年。

轮流值年是按什么顺序？ =按辈分。长门、次门、三门等。

【族长的职责】

族长是干什么的？ =什么也不干，有争吵的时候调停。

争吵的调停只有族长吗？ =其他人也可以。

【坟的形式】

坟有些什么样的形式？ =人字葬、一字葬、昭穆葬。

这边采用什么形式埋葬？ =

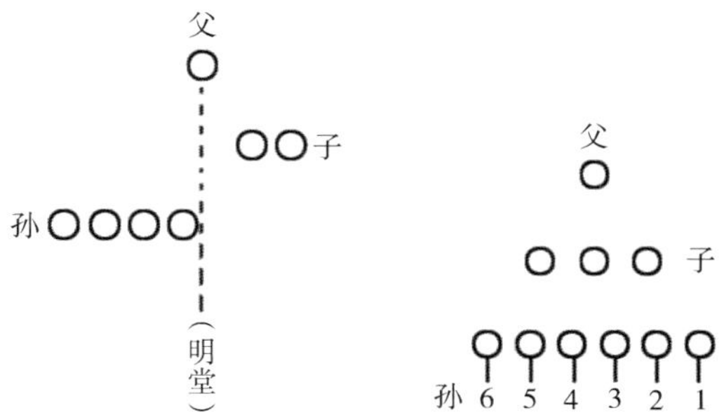

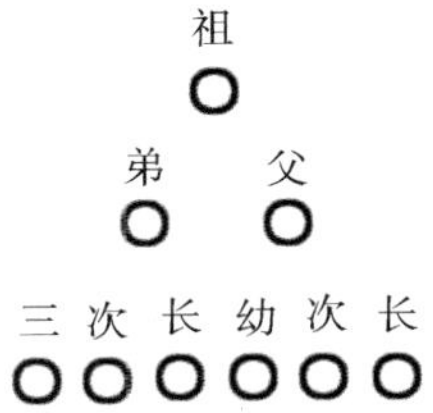


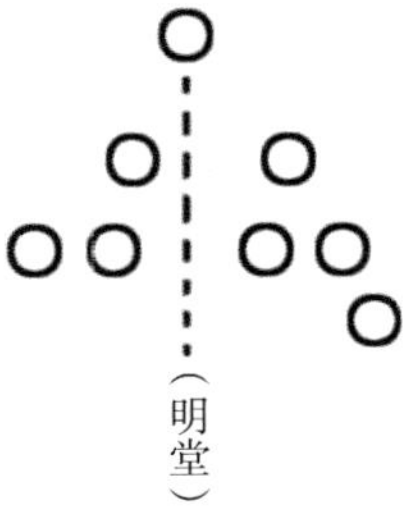


（这3种坟形的名称不明）

【坟的方向】

坟大体朝着哪个方向？＝西南、东北、西北等，没有正方向的。大致为子午葬。

【坟的形式】

昭穆葬这边有吗？＝少。吕家的坟，戴家的坟就是。

附近有吗？＝只有10华里。

县城里有街坊的同辈吗？＝有。

【阴亲】

有死者间的结婚吗？＝冥婚少，宠爱孩子的父母会做，但是一般少。

有其他名称吗？＝没有。

【指腹婚】

有指腹婚吗？＝指腹为婚，现在没有。

【分家的原因】

分家的理由多为什么？＝妯娌不和、兄弟不和、家境困难、父子不和、婆媳不和、职业关系。

这些原因中哪种最多？＝妯娌不和、家境困难的多，父子不和的少。

分家是好事还是坏事？＝过去和现在的思想不一样，现在不认为分家是坏事。

【分财产】

分家的时候，平分田地吗？＝是的。

有女儿的话怎么办？＝留下装扮费和胭粉地。

给父母留的叫什么？＝养老地。

没留养老地的时候？＝轮流管饭。

分家是父母在世时进行的多，还是死后的多？＝父母去世后。

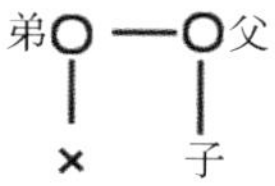


在这样的家庭关系中，父亲死后，作为家长的弟（叔父）和儿子分家时，财产怎样分？ =因为儿子有继承权，所以财产平分。

【兼祧】

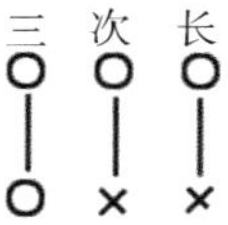


在这样的家庭关系中，长子、次子没有儿子，只有老三有一个儿子的情况下，给老三的儿子许配3个妻子，一个妻子生的儿子是老三的孙子，另外两个妻子生的儿子各自为长子和次子的孙子，这种事情有吗？ =这叫作承祀兼祧。

【同盟兄弟】

有同盟兄弟吗？ =有，很多。

有其他称呼吗？ =兰兄弟、盟兄弟、八（拜）兄弟、起码三人。

立契约书吗？ =写金兰谱。

【女性家长】

女的也可以成为家长吗？ =可以。

在什么时候？ =男的死了，长时间不在的时候。

【当家和家长】

当家和家长是同一人吗？ =同一人。

【过继】

过继子是按照什么顺序收养呢？ =先从兄弟那边开始，由近及远。

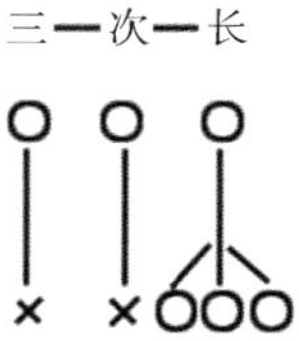


在这样的家庭关系中，长子的儿子给二弟、三弟当过继子时，按照什么顺序？ =二儿子给二弟，三儿子给三弟，长子作为长兄自己的儿子。总之，绝次不绝长。

一般过继子的辈分必须相同，还是不同也可以？ =必须是同辈。

【义子】

义子是什么？ =在干爹、干儿子中叫干儿子。

干儿子是什么？ =为了让自己的儿子活得长久，有身体结实的儿子给朋友当干儿子。这种非常多。

【另过】

另过是什么？ =自己过。一般不叫另过，叫个人过。

分家和另过有什么不同？ =分家之后才另过。

个人过是？ =分少量财产维持生活，即财产赠与。

【分家后父母的生活方式】

分家时给父母留养老粮吗？ =留。

分家的方式，除养老粮、轮流分养、养老地3种以外还有吗？ =其他没有了。

【家产和家长】

家的全部财产叫什么？ =财产。

家长对于财产有什么权利？ =只有管理。

不叫家产吗？ =叫，与财产相通。

家产是家长的东西，还是全家人的东西？ =家长只有管理的权利，没有处理的权利。

所以家产是全家人的东西？ =是的。如果是五口之家，就是5个人的东西。同居无异产是中国的俗语，也是原则。

【女子和家产】

女儿对于家产有什么权利？ =没有，只能看看。

为什么？ =因为是女的，没有能力。

## 8月15日

应答者　王世弘

地　点　德县县公署

【同族】

王姓同族有几家？ =3家。

德县同族人多的是？ =李。分为南李和北李。

其他没有吗？ =有封、卢、罗等，各自有家谱，是清朝的官吏。

南北的二李是同宗吗？ =是的。

户数有多少？ =不知道，有家庙。

【族长】

都有族长吗？ =有。

族长是辈分最大的人是吗？ =辈分大的。

【同族祭田】

同族有祭田吗？ =有，有值年。

值年是？ =按顺序管理祭田。

祭田还叫什么？ =公产、族产。此外还有祠堂（家庙）。

祭田和坟地有什么关系？ =祭田中有坟地。

祭田有多少亩数？ =多的有五六百亩。

【祭田的管理】

是怎样管理的？ =轮流。

收入用来干什么？ =用于祭祀和聚餐。

余额是？ =本人的东西。

五、六百亩能赚多少钱？ =1000 元。

轮流是按辈分来的吗？ =是的。大屋、二屋、三屋。长支、二支、三支的顺序。

同辈中的轮流有名称吗？ =没有。

为了得到公产的收入即为了成为值年，同族中希望分家的人不多是吗？ =不多，因为是按辈分，所以即使分家也不会先轮到。

这个事情由谁决定？ =族长。

【坟的形式】

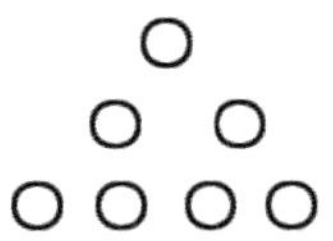

这样的坟形叫什么？ =没有名称，有钱人埋得整整齐齐，贫穷人埋在空地。

从哪里开始埋？ =从左边起。但是要根据风水。

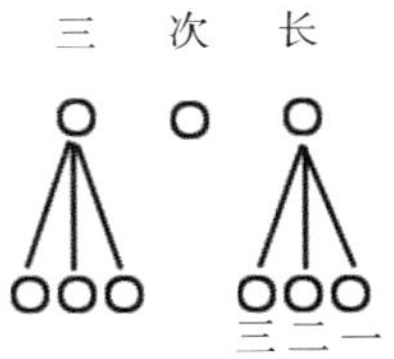


中间不叫明堂吗？ =没有名字。

【街坊的辈分】

街坊有辈分吗？ =有。

平常使用吗？ =使用。

街坊的辈分以什么为标准？ =首先是根据年龄。

孩子之间也使用街坊的辈分吗？ =使用。

【同族的负责人】

族长以外，有同族负责人吗？ =辈分最高的人叫祖长，这是名誉职。此外有家（族）长，这是实际的族长。

为什么祖长以外有家长？ =因为祖长年老。

家长是怎样选的？ =选举。

一家之长叫什么？ =家长。

不会混淆吗？ =一般同族之长不叫家长。

一般一家之长叫家长吗？ = 不叫。

所以不用家长这个词吗？ = 只在官厅使用。

即使这样，祖长以外还是有家长？ = 因为是老人，所以有家长。

【分家】

有分家吗？ = 有。过去叫五世同堂不分家，但是现在由于经济的关系分家。

现在认为分家是好还是坏？ = 是自然趋势。但是老人不赞成。

【分家的原因】

分家的原因是什么？ = 经济方面的原因，过不下去。

明明过不下去了还分家，那为什么分家后就能过得下去呢？ = 收入和使用的不均衡。

关乎经济上的原因多，还是精神上的原因多？ = 经济方面的原因多些。税收和盗贼方面的原因自然变小了。

贫穷的家庭也分家吗？ = 分。

理由是？ = 经济，不能一起生活。

平分吗？ = 平分。

给父母什么？ = 养老地。

父母在世时分家的多还是死后分家的多？ = 父亲死后分家的多。

为什么？ = 父亲在世的话，会有人反对。

【女性家长】

父亲死后，母亲成为家长吗？ = 母亲理应成为家长，但是光靠母亲自己维持不下去。

有母亲当家长的吗？ = 很少。

【分家后父母的生活方式】

除养老地以外，还有赡养父母的方法吗？ = 轮流管饭。

此外没有了吗？ = 给父母钱。

那叫什么？ = 没有名称。

哪种是最多的？ = 有钱人和穷人不一样。

有钱人？ = 养老地。

穷人是怎样做？ = 轮流管饭或给钱。

县城里的人一般没有土地吧？ = 是的。

分家时怎么办？ = 给父母钱。

【分家时住宅的分割】

兄弟怎样分配均分的财产，例如

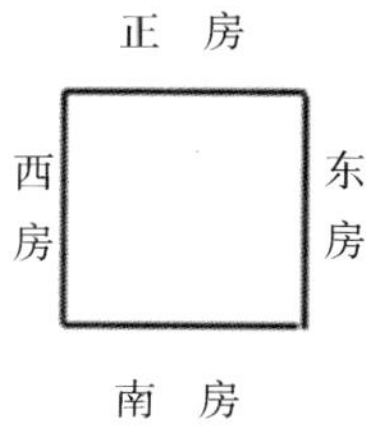

在这样的家中？ =院子不分。正房给父母、东房给兄长、西房给弟弟。
门怎么办？ =伙道伙走。
【女子和分财产】
女儿的份额是？ =妆奁费。
【家产和家长】
不分家时，家产是谁的东西？ =父母的东西。
家里的财产是谁的？ =伙里的。
说是父母的东西不奇怪吗？ =上辈流下辈接。
家里的财产叫家产吗？ =叫。
一般叫家产吗？ =叫。
家产不是父母的东西吗？ =名义上是父母的东西，对外是家长的东西。
实际上不是家长的东西？ =是的。家长不能随便变卖。
【过继】
过继子是在什么时候过继？ =没有儿子时，从兄弟那儿过继。
兄弟没有儿子时呢？ =从远房过继。

在这样的家庭关系中，弟弟有儿子，兄长没有儿子的话，把弟弟的儿子做兄长的过继子，这叫承嗣，兄长的系统叫长支。长支是守组。
过继子的辈分会成为问题吗？ =必须辈分相同。
【指腹婚】
有指腹为婚吗？ =有。
【阴亲】
已故男女结婚叫什么？ =叫阴婚，但是少。
在怎样的家里举行阴婚？ =有财产的家里，中等程度以上。
【同盟兄弟】
有同盟兄弟吗？ =有，但是少。
【义子】
义子是什么？ =从其他家庭得来的儿子，与养子相同。
【另过】
另过是？ =分居，自己生活。
指的是被父母赶出来的是吗？ =不是，与分家相同。

# 1941年7月—8月

（华北农村惯行调查资料第52辑）

概况篇第3号　山西省同蒲及东路沿线概况调查
调查员　盐见金五郎、山田斌

本报告是为将来在山西省实施惯行调查所做的准备。与目前正在调查的河北、山东两省各个地方相比，考虑了调查方面的各种条件，作为选定调查地点的准备性资料，在涉及可能的有限范围视察，调查惯行等概况。尽管本篇以此为目的，但是由于各种状况，仅在北部和中部的多个地方尝试着做了一些访谈。除了上述情况之外，也只把视察概略写成了日记，就不得不结束了。

## 视察日记

### 7月29日

从北京出发，同一天到石门，住了一晚。

### 7月30日

从石门出发，去太原。石太线是横穿太行山支脉的铁路，形成河北、山西的分界线。附近有娘子关的险处，沿线也大多是沿着山谷曲折前进。平地上的耕地极少，多是台阶状的土地（土地砂砾多，土质不好）。到了山腰，人烟稀少。房屋的结构、墓地的形态都有特色。村庄不是被土城包围，而是多在需要防卫的地方设立高楼或者警戒台。在山谷地带，可以见到很多窑洞。

榆次离太原很近。这附近土地开阔，形成太原盆地的中心。能看到谷子、矮高粱、甘薯、萝卜、瓜、豆等作物，土地贫瘠，每种作物都很羸弱。没有看见灌溉的设施，井也非常少，我们傍晚到达太原。

## 7月31日

留在太原。在驻扎人员的带领下拜访了铁路局大平调查科长以及伊东产业科长，大致询问了山西的情况及前线方面的近况。

山西省的地形大致为山地，不是山地的地方起伏也大，到处都有盆地。具有代表性的就是太原盆地。山西省在地域上分为北部、中部、南部三大部分，北部土质最差，中部土地比较好，以太谷、平遥为中心形成了以前的山西财阀，银行业的王者很多，有钱人多集结于此。但是自从进入民国以后就逐渐衰落，现在只留下其痕迹。足以用来追忆往日盛况的是太谷、平遥等县城里鳞次栉比的高楼大厦。

南部又分为东部和西部，西部多山地、耕地少。石太沿线同样的阶梯状土地上没有本该见到的农产品。东部以路安地区为中心，平原开阔，土地极其肥沃，被称为山西省的粮仓。这个地方自古以来与河南方面有物资上的交流，人口流动频繁，但是由于受事变影响，一时间陷入经济孤立的状态。不过，由于中原战区治安的恢复，同蒲线到达潞安的新线路的建设促进了与山西中北部的交流，可以把它看成是将来该地经济地位的一个转机。

整个山西省由于地理条件恶劣，农业缺乏振兴的余地。作物以高粱、谷子、大豆、小麦等普通农作物为主，棉花适合在中部以南地区种植，且有少量种植。除此之外还有杂粮，但是满足不了省里居民的粮食需求。

## 8月1日

上午7点30分出发，当天9点到太谷。直接去拜访县公署，顾问回老家了，就用携带的概况调查项目询问了知事。知事日语很好，是本地人。大致做了笔记，但由于时间不够，就没有深问下去了。

城里高楼大厦鳞次栉比，太原比原来听说的要好，可以追忆往日的繁荣。虽然避开了战祸，但是现在城内一片萧索，往来的人很少，听说田赋的征收是事变前的一半。结束访谈之后，我们当天前往汾阳，下午8点40分到达目的地。

## 8月2日

汾阳处在支线的顶端，城内约有4000户，据称人口2万，形成了如下图所示的各自独立的城市结构。

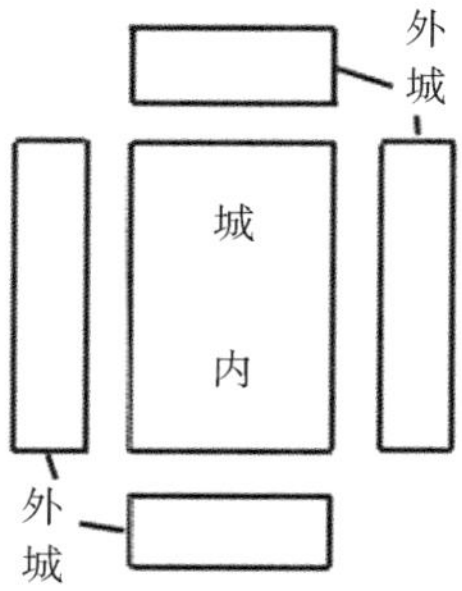


在西边附近眺望到巍峨的大山脉，即使在前线浓厚的空气中商业也相当繁荣。听说自古以来就很著名的汾酒产地杏花村就在这附近，但是现在不能去拜访。拜访了县公署，但是知事以下的干部全部去了管辖范围内的白石，都不在，询问了征粮处的小官。

田赋征收处被称为钱粮处，只征收田赋，其它税不交，直到民国二十七年为止都是在区公所代收田赋，之后就变成由县公署的钱粮处直接征收。催粮的责任在村长，地方上有村警，在村长的指挥下专门催粮。县里的政务警不催粮。现在实行自封投柜的制度。田赋以外的税有营业税、屠宰税、牲畜税等各种税，实行由省直属机关的营业税局征收、也代收县地方附加税交给县里的制度。即没有投标承包制度，被称为直接征收制度。

下午5点出发，前往平遥，6点27分到达，住了一晚。

石太线及同蒲线太原以南地区的村落形态各异（不仅是山西，是山岳地带的特色吧）。并没有随处看见三三两两的小村落，多数是群落的，乍一看，还以为是县城。有城墙的房屋构造很有特色。

墓地也与河北、山东和其他平原地区相似，只有土馒头形状的墓极少，多用庄严的石碑装饰。在北京附近所见类似喇嘛墓的圆形小塔在此处有很多。土地界标很少用到石头，用马兰草、柳、豆禾等标记的多。

## 8月3日

今天是星期天，各个机关都休息，时间很少，就停下来浏览市区。上午11点2分出发，一路去往洪洞县。

平遥的市区极其整齐，建筑的外观也和太谷一样有可以追忆往年盛况的东西，商业也逐渐进入恢复期，但现在还是有肃然的感觉。平遥附近平原开阔，土地看上去也似乎比太原附近的要好。

去往洪洞县的车中，路过张兰镇，有种比县城更繁盛的感觉。这里曾经是银行业很繁荣的地方，也许还残留着昔日的光景吧。

继续南下到达介休附近，东边山岭重叠，只有西边开阔些，介休的县城整齐地矗立其间。这附近的墓地特别是雅致的墓地，仿佛诉说着大官的故乡或者富豪的存在。无论怎样，石料丰富是一个事实。

往义棠附近走，就接近汾河的南部支流，高原从东西逼近沿着河流南下，附近的高原是阶梯状土地，耕地沿至山顶，山麓到处都有露出的煤炭，不规则地滥采，在山腰处多见窑洞村落。沿着河流进山环绕行走，附近的坟墓多在山腰，老坟前有石台。

经过两渡接近灵石就是益谷、狭谷，窑洞和煤层接连露出。附近的山中村落多，有50户左右。没有城墙，而是在要塞处有类似寺庙和瞭望塔的建筑。灵石县城位于使人联想起古北口的地形中，是山间的一个小县城。沿途峡谷可以见到有人放羊。过了灵石，会看到到处都有纺锤形的六角形塔。经过许家屯到达富家滩。富家滩站有煤坑，直接从站内出煤。看得到窑洞。过了这里，视野就渐渐开阔，能见到平地村落。经过南关站到什林，河道也慢慢变宽了，种植着棉花、高粱、玉米等。水田随处可见，我认为此处的土地很肥沃。黄土层的平原处处可见由于风化而成的大龟裂。退沙村就是那么坚固，如同县城一样。应该是为了自卫吧。

一到霍县就到了平原，汾河也呈大河之势。经过此处之后，见到的水田也多了，还可以看见莲池。这附近的平地似乎多在涨水时遭受水灾，但由于土地肥沃，所以农作物的收成很好。

从辛置起又进入峡谷，高原连绵不断。铁路也依旧靠近汾河。离赵县越近，沿河的平原愈发开阔，可以看到左侧巍峨的山脉，右侧远处则是枝山山脉。赵县是河岸边的长方形古城。

靠近洪洞的地方一马平川，作物生长得好。我们见到了灌溉水田的设施，也感受到引入河水方面水利的发达。下午 4 点 10 分到达洪洞，住了一晚。

今天是周日，但由于预定明天上午出发，就立即去访问了永井联络员。据说随着事变的进展，洪洞县被共产党军队占领，房屋多被破坏，现在空房子占大多数，简直变成了死城。他在此就任才 10 天，事情都没安排妥当，县长以下的官员也无计可施，处于待业状态，秩序恢复得慢是因为附近的治安状况非常不好。重庆、八路政府与管辖范围相对立，农村的金融也中断了。目前除县城以外，没有哪个区域是新政权能完全掌控的。别说晚上，就算白天单独行动都有危险。

然后，我们拜访了新民会。据次长附田重吉先生和其他人介绍，过去全县实行里制，有里长、里副，现在则叫村长。里长拥有土地台账，专门掌管催粮一事，但是详细情况就不知道了。直到民国都有被称为里庙的场所，由多个村管理，拥有里庙地。民国以来这些土地就移交给各村的学校管理了。

全县分为水田和旱田，水田使用河水灌溉，而旱田则用井水灌溉。为了利用河水，各村挖了沟渠，其干线是相关各村共同的事业，沟渠引水灌溉各村的水稻。旱田农作物也有引河水灌溉的情况，但仅限于沿河的地方。使用井水的是靠山的地方，灌溉能力在每人每天 4 亩左右。

大地主很少，拥有三四百亩土地的人屈指可数。一般拥有三四十亩土地的地主居多。整体来看，佃农占绝大多数。

农作物以小麦、棉花、粟为大宗。沿河利用河水的地区生产小米，目前山西水田开发公司正在计划开发。此外，太原纺织厂的出差部正在采购棉花。因此，随着治安的恢复，应该会有相当多的贸易吧。

合作社于今年 4 月刚刚成立，因为县内治安不好，所以没有积极举办活动。

本县的争水很有名，多发生在东北部利用山中水源的区域。近年水灾、旱灾、匪灾频发，农民很穷困，所以争水频繁发生，需要警戒。

在城南有大规模的天主教堂，听说拥有相当多的土地房屋，但还没进行调查。

洪洞县自古以来被称为人情不好的地方。我们把县内情况大致分类如下，列举当地人的性格特点。

东部　狡猾

东北　好斗

南部　离城 5 里以外　诚实

　　　离城 5 里以内　狡猾

西部　汾河沿河一带　好斗奸诈

北部　5 里以内　狡猾

　　　与赵城交界处　好斗

本县的租佃模式多为交纳粮食，很少交钱。在交纳粮食的情况下，通常产量的四成到六成由租佃者所得，是定租，一般立契。

有名的洪洞县槐树曾是前往河北方向移民的发祥地，它位于距洪洞站约七八百米的地方。为了确定其实际形态，我们与站长商量去当地。但昨天其附近的村落有土匪出没，所以我们被告知要注意，随后便赶到当地。古老的大槐树没有腐烂，第二代槐树也已经茂盛起来。我们询问在树下休息的农民，得知这棵树已经历经七八十年了。树下有高七八尺的大石碑，上面写着古大槐树处。碑是民国初年所立，上面刻着河北、山东方面的商人及有地位的人的姓名。由此可见，各个地方移民的子孙聚集此处，把这里当故乡来纪念。此外，涂鸦不仅被写在墙壁上，可以说是随处可见，这些也抒发了思乡之情，讲述着来此寻访的人数量之多（县志里也记载了从明朝初年起去往各地的移民数次把这里当作发祥地）。

下午 1 点 10 分从洪洞出发坐混合车去往临汾（平阳）。汾河沿岸的平原并不宽阔，但是土地肥沃。下午 3 点到达临汾，来到住处，稍作休息，就去拜访县公署的联络员。前任联络员回国了，继任的后藤邦男先生还未到任。很快就到了下班时间，也没有在此询问情况的机会了。明天要很早出发，所以我们利用傍晚之前的时间在市区行走，了解概况。

根据在临汾县公署所见，我们记录了下列有关水利的碑文，记载的都是过去县长解决争水纠纷的条款。据县里的工作人员介绍，当地农民至今仍遵守此碑上的条目。

雷家堡四马塞水利条规碑记（光绪三年）

马跑泉十二池水 × 重刊碑记（光绪三年）

马跑泉汇实际诸泉水例碑记（乾隆四十二年）

临汾也位于盆地平坦地带的中心，南方开阔，其他三面小山连绵起伏，附近五谷遍野，且很茂盛，土质好。村落看上去也不是小村落，都是大规模的村落，一般有坚固的土墙围着。城内有很多耕地，城墙给人以孤寂的感觉，但是有商业的气氛，日本人也有 1500 人。

# 8 月 5 日

上午 8 点 20 分出发去运城。

从张礼附近开始，有大村落的地方必定有  形的土造，或是砖头砌成的如墩台一样的东西，其位置在村的南部或者东部。这附近墓碑为  形的慢慢变少，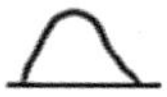 形状只有土馒头的多见。农作物除棉花以外，有很多烟草。经过史村临近柴村时，铁轨再次靠近河流前进，两侧是山丘。

到了候马，土地开阔。在阶梯状土地上， 型的墓碑以及奇形怪状的塔很多。随着火车南下，险峻的山峰变为平缓的高原地带，由于红色土地贫瘠，作物收成不佳。

过了下午 1 点到达闻喜县，其附近酷暑难当。闻喜县城从表面来看很萧条，下车的乘客很少，土质也极其不好。西边远处可见稷山，同车的当地人说距离它约有 40 华里。可远望到山顶上所谓黄帝时代修筑双塔，被这附近  形状的极高土墙围着的村落很显眼。

继续南下，从东边的窗可眺望到安邑县的古塔，县城寒碜，几乎没有下车的乘客。

地形为东面靠山、西南方向开阔。土地依然贫瘠，作物很少。

14 点 53 分到达运城，可以眺望接近车站的威严的城墙。运城南面靠近层叠的中条山脉，与运城市之间夹着有名的盐池，街市被坚固的城墙围绕，但这不是县城。据说因人口没有达到 4 万，不是县级单位的行政区划。城内有河东道公署，呈现出市面的活跃景象。距街市南边 2 华里的盐地是长约 70 华里、宽 7 华里的一个大湖沼被南边的中条山脉包围而成，池岸边盐田接连可见。

运城有池神庙，古色古香，祭祀掌管雨、风、池的神，庙内大量古碑讲述了池的历史，特别是把盐池画成壁画刻在石头上。由于风化看不清碑文，但是很有意思。我们一时沉湎于怀古幽情当中。

# 8 月 6 日

上午 7 点，一路北上，折回介休，下午 5 点 40 分到达介休。这是铁路沿线少见的整齐的县城，城里也很整齐，古色古香，古迹繁多。由于受事变的影响较小，当地很安稳也很繁荣。

我们在去时的火车上曾经目睹了介休附近，尤其是墓碑的形制及其林立的场景。但仔细一看，其做工精致和规模的庞大程度让人大吃一惊。

城里的道路全部是用石头铺的，很低，雨水从道路沿着城的一方流出。

## 8月7日

在介休停留。我们去了县公署以及新民会，大致询问了情况（参考附页）。

## 8月8日

上午7点50出发，乘坐新支线去潞安，先到东观（东观是新支线的中转站）。从东观到潞安的车程仍需两天。

从东观出发没多久就到横断山岭，像太行山脉的分支，是非常险峻的红土地地带。过了分水岭，经过几个小站，下了很长时间雨，晚上10点半左右到了沁县，夜晚进城。由于是在深夜，不清楚城里的情况的，残存的房屋很少，埋在杂草中，可见这里已成废墟。

沁县是山谷里的一个县城，平地很少，应该看见的农作物却没有。我们趁着片刻空闲，尝试询问农夫下列问题。

本县的土地情况如何？＝山地占6成，平地占4成。

平地是什么样的？＝把有水利的土地叫水地。此外还有普通的旱地，前者占1成，后者占9成，水地分为用井水灌溉的小水地（2成）和用河水灌溉的大水地（8成）。

平地的产量怎样？＝

| | 水浇地 | 旱地 |
|---|---|---|
| 谷子 | 不种 | 240斤 |
| 高粱 | 700斤 | 200斤 |
| 玉（玉米） | 不种 | 200斤 |
| 麦子 | 280斤 | 100斤 |
| 大麦 | 140斤 | 不种 |

重要农作物按从多到少的顺序排列情况？＝谷子、高粱、玉米、麦子。

这个地方的土地所有状况如何？＝没地的人少，一般有10亩到20亩土地。成为大地主的有100亩以上，有一两百亩土地的人很多。有人拥有500亩土地，但是很少。一两百亩土地的所有者占八成，500亩左右的所有者占两成。

五口之家要多少亩地才能维持温饱？＝水浇地10亩，旱地则要30亩。

自耕与租佃哪种多？＝自耕占95%，租佃占5%。

租佃要立契吗？＝租佃一年用口头契约。四五年则必须立契。

租佃期限？＝多为四五年。

地租？＝产量的一半。交现金的极少。交现金时每亩预付30—50元。

地主的负担？＝农具、肥料、种子一概不负担，但是田赋由地主负担。

有租佃的中介人吗？＝有中介人（说合人）。

有大地主雇几十年长工的吗？ =10 年左右的有。

多少亩以上的地主雇佣长工？ =100 亩以上。

地主中有在事变中逃亡没回来的吗？ =基本上都回来了。

## 8 月 9 日

上午 9 点 5 分出发去潞安，行车方向左右可以眺望平缓的高原，铁轨沿着河流南下。沿河的平原很窄，土地也不肥沃。在其他的阶梯状土地上可以看见种植着高粱、粟，墓地，人烟稀少，可见经济繁荣程度低下。

从东周村附近起，土地逐渐变得开阔，土地肥沃程度变高，应该是粮仓地带了。此处居民看上去也很富裕，一般形成大村落。棉花不显眼，以谷子、高粱、玉米等为主，其次是杂粮。我们询问了车里的人，听说如果细分土地，大地主也只有五六百亩土地而已。在这一带，有土墙的村落很少见。下午 6 点到达潞安。

## 8 月 10 日

在潞安停留。

今天是周日，自由视察后结束工作。潞安曾经是潞州，后来成为潞安府，民国以后变成长治县，现在当地人称其为潞安。以县城为中心的平原开阔、土地肥沃、谷物茂盛。农产品中没有特殊的品种。县城极其宽敞，城内约 1/3 是耕地，只有中心的十字路地带商贾众多，形成街市。城内古迹丰富，有英式和荷兰式的教堂，其规模大得吓人。去年 10 月，当地通了火车。文化落后，城里原本是附近乡村人口出入之地。县民非常质朴，城里的蔬菜粮食集市也很热闹。听说当地有 1500 名日本人，市民的返回率达到了 9 成，治安恢复状况良好。

## 8 月 11 日

上午 10 点前出发，折回沁县。傍晚到达，住了一晚（为了配合火车的时间）。

## 8 月 13 日

上午 7 点 40 分出发驶向太原，下午 7 点到。

## 8月13日

在太原逗留。

## 8月14日

上午9点30分向北出发去忻县。从太原往北走，土地逐渐变得贫瘠，多山地丘陵，墓地的形状也很奇特，土台上面多有形状的物体，围墙周边有被称为××祖坟的墓地。越靠近忻县，离河流越近，山麓地区窑洞很多，阶梯状土地也渐渐增多，作物一直种到山顶。昔日的碉堡（警戒台）随处可见。豆或者谷子和菜的间作地多。我们在下午1点45分到达忻县，冒雨走在泥泞的道路上徒步进城。

忻县附近有下列墓地。在太原到忻县之间的路途上，我们透过车窗多次看到这样的墓地。

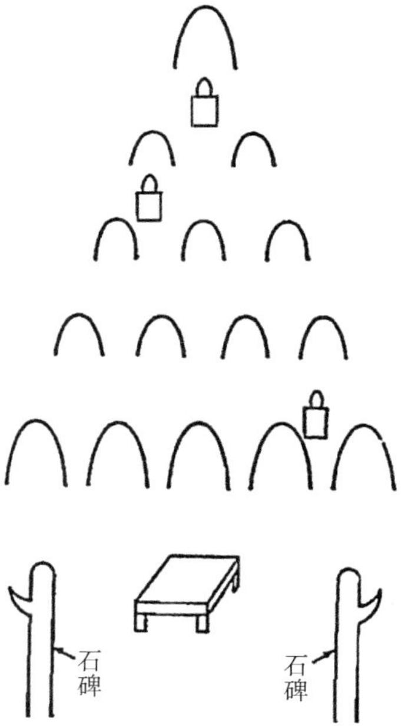


忻县位于平原当中，县城附近隔河可见太行山脉的九连峰。穿过五台的灵境是铁路支线的中转站，形成山西北部的重镇，县城形状不规则，西部多高楼是景胜之地。城呈“牛”形，因而被称为卧牛城。北门外形成商业地区，城内给人一种很安定的感觉。商店在构造上有如同日本神社正殿的入口，商品藏在尽头处，初看极富雅致，有一种异样的感觉。大小商店的形制没有差别。

## 8 月 15 日

中午前去县公署拜访了联络员和县职员，相互提问约 2 小时。下午 1 点 45 分朝宁武出发。忻县以北土地开阔，但是土质也变得越来越差，到处可见挖掘岩石的痕迹。我猜此处是强碱土壤，因此作物矮小。沿线村落构造奇特的住宅随处可见。

忻口镇夹在山河之间，属于要害之地，如今是事变的激战之地。越接近原平，越靠近险峻的山岳。在这附近的平地上，树木繁多，作物长势繁茂。有从原平出发通往代州的支线，最终到达雁门关。靠近河峪时，火车进入峻险的山谷，山形也十分奇特，堪称绝景。其间有由砖头砌成的土台呈形状的坟墓。此地过后，可继续欣赏美景。火车在恒山山脉中穿行。经过轩岗之后，可见平地。

原平山地阶梯状的土地上无一例外地种着燕麦。表明此处由于土质低下，无法种植其他作物。晚上 8 点 1 分，我们到达宁武，入住无名的客栈。遭到毒虫攻击，一夜无法入睡。

## 8 月 16 日

上午 9 点 25 分向大同出发（原定的返回路线是从太原出发乘坐石太线，因事故导致道路不通，选择北上）。

利用发车前的短暂时间，我们概览了宁武。宁武县城建在山间的斜坡上，夹在山河之间，实属要害之地。附近难以看到农田。虽被称为明代建筑，但是荒废至极。据说特别是在铁道开通之后，愈发衰落。虽然城内有丰富的古迹，但是战争痕迹显著，极度寂寥。

我们在某一农户针对坡地（山西山岳地带开垦的阶梯地）进行提问。

应答者　张玉山

地　点　宁武县城中央街

对山地的开垦地、未开垦地是如何称呼的？ =前者是坡地，后者是荒地。

这附近的山地有各自的所有者吗？ =有。

未开垦的地也有地券吗？ =有。

坡地是哪个年代开始被开垦的？ =明朝。

现在也进行开垦吗？ =现在也大肆开垦着，因为土地稀少，人口持续增加。

要开垦的话，需要向官署提交什么手续？ =我家没开垦过，不知道。

但是您知道大概情况吧？ =选择无主荒地，从此开始垦荒。向县公署提出申请。

去县公署的哪个科呢？ = 不知道。

拥有未开垦山地的人要交纳这份土地的钱粮吗？ = 开垦之前不用。

开垦后从第几年开始交纳钱粮？ = 从开垦那年开始。

坡地的钱粮和普通平地钱粮的比率是怎样的？ = 坡地交纳的钱粮便宜，是平地钱粮的一半。

坡地上大致种些什么？ = 几乎都是荞麦。

除此之外不种其他的吗？ = 是的。

为什么只种荞麦？ = 因为不需要浇水。

大致使用什么肥料？ = 人粪。

有储存雨水的设施吗？ = 因为不需要，所以没有。

平地和坡地的产量比率是多少？ = 坡地为平地的一半，或者多于一半。

平地和坡地的地价比率是多少？ = 坡地大约是平地的一半金额。

山地开垦是地主自己开垦的情况多还是雇人开垦的情况多？ = 地主自己开垦。

坡地所有者是大地主比较多吗？ = 小地主较多。

坡地是自耕多还是租佃多？ = 自耕多，租佃少。

坡地的租佃条件是？ = 因为需要一定的肥料，租佃期限长的情况多。特别由佃农开垦的情况，少说也得承认10年的租佃期限。地租全部是实物交纳，平分收成。在长期（大约10年）租佃的情况下，需要立契。短期则是口头契约较多。

过了杨方口，进入内长城线。至此以后，地形发生改变，进入了砂质高原地带，以蒙疆之地为界。地质依然贫薄，未耕种的土地较多，随处可见牧羊人家，房屋也是简陋的土质屋子，地形没有变化。仿佛进入到沙漠一般，到大同为止都是这般景象。下午2点到达大同，住了一夜。

## 8月17日

夜行从大同出发，18日到达北京。

## 8月1日

### 太谷县的概况

应答者　武克恭（太谷县知事）

　　　　孟　岗（太谷县缮校室）

【关于土地所有】

有皇产吗？ = 没有。

庙产？=没有。

族产？=没有。

义田？=没有。

旗产？=没有。

学田？=没有。

祭田？=没有。

村公有地？=没有。

屯田？=没有。

民国后开展过官产整理吗？=没有过。

以前有官有土地和归属关系不明之地吗？=没有，以前就大致都是民有地。

村子有哪些共有地？=采土场，没有其他的了。

用什么作为土地的界限标志？=一般没有。

因为没有界标，会产生土地边界的纠纷吗？=没有。阶梯状的土地较多，即使土地没有界限标志也可以。

在什么情况下会引起纠纷？=无视同族土地的先买权而出售之时，会引起纠纷。

除了以上所说的纷争之外，哪种纷争最多？=没有。

如何解决以上纷争？=村长和有权势之人进行调停，之后还解决不了的时候，到县里去打官司。

【水利】

经常用井水进行灌溉吗？=是的。

河水灌溉的情况如何？=有，但是少。

井的数量是？=几乎是私有，有两三户共有或是全村共有水井的情况，但是数量少。

为了灌溉，有允许他人使用同一口井的情况吗？=有，少。

土地的价格，会因为有无水井而有所不同吗？=是这样的，有驴牵水车的土地价格最高。

为了引入河水，有共同的设施吗？=有。

以上为几人共同拥有？=不一定，多则四五户。

以上所说的设施是如何进行分担的？=每户按比率分配。

佃农负担以上费用吗？=不一定，地主和佃农商量后决定负担的人。地主负担之时，地租相应上涨。

这附近有过河水泛滥吗？=有。

县和其他机关合作负责河防和重建工作吗？=不，全部由个人负责。县公署仅下达田赋减免申请。其他的与县公署无关。

有因水灾导致土地界限不明的情况吗？=一般没有，但是偶尔发生时，根据各村公所所有的鱼鳞册明确界限。水灾时几乎没有界限争执。

县里的治水工程，需要做些什么事？=省分配给县里一定金额的凿井补助金，县据此适当补助村民凿井，由县调查后决定收取人。大约大井每年是八成，小井是两成，补助费是大井每个150元，小井是70元左右。

【土地买卖】

土地一般如何区别？＝带水井的是土地，不带水井的是旱地。

本地的土地买卖多吗？＝土地买卖不怎么多，但没有向县里报告的土地买卖似乎相当多。

人们大多在什么情况下出售土地？＝生活所迫。

把婚葬与其他情况分开来说，怎样排序？＝葬婚的顺序。

什么时候的土地买卖最多？＝农闲期的十一二月较多，县公署的契税手续多在二三月进行。

在什么样的人之间进行土地买卖？＝农民之间较多。

卖土地的顺序是怎样的？＝卖主拜托介绍人，介绍人（称为中人、说合人）推进商谈，给与汇总。买主、卖主意见达成一致时，各自记录到村公所的草契上。村长作为监证人，证明契约的正当性。使用除草契以外白契的情况很少，但并非没有。以上手续完成后，去县里办理契税手续。

没有除契税以外的登记手续吗？＝在事变之前没有。事变后，最近有到太原中央法院办理土地所有权登记的指令，但是几乎没有实行过。

以上土地买卖的价格由谁决定？＝依据双方协商，介绍人协调决定。

一家之中谁拥有决定土地买卖的权限？＝家长。

除家长之外，绝对没有卖地的可能吗？＝没有。

兄弟分家后，弟弟想卖土地之时，需要向父亲和哥哥商量吗？＝有时以先买关系来商量，如何处置土地是弟弟的自由。

如何支付地价？＝一般在立草契时全额交清，但也有分两三次交的情况。

上述分期支付之时，需要另立保证人吗？＝是这样的，非本人支付之时必须由保证人支付。

以上的情况，因不履行契约引起纷争时，一般由谁仲裁，族长还是村长？＝村长。

契约金额及其负担者是怎样的？＝买卖之时，买卖价格的百分之六，以典价的百分之三，由出典者或者入典者负担。

监证费是怎样的？＝买卖价格的1.5%，以买主7成、卖主3成的比例负担。

给介绍人谢礼吗？＝没有规定的金额。

一般给谢礼吗？＝多数情况会给少量金额。

买卖之际，除上述费用之外还有其他开支吗？＝没有。

土地买卖之时，一般认为何时土地已经进行了转让？＝担任监证人的村长在草契上盖章之时，即产生效力。

办理契税有什么意义？＝契税是关于税手续方面的事，与效力无关。但是引起纷争之时，不办理契税会引起不便（规定契税从土地买卖时期开始，两个月之内办理）。

完全没有官有地吗？＝荒地当中有一些。

上述买卖和一般买卖有什么不同？＝树的价钱包含在土地费里，进行支付。

【典地】

有以典的形式来买卖土地的吗？ ＝没有。

几年后允许赎回典吗？ ＝不一定，10 年、20 年后的情况较多。

上述期间称为什么？ ＝典期。

有比以上期间更短的时候吗？ ＝有，但是很少。

典期有限制吗？ ＝政府所规定的典期是 30 年，不允许 30 年以上的典期。

上述典期是可以回购的最后期限吧？ ＝是这样的。

那么，30 年内不可回购的情况下，土地的归属将变为怎样？ ＝所有权移交给承典者，之后不允许回购。

【租佃关系】

可以告诉我本地作物收成的排列顺序吗？ ＝按谷子（50%）、高粱（约 20%）、玉米（同上）的顺序排列，小麦也占有相当比率，没有豆类，棉花若干（本年是 50 顷左右）。美国烟草例年收成 15 万斤左右，今年预计为 20 万斤（烟草在收获小麦的土地上种植）。也有可收稻米的土地，预定明年试行种植。

水浇地和旱地的比例？ ＝水浇地 1 成，旱地 9 成。

山地多吗？ ＝多。

没有利用吗？ ＝没有。

强碱地多吗？ ＝占全部耕地的两三成。

最大的地主有多少亩地？ ＝200 亩左右，但是这样的地主不多。

一般人拥有土地面积是？ ＝8 亩、10 亩左右。

200 亩左右的地主怎样使用土地？ ＝有自耕的，也有用来租佃的。

有拥有很多土地的商人吗？ ＝有几个。

他们是自耕吗？ ＝大致用来租佃。

有因当官拥有很多土地的人吗？ ＝没有。

有从事金融的大地主吗？ ＝有（50 年前大谷是比省城更重要的商业中心地，但逐渐衰落了，尤其在铁路开通后颓势更加严重，现在已经完全萧条了）。

县城里有很多气派的住宅，那都是地主的吗？ ＝过去有大地主，现在没有了。

自耕、自耕兼租佃、租佃的比例是怎样的？ ＝自耕农非常多。

现在有从县城转移到其他地方的大地主吗？ ＝少，事变时去其他地方避难的现在大部分都回来了，没有从村里去县城避难的。

地租是交钱还是交实物的多？ ＝实物交纳的多，交钱的少。交钱的话，可以后付款。

地租与过去相比有变化吗？ ＝没有提价，但是有上升的趋势。

有从实物交纳向交钱转移的迹象没？ ＝没有。

租佃契约是口头约定多还是立契的多？ ＝口头的多。

在哪种场合下立契约书？ ＝租佃给其外村的人或者租佃给没信用的人时立契约书。

上述情况，即使有保证人也得写书面文件吗？ ＝那种情况，有口头约定就行。

租佃期限怎样？ ＝没有无限期的，大多为两三年到四五年为限，地主和佃农都不喜欢每年更改契约。

租佃的约定上规定了什么事情？ =佃农交纳的费用或者粮食以及租佃期限。

实行收成折半吗？ =有地主出肥料、种子等折半拿收成的情况，但是很少。一般是先议定交纳粮食的数量。

田赋有由佃农交纳的吗？ =也有以地主的名义实际上是佃农在交纳的，总的来说一般由地主自己负担。

村里的费用叫什么？ =村费（不叫青苗费）。

有村费由纯粹的佃农负担的吗？ =极少。

有地主借给佃农钱、农具等的情况吗？ =一般不借。

地主和佃农有亲密交往吗？ =佃农只是租了土地而已，不会有亲密的交往。

租佃地会优先租给同族吗？ =不会。

有优先让人租佃的情况吗？ =入典者把典地租佃出去的时候，可让出典者优先租佃。

四邻有优先租佃权吗？ =没有。

雇佣长工的家庭多吗？ =无论商人家还是农家，有很多土地的人一般会雇长工。

自耕者且雇短工的多吗？ =农事繁忙的时候一般会雇。

【地籍及土地公证】

在县公署有哪些了解村落土地关系的文件？ =征粮册（县署）、鱼鳞册（村公所）。

上述没有因为事变而弄丢吗？ =现在都在。

在本县田赋征收是由县里直接进行吗？ =不是，县里督促，征收是让城里的钱铺。

上述以外的，县没有在地方设立分柜征收过吗？ =有。在2个地方设立分柜，征收那个区的田赋，可以让县城的钱铺去征收，也有村长从村民处收田赋汇总直接交纳给县公署的征粮房。

总之以上三种方法是并用的吗？ =是的。

那么上述的各征收地点都各自有账簿吗？ =县署有一部，与之相同的东西各征收地点也有一部。

上述的账簿叫什么？ =县里的叫红簿或者征粮册，各征粮地点的叫征粮册或者鱼鳞册。

钱铺的田赋征收从什么时候开始？ =从清代开始，钱铺又叫粮柜，1柜负责几个村。

上述内容现在还在实行吗？ =事变后废除了，现在人们自己来交纳。

事变前没有里书吗？ =民国初就被废除了。

土地买卖的时候所有名义的变更叫什么？ =过割。

过割的手续怎么办？ =村长在鱼鳞册上办过割手续，然后报告给县里。

每次有土地买卖时都要办理过割吗？ =是的。

过割完后报告给县里是什么时候？ =每次。

村长保管的鱼鳞册和县里的征粮册的记载事项如何保持一致？ =在县里十一二月与县里的鱼鳞册进行比较，制成新的征粮册，春天以后可以使用。

田赋征收和税契在县里的什么地方办理？ =征收在征粮处，税契在财政科专员处办理。

上述两个部门的职员都是从过去就有的吗？ = 是的。

验契是什么时候进行？ = 民国三四年里进行过一次，没有覆盖全部，大概只进行了80%（专用纸是验地草契，是全国统一的东西）。

有不动产登记吗？ = 县公署的承审处没有实施过，但是好像事变前没经由县署，有几个去太原的法院登记的人。

过去为了田赋整理等进行过土地陈报吗？ = 过去没有。事变后，由于省的命令变成了为田赋整理而进行土地调查。但是由于治安和其他方面的关系，实行很困难。

【赋税】

本县田赋一年的总额是？ = 原来是38000元，现在只能收到一半了（事变前是定额的八成左右）。

田赋税额呢？ = 每亩正税25元，附加2元，按照刚才提到的红簿征收。

征收期是？ = 分为一月到七月的上忙和此后的下忙。

农民直接交给县里的税是什么？ = 只有田赋和契税。

催促农民交税的是谁？ = 催粮是政务警在做。

省税是在县里征收吗？ = 以前省税是在县公署征收，但是最近改成全部是省里的营业税局征收。

除了田赋、契税以外，还有什么税？ = 牙税、屠宰税、牲畜税等，县里和这些税没关系，是在营业税局或屠宰场征收。

但是前面不是有提到附加税吗？ = 县里向省里申请许可，得到许可后征收，这是县里的收入，由县吏收纳。

有县里的摊款吗？ = 没有。

谁来分摊村费？ = 村长。

村里的村费决定需要县里的认可吗？ = 是的。

村费的分摊标准是根据什么而定的？ = 根据所有地的亩数（不根据家庭成员的人数、牲畜的数量来定）。

那么没有土地的佃农等不负担村费吗？ = 佃农根据租佃的土地亩数来。

地主和佃农负担的每亩村费是一样的吗？ = 大体上不一样，佃农负担少。

土地租佃出去的情况下，村费由地主和佃农双方共同负担吗？ = 平均负担，只是地主负担钱粮，所以负担额高。

居住在村外的村民也要交村费吗？ = 是的，交一样的数额。

在村里有征调物品吗？ = 没有，村费需要交现金。

出劳力的分摊标准是？ = 一家一个人，不按亩数来。

【农村金融】

在农村，借钱的原因通常是什么？ = 最多的是为了购买农具、筹措地租；其次是购买粮食，再就是临时性婚丧的情况。

主要是借什么呢？ = 借现金，借粮食等的情况少。

没有土地也能借到吗？=只要借方有土地，无论数量多少都能借到。没土地的人没有信用，所以借不到。

在本县下辖的农村里，无土地、无职业的人很多吗？=多，他们想借钱，也没有人借给他们。

主要是从什么人手里借钱呢？=朋友，其次是亲戚。

借钱的顺序是？=拜托中人，找保证人，显示自己家的财产后，借钱。只是朋友之间，多数情况下，不这样做也行。

主要是找村里借，还是村外？=村里。

县城附近的地主、商人不借吗？=不借。

县里有多少家当铺？=事变前很多，但是现在只有20多家，因为兵乱，离散的多。

他们放款给农村人吗？=事变前放款，但是现在不放了。

城里有很多巨贾之家，现在怎么样了？=事变前就已经没有大商铺了，剩下的也基本上逃走了，也有人关了总号，搬到分号。还有破产的人（现存的大户人家大体上是清代当大官的人家，以前是名门望族，但是现在都落魄了，把房子卖给商人，或者抵押出去的很多，大体上是人在居住，抵押的比卖出去的多）。

有老百姓筹钱成立会的吗？=事变前有很多钱会，一个人出三五百元左右，成员是10人左右。总体而言，在县城附近发达的村里的很少，大的村子有一个会，钱会也叫“合会”。

以前的金融机关有哪些？=实业银行、山西省银行这两家，还有钱行（也叫“钱铺”，也经营货币的交换和汇款）。

这是“农民金融”吗？=只借给有钱人，贫民不能使用。

合作社呢？=事变前没有，现在有。

农民主要在什么时候借钱？=九十月到正月之间多，这个时期已经收获，农民也有收入，但是正月前必须返还一年中的债务。还有农民卖掉秋天收获的谷物后，手头没有钱了，会借钱。

借钱的种类？=借现金还现金的情况多。借钱还粮的情况特别少，（春天借现金，秋天还谷子的情况少）借粮还钱也少。

借多少钱以上时要抵押？=10元、20元以上。

10元、20元以下，是信用借款多吗？=是的。

10元、20元以上也有信用借款吗？=特别有诚意的人之间，信用借款最高可以借100元左右。

借钱时一般写字据吗？=是的，但是关系特别亲近的，不用写字据，也不要保证人。

立字据、无保证人和立字、有保证人，哪种多？=大体是后者多。

保证人的资格是？=代替借款人有支付能力的人。

一般有中人吗？=有，兼保证人的多。

用田地和房子做担保的情况，哪种更多？=田地，但是城里的人用房子担保。

用田地担保的时候，要把地券给对方吗？=是的。

有用家畜和农具担保的吗？ = 极少。

有用收成担保的吗？ = 很少。

用土地担保借钱称作什么？ = 指地借钱。

典价和地价的比例是？ = 地价的三四成。

典期呢？ = 一般是 3 到 5 年，最多是 5 年左右。

出典后，出典者可以增借（找价）吗？ = 可以。

借钱的利息是？ = 最多 7 分，最少 3 分，一般是 4 分。

利息大致何时支付？ = 借钱时，有扣除利息和以月赋的形式支付两种形式，后者多。

利息的支付期是怎样的？ = 年利息是四季分开，季末结算。月利息是月末结算。

利息写到契约书里吗？ = 使用付利摺子。

在期限内，没支付利息会如何？ = 可以延期。

在上述的情况下，有抵押物品的吗？ = 没有，延期的情况多。

单利和复利哪种多？ = 复利。

没还本息时，没收抵押的土地吗？ = 是的。

贷方直接去没收吗？ = 需要很多手续。

知道实际没收的例子吗？ = 不知道。只是这种情况下，一般村长们会在村公所调停解决。

不还时，有把牛马牵走的吗？ = 有许可就可以，不过没听说过这样的例子。

有提供劳力代替偿还债务的吗？ = 没有。

有借方没法还，保证人负责的吗？ = 少。

有因为天灾而延期支付或减轻本息的吗？ = 没有。

能在期限内增加利息吗？ = 可以。

增加利息时，需要借方的许可吗？ = 限期内需要，但是过期后，贷方可以单方面增加利息。

【农村贸易】

为了售卖而耕作的作物是什么？ = 棉花、烟草。

这附近粮食能自给吗？ = 不足。

作物在哪里卖？ = 县城的小商人来村里收购，再卖给城里的大商人。

商人和农民之间有买卖的斡旋者吗？ = 没有。

县城有集市吗？ = 有。奇数的日子在东关，偶数的日子在南关。

地方上的大村情况如何？ = 事变前有，但事变后没有了。

集市上卖什么？ = 作物、布、杂货。

购买者是什么人？ = 村民。商人不怎么买。

有牙纪、经纪吗？ = 粮食店担任这个角色。

货款何时交付？ = 购买时，直接交。

村里粮食不足时在哪里买？ = 集市。

衣服呢？ = 城里的商店。

肥料、种子、农具呢？ =集市。
村民买东西的商店是大体固定的吗？ =不一定。
用钱买东西的多吗？ =大体上是现金。
有共同购买物品的情况吗？ =没有。
合作社有商品买卖吗？ =没有。
村里小贩来的多吗？ =经常有杂货商来。
村里的副业有哪些？ =除了养鸡和家畜以外，没有了。
【村落制度】
一般叫“村长”吗？ =是的。
没有财产也能当村长吗？ =财产不是必要的。
会读书写字的人呢？ =可以。
没有职业也可以吗？ =无职业的人没信用，所以不行。
村长有世袭的吗？ =不一定。
有年龄的限制吗？ =没有。
有在村里居住年限方面的限制吗？ =没有吧？
户主以外的人也能当吗？ =可以。
村长的重要资格条件是什么？ =学识、信用和一定的资产。
村长的选举是投票产生吗？ =每家派一个人参加选举。
票选吗？ =写在纸上。
女人可以当村长吗？ =可以是可以，但目前还没有当上。
有女家长吗？ =没有听说过。
女村长呢？ =还没有。
村长的工作是什么？ =公益的工作。
公益的工作是？ =比起自己村里的事情，县里命令的事情比较多。
村长在县里的会议上集中吗？ =县里召集的话，会集中。
会议是什么事多？ =关于治安关系和农村救济的事情多。
村长兼办的工作是什么？ =保甲长、学校校长、监证人等。
有副村长吗？ =有。
和选村长的方法一样吗？ =一样。
村长的亲戚可以当副村长吗？ =不行吧。
为什么？ =因为会弄出毛病。
除了村长、副村长，还有辅助者吗？ =有闾长、邻长等。
有会首吗？ =没有。
村长、副村长、闾长都是亲戚关系也可以吗？ =可以。
村公所设置在哪里？ =使用庙的多。
帮助村长的人和庙的管理人有什么关系？ =不是同一个人。
管理人叫什么？ =善友。

在村里主持公道的是谁？ =顺序是村长、副村长、闾长。
村里出问题时，有一定要访谈其意见的人吗？ =没有。
有村民的集会吗？ =没有。
地主的集会呢？ =没有。
村长、副村长以及头面人物的集会呢？ =有。
这叫什么？ =上社。
上社是什么？ =在村公所集会叫作“上社”。
一年中，一定要聚会的叫作什么？ =不知道。
什么时候决定村里的摊款？ =上社时。

【家族制度】

县里人口最多的一家是几人左右？ =有 20 人左右的，但是这种少见。一般是五六个人到七八个人左右。
女人能当家长吗？ =能。
有丈夫时可以吗？ =不能。
丈夫死了，有儿子的情况呢？ =可以。
和儿子的年龄无关吗？ =到儿子二三十岁前可以当家长。
家里财产的总称是什么？ =家当。
家庭成员有个人的财产吗？ =有，叫作“体己”。
体己指的是？ =土地、家、贵金属、现金等。
最近分家的多吗？ =进入民国以来似乎变多了。
原因是？ =因为生活负担过度（劳动消费的不均衡），人情浮薄、自立门户（出去打工）等。
有只有同姓的村落吗？ =没有。
一般一个村里有几个姓氏？ =七八个的居多。
把一个姓氏的人叫作什么？ =祖先是同一个的话，叫作“同族”。
一般叫作“同族”吗？ =叫“一家子”。
作为族产认可的是？ =坟、山、家等。
家是指什么？ =出租的房子一类的。
附属于坟的土地呢？ =包含土地在内。
关于附属于坟的土地，有同族之间的使用顺序吗？ =有轮流耕作的情况和租佃出去获得收入的情况。
如何处置租佃产生的收入？ =分配。
当作坟的管理费来保管吗？ =管理费用是轮流出。
坟的管理人是谁？ =固定的一个人在做。
有街坊辈分这种情况吗？ =对于比自己年长的、与父母年龄接近的人，称呼其“伯伯叔叔”，反之称呼其为“弟弟”。
坟的形状一般是什么样的？ =人字形的多。但因为要根据风水大师看风水的结果进行安排，所以不一定。

## 8月7日

### 介休县的概况

应答者　王荣贵（第二科长）

征收处主任、第三科长、新民会次长

地　点　介休县公署

【土地所有和水利】

县里有旗地吗？ =没有。

有官产土地吗？ =水田旱地一共3顷，这种土地一般是收购后，征收租课。

是一块拥有怎样的历史的土地？ =只知道以前是有钱人捐赠的，其他情况不了解。

有村落共有的土地吗？ =有。有的村落也没有。

是怎样的土地？ =没人种的土地，水旱都有，还有没交田赋的土地，也就是逃亡地主的土地等，因为没有办法，由村里管理。

一般农地的界线用什么标识吗？ =用石柱、土堆、树木等标识，用石头的情况多。

灌溉的情况是？ =从前有水利局，现在是各村自己在做，洪山村有泉水，水很多，用于灌溉。

土地的种类有哪些？ =有城地、坡地、山地、平地、稻地等，平地分为旱地和水浇地。

有井的土地属于哪一种？ =旱地的一部分。

水浇地指的是什么？ =是自然的水经常滋润的土地，种莲、稻子等的土地，即：水田。

【租佃关系】

作物的种类主要是？ =顺序是小麦、谷子、高粱、豆子，棉花少。

旱地、井地、水浇地的面积比例是？ =旱地绝对多，井地是百分之一，水地不过五十分之一。

土地分配的情况是？ =最多的是3顷左右，但是特别少。一般是七八亩到二三十亩。

租佃和自耕哪种多？ =一半一半吧。

关于山地，也就是梯田的土地占有方面，有地券吗？ =都有地券。

纵观全县，农业应该是最大产业了吧？ =除了城市，都是农业。但光靠农业没法维持生活，去别的县务工的人有2万左右吧。

租佃的情况，要写契约书吗？ =写和不写的大概各占一半左右。

交纳地租时交钱的多，还是交物的多？ =交物的占绝大多数。

分益如何？ =很多是半种（收成各分一半）。

半种的情况下，地主会借牛马农具等吗？ =不管。

佃农除了地租外，还要负担田赋摊款等吗？ =没有。

作为特殊的租佃形态，有佃农住到地主家里的吗？ =没有。

出典人对出典地有优先租佃权吗？ =让别人租佃的情况多。

原因是？ =为了避免发生双重关系。

地主有把牲口、农具、肥料、种子等借给佃农的习惯吗？ =听说山东、河南等土地多的地方有，但是本地土地少，所以没有。

佃农会给地主帮忙、过节时送礼物给地主吗？ =因为半种多，所以除了交纳地租之外，别的关系特别淡泊。

长工多吗？ =长工少，短工多。

原因是？ =种菜的情况下长工多，但是本地种菜少，因此长工少。

【赋税】

田赋之外的各种税在哪里征收？ =契税在县第二科，其他的在营业税局，关于统税，有统税分局。

营业税局正附都征收吗？ =关于正税，有正税的包商，关于县附加的有附加的包商，按照投标包税的制度来。

主要的税目是？ =契税、烟酒、婚帖、屠宰、牲畜、烟煤等。

【农村金融】

村民在什么情况下会借钱和粮食？ =粮食不足的情况下，借粮食的多。此外，为了购买农具、家畜、肥料等，也会借钱。

有为结婚之类的事借钱的吗？ =这种情况下，借钱的多。

什么样阶级的人会借钱？ =没有地的人多。

如果没有地，就不能借钱吧？ =大钱是借不着，但是根据信用，小钱还是可以借到的。

想借钱但是借不到的人是？ =没有信用的人。

有土地的人借钱多吗？ =没地有信用的人多，可借大钱的人还是有地的人。

借钱时，首先求谁呢？ =最先是朋友，其次是邻居。

从银行借不到吗？ =银行是专门借给店家的，一般不借给农民。

不能找当铺吗？ =没东西不能利用它。

当东西的情况下，当什么的多？ =当衣服的多。

村里有当铺吗？ =大的村子里有，小村子绝对没有。

有钱会等村民相互的金融机关吗？ =没有。

有从钱铺、钱庄、银号等借钱的吗？ =他们都是对于商人小额放款的机构，农民享受不到恩惠。

农民经常利用当铺吗？ =基本是农民的小额放款机构。

现在也有吗？ =因为事变关店的多。

合作社做什么？ =只做消费方面，不做金融方面。

一年当中什么时候借钱多？ =春天和冬天多。

为什么？ =春天要春耕，冬天有一年的总决算。

有怎样的借钱方法？比如借钱还粮、借粮还钱这种？ =哪种都有，最通行的是借什么还什么（归还借的物品）。

有不立字没保人的情况吗？ =除了几毛几块的这样小额借贷的情况以外没有。

不立字有保呢？ =也有。

立字没保呢？ =也有。

立字有保呢？ =是最多的。

怎样的人可以当保人？ =朋友、邻人多。

有当这种情况吗？ =有。

是什么？ =当东西借钱。

押呢？ =多。

典呢？ =这也有。

是什么？ =典地典房。

典价是根据什么决定的？ =一般是地价的一半。

典期是？ =五年的多。

转典和增借都不行吗？ =都可以。

当的利息呢？ =最低3分，一般5分，最高1成。

什么时候交利息？ =后付利息，本利一起还的多。

期限是？ =3个月、半年的多，都有期限。

当押和典的不同之处是？ =当押是私有立契，典是有税。

在期限内不能返还欠款时，能延期吗？ =先给利，后延期。

怎样还钱的比较多？ =税契上看，卖地还钱的不少。

有卖家畜农具等还钱的吗？ =这也不少。

有出劳力代替还钱的吗？ =有，但是少。

有保证人还钱的吗？ =特别少。

借钱必须要还吗？ =根据具体情况而定，有免利息的，也有延期的。

【农村贸易】

有作物变迁吗？ =近些年，罂粟增加了。

为什么？ =为了发财，偷偷种植的人增加了。

事变前没有罂粟吗？ =没有。

农民主要卖哪种作物？ =小麦最多，豆子和小米等其次，也有少量的棉花。

什么阶级的人在卖？ =地户（佃户）的多。

作物在哪里卖？ =集市（粮食集）以及西门外的粮食店。

哪里有集市？ =张兰镇、义棠镇、西门。

有在自家的田里和院子前等地卖东西的情况吗？ =没有。

在集市上贩卖时，牙纪是必要的吗？ =牙纪就是粮食店。

牙纪会来各个集市吗？ =是的。

有共同贩卖的吗？ =没有。

谷物的买主是谁？ =粮店。

仅限于粮店吗？加工者不买吗？ =加工者也收购。

洋行呢？ =洋行不买。

货款交付是现金吗？赊卖吗？ =现钱贸易。

不是物物交换吗？ =不是。

农作物贸易的搬运方法是？ =马车或者驮驴。

粮店收购的谷物卖给谁？ =加工者或食用需要者。

农民的必需品在哪里买？ =去城里买，一部分在集市上买。

是什么东西？ =日用品、燃料等。

燃料是什么？在哪里买？ =煤在城里买。

不买肥料和种子吗？ =不买，自给自足。

可以赊购必需品吗？ =熟人的话，可以。城里的商人基本上都认识村里的人。

有从城里到村里来的商人吗？ =小商人带着日用品来。

村里有什么特别的副业吗？ =没什么，基本上饲养家畜，妇女的手工业方面则有织布。

织布多吗？ =不多，从榆次买来丝，织布的人有一些。

【地籍及土地公证】

整理过官旗产吗？ =本地没有官旗产。

有鱼鳞册吗？ =有，最老的是同治年间的。

那是谁在保管？ =册书。

县里有几个册书？ =5 人。

县公署不保管鱼鳞册吗？ =不。

村长呢？ =村长不保管。

田赋是根据什么征收吗？ =根据每年册书制作的征粮册（也叫“实征册”）。

鱼鳞册是分村的吗？ =是的，种类有十二都。

册书有别名吗？ =也叫“里书”。

进行土地的买卖时，首先去哪里？ =去村长那里立契。

接下来呢？ =去册书那里过割。

村长是根据什么来办理手续的啊？ =草契。

村长不用管理过割吗？ =不用，那是册书的工作。

每个村子有一个册书吧？ =全县共有 5 个人，分担各村的工作。

册书住在哪里呢？ =住在城内。

有固定的职业吗？ =有很多人干农活。

册书是世袭吗？ =是世袭。

册书是县里的官员吗？ =不是。

过割的手续费是多少啊？ = 每1两钱银交1元。

其他的呢？ = 没有。

县里会给办公费或薪俸吗？ = 没有。

册书是什么时候开始有的？ = 从同治年间开始的。

他们专门做什么呢？ = 专门管理过割。

不用管理税契吗？ = 不用管理。

征粮处的工作人员是世袭的吗？ = 不是。

他们是县里的官员吗？ = 他们是县署的职员。

比簿是什么啊？ = 每个村子里都有一页，它是集合了各村的一页，为了比较调查各村的田赋成绩而制作出来的东西。

是谁负责催粮啊？ = 里催。

里催是什么啊？ = 每村有1个里催，被村长使唤，在大村是专门负责催缴田赋，在小村也从事杂役。

串票是用于什么的啊？ = 它可以成为存粮和收据，每次征收钱粮的时候发行串票。

田赋的定额呢？ =4万两。

现在的成绩呢？ = 大概四分之一的收入。

税契在哪里交啊？ = 县的第二科。

办手续呢？ = 拿着村长盖章的草契直接去第二科交纳买九典五的契税，然后契尾会给你。

买九典五里面包含附加税吗？ = 包含五成的附加。

草契费呢？ = 村长从县长那里2分买来，再2分卖给人们。

村长盖什么章子啊？ = 盖某村田房公证人戳记的章印。

村长要收盖章费吗？ = 不一定。

把村长叫作什么啊？ = 叫作公证人。

是按什么规则啊？ = 契约里面有写。

有没有征缴过验契啊？ = 民国三年和八九年的时候交纳过。

成绩呢？ = 没有交验契的很少。

是什么机构征收验契啊？ = 特别设立了一个验契机构。

根据登记条例的不动产登记呢？ = 开办没办。

陈报呢？ = 民国二十三年开办了，但是还是以没办结束了。

事变之后进行过土地整理吗？ = 着手过田赋整理，但是不过才一半。

【家族制度】

人口多的家庭呢？ = 以前就没有四五十人的大家庭，充其量也就20人左右。不管是县城还是各村，一直是县城十几户，各村1户的比例，到了民国初年之后就没有变化了。

上面所说的很多人都是有钱人吗？ = 不一定，就算贫穷，只要关系好就有。

把一家之主叫作什么啊？ = 家长。

女人也叫作家长吗？ = 家长原则上是男人，但是家里没有男人，只有寡妇的话，可以把她叫作家长。

女人做家长的时候，可以自由管理家里的土地和房子吗？ =是的。

但是，需要得到女人的娘家还有同族的同意吧？ =不需要。

一个家庭只有母亲和孩子的时候，孩子要几岁以上才能成为家长啊？ =如果是很懂事的话，15 岁以上就可以做家长了。

一家财产的总称叫作什么啊？ =叫作家产，但是用得不多。

家产是什么啊？ =家、田地、还有所有值钱的东西。

家庭成员会把各自的钱和物品不看作全家所有而当作自己的东西自由支配吗？ =不是，没有个人的财产这一说法。

但是个人的零花钱是怎么来的啊？ =家庭成员可以背着家长偷偷存钱，随意支配，但这是小钱，并没有威胁到家的存在，所以不在意。

上面所说的钱是属于谁的啊？ =本来是一家的财产，但是实际上和个人的财产无异。

和事变之前相比，分家的频率如何啊？ =事变之后，变得稍微多了一点。

原因是什么呢？ =因为治安不稳定，所以有人去了别的村子，因此而分家。另外还有拿出一点家产来免除匪害而分家的。

有没有在父母生前就分家了的啊？ =有是有，但很少，大致都是父母死后，兄弟吵架而分家的。

因为兄弟不合而分家和因为外出务工而分家，这两种情况哪种多一些啊？ =后者多一些。

为了免除匪害而分家的呢？ =不是很多。

分家时怎么分配财产呢？ =兄弟均分，不给女儿。有时候会斟酌一下，将房子分给长子，将土地分给次子，将钱分给三儿子，要求这些都是同等的价格。但是平时一般都是抽签决定的。

住房也一样要分吗？ =基本上没有。

有没有根据遗言来分割遗产的啊？ =完全没有。

分家后，祖先的牌位怎么办呢？ =放在长子的家里，过年、清明节的时候，兄弟平摊费用来祭祀，没有类似于同族的祭田。

同族是什么意思啊？ =拥有共同祖先的一族。

同族的中心人物叫什么啊？ =族长。

族长是什么样的人来担任啊？ =辈分和年龄比较高的人做。

如果是穷人，一点威望都没有的话，也能做族长吗？ =是的。

什么情况下需要和族长商量啊？ =一般没有，清明节是不用族长带头上坟、烧香叩头的，同族结婚和土地买卖时也不是一定要找族长商量的。

同族有没有祭祀祖先的庙啊？ =家里历史比较长的话，有祠堂。

祠堂里有附属地吗？ =有时候有祭田。

为什么有祭田啊？ =土地的收益用于祠堂的修缮费和祭祀的费用。

祭田附属于祠堂吗？ =祠堂一般在老家（本家），祭田在村外，不在山地，水地（有井的土地），而在旱地里，有一处或几处，面积大概有20亩甚至百亩。

祭田的耕作事宜？=原则上是让同族里的穷人租佃，租期是1年，但是只要耕作者不损害同族的名誉，事实上是可以让他们耕种几年的。地租分益后，纳制变多。如果种小麦，产量为1石，就要给祠堂四五斗，耕作者五六斗。

有没有纯同族的村落啊？=县里一个村子都没有。

有没有村落只有一两个姓氏的啊？=大致上都是好几个姓氏（据说本地人的祖先是从陕西搬迁过来的）。

有没有一个姓氏占了全村一半的呢？=李家村还有其他的50个村子左右，都是一个姓氏占了一半的，那个姓氏大概都是同族。

同族有没有同族的墓地啊？=本来是有的，但是随着同族人员的增加，老坟地变窄了，所以各户现在只拥有一块坟地。

老坟地里有祠堂吗？=没有。

有同族共同使用的地吗？或者采树场、共同打谷场呢？=没有。

有没有街坊的辈分这种说法啊？=有的，村民之间按照辈分来称呼别人。

夫妇死后是共用一块坟地吗？=是的，妻子放在下面，丈夫放在上面。如果还有妾的话，就放在最下面。如果有几个妾的话，就按照下面的顺序埋葬。

五房　三房　妻　二房　四房

幼儿死了之后也是埋在一家的坟地里吗？=不是，埋在其他的土地里，或者长了杂草谁都不用的地方。

如果是单身的大人，死后怎么埋葬呢？=和上面说的一样，把堆土做大一点。

有婚约的人在结婚前死了怎么埋葬呢？=当作正式的妻子或丈夫，埋在男方家里的坟地里。

你知道人字葬、排骨葬、一字葬这些词吗？=不知道。

一般的埋法是什么样的啊？=

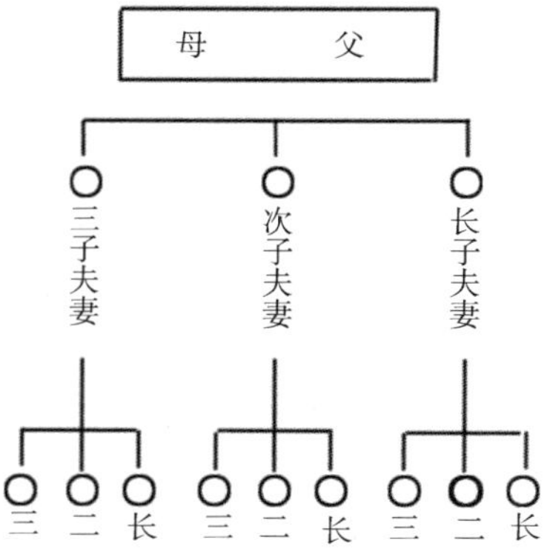


看了一下，坟地非常多，但是耕地慢慢地减少，农户有没有觉得痛心啊？=没有。

但是家里比较贫困的话会很烦恼吧？=这是有的。

这种情况下需不需要合葬坟头儿啊？ =不用，这种情况，把坟地卖给别人，用卖来的钱再买一块新的土地，坟地的买主可以平一下原有的坟地，全部用作耕地。

上面所说的情况，卖主怎么处置坟地呢？ =找风水先生看一下，在新买的土地或者合适的土地上移动祖坟。

【村落制度】

把村长叫作什么啊？ =就叫村长，其他就没有了。

成为村长需要什么资格啊？ =第一，要正直无私，有威信。接着，有常识和处理事情的能力，不识字是做不了村长的。还有，需要在村里连续居住了五六年，年龄在20岁以上的男子才行。不是根据在同族内的地位、职业的种类和有无财产来决定的。

村长的选任呢？ =每年一次（一月或二月），接受县公署的指令来选举。选举是记名投票，不识字的让村公所的书记记下来，投标用纸不固定，只需写下被选者和选举人名就行了。

什么样的人有选举资格呢？ =不分男女，家长可以投票。没有职业、财产方面的选举限制。从其外村子搬来的人至少要在村里住上两三年，有望定居的人才行。

村长候选人情况如何？ =没有确定候选人的集会，大概就是村里有威望的人决定候选人，然后村民遵照，但是表面上不能强制投票。事变前后，村民没有自己确立候选人。特别是事变之后，村长变得更忙。因为农村的一些弊病，村长不得不垫付各种钱，所以想当村长的人变少了。

村长的主要职务是什么？ =户口调查、催缴税、分配劳役等根据县公署的指令来做的工作最忙了。田赋纳入催促是政务警的工作，但政务警会先把催促状交给村长，然后村长把它交给里催，催促他缴税。里催属于政务警的部下，大致上每个村都有，有时兼任村长。除此之外，村长也要负责组织自卫团，团长有时也兼任村长，但是也有不兼任的时候。另外，村长还要负责管理义地、渠水、采土地，但这些都不是什么大事情。在铁路爱护村地域，原来的村长兼任爱护村长。新民会的分会还没在农村成立。最近，农事合作社在县下的5个地方设立了，设立村的村长相当于理事，但是目前还没有实现。

有没有实施保甲制度啊？ =有相当于保甲制度的闾邻制，25户为1闾，承担村子的治安防备。

村公所看管作物吗？ =将看管人叫作照田。原则上所有的农户都必须参加，但是家里有人是村公所的职员、自卫团员、商人的话，就不需要照田，所以一村百户，去参加照田的只有三到五十户左右。照田不是巡视各自家里的地，而是监视别人家的土地。

各村都有村约吗？ =不一定，下面的禁令是村公所写的。

不准私牧牲畜

不准容留坏人

不准吸食鸦片

不准嫖娼聚赌

# 8月15日

## 忻县的概况

回答人　马泽（第一科）高尚田，田相齐（第二科）王忠仁（第三科）张文起（情报室）

地　点　忻县公署

【县公署】

县公署的职员和事变前是一样的吗？＝全都是更换的新人。

新人都是其他县里的人吗？＝有其他县里的，也有本县的。

县公署的旧公文书安全保存下来了吗？＝事变发生的时候散失了，很旧的东西都没有了。

【土地所有和水利】

县里有旗地吗？＝没有。

钱粮里面包括哪些内容啊？＝包括屯粮、垦粮、坎粮、开粮、清粮、大粮等。

大粮是什么啊？＝是民粮，占了田赋的大部分。相对于大粮，可以把其他的粮叫作累粮。

有没有官产？＝本县没有。

村子里有共同拥有的产业吗？＝我觉得有庙还有其附属土地。

土地的界限分明吗？＝明了。

是根据什么来分界的啊？＝立石为界。

这附近有很多梯田，它们的界限呢？＝高低为界，没有特别用什么标识。

对于自然灾害等带来的变化怎么处理？＝听天由命，只要不是人为。

农地是如何灌溉的？＝平地是用沟渠引河水或雨水，很少使用井水。

沟渠是公设的还是私设的啊？＝干线是附近的村落共同修建的，在个人的所有地引用的部分是自己建的。

有因沟渠灌溉导致争水的情况吗？＝水多的时候很少发生，旱灾的时候就不少了。

【土地买卖】

土地买卖需要中介吗？＝需要。

一般把中介叫作什么啊？＝说合人、中人、介绍人等。

需要写契约书吗？＝一定要写。

称为什么呢？＝白契。

写多少份啊？＝只一份。

只有一份该怎么办呢？＝把买卖当事人约定的内容写成文书，带到村公所，写正式的契约书。

村公所如何处置它？ =村长作为证人，写入草契。

写了草契的话，白契就不需要了吧？ =买主保存白契。

一定要写白契吗？ =有一定要写的习惯。

买卖约定成交之前有哪些手续啊？ =说合人只用说合，什么都不用做。

不做土地调查等吗？ =因为再明白不过，所以没那个必要。

你觉得白契和草契哪个重要一些啊？ =草契是官制的，白契是私制的，所以我觉得草契更重要一些。

写草契所需的费用呢？ =草契纸钱 2 毛，这是从村长那里买草契的费用，另外要向村长交纳买卖价的 7 厘 5 毛。

7 厘 5 毛是谁征收的啊？ =村长。

那是税还是赠与啊？ =作为让村长做证明的手续费而交纳的，有时候成为村公所的费用，有时候村长会收为己有。

写好草契之后，还需要别的手续吗？ =到县公署第二科交纳税契。

费用是多少啊？ =契尾钱 5 毛，作为税契，买的话加上正附就是 8 分 3 厘 5 毛，典当的话，是 5 分 1 厘。

草契费和税契费是买卖方哪一方交纳啊？ =卖主不用交钱。

制定白契后到草契手续为止，有一定的期限吗？ =4 个月以内，如果不办手续，一旦被发现会受罚。

立了草契之后呢？ =随便。

有不能买卖的土地吗？ =没有，不管是什么土地，所有者都有权买卖。

回答人 张文起（忻县公署情报室）

【租佃关系】

本县的农作物有哪些？ =高粱占 50%，谷子占 30%，小麦占 20%，黍占 10%。

本县山比较多，那些山被开发了吗？ =没有。

大地主拥有的土地面积？ =2 顷以下，有三四十亩土地的人很多。

大地主是在县城的多还是在村里的多？ =县城也有，但不一定集中在县城里。村子里有三四户地主拥有 1 顷左右的土地。

刚才所说的地主只从事农业吗？ =事变之前，大部分的地主是放高利贷的，现在没有了。

刚才所说的地主有留下来的吗？ =大概都逃到南方，很多人还没有回来，也有不少商人和地主逃到西安。

地主不在的话，他们的土地是由谁管理呢？ =熟人管理，此外由县公署管，以 1 亩 10 元的价格租佃出去。

附近的五口之家需要多少亩土地才能维持生活？ =如果是自己耕种，需要旱地 15 亩。如果是租佃，也大概要 15 亩左右。

租佃是交纳实物还是交钱多啊？ =以前开始就是交纳实物的多，交钱的少。

写租佃契约书吗？ =朋友之间也必须要立契，契约书里面只记录与租子相关的内容。

产量与租子的比例是怎样的？ =约三分之一的产量是租子。

| | 产量 | 租子 |
|---|---|---|
| 高粱 | 1石 | 3斗 |
| 谷子 | 1石 | 3斗 |
| 小麦 | 6斗 | 2斗 |
| 糜黍 | 7斗 | 3斗 |

上述是定额交租还是产量折半？ =定额交租，收成不好的时候也不能免去，第二年必须上缴。

租佃期限呢？ =没有永久租佃。以三五年为一期的租佃多。

田赋由谁负担？ =全部由地主承担。

村费是怎样的？ =只有土地所有者承担。

村里看守作物吗？ =没有。

知道照田这个词吗？ =看守农作物。

为了照田，需要雇人吗？ =村民都在照田。

农具、种子、短工等，地主会提供给佃农吗？ =不提供。

佃农会在年节时给地主送礼吗？ =不会，反而有地主在中秋节、端午节送礼物给佃农的。

上述情况是因为不好招募佃农吗？ =不是，是关系好的。

同族、亲戚、四邻、出典者有租佃优先权吗？ =没有。

这附近有旗地吗？ =没有。

庙的附属地是怎样的？ =每座庙一般有十多亩旱地。以前庙里有和尚，从民国初年开始逐渐变少，现在还留有一些，数量很少。庙产大多在有和尚的时候被卖掉了，现在多变为民地。有村公所为了凑出公益费用把土地租佃出去的，也有和尚把土地租佃给别人，用地租充当生活费和修庙费的。庙产的佃农每年不固定，但实在的人可以持续耕种很多年。

有学田吗？ =全县有500亩土地租佃出去，充当县里的教育费（此外县里有苗圃26亩）。

这附近的大地主雇佣长工吗？ =有五六十亩以上土地的地主雇长工，五六十亩土地以下的雇短工或月工（持续雇两三个月）。雇佣长工的地主大多在山地多的西南第五区。

*应答者　梁歌九（城内居住的老人）*

【家族制度】

家里一般有几口人？ =3到8人。

最多的呢？ =50口的每50家有1家。30口的每10家有1家，然后慢慢递减。有30口的人家已经很少了，事变尤其加速了分家。

为什么要分家？ =为了减轻负担。

有同姓完全形成一个村的吗？ =一个村中同姓的很多，异姓混杂也很普遍，完全同姓的村落没有，即使大部分是同姓，祖宗不同的同姓情况也很多。

同族是什么？＝族有九代，高祖、曾祖、祖、父、自己、子、孙、曾孙。共一个高祖之后的就称同族。

有同族形成村落的吗？＝没有纯粹的同族村落。

同族有族长吗？＝必须有。

比如石家庄是石姓的同族村落吗？＝以前是这样的，但是现在石家庄段姓多、段家庄石姓多的这类相反现象有很多。

同族通常都有族产吗？＝以前有很多土地作为共同财产，现在也只共有宗祠即家庙和少量附属土地。

有一家的财产吗？＝一个家庭的财产就是全部财产，除了个人拥有的物品之外，全都享有家产。

分家在什么情况下进行？＝现在多为了减轻负担而分家，事变后更多了。

女性可以成为家长吗？＝可以。

在什么情况下可以？＝父亲、祖父过世，由太太当家长，有时也得看儿孙才能决定。

女的可以随意成为家长吗？＝上述情况可以，不需要同族会议。

坟墓的形式？＝ 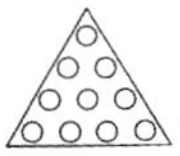 像这样的 5 辈葬在同一个地方，一般每过了 5 辈就找别的地方，但是要看风水，所以也不一定就是这样。

埋葬的方法？＝富裕人家是五寸棺，祖坟或新坟挖砌藏或者石藏或垢开门，掩埋陇大墓垢旁，立碑石垢戴墓顶。贫穷人家就身装簿棺，在祖坟下掘土六尺深，埋陇墓垢。最穷的身裹席片，掘地五尺深，用土埋之。

分街坊辈分吗？＝又叫牌坊，家人之间如何称呼，在他人之间也是同样称呼。

【地籍及土地公证】

有证明地籍的台账吗？＝各村有粮册。

粮册是田赋征收的台账吗？＝是的，根据台账可以知道各家土地面积。

此外还有证明地籍的东西吗？＝过去有鱼鳞册，现在没有了。

各村都有粮册吗？＝各村村公所都有。

粮册是村长自己记录、保管的吗？＝由粮书记录。

粮书每个村有 1 名吗？＝不一定每个村都有，粮书的管辖也不一定一致。

那么，为了记录粮册，会有基本的台账吧？＝那是粮书保管的。

粮册不是村长写的而是粮书写的，是这样吗？＝粮书写好以后提交给县公署，变成征税的根据。

那么粮书到底是干什么的？＝粮册的编写和过拨。

县公署有过拨机关吗？＝这是粮书的工作，县公署只负责征收田赋。

催粮由谁来做？＝有 24 个政务警专门做这事，一般叫催粮警。

粮书或村长不征收田赋吗？＝不收，方法是自封投柜，但也有村长代为交纳的。

粮书一定是不变的吗？＝大体不变，常年从事的很多，但也不是固定不变的。

粮书靠什么生活？ =收费吃饭。

县公署只收纳田赋吗？ =只根据粮书提供的粮册收粮串票。

税契在哪办理？ =在县第二科单独受理。

有不动产登记吗？ =没实施过。

验契呢？ =民国初年有过。

土地陈报呢？ =没有施行过。

土地村公有的计划呢？ =只是计划，还没实施。

【赋税】

我想知道田赋以及其他税相关的事？ =田赋与附加都在县征粮处征收，其他税由其他机关征收。

田赋以外的主要税目有哪些？ =营业税、屠宰税、牲畜税、牙税等。

这些全都是由独立的机关征收吗？ =属于省公署直属机关的营业税局收取普通营业税，以及其他的屠宰税、牲畜税等的省税。

附加税中属于县税的是？ =附加全部为包税，即变成投标制度。

有牙纪吗？ =因为有牙税这一税目，所以当然有牙纪，即介绍人。

本县的田赋定额是？ =46000银子，现在的征收业绩约为二分之一。

【农村金融】

城内的金融情况如何？ =事变前有山西省银行分号、铁路银行分号、县银号（县公署金库），此外有很多当铺。事变之后，城里只有一家当铺了。

乡村的情况呢？ =大的村里有小当铺，现在估计都关门了吧。

当铺的利息是多少？ =听说事变前是3分左右，事变后为4分左右。

有钱铺吗？ =事变前有，现在没有了。

有钱会这样的农村的金融机关吗？ =本地没听说过。

一般农民想借钱的时候去哪借？ =村里谁有钱就跟谁借。

跟谁借钱有顺序吗？ =一般首先是跟朋友。

朋友没有钱怎么办？ =叫人帮忙介绍。

不先去有钱的亲戚家吗？ =先是朋友。

需要介绍人吗？ =借小钱不需要，借大钱没有介绍人不方便。

借钱时必须立字吗？ =最普通的是立字、有保人。

跟金额多少有关吗？ =一般20元以上立字的多。

借钱还钱、借粮还粮、借钱还粮中最普遍的是什么？ =借钱还钱最普遍，别的都有，就是少。

典地最普遍的年限是？ =3年到5年。

有押吗？ =房子、土地就是押的对象。

【农村贸易】

一般农民在哪里买卖生产物资？ =县里6个地方（外城有1个）有定期集市，农民一般在那里做买卖。

这种情况下城里粮食店的人来集市吗？ =派人收买或农民直接去城里的粮食店卖。

主要贩卖的物品是？ =谷子、高粱、豆子等。

必须过经纪的手吗？ =都有经纪。

本县农村的副业是？ =没什么可说的，就有养牲畜的。

【村落制度】

村里一般都有村公所吗？ =有主村和副村，主村有村公所。

对村长和其他有权者的称呼是什么？ =村长、村副、学董、闾长、邻长。学董是在村长的指挥下主要掌管小学校事务的人。

村长的资格？ =事变前是有钱的就有资格，现在有钱的不想当村长，所以穷人也可以当村长。但必须是识字的、有若干土地、三四十岁以上的男性。以前住其外村的人定居本村四五年也可以，在同族里的地位如何不是条件。

村长的选举？ =方针是通过选举，但是实施状况各式各样。事变之前是在纸上写上选举人、被选举人的名字，现在不实行了，由村里的人推荐（口头）。

什么样的人有资格选举村长？ =女性和 15 岁以下的男性没有选举权，15 岁以上的男性有。家长和家庭成员都能参加选举。外来者如在村里定居，与其定居年数没有关系，也可以参加选举。

村里会选出几个人当候选人吗？ =没有，有权力者推荐 1 人，然后让人投票。

村长的任期是几年？ =1 年，但往往连任四五年的情况很多。

村长主要的工作是？ =催粮（田赋催促）、分配摊款、桥梁或道路建设工作的劳动力征集、自卫团事务等。在铁路爱护村还要派人负责监视铁路的。村里没有新民会的分会，现在村长也不做新民会的工作。合作社的工作也是同样。

副村长的选任是怎样的？副村长有特别的工作吗？ =参考村长的情况。不是村长任命副村长，没有特别的工作。

学董在每个村都有吗？还要做什么工作？ =有学校的大村有 2 人、小村 1 人，小村的学董有由村长兼任的。工作是与学校相关的事务，不干预村政。事变前，学董多由村长任命而非选举产生，现在由县里或村长任命。

闾邻是什么？ =5 户为 1 邻，5 邻为 1 闾，邻或者闾里各有邻长和闾长。

闾长、邻长的任命是怎样的？ =不用选举，由村长任命。与年龄、财产、识字等没有关系，任命恰当的人，得到县里的认可。

有村长兼任闾长、邻长的吗？ =有。

有青苗会吗？ =过去有。

做什么工作？ =看守农作物，此外和村里的有权者商量村里的事务。

除上述以外，有村级会议吗？ =民国十五六年左右到事变的这段时间内，各村有调解委员会调停民间纠纷，在大村有三四名委员（村长、村副和其他有权者）被任命。不知道是否通过选举来任命。

除此之外还有吗？ =各村设置 2—4 名监察员检查村费。关于检察员的选举，民国十二三年，根据省令召开村民会议选任，当时村长召集闾长、邻长让他们推荐。不通过投票，被选出的监察员得到县里的认可正式被任命，而后与村政相关的事项必须得到监察员的批准和盖章，与村政相关的实际事务由书记（大村1人，小村由村长兼任）来做，但是书记受检察员的指挥。

除上述情况以外，村里设立了自治机构吗？ =在渠水灌溉的约40个村（县下总共有220个村）里有村民自发设立的组织，没有特别的名称。在那种组织里有举渠经理2名，从事配水和饮水设备的安全工作。内容知道的不明确，但听说按惯例是由大地主来选任经理。

有全体村民都参加的会议吗？ =根据县公署的命令有全体集合的，那就是民众大会，为了听官员的演讲。

有只有地主参加或者只有佃农参加的会议吗？ =只有佃农参加的会议没有。为了垫付村费，有村长只召集地主的情况，不是定期的，一年有五六回。

过去也有保甲制度吗？ =那是事变后才有的，实行得不彻底，现在实行的是闾邻制度。

有仅由闾邻的人参加的会议吗？ =没有。

那么商量村务是采用什么形式呢？ =村长、村副、学董、大地主、闾、邻长聚在一起，决定村里大部分的事情。定期会议有七月、十二月村费决算时以及正月、二月左右编制预算时。过去的临时会议少，现在由于治安的原因或者临时村费筹措等，会议变多了。

村里有村规吗？ =有约20条的禁约，例如禁止私吞舞弊、毁坏道路桥梁、奸淫偷盗等的规定，从过去开始就作为村约而流传。

# 1941年8—9月

## （华北农村惯行调查资料第54辑）

概况篇第5号　河北省元氏县、山东省青岛特别市（即墨县、胶县）、益都县、德县

调查员　佐野利一

　　　　衫浦贯一

翻　译　孙希中

## 8月22—24日

### 元氏县概况

应答者　县财政科长（28岁，县长的亲弟弟，毕业于山口高商，参加工作仅有数月）

【田赋】

农民会向县里上交田赋吗？＝他们会交到征收处。征收处的来源是田赋、牙杂税、契税3种。田赋由1人、杂税由2人、契税由3人分别负责。

田赋由1人操控吗？＝村长作为代表带着这笔钱。

受事变影响，土地台账情况如何？＝全部散失了，现在的土地台账是以县志为基础新造的，被称为红簿。县内分为5区，每区归纳为1册。在制作的时候，由各村的村长提供原本的账册，并对照县志加以增减。是由负责县的田税的人员制作的。

收据是如何交付的？＝由于是村长将村内的田赋一次性带来的，因此就交给村长一张收据。

如何催收田赋呢？＝各区设有警察分局，催收田赋。以前是由警察直接征收田赋的。

有政务警吗？＝有。也会由政务警催收附近的田赋。

现在的田赋总额是多少？＝以银两计算，全县总共2万5千余两。1两为现在的2元3角。总共是59730元。此外，匪区相当于全部田赋均未征收。

在本县，1两银子相当于多少亩土地？＝上等土地20亩，中等土地30亩，下等土地40亩。

去年的附加税达到了多少呢？＝达到了正式赋税的百分之八十。听说在事变之前每1元钱要交70余钱的税。

有学田及其他的官产吗？ = 有300亩学田。并没有其他可以称为官产的土地。学田的地租是260余元。

耕作的人都要交纳赋税吗？ = 是。佃农也要交纳。

一般拖欠田赋的责任由村长承担吗？ = 现在是由村长承担。

（注：田赋以外，省款、县款的税目是顾及情义，其他的与全河北省大致相同。）

【赋役】

挖壕时的赋役是如何决定的？ = 由县决定各村的总数，然后将决定传达给各区的警察，再由警察转交给村长。村长以银两为标准摊派给村民。挖壕的时候会将任务派给附近的村子。

应答者　联保主任　西关村村长

【作物】

这个地方的农作物很多，想请您列举一些耕种数量多的作物？ = 谷子、棉花、黑豆。谷子占作物产量的十分之五，棉花占十分之二，黑豆占十分之一。其他还有少量稷子、黍子、绿豆等。

【土地分配】

有在本县拥有众多土地的人吗？ = 拥有土地最多达到五六百亩。这样的人可能有10户。

有完全租佃的吗？ = 有。在西关有2家。耕种三四十亩土地，拥有1头牲口。

一般拥有多少土地算多？ = 十几亩以上，20亩左右的。

同时耕种自己土地和别人土地的人多吗？ = 多。

五口之家需要多少土地？ = 每人10亩。

按每人10亩计算，五口之家需要50亩？ = 是。

好像普通人家的土地都不足20亩，不够的部分怎么办呢？ = 如果有2个劳动力的话，1人耕作，另1人做长工、短工、小买卖。

只有1个男丁怎么办？ = 只能维持最坏的生活。比如必须以糠为主食之类的。

1亩土地可以收多少谷子？ = 15斗（小斗）、棉花100斤、黑豆10斗（1石）。以上都是土地为井地的情况。

谷物都是自用吗？ = 基本不卖。

地少人多，即使想去租佃也很难实现吗？ = 当长、短工的人很多，一般年份可以租佃，歉收的时候可以打长工。都是基于各人的想法而定的。

听过庙产吗？ = 虽然听过，但实际上不知道。

【租佃情况】

事变时，地主去了哪里避难？ = 去了石家庄及城里避难，但现在大家都回来了。

事变时和现在相比，哪个时间段地租更高？ = 现在更高。因为收成也都涨价了。

事变之前1亩地价值多少？ = 1亩地从五六元（井地）到三四元（旱地）不等。

用钱交地租的情况下，是预付还是之后交纳？ = 秋收后交纳，是旧历八月十五的时候。签订 5 年契约的情况下也不会因为事变而改变。如果定好收 5 元，在 5 年内都会一直收 5 元。

现在 1 亩价值多少？ =12 元。价格成倍增长了。

作物收成不好的情况下有减免吗？ =有。

租地也叫作捎地吗？ =不知道捎地。一般说租地。

大家都把租借土地称作租地吗？ =是。

地租一般怎么说？ =租户交纳的是物品就叫租子，交钱的叫租价。

有包种这个词吗？ =没有。

交纳一定的地租叫什么？ =没有特殊的名称。叫作租子、租价。

交纳物品和交钱哪种比较多？ =大体上相同。

事变之前如何？ =我们村交租价的人比较多。

为什么呢？认为这样便利吗？ =之前物价固定，所以交钱也没有影响。但现在物价不稳定，大致上持续上涨，所以用物品交纳的情况增多了。

交钱或交物是由地主决定吗？ =是根据双方商量决定。

事变当时，到石家庄一带避难的地主让谁来管理土地呢？ =自己管不了，也不雇佣人，就这么放任不管的情况很多。

那样的话，可以种地不交地租吗？ =实际上不交。

恢复治安以后，当时没交的部分就会变成拖欠，需要交纳地租吗？ =是，作为佃农应该交纳。

交纳实物是搬运到地主家，还是在田里就分了？ =也有在田里分的，也有在佃农家里分的。在佃农家里分的情况很多。

定额的情况是用官斗吗？ =是。

租佃的约定是口头还是书面的？ =有介绍人，大家都立下字据。即使很亲近也要立字据。兄弟之间也立。只要是双方都认识、有信用的人，都可以做中人。

租佃的期限是？ =多为 5 年。也有 3 年或七八年的也有。

契约中一定要写明期限吗？ =一定要写。

事变之后，期限变短了吗？ =和之前一样。

有不约定期限的情况吗？ =交粮食、对半分配的时候，也有很多人不写期限。

那种情况下，如果佃农的产出不佳，地主无论何时都可以终止契约吗？ =这是地主的自由。

事变后，交纳实物的变多了吗？ =是的。

请求租佃土地时，为了得到地主的允许需要带什么？ =称为“上打租”（注：解释为地租）。

这样做的意义是？ =地主想先拿到钱的情况下，会将秋后应交的 10 元地租降低为 8 元。这种情况是有的，但是很少。

有定钱吗？ =没有。如果无论如何都想租用土地，会采取提高地租的手段。

即使是定租也会有减免吗？ =可以。

【租佃地的赋税】

田赋与佃农有关系吗？ =完全没有。

有所谓的青苗钱吗？ =没有。

有看青吗？ =有。这笔费用，产出平分的情况下由地主和租户均摊，定额地租的情况则由佃农出。

看青费是村公所收取吗？ =乡长收取。

一年收几次？ =五月和七八月，共收2次。

去年收多少？ =1毛2分。与土地没有关系。

出典者对于出典的土地有优先租佃的权利吗？ =这是承典者的自由。

实际上租佃出典地的例子多吗？ =附近很少，但是到农村可能有很多。

有地主借给佃农牲口的习俗吗？ =我认为元氏县没有。但听说南京的广府有。

有借用水车的吗？ =一般不付租金。

30亩的土地用1头牲口够了吗？ =1头驴够了。40亩以上的话，也可以用骡子。

应答者　陈得（南街村村长）

【南街村的户数】

南街村的户数为250户。其中从事农业的有110户，从事其他的有140户。在其他的行当中包含100户从商的，40户无职业的。无职业者较多是由于事变而从他乡来此避难的人，也有苦力。从应答者说的话来看，因为外乡人很多，可以说详情不是非常清楚，避难的人大体上都是富农阶级。110户农民中，每户贫农有土地两三亩，大农是最多的。拥有10、20、30亩土地的人家很多。有四五十亩土地的人家只有3户，有六七十亩土地的人家1户，有八九十亩土地的1户，有100亩土地的1户。其中，地主兼自耕农约有40户，自耕农有20户，余下的全都是自耕兼租佃。没有纯粹租佃的人。

【作物】

作物的耕种关系如下：

粟7顷，棉花3顷，小麦2顷，高粱1顷，豆、黍子、荞麦这3种每年不同。

农地总面积每年的变动很小。

【租佃情况】

即便是租佃关系，由于事变也产生了显著的变化。到民国二十七年为止，曾按上等土地6元、中等土地4元、下等土地2元的价格全部交现金。事变之后，由于谷价突然大涨，现在大家都采取按比例分配收获的形式。直接分稻谷，杆为佃农所有。现金交纳的时候要写契约书。其中要写明地租数量、交纳时间、租佃期限等。关于交纳时间，如果是交实物，是在五月和十月分两次交，如果交钱则是在秋后交一次。租佃的期限一般是3年，其次是5年。期满继续租佃必须重新写契约书。中人有1人即可，不用另交手续费。大多数是由亲戚、朋友担任。契约在上一年的十月订立，没有押租的习俗。因为现在都是分益的形式，所以不写契约书了。没有永久租佃、包租的例子。收获之后，脱去谷壳，当场平分的情况很多。由佃农搬运。

一般而言，从事变前到契约期间内，无论发生什么情况，地租及其他的费用都不会发生增减。在交钱的情况下，地主不为佃农提供任何物品。分益的情况，地主需提供粪。在契约期限内不能终止租佃。自古至今，地主和佃农之间就没发生过称得上纠纷的事。

在租佃关系中，没有中间管理人的先例。

现在，分益租佃的契约是一年为限的口头契约。

【水利】

当地附近没有稻田。虽然有河流，但经常没有水，大家使用井水灌溉。一口井的灌溉量是10亩到15亩。但是就新式畜力水车来说，事变之前挖井的费用是80元到100元，现在是300元以上。事变前，水车和附属品是100元到200元，现在是800元。南街村民拥有水井的数量不太清楚。畜力、人力的水车都有。人力水车1天可以灌溉两三亩，畜力水车3—5亩。驴子和骡子没有大的差别。在本地，井的深度大概是3丈。直径为地面上的部分5尺，地面下8尺。一般是在个人所有的土地上挖井的情况比较多，在共有土地上挖井的情况也有。因为没有10亩以上土地就不会挖井，因此可以说有井的人家都是中等以上的人家。有20亩以上土地就会有骡子。今年如用人力灌溉，每人1天每餐需花1元50钱，驴则要花四五元。在本地，上等驴价值300元/头、中等驴价值200元/头、下等驴价值100元/头。骡子600元到1000元/头。牛300元/头。拥有10亩以下土地的人在村里借牲口。即使在村里，大多数也要付钱。不过，借两、三天也有用劳动偿还的情况。需要水的作物有粟、棉、高粱、小麦等。如果没有井，不仅收成会减少，也容易遭受旱灾。如果雨量足够，和有井的效果一样。同一块土地上，没有井的情况，一般每亩地可以收10斗粟。如果有井，有可能收18斗。棉有水棉和烟棉。种水棉的时候必须要雨量多，还要在有井的土地上。烟棉虽然不需要水，但本地并没有。有井的土地高粱每亩可产10斗，没有井则每亩产8斗。小麦有井亩产8斗，无井亩产5斗。由于这样的情况，为了用井会找他人借。虽然也会有酬谢，但并不固定，依情况而定。共有水井的情况下，一起商量供水。现在由于费用太高，并没有人挖井。一直以来很少有佃农挖井（本村没有一例）。佃农挖井可以延长租佃期限，挖井的费用可以抵扣地租。一般是地主挖井。事先与佃农商量好再提高地租。

【地价】

事变前上等地30元。有井则是五六十元，现在为两三百元。有井的为300元。本县不遭水灾。

【雇佣情况】

本村雇佣劳动者很多，去县里的劳动市场雇佣。农忙期每天早上的数十至数百个想打短工的人在这个市场里聚集。在市场里没有中介人等。今年是每日三餐付1—1.5元。像市场收的场钱之类的费用一概没有，并且也没取缔市场。市场设在县公署前的广场，每天凌晨就开市了。

【副业】

除了长工、短工以外，有在家里纺织的（土布）。每匹（2丈）50钱的工钱。每人每天可以织出1匹布。中农以下的人家纺织。买来棉花织布。

【赋税】

事变之前，1两银子为上等地20亩、中等地30亩、下等地40亩的样子，且附加是每两1元8毛，此外的杂派很少。现在每两是2元4角，亩捐是每两12元。现在治安很差的地方也有要交每两50元以上摊款的情况。所以这些地方借钱和卖土地很盛行。

在事变前，收取日期是提前通知的。首先通知村长、然后由村长通知村民。上忙是三月，下忙是九月，在征收的两三天前有通知到县里来。农民各自带着税钱去县的征收处交纳。在村里有庸书，他受县里的通知核查农户各户的负担金额，再通知给县里，据此县里决定各人应负担的金额。村民交纳税钱给县政府，会得到收据，这就是“元帖”。事变后，在纳税期之前，村长把要纳税农民的金额明细书带到县里。县政府据此收税。农民把钱带到村长处，村长再把它汇总交给县里。

由于歉收导致交纳金额不足的情况下，村长承担垫付的责任。垫付不了的会被县里拘留。现在实行的是村长兼任保长的制度。

庸书过去是有学问的人，拥有土地台账。不一定是世袭，但是如果孩子可以读写，有一些学问，可以让给孩子做。名义上没有薪水。

【推契】

卖契也叫推契。形式上使用推契。甲卖土地给乙，替换税收簿中的名字。手续中，1件5毛的手续费交给庸书（100亩也是如此，1亩也是如此）。典与抵押和庸书无关。

【典】

书面说法叫典，一般的称呼为当。其中必须有中人一两名。手续费是典价的2%，由出典者负担。田赋由承典者负担。出典的原因当然是歉收和负债。时间多为收割后到春耕前。期限三五年的最多，3年以内的基本没有，超过5年的也没有。如要赎回，期限以后随时都可以。期间转让是绝对没有的。现在，典价为时价的一半。事变前为时价的七成。而且事变前大致有在期限内赎回来的，但是现在基本没有。转典自由。可以用相同金额进行。出典可以在亲戚、朋友间进行，在城里商人那儿出典的也很多。抵押现在很少了，到事变前为止典的情况更多。利息每年为一成到三成。与地价有密切的关系。欠债者不给钱的时候由中人来督促。中人没有代还的责任，诉讼的时候有作为证人站出来的义务。

【土地买卖手续】

现在是先立草契，按买卖人和中人的印章，村长在契纸上按压官印，买卖正式成立。事变前立草契，校董抽5%的手续费，作为学校的费用。校董盖章。村内没有校董则找其外村的校董。

应答者　二村（县顾问）

【春耕贷款】

这是省里下达的事务，由县里挑选合适的村贷款。春天贷款，次年三月返还。年利息9分。需要保证人。主要使用的人为中农以上。民国三十年，本县发放35000元。有县里工作人员直接到村里办手续的情况，但更多的是通过新民会和棉花种植改进会贷款。把重点放在棉花增产上。今年大致为新民会办理30000元，改进会办理5000元。本年元氏县的棉花耕种状况为洋棉40000亩、中国棉80000亩。

【合作社】

本县发展合作社组织是在民国二十九年三月的时候，继承当时华洋义赈会系的合作社成立的。当时紧急需要春耕贷款，而为了推进此事必须开展合作社运动。所以从三月到六月期间合作社依次成立，约成立了30个合作社，随后等待来自省里的贷款，但是春耕资金没到，有人站出来提倡废除合作社。了解到这一情况，联合合作社直接把募集的资金用于煤炭买卖。进入10月，省里的春耕贷款批下来了，至此开始发放。以各合作社为单位可以贷款给社员。到了收获季节，山麓地区的村落有土匪出没，收成被掠走。作为对策，也为了合作运动的推进，设立了合作社经营的农业仓库。起初农民不敢利用仓库，从今年起就开始用了。目前县里有7个仓库。

应答者　杨（42岁，南关村村长、副保长、新民会监事长，读完小学3年级，自耕地12亩?[1] 集日去卖粮食）

【南关村各姓的户数】

南关村总共有150户人家，其中杨姓约50户（杨姓又分三族，有族长3人），王姓约50户，刘姓30户，何姓两三户，外加其他姓氏而构成。大地主也在杨、王两姓中，因此形成了同族色彩很强的村落。因为杨、王两姓户数相同，两姓之间或许存在着对立关系等特殊的关系，但详情不清楚。

【村长的资格】

人格高尚的人，必须要有土地（实际上要有50亩以上）。不论职业。也可以是不在村的地主。规定年龄在25岁以上，但实际上是40岁以上的人在做。前村长（任职10年）50多岁，从事农业又有学识，有20多亩土地。

【村长的选举方式】

村长是由全村户主投票选定的。但是贫穷的人基本不参加选举。女性也不参加。拥有土地的人都参加。阴历正月之后进行选举。但是，如今拥有很多土地的人都不愿当村长。民国十年之后，10户以上为“社”，从代表社员中选出村长，但是实行五六年后就废除了。

【村长的职务】

户口调查、秩序维持、调解村内矛盾、征税、催杂差拉夫、与县里交涉等，非常繁多。说到如今的一个重要问题——拉夫，详情如下所述。

每次30名以下，大概五六名。但今年（民国三十年）上半期达到了400—500名。比例是按户摊派人，所以富人多而穷人少。大致都是自己出人，雇人的很少。摊派标准之一是每50亩出4个人，不种地的出1个人。修公路的人是最多的。

【副村长】

副村长有1人。姓王（40岁），有8亩地，每月工资30多元，今年三月上任，兼任书

[1] 译者注：原文如此。

记。读完小学三年级。并且副村长和村长不能是同族及姻亲关系。

【村中集会】

不重要的事由村长和副村长商量决定。如果是要事，先召开甲长会议。甲长有15人。杨先生就任村长以来，举行过十几次。其他更重要的时候，也就是要收很多钱、出劳力等的时候，就召开村民会议。基本上会集合一家之长，穷人不来。但是不常召开村民会议。每个月会在县公署召开村长会议，这种会议的意图还是要通过召开村民会议传达给村民。

【同族】

南关村是同族意识非常强的村落。各族有族长，管理全族。本村的杨、王两族很大，但两族拥有的土地互不夹杂。

族长的权力相当强大，监督少年人，红白喜事都由族长调度。同族人卖地时，也必须和族长商量。在同族内不能解决的问题由村长解决。本村没有家庙，但是每年要祭拜祖先的墓地3次。特别在正月时，全族人要一起扫墓，其余繁忙的时间则是各家分别扫墓。分家的时候由家长分配财产，族长必须在场监督。族长要在不公平的时候予以纠正。

南关村的邻村有老坟会，12岁以上的同姓男子可以参加。有大会头（2人）、小会头（不定）。每年一次或在清明或在寒食拜祭祖先的墓，然后在大会头家中聚餐。

有共有地，由大会头管理（耕作者不清楚），收入作为聚餐费。会头轮流担任，不是族长也可担任会头。

应答者　藤井秀雄（元氏县新民会总会）

【合作社的设立】

本县于民国二十九年三月发展合作社组织。当时迫切需要发放春耕贷款，因此必须要开展合作社运动，给合作社组织的发展带来了良好的机会。从三月到六月，各村落结成的合作社共有30个，但是因为春耕资金还没到位，在社员中间形成了一种不安的气氛。知道这个情况的联合合作社直接用已经筹集的资金参与了煤炭买卖。到了10月，春耕基金开始发放，以各合作社为单位借给社员。在收获季节，山龙附近的村落频频遭受匪情，被抢走收成。针对这一情况，为寻求政治上的对策以及发展合作社运动，开设了经营合作社的农业仓库。在与县公署等联络的基础上，努力劝说西部地区村落自发使用仓库。民国29年12月，作为合作社第二年的事业方针，为了给信用购买部的活动发展集资，开始实施对各合作社干部的训练。此外，各联合合作社的设立推动了与各县联合合作社的联络，给与社员利益观。如上所述，本县的合作社创立时间尚短，由于事变及外部因素才得以创建。

【合作社的组织】

本县合作社是以自然村为中心组织起来的，村合作社大致是60户以上组成一个社。虽然是以强制加入为原则，但因与治安方面极为相关，有全村村民加入的情况，也有部分村民加入的情况。干部有理事长1名，理事3名，监事2名。理事长的财产状况要接受调查。现在元氏县有80个合作社，社员总数8821人。社员每人各有1股，1股价值2元，可以分为5角以上分期购买，但是第一次购买必须在2角以上。村里的合作社如上所述比较弱小，县里的联合合作社运行着主要的职能。

【合作社的业务】

合作社的业务以县联合会为中心进行，以新民会分会的活动为其地盘。但是从上述内容明确可知，合作社在县联合会的资金只有 2 万元，村落合作社的个别有效业务只从这一点来看，也是不可能的。

1. 春耕贷款和水井补助费

春耕贷款是省里给的，在县里选定 1 个村，将贷款发放给它。第二年三月返还春贷，每年的利息是 9 分。需要保证人，基本上是中农以上的人才能担任。春耕贷款通过新民会（通过合作社）和棉产改进会借给农民。

合作社员每户大约可以得到 10 元，民国二十九年总计 12066 元（从合作社得到的数据）。

其次是棉产改进会奖励打井，来自省的奖励资金每户可以得到 100 元的无息贷款。今年已经打 300 眼井。这个棉产改进会本身只是一个名称上的存在，实质上的组织活动还没展开，贷款实际上也只是召集村长来并发放贷款。是否真的到了种棉花的农民手中仍有疑问。最近水井的费用也上涨，即使得到了 100 元的打井费也无法打井，向省里申请明年的奖励金贷款，却是终止状态。

2. 购买业务

以购买煤炭为主，尽管报告如下，却未展开具体的活动。

购买煤炭：

无烟煤　448 公斤

有烟煤　79 公斤

粉　碳　190 公斤

购买石油：350 桶

3. 农业仓库

如前所述，作为对抗山麓地区匪贼的政策，基于政治方面、经济方面的原因，民国二十九年起设立农业仓库，奖励农民上交、贮藏谷物。然而，农民们有很强的被掠夺的不安感，最开始上交情况并不乐观。因为二十九年（去年）上交的粮食在安全方面得到了保障，今年农民上交粮食很顺利，这项工作进展很快。

4. 利益金

经分会（村落合作社）干部召开全体会议讨论决定，民国二十九年的利益金转入 30 年的贷款中，因此不进行分配。

现在把重点放在：

（1）普及各合作社员的合作理念

（2）干部的培养训练

（3）合作运动的发展

（4）社员的生计调查

总之，现在本县的合作社担任事变的一部分建设工作，这意味着对农村建设有着极其重要的意义。但是，这个活动受到现实的治安因素限制，现在还很微弱，合作社内部的组织本身也不太稳固。不管怎么说，合作社设立的时间还很短，问题在于今后的发展。

## 8月29日

### 青岛特别市即墨县概况

应答者　县农业技术员

【土地关系】

本县除蔬菜园之外没有井地，耕地全部为旱地。虽然县内三区、四区、六区有湿地，但是现在还没有利用的方法。据兴亚院的调查结果，是不能利用的。临近青岛市，虽然经过青岛的公路附近种植了蔬菜，并运往青岛，但数量不多。

说到县里的大地主，现在有五六百亩田地就是最多的，也仅有数十户。虽然事变前有千亩以上的人家，但由于治安问题分家了。从表面来看，一家拥有的土地面积变少。到民国二十三年为止，有三四户拥有1200—1300亩土地。事变前的地主多数在城内，同时也是当铺、烟店、油房、粮食店的主人和辞去官职的人。在山东省东部，听说土地是平均分配。鲁南地区是不平均分配。

10%的耕地属于地主，40%是自耕兼租佃，自耕占30%，纯租佃占20%左右。

本地七八口人的自耕农种15亩地就够了（但是是大田）。当地以地瓜为食物，种了很多。10亩田中有3亩会用于种地瓜。

【租佃形态】

地租用交钱、交物两种形式。其中大部分是定额交物，交钱和收成分益的情况很少。交钱是每年每亩40元，分益是对半分。通常每亩有200元的毛收入。肥料使用堆肥，每亩用15车，每车3元，每亩要花45元。

应答者　商会书记

【农村金融】

农民借钱的情况非常多。即使是现在，借钱的人也很多，但因为没有现金，所以也没有借钱出去的人。以前当铺和钱庄已经没有了，私人商店也不能借钱。直到现在也不过是在熟人之间借一点小钱。朋友亲戚之外没有人借钱出来。无论是村内还是城内，从事金融的人都几乎没有了。

农民借的钱，花在租税、婚丧、家庭开支等不定的方面，但是为了食物而借钱的人最多。恐怕三分之一的农民都是为了这个借钱的吧。

如今，因为没有借钱的渠道，也没有为了买卖土地而借钱的事例。可以说，现在几乎完全没有土地买卖。土地买卖在本县非常少。从以前开始就没有为了建房子而借钱的事。为了买肥料和家畜而借钱的情况不少。从以前开始就没有用粮食还钱款的习俗。

亲戚、朋友之间的借贷是信用贷，不需要类似担保的行为。还有各种各样向钱庄、铺子借钱，必须要保证人。根据保证人的情况决定是担保土地还是房屋。

在金额很大的情况下需要契约书。求借100元的时候，必须订立契约书。有的有利息，有的没有利息，如果是钱庄和铺子借钱则要利息。大致定为年利8分。

亲戚、朋友等个人贷借中一般不加上期限，但钱庄、铺子的情况必须有期限。

以前有合会，事变后已经分开了。现在没有金融合作社，也没有听说过新民会的贷款。

【典】

事变前多少有一些典地，但现在几乎没有了。

典地一般是在冬月、腊月、正月的时候进行。买卖也是一样。没有抵押。典价是市价的一半。中间人要有2人以上。以前中间人可以得到典价的2%作为谢礼。现在一律是3元。期限是3年到5年。必须以相同金额转典。典卖的时候，与族长没有关系。我所在的北阁里村有220户。虽然李、孙、于等各自有自己的族长，但是只是一个名称。也有赎不回来的土地。以前是超过50年，地权就转移到承典者身上。这是过去的法律。

典地的使用和收益都是承典者的自由，没有特别需要典租者注意的事项。田赋由承典者负担，附加也是一样。一切都交给出典者，以出典者的名义上交。现在，典地、卖地基本上没有了。

如果地价上涨的话，也可以追加典价，称作“刚钱”。也有根据情况和出典者的困难而追加刚钱的情况。

出典地要彻底卖出的时候，承典者并没有特殊的优先权。

【买卖】

不论是麦子、高粱等食品还是地瓜之类，根据需要都会卖。大家都在集市进行粮食买卖，城内一直没有粮食店。粮食的买卖在个人间直接进行，没有买卖的中间商，也没有经纪、牙行等。只有在家畜买卖当中，以前在集市上有经纪。谷物的买卖既可以用现金购买，也可以赊账购买，几乎没有在商店买卖的情况，大家都在集市上买卖。行脚商人有卖布、丝、蔬菜、油等。

【副业】

东郊的竹器，西郊的席，条货（柳工艺品）是比较需要注意的物品。并不是专业的，而是大家农闲时候的副业，在集市上买卖。烟草、棉基本没有，最近柞蚕的市价变低了，现在只是女子闲来无事做些活而已。

农闲期间去做木工、瓦工、小工（苦力）的人也不少。虽然事变前去满洲的苦力很多，但是现在由于手续变得复杂，去的人就少了。青岛附近的工作，事变前是5毛一个人，现在是1元5毛，全都不包吃。去工场的职工，不只是农闲期间而是一整年都工作。基本上都是男性，女性只占1%。男工每人1元5毛，女工2元（不包吃）。本县的蔬菜有一些卖往青岛。虽然青岛的商人会买蔬菜，但是他们并不与农民做别的贸易。

人口的5%外出务工，但是举家搬迁的情况基本没有。有些地主会前往青岛，但是数量很少。一般在青岛工作的人农忙期间也不会回家。外出务工的人不是家里的主要劳动力，不会是家长、长子、次子等人。15岁开始打工就算适龄。妻子必须留在家里。汇款很少。一般都是经朋友介绍去青岛及附近打工，去满洲的是由老板召集起来带去的。事变的时候，这些地方的有钱人（地主、大商人）很多都去了青岛避难，现在基本上都回来了。

# 8月30日

## 青岛特别市即墨县城近郊各村的概况

应答者 初祥臣（磨子村长）

【磨子村的户数】

户数是130户。

【租佃情况】

租佃地叫“租粒地”，或者单叫作“租地”。

租佃一般要订立契约书。佃农订立地主保管。必须要保证人。保证人虽然有督促交纳地租的责任，但是没有代为交纳的责任。在契约书中会写明这个意思。租佃期限最短2年（因为2年种3次），一般是5年。

因为土地少，所以佃农不会解除契约或返还土地。

如果歉收，可以减免，如果第二年丰收，地主可以提出要求。过了3年实际上欠缴就已经失效了。

所谓的“租粒”是指定额交物，“分种”是指分配收获，“把价”是指交钱。只要是交钱就没有契约书。因为是预先交钱，所以没有必要。交钱比交物要便宜3成。这个制度从前就有，清末到现在都一样。没有押租钱或类似的东西。

租佃契约的时间是不固定的。

县城的四郊分配收获情况很多，乡村交钱和定额交物的情况很多。理由是，县城人要确保粮食，乡村的佃农大多都是耕作城里人的土地。如果离得太远，作物情况的检查，谷物的搬运都会更加困难。从清代开始，分益、定额交物，交钱的比例就没有很大差异。地租（交物）也没有什么变化。只有交钱有变化。今年，上等地30元，中等地20多元，下等地10元，菜园是40多元，交钱的时候，约定只有1年。农作物由租户搬运。距离三四十里以上的情况，由地主每天提供一顿饭。

一般没有欠缴的情况，土地的租价不会上涨。在少数情况下，也会因为更好的条件而更换佃农。

虽然租佃的争议很少，不同意收回土地的时候也会发生争吵。大多数是因为佃农施肥太多，地主第二年无法耕种。这种情况下，一般会认为收回土地是不合理的。要收回土地的时候，一般需要提前一个月通知，契约书返回给佃农。

【田赋、摊款】

正赋、附加都由地主负担。现在，每两银子要8元的田赋和12元的附加。说到每亩的价格，上等地 5 分 2 厘 7，中等地 4 分，下等地 3 分 2 厘。

摊款也全由地主负担。今年的摊款很多。现在挖壕的费用，每亩一律是 3 元，修路及保甲费每亩要支出 1 元。在东关村，每天出 22 人。把即墨县分为 10 区，每区 1 天分配 2000 人。挖壕的劳动力一天 3 元，比普通的短工价格高点，因为在施工地买饭吃，听说吃饭花 2 元钱都不够。本村都雇佣外村人。

匪区的负担翻了一倍，听说每亩 30 多元。

附加为 1 元多。摊款到去年为止是 1 元多。但是今年从 1 月开始到 8 月为止，已经超出 6 元了。现在在建兵舍，大概与此有关吧。

现在匪区是三区、七区、九区，占全县的 30%，全部是土匪，八路军到现在也没来过。

村里的摊款每有事件发生就收取必要金额。过去也是一样。过去有村长垫付的，现在金额多，所以不可能了。

【看青】

看青费全部由耕种的人负担。通常是小麦每亩 2 元，高粱、粟每亩 1 元 4 角。三四个村聚集起来组成 1 个会，村长商量决定。看青的人每年大致是固定的。村长聚集起来与看青人商量决定价格。然后写好各种农作物每亩的看青费以及看青人的名字，公布于众。从那天开始就生效，然后必须看青。

小麦是 4 月末—5 月初。高粱、粟是 6 月初—7 月初。地瓜（甘薯）、豆是 7 月—9 月。看青费在收获后支付。也有换算成粮食支付的。看青人带有一种承包的性质，即使看青，因为不可抗力（例如天灾等）导致歉收也不必赔偿，还是领取看青费。

【族田】

本村的徐姓有 7 户。有 10 亩族产。由族长管理，拿出去租佃。收益用于每年的祭礼。其土地在其外村。族产较多的是官庄村的孙家，有 1000 亩以上（大亩）土地。徐姓在官庄村有 30 亩，其余的全部分散在外村。族产的管理是：

族长—管柜—庄头—租地户

族长通过管柜给庄头某种文书，庄头以官职的资格决定佃农。租帖是在庄头和佃农之间订立的，得到族长的许可。地主使用族的堂号。庄头的名字也作为中人被记入租帖，管柜的名字不会写在租地租帖上。他们是应该监督庄头的人。管柜由族人选举，有四五名固定成员。听说任期有三五年，非世袭。选择族中的有权者。在此职位上的人可以无偿耕种 40 亩以上的职田。

族中有被称为“长支”的，是最初祖先长子的直系一家。这一门的人在十月初一祭祀祖先的时候成为祭主。为了筹措祭祀费用，耕种祭田 40 亩。族长无偿耕种约 50 亩。用于充当族长的事务费和车马费。

族田的收入，在治安好的时候用于购置土地、给族中学生的补助、族立的学校经费、丧葬费、鳏寡孤独的救济、给接近长支的人的婚礼补助费等。

租佃族田的条件，不管族内外全部一样。

孙姓的同族很昌盛，分布在好几个村，但是楼子里头村最多，负责人也全部住在这里。

同族在明朝时就已经存在，多出官吏。现在，族长分为 10 多人，从清末到民国六年期间，族中围绕族田管理起过纷争，导致诉讼。当时 3000 亩的族田，因为费用和其他原因被贩卖，现在只剩一半了。为了处理族里的事务有如下负责人：

总理 1 名、协理 1 名、监理 2 名，书记、会计各 1 名。这些负责人中，各自都被给与一定的土地。各负责人可兼任。

如上的同族内没有大地主，超过 100 亩以上的有 3 家，三四十亩的相当多，整体来看是穷人多。对于贫穷者也没有族田的补助。

应答者　磨子村、东关村（192 户）、城内村（700 多户）的村长（都是县城附近的村落）

现在农村很穷，但是土地买卖、出典、抵押等不怎么盛行。农民回答说，买得起土地、或者能借到钱的人很少是主要原因之一。现在主要是从亲戚和朋友那借钱。但是根据其他陈述可知，土地买卖较为盛行，典地紧随其后。

【土地买卖】

主要原因是按照葬礼、结婚、日常生活费的顺序排列。也有葬礼时卖掉拥有土地一半的例子。结婚的时候，男方准备 200—300 元，女方准备 500 元。土地买卖在 11—12 月进行。土地买卖的时候，同族、邻地者、同村者有优先购买权。如果违反，会遭谴责。在同族内部，其顺序是不固定的。不过，关系特别好的人有先买的情况。但是优先购买权的顺序是，出更高价者可优先购买。

准备卖土地的时候，先拜托说合人（中人）。说合人先去卖家的同族处商量土地买卖（同族中没有买家就找别人），有买家则在完成土地的实地检查后（说合人和两位当事人）订立契约书。契约书中署上当事人、立字人（谁都可以）、中见人（说合人）四个人的名字并盖章。写好契约书后付钱。收了钱要写收据。谁都可以成为说合人，但一般朋友居多。其报酬是价格的 4%。在土地买卖中没有监证人的制度，现在在计划中。

买卖时用官给的草契纸，买方从县公署处以每张 1 角的价钱购得。土地买卖手续结束之后，买方支付契税为买价的6%。

过割手续时，在田赋交纳期（上忙、下忙）写上买家的名字，买家写上购买时的条件再报告给县财政科的“粮房”。

【典地】

在11月到1月之间进行。需要中人2人到4人。谁当中人都可以。中人的手续费，过去是典价的2%，现在是3%，期限为3年到5年居多，不管经过多少年都可以赎回。以往是超过50年就不能赎回了。根据以前的事例判断，大多能赎回，赎不回的占2%—3%。可以转典，金额相同。

关于出典的对象，可以选择任何对自己有利的人。也有出典给外村人的。典价为时价的一半。出典者事先商量关于出典地的租佃优先权。

关于出典地，也可以用这个土地来借钱。地价上涨的时候，或者非常需要钱的时候会这样操作。这被称为“刚钱”。在出典者更需要金钱绝卖出典地的时候，首先与承典者商量。承典者拥有优先购买权。绝卖的时候，要把典价与时价之间的差额交给出典者。典地的赋税由承典者负担，这个交给出典者，由出典者交纳。

【借钱】

基本没有抵押。现在没有当铺、钱庄，不能从商人那借钱。一般是从朋友、亲戚那借钱。从钱庄借钱的时候，必须拿土地、房子做担保。但如果保证人可靠就不需要。借粮食的少。因为赋税、生活费而借钱的多。青黄不接时借钱购买粮食的占全部农户的三分之一。也有为了买肥料或者家禽而借钱的，没有借钱买土地的。因为多是朋友、亲戚，所以没有担保，也很少立契约书。但是借的金额和粮食多的时候就需要。如有利息，一般是8分，没有利息的也有。在朋友、亲戚之间没有期限，有钱的时候就还。此外，“合会”以前有，现在已不存在。

【水利】

附近是旱地没有水田。但是菜园比较多，这里需要井。井一般每亩菜园有1眼。在棉花田也新挖了井。凿井费为600—800元（事变前400元）。井的数量不清楚。事变之后，从青岛特别市的社会局无偿得到每眼150元的补助，所以约增加了400口井。领取补助的手续是，农民先拜托村长，然后村长向县里发出请求书，县里制定文件后提交给社会局。

井一般是私有的，共同所有的少。共有的情况下，凿井时的费用平摊，按顺序来使用。一般为两三户。但是即使没有出资，因为近邻的友好关系也可以使用。所有者不用的时候给其供水，帮忙耕种土地以作谢礼。

此外，饮水用的井中也有公有的。由20户或者30户出资。10户人耕种六七亩的菜园，也有共用井的情况。凿井、修理时耕种者出的多（约是所有者的三倍），费用少的时候只由富人负担，多的时候聚集起来决定负担金额，也有这样的例子。

一般是地主凿井，井的修缮由佃农负担。佃农凿井的时候，与地主商量后再进行，佃农长期耕作。有井的菜园比没有的增收3倍左右。

因为有时有水灾、旱灾，所以只能收获5成高粱、6成粟、6成棉花。最后现在的地价如下所示。

旱田每亩 上地 60元 中地 200元 下地 50元

菜园每亩 上地1000元 中地 500元 下地 200元

应答者 县农业技术员

【农作物】

据民国二十九年农作物收成表如下所示：

| 品种名 | 耕种亩数 | 全区产量 | 每亩产量 |
|---|---|---|---|
| 小麦 | 309272亩 | 82015000斤 | 250斤 |
| 大麦 | 233 | 46000 | 200 |
| 高粱 | 102760 | 3768000 | 300 |
| 谷子 | 206158 | 4971792 | 240 |
| 玉蜀黍 | 1210 | 36300 | 300 |
| 甘薯 | 272872 | 545744000 | 2000 |
| 落花生 | 10037 | 351295 | 350 |
| 黍 | 353 | 91520 | 260 |
| 黄豆 | 327624 | 884580827 | 270 |
| 豌豆 | 436 | 130800 | 300 |
| 大白菜 | 1500 | 9556000 | 640 |

毋庸置疑，上述内容是可信性很低的报告，但是我认为也反映了大致的趋势。

特别值得注意的是，附近靠近市区，盛行种植蔬菜，种了白菜、萝卜、大蒜、菠菜、大葱等。前面已叙述了菜园地的有利性，菜园地多位于汽车道路沿线。

【买卖】

下面简述农产品的贩卖方法。农民各自带货物去市场。附近市场很多。没有粮栈、牙行（但是家禽市场有经纪）。与消费者直接进行贸易。青岛的商人来买蔬菜的多。买卖用现金交易，在商人手里买东西的时候有赊账的。也有行商人来村里。卖布、丝、鱼、油等。不征收通行税。

【长工、短工】

多依靠自家劳动力。长工少，短工比较多，城外有市场。每天聚集50人，在农忙期达到200人到300人，直接与需要者交涉。不存在中介人，没有契约书那样的文书。

【家畜】

驴马每10亩用1头，骡、牛每20亩用1头的比例。显然贫农阶层是没有家畜的。现在的市价为驴马100元、骡马300元、牛150元。

没有共同饲养的。相关的农户也共同使用农具。

【肥料】

肥料粪居多，也有使用豆糟的农户。买肥料的很多。

【外出务工】

农户的生活贫苦，附近靠近青岛市，离开村的人相当多。但是完全离开村的很少。约有5%的村民在他乡。贫农阶层的离村率高。比起农闲期外出务工的，已经在外务工多年的更多，不一定是次子、老三出去，长子也外出务工。

去满洲做苦力的过去多、现在少，去青岛的人多。去工厂的也多（纺织业多），这种情况下主要是通过朋友的介绍。寄宿。其他的有木工、瓦工、苦力。每天1元5角（不包伙食）。过去是5角。这些人当中有十四五岁离村，老了再回乡的。但是回乡的人里几乎没有成功人士。有妻儿的人把妻儿留在乡下后外出做工。但是，每年都寄钱的人很少。也有女子去青岛工厂（主要为纺织业）的，但是很少，只有男子的1%。

【副业】

在附近，农闲时有加工竹器、席子、柳工艺品的，都是手工制作，不是那么重要的东西。

这附近没有同族村落。访谈过的村落全是由杂姓构成的。

【村长】

村长没有特别的称呼，不管财产、身份，以有学问、有品格为条件。必须是40岁以上者。要成为村长，必须得到父母的允许。没有必要是家长。村长的决定方法，由12个闾长选举决定（与30年前一样）。没有事先商量，投票也不是形式性的东西，但是一般村民不得参与是个问题。村长做所有的工作。

【副村长】

可以是村长的同族人、亲戚。但没有和村长是一家人的先例。和村长一样，由选举产生。

【村规】

村规、村约是惯例性的东西，不确定，没有成文内容。

【村里的裁判】

小的纷争由村长调停，大的则上诉到县里。在村里不能处罚村民。因为是邻人。其外村的人有不端正行为时交罚款，例如偷农作物的情况。

【家族关系】

大家庭有30多口人，相关例子少，大部分为五六人。事变后分家的多。一般情况下，父亲死后或兄弟不和分家。家长是男的。男子很小，则母亲成为家长，孩子到了18岁就让给孩子。分家单，富人称为“分书”，穷人称为“分单”。母亲得到养老地或被儿子轮流赡养。平分继承的话，有时也有长子多继承的。例如，有4个人的话，财产分为5份，长子得五分之二。在半农半商的家庭，农商的财产各自分割开来。女子没有继承权，也只能拿到少量钱。债务不继承。分家的时候，先清理债务再分家。一家的财产被称作家产、财产，没有特有的财产，买卖土地时需得到一家的同意。

【土地边界】

作为边界的标识，留出宽约6寸的土地不耕种，变成道路。或是植树，或是立石碑，地邻相互商量后决定。也有界线之争。有一点点被侵犯也不原谅，发生争吵。村里解决不了，则由县解决。当事人和亲戚、朋友等出席。县当局叫来两方调查，再测量，立上石碑或种上树木。比起田地，宅基地的纷争更多、更猛烈，一般受伤的一方会上诉到县里。

【坟墓】

坟墓由风水先生看后决定。墓地尽量集中在一个区域，不过也可以埋在公共坟地以外。但尽可能地埋在公共坟地。

【燃料】

使用高粱、粟、麦的秆，此外还使用杂草。贫农去捡其他人家里剩下的。十口之家，要使用200斤煤。贫农捡煤的粉末用。

# 8月31日

## 青岛特别市胶县概况

*应答者　曾照之（第一区区长）、王铭山（芙蓉乡代表）、孙长亮（杨家庄庄长）、杨克智（辛店庄庄长）、唐茂德（马家庄庄长）*

【田赋】

在本县，一般每亩是360弓。每亩的田赋是银4分9厘3。1两银子20亩。县里去年对每两银子征收的附加是8元，今年已经分两次收了16元。也有自封投柜的。也有经乡约催促收齐的情况。也有依靠乡约的。是否依靠各人随意。各乡都有乡约。由乡约催缴的时候，会收取一些跑路费。这些收入大概每人每年有三四百元。乡约是从前就有的。不清楚其选择方式。县里有政务警。乡约在情况恶劣的时候也会由政务警督促。

【看坡】

看青苗每个村落各有一个。叫作看坡（土话），看护作物，被盗的时候看坡人都有责任。看坡费为小麦、粟、大豆每样取相同的量合成两椀，金额为1元（今年行情）。从村落其他人共有的土地出这笔钱。看坡人自己收这笔钱。今年是每亩1元。

【关于租佃】

用物交纳的地租用叫作“租粒”，如果是用钱交纳则叫作“租价”。在本县，交钱的时候实行价折租。

本县称租契为“租约”，住在县城内的地主必须立租约。租约没有期限。基本上不改变契约内容。在城里有很多地主，乡村基本没有。租粒必须在旧历正月末之前交纳完毕。

【官地】

本县没有旗地，官地主要是学田。学田有佃户，从以前开始就交钱，这是惯例。由县的教育科收取。一年1000元。其他的官地还有海岸沿线的苇地。日本某个开垦公司现在正在实施将大约2000町步[1]的苇地改造成旱田的工程。说是要培育棉花。

---

〔1〕译者注：日本的一种面积单位，1町=10反，约9917平方米，约等于1公顷。

【租约】

立约人〇〇〇现找到城内〇〇〇坡下大地〇〇亩，讲定每亩交租粒〇斗七班上麦子〇谷子〇高粱〇豆子〇大麦〇稽子〇黍子〇共计〇〇斗每年按期上清如有拖欠由保证人负完全责任，恐后无凭，特立租约为证。

立约人 〇〇〇
保证人 〇〇〇
年 月 日 〇〇〇立

【教会的学校】

在本县，有德国、美国、瑞典的教会。由各学校经营。并不拥有土地。德国教会拥有女子小学、女子中学各1所，美国教会有男女小学，瑞典教会有男女小学、男女中学，以上都有40或50年的历史。教员多数是中国人。各有两三名外国人指导监督。学生当然是中国人。校长也是中国人。

【大地主的管理人】

本县的大地主全都住在城内，有6个人拥有1000亩以上的土地。每人都设置了五六个被称为“催乡”的管理人，供他们吃，并付给他们的粮食（约相当于100元，按本年的行情）。还有除了供饭之外，每月付给他们两三元的情况。住在地主的院子里，和家人分开居住。

【长工、短工】

乡村农家的长工叫作“密汉”，每年付给他们100元左右。短工叫作“工夫”。

【族产】

在同姓多的村里有祖产。

【分家和养老地】

分家的时候财产均分，不给女儿。出嫁之前兄弟就已经分家的话，女性在兄弟家轮流吃住。对于母亲，设有“养老地”。也有按兄弟次序供养母亲的情况。各地每年大概都有分家。也有很多兄弟起争执的情况。如果是在父亲去世后分家，不会被说不孝。因此父亲去世后分家情况普遍。对于养老地，虽说是长子，但是没有任何特别权利。财产的分割与是否孝顺没有关系，一切平等。如果父亲去世，即使母亲还在世也对分家没有影响。女性不分到任何土地。也不分给卖土地的钱。

分家的时候，一般实行“抓阄”。不在祖先的灵位前供奉物品，而和族长或者母亲的兄弟或是父亲的兄弟一起商量进行。

孩子租佃养老地的时候，条件和旁人一样。母亲在分家后也可以买孩子的土地。

【买卖】

农民卖的物品，第一是麦子，其次是豆子，再次是地瓜。在市场上卖。也有在粮站卖的。根据买卖的数量，在市场上直接和消费者交易的情况比较多。没有叫作经纪的人，有

“斗行”收税。每斗收1毛，斗行的朋友不需要纳税。税由买的人负担。

村里有流动商人，和村里人做小买卖。普通的村庄没有商店。

【金融】

同村人之间借钱的比较多。城里也有金融业者。现在也有当铺通融资金。当铺不可以抵押土地。

有指地借钱。由出钱人耕种。没有利息。也没有期限。可以借到地价一半的钱。如果是典当，可以当得地价的8成。

【副业】

召集来的庄长村中没有副业。每个村有五六个作为苦力去青岛港口工作的人。没有工场的职工。

【庄长】

庄长的选举全都采取全村集体选举的形式。实际上是从旧闾长中选出。事变当时有闾邻制。

【匪贼】

村民被匪贼抓住的情况下，村中有实力的人物全部集合商量、集资。如果被抓的是村里的管事人、庄长、闾长，则按亩数由全村负担。如果是私人的情况，则由个人负担。

【佃农的比例】

佃农在杨家庄、辛店庄、马家庄所占的比例分别是30%。

【地租】

租佃的形式分别是，菜园交钱，耕地按定额交粮食。

虽然也有根据地主的要求交纳金钱的例子，但是很少。这种情况，是由地主和租户商量，如果租户不同意会很难实行。用物交纳的谷物一般是粟、小麦、豆（地主要求交这些）。

地租情况一般如下：上等土地3斗，中等土地2斗，下等土地1斗二三升，价格为一斗粟11元，一斗小麦19元，一斗豆14元。

【租佃契约书】

虽然兄弟、同族之间不需要契约书，但租给别人的情况下必须订立契约书。称为“揽约”。

【地租的交纳期】

地租每年交3次，根据作物交纳时间不同。比如：

麦　四月末—五月初

高粱、粟　七月中旬

豆　八月中旬

黍　六月

以上月份都是阴历。

如果一种作物的产量很少的时候，则换算成其他作物交纳。

租地租物由佃农搬运到地主家。地主有很大的秤，可以用来称量。佃农一般会带来比契约规定数量更多的谷物。有时候会发生纷争。

年内必须交纳地租。如果不能交纳，地主会催促。如果催促仍然不能交纳，会夺佃。保证人实际上不会承担物质上的责任。但如果佃农到正月之前都交不了，可以去地主那里请求延期。

【减免】

歉收的时候可以少交。地主也允许来年再补。没有地主增租的例子。

【佃农的变更】

地主卖租佃地的时候，新地主可自由变换佃农。

不定期租佃时有撤租的惯例。即每年的清明节前会在土地前“贴告示”告诉佃农是否让其继续租佃。佃农在清明节前去看。地主没有直接通知佃农的必要，地主不会给与经营上的补助。佃农除了地租以外对地主也没有其他负担。也不提供劳动力。

佃农有凿井的。地主撤租的时候没收井，佃农停止租佃的时候可以把井埋了。

【看坡费】

佃农负担看青费。看青在当地称为“看坡”，每村1个人。支付给“看坡”的粮食，每亩小麦、粟、大豆计1升—1.5升，每年分3次支付。也有用金钱支付的例子。

每亩甘薯为1元，其他作物为8角。

【地价】

这附近的地价如下所示（每亩）

| | 上地 | 中地 | 下地 |
|---|---|---|---|
| 辛店庄 | 100元 | 70—80元 | 50元 |
| 杨家庄 | 200元 | 140—150元 | 100元 |
| 马家庄 | 100元 | 70—80元 | 50元 |

菜园地每亩达1000元。即使是旱地，如果地好，每亩有达到500元的。

【农作物】

地瓜、花生、粟、麦、豆等。旱地里少有井。也种植蔬菜，有扁豆、白菜、蔬菜、萝卜、大蒜等。菜园里多井。

【家禽】

牛和驴多。牛1头100元、驴70—80元，其他的还有猪、鸡。

【肥料】

每亩需要约15元。肥料多自给。

把牛、猪的粪便，或者灰和粪混合。

【结婚】

有中人，叫作媒人，需要给彩礼钱。把它称作“彩礼金”。女方也要带东西和钱过来。女方必须带的东西是棉被、枕头、脸盆、煤油灯等。中农结婚需要四五百元。

# 9月3日

## 益都县的旗人村落

应答者　傅右辰（北城乡的副乡长）

【清代的青州营】

北城乡在清代是有青州营的地方。现在城墙还像以前一样保留着，方圆约4里。八旗的营房现在毁坏了，都不见往日的影子。兴盛之时，有1万多旗人居住在此，现在只数得出数千人口。

【旗人】

清朝时代的制度，不是各户出1人当兵，而是缺人的时候根据考试进行补充。副都统驻扎在青州营，他来进行考试。营兵有1500名。不管什么职位的营兵，只要没有犯错，就可以终生任职。父死子幼的情况，儿子不能继承父亲的官职和俸禄。根据副都统的许可，只给予几人份的叫作马步甲的军饷保证生活，任何官名、职禄都不给。

佐领以下带官名的子弟可以自由从事商农工的事业，即使只是在名义上当了马步甲，也没有自由。说是自由，也必须首先得到副都统的许可。

马甲以上有妻子。两三个人可以依靠俸禄生活。马甲每个月银3两、步甲1两。步甲一般没有妻子的多。从咸丰、同治时期开始，有官职的人在城里从事农工商的情况也被默许了，兵饷全部用银支付，规定每个月支付1回，由济南的巡抚官交付。北城在清初称为青州驻防，之后改为青州旗营。关于婚姻，在清朝时，基本上只能满人之间通婚。满汉通婚的很少，但是似乎不需要特别的许可。民国以后就自由了。

迁来青州的旗人，多来自吉林附近的各村，迁来的年份是雍正八年（?）[1]，那时候来了1500人。大家都是单身上任，驻屯后才把家人接过来。城和营房那时候已经建成了。在修建城房的时候，指挥者从北京来了，叫附近的农民来做苦力。从满洲运来的材料很少。

【旗人的土地】

以前附属于这个营的旗地（耕地）少，只有城外的操场（练兵场）和学田以及放马场是附属的土地。现在操场变成耕地，这是民国初年向省里请愿之后，得到了将其作为旗人村落共有地的许可。面积为160亩。此外城内的空地约150亩。不允许其他乡的人耕种。首先有以贫困者救济的名义请求公有地的，现在由16间分割耕作。

各间有各自的堂名，被分割的土地是堂名义的所有物。各堂向乡里交纳租金，乡从中抽取钱粮交纳给县里。租金和钱粮都是现金支付。交纳给乡里的租金，用于村公费，例如学校的费用等。公有地交纳给乡里的租金规定为每年10元，但是给县里的交纳金额是不

〔1〕　译者注：原文如此。

固定的。去年，给县里的是每两20元，每亩（大亩）交纳5元。

乡里的人是怎样得到房子和耕地的？=城外的耕地过去是汉人的东西，旗人自己没有什么东西。这个城里兵队开始驻屯，砌城的时候从汉人手中买来城里的地皮和操场。起初旗人总共有1500人左右，但是人口逐渐增多，到了宣统末年的时候变成了1万人。最初的1500人当中，基本上没有带家人来的，之后叫家人过来，人口增多。说起旗人能从事农业时是如何得到耕地的，基本上是开垦城内的土地。

城里的土地如何分配？=根据官吏的等级分配。

| | 院子 | 房子 |
|---|---|---|
| 马　甲 | 5厘 | 2间 |
| 步　甲 | 2厘半 | 1间 |
| 骁骑校 | 2分 | 6间 |
| 防　御 | 6分 | 8间 |
| 佐　领 | 8分 | 17间 |
| 协　领 | 1亩 | 19间 |
| 副督统 | 2亩 | 数不清楚多少间的大房子 |

这些地皮和家都是公家的东西，不是私有的。

那么，之后耕种的是哪里的土地？=操场。没有必要训练军人了，所以变成了耕地。

之前在城内耕种是什么时候的事情？=以前城内全部是兵营，完全没有土地。之后兵营倒塌，就有了作为耕地使用的土地。

如何分配操场？=分成16段，督统之下分为16个佐领，给每个佐领1段（1段为10亩）。1佐领有20个人耕种，所以每人5分地。以前，每个佐领一共有1000人，从民国初年起变成五六十人。那是因为自从民国起俸给就没了，上一级的人更不用说，大部分的人都移居了。只剩下穷人，结果每个佐领只有五六十人了。从中通过抽签选出20人，每人分配5分土地。

没抽中签的人此后如何维持生计？=有的变成乞丐，有的摆地摊勉强维持生活。或者成为沧口的公大纱厂（钟渊纱厂）的职工，这种很多。

抽签是什么时候的事？=民国二年或三年。

【旗人的住宅】

现在，乡民住的房子是私有的吗？=在清朝时代，地位高的人住在官署。并且因为马甲的资格分配到两间房子。在官署居住期间，托人为自己管家，不当官之后就回自己家。协领、佐领退职后也和马甲同样的待遇。这样的情形下，自从民国以后大家纷纷辞官，所以大家都有两间房子居住。但是他们的房子绝不是私有的，只是可供居住而已。也不能买卖。没有所有权。所有权在乡公所。但是，修缮可自便，而且可以新盖房子，但这是承认房屋属个人所有。说是新盖的房子，但一般都是穷人住。能修建像公有房子那种砖瓦房的富裕者基本没有。

搬去外地的人的房子怎么办？=如果还可以居住，就让他人居住。如果是马上就会坍塌的程度，就随它去。并且不久就坍塌了，邻人拿木材和砖头去卖掉，然后把钱用于买食品。

马甲以上等级的人住的官署，现在用来干什么？=佐领居住的地方，一佐的人把官署拆掉，把木材拿去卖，土地各自分配。

如何分配土地？=富有的人任意开垦土地变成自己的土地并耕种。穷人只能旁观。

【旗人的落魄】

分配操场的时候，富有的人也像上述那样开垦吗？=这个是平均分配。民国十七年前后建立了维持会，由此会决定。民国十七年以前，张宗昌是督办的时候，北城乡送钱过来，所以能维持生活。得到的收入大致为清朝时的一半，每年5月、8月、12月得到1万元，所以按照官吏和马甲等的等级来分配它。民国初年搬到外地的人只能得到过去的一半，生活变得很苦。到了民国十九年以后，大部分的人连一点收入都没有，基本上都搬走了。

就像这样，民国十七年接受操场分配的人在那里耕作，勉强维持生活。而生活很苦的贫穷人很多，一般在益都的停车场附近做苦力，或者在青岛的沧口纱厂做工，或者成为益都县或邻县的警察。

# 9月4日

## 益都县的旗人村落（续）

*应答者　关有琴（北城乡长，51岁）*

【旗人的落魄】

关有琴的祖父是佐领，父亲没有当官。民国初年，21岁的有琴进入北京的军官学校，有过革命时期担任士官转战各地的经历。这个城里的旗人，在民国初年约有1万人，民国十六年到十九年期间，因北伐离散的人很多，现在只有1800人。剩下的人都很落魄，现在能称得上是地主的连一户都没有。

旗人落魄了，以前当兵的现在什么事也不做，连农耕都不会，所以没有变为农民，直接沦为苦力、小商小贩。也有一部分人成为巡查。生活方面，别说粮食、燃料了，连蔬菜都要买。

现在，城里有95%的家庭粮食不足，每家每户都有做短工和苦力劳动的。大多数都在附近受雇。女性也有的去了城市的纱厂劳动。农忙期的短工，或是炼瓦工、搬运工、泥瓦匠、修鞋工、男服务员、保姆等等工作也很常见。粮食供应不足时，只能在村里借钱，但数额不大，在村里能借到的大笔金额的情况完全没有。葬礼、婚礼也没有像以前一样举办。如果估计还不上了，就连葬礼也不办了。正因如此，自由婚姻也逐渐变多。

【典、指地借钱】

典借和指地借钱的情况几乎没有。在这一地区，典当价大约是地价的一半。期限为3年或5年。指地借钱的价格也大约是地价的一半。期限为1年至3年。无法归还时将秘密进行双重担保。只要交纳地租，应该也可以从两人那里借钱。但是必须保守秘密。典借、指地借钱两者都要订立契约，寻找担保人和中间人。保证人和中间人一样不用承担代还责任。

【摊款】

乡里需要钱时将进行摊款。闾长以上聚集并商讨，然后按照土地面积进行摊款。财主或商人将按照适当的比例进行划分。

【村庄管理者】

本县从民国十九年开始实行区制。之后设立了村长。民国十九年开始，该乡改变原有旗制，采用闾邻制。事变后，虽采用保甲制，但是现在闾长也实际存在。目前，乡长的头衔有联保主任（保甲）、爱护村长、新民会分会长、新民协议会委员、合作社班次长等等，实际很复杂。

村内的事务由乡长和保长协商决定。乡长由全村村民投票选举。1 户 1 人，限成年男子。不会写字的人委托他人帮忙投票。最初乡长是由县里指定的。事变后，一般情况下各乡选出两位候选人，向县里推举。然后在从中选出一位作为乡长。普通乡村，实际上是由闾长和保长选出乡长。其他乡村，乡长选举之际是没有候选人的。想要成为乡长，第一必须识字，最好是工作优秀的人。家庭贫穷也没有关系，但是因为是义务的，没有薪水，实际上穷人是没办法胜任这一职务的。

【村约】

该乡有村约。该村约是民国十九年时废除旗制而采用乡制时制定的，因此清朝时期村约是没有必要的。

【看坡】

有看坡制。只有北城乡雇佣了 2 个人。穷人们被派遣到这里。如果不这样做，同伙如果盗窃作物，又不用背负责任，可谓是一举两得。每亩 2 元。

【马场地】

马场地位于临县、鲁山、派山附近。是放牧地，几乎没有作物。以前，春天到秋天会再次放养大约 1000 匹马。旗营也会雇佣人在此进行管理。清朝末期以后，汉人逐渐入侵，民国时期侵略范围急剧扩大，这里成为了旱地。之后进行了旗地清理，如今将该地变为民有地。

【学田】

在城西有旗人的学田。清理局准备清理之际，由于北城旗人反对并进行请愿，所以学田还是被分派给了旗人。现在学校被破坏，附近没有以前王府的土地。

【旗的公有地】

民国十八年，向省请愿获得批准，将城内的空地作为旗的公有地。各家各户有耕作权，但是没有所有权。各户分割公有地进行耕作，租佃、典当、买卖都要私下秘密进行，不可公开进行。如有绝户人家，则抓阄分配其土地。

城内居民家庭一般有几人？ = 四五个人，多的家里有七八个人。

【家长】

家长死时，孩子尚年幼，这时谁来当家长？ = 母亲成为家长。孩子 15 岁之后将成为家长。家长必须是长子。

头脑不好没有处理家庭事务能力的情况怎么办？＝由于该村中没有持有大量土地财产的人，因此谁成为家长并没有太大关系。

【家产的分割】

该村的财产称为什么？＝和一般情况并无差别，称之为“财产”。

家产和财产有何区别？＝家产是一家的财产。财产的定义范围稍广，更为常用。

家产的持有者是谁？＝父亲在世时由父亲掌管，父亲去世后将由母亲掌管。据说父亲在世时家产视为父亲一人所有，父母死后将由兄弟姐妹共同所有。而且，分家产时，女性也能得到平均分配的财产。但是，依照家庭情况，女性会得到的略少。根据一般惯例，长子会分到略多。从益都县整体情况来看，该习俗十分常见。

女性获得平均分配财产和比例略少的财产，哪种情况较多？＝一般情况下平均分配的情况较少。父母在世时会平均分配家庭财产，但是父母死后兄弟姐妹分家时，女性会分得较少的土地。

父母在世时分家原因是什么？＝一般来说，孩子结婚后儿媳妇和兄弟姐妹不能和睦相处时，或是兄长懒惰而弟弟辛勤劳动的情况下，由于生产和消费不平均，兄弟关系恶劣，这时就会进行分配家产。

父母的份额怎么办？＝称为“养老地”或“养老金”。数量多少将根据家庭状况、感情和父母的意愿进行决定。

如果女性得到平均份额的财产，之后必须自食其力吗？＝不是，未婚女性将和关系最好的哥哥一起生活。

出嫁费用谁来承担？＝用女性自己的财产来承担，如果费用不够，兄弟将会聚集进行商讨，平均承担，或者由娶妻的男方承担。但是，一般会以女性自己的财产作为出资标准，因此兄弟承担的金额极少。

女性持有土地时，为了筹集出嫁费用，会将土地卖掉吗？＝会的，或是将它一并带入丈夫家。

分家的原因是什么？＝这是常见的生活问题，父母在世时分家较少，父母死后分家较多。分家这种事情外界名声会不好，那会不会尽可能避人耳闻呢？＝不会。这是大家实际生活中都会存在的问题。家庭成员较多时，在世的父亲由于担心死后会发生财产纠纷，便将土地平均分配并记在纸上，将纸保留。父亲死后，孩子们就按照纸上写下的情况进行分配。

父母死后分家时引起财产纠纷了，如何解决？＝委托邻居、亲戚和朋友进行调停。这样也无法解决时，将会向县的承审所进行申诉，得到裁决。

有同族这一词语吗？＝有。

【族长】

有族长吗？＝有，族长会按照辈分和年龄来决定。

族长有何权利？＝由于本乡的人们大多贫困，所以族长并没有上述那样的权利，族长的权利只是在祭祀祖先，召集同族人们并进行指挥。由于益都城内的汉人持有土地，因此可以经营共有土地，于是经营土地的收益为族长所得。

【祭田】

那样的共有土地叫什么呢？ =祭田。

祭田是同族人循环经营的吗？ =一般是族长来经营，但是冯璞（明末清初人）的祭田是每3年轮换经营，所以他在任时也有祭祀祖先的责任。他是奉天人，族产在益都县的城内和北城的北边。

坟墓的形状是怎样的？ =一、人字葬；二、怀中抱子式葬。墓地狭窄时根据辈分进行埋葬。埋成人字葬的形状。

# 9月5日

## 益都县田赋

应答者　县公署征收处的负责人员

【田赋的账簿】

田赋是由乡（以前的区划今也适用）作为单位制作而成的账簿。也有进行概括的简单的总簿。

（1）八乡（第二期）田赋总簿

一年分为两期，每期制成1册。各乡将每10日收纳的田赋合计并计入册内。

（2）附郭乡田赋比簿

附郭乡是八乡之一。该簿最初记录了该乡的田赋总额，随后记录各份（该乡分为4份）的应纳额。与此相应，乡长以四成记录开始5天的应纳额。大约记载了职掌的政务督，手下的地区和他们的姓名。该地的职掌管辖者也有应纳额，他执掌着好几个地区。据说由于地方是百姓选出的，因此持有县给的保证书。

（3）附郭乡庄村簿

该村簿表明各乡下各村庄的田赋应纳额。将各村庄进行整理划分后，用村庄名连。这里也记录了地区的名称，公开了村庄的职管者。

（4）杂项过割册

土地买卖情况将写在其中。记录卖主名下的银粮额、退粮额、剩余银粮，以及买主姓名。

（5）附郭乡过割册209册

该册整理记录了杂项过割册的记录内容。并详细记录了一乡的土地拥有者的姓名及其银粮。这是县里最为正确的土地台账。据说该册一直存放在县公署内，不会被官吏带回家中。该过割册是所有账簿的根据。

（6）杂项乡田赋日记簿

记录了纳入田赋的流水账，记录了村庄名、花户姓名、应纳银粮、原本的换算额等等。

（7）田赋串票

是四联单。通知票将交给地方。

（8）八角公益捐流水账

该流水账记录了去年为县的会议、军队的欢迎会、治安军的摊款等收集费用时临时课征税的摊款。由于每两银子中会摊派8毛钱，因此使用了这个名字。

今年田赋附加额已经收取4毛。本县的田赋总额为68843两5钱5分。每年分两期征收。去年的第一期为每两征收5元5毛5分，第二期为7元2毛。额外8毛。今年的第一期为每两征收9元4毛。向省交纳金额为每期2元，总计4元。县内决定附加额时，各区长、商务会长、县长、顾问、各科科长会举行会议。据说县内从以前起就会做出预算，然后再实施。

## 9月6日

### 德县概况

应答者　山本郁（德县新民会）

本县颁布了区乡制。区——乡镇——村庄。

全县分为9个区、75个乡镇、837个村庄。其中，向县交纳租税的有67个乡镇、687个村庄。保甲制颁布后，乡长兼任联保主任，庄长兼任保长。事变前实行闾邻制。一个区有5个乃至10个乡。一个乡大约有10个村。每村的平均户数为80户，12亩至20亩的土地的人最多。没有大地主，也没有人拥有超多200亩的土地。事变前，听说有500亩土地的拥有者。现在拥有100亩的人都很罕见。牲口大多是牛和驴，平均每2户有1头。作物有麦子、谷子、高粱、玉米、甘蔗、胡麻和棉花等等。

（山本先生在事变后成为宣抚官，主要负责八九区的宣抚工作。因此向山本先生询问了两区的情况）

八区有10个乡、128个村，九区有（一下子想不起来乡的数量）122个村。

【村落的形态】

下面两区是治安还未完全恢复的地区。一乡平均有10个村，一村平均有80户。多者有300户，少者有10户乃至12、3户。像这种户数较少的村子聚集形成1个村的情况较为常见（这里称之为连村）。举一个连村的例子，一个叫五间房的村子是由5个小村联合成立的，还有一些很小的聚落联合组成的村子，这也十分常见。这些村的名字大多为三间房、五间房、八连庄等等。小村落一般会串联成团的形式。县政府将这些村落看作1个村来对待。然后在其中选取有权势力的人，任命为村长。

○ ○

○

接下来是一个名为五僧的村庄，其布局如图：○ ○

村长每3个月进行轮换，据说是由各村落按顺序选举。大致上村长一职并无好处，因此八九区的村长频繁更换。

接下来是一个名为五家寨的村庄。这个村应该是由5家组成的村庄，所以取此名。由于每家都有望楼，因此5家联合组成一个村庄得到了允许。

也有魏家集、干家庄的村庄，我想这是源于村庄组建时魏姓和干姓的人数众多而得出此名。含有像魏家集的“集”字这样的村庄，一般都有集市。每5天会有一个集市。七、八、九区合计人口有9万余人。丰收年时，食物会有所剩余。近4年内由于没有丰收年，所以大家的生活都十分紧张。

【土地的分配】

一般情况下，所有地为每户平均十二三亩，优良土地为二十四五亩。就算是最大的地主也没有超过200亩（但是事变前有拥有500亩土地的地主，而现在没有）。拥有百亩土地的在乡里被称为有钱人。由于土地较少，所以村中自耕的情况较多，租佃较少。在农忙期，贫农被雇佣，每日赚大约1元到1元40钱。雇农者首先要拥有40亩以上的土地，特别是地主若要去县城这种情况下，必须雇农，并且委托亲戚进行土地管理。

我想旗地位于县城附近，八九区是没有的。

通往八九区的交通，只有县与合作社的汽车。将来预计会有公交车通行。治安方面，从税务的关系来看，八区的相当一部分缴纳一半税款是被允许的。九区不可征税的只有一个乡。但是今年能收取预计税款。

【水利】

马颊河的两侧均有种植蔬菜，不是利用河水，而是挖掘井水进行灌溉。或者使用人力或者驴马进行灌溉。若将来建造了堰，那么利用河水灌溉就可行了吧。蔬菜贩卖便利，而且可卖出高价，所以农民为建立灌溉设备也花了相当多的资金。

应答者　松田久喜（县顾问）

【汉人、旗人之争】

县城内旗人与汉人杂居，因此时常产生对立，引起纠纷。据说去年因旗地处理出现了很大问题，县内某大官也与之相关。

应答者　班镇水（新民会分会长、旗人）

（应答者的回忆极其不完整）

【旗人、旗地】

清朝时代，德州驻扎着德州城守营。四旗驻扎于此地。正黄、镶黄、正蒙、镶蒙。前二旗为满人，后二旗为蒙古人。营长是城守尉，手下有4位防御人员。下级还有管队，最下级是骑兵。城内无兵舍，有衙门，旗人与汉人杂居。上级官员居住在衙门，兵士居住在自己家。城守尉以下拥有俸禄土地，他们将其让佃户耕作。城守尉有3顷，防御人员有三四十亩，以下官位逐减。清朝年间有着1000户以上的旗人，但现如今人数减少了。俸禄土地以外，旗人有私有土地。这些土地是向省提出申请并交纳田赋，建立税契而成为私有地。俸禄土地成为旗人共有地也得到了省的许可。

这些旗地，和官旗产清理处一样没有任何关系，是俸禄地，此后成为旗人公有地的面积大概有5顷多，它们遍布在城外20里以内。这里的佃户跟以前一样进行耕作。租金为钱粮，大约上等地3元，下等地2元。价格比民地便宜一半。这些租金用于救济钱粮、杂派以外的全部贫民。

旗人的私有地还是称为旗地，面积暂不清楚。旗人们将很多土地卖掉，其次，旗人经营小买卖，做苦力和兵力的较多，较少成为农民。

应答者　陈开雨（陈庄的农民、22岁）、王绍先（第三店村的农民、18岁）

（陈庄距离县城大概7华里，第三店村距离县城大约30华里。两人为了挖掘壕沟而来到了县城）

【地租】

该地区的一般土地，每亩能收获六七斗谷子，地租一般为4斗。作物种类并不是由地主指定，但是地租必须交纳固定的谷种（一般为谷子）。如果在借来的土地上种植高粱，交纳的粮食是自己土地种的谷子也可以。如果作物不足，那么便按照市价交一定的钱。

【租契】

租佃契约书称为“租契”，写2份，双方保管。10年契约较多，在此期间契约内容不可变更。禁止一方变更，并被写入了租契中。租佃分为“分种”和“包租”两种。可能包租的情况较多。每村情况不一，不能一概而论。分种仅限折半。包租时，滞纳份额要在翌年交纳。没有纳金的制度。缔结10年租约时，五年就退佃这种情况是不允许的。且必须要向地主介绍佃农。如果违反契约，地主可委托仲裁人进行调查。租契中必须写清期限，最短为5年，也有七八年的，没有10年以上的。

【长工、短工】

长工称为“扛活的”，短工称为“帮忙”。

【家畜的共同饲养】

家畜为两家共同饲养。饲料需均等。畜舍每10天进行交替。

【看青】

有看青。同样在山东，在此并不称为看坡。有的村子雇人来看守，有的村子是耕作者轮流看守。

陈村今年组织了青苗会，每晚有10人进行看视。若有偷盗行为则将该人带到会中，对穷人进行打骂，富人收取罚金。其外村的村民更不可原谅。

【灌溉】

在这一地区几乎没有井地。利用河水进行灌溉。如果灌溉盐碱地，作物会枯死。

应答者 县公署征收处办事人员

【田赋征收】

田赋由三个单位负责征收。第一是县征收处，负责征收一般民粮地的第一期、第二期田赋。第二是卫征收处，负责征收卫地的田赋。卫地于明代开始存在，是皇帝（燕王）为培养军人而开辟的。卫被废弃后，士兵们大多离散或是成为当地居民，卫地的地目就这样保留了下来。在本县的第三区面积最大。第三是漕粮征收处，以漕粮的名义征收第三期田赋。各征收处根据地域各分得 4 份。卫地不及民地的一半。政务督总共有 34 个人，因赋税征收为地方工作。

# 1943 年 11 月

（华北农村惯行调查资料第 111 辑）

概况篇第 12 号　河北省安次县祖各庄、东王庄
调查员　内田智雄、杉浦贯一

## 11 月 10 日

*应答者　兰宝衡（学校勤杂工、第六区白家工作人员）*

【应答者的经历——截止于寄居该村时】

几年前来到这个村子的？ =事变当时。

为什么来到这个村子？ =小时候便开始在北京当服务员，接着在通州潞河中学的农事试验场工作了 4 年。民国十六年至十八年，工作于燕京大学农事试验场。家人一直在南苑生活。民国十九年至二十一年工作于定县南京金陵大学的农事试验场。随着潞河中学的农事试验场主任（常德仁，山西人，毕业于南京金陵大学）调职而来到此地。辞掉这份工作后，来到了廊坊的一家商店做厨师。事变之时，全家人从南苑回到白家，然后又来到了廊坊。现在住在这个村子里。民国二十六年带着家人来到了本村。

来廊坊的理由是什么？ =辞掉定县试验场的工作来到了廊坊。自己无法进行农耕，所以改成做买卖。

为什么来到了廊坊？ =在廊坊做小买卖把钱全部赔光了。这个时候该村的曹乃安经常来到市内，与他熟识了之后，因此机缘来到了该村，家人也来到了该村，在廊坊的商店做起厨师一职。民国三十一年之前，一直在廊坊工作。由于母亲年老，（家里有母亲、我和孩子）需要照顾母亲，因此关闭了廊坊的店铺。这时正好碰上修庙，我去帮忙，后来便成为了这个学校的勤杂工。

那么如何维持生活？ =我在学校后勤处上班，孩子打短工（打短儿）。

【关于其他寄居者】

孟昭明为什么来到这个村？什么时候来的？ =两三年前。西王庄人。由于治安不好，在这个村又有亲戚，所以来到了这个村。陈某的母亲是孟的姐妹。

孟拥有土地吗？ =在本村没有，但是在西王庄是有的，西王庄离这里大概六七里。

张何氏（61 岁）是何人？ =安次县芒店村人。住在杨贵的庭院。（4 甲 4 户）。是杨

树林（4 甲 2 户）的亲戚、他的妻子的母亲。杨贵是树林本家的爷爷。关系并不亲密，没有土地。

刘廷斌是何人？ =和曹德荫是亲戚。曹德荫现在住在廊坊。曹并不是本村户籍。刘无偿借用曹家德房屋。刘是曹德舅舅（母亲的哥哥），原籍永清县。

拥有土地吗？ =没有。

董是谁？ =董宝田，苏福贵妻子的弟弟。

什么时候来这儿的？ =三四年前，没有土地。

索殿永呢？ =永清县人，在曹寿荫的庭院住了两年多了，王治河的亲戚，关系不明，没有土地。

孙化玉是谁？ =住在曹乃安的庭院。这个庭院被一分为二，孙、刘、廷斌他们都无偿借用曹德荫的房屋。曹德荫是曹乃安的外甥。孙没有亲戚。南昌村人。南昌村的房屋倒塌，在这个村有熟人，所以来到这个村并且无偿借用曹家的房屋。由于村子相隔很近，所以没有亲戚也行。担保人是曹德荫。如果没有担保人，就不能居住在这个村。

现在不在的许某是怎么来到这里的？ =和王治河是亲戚。治河妻子的弟弟。

什么时候来的？什么时候离开的？ =五六年前来到这里，今年阴历七月回到了原籍所在地。

【寄居者的生活】

寄居者都没有土地吗？ =是的。

寄居者大多数靠什么支撑生活呢？ =打短儿、做买卖。

【和本村人的区别—公租的负担】

寄居者和本村人有什么区别？ =若长期居住于此，就会成为老乡亲。别村会让他们承担花销（摊款），但是本村没有这种情况。

【门户钱】

门户钱也要摊款吗？ =是的。门户钱是摊款之一。不常负担。

门户钱是怎样的？ =一年收取三四元。花销的一种。花销根据土地情况来决定收取次数，但是门户钱一年收取一次。

门户钱被作为什么用途呢？ =作为村子的资金。老师、勤杂工、民团团长（自卫团团长）的工资。

【寄居者的保证—保人】

寄居者在村内居住时一般都做些什么？ =没有街坊。

那么，这样就不清楚什么人因为什么关系来到这个村了吧？ =保人向会里说明，对此人进行担保。

【会里】

会里是什么？ =现在被称为村公所，以前被称为大会。

会里有几人？ =正副保长、九甲长、月拨儿 4 人（村民繁忙时来帮忙）。

月拨儿有确定人选吗？ =3 年前没有的，这是村公所成立之后才有的组织。

大会的时候是如何进行？ =有村长、副村长、司事人等十余人。学校独立。老师和学校勤杂工除外。现在学校放假，所以勤杂工在村会所帮忙。学校农历二月开学，腊月二十二日放假，由于今年不景气，所以学校没有参加大会。

【保人的责任】

寄居者如果做了坏事，保人怎么办？=保人将负担全部责任。

有这样的实例吗？=由于大家都是亲戚关系，所以没有做坏事的。

没有保人就不能寄居在这里吗？=不能。

【本村人的资格】

在这个村子居住多久才能成为本村人呢？=不定。如果购买了土地家产并决定永久居住于此，将会成为本村人。如果拥有很多住房，也会成为本村人。

外村人如果来到本村并立即购买房产就能成为本村人吗？=是的。

在本村居住了10年20年却没有房产就不是本村人吗？=是的。

【花销的负担—与把土地卖给外村人的关系】

宅地也要花钱吗？王家寨的人如果购买了祖各庄的土地，并交纳了田亩捐时，则不用负担花销（村差）。王家寨的李某向祖各庄的王某交纳了田亩捐，则不用负担村差。因此村差的负担会增加给其他人。比如，100亩土地中，有10亩是从别村买的，那么100亩中要收取90亩的村差。本村人如果将土地和房屋全部卖掉，租借住房寄居于此，那么可以不用负担村差。

有这样的实例吗？=没有，卖得掉土地，但是卖不掉住房。

那么，就不指望将土地卖给外村人了吗？=不指望卖给外村人，本村人没钱的时候也是不得已的。

拥有4顷土地的人在村里居住？=祖万福也在卖土地。虽说不指望卖给外村人，以前都是本村人卖给本村人，去年有人卖了很多土地给外村人。今年卖土地的时期还没到。

## 11月11日

应答者　陈团珍（63岁）、王绍祥（53岁）、陈国栋（34岁）、郭京城（52岁）

【村里的姓】

该村最古老的姓氏是什么？=祖氏，其次就不清楚了。

陈氏是什么时候从哪里来到这里的？=他们是在乾隆时期，从安次县普照营（距离此地十五里）来的。和祖姓是亲戚关系（陈氏的太太的娘家），到自己为止已经有8辈人了。

王氏是什么时候、什么原因来到这里的？=乾隆年间，比陈氏时间稍微早一点点，从安次县的小王压（距离本村半里）来到这里。

郭氏呢？=不知道。

陈氏的同族人有几家？=9户，还有3户不同宗。

【分家和户】

分家后会将住在同一个院子的三四家作为1户吗？=分家后1家便是1家，这种情况较为常见，具体有几家并不清楚，其他 3 户的陈氏从何而来我也不清楚。

分家后将院子除外时怎么办？ =不会将院子除外。

迄今为止同一院子会分家吗？ =会的。

如果在别的地方也有住所，那么分家时怎么办？ =会分别挂上门牌，视为同一户。但是如果在村内的其他地方居住并成为附户，如果父母在世则不能算作 1 户。父母双方都去世时才能算作 1 户。

应答者　曹寿荫

曹寿荫一家有 1 户还是 4 户？ =看作 1 户。

保甲簿上记录的是 1 户吗？ =是的，1 户，户主是我的父亲。

母亲在世吗？ =尚在。

父母双方都去世时怎么办？ =去世后，如果兄弟姐妹懂得同气连枝的道理，那么长兄就会成为户主。如果兄弟 4 人关系不好，那么 4 人分别成为户主。这样一来，虽是一个门牌，但是会有 4 户。

户主只是名义上的吗？ =父母亲现在轮流管饭（奉养），因此户主只是名义上的。父母去世后，长兄成为户主也只是名义上的。

摊款和出劳动力是关系到 1 户还是 4 户？ =按土地面积来决定。4 户中的每户都要出，土地面积是平均的。

【同族的集会—清明会】

清明节等节日，同族会聚齐举行祭祀活动吗？ =有清明会。大家会于早上 7 点去族长家，然后在街上集合后一起前往墓地进行祭祖。同族人都会带着铁锹和锄头去祖坟，并挨个给祖坟翻新土。

建新土 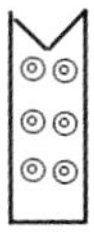 （3 寸 5 分、3 寸）在坟头放置长钱。

（五六寸—七八寸）在黄土上放置一枚。

压长钱为了防止长钱被风吹走，所以一般会在老祖坟上放置桌子，并在上面摆上供品。

（按照同族人席辈数站立）

（上香时按照一辈一列的原则）

（和族长同辈的人应站在族长的左右两侧）

和族长同辈的若有 3 人要怎么排列呢？ =没有顺序，不受限制，烧香人只有族长。供品可由大家来摆放。族长烧香时，由同族人来点鞭炮。族长叩头时，大家一同叩头。一同散会后，将供品放置于族长家。接着各自去自家新坟后就可以回家了。然后，大家会在族长家集合一起吃供品。供品有（一）盘子、馒头，5 盘或者 3 盘，每盘有 5 个馒头。（二）碗，里面有酒菜和新鲜果子。新鲜果子一般有柿子、香蕉、葡萄等。酒菜有荤菜和素菜两个种类。荤菜是由猪肉做成的各种菜式，里面还使用了鸡肉和鱼肉。不一定如此，也有用

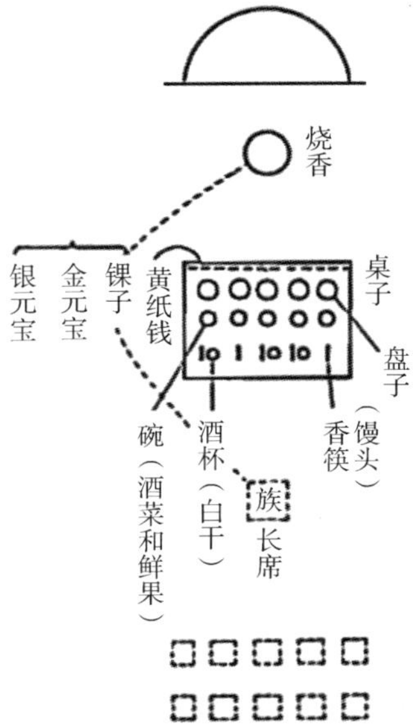


蔬菜做成的。素菜一般是用豆腐、白菜、菠菜和面筋等做成的精致菜肴。香和元宝、黄纸钱一起点燃。用火将白酒点燃，烧黄纸钱时在其周围撒上白酒。

在族长家吃饭时，要按辈分就坐吗？＝有清明会的，族长向同族收钱购置酒菜。没有清明会的，同族轮流购买。同族中的负责人出钱购买。清明会上的同族男女会一起吃饭。不是同族，则每家1人，仅限男性。吃饭时必须按照辈分来就坐。

女性和孩子如何就坐呢？＝女性和女性坐。孩子是女的坐在一起，男的坐在一起。

女性没有辈分吗？＝没有，随意就坐。

这些供品足够大家吃吗？＝不够。会按照同族人的人数来安排。

会调查大家是否出席吗？＝大家都会出席。有清明会的，同族吃3天饭。清明节前后3天的白天吃。没有清明会的，同族每天只吃1次。

有族长因年老不能管事的情况吗？＝那就会由他的同辈或者是下一代家长来管理。

3天都在办清明会，花很多钱吗？＝清明会又称为祭扫会。参与祭扫会的同族人会拥有祭扫地。祭扫地在东王庄（附近村）。

在这个村如何祭扫呢？＝轮流。

在祖坟附近有可以耕作的土地吗？＝没有。老坟地并没有多余土地，要找新坟地。新坟地是根据风水决定的，因此如果这里是兄弟的土地，那么新坟地周围的土地也属兄弟所有。

轮流在清明会上祭祖的本村同族人都姓什么？＝曹、祖、陈，其他姓都各自去墓地祭祖。

曹氏今年祭祖大概花了多少钱？＝30元。

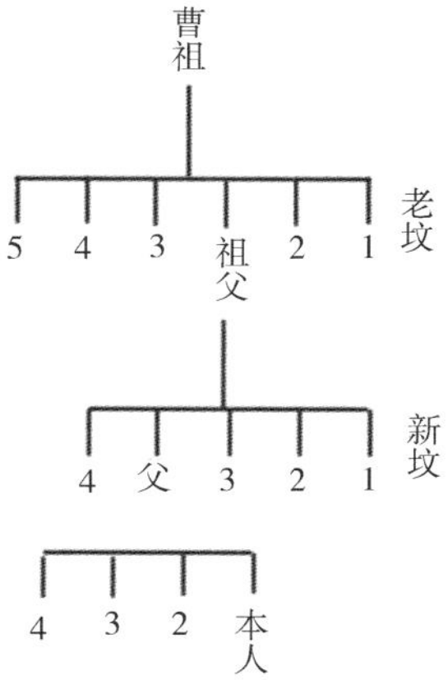


同族一共有几家祭祖呢？＝五大家轮流。

老坟由五大家轮流祭祀，新坟由四小股来轮流祭祀，和自己同辈的四小家只用叩头就行。

轮流组织清明会的人叫什么？＝没有称谓。五大家清明会的饭钱由五大家平摊，四小股清明会的费用由四小股来出。老坟和新坟都没有祭扫地。五大家也都是要花费大概30元的。

谁是族长？＝四小股的长辈（曹乃济，七十五六岁）。

五大家上坟时，族长也不出面吗？＝出面。同族男子即使是孩子也要出面，但是不去用餐。族长两个活动都要参加，有时候吃饭，有时候不吃饭。

【同族的门】

同族中有分门吗？＝五大家又称为五大门。但是四小股并不称为四小门。

那你属于第几门？＝老二门。

那其他人都知道自己属于哪一门吗？＝知道。

应答者　焦荫荣（56岁，村长）

【看青】

看青是从什么时候开始的？＝今年7月开始。

在此之前是怎样呢？＝自己在自己的田里看青。

看青是在村里进行的吗？＝是的。

为什么在村里进行呢？＝因为偷盗粮食的行为常有发生，且粮价贵。以前自己看青时，粮食总是被偷，因此村长聚集各甲长和村民一起商议，然后从村中雇佣了十几人专门来看青。

是谁提出这个建议的？＝村长、校长（曹乃庚）。

然后和谁商量？＝各甲长。

在哪商量？＝村公所。

大概是什么时间？＝阴历六月二十五。

公告是由谁写的？ = 校长。称为村约。

迄今为止，进行偷盗的是谁？本村人还是外村人？ = 本村人偷了本村人的东西。

被雇佣者是本村人吗？ = 是的。是 10 位年纪轻轻的穷人。

这 10 个人是如何选出的？ = 他们没有土地，一般都是在做长工。这些人主动提出说他们想要参加看青工作。

每天能赚多少钱？ = 赚不到钱，而是在秋后（大秋以后）得到粮食。两袋多（1 袋 15 斤、一共 40 斤）的玉米、谷子和高粱。

看青什么时候开始？什么时候结束？ = 六月二十五开始，九月底结束。

这样一来就没有偷盗行为发生了吧？ = 是的。可能有少数，但是并不是什么严重事情。

被雇佣来看青的人叫作什么？ = 看青的。

给看青人的粮食由哪里负担？ = 地户。

地户是什么？ = 田地的持有者、地主。

是什么比例呢？ = 每亩出 1 小升（1 斤左右）。

看青的屋子也要建造吗？ = 不用。如果下雨了，就用玉米秆做一个小房子。

看青巡视的区域是？ = 这 10 个人每天夜晚和白天都会在本村的田地里进行巡视。

土地如果成为了外村的土地怎么办？ = 土地都在本村内。

本村土里当中有没有外村土地？ = 如果有，这些土地也在看青范围内，每亩会出一小升粮食。

这些都会和外村的地主事先说好吗？ = 外村人会入青。如果我村没发通知，被外村知道了，他们就会入青。

看青的钱和本村的资金有关系吗？ = 没有。不用钱，连粮食也不用出。

经理人是什么？ = 发起人。有村长、校长、各甲长。

会将它称为看青会吗？ = 是的。

看青会会在九月底解散吗？ = 是的。因为这时田里已经没有谷物了。解散时没有商讨，也不会通知，就这样解散了。看青结束时，看青人就会自己前往各个地户，按照土地面积来收取粮食。

会给经理人送礼吗？ = 不会。

大秋之后，村内会举行类似庆祝会这样的活动吗？ = 不会。

看青人巡视时会带着什么工具？ = 只拿着棍子。

如果有小偷会怎样？ = 如果粮食被盗，就从看青人那里扣除。会让小偷拿出一两斗粮食。因为很贫穷，所以只能让他们拿出这么多了。

小偷一般偷一两斗粮食吗？ = 是的。

看青人有主管区域吗？ = 看青面积很大。

如果粮食被偷，这 10 个人都要承担责任吗？ = 从 10 人获得的粮食里面扣除。

仅仅只有偷盗吗？ = 是的。

不会知道他们偷了多少粮食的吧？ = 看了就知道了。

若将会约呈送至官厅，会受到威胁恐吓吗？ =如果偷盗者是本村人，就会让他交出一两斗粮食，如果是外村人，就会把他送至官府。

送到哪去呢？ =廊坊的警察第八分所。

外村也组织看青吗？ =有自看自的，也有雇人看青的，情况不一。

今年之前，本村为什么没有组织看青？ =因为去年之前粮食产量充分，所以大家都各看各的。但是从去年开始粮食价格提高，产量不足，所以才成立了看青会。

在村中做了什么会被认为是很可怕的呢？ =偷东西，做破坏风气的坏事，不孝。

如果有偷盗之人要怎么办？ =没有去别人家偷盗的人。

实际上也没有吗？ =没有。

发生偷窃、通奸、不孝等事件，会怎么处理？ =没有这样的事。若发生了则是户主的责任，和村子没有关系。

以前发生过有人做了坏事之后被赶出村子的事吗？ =没有，本村风俗良好，没有不好的事情发生。

看青会明年还会成立吗？ =明年再商讨后决定。

【民团—自卫团】

昨天说到民团，这是什么组织？ =这是维持本村治安的团体。团长是陈国权（大约30 岁），老户。

民团有几人？ =16 人，团员 16 人，团长 1 人。

他们的年龄如何？ =从 20 岁到 30 岁左右。

是由什么样的人组成的呢？ =本村的庄稼户儿。家里有枪或者步枪的人可以进入自卫团。没有枪的人则不行。白天在农田干活，晚上每小时换班。团所儿在本村有两个地方。其中一个是在村中央的张姓家的空屋里。现在还有一个是王稽儿。张宅里大约有 10 人，王稽儿那里有五六人，从晚上 8 点开始到第二天早上 4 点结束。

民团是何时成立的？ =十几年前就成立了。

这是受县公所所令，还是村里人自发成立的？ =民团成立后才得到了县公署的命令。

大概是民国哪一年开始的？ =民国十七八年。

北伐的时候开始的吗？还是之前就开始了？ =最开始只是巡夜打更。后来收到县公署的命令说成立自卫团，便组织了自卫团。

这附近的其外村子都有自卫团吗？ =是的。

枪在当时就有了吗？ =当时没有。五六年前才有的。事变时就有。事变之后，枪的数量增加了。

子弹怎么来的？ =购买武器时，里面就配有子弹。之后也买不到子弹了。

什么样的人能成为团长？ =年轻力壮。

不用选举吗？ =公推。

任职时间有限制吗？ =没有。现在的团长已经任职 3 年了。

不想任职时随时可以辞职吗？ =可以。

有报酬吗？ =每个月 35 元，从村费里出。

团费多少？ =每月10元。

武器也可以卖给村里人吗？ =向警察第八公所进行申请，如果得到许可就可以。作为晚餐费可以得到10元。

光是民团的人事费一年就有2280元吗？ =是的。

除此之外，还需要其他费用吗？ =不需要。

两千几百元是村子的摊款吗？ =是的，按土地面积摊款。

青纱帐起？ =高粱、玉米长得高大旺盛时，白天也会有人站岗巡视。对外来的可疑人员进行检查。时间是五月至七月。

没有增加特别补助吗？ =没有。

一般民团叫作什么呢？ =自卫团。

## 11月12日

*应答者　曹乃武（72岁）*

【自卫团】

自卫团每50亩就会有一台铁炮吗？ =之前接到了县的命令说，要成立自卫团，每50亩就要配有一台铁炮，所以就买了。

七八十亩的情况怎么办？ =铁炮1台，100亩就会有2台。1台100元左右，配有子弹。

现在，50亩1台、100亩2台也并不是固定的吧？ =有的人家有200亩土地，也未必说一定要买2台。自己在村子里办公。

现在情况如何？ =也有人拥有50亩的土地，但是没有铁炮的。不想买的原因是负担不起100元的费用。

即使家里有铁炮，但是没有年轻人怎么办呢？ =没有年轻人的家庭，老人也必须打更。最好是有铁炮。

如果有钱，但是家里没有年轻人怎么办？ =必须雇人。但是本村大多数人家里有年轻人，所以大家都是自己来。

有钱人难道不会不想打更吗？ =是的。

一台铁炮里面装有几颗子弹？ =不一定。买的时候就不知道装有几颗子弹。多者四五十颗，少者10颗、二三十颗都有。

**第八区第北昌联保第六保（祖各庄村）第八甲第四户**

| | | | | | | | | |
|---|---|---|---|---|---|---|---|---|
| 户主 | 曹乃武 | 男 | 已婚 | 72 | 安次 | 不识字 | 世居 | 农 |
| 长子 | 恩荫 | 男 | 已婚 | 49 | 安次 | 不识字 | 世居 | 农 |
| 长儿媳 | 王氏 | 女 | 已婚 | 47 | 安次 | 不识字 | 世居 | 农 |

续表

| | | | | | | | | |
|---|---|---|---|---|---|---|---|---|
| 户主 | 曹乃武 | 男 | 已婚 | 72 | 安次 | 不识字 | 世居 | 农 |
| 长孙 | 内 | 男 | 未婚 | 17 | 安次 | 不识字 | 世居 | 农 |
| 次孙 | 内宽 | 男 | 未婚 | 13 | 安次 | 不识字 | 世居 | 农 |
| 孙女 | 内王 | 女 | 未婚 | 7 | 安次 | 不识字 | 世居 | 农 |
| 次子 | 光荫 | 男 | 已婚 | 36 | 安次 | 不识字 | 世居 | 农 |
| 次儿媳 | 王氏 | 女 | 已婚 | 38 | 安次 | 不识字 | 世居 | 农 |
| 三孙子 | 八一 | 男 | 未婚 | 2 | 安次 | 不识字 | 世居 | 农 |
| 孙女 | 内芝 | 女 | 未婚 | 15 | 安次 | 不识字 | 世居 | 农 |
| （次）孙女 | 内 | 女 | | | | | | |

【分家】

什么时候分家的？＝民国二十九年三月。

【分家的理由】

为什么分家？＝我作为一家之主，不能管家了。生活艰辛，我也已年老。趁着我还在世时就分家了。

是你说要分家的还是孩子说要分家的？＝我也想分家，儿子们也想分家。不是有的孩子分得多、有的孩子分得少那种分法，那都是不公平的。我们是穷分。

是因为儿子们的关系不好，或者媳妇们的关系不好而分家吗？＝不是这样的。

有多少土地？＝五十一二亩。

【养老地】

养老地怎么分配？＝我自己先留 18 亩的养老地，剩下的给他们两人平分。在我母亲去世时，我卖掉 10 亩养老地，得到的钱充当了葬礼费用，没有让儿子们出钱。现在拥有养老地大概有 8 亩。

母亲是何时去世的？＝民国六七年的时候。

民国二十九年分家后，母亲的葬费由你自己来出是什么原因呢？＝先是卖掉了 10 亩，然后在 42 亩中取 8 亩作为养老地。

养老地从一开始就是 8 亩吗？＝是的，8 亩。让孩子们分家时，一人分给了 17 亩。

现在还持有这 8 亩土地吗？＝让两个孩子种，每人 4 亩。

这 8 亩是一块土地的面积吗？＝不是，是两块土地。一块有 2 亩多，另一块有 5 亩多。

应该得不到地租吧？＝分种。花销不用自己负担，收纳粮食，称之为分粮。

自己的分粮的一半如何处理？＝需要钱的时候将它卖掉。不需要钱时将粮食储存起来。

那这样一来，不就不需要养老地了吗？＝因为自己行动不便。需要钱的时候就把粮食卖掉。

这样把土地分给儿子，会从儿子那里拿钱吗？＝儿子如果生了孩子，粮食就大家一起吃，自己的那份也就渐渐没有了。自己也想做衣服，也想吃好吃的。如果有养老地，那肯定就有粮食了。

在这附近，轮流持有养老地的人多吗？＝大致是这样。自己在世时的衣服和食物并没有什么大不了的，因为需要准备死后葬礼的费用。

【丧葬费和养老地】

卖掉养老地来支付葬礼的费用，这种情况常见吗？＝很常见。分家后大家各自生活，就算勤勤恳恳也有贫穷的。由于孩子很贫穷，支付不起父母的丧葬费，因此就会卖掉养老地，留着坐价。

你的土地在你死后被卖掉也没有关系吗？＝如果儿子能支付得起丧葬费，就不卖掉养老地。一方有钱一方没钱时，则卖掉土地。

这么一说，葬费和养老地的价格应该是同额的吗？＝儿子如果有钱，就将养老地坐价，由儿子办一场气派的葬礼，扣除价后的养老地的费用，剩余的钱再进行折半。没钱时就用这些钱办葬礼。

花费比养老地价格更少的钱来举办葬礼后，再分配剩下的钱，这种情况存在吗？＝存在。

那么就算养老地剩下了不也没办法吗？＝在世时分配养老地是自己的自由，但是死后就要根据孩子们的想法来决定了。（曹圣荫来了）一家人一起生活时，兄弟之间或者媳妇之间会有很多不利之处，俗话说“仇人变弟兄”。种了很多粮食但是卖不出去，所以就分家了。如果是我自己的责任，那么绝对不会卖不出去。

【分家单】

为什么没有写分家单？＝马马虎虎，口头分家了。兄弟们也听父亲说了，不会有什么异言。

之后没有产生纷议吗？＝我想父亲在世时应该是没有的，但是去世后也许会有吧。那个时候应该会写分家单。兄弟如果关系好，就不用写了。

【分家的中人】

有中人吗？＝同族的叔父、大爷会出面作为中人。

你们家情况如何？＝乃仓（排行第六）、乃贤（排行第五）、乃成（排行第八）大家都是同祖弟兄（亲叔伯弟兄），自己是排行第四的乃武。总共有16个人。

没有其他了吗？＝没有。没有通知外姓的人。

族长没来吗？＝没有通知同族的人和族长。

在这一带，分家时族长都不用出面吗？＝是的。谁来都行。

不是同族人也可以吗？＝老亲人、老朋友都可以，几个月大的幼儿也可以成为中人。

【分财产的方法】

分家是怎么分的？＝首先分土地。在此之前，要先减去养老地，剩下的土地再进行分配。然后再均分家什、衣物。由抽签来决定。

签是谁制作的？=中间人。土地的好坏也要另算。自己的房子也要用抽签来决定。

这些都要在神佛面前进行吗？=在普通场所就行。在纸上写好后揉成团放到碗里。将它们混合后，让弟弟先抽签。

为什么呢？=争之不足，让之有余。

应该不会把所有的分割物品都写在纸上吧？=会把土地、房子和家具总和起来进行划分，然后在纸上写上一二等数字。

【散伙饭】

分家的事情结束后，会做什么呢？=吃散伙饭、散烟的饭。

【分家活动的时间】

分家一定是在晚上吗？=不一定，早上和白天都可以进行。

【分家与住房】

你家住的房子和分家时不同吗？=我从很早之前就住在现在这个房子里。死后这个房子就留给我弟弟。

【轮流管饭】

轮流是谁提出的？=我没有提，是我的两个儿子提出的。这是孩子们在尽孝。

你们家分家时，想过用养老地来维持自己的生活吗？=想过。之后孩子们也这样说了。

每5天是谁决定的呢？=儿子们。

那个时候你和太太商量过吗？=商量过。

定5天是什么原因？=5天很短，所以大家的感情不会变淡。10天就会厌烦了，因此每5天就过拨儿。

每5天轮流只是管饭吗？=是的。食物跟孩子们吃一样的。由于生活并不宽裕，因此也不能说能做出什么好吃的。

零用钱是自己出吗？=将粮食卖掉，然后做零用钱。

这个村轮流管饭的情况多吗？=多。因为孩子很多。

【分家的得失】

分家是好事还是坏事？=如果家庭人口很多，粮食如果做多了，扔掉浪费，那么分家会比较好。但是大家能同心一起生活，不分家比较好。

【轮流管饭的天数】

轮流的天数一般是多少天较多？=5天、半个月、1个月。5天的情况比较多。

【资料—分家单】

立分单人陈凤起因人口众多不能操办家务之事故劳烦亲族人等情愿将所有田产房屋亦及各种家具等物全按三子均分长子国材分受庄基一段坐落于中间均宽四弓均长六弓七分西边路段顶房四间房基相连贴东边有火道均宽一弓均长十三弓三分七厘东北地一段计三亩五分靠北边又西南地一段计五亩靠南边又公中河南地一段计四亩五分又东

北地一段计九亩此后两段共地十三亩半数为同中言明祖母与父养老之用此系兄弟三人情愿个欢口说无凭立此分单为证

墨启利

中人 陈凤来

陈凤岐

代笔 陈国栋

中华民国三十二年四月初六 同中人 立

**第八区第北昌联保第六保（祖各庄村）第六甲第四户**

| | | | | | | | | |
|---|---|---|---|---|---|---|---|---|
| 户 主 | 陈凤起 | 男 | 已婚 | 65 | 安次 | 不识字 | 世居 | 农 |
| 母 | 墨 氏 | 女 | 已婚 | 84 | 安次 | 不识字 | 世居 | 农 |
| 长 子 | 国 才 | 男 | 已婚 | 25 | 安次 | 不识字 | 世居 | 农 |
| 长儿媳 | 孙 氏 | 女 | 已婚 | 25 | 安次 | 不识字 | 世居 | 农 |
| 孙 | 青 | 男 | 未婚 | 8 | 安次 | 不识字 | 世居 | 农 |
| 孙 女 | 花 | 女 | 未婚 | 6 | 安次 | 不识字 | 世居 | 农 |
| 次 子 | 国 乡 | 男 | 已婚 | 22 | 安次 | 不识字 | 世居 | 农 |
| 次儿媳 | 石 氏 | 女 | 已婚 | 17 | 安次 | 不识字 | 世居 | 农 |
| 三 子 | 国 庆 | 男 | 未婚 | 16 | 安次 | 不识字 | 世居 | 农 |

## 11月13日

应答者 陈凤起（65岁）

【分家的理由】

为什么分家？＝直到去年农作物收成一直不好，生活困难。卖掉了6亩土地得到的钱勉强维持了今年春天之前的生活。自己由于年老，以后没有办法操心生活了。但是全家一共有9人，儿子们都在打长工，全家的问题就出现了。因此我让孩子们分家了。

分家是你提出的还是孩子们提出的？＝让孩子们自给自足自力更生我也就不担心了，所以让他们分了家。儿子们分家之后都开始寻求自己的生活出路。

【分家前的所有地】

大概有多少土地？＝41亩多。包括房屋用地、放牧地、良地和不良地，总共超过了41亩，去年12月卖了6亩，现在还剩下35.5亩。土地卖给了东王庄的王德新，得到的钱买了粮食过了新年。同族人和同村人由于都没钱，所以就将土地卖给了东王庄。

【同族的土地先卖权】

卖土地时问了同族人吗？＝问了南北院子的叔伯兄弟（凤山）、弟兄（凤来、凤祺）

和侄子（国华）。

可以不打招呼就把土地卖掉吗？=不行，必须要和大家商量。如果没商量就将土地卖掉会有意见。如果兄弟关系好，更应该提前商量。

如果知道同族人买不起土地，也要跟他们商量吗？=是的，这是常识。让到了没不是。

【分家后的生活】

分家之后，日子就能过好吗？=分家后，大家为了各自的生活会努力工作，这样我就省心了。

【能够维持生活的土地所有亩数】

40亩的土地能够维持全家9口人的生活吗？=收成好的年头就没问题，但是收成不好，生活就会有困难。

收成不好的年份持续了几年？=收成不好是从去年开始的，之前收成是足够生活的，但是花销方面却有困难。

去年大约开支了多少钱？=记不清了。不是村子的花销，自己的生活很困难，生活费叫作家里的花销。

你的土地都是一般土地吗？=16亩好地（其中包含9亩养老地）、12亩[1]（其中6亩卖掉了，剩下的6亩中有1亩大小的是土坑）、9亩[2]、4亩坟地（坟地有5分）、5分庄伙。合计35.5亩。

9个人拥有多少土地才能维持生活呢？=每人10亩。如果孩子很多，劳力少的话，10亩也不够。10亩能收3石或者4石的粮食。一个月吃3斗粮食。年轻人要吃3斗以上。每亩地能收四五斗粮食。

【分家的商量】

分家事宜是之前就了解清楚的还是突然提出的？=以前是没有的。

和孩子们商量过吗？=四月初五商量过。分家事宜半天就解决了，中人自己读了分家单。

【分家单】

在这周围有不写分家单就分家的情况吗？=大家都会写分家单，如果没写，将来会闹出问题的。

听说父母在世时有的家庭没有写分家单，有这样的事情吗？=我没听说过。

【养老地】

会自己先留养老地吗？=会的。

分家之前会自己先留养老地吗？=会的。

能留下自己想要的面积吗？=可以。

孩子们没有意见吗？=没有。

---

[1] 译者注：原文如此，推测为中等地。

[2] 译者注：原文如此，推测为下等地。

40多亩的土地中能得到20亩吗？=不能。如果拿走了余下土地，孩子们就会有困难了。不管拿到多少土地，自己去世后这些土地也都是孩子们的了。

养老地留多少会和中人商量吗？=自己会和中人进行商量。

中人说过这样不行之类的话吗？=没有，中人的想法是尽可能多的留养老地，因为孩子们还年轻。

会斟酌养老地的问题吗？=养老地的问题听父母的命令。

【分财产的抽签】

一定要抽签决定吗？=是的。

【分家与住房】

分家时庭院也要分吗？=庭院和房屋都会分。

怎么分？=

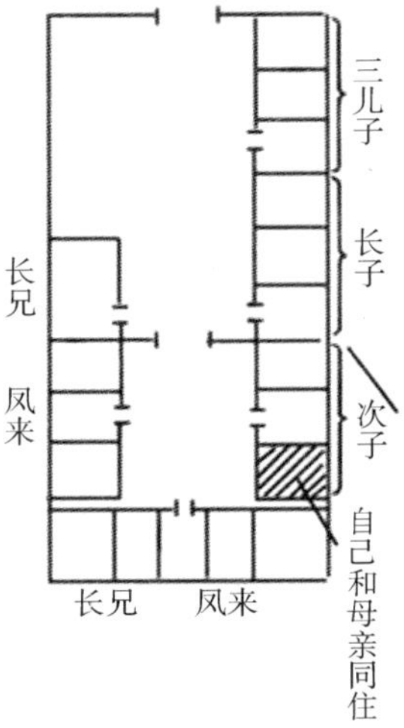


【养老地】

如果留了养老地，从孩子那里什么都得不到了吗？=得不到了。

【分家后的结婚费用】

3个孩子的结婚费用从哪里出？=自己出。

还有其他应得的份儿吗？=可以得到好地。

大儿子、二儿子、三儿子每人分得多少土地？=每人分得8.5亩。

【散伙饭】

分家时，大家一起吃饭了吗？=吃了。散伙饭、贴饼子、杂面条（3斤）一顿饭。

都是在家里吃的吗？=是的。中人也来吃了。

【养老地】

养老地如何处理的？=有钱拨钱分地，没钱当掉土地再进行分配，不过尽量不卖掉。

如果母亲去世了，丧葬费从哪里出？=新均地中的4亩是母亲的养老地。这片养老地现在交给孙子们租种。收获的粮食作为母亲的体己。母亲死了就用养老地办葬礼。

## 11 月 14 日

应答者 陈国安（40 岁）

读的学校是？ =本村的私塾，本村小学四年级毕业。

有多少田地？ =包含住宅地和过道在内，一共有 95 亩 8 分 7 厘 1。

【保甲制—保长、甲长】

从什么时候开始任村长一职的？ =民国二十九年村长一职被拆分，这时开始实行保甲制，我成了保长。村长负责村里的行政工作，保长负责户口工作。

当了几年保长？ =民国二十八九年，一年有余。

为什么会成为保长？ =是被村长任命的。那时开始实行保甲制，被村长指名任命保长。由于刚刚开始实行保甲制，所以保长一职并不是选举而是指名的。

甲长是怎么决定的？ =每 10 户中选 1 户，进行商讨从而决定。

甲长不是由保长和村长指名任命的吗？ =不是，是在村民中每 10 户中选 1 户。

报酬如何？ =义务制。

以前在村里都做些什么工作？ =负责在村里记账。

这被叫作什么？ =先生。

村里的账面是怎样的？ =在账簿中记录村里花销的账面。

为什么后来没有做账面了？ =因为家里只有 1 人，很忙。我住在六甲，离村公所很远，家里还有我的老母亲。

村子的行政工作是由村长来进行商讨吗？ =由保长、甲长和村长一起进行商讨。

会开保甲长会议吗？ =会的。村里有事时，就会开保甲长会议，村长也会出席。现在也一样。

保甲制度是怎样的一种制度？ =村子里有品性恶劣的农民时，就会对他们进行监管，同时也要监管电线、桥和铁路等。

你担任保长的时候，村子里发生了什么事情没有？ =村里治安良好，什么事也没有发生。

【自卫团、打更】

和自卫团有何关系？ =县政府命令警察第八分所成立了自卫团，没有事务上的关系。

自卫团是何时成立的？ =民国二十九年。

在此之前有吗？ =没有。但是自卫团成立之前有打更。

打更是什么时候开始的？ =很久以前就有了。

不带武器吗？ =有铁炮。三八式、七九式。铁炮有 10 台以上。把现在的铁炮加起来，一共有 40 台左右，其中优质的铁炮（三八式、七九式）都给了县政府。铁炮给了乡公所之后会得到乡公所给的钱。

三八式、七九式的铁炮是村子所有还是个人所有？＝村子共有的有2台（三八式、七九式各1台），其他都是个人所有。

何谓共有？＝摊款后买下的铁炮称为共有的。

共有的铁炮放在谁那儿？＝打更的时候铁炮是个人所有，但是自卫团成立后，买了铁炮作为村的共有物。村子的共有铁炮为自卫团团长所持。一般放在团所。

自卫团名簿

陈国忠（32）

焦连元（26）

焦连仲（26）

王恒（33）

曹学荫（31）

陈国栋（34）

郭起（17）

曹品荫（39）

祖才（19）

曹内（17）

张哲奎（16）

曹光荫（33）

每人1个小时　8点上班　3点下班

以上都是团所儿

团长为陈国权（23）

王绍文（55）

王绍绩（33）

王绍武（50）

陈国安（40）

每人1个小时　8点上班　3点下班

以上为王桥儿团所

【保长、甲长的选拔、任命】

保长辞职了甲长不用更换吗？＝即使保长辞职了，甲长也不用更换，但是今年保长更换了，甲长也更换了。

如果保长更换了甲长也一定会更换吗？＝不一定。

如果保长更换，甲长是否更换要听谁的命令呢？＝是自己辞职的。辞职之前要向乡公所递交公文书，然后乡公所再进行改选。

什么是改选？＝甲长想要辞职之时就会向乡公所递交公文书，乡公所会派来监察人，有时警察第八分所也会派人来，一甲的村民就会聚集起来，通过投票的方式进行选举。

改选保长时怎么做？＝与以上相同。根据规则，保长由甲长选举产生，村长也会过去。村民也参与选举。决定好后，则要将该票交予乡公所，乡公所交予第八分所，第八分所交予县政府，县政府再出委任状。从而任命新任保甲长。保甲长要同时向县政府进行汇报，但是只有保长会得到县政府的委任。

选举是何时开始的？ =民国二十八年保甲制度颁布后，保甲长须由选举决定。

之前，你不是说是由村长指名任命的吗？ =根据规则理应是要选举的，但是当时保甲制刚开始实行，所以县里还未派来监选人，就在甲长面前任命，虽是由村长任命的，甲长们也同意。

投票用纸是怎样的？ =由村里准备的普通纸，白纸。

不会写字的人怎么办？ =拜托代表人写，会写字的人作为代理。甲长一般都会写字，工作能力也很强，拥有很多田地，而且会权宜行事。

现在，甲长的任期为几年？ =一年。如果甲长自己想辞职那就会进行更换。村民如果不想换甲长，那么甲长还要继续任职。

保长呢？ =和甲长一样。

如何向乡公所和警察处汇报？ =若要连任，则不用进行汇报。

甲长不会从哪儿得到委任状吗？ =只有乡公所和警察处的甲长名簿上有记录。

自从你辞职保长后，保长更换了几人？ =两个人。陈国华 1 年，焦荫荣还未满 1 年，从今年 3 月开始。

为什么要这样更换呢？ =由于义务制很长，所以会浪费自己的时间。

大家应该都不想成为保甲长吧？ =是的。

【保长地位带来的利益】

担任保长会得到什么好处吗？ =没有。自己也要耕地，耗费时间，也得不到什么好处，不是想成为有钱人。穷人即使想成为保长，也成为不了。

为什么穷人想成为保长？ =成为保长后掌管村里的财务，就可以掩人耳目做坏事。

【值月人】

保长会掌管村里的财务吗？ =会。现在村长和保长是同一人，所以称之为村保长，因此掌管村里资金。保甲制以前，村里的资金委托四个人掌管，这四个人轮流值月，任期 1 个月。这 4 个人叫作帮办人或值月人。我担任保长的时候，村长是别人，这个时候就有帮办人，4 个人每人值月各 1 个月。1 年有 16 个人，每年轮换四拨儿，1 年有 3 回。

什么样的人能成为值月人？ =会写字，会算数的人。

没有田地的人也可以吗？ =不行。

拥有田地面积很少可以吗？ =不行。因为要消磨自己的时间，这样就不能打短工了。

【村长】

村长和保长是什么时候分开的？ =今年四月开始村长不确定，由保长和甲长监管村里事务。

县里的命令来了吗？ =来了。村长一职撤销之后，保长就要开始掌管村里的行政和户籍工作。

现在的保长焦荫荣是之前的村长吗？ =不是，之前的村长是曹乃庚。

曹乃庚任村长一职是何时开始何时结束的？ =民国二十八年开始，今年 4 月结束。

焦荫荣在村里担任什么职务？=甲长。

在曹乃庚之前，谁是村长？=王相均，民国二十七八年，任职了一年多。

【村长的资格】

是不是同族人中大姓成为村长的几率比较高？=并不是像曹姓这样的大户就会成为村长。想要成为村长必须会写字，而且拥有很多土地，能够阅读公文书，工作能力也很强。

其中最重要的是什么？=第一是学识，第二是人口多，第三是土地多，且要明白公事。

为什么人口多这一点是必要的？=由于村长是义务制的，所以家庭人口众多，工作也会做得很好。

【保长、甲长的选举】

选举时必须是男性吗？=是的，只限男性，女性不可。

为什么女性不可？=因为女性知识浅薄。

孩子可以吗？=不行。

多少岁以上可以？=十八九岁以上。

选举场所在哪？=保办公所（庙）。

由谁主持？=由前任保长来进行指导。

选举之前下一任保长难道不是已经决定好了的吗？=由个人意愿来决定。

甲长的选举也是一样的吗？=是的，由本甲人的意愿来决定。

选举甲长时，如果保长不喜欢这个人，不想选他的情况怎么办？=没有不喜欢这回事。甲长是由一甲村民选举而出，保长没办法做什么。

由于甲长的更换竞争频繁，所以能够成为甲长的一定是有能力的人了吗？=能成为甲长的大多数是工作非常优秀的人。

保甲制颁布后甲长中是否有更换的人呢？=保甲制开始之后甲长全部更换了。

为什么呢？=甲长们任职多年，与其说是换掉他们，其实是他们自己想要辞掉职务，现在的保长是从今年阴历四月开始任职的。

【闾邻制】

保甲制之前有闾邻制这样的制度吗？=民国二十二三年的时候，5邻1闾，5家1邻，10家连环保。

应答者　陈国权（23岁，自卫团团长）

从哪所学校毕业？=本村小学生4年级毕业。

毕业后从事什么工作？=什么都没做。

【自卫团】

什么时候成为自卫团团长？=民国二十九年。

这是由谁任命的？还是你自己直接成为团长的？=是由保甲长和村民一同选举的。

是怎样的选举？=投票。

在哪进行的？＝村公所。

自卫团的成员有多少？＝16 人。

除了团长还有什么官职？＝只有团长，其他都是团员。

如何成为团员的？＝雇佣的，雇佣有武器的人，每月 10 元。

有没有持有武器但不是团员的人？＝没有。

持有武器的人应该是一家选出一人吧？＝只要会使用武器，那么全家都会出动。

自卫团是什么时候成立的？＝民国二十九年十一月。

是如何成立的？＝由村民组成。

由谁主持？＝村长。

当时的武器有多少台？＝一共 30 台。

全都是个人所有物吗？＝是的。

团所有几台？＝2 台。王桥 1 台（王绍堂家），村中心 1 台（张佩荣）。

这两个地方是怎么决定的？＝因为场地很好。

要送礼给团所的两家吗？＝白借的。

王桥家有几人？＝4 人，张家有 12 人。

张家的床不是只有 9 个左右吗？＝自己在自己家睡觉。

有谁和谁在自己家里睡觉呢？＝曹光荫、曹品荫。

为什么呢？＝因为他们都是一个人住，而且还要照顾家里的牲畜。

工作时间几点开始几点结束？＝8 点开始，3 点结束（旧表）。

你去王桥家或是他们两家吗？＝经常呆在张家，也会去王桥家。巡夜的时候会去。

需要全部出动吗？＝如果狗叫了那么大家就要全部出动。如果狗没叫，那么就只有放步哨的人才会在外面。

团员中有没有因为偷懒而不出去放哨的人呢？＝没有。

生病的时候怎么办？＝请假休息。

必须要有请假条吗？＝向团长进行口头请假。

有没生病却谎称生病而不出去放哨的人吗？＝没有。

休息了 5 天、10 天，要减 10 元的工资吗？＝要减的。

如何扣钱呢？＝每天 30 钱。

有没有不想要 10 元工资所以休息一个月的人呢？＝没有。

因为打短工而非常疲劳，这个时候怎么办？＝没有短工者。

团员大部分都是有钱人吗？＝能够支撑生活的人也有，不能支撑生活的人也有。

团员的年龄大概是多少？＝20 岁到 30 岁不等。曹乃武的孙子 17 岁，由于父亲是团员，所以父亲不能去的时候他就去。

有没有规定必须是多少岁以上？＝老人也有，村长也是这样，因为孩子生病了，就由他们代理。

全部团员不可能夜里都醒着吧？＝每人各 1 小时。

必须在团所处睡觉吗？＝是的。

灯火和煤球儿怎么办？＝非常冷的时候才有这些，由村子里出。

是从村里的哪一部分费用来出？＝买煤球儿时会得到村长给的钱，村长会将这笔钱计入村子的费用中。

你为什么会成为团长？＝因为在民国二十九年，我在廊坊接受了1个月新民会青少年团的训练。

铁炮的使用方法就是在那时学会的吗？＝并没有学习这个，很早以前就会使用了。

为什么呢？＝因为家里有铁炮。

大小铁炮各有多少？＝大的13台，小的3台。

弹丸呢？＝每一台20以内。

如果用完了怎么办？＝一般情况下是不会使用的，由于还没有用，所以暂时没有考虑。

到目前为止，自卫团有没有发生过什么事？＝前年8月、今年1月，有土匪进攻，但是人数不明。不过他们没有进村就被击退了。

如果有人数很多的土匪进攻该怎么办？＝只能攻击。

铁炮和弹丸的数量都很少该怎么办？＝还没有这样的经验。

如果东王庄来了土匪怎么办？＝东王庄也有自己的自卫队，危险的时候会伸出援助之手。

和其它村的自卫队有联络吗？＝没有。本村和别村有。

有怎样的联络呢？＝一般情况下是不联络的。一旦有事就会连续发射三发铁炮，我方和他方都一样。因此就能相互帮助，这就是暗号。

如果自卫团的成员被其它村支走不会有困难吗？＝会派三四个人去。

廊坊会有应援队过来吗？＝没有这样的联络。

团长没有任期吗？＝没有。

你能得到多少钱？＝35元。

有多少土地？＝30多亩，家里有9口人。

应答者　张哲奎（16岁）

制服和大家一样吗？＝一样。

制服是怎么来的？＝大家摊款。

什么时候？＝民国二十七年，十二三元，袖章是民国三十年时第八分所给的。

这个铁炮有几发子弹？＝韩式枪五发，也叫作韩林春，叫作韩林春的督车在奉天制作而成。

枪弹登记须知

枪弹登记须知

一 本证明及枪弹不能借与他人使用或者私自售卖

二 携带枪弹时必须携带本证如有遗失须即具保呈请补发新证

三 枪弹如有必须转移或承继时必须呈请核换新证

四 持证人如有违反枪炮取缔条例暨登记简章者一律依法惩办

河北省安次县 枪弹登记证

查验相符 七月十三日

安民 字第No.0489号

河北省安次县枪弹登记证

安民字第 No.0489号

| | 领证人 | | |
|---|---|---|---|
| 登记机关 | 姓名 | 住址 | 职业 |
| 警察所 | 张佩荣 | 祖各庄 | 农 |
| 枪支种类 | 枪新号码 | 枪栓号码 | 子弹数目 |
| 韩林春 | 一零三二三 | | 四五 |

照片

安次 县知事 涂孟頫

县印

中华民国二十九年 月 日填发

村中持有的枪的种类？＝保甲簿中有记载。

种类大抵相同还是不同？＝大部分种类不一，相同的很少。

*应答者 曹乃功（52 岁）*

以前你在村中都做些什么工作？＝民国二十六七年时任村长一职，之后任甲长，今年开始还没有职名，但担任副保长。今年不担任甲长了。

没有报酬吗？＝没有，因为是义务制的。

【大庙】

本村有多少个庙？＝大庙、土地庙（五圣神祠）。

大庙被叫作什么？＝兴隆庵。

那个庙是什么时候建成的？＝只知道庙内的松树是咸丰年间种植的，其他的都不知道。

庙会是什么时候？=没有。

祭神是什么时候？=前殿观音大士、关老爷、达摩老祖，后殿的中央有释迦佛祖。两侧是文殊和普贤。烧香是正月初一一次，在后殿还有文昌帝君吕祖。

【大庙的修缮】

这个庙什么时候被整修过？=去年一二月到七八月整修过。

修理费大概花了多少钱？=一万几千元。

没有记录账目吗？=经手人应该有账目。

什么样的人当过经理人呢？=有三四个人，去年的保长陈国华，先生曹权荫，苏福有（村中老人）帮办人，各甲长。

是谁提议的？=3名经手人。据说在寺庙完全毁坏之前进行整修会少花一点钱，所以就整修了墙壁的破损处和房顶的崩坏处。然后对墙壁、柱子和佛像进行了简单的上漆。

经费是哪里来的？=村里摊款，每亩3毛钱，土坯的情况由村民进行捐助，炼瓦就用之前就有的。

这是由于是庙才整修还是因为是学校才整修的？=以前也好，现在也好，都是因为是学校才整修的。

那个地方什么时候建成学校的？=民国五六年，由于村里贫穷，所以学校有点办不下去了。

【庙产】

没有庙产吗？=只有庙地是庙产。庙的东南方有七亩沙地，那就是庙产。由勤杂工兰进行耕作。收成也是他的。庙和学校什么都没做，在兰之前，本村的五明是勤杂工，后来他去世了。

学校勤杂工是由谁决定的？=校长决定。

七亩土地能收多少粮食？=收成好的年份有三四斗。

因此勤杂工靠什么生活？=孩子都在打长工。

勤杂工住在什么地方？=庙的前面（9甲9户）白借王姓的房子。

【村塾】

村子里有私塾吗？=学校建成后就没有私塾了。

村里有很多人从村塾毕业吗？=五六个人。现在都40多岁了。由于村里贫穷，每年冬春三月之后大家都要干农活。

【土地庙】

土地庙用来祭祀什么？=五圣：关帝君、土地爷、龙王爷、还有一位？

关帝为什么在大庙和小庙中都有祭祀？=大庙的关老爷在求雨的时候被推举，所以都有祭祀。

这样一来，关老爷是新的吗？=不是，都是以前的了。

为了求雨时把它推举出来所以才建成了大庙吗？=据说以前是这样。一个是活座儿，另一个是死座儿。

哪所庙比较古老？ = 我不是很清楚，但是大庙稍微古老一些，土地庙中也会有人死了之后报庙儿，所以较为古老。

山庙的中央是关帝吧？ = 是关帝。

为什么将它称为土地庙？ = 人死了之后必须报庙儿，所以叫作土地庙，外村的土地庙中仅仅是祭祀土地神夫妇，这个村祭祀五圣神，中间摆置关帝。因为要报庙儿，所以称为土地庙吧，其他地方有七圣神祠。

小庙最近整修过吗？ = 和大庙相同，仅仅只是刷漆。

经手人和摊款情况和大庙一样吗？ = 一样，由于庙很小，所以没花什么钱。

小庙有庙会吗？ = 没有，正月初一会在村子里烧一回香。人死了之后报庙儿时会打开门。

正月在村子里烧香是什么情况？ = 各自拿着自己的香前去烧香。

【报庙】

为什么要报庙呢？ = 父母去世的情况下，比如朝倒头，儿子早上会去土地庙送纸（烧香、烧纸），中午的时候媳妇就会来报庙。报庙的时候，把家中带来的烧纸放在箩筐中，然后拿着箩筐一边哭一边去土地庙。除此之外还会带上侄女、外甥女这样的女性一起去，男性不去。进入土地庙之后，就会喊“娘呀（母亲）爷呀（父亲），我们给您送钱来了，您在哪儿呢，您快拿去吧”。拿着烧纸绕着墙壁转圈，然后将这个烧纸贴在死人所在的地方。之后就回家了。晚上女性还会再去。媳妇在先，后面跟着下一位女性。翌日所有的女性都会去 3 次。3 天当中，女性早上和中午都会去，晚上儿子会去。儿子去的时候，会抱着灵牌一边哭一边走，进入土地庙之后也会喊相同的话。将烧纸贴在墙壁上，将贴过的纸拿下来放置在灵牌上，抱着它哭后回家。回家时已经是第 3 天了，所以要进行送三。

烧活：男——车、纸人 2 名、骡子

女——牛、猪、桢箱 1 对、其他的还有车、纸人、骡子

有钱人除此之外还有一楼二库

在灵牌上放置烧纸，把它放入烧活的车中点燃，这个就是送三。

一定要在墙上贴纸吗？ = 把纸带过去的时候一定要贴纸。之后就会掉了。

也没有浆糊或者别的东西了吧？ = 是的，这是神气儿，这是灵应儿也不知道，莫名其妙。

纸并不是一定要贴在同一个地方吧？ = 是的，先贴在庙的里面，一直到尽头之后再往出口的方向贴。

最后儿子往庙里走的时候，送三的人也会一起去庙里吗？ = 男女一样，大家都会一起去。出了土地庙之后会去烧活的地方。烧活在庙前、家门口前、十字路口处，地点不一定。

围绕送三的道路是一定的吗？ = 不一定。

【求雨】

每年都会求雨吗？ = 比较少。我的记忆中就是在二三十年前大旱时求过雨。到了阴历五六月还没降雨作物无法进行播种时，村民们求过雨。

之后就没有求雨了吗？=没有，虽说之后也有过干旱。这个村没有求雨，其它村会求雨。求雨之后下雨或者不下雨这两种情况都有。每个村都祭祀关老爷的话，一般都可以求雨。

这个村的村民们相信求雨吗？=相信神灵，忙时就不能求雨，碰到严重干旱时，村里好事的人就会提议进行求雨，这个必须要人提倡。

应答者　张佩荣（46岁）

【井】

村里的每个人都可以使用官井吗？=官井也有，私井也有。

一甲——1、二甲——2（官）、三甲——1（私）、四甲——1（私、张佩荣）、五甲——2（官、私）、六甲——1（官）、七甲——1（王姓共有）、八甲——2（私、曹克仁）、九甲无。

官井是什么原因建成的？=这个并不是由村里出资建成的，水井是因为村附近的人感到不方便而建造的。他甲的人也可以使用，这是现在的情况，在以前没有甲的时候所有的人都可以用。现在四甲的人可以用二甲的井，二甲的人由于自家井水水质不好，也可以使用四甲的井。

大家都会饮用井水吗？=有的不能饮用。能够饮用的水井是王姓家的井，饮用、灌溉两用。四甲的张姓的井最初是为饮用而建成，但是后来因为水质变坏，就作为灌溉用水了。

那个井为自己所有是什么意思？=土地是自己的所有物，井是出钱挖掘的。道路本来也是自己的土地，但是大家都在上面走，也就变成了道路。道路两侧的土地所有者不同时，会称为道打中心，以道路的中心划分界限。我的情况就是道路和道路对侧，有井的土地都是我的，既然变成了道路就不能自由使用（曹乃功来了），除此之外还有村内的2口井。这是向合作联合会以一口井200元的价格借的，免费给我们2吨煤炭，3年还本，利息不明。今年五六月的时候，挖掘了那口井，但是没有出水，连砖瓦也不买了。

这个井的水可以饮用吗？=灌溉用的。

村内的道路有所有者吗？=有，像张佩荣这样的情况，或者像道打中心这种形状。

外姓人也可以使用私井吗？=每个井都可以为外姓人所使用，官井和私井一样。

官井的修理如何？=水井修理，官井和私井的情况一样。井水的使用者大家平摊费用。如果是10元的费用，那么每家就出1元。如果家境贫穷出不起修理费，负责人就会替他出。出得起钱和出不起钱的人大家都互相帮助。负责人不一定是私井的所有者。井的修缮工作每个人都会，所以村民自己来修理。掘井是请专业人员来挖掘。

负责人有什么称呼吗？=没有。

这么一来，官井和私井没有区别吗？=没有。

【厕所】

厕所是大家各自所有吗？=个人所有，但是有人没有建造厕所的土地，所以就用别人家的厕所。

院子里有厕所吗？ =院子内的厕所大多是女厕所，男厕所大多在外面。

道路上的厕所都是个人所有吗？ =是的，但是谁都可以用，不能私自取走粪便。

晚上男性怎么办？ =睡觉之前去上厕所。

取走大便后在外面用于什么目的？ =第一是清洁，第二是为了当作肥料。

【村民信仰的神灵】

村里人大多信仰的神灵是？ =关羽。

为什么呢？ =佩服他的义气。也信仰观世音菩萨，因为他救苦救难。

应答者　焦荫荣（保长）

【东王庄与祖各庄的关系—东王庄的村长】

你作为保长和东王庄有什么关系？ =东王庄有村长，祖各庄只有九甲不到十甲，所以将东王庄的二甲包含在内组成了一个保，只有保甲一起共事所以和村子毫无关系。东王庄的村长每3个月会进行一次更换。

为什么？ =除了超的一家其他全部是王姓，没有外姓，所以大家轮拨儿来当村长。村长1人，副村长1人，正副村长都是3个月一换。地方1人，地方由王永利长期担当。

同族村落和轮拨儿有什么关系吗？ =根据村规来规定的。

这是什么原因？ =如果一个人长期担任村长，那么就会没有闲暇时间，所以大家轮流当村长。

什么样的顺序？ =不知道。

超不能成为村长或者副村长吗？ =他不是寄居者，长年在本村居住的人也不能成为本村人。超的祖先的老家在东王庄。

王庄所以可以成为村长或者副村长和保甲制有什么关系吗？ =没有任何关系。没有联络，只是一同制作保甲簿。仅仅只是报告结婚、死亡、出生、搬迁等事情。

县公署会对3个月交换的辞令如何处理呢？ =更换保长时，第八分所会派人过来，跟县公署没有关系。

【保长、甲长的选拔】

保长没有辞令吗？ =事变前会给保长辞令，但是事变后就没有了。我成为保长的时候，第八分所的所员为了监督选举来到了这里。

成为保甲长是一件麻烦事还是一件多少感到光荣的事情呢？ =一点好处都没有，都是在使用自己的时间。

由于很麻烦所以更换了好多次了吗？ =什么时候摊款也不得而知，村民都很贫穷，没有人想要当村长。

大体上是一年换一次吗？ =本村是一年换一次，有人想要成为保甲长，这样的人以后就准备靠这个生活了吧。

但是想要成为保甲长的人不应该被选举吧？ =情况各种各样，非常复杂，即使是不好的人也有关系，但是还是会希望勤劳耕作土地的好人成为保甲长。选举的时候会发生各种事情，不过坏人还是不能成为保长。

有没有为了成为保长而去活动的人？ =有的。

保长的选举是保甲来进行吗？ =全体村民都有选举权。

大概多少人能够参与选举？ =每户1人。也有不能参与选举的。自己当了保长却前往第八分所向所长表示辞意的人是绝对不被原谅的。

同族人没有想要成为保长的吗？ =也有这样的情况，除此之外也有很多很多事情。在本村，曹姓拥有的同组人数最多，其中有好人也有坏人，个人不一。但是都会把票投给好人。

本村成为村长人数最多的姓氏是什么？ =曹姓。

是因为他们人数众多吗？ =是由于清朝时代他们有功名。

每户1人的情况下，女性不行吗？ =不行，太太们都不明事理。

男性必须多少岁以上？ =15岁以上。

代理呢？ =没有，代理人没来。

代字可以吗？ =可以。

## 11月18日

应答者　曹乃功　张佩荣

【打更】

打更是什么时候开始的？ =清朝时期就开始了，直到民国时期还在持续。冬天4个月（十一月开始到二月初一）。雇佣了村里两位贫穷的人。每人每月由村公所会发放4斗粮食。这个粮食是村民的摊粮。夜晚的燃料费用按照土地亩数来平摊。为了防止火灾和预防盗贼（守望相助），所以一个人拿着木头棒子、一个人拿根木棍子一起在村里巡视。

从几点到几点？ =9点开始3点结束。也有五更的时候和六更的时候。

打更的办公室在哪？ =在村子中心，称为更铺儿或者更房儿。

在自己家吗？ =是的。没有固定场所，利用空屋。

在那个地方烧燃料吗？ =在那个地方使用。收集一次然后使用两三天。一更打一根木头棒子，两更打两根，三更打三根。

【庙会】

以前没有庙会吗？ =很久之前是没有的。我也不是很清楚。

其外村什么情况？ =附近的村也没有。杨税务镇（离本村8华里）以前会举办九月庙，但是现在也没有了。

那是什么庙？ =应该是关帝庙吧。

【村里的娱乐】

庙会里有唱戏的场所吗？ =曾经在杨税务的西后看过戏。

在这里应该看不到舞台吧？ =本村里面没有。杨税务有的时候，会让短工和长工休息一天去看戏。

村内有哪些娱乐活动呢？ =以前有说书的来庙前的空地说书。近年都没来了。说书的也是杨税务镇的活动，本村什么都没有。

来村里贩卖东西也能作为本村的一项娱乐活动吗？ =贩卖东西的也只是针对妇女们，卖一些针、丝等东西，并不能称为娱乐活动。

庙会时说书的会来吗？ =会。

都说一些什么内容？ =不知道。

【求雨】

求雨是怎么求的？ =民国十年还是二十年的时候，干旱十分严重，村民们都很困扰，那些热心的人就提倡求雨，村民们也都赞成。村民们就从家里拿来沙草和圆木来到大庙前面的空地（外侧），建造小房子，把关帝像放置在小房子的中央，好事的人就会在关帝像的前面立香并先行进行叩头，其外村民就随便叩头进行申表。表中的文字我已经记不清楚了。上供的时候只是立香，没有蜡烛。求雨时间有 3 天或者 7 天，时间不定。3 天或者 7 天之后就会收入庙中。

【堂名】

本村有什么样的堂名？福顺堂（张佩荣）、忠立堂（曹乃功）、慎思堂（焦荫荣）、郁文堂（祖万福）、仁和堂（曹乃赛）、正心堂（曹克仁）。

堂名在什么时候会使用呢？ =板凳（腰褂）、捎马子（钱押子）——（扛在肩上的袋子）、口袋（装粮食的袋子）等等，为了和其他人的东西进行区分所以要写上自己的堂名，写了之后就知道是谁的东西。

借钱或者赊账买东西的时候，不用堂名吗？ =借钱的时候不用。写上自己的名字赊账买东西的时候，如果店主了解情况，写上堂名也可以，但是不了解的时候，写上堂名也没用。

堂名是什么意思？ =用于物品的区别。

什么样的人才有堂名？ =大体上每家都会有。

穷人也有吗？ =有的。堂名由自己来取，一般都会取一些含义很好的名字，使用自己喜欢的文字，没有什么特别的意义。

福顺堂是你自己取的名字吗？ =是祖先取的名字。

忠立堂呢？ =父亲在世的时候叫永顺堂，到我在的时候叫忠立堂。新堂名是分家的时候取的。如果父亲叫永顺堂，分家之后长子就会继承，其他的兄弟就自己取名字。

【分家和户】

你们家兄弟几人进行分家了？ =我是三儿子，长兄是永顺堂，二哥是居义堂。父亲在世时分家的时候只有一个户主的牌子，父亲去世后兄弟关系如果变差，就会分为 4 个户长，有 4 个户主的牌子。母亲在世时，由于母亲不能成为户长，所以长子会成为户长。户主牌只有一个并写长子的名字。如果兄弟关系良好，那么一般情况下长子会成为户长。

【家长】

成为户长有年龄要求吗？ =这并不是一定的。

10岁的男子也能成为户长吗？ =不一定。如果父母都去世了，那么长子就算只有十一二岁也会称为户长。

母亲在世但是孩子还尚年幼这种情况怎么办？ =母亲不能成为户长。

如果孩子不行，女性可以吗？ =在本村是不行的。

张河氏家是什么情况？ =她和女儿寄居，儿子没有在本村寄居。

她不是户长吗？ =是户长，由于她不是本村人，所以摊款也跟她没有关系。

一甲一户　曹乃宣　4人分家
二户　王殿臣　无兄弟
付　王九如　无兄弟
付　许长春　寄居、现在走了
三户　苏福升　兄弟4人分家
四户　苏福全　同上
付　苏邦德　福来之子
付　苏福贵　兄弟4人分家
付　董宝田　兄弟1人
五户　苏福有　兄弟1人
六户　傅仁义　没有分家（兄弟3人）
七户　王治善　同上
八户　王守均　同上（1人）
九户　王连发　同上（1人）
十户　曹寿荫　同上（3人）
付　索殿永　寄居
二甲一户　曹棣荫　分家（兄弟3人）

【订婚、结婚】

订婚一般是多少岁？ =不一定。有的人年幼的时候订婚，也有等到长大到了年纪订婚然后直接结婚的。

结婚一般是多少岁？ =十五六岁，二十几岁结婚的人也有。

【订婚后去世】

订婚后如果女方去世了，怎么办？ =如果对方去世了则通过媒人把帖子返还即可。

男方去世和女方去世情况都是一样的吗？ =是相同的。男方死后不让女方结婚这种情况是不存在的。

会把女性的尸体抬到与其订婚的男性的坟墓然后埋葬吗？ =男方与女方关系要好时会这样做。大家一般都不会喜欢孤女儿坟，但是男方必须喜欢。

【阴亲】

未婚男性死时，会把未婚女性的尸体抬去和他一起合葬吗？ =本村没有这种情况。

其外村呢？ =不知道。

你知道这个叫什么吗？ =不知道。

【寄埋】

未婚男性死后尸体如何处理？ =不入坟，寄埋。在哪都行，寄埋在地头子（地边儿）。

未婚女性呢？ =也是一样。男性叫作光棍儿坟，女性叫作孤女儿坟。

【阴亲】

不会合葬吗？ =不会，结阴亲这样的事情的确听说过，但是本村也好，附近的村子都没有这样的事。

【坟的形式】

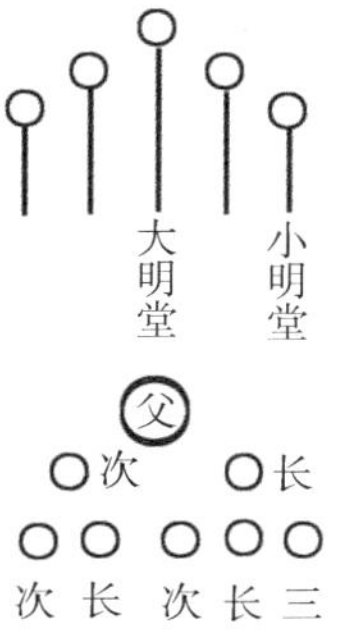


这附近的坟是怎样埋葬的？ =男性把明堂，女性把边。

【论辈】

按照排法论辈是很严格的吗？ =是的，不能说错。

村里的人，同族人之间使用称呼方法相同吗？ =是的。村里老乡亲的论辈与家里相同。和父亲同辈但是年龄在父亲之上称之为伯父。

有寄居的人吗？ =由于寄居的人是副户，如果和正户的户主是亲戚的话，则按照这个来论辈。如果不是这样的话，那么在家三辈老，出家三行。

这是什么意思？ =在家指的是在自己家，出家指的是寄居。这种情况下，相对于正户，那么自己的辈分降低一辈。那么，这样一来寄居者的父亲和祖父都要相对应的降低一辈。三辈并不是严格意义上的三辈，而是每人降低一辈。也就是说辈分的降低非常严格。

像这样根据辈数的称呼方法叫作什么？ =没有。

来到村里我也没有听说过有这样的称呼方法，是什么原因？ =几乎不说。同族人必须称呼，但是本村人每天都能碰面居住在一起，所以就没有说。要是拜托别人做什么事时，为了取悦别人才会论辈称呼。向别人借家畜或者大车时会用到。

这么说，只要是论辈称呼别人的时候，就是要拜托别人帮忙的时候，这样做没有关系吗？ =大致上是这样的。

这里的长工称呼张佩荣为什么？ =掌柜的。

称呼他的儿子什么？ =少掌柜的。

长工当中有没有辈数？ =没有。

亲戚的寄居者辈分下降也没有关系吗？ =没有关系。

正月也不使用辈分吗？ =使用。

使用辈分是什么时候？=不一定。

拜年的时候会使用吗？=必须使用。

辈分是怎么产生的？=从祖先开始就会论辈分。

王治山和王殿恒跟你是什么关系？=治山和我是兄弟，殿恒是我的晚辈。

应答者　王桐均（民国三十一年甲长）

【村里的小学】

东王庄的孩子会去大庙的小学吗？=会的。

什么时候会来？=以前是一起来。民国三十年时，由于修庙，学校关闭了半年。三十一年时由于收成不好，所以全部关闭。三十二年春天由于生活困难，孩子们要拾草，所以辍学。昨天治安军来到庙中进行驻屯，本来今年预备要开的学校也开不成了。

治安军有几个人？=昨天来了7个人。一共有多少人会来，我也不知道。

治安军的食粮等是如何准备的？=这一点还没说，所以不知道。

小学的老师有几人？=1人，曹权荫，权荫繁忙时，父亲乃赛的侄子曹桂荫会帮他教书。

乃赛为什么会成为校长？=村里选举的。

是推荐还是选举？=村保选举。

不会教书为什么会成为校长？=处理学校的事务，县里如果有命令来了，他就会去县里出头。

老师如果要处理事务就不能教书了吧？=是的，一个人做不成，所以做了学校的经理。

以前的学生有多少人？=20人以上。长学和短学都有，长学的3年毕业。短学者由于贫穷所以没有毕业也没有关系，只要达到能识字这种程度就行了。读完小学第十册教科书就可以毕业了。

本村有几人？东王庄有几人？=都是本村人，东王庄村庄较小，一般也就雇佣了一个老人来学习儒书。

这个人难道不是东王庄人吗？=东王庄的人。

会给学校老师工资吗？=老师一年会得到200块钱工资，校长没有工资。

县里会发补助吗？=以前有，一年40元，民国三十年开始就没有了，学校开学之前，校长会向县里进行汇报。

如果不开学就不用汇报吗？=不会。如果不开学，校长就不会进行汇报。

今年的开学时间决定是什么时候？=阴历本月十五日。

为什么现在开学？=本来是春天开学的，但是校长不在，他去了北京。

学校如果不开学就不会给老师发工资吗？=发工资。

一个月大概有多少？=一年两季，每半季发一次。正月二十开始到清明节为止当作一个半季。

清明节是阳历四月吧？=按照村里的习俗，清明节是半分，大秋之后也作为半分。

学校的费用除此之外一年还要多少其他费用？ =百元左右。茶、炉子、煤炉、炭火、糊窗纸。

学校勤杂工呢？ =这两年没有雇佣勤杂工，全靠老师的照顾。联络员兰会负责公文书的送达，每月30元工资。

庙产之外还会给30元吗？ =会的。

兰是村里的联络员还是学校的勤杂工？ =联络员，不过现在担任两个职位。

老师的工资由哪里出？ =村里按照土地亩数来平摊。

40元的补助费会使用在哪里？ =放入老师的工资中。如果有了这笔钱，那么大家按照土地亩数平摊的钱就会变少。

学校明年能开学吗？ =如果治安军长久驻屯，就无法开学。

以前东王庄和学校合并过吗？ =没有。

【村里的边界和看青】

东王庄和祖各庄有地界吗？ =有，设立了木头牌儿，往东是东王庄，往西是祖各庄。在村子的东口处有一个交界牌，但总是被孩子们拿走，所以到后来就没有了。交界牌是祖各庄制作的。

王村没做交界牌吗？ =没有。

为什么能够在这里放置交界牌？ =因为这是通往南昌的公路。但是这条公路的对面是祖各庄的土地，那一边又是王庄的土地。公路是民国二十九年建成的。第八分所派人来到这儿，各村出人力建成的（拨工）。

之前没用公路的时候也没有交界牌吗？ =没有。

没有交界牌的时候也没有地界吗？ =没有。

看青情况如何？ =以前没有看青。

现在有看青吗？ =各村看各村。

地界是如何决定的？ =由于看青时各村看各村的，所以村子的地界逐渐清晰了。

王庄的土地里面有祖各庄的土地，该怎么办？ =不管交界牌，继续巡视。

越过土地怎么办？ =只是在大范围内巡视，并不会每一块土地都看青。

没有交界牌的地方怎么办？ =土地的所有者会在不同的地方种植柳树墩子，所以田地的界限就是村子的地界。

交界牌是警察说立起来才立起来的吗？ =村里自己立起来的（曹乃功的）。

| | | | |
|---|---|---|---|
| 曹克俭 | 武秀才 | 咸丰末年 | 二伯父（死） |
| 曹克趾 | 文举人 | 光绪初年 | 四叔父（死） |
| 曹乃济 | 文秀才 | 光绪二十年左右 | 叔伯哥哥（在本村） |
| 曹乃康 | 同上 | 同上 | 亲哥哥（苏家口教书） |
| 曹乃生 | 同上 | | 叔伯哥哥（在廊坊） |
| 曹乃斌 | 同上 | | 同上（在本村） |

【排行字】

命名的排行字是决定好的吗？ =不是。

名是各自取的吗？ =老长辈临时取的。

【出自村里的秀才】

没有曹姓以外的秀才和举人了吗？ =祖姓出过拔贡，以前的事情我也不知道。焦勤（阴清的父亲）是咸丰年间的文秀才。

【村里的姓】

这个村最古老的姓氏是什么？ =祖。

祖氏是什么时候来到这个村的？ =不知道。

曹氏呢？ =听老人说是明朝永乐二年。

村子的成立在当时有没有传说？ =没有。

【户长和家长】

户长和家长有什么区别？ =（没有听到回答）

他们是一样的吗？ =家长就是户长。未分家时，父亲是户长也是家长，分家之后父亲是户长也是家长，所以说户长就是家长。

孩子们如果分家了，那就和孩子们的经济与生活没有关系了吧？ =是的，只是名义上的关系。

【分家后的公租负担】

孩子四人分家之后，父亲仍是家长和户长时，摊款等事情怎么办？ =由于是按照土地亩数来进行摊款，所以并不是以户或者家为单位来进行摊款。

这么一说，那就是分家的情况下，每家都必须交钱？ =不用交钱。由于摊款是按照土地亩数来进行的，所以是否分家对此并没有影响。

如果是4人分家，那么整体按亩数来分，之后4人再平均分担吗？ =4人分家后，按照1人10亩来摊款。收取摊款时，4人各出自己的部分，有一起出钱的也有分开出钱的。

摊款由谁来收呢？ =保长和各甲长一起来，老师也会来，老师是村里办公的人，负责管理地亩账和户口。

分家后一定要过割吗？ =不用。

除保甲长之外，办公的人还有谁？ =老师、保甲长。

老师叫什么名字？ =曹柜荫。并不是学校老师意义上的老师。工资为每月60元。

【分家后父母的生活方式】

在本村，分家之后父母大多过着怎样的生活？ =轮流生活居多，是否有养老地都一样。如果没有养老地，那毋庸置疑是轮流生活。如果有养老地，也是轮流生活。养老地一般都是孩子们在耕作，其中的粮食收成有一半要交给父母。

哪种情况比较多呢？ =有养老地的比较多。花销由孩子们承担。

土地很多且拥有养老地的家庭，轮流生活的情况应该不多吧？ =如果土地很少，则轮流生活。土地很多的家庭为了父母的方便，会占用养老地耕作。

为了父母的方便指的什么？ =情况不可一概而论。为了父母方便预先拿走养老地或者是孩子们帮父母耕作养老地的情况也有。但是大多情况都是父母之言。

有孩子们把土地卖掉让父母为难的事情吗？ =有的。

父母去世之后售卖养老地的人多吗？ = 不卖者居多。虽说无论卖或者不卖情况都一样。但是在本村，不卖养老地而卖掉自己的土地然后举行葬礼的人比较多。

这是孩子们孝顺父母的面子吗？ = 不一定。

【父母的去世和养老地】

父母有 10 亩养老地，父亲去世后该怎么办？ = 如果父母年龄相当，那么父亲去世后就会认为母亲不久后也将去世，就会暂时不举行葬礼，而是建好坵子，等到母亲去世后将他们一起埋葬并举行葬礼。父亲去世时母亲依然健在，那么就不会卖掉养老地，由孩子们出钱举办葬礼。母亲死后，孩子们不一定能出得起同样金额的钱（由于贫富），这种时候就会卖掉养老地。孩子人数较少但是依然能够出得起费用时，就不会卖掉养老地，而是采用均分的方法。

建坵子的地点在哪？ = 自己家的庭院内外或者其他地方。在地面上堆积炼瓦，在上面放置棺材然后再埋土。上面涂上石灰或者不涂两种情况都有。

这是死后几天才会进行的呢？ = 不一定。大多数情况时接三之后建造坵子。

父母一方死后，孩子没钱，会不会有卖掉 10 亩养老地中的 5 亩来举办葬礼的呢？ = 很少。

直到父母去世，一般情况下养老地都会保持原有的样子吗？ = 是的。

【分家后父母的生活方式】

不留下养老地也不轮流生活，但是要求养老粮的情况存在吗？ = 存在。这也是父母之言，孩子们平均出养老粮。

有养老地就有养老粮吗？ = 不是。

留下养老地之后和孩子们完全不在一起生活，这样的情况有吗？ = 有。

这是怎样的家庭呢？ = 并不一定是孩子们的关系恶劣，而是父母本身关系就不好。

孩子们在养老地上进行租佃的情况多吗？ = 多。

持有养老地，有让孩子们在养老地上进行租佃的家庭吗？ = 有。

不是轮流吗？ = 是。

本村大体上一代分家一次吗？ = 是的，很多。二代三代不分家的情况很少。

有上门女婿吗？ = 本村没有，但是我听过这样的事。

【童养媳】

本村有童养媳吗？ = 有的。

是怎样的家庭呢？ = 女方家境贫穷，女方就会拜托媒人向男方家进行传话。今年春天这种情况非常多。

男方家也贫穷吗？ = 不一定。

女性多少岁会成为童养媳？ = 10 岁、8 岁。大于这个年纪就会被允许结婚。

女方的衣食都由男方负担吗？ = 是的。除了没拜天地，女方已经成了男方的家庭成员，由于是孩子还不会做事，所以男方家也会把她当孩子来对待。如果女方家生活变好，就会在结婚仪式举行之前把女儿带回自己家。如果是这种情况则不能称之为童养媳。

把女儿带回自己家之后就不可能拒绝这门亲事了吗？ = 不可能，即使是把女儿带回家一个月左右，也还是要和男方结婚的。

女方是童养媳的情况下，结婚仪式的进餐和衣裳全部是由男方来负担吗？ = 如果女方的母亲带着女方来，由女方承担。

在结婚之前的时间内，都会以童养媳为中心来解决粮食问题吗？ = 如果女方家有粮食则带她回家。如果没有粮食，在她嫁入男方家之前就呆在男方家。结婚仪式时会带她回一趟家。

童养媳很没有面子吗？ = 除了家境贫穷，其他也没什么了。

结婚仪式的媒人和童养媳的媒人是同一人吗？ = 是的。

请帖等和普通人结婚请帖是一样的吗？ = 是的。

本村里谁家收养了童养媳？ = 刘永兴、焦玉。焦玉家的是本村杨顺友的女儿，9岁。焦玉家的侄孙，8岁。

刘永兴的儿子多少岁？ =13岁，南昌人吴氏13岁。

媒人是谁？ = 刘永兴的媒人是傅仁义。

本村有成为童养媳之后结婚的吗？ = 因为面子上过不去，所以很少。

刘永兴的田地有多少？ =4亩。

焦玉的田地有多少？ = 不知道，不多，10亩以上。

收养童养媳的家庭必须也是贫穷人家吗？ = 门当户对。

## 11月21日

应答者　焦荫棠（26岁）

第八区北昌乡祖各庄（六保）三甲五户

户长　焦玉　50岁　世居　农

嫂　棠氏　52岁

侄　荫棠　26岁

子　荫贵　23岁

侄孙　宝　8岁

儿媳妇　李氏　17岁

有多少田地？ =17.9亩（包含宅地和坟地）。

父亲兄弟三人吗？ = 两人，焦玉是叔父。

父亲是什么时候去世的？ = 在我3岁的时候，23年前。

母亲就没有再婚了吗？ = 是的。

焦玉去世后谁会成为一家之长？ = 我。

没有和堂兄弟分家吗？ = 没有。

为什么？ = 因为人口很少。

叔母是什么时候去世的？ =19 年前，宝是自己的孩子。

【结婚】

荫贵是什么时候结婚的？ =今年阴历十月十一。

订婚是什么时候？ =去年十月。

光靠农耕不能维持生活吧？ =还会扛活、打短工、种地。

荫贵结婚时大概花费了多少钱？ =300 多元。

这些钱是哪来的？ =卖粮食得来的。

300 元用于哪些用途？ =吃饭、做衣裳、雇厨子和戏子。

谁是媒人？ =陈振兴（本村人）。

和他是什么关系？ =老乡亲，和儿媳妇是亲戚。

儿媳妇是哪里人？ =薛家营（武清县）距离此地 13 里。

【童养媳】

孙宝的童养媳是谁？ =本村人杨顺友的女儿，10 岁。媒人是叔伯哥哥，焦荫亭，今年 4 月介绍的。

杨顺友的田地有多少？ =10 亩。

是什么原因说起此事的？ =女方家境贫穷，就托媒人帮忙找个女婿。媒人跟我说了这件事之后，我就同意了。

杨顺友是不是最初就有想要拜托你们家的想法呢？ =没有。

媒人和你们家的谁说了这件事？ =我的母亲。

这种情况都是和女性说吗？ =是的。

母亲和谁说了这件事？ =和我还有焦玉商量后，大家都赞成。

是你的孩子，为什么先和母亲商量呢？ =这种情况尽量还是和女性商量。

如果是荫贵的孩子怎么办？ =也是和母亲说。

收养的时候是什么情况？ =由于两家住的很近，所以女儿的父亲带着她过来了。五个月的时候在我家吃饭，后来就没来了。五个月的时候每天在我家吃三次饭，之后回家。

为什么没有来了呢？ =因为家里作物有了收成，所以就没来了。杨顺友来和母亲说他们家有粮食了，以后就在家吃饭，所以把女儿带回家了。

女儿来你家的时候都做些什么？ =因为是孩子，什么都不会做，只是玩。

女儿来你家的时候没有写证文之类的东西吗？ =没有。

将来会让她和宝结婚吗？ =会的。

她和宝的关系好吗？ =关系非常好，吃完饭就一起玩。

如果他们的关系不好怎么办？ =如果他们吵架了，我就会训斥他们，但是想要毁掉婚约是不行的。

宝和这个女孩子的辈数如何？ =同辈人。

如果辈数不同怎么办？ =不能成亲。

这种情况，最初媒人不会说吗？ =会询问媒人的。

询问了吗？ =询问了。

准备让他们什么时候结婚？ =宝十六七岁的时候。

杨顺友家境贫穷，那他准备把女儿寄养在你家到什么时候？ =这个女孩子将来也是我们家人，所以会一直收养。

村内人结婚的多吗？ =和外村人结婚的情况比较多。如果都是村内人，则辈数就成问题。门当户对倒是可以，但是很麻烦。

宝结婚的时候准备怎么办？ =拜托媒人带着女儿一起过来。

这个媒人也是之前的媒人吗？ =是的。

如果媒人去世了怎么办？ =那就不需要了。事情已定，由媒人的太太代理也可以。

女孩子家境贫寒，嫁来时准备不了嫁妆怎么办？ =如果不能准备也没有关系，我们家不介意。

这种情况下，你们家难道不帮忙准备吗？ =随身物品会帮忙准备，像镜子、洗脸盆、梳子等。

能让女孩子在你们家吃饭，会感到自豪吗？ =自己家的田地也不多，感觉到粮食不够。

既然这样，为什么还要收养呢？ =孩子长大后，由于家境贫穷，没人肯嫁他，所以现在如果订婚了，等到将来也不能毁约。

如果能门当户对，和其他家订婚，不收养童养媳也是可以的吗？ =是的。

为什么要特意收养童养媳呢？ =如果是门当户对，将来女方家里肯定要求给钱。现在都商量好了，到时候就不用出钱了。

一般结婚会给女方家礼金吗？ =如果男方和女方家境都很贫穷，据说女方家会出钱。

这些钱叫作什么？ =礼钱。

这是什么时候给呢？ =和媒人的商量达成协议后，由媒人带来。

给多少礼钱应该是由女方和媒人说吧？ =是的。

那你出过礼钱吗？ =女儿十五六岁的时候出过礼钱。

你结婚的时候出过礼钱吗？ =当时女方16岁，我15岁，对方并没有要求礼钱。

孙宝结婚的时候会写婚书吗？ =结婚仪式之前会决定好日期，然后写上头帖儿送给女方家。

上头帖儿是什么？ =在红纸上写上结婚日期送给女方家。

在这个地区不写婚书吗？ =孩提时代订婚的情况则不需要婚书，结婚的时候写上头帖儿就行。长大了之后（十六七岁）结婚时则要写婚书。

村子里谁家收养了童养媳？ =刘永兴。

拈民国三十二年　十一月初三大吉
嫁娶良辰合周堂　冠带面向西南方
新人上头卯时刻　娶送紧记猪兔羊
井石庙宇红毡遮　百年偕老大吉昌

谨遵 婚命

天作之合

坤 乙丑 戊子 大

造 乙亥 丙戌 吉

民国二十五年十一月十一日榖旦

忝姻眷待生陈有春熏沐顿首

全福

户长　刘永兴　男已　46 岁
　妻　张氏　　女已　49 岁
　子　刁　　　男未　13 岁
　女　鸦　　　女未　11 岁
　子　吴氏　　女已　13 岁

为什么取名为刁？ =年幼的时候爱哭，所以取名为刁（称为犯刁）。

谁取的名字？ =妻子。

鸦是怎么来的？ =鸦头，女孩子的意思，妻子取的。

吴氏是谁？ =刁的妻子。

哪里人？ =南昌人。

【童养媳】

他们结婚了吗？ =还没有，作为童养媳在收养她。

为什么？ =今年春天没有粮食，吴氏的父亲向我们借粮，但我们现在粮食也不多，由于他们俩订婚了，女孩子的父亲就说把女儿寄养在我们家里。

和儿子刁商量过吗？ =孩子还太小，所以没有商量。

拥有多少田地？ =四亩，承典地有 6.4 亩。

是如何维持生活的？ =还有曹德荫的分种 41 亩。

女孩子的父亲要把女孩子寄养在你家，你拒绝过吗？拒绝了会怎样？ =因为两家订婚了，所以女孩以后也会成为你们家的人。如果自己家没有粮食，但是你们家有多余的，就能收养。如果自己家有了粮食说要把女儿带回家养也是可以同意的。

那在此之后不就一直不来了吗？ =带回过一次。半个月前来带回家了，昨天又带回家一次，说是冬天到了，会带来回家。

对方是农家吗？ =是的，有 13 亩土地。

家里有几口人？ =5 口人，夫妇、2 个女儿、1 个儿子。儿子在北京的德国饭店当服务员，女儿是吴氏的妹妹。

什么时候订婚的？ =3 年之前。

媒人是谁？ =傅仁义。

订婚的时候，说要把女儿寄养在你家，这一要求可以拒绝吗？ =可以。

拒绝了之后感情不就会变差吗？ =是不好的。

那因为这个理由不就可以毁掉婚约了吗？ =因为大家都是亲戚关系，所以对方请求毁约之后必须通知大家。因此还没有听说过毁掉婚约的先例。

刁和吴氏的关系好吗？ =两人很害羞，都不说话。

都是分房间睡觉吗？ =吴氏和鸦一起睡在别的房间。

准备什么时候让他们结婚？ =准备在三四年之后让他们结婚。

两家距离很近，若两人关系变差，女方想回家可以吗？ =不行，还没有听说过这样的事。

结婚的时候会回一次女方家吗？ =回。

吴氏家是做什么的？ =针线活儿。

来你家的时候是谁带她来的？ =（没有回答）

来的时候和同族人说了此事吗？ =没有同族人。如果有同族，会一家一家地来，分大小，这个时候就能知道辈数。

分大小是如何做的？ =向长辈叩头，与平辈鞠躬，和晚辈什么也不做，只是告诉他们辈数。

订婚时的媒人和结婚时的媒人是同一人吗？ =是的。

应答者　曹桂荫

【乡和附村】

东王庄是什么时候成为本村的附村的？ =今年四五月的时候。在此之前它是附属于董家甫乡的。现在从属于本村的副村北昌乡。以前本县有 48 个乡，那时，祖各庄是其中之一，叫作祖各庄乡。

什么时候的事情？ =今年四五月之前。民国二十九年实行了保甲制之后，本县由原来的 48 乡变为了今年四五月的 28 乡。

祖各庄这样的小村子为什么会成为乡呢？ =因为当时它是户数最多的村子。祖各庄乡下有 7 个村，这 7 村当中户数是最多的。祖各庄成为了乡，其他变为了村。将乡设置在各村的中心，且是安全的地方，这是保甲制的原则。

祖各庄成为了中心吗？ =在中心，办公便利，离廊坊也比较近，所以成为了乡。

庙以前是乡公所吗？ =张佩荣家的外院。办公所是团所儿，今年四五月的时候，全县 48 乡变为了 28 乡。由于祖各庄的户数未满 10 户，东王庄成为了本村的附村。

祖各庄的村是哪七村？ =芒店村、北山营村、干常甫村、大麻村、小麻村、祖各庄。

乡长是谁？ =顾凤瑞（干常甫村），民国三十一年、三十二年春，祖各庄和芒店编入北昌乡，南昌村、北小营村、大麻村、小麻村编入杨税务乡，干常甫村被编入了董家甫村。东王庄以前从属于董家甫村，今年春天开始，东王庄村成为了其外村，并且被编入了北昌乡。

东王庄和本村以前有什么关系吗？=没有。

本村人在东王庄的朋友多吗？=有，因为村子很近，所以也有亲戚。

谁和谁是亲戚？=曹和焦以前是亲戚（表亲）。

本村的孩子和东王庄的孩子会一起玩耍吗？=不会。

东王庄应该有人在本村名声远扬吧？叫什么名字你知道吗？=大概知道。

## 11 月 23 日

应答者　王德先（59 岁）

地　点　东王庄

【王姓的来历】

王姓是什么时候来到这个村子的？=240 年前，康熙年间。

从哪儿来的？=史家务。

来此地的原因？=因为人口多而土地少。

来了几户人家？=2 户。

这 2 户人家现在还在吗？=不在了。

坟中有几辈人？=从乾隆年间开始。

【同族坟地—王姓】

河北老坟计地 24 亩 4 分

古坟 47 座

（耕）

不更地、6 亩 1 分

花户地 4 亩 4 分

零坟 29 座

弃老坟地计地 8 亩

古坟 19 座

西老坟地计地 7 亩

古坟 78 座

共计地 54 亩 6.1 分

史家务现在还有王姓居住吗？=有的，1 户，同族。其他也有王姓，但不是同族。

【同族的扫墓】

会去史家务的坟上祭拜吗？=每年清明节会去一次。

多少人会去？=大家都会去，老幼加起来一共 200 人左右。

女性也会去吗？=不去。

由谁带领着过去？ =老人。

族长会去吗？ =去，会拿着铁锨。

到了史家务之后会做什么？ =会在坟上翻土，在周围种植杨树和柳树。

会带着供品去吗？ =会带着馒头、点心、香纸，以前会带爆竹，但是现在没有了。

史家务的王姓也会参加吗？ =会参加。

在坟地族长一般会做什么？ =会负责指挥和监督。

在坟前会排队吗？ =不会。

不用按照辈分来排队站立吗？ =不用。老人站在前面。

什么时候从村子出发？ =吃完早餐后8点钟左右出发，10点开始祭祀，11点回来。

回到村子之后会做什么？ =吃会。

在哪一家举行？ =王德先，轮流。

本村辈分最大的是谁？ =王国士，由于他86岁高龄，所以只有天气好的时候才会去。

【排行字】

排行字当中，国是最上面的吗？ =国、玉然后是德、兴。

表示排行德字称之为什么？ =排行、国字儿、玉字儿等等。

玉和德是同辈所以得出这两个字吗？ =实际上德、玉是老师取的。

【吃会】

吃会是怎么轮流进行的？ =按照辈分的顺序。

今年在谁家举行？ =王德先，去年在王玉镕（去了廊坊）家，前年在王国仁家，大前年在王玉琦的父亲家，明年会去王德功家。

【同族的扫墓】

会去东王庄的坟地进行祭拜吗？ =史家务会去1天，翌日会去河北的古坟。

会去零坟祭拜吗？ =去的，个人去祭拜。

河北指的哪儿？ =正南3里，龙河之北。

三月初一是清明节，史家务会在这一天去祭拜吗？ =是的，第二天去河北。

【吃会】

吃会会举办几次？ =早上一回，中午一回，两天一共4回。

史家务的同族会来参加吗？ =会来本村。会有1个大人3个孩子过来，早上来了之后会一起吃饭。

两天大概花费多少钱？ =500元，吃小米。

会吃什么菜？ =不吃面粉和肉，吃白菜和小米饭。

由于今年不景气所以挣不到钱吗？ =是的，我小的时候，光绪年时，是吃白面和肉的。

吃会的人数有多少？ =200人左右，目的并不在于吃饭而是在于聚会。

餐具等是怎么准备的？ =吃会上会有餐具，不够的时候会找人借。

那个餐具是什么时候的物品？ =光绪年，200左右，200个碗和120双筷子。

餐具由谁来保管？ =香头儿。

香头儿有几人？=1 人，轮流，轮流值年，1 年。

香头儿是按照什么顺序进行轮流？=按照辈分。

吃会的钱从哪儿出？=上坟地，祭扫地。

【同族坟地的耕作】

可以耕作的土地大概有多少亩？十五六亩。

史家务的地呢？=是荒地、盐碱地，在河北的 24 亩 4 分当中。

除去 24 亩之外的土地是坟地和荒地吗？=是的。

上坟地是谁在耕作？=轮流，分益折半（分种）。

一般情况下能有多少收成？=每亩 3 斗粮食，全部收成大概有 45 斗。

折半之后的二十二三斗粮食大概能卖多少钱？=400 元左右。

在耕作什么？=今年的粟、明年的芋头和玉米，轮流耕作者可以随意。

轮流的顺序是？=从上头开始按照辈分轮流。

【吃会】

不足百元怎么办？=如果吃了早饭就不吃午饭，有钱剩下了就留着明年用。

上坟地得来的钱仅仅用于吃会吗？=这些钱要支付税金，以及买烧纸、香和蔬菜。把卖掉收成所得的钱借出去，收取利息。

分家后上头儿的轮流要怎么办？=上辈如果还有剩下的人，则由上辈来做。

第一门—王廷成—廷佐

第二门—王俊峰（德明）—德恒—德金

第三门—振海—德功—德新

第四门—国泰—玉书—王

第五门—国仁

第六门—国士—玉琛—玉珍—兴勇—兴周

佑　玉

廷—国—德—兴殿

振　绍

吃会的上头儿是如何轮流的？=从廷开始依次向下辈轮流。

如果分家，那么只有兄弟的人数能当上头儿吗？=只有一家，兄弟 3 人的情况下谁都可能当上。兄弟商量之后，家里大的人会当上头儿。

【排行字】

五兴堂记出入流水账（后出）是每年制作 1 册吗？=不是，写完 1 册之后会将其烧掉。

何谓五兴堂？=兄弟 5 人，排行字都是兴，那么就称之为五兴堂。

上头儿是谁？=王德功。

上头儿和排行字有关系吗？=父亲兄弟 5 人，孙辈的排行字是兴，那么称之为五兴堂。

同族人还有很多，但是为什么仅仅因为父亲兄弟 5 人就取“五”这个字呢？=其他的人不必在意。

五兴堂这一名字是什么时候取的？＝38年前。

五兴堂一直没有变吗？＝没有变。

即使是兴的下辈又出了排行字也不变吗？＝是的。

父亲和父亲的兄弟是上头儿的时候取名为五兴堂的吗？＝排字为德的时候。

父亲的名字是？＝王国诚，父亲祖父5人（世挥、世耀、世奎、世珍、世斌）。

这5个人是亲兄弟吗？＝是的。

取这5人的人数所以取名为“五”吗？＝是的。

【分家】

今年有人分家吗？＝没有。

去年呢？＝没有。

【分家的中人】

分家时族长成为了中人吗？＝老人。

将这个人叫作什么？＝保证人。

保证人必须是长辈吗？＝身体健康且头脑灵活的人。

下辈也可以吗？＝可以。

谁当保证人的次数最多？＝王德先、王玉琪。

保证人大概有几人？＝两三人。

| | | |
|---|---|---|
| 玉珍　玉琛 | 分家 | 父亲的时候（四十年前） |
| 兴勇　兴周 | 分家 | 兴勇祖父的时候（六十年前，同治年间） |
| 玉琪　玉书 | 分家 | 父亲的时候（三十六年前） |
| 德新　德功 | 堂叔伯兄弟分家 | 他祖父的时候（六七十年前） |
| 德金　德垣 | 最伯兄弟　分家 | 父亲的时候（四十一年前） |

【最近的分家】

最近有分家吗？或者说十年之内有没有分家？＝25年前，殿福和振海分家，德金、德宽、兴义（侄）分家（民国二十七年）。

【门】

分为六门是什么时候？＝100年前。

十一甲二户（民国二十五年）。

德成、德纯　分家之后因为贫穷立刻合到一起了。

德荫—殿辅（死）（德荫去了天津赚到了钱）。

这笔钱后来如何？ =生病 1 年，后来用作出殡费用，分家 1 年之后去世了。

在天津挣到的钱在分家时也分了吗？ =一样也分了。

王传福现在在做什么？ =在耕种仅 10 亩的土地。

你们每人都得到了 10 亩的土地吗？ =每人分得了 20 亩，殿福也分得 20 亩，其中 10 亩用作租佃。

王振海（父母）现在在做什么？ =德成在供养他们。

养老地呢？ =30 亩。现在由德成、德纯和殿福 3 人进行分种，地租交给德成和德纯，然后将这笔钱用于父母的衣服和粮食等用途。

【资料 1】

**五兴堂记出入流水**

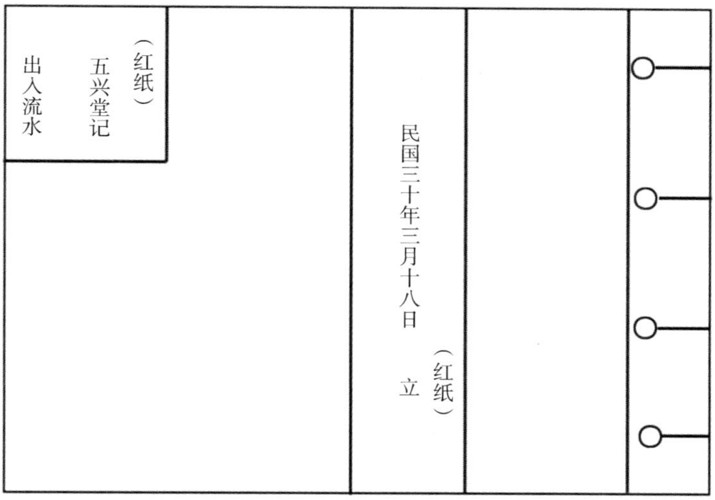


民国三十年三月十一日　立

实际存洋 232. 12 元

| | |
|---|---|
| 十月十五日 | 十月十五日 |
| 入地租洋一百二十元 | 出地亩捐洋三十八元四毛三分 |
| 入卖木头洋八元 | 出所洋一元五毛 |
| 入地租兴元十八元 | 共出还洋一百零五元二毛四分 |
| | 四月二十七日 |
| | 共出洋八十七元八毛 |

民国三十一年二月十八日

入前存洋五十六元
入德先地租　元
入玉书支子利洋七元六毛
入殿奎地洋六十元
入国泰地租洋二十元
入兴起地租洋六元
入义臣支子洋二十七元
入兴宝支子利洋十三元　毛
入玉珍地洋六十元
入兴栖利洋十三元
入玉德支子利洋七元
入兴永支子洋九元
入兴元地租洋十八元
入兴元本利洋三十零五毛
十九日
入玉琛地洋六十元
二十一日
入纸头洋一元六毛
入面代洋三元

出灰洋三元六毛
出团洋八元
出元煤洋六元
出干粉（黄将）酒洋九元六毛
出杂货洋八元九毛
出肉洋六元
出耦兴一元
出经盘纸洋　元七毛
出豆附　洋一元
出清菜洋一元
出白菜洋二元二毛
出盐洋一元五毛
出白面洋一百元
十九日
出清灰洋五毛
二十日
出酒青菜洋　元三毛
出小孩工洋　毛
出瓦工料七元
出地捐洋十九元二毛
出茶叶洋三毛
出豆附洋七元五毛
二十一日
出豆付洋八毛五分
出酒洋一元
出青菜（付）洋一元一毛
出工洋四元
出还展奎洋七元
出还玉瑢四十七元二毛
出还先洋三十元零六毛五分
出白玉米洋二十二元
出米盐菜洋一元
出麻乃洋三元
出鸡子洋一元
出酒醋洋一元七毛
出团洋四毛
出面洋九十二元五毛

| | |
|---|---|
| | 出烟卷洋四毛 |
| 茭洋三百九十六元一 | 共出洋一元〇X分 |
| 入借住先洋五元 | 出还住先洋五元 |
| 二月二十八日 | 出兴武洋一百〇四元 |
| 入兴起地租洋六元 | 出经盘烧纸六元四毛 |
| 入兴元地租洋十八元 | 出盐白菜洋三元二毛 |
| 入兴武利洋九元三毛 | 出果　洋十元 |
| 入住先地租四元 | 出亩　洋十六元 |
| 入住新枝子洋十元 | 三月十七日 |
| 入兴楼地租洋一百二十元 | 出酒洋五元二毛 |
| 入国泰地租洋二十元 | 出青菜洋八毛 |
| 入木柴洋　十五元 | 出耦洋洋一元 |
| | 出花生仁洋三元 |
| | 出白国洋十一元 |
| 共入洋 | 共出洋 |
| 三月十七日 | |
| 现存洋七十一元七毛 | |
| | 出放住先洋三十元 |
| 八月初八日 | 四月二十日 |
| 入住先本利洋三十四元五毛 | 出良洋二元二毛 |
| 入木柴洋十四元三毛 | 六月二十一日 |
| 住新缺面洋十元 | 出亩捐洋六十六元 |

玉苍缺面洋二十七元五毛

二月二十二日

〇入借展奎洋七元

三十一年二月二十日

住　成支洋二十一元二毛

十月二十六日

〇住成支洋十元

六月二十三日

十月十六日支洋三十三元六毛

〇入借住功洋三十七元五毛

十月十二日

入借住先洋二十六元

十月十六日支洋十六元八毛

△入借住成洋四十元

十六支洋五元六毛

○入借玉琪洋五元

十六支洋二十五八毛

○入借先洋二十六元

十六支洋十三元四毛四分

○入借玉瑢洋五十二元

民国三十五年五月初五

## 【资料2】安次县志　选举志

光绪丙子　举人　曹克祇　祖各庄人　拣选知县

丁酉　　　赁生　曹乃莹　祖各庄人　拔贡

乾隆东安志　第十六卷　古迹志

严祥寺　在县治西北二十五里祖各庄　明正统十二年太监张善修

康熙东安志　春五寺观

延祥寺　在祖各庄　正统十二年太监张善创建

乾隆东安志　二

村庄　东南路

东北路

西南路

西北路　小祖各庄　杂城二十五里

## 【资料3】祖各庄曹姓祖宗单子的文字

祖居山西平阳府红峒县小兴州前明永乐二年迁北直顺天府东安县祖各庄

且松柏颂孔安之盛实枚昭有侐之庥庙寝之制固诚孝之心知所不容已者也士庶之家无其力而有其意于以激良工绘远致尺幅之地轮奂森严堂基县立于墙昭穆宛遇诸目每逢除夕香烛辉煌谁谓奠荐之神不可以接祖考陟降之意不足以及子孙哉豫家先谱越遣外方缺陷有日乃于道光十四年画有先堂一轴供挂四十来年偶为暑湿及虫风所蔽固宜重行翻俵奈其间分定世系稍有未适处爰于同治十二年重画一轴岁终誊写县供神室举家观而悦焉固古人修制庙寝之遗意也但前所画出自英翰齐后所画出自云峰阁均系京都好手乃意匠之际后人较逊于前人观之不无遗憾故为表而出之以志不忘云

## 【资料4】各姓户数

| | | 曹 | 祖 | 焦 | 主 | 许 | 李 | 孙 | 索 | 傅 | 董 | 苏 | 刘 | 张 | 杨 | 陈 | 郭 | 孟 | 蔺 | 赵 |
|---|---|---|---|---|---|---|---|---|---|---|---|---|---|---|---|---|---|---|---|---|
| 祖各庄 | 一甲 | 三 | | | 五 | 一（寄居） | | | 一（寄居） | 一 | 一（寄居） | 五 | | | | | | | | |
| | 二甲 | 十一 | | | | | | | | | | | | | | | | | | |
| | 三甲 | 三 | | 七 | | | 一 | 一（寄居） | | | | | 一（寄居） | 一 | | | | | | |
| | 四甲 | | 五 | | | | | | | | | | | 二（本村一寄居一） | 四 | 三 | | | | |
| | 五甲 | | 二 | | | | | | | | | | | 五 | | | 三 | | | |
| | 六甲 | | | | 一 | | | | | | | | | 一 | | 八 | | 一（寄居） | | |
| | 七甲 | | | | 五 | | | | | | | | | | | 一 | | | | |
| | 八甲 | 四 | 四 | 二 | | | | | | | | | | | | | | | | |
| | 九甲 | 三 | | | 六 | | | | | | | | 一 | | | | | | 一（寄居） | 一 |
| 东王庄 | 十甲 | | | | 九 | | | | | | | | | | | | | | | |
| | 十一甲 | | | | 八 | | | | | | | | | | | | | | | |

## 【资料5】有关看青的村规

兹因整理村风。[1] 保护民食起见。查我村禾稼将熟。向来自行看守。互相查拿。近因人心不古。意以看自己之地为名，暗窃他人之禾稼者，往往有之。加以一般无知，固不得言。是以每年地多者则多去，地少者则少去。几无一家不去看。此种恶习，切不可长。况今年食粮缺乏。斗米成钱。恐尤胜于前也。兹特改善加法。专雇看青人十数名。以期事有专责。担负完全责任。地户无论任可禾稼去失。本会照数赔偿。该地户不得黑夜自行下地。以免发生误会之害。如地户收割禾稼。务于收割前一日。到会报告。此系遵守村规。重视会约耳。倘看青人如敢借看青之名。暗地窃盗他人之禾稼者。一经本会查出。或有村人指明举发。或扔送本会。赃证确实者。本会定行呈送官厅究办。绝不姑宽。此白。

中华民国三十二年六月二十五日　立

本会经理人　启

祖各庄村民注意

注　禁止　摆谷柤子

七月三十日立　禁止拾庄稼矣开青时妻拾意　如草筐进门情形可疑者检查

## 【资料6】自卫团的所属保甲和所有枪支

祖各庄

一甲一户　单打一　　一甲四户　铁公鸡

一甲四户　（附）铁公鸡　一甲七户　土枪

[1] 译者注：原文如此。

二甲五户 土枪 二甲七户 土枪
二甲八户 铁公鸡 二甲九户 水连珠
三甲四户 皮门砲 三甲十户 步汗阳
四甲一户 韩林春 铁公鸡
五甲三户 水连珠 四甲六户（附）铁公鸡
五甲四户 马汗阳 五甲三户 铁公鸡
六甲二户 七九 五甲六户 土枪
六甲四户 马盒子 六甲三户 铁公鸡
六甲七户 铁公鸡 六甲六户 五顶六
七甲一户 套筒 铁公鸡 六甲八户 铁公鸡
七甲二户 汗阳
七甲四户 二环 八甲四户 马斜排 套筒
八甲九户 土枪
九甲三户 铁公鸡
九甲四户 套筒
九甲四户 （附）土枪
东王庄（附村）
十甲一户 王德切有 十甲三户 王 成有
十甲七户 王玉琪有 （弟） 王玉墳有
十甲九户 王玉琛有 十一甲二户 王振海有
十一甲三户 王国士有 十一甲四户 王玉珍有
东王庄自卫团
王兴尧三十三岁 套筒枪一枝八六五九号子弹二十粒
王玉瑢五十岁 马二环枪一枝一三六八二号子弹四十粒
王玉琪五十六岁 套筒枪一枝九二六五号子弹三十粒
王玉幞四十七岁 铅头枪一枝无号子弹十粒
王康年六十一岁 七九枪一枝八九六一号子弹二十粒
王绍贵二十九岁 铁公一枝无号子弹十粒
王兴旺十九岁 铁公一枝无号子弹十粒
王德成三十九岁 铁公一枝无号子弹十粒
王德功五十七岁 铁公一枝无号子弹二十粒
王玉恒五十四岁 铁公一枝无号子弹十八粒
王玉书五十三岁 铁公一枝二十七号子弹二十粒
王兴礼十九岁 铁公一枝无号子弹十粒

# 水　　篇

# 1942年4—5月

（华北农村惯行调查资料第69辑）

水篇第5号　河北省邢台县东汪村

调查员　山本斌

翻　译　郭文山

## 4月10日

### 河老　河规

应答者　翟（新民会分会长、前村长）

地　点　第三区先干村

【河上老人、河老、河头】

七里河（下流）百泉以东，水闸有7处。每个闸必然有1个河上老人（河老，又称河头）。

但是百泉、前楼下、孔桥、王快、东市、北吴、南市村、南市屯这些村落中，不是按水闸而是每个村都会有1个河老。

多少都要出一些谢礼金给河老，这些钱是由用水的农民们凑的。

河老并不是世袭，因此和会首并没有关系。而是农民的选择，只要精明强干、过得好的人就可以成为河老。

虽说是使用水而交钱，但是也不是说把钱交给了谁，而是用于河床的挖掘和水闸的共同修缮费用。（按亩数 = 灌溉面积来收取）

【河规】

各村都有河规。这应该是河老制定的。

熟悉河规的人，现在住在第三区的吴村，名字叫作陈积善，今年80岁。据说他也当过40年河老。

【水的分配】

各村用水是每月按日期来计算的（每月多少天，几日开始几日结束）。

与水相关的各种事宜一般由河老和河老来商讨。

# 4月11日

## 河正、河副

应答者　李梦九（河北日报记者）、庄瑞祥（第五警察分所所长）

地　点　第五区百泉村

【百泉】

这个百泉大概面积有多少？=水面面积约有46亩，总共有百亩。

深度呢？=最深有1丈6尺，最浅有二三尺。

春、夏、冬这样的季节水量会有所增减吗？=几乎没有增减，大雨过后水量会急剧增加，因为都是雨水。

冬天的时候这个泉会结冰吗？=只有周围会少量结冰。

由于这个泉的关系，所以第五区的芦苇长得很茂盛是吗？=是的，芦苇是第五区的主要农产物，用这个可以制作成芦席。因此，芦席就是第五区唯一的副业，一般都是由女性来制作完成。

应答者　县建设科科员

【水的流量】

百泉　（每秒）2.75立方米

达活泉　42立方米

黑龙泽　42立方米

（民国三十一年三月三十一日测）

应答者　赵鸿儒（普济水闸的河副）（各水闸的河正、河副）

地　点　第五区东汪村

【七里河的水闸】

七里河有几处水闸？=8处，但是有1个在第三区。

（1）关湾闸（第三区）（2）东汪闸（3）普济闸（4）永济闸（5）永利闸（6）龙兴闸（7）济民闸（8）光润闸

【河正、河副】

各水闸都有河老吗？=有的，河正与河副各2人。

河正与河副有别称吗？=河老，河副也叫作副河老。

你知道各闸的河正和河副的名字吗？=名字如下：

（2）闸　河正李贵贤　河副李芝兰

（3）闸　河正姚锡麟　河副赵鸿儒

（4）闸　河正景贵珍　河副景吉祥

（5）闸　河正郝鸣珂　河副景大禄

（6）闸　河正张树橘　河副张树槐

（7）闸　河正王赞绪　河副刘麟书

（8）闸　河正窦长龄　河副窦书奎

【公直、小甲、帮办】

有人帮助河正和河副处理事务吗？=河正和河副下面有公直、小甲、帮办各数人，因闸的情况不同，人数也会有所不同。

贵处（对（2）闸的河正、河副）闸的公直、小甲和帮办各有多少人？=公直6人，小甲12人，没有帮办，公直兼任帮办。

这个是每年都会更换的吗？=小甲不变（世袭），河正、河副、公直、帮办都会更换。这个水闸被我们6个村（河会、大贤、任麻村、双楼、唐家庄、景家屯）使用，河正、河副是从河会、大贤和任麻村3个村中选出，每年更换。

【河正、河副、小甲、公直的选举方法】

为什么仅从这3个村子里选出河正与河副呢？=其余村子很小，所以没有选举的必要。

各闸的河正与河副每年都会更换吗？=是的。

河正、河副是怎么决定的？=通过选举。

谁来选举？=帮办和小甲们。

选举怎样的人？=肯吃苦耐劳、人格高尚。

会根据土地和财产来进行选举吗？=不一定。

任期为多久？=1年。1年之后又要重新选举。这种情况下，如果担任者十分优秀，则可能连任，但是依然要通过选举来决定。

怎样选举呢？通过投票吗？=不是。也许每个闸的做法会有所不同，但是一般都是帮办们进行口头商讨之后进行决定。

一般农民不能进行选举吗？=不能。

贵处（对（3）闸的河正、河副）闸的情况如何？=公直20名，兼任帮办，小甲5名，大家每年都会更换。是张家屯和石井村的，河正、河副每年都会进行更换。其他人员与其他两个村（开花屯和相家屯）一起选出。

贵处（对（4）闸的河正、河副）闸的情况如何？=公直4名，小甲13名，帮办13名，每年更换。更换河正、河副时，我们闸的6个村会商讨（范家屯、北里庄、康家庄、西家郭、吴家屯、景家屯），但是河正与河副必须从景家屯中选出，其他的工作人员与其他5个村一起选出。公直、帮办、小甲一般是从6个村中曾经担任过河正、河副的人当中选出。

贵处（对（5）闸的河正、河副）闸的情况如何？=公直28名，兼任帮办，小甲4名，每年更换。每年的河正会从郝麻村中选出。河副从其他3个村（赵麻村、任住村、景家屯）当中选出，并且每年一换。帮办、小甲从4个村中一并选出。

贵处（对（6）闸的河正、河副）闸的情况如何？=小甲24名，小甲每年不会更换。

河正、河副每年更换，从河会的人当中选举。其他的5个村（景家屯、南里庄、井家庄、康家庄、小胡庄）的人不能成为小甲。

贵处（对（7）闸的河正、河副）闸的情况如何？＝公直4名，兼任帮办，小甲11名。小甲和公直不会更换，河正与河副每年会从北豆村的人当中选出。其他的7个村（河会、南豆、景家屯、东里屯、康家屯、河郭镇、小胡庄）的人不会成为河正或河副。

贵处（对（8）闸的河正、河副）闸的情况如何？＝只有小甲8名，不更换。河会和南豆村这2个村在使用水闸的水，但是河正、河副每年只会从河会的人当中选出。这就是小甲的选举，南豆村的人不能成为河正或者河副。

【水利设施的费用】

每年大概什么时间进行人员更换？＝大概是农历正月。

用水要交什么费用吗？＝不用，只是挖掘河床、修缮水闸时所用费用，还有共同交纳水渠所占面积的田赋（按亩数——灌溉亩数）。

河正、河副只是处理与水相关的事情吗？不干涉村里的事情吗？＝不干涉。

河正、河副难道不是村长来兼任的吗？＝不一定。

【水的分配】

水的使用日数（或者时间）是按照什么标准来决定的？＝不一定，我也并不十分了解，只是按照以前的惯例吧。

## 4月13日

### 水闸的起源　工作人员　水的分配方法　水利会

应答者　李贵贤（50岁，河会的人、东汪闸河正）、张树橘（59岁，河会的人、龙兴闸河正）

地　点　东汪村

【河正李贵贤的家庭和土地】

你的家乡在哪？＝原籍河会。

家里有几口人？＝十四五口人。

都有谁？＝我、妻子、儿子5个，大儿子、二儿子、三儿子的妻子，女儿3个，大儿子还有1个儿子和1个女儿。

大儿子多少岁？＝34岁。

现在在做什么？＝务农。

二儿子呢？＝23岁，也是务农。

三儿子呢？＝17岁，务农。

拥有很多土地吗？＝没有，仅仅二十几亩土地。租用了别人的数十亩土地来耕作。

怎么交纳地租？＝一般是用谷物交地租。谷物不足的情况下，会按照谷物的时价来收取。

会交多少地租？=一般每亩交2斗麦（麦2斗）、2斗秋（秋的谷物——大豆、高粱、粟等）。

什么时候收纳？=收获之后。麦子五月的时候收，收秋是九月。

这样一来，那每年就是分两次来收地租了？=是的。

灌溉耕地（利用水渠）和不能灌溉的土地的地租是不一样的吗？=不一样，利用水渠进行灌溉的土地地租较高。

从灌溉的角度来看，土地大致是如何划分的？=

（1）利用水渠直接往田中注水

（2）田地的位置较高，汲取水渠的水引入土地（利用水斗子、水刮子）

（3）利用井水（水车、人力——辘轴类）

（4）全部利用雨水

【地租】

以上描述的4种土地每种的地租应该有所不同吧？=是的。

有哪些不同？=

（1）每亩收2斗麦、2斗秋

（2）大概1斗半麦、1斗半秋

（3）相比（2）稍微少一点，但是没有很大差别

（4）收1斗秋，不收麦

除了以上原则之外，按照土地质量多少都会有所不同。

租芦苇地时怎么收取地租？=以前，租用普通土地者一般会支付谷物。现在收钱（因为现在开始借用芦苇地）。现在的芦苇地，以前大多数都是耕种谷物的土地。现在的芦苇地大多都是附近的土地转变而成的。

大概收纳多少钱？=每亩收20元。

芦苇地每亩的年收入？=大约40元。

你所在的村子里，自己只耕种自己的土地，很少耕种自己的土地，把土地全部租给他人耕种，这三种情况哪种最多？=少量耕种自己的土地，少量耕种别人的土地，这两种人是最多的。后面两种情况大体相同。

比例大概是多少？=前者大概有一半以上。

租用别人的土地来耕作，在你们村中称为什么？=称之为“租”。

【租佃契约书】

租用别人的土地时，会写契约书吗？=写。

这个契约书被称为什么？=一般会称为“保账文书”。

【租佃期限】

期限大概是多久？=没有期限，如果能够如期交纳地租，可以长期续租。

【保证人】

需要保证人吗？=需要，在保账文书的末尾处会写上保证人，叫作“同人”。

有多少人？=一般1个人的情况比较多。

【作物】

你所在的村庄一般种什么作物？=春天有麦子，秋天有大豆、高粱、粟等作物。

什么作物最多？=麦子。

芦苇不多吗？=没有麦子多。

每亩麦子能收多少？=普通的土地可以收三四斗。

大豆呢？=四五斗。

高粱呢？=大致和大豆一样。

粟呢？=还是一样，按照肥料、土质、水的不同，产量也会不同。

你们村的耕地面积大概多少？=大约40亩有余，但是其中也包括了不能耕种的土地。

不能耕种的土地是怎样的土地？大概有多少？=河、道路、坟地。

没有荒地吗？=有的话也是极少的。

之前所说的用（1）来灌溉的土地大概有多少？=大约有全部面积的三分之二。

用（2）灌溉的土地有多少？=剩余的三分之一的一半。

用（3）灌溉的土地有多少？=大约剩下的一半。

用（4）灌溉的土地有多少？=大概一半。

现在在你们村中，有不能耕种的土地，是否将这些土地进行改良，或者建设灌溉设施，把它们变成可耕作土地呢？=有的。

是什么样的土地？面积多少？地点在哪？=大致是土质恶化、碱性很强、地势较高。即使是有河也不能进行灌溉。这些土地大概有1顷多，在村子的西边。

用水浇灌之后就可以耕作了吗？=可以耕作。

这些土地是用什么方法来灌溉的？=挖井就行了。但是挖井需要花钱，农民出不起这些钱。

有没有外村能够种植但是你们村却不能种植的作物？=没有，第五区有53个村，大体上大家种植的作物都是相同的。

有没有之前你们村种植不了但是现在能够种植的作物？=没有。

或者说有没有之前你们村能够种植但是如今却种植不了的作物？=还是没有。

那迄今为止，有没有你们村没有种植的但是最近开始种植的作物？=有，米棉，10年之前还没种植。

大概种植了多少？=极少。全村仅有二三十亩。

是什么原因使你们开始种植米棉的？=民国二十年的时候，县里分配来了种子，由于种植有奖励，所以种植了。

种子是白给的吗？=秋天的时候会返还。那个时候种植丰收的人会得到表彰。

同种作物在相同土质的土地上进行种植，使用相同肥料，耕种也相同，只是因为灌溉的原因收成就会有所不同吗？或者说有大丰收的，也有完全没有收成的情况吗？=不管是什么作物，仅仅是因为土质、肥料和耕种，是收不了的。不适当地用水灌溉，产量当然不同。因此，用水过量或者用水不足都不能丰收。与此同时，作物种类不同，水的需求量也会有所不同。

【东汪闸的起源】

现在我们来谈谈一些关于水闸的事情吧。你们村的水闸（东汪闸）是什么时候建成的？＝根据东汪闸的水簿，它是明朝永乐年间建成的。

建闸原因是什么？＝引水灌田。

是谁提议建闸的？＝不知道。

那个时候，是农民自发行为还是上级官厅的命令？＝自发的，当然也是得到了官厅的同意。

那个时候是谁提倡建闸的你不知道，那到底是村里怎样的人起头说要建闸的呢？＝对公事非常热心的人，或者是能够吃苦耐劳的人吧。

除了水簿之外，与那个时候相关的旧书还有残留吗？＝没有。

那个时候，建闸费用是怎么来的？＝用水的各个村一起出钱凑的吧。

是这样的情况啊？但是当时水闸才刚刚建好，那应该不知道哪些村子能用水吧？＝在建闸之前，应该是计划好了哪些村子要用水，所以不会不知道。

那个时候，用水的每个村大概出了多少钱，或者说是使用什么方法让他们平均出钱，是谁决定如此的？＝以前的事情我不是很清楚。

【水闸的负责人】

那个时候，马上就确定了河正、河副和小甲等职位吗？＝好像全部都已经定好了，我也不是很清楚。总之听老人说那个时候不叫河正、河副。

是什么时候有了河正、河副的？＝大约民国十年的时候。

为什么停止了“老人”这个称呼？＝那个时候，因为现在的村长和副村长被分别叫作村正和村副，所以现在河的老人也被叫作河正、河副。

以前就有公直和帮办吗？＝虽然我知道的并不清楚，但好像是有的。

以前也有镰夫吗？＝是的。

【河正的职务】

现在，河正在做什么工作？＝比如，如果水渠某处堵塞水流不通，河正就会和小甲进行谈话，然后让他出必要人员（镰夫）来进行疏通，同时也要负责监督工程。

水渠哪里有堵塞情况是怎么知道的？有谁在水渠处巡视吗？＝河正大概每两三天就会巡查水渠的水流情况。

外面的人不会去巡视吗？＝不会。

只有河正自己去巡视吗？＝不是，河副也会一起。

河正除此之外不是应该有其他事情吗？＝没有，如果水闸有损坏之处，河正要监督修缮工作。

每年水闸的修缮以及水渠的挖掘等都需要费用吧？＝需要。

这个时候，谁来做与这些费用相关的工作呢？＝河正。

是以什么标准怎样来收款的？＝会和小甲商量一年花费的全额，然后让农民按照地亩来进行分摊。

什么时候会收款？ =十月的时候。

每年收款几次？ =1次。

但是水闸的修缮以及水渠的挖掘不都是在每年的三四月份吗？ =是的。

那个时候所需费用如何处理？ =使钱（借钱）。

会收利息吗？ =会的，每个月一二分。

这些钱一般从哪儿借或者说找谁借呢？ =找有钱的人借。

从城内的店铺等地方借不来吗？ =是的，借不来。

每年能够借钱的人都是固定的吗？ =不是固定的。

像龙王庙这样的地方，有几处水闸，各水闸竞相引水。现在即使没有，以前应该有过因为竞争而引发的闸与闸之间的纷争吧。这种情况下，谁来使纷争平息呢？ =河正与河副会找他们谈话。

河正有工资吗？ =没有。

也收不到类似于谢礼这样的物品吗？ =每年会收到每亩半升麦子。

这种情况下，河副是怎样的？ =河正收取物品的一半。

什么时候会收到？ =五六月份。

是自己去取还是对方送过来？ =小甲收集之后拿过来。

【河副的职务】

河副的职责是什么？ =辅佐河正的一切工作。

【小甲的职务】

小甲是负责做什么的？ =拨夫（镰夫的分配）、管理镰夫，收镰钱（河的费用）然后交给河正。同时也会收河正的河粮（作为谢礼交给河正的作物——麦子）。

当有水闸纷争时，小甲会出面进行调停吗？ =会出面，和河正、河副一起。

这种情况下，公直和帮办会出面吗？ =不一定。

【公直的职务】

那么公直负责做什么？ =监督拨夫和摊款（镰钱的分配）是否公平。

公直由谁来选举？ =村长来决定。

【河正、河副的选定】

回到刚才的话题，每年更换河正时，都还是由村长来决定的吗？ =是的。

村长一个人决定吗？不用和别人商量吗？ =是的。

河副是由谁来选定？ =河正。

小甲每年都不会变啊？ =是的。

帮办呢？ =村长来决定，也就是公直。

【小甲的获利】

小甲会获得与河正、河副相同的谢礼吗？ =不会，但是会获得一张免镰（镰是镰钱也就是河的费用。一张免镰就是10亩土地，在东汪闸是10亩，但是其他的闸也不同。一张免镰每年可以免除10亩土地的河的费用），而且不用出镰夫和河粮。

【水簿】

这本水簿（光绪二十六年的）上记录的名称（老人、小甲、镰户）是什么时候的？=当时的。

【镰底】

水簿有什么作用？=用于拨夫和派款。

这样一来，以前的东西现在就不能使用了吗？=是的，但是小甲们分别持有每个人自己所管辖区域的镰夫的名簿。

小甲们所持名簿称为什么？=称为“镰底”。

每年都会更换制作镰底吗？=不会。

【拨镰】

如果农民（镰夫）把土地卖掉的情况下，记入镰底的名字不会改变吗？=会变。

更换名字的事情叫作什么？=叫作“拨镰”。

拨镰时不用给小甲手续费吗？=不用。

卖掉土地之后一定要拨镰吗？=是的，如果没有拨镰的话，自己会吃亏。河流的挖掘还一定要去。

【土地和水的一体性】

卖掉土地时，是只卖土地？不卖水吗？=这种事情，不是单卖哪一个，我们 7 个闸全都不能这样做。

为什么呢？=由于是自上而下（从上到下）也并不耗费时间，所以土地要是没了，水也会相应没有了。

【水的分配方法】

所谓的自上而下就是指的一体吗？=从闸口开始按顺序用水。上游如果用一倍的水，则让给下游一方使用。下游一方用一倍水，然后又让给接下来一方使用。如此继续，并不是使用几点开始几点结束这种方法。

如果上游水量减少下游不能使用时，水量不足甚至没有水，这种情况怎么办？上游的田地持有者连续不断地把水往田里引入，下游的人不就没有水源可以使用了吗？这样也没有关系吗？=由于水资源丰富，所以不会出现这样的情况。如果发生了这种情况，那么也只能是下游受损了。

如果水多余了怎么办？=水会在下游堆积，然后流入水田当中，流入水田之后自然就流入河中。

什么原因？=下游水田相接。水田在河的两侧。

7 个闸一起使用水闸吗？=是的。

今年小甲的名字一个都不能告诉我吗？=河正才刚刚开始任职工作，所以不是很清楚，明天把名字写好了拿给你。

除了关于水的事情，和村里土地相关的事务与河正无关吗？=没有关系，这些都是村长的工作。

【总沟头】

总沟头是什么？=总头的意思，也即是河正的意思。只是叫法不同。

【水利会】

你所在的水闸，以前有没有水利会这样的组织？=有。但是这并不单单属于我们水闸，而是我们7个闸中每个闸选出1到2个会员之后组成的水利会。

什么时候的事情？=民国十六七年。

水利会是负责什么工作的组织？=调停用水纷争的组织。

水利会有会长吗？=有，名字叫作高能臣。

这个人是哪里人？以前是做什么的呢？=小汪村人，以前担任邢台县立师范学校的校长。去年去世了。

这个会就叫水利会吗？=也叫作邢台县水利联合会。

该会是受到县里的命令而组织的吗？=不是，是自发组织的，制作了组织草案，得到了县的同意之后成立了该会。

是谁提议的？=高能臣。

是如何提议的？=高能臣聚集了我们7个闸的河正与河副进行商讨，然后谈到了这个话题。

他是自发成为会长的吗？=不是，7个闸的河正、河副选举后选出的。

该会一直延续到了什么时候？=一直到民国二十五六年。

该会存在期间（民国十六年—二十五六年）没有发生过关于水的纷争吗？=没有发生过。

根据龙王庙的碑文，民国二十一年的时候，有过关于什么的纷争吗？=那是和关湾闸之间的纷争。

**【资料】东汪闸小甲名单**

河会村

窦文魁

李兴唐

李希贤

李林棠

大贤村

高文德

高 纭

高建同

韩百云

任麻村

任兆强

任鸿田
任清珍
任景凤
　双楼村
卢经田

# 4 月 14 日

## 水的分配方法

应答者　李清奎（48 岁，联保主任、第一保长）、杨哲吉（48 岁，副联保主任、第二保长）

地　点　东汪村

李先生的故乡在哪里？ =原籍本村。

家里有几口人？ =9 口人。

有哪些人？ =自己和妻子、4 个儿子、大儿子和二儿子的妻子 2 人，二儿子的一个女儿。

您家里是干什么的？ =务农。

两个儿子全都在家吗？ =都不在家。

他们去了哪里？干什么工作？ =大儿子进了治安军（沙河），二儿子作为铁道守卫去了西郭村。

有土地吗？ =有。

有多少土地？ =20 亩。

没有借用别人的土地吗？ =没有。

没有做什么副业吗？ =偶尔做做芦席。

【河水灌溉】

你们村的土地是靠什么来灌溉的？ =用河水。

用的是哪里的河水？ =用的是武家庄村北狗头泉（老沟河的东半）流出的水。

没有用七里河的水吗？ =没有。

为什么不用？ =用不了。

这不就是七里河的沿岸吗？为什么不能用？ =土地地势高，河水水位低，所以用不了。

【供水方法】

现在是怎么用水的呢？ =从狗头泉（在村子西边）的四六闸起，分为老沟河（狗头泉往东）和同沟河（狗头泉往北）两条，老沟河的东半（东小汪以东[1]）叫作古南沟，到了龙王庙这边就和七里河汇合。我的村庄主要是用古南沟的水，也会稍微用点同沟河的

〔1〕 译者注：原文如此。

水。这个古南沟的很多地方都有水闸。用水时，上游的水顺流而下，每3天会关闸1次，这时在这里积蓄下来的水就会被附近的居民按照规则引入自己田地中，大概需要3天，这部分闸水到达的所有土地都能够得到灌溉。

四六闸指的是什么？＝四六闸是闸口4尺的闸和闸口6尺的闸的一个概称。同沟河闸的闸口有6尺，因此，同沟河和老沟河的闸概括起来说就是四六闸。

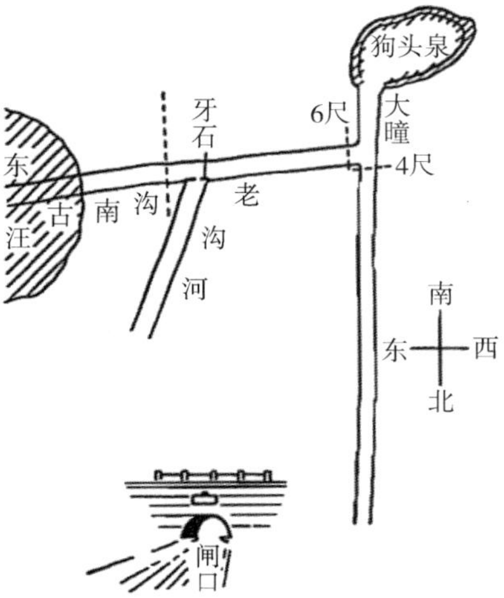


同沟河与老沟河的闸口的尺寸不一样是为什么？＝从狗头泉流向北方同沟河沿岸的村落很少，因此水闸的闸口比较窄。向东流的老沟河沿岸村落较多，所以闸口较宽。

这是什么意思呢？＝由于闸口大小不同，水流量也有所不同，相对于村庄数量较多的地方，多给他们点水也是合理的吧。

建造水闸的时候，由于同沟河沿岸的村落较少，所以闸口较窄。而老沟河沿岸的村落相对较多，所以闸口较宽。

这是由谁决定的？＝好像是上级的命令。

从狗头泉分开的老沟河和同沟河，还有七里河下游那样的水闸吗？＝没有。

如果没有，各村会在自己方便的地方截住水流引到自己的田里吗？＝不会，不这样做。没有像七里河那样的水闸。

## 4月15日

### 水闸工作人员　挖掘水沟　河簿　镰底　水的分配

应答者　郝鸣珂（永利闸河正）、沈长生（同小甲）、赵植桐（赵麻村小甲）、杨治泰
地　点　东汪村

【永利闸】

永利闸是什么时候建成的？＝永乐年间。

你是怎么知道的？ =根据河簿记载。

使用永利闸闸水的村名是什么？ =郝麻村、赵麻村、任住村、景家屯，除此之外，河水下游的南和县也在使用。

上述各个村子随着年代有所变动吗？ =从以前开始就没有变化。

南和的村是哪些村？ =不是很清楚外县的事情。

之所以不是很清楚南和县的事情，是因为没有关于用水的约定和交涉吗？ =由于本县内各村用水量大，所以仅有很少的水流到下游南和县。水有多余或者是不用水的时候，自然会流到南和县。南和县并没有委托我们让他们用水。而且与南和人并没有水的纷争。

（注：据县公所说和南和县有关水的纷争情况很多）

【负责人】

管理水闸和水流的都是哪些人？ =河正郝鸣珂（郝麻村）、河副景大禄（景家屯），公直28名（兼任帮办），小甲14名。下面还有使用水的人家，也就是镰户。

【镰户】在这个地方，有土地的家庭都是镰户吗？ =不是。只有从水闸引水灌溉土地的人家才是镰户。

不能直接使用闸水的，从井里间接用水的人家是镰户吗？放弃引水的还是镰户吗？ =不是。

【挖沟的出夫】

为什么要叫作镰户或者镰夫？ =因为要派遣挖掘沟渠（挖沟）的劳动力。

上述以外的镰夫们是做什么工作的？ =不做别的工作。

挖沟是什么时间，需要花几日？ =一般来说都是清明节前后一周左右，每年都会进行。

这种情况下，按照什么标准来派遣镰夫呢？ =不是按家庭，而是按照地亩数来出人力。

像上边的情况，根据土地等级或者水田、旱田差别，人数会有变化吗？ =土地的大致情况相同，也没有计算过土地等级的差异。比例为每1亩水田1人，每2亩旱田1人。

为什么水田和旱田的人数不一样？ =因为水田的产量比较多，而且用水量也很多。

（注：在这一地区，水田都相对较少，只有赵麻村的水田比较多）

如上所示的比例，每年都会动员所有人去挖沟吗？ =上边的出勤人数很多，超过的人员数会留到明年再进行下一次轮流。

出勤人数是如何决定的？ =河正看了现场情况之后来决定需要的人数，然后再向小甲宣布。

河正单独决定吗？不和其他人进行商量吗？ =单独决定，即使不和别人商量也可以。

但是，实际上的确和谁商量过吧？ =和河副商量。

河正步行审视现场的时候，河副会与他一起出行吗？ =是的。

沟的距离很大，所以小甲等人的巡视区域被划分了吗？ =没有这样的惯例。只有河正、河副进行巡视，距离并不是什么大事儿。

【头小甲】

14名小甲中没有头目吗？ =有的，叫作头小甲。头小甲是轮班制，每年都会更换。

但是一定得是郝麻村人。

头小甲会在挖沟或者其他事情上辅助河正和河副吗？＝挖沟的时候头小甲不会出头。这个时候河正不会告诉头小甲挖沟的所需人员。在每年十月的时候（不用水期间），河正会结束这一年的任务，退任之后再选举新一任河正。在此期间，头小甲会做很多事情。也就是说，例如在此期间如果水闸有损坏，头小甲会负责修理。

【挖沟】

郝先生（河正）今年什么时候巡视了水沟？你认为挖沟需要多少人？＝挖沟之前，都会在郝麻村和龙王庙之间巡视。我认为，在一周时间内，总共需要500人。

在此之后，无论如何都要通知小甲所需要的人数吗？＝视察之后不会特意叫小甲，而是直接将夫条（写着出勤人数的纸条）交给14名小甲。

交给小甲的时候，是不是要通过村公所和他人帮忙传递，才能交给远处的小甲呢？＝不是，不会经由村公所或者头小甲。

各小甲应派遣的镰夫数是多少？＝小甲管辖区域的镰夫数在河簿中写得十分清楚。河正将挖掘的各段划分成为14个，各个区间根据相对应的管辖镰数，划分一个区间的镰数和其他各小甲的管辖镰数相比较之后，按比例分配来决定。

挖沟前需要准备什么样的工作和道具？＝挖沟用的是各镰夫所持有的镰具。除此之外没有别的必要工具了，而且没有事先准备工作。

挖沟时的餐食由谁来负担？＝镰夫各自来负担。但是，河正与河副一行人用公费来吃饭。公费由大家来负担。

因地点不同，木桩和石头是必要使用的吗？＝需要使用的情况也有，这个时候会特意去买。但是近年来都没有使用。

为了建造永利闸，用了本来种树的土地吗？＝原来有10亩的附属地，那里也有石头，但是现在没有了。

上边的树木和石头是什么时候为什么使用的呢？＝（暂时没有回应，这个问题暂时撤回）

这附近的林地非常多，但是没有附属于水闸的林地吗？＝没有，但是村公有物很多。

永利闸土地的收成归谁所有？＝归看闸的人所有，不用于水闸的维护费。

龙王庙（在永利闸附近）有附属地吗？＝有。

这些土地归谁所有？＝大贤村，树木和收获不用于修闸。

挖沟的日期是谁决定的？是如何通知镰夫的？＝用夫条来通知小甲们出勤的镰夫数。挖沟的日期是由河正来决定的。每年都是在清明节前后进行，所以没有必要一一询问小甲们的意见。决定好挖沟日期之后，会将日期写在黄色的纸上，然后贴在各村公示。虽然会通知小甲，但是一般直接派人到各村贴上公告。

小甲必须在挖沟之日带领镰夫前来吗？＝因为有责任，所以大家都得出勤，但是没有一定要求必须带领镰夫前来。而且这是与镰夫们自己土地相关的事情，所以他们一般不会缺席。

镰夫们根据谁的指令进行挖沟呢？＝河正与河副。

帮办和公直呢？=那天不会参加。

小甲呢？=不会让他们指挥与监督，他们自己也要参与挖沟。

但是，小甲们有负责区域的挖沟实施责任吧？那也没有任何指令吗？=不会。

但是，到了晚上，会由河正与河副带领14名小甲进行现场巡视。这是挖沟期间每天都进行的巡视工作，在这个时候，河正会就工作是否完成等事情向小甲们提出意见吗？=是的。

这个时候如果工作不能完成，是小甲来承担责任吗？=是的。

即使小甲不想做自己主管的区域工作，也不能指派别人来做吗？=不能，特定的人不能发起这件事，推进不同地点的工作，自然而然的就会顺利完成工作。

水闸被洪水破坏过吗？=民国六年的时候有过，水闸和沟渠都被破坏，水沟被沙子所掩埋，变得和平地一样高。

这个时候为什么修沟？=因为劳动力无论如何都不够，就向县里请愿，接受了县里的补助之后使水沟恢复原样，同时县里也派了很多人出工。

这种情况下，县里是通过河正来让镰夫们工作的吗？=以前的事情我不是很清楚，但是由于是与县里相关的事情，所以不用询问镰夫是否同意都一律征用。

自此之后，县里再也没有管过挖沟和水闸修理工作吗？=没有。

水闸的上部一般都是通道，这个部分损坏的时候，县里不是应该承担它的修理工作吗？=即使发生了这种情况，县里也不会承担。包括水闸上下，县里会将它一律看作水闸，所以水闸的修理工作都必须让我们自己来做。

那么，除了每年挖沟渠，镰夫们一般没有其他工作吗？=不工作，镰夫们除了挖沟以外没有其他职务。

水闸有损坏时，会让镰夫来修吗？=不，这个时候会雇用专门修理的石工或者木工，但是也不一定。

【看闸】

光绪八年的碑文（龙王庙）上写着“看闸武城”，现在看闸人是谁？=从以前开始，看闸人就是世袭制，现在是武文奎。

武家是专业负责看闸的吗？他一共有多少土地？=不是，他也是普通百姓，只是负责闸板的开闭。比如说开闸是三月份，闭闸是八月以后。拥有土地数量不明，但是不是贫民。

不让他保管水闸的器具吗？=挖沟时会让他保管工具。而且，这个时候他也要负责准备镰夫等人的茶水，也会帮人保管农具。

需要经常进行水闸巡视工作吗？=是的，但是没有必要每天都巡视。普通的年份，水闸并不那么容易受到损坏。

给他的报酬如何？=让他白种永利闸附属地中的10亩，没有其他报酬。这些土地在大贤村内南边一处，水闸的前面一处，共计10亩，从以前开始并无变动。

如何选择看闸的？=他们家看闸世代相传，所以决定看闸的选择方法并不难。各小甲每年会进行商讨，之后头小甲会委托他继续看闸的工作。

（光绪八年立，同前碑文的意思）

叫人头是什么？ =叫人头指的是监督工程劳动者的人。而且又用作头小甲的意思。在后一种情况下，每年1人，作为河正的代理（主要是在河正卸任后，新一任河正上任前的这一段时间内）。

买办是什么？ =负责购买修闸时所需要的各种材料的人，并不是负责河沟管理的人。修闸时会和4个村的小甲进行协商，然后决定买办。河老虽说也会出面商讨，但是不出面也是可以的。

监工是什么？ =工程监督人，这并不是当时的制度，选任方法和上边相同。

账邑是什么？ =会计人员，其他情况，同上。

管钱是什么？ =负责保管现金的人，其他情况，同上。一般大规模的修闸情况下，现在也会设置买办、监工、账邑、管钱等职务，但是实际上平时需要的职务都是没有设立的，而是由河正与河副商量之后进行。除了管钱，其他职务并没有专门委托别人来做。因为河正是好人，所以都由他来负责。如果工作复杂河正无法完成时，就会按照最开始所说的选举方法来进行选择。选上的人并不是从小甲中选出的。谁只要能承担任务的都能选上。

【小甲的资格】

小甲是从哪里选出，选多少人呢？ =任住村2名，赵麻村6名，郝麻村4名，这个比例从以前开始各村就是相同的。

小甲们都是在这片土地上居住了很久的人吗？ =全部都是。

相对近期入村的人也可以当小甲吗？ =不能当。

为什么？ =能够成为小甲的人家都是根据河簿记载的，人员一定。

有没有单纯租佃的人当小甲的情况？ =没有。因为河簿上记载的是拥有土地的人的姓名。

以前有土地但是现在没有了的人，就不能保留小甲的职务了吗？ =不能。

没有关于学识、才能（算盘）之类的条件吗？ =没有。

年龄的限制呢？ =十五六岁以上能够明事理就可以。

女性可以当小甲吗？ =不可以。

犯罪的人呢？ =在家的时候可以当。

有着公职（村、保、甲长等）的人能够成为小甲吗？ =可以，可以兼任职务。但实际上兼任的情况很少，因为村长又是小甲又是老人——没有成为河正就不能做村长这样的规定。

河簿上记载了祠堂和庙的名称，在这些地方都有谁当了小甲？ =谁都不能当，跳过这个，下面的百姓可以当小甲。

【小甲的选任方法】

那一年小甲的选任方法是怎样的？ =看了河簿之后就会清楚，按记载顺序成为小甲，而不是按门牌顺序。

上边的顺序是以什么为标准的？ =从以前开始传过来的，不知道理由。

没有决定小甲的人吗？＝由于是根据河簿的记录顺序选任的，所以没有决定小甲的人。

小甲负责管理的镰夫的土地一般都是在一个区域内吗？＝是的。主流的支流“小沟”附近的土地就是镰夫的土地。

主流是河正管理，小沟是小甲管理吗？＝是的。

【小甲的职务】

小甲的工作是怎么样的？＝挖沟的时候，承担镰户的责任，除此之外就没有别的职务了。

一村中有4名小甲，那么镰夫有相应的管辖区域吗？＝不会将村内地域划分之后让他们管辖。特定的农户由不同的小甲来管理。

这件事情有没有什么标准呢？＝河簿上有记载。小甲会保管河簿上的根据“镰底”。

【拨镰、镰底】

上边的镰底是河正发的吗？＝由小甲记录。也就是说，每年镰户向其所属的小甲在清明节前申报土地亩数。若有变动，则申告变动亩数，这个被称为“拨镰”或者“过割”。拨镰的时候，土地的买卖两主会一起拜访小甲。买主并不是一定要去，但在分配镰时，一般买卖两主一起去的情况比较多。不用给小甲看白契和红契。申报结束之后，小甲会把相关内容写清楚，这个就叫作“镰底”。小甲将镰底交给老人，老人会撰写出新一年的河簿。

像上边的情况，租佃地将如何处理呢？＝与租佃地没有关系。因为分镰是当着所有人的面进行的。事实上，租佃者是作为镰夫而出勤的。首先小甲向地主催促快出镰夫，然后地主会让佃农代替他们出工。家里有佃农的，在很多情况下都是按这种办法操作的。租佃者根据租佃面积出镰夫，在这个时候，出镰夫的标准被认为是和所有地亩数的比率相同。

分家的时候要拨镰吗？＝例如，记录中的景三门的情况，这一家的大儿子、二儿子、三儿子即使是分家了，河簿上记载的分家后家的名义并没有改变。名义尽管如此，但是景家内部按照顺序出任小甲。

不让拨镰的时候怎么办？＝不申告者在已有的比例数中只能让镰夫出任，所以不会存在不让拨镰的情况。

【河簿】

河簿有很大的权威，所以这个拨镰是要与村公所的地亩账和县的过割手册确定之后才能进行吗？＝河就是河，与县和村并没有关系，所以不用联络。

【帮办】

帮办是由谁来选？＝河正会在小甲所居住的村中选择。

为什么要这样做？＝一个小甲会跟着两个帮办，让他们辅助小甲的工作。

帮办也会辅助河正、河副的工作吗？＝会。

小甲、河正、河副的工作，帮办帮助谁最多？＝帮助谁的工作最多，这个也说不清。

帮办的工作是什么？＝当有会计相关事务时，一定会让帮办出来解决。

会计工作的主要负责人是谁？＝河正、河副、小甲，帮办负责辅助。

帮办除了帮忙之外，还会监督会计工作吗？＝会的。

【资料】

**水利闸民国二十九年小甲名簿及管辖镰数**

孟居学共镰三张一分（三张一分零九毛）
孟居明　二张九分六厘八毛
郝富贵　三张九分九厘六毛（三张九分厘七毛）
郝清泉　三张三分六厘八毛
景三门　八张零分一厘一毛
景小高　四张零分六厘五毛
杨成德　一张八分零厘五毛
杨凤林　四分四厘
四和公　七厘六毛
高夫尼　一张三分九厘
赵植桐　九张六分一厘五毛
赵福传　三张七分四厘五毛（三张六分六厘五毛）
任住村（小甲二名）五张三分六厘六毛
黄得福　三张一分零厘九毛
共镰四七张九分四厘四毛（二十九年）
（注：括弧表示了三十年度的变化，没有括弧表示三十年度没有变化）

帮办既然成为了会计监督，那么选举进行会计工作的河正不奇怪吗？还有选举小甲和同村人不奇怪吗？＝因为是选举善人，即使是选了与河正、小甲有关系的人也无妨。如果说大家都是坏人，就让其停止职务，这样的事情还没有发生过。

帮办的任期是多久？＝每年一换。

虽说是一年交替制，但实际上干了好几年不是吗？＝长年以及代代能够担当帮办的人几乎没有。如果是好人，可以连任两三年。在这种情况下，河正与河副会单独商讨，两人会独断决定成为帮办的人。

成为帮办的人都是出身于有名望的人家或者有财产的人家吗？＝不是，只是普通的百姓。

另一方面，小甲和帮办会作为镰夫来挖沟吗？＝小甲在挖沟时的任务比较多，所以不会当镰夫。但是帮办如果有土地，同样也和一般百姓一样参与挖沟。

【河正、河副】

河正是哪个村的人？＝郝麻村人。

不会从外村中选举河正吗？＝是的，从前开始一直都在郝麻村选举。

为什么呢？＝不知道。

（注：郝麻村离水闸相对较近，并不是有劳动力的大村子。景家村不怎么使用水闸的水）

成为河正的人家是固定的吗？＝不是。郝麻村的任何一家都有可能成为河正。

河副的情况如何？ =在剩下的 3 个村中选举。

河正与河副由谁来选举，怎么样选举？ =十月十五，河正与河副的任期结束之后，一直到正月的这段时间，都是没有河正与河副的。到了二月之时，河正和河副有必要上任了，正月里在龙王庙（大贤村）进行上供时，小甲等人会在村内的空房内或是在祠堂等地召开选举会议，推荐合适的人选。

有没有河正、河副的候选人？ =完全没有。

河正、河副每年会更换吗？ =按照惯例年年都会进行选举，但是如果是好人就可以连任。我没有做坏事，所以今年是连任河正的第 3 年了。

【争水】

河正的工作是什么？ =监督挖沟以外，还要仲裁关于水的纷争。

水的纷争多吗？ =我开始任职之后没有水的纷争，事变前后水的纷争也很少。水的纷争不是常年都有，只有在干旱的时候比较多。

（注：询问了很多关于水的纷争的事情）

河会和南和县的村子去年有过争执。起因是上游的河会用水过多，而导致南和方面用水困难。详细情况不清楚。

应答者　农民

地　点　永利闸的现场

4 月 15 日，龙王庙附近的永利、普济和永济闸等处在挖沟。听现场的农民们说，今天早上，各闸同时关闭，停止泄水，抽干河底来挖沟。

我们向永利闸的河正询问今天的挖沟情况，并问什么时候可与其他闸的河正等碰面，但是由于语言不通或者其他原因，回答说不能集中会面。

挖沟工作是从今年 4 月 10 日开始，今天是第 6 天，今天的出勤人员有 150 人。

永利闸的水每年会有水量过多或不够的情况吗？ =总体来说是非常充足的。

水闸进水口的大小情况如何？ =3 尺 3 寸，高度不明。

各闸（龙王庙附近）的情况都与上述相同吗？ =不一定。

【水的分配】

打开永利闸引水之后，这些水会流入哪条沟呢？ =一齐引入二道沟、于家沟、村西河。

由于很多原因，有可以优先用水的区域吗？ =没有，如果没有干旱情况，水源充足。

在永利闸的下游还有水闸吗？ =没有大型水闸。虽说是小规模的水闸，但是水闸的引水口比永利闸要宽。因为水量逐渐变少，闸口较宽就可以把大量的水引到用水地。

那么在小沟（干线沟的支沟）的上游与下游之间也没有可以优先用水的情况吗？ =没有，都是随便使用的。

但是水少的时候要怎么办？ =没有水少的情况。这种罕见的缺水情况如果发生了，那么也没有优先用水的情况。这种时候，就会在上游地区用过水后，用坚固的土将水的入口封住，水流不进来，这样一来下游的水就会尽可能地变多。

这是相互协商之后决定的吗？ =不是，是从道义上。

这种时候，如果上游的人依然不关闭水的入口，那么下游的人会进行抗议吗？ =会，会有纷争。

这种纷争多吗？ =很少发生。

因为没有协商，不接受抗议也可以吗？ =可以是可以，但是道义上站不住脚。

延长小沟用水线的情况存在吗？ =不存在。

如果存在，需要什么手续吗？ =绝对不允许这种情况发生。

为什么绝对不可以？ =因为水量会减少。

# 4月16日

## 闸的会长　看闸的　镰底

应答者　郝鸣珂（永利闸河正、郝麻村人）、景大禄（同河副、景家屯人）

地　点　东汪村

【各闸相互之间的联络】

昨天，你们的3个水闸（永利闸、普济闸、永济闸）一起挖了河道吧？这些都是事先商量好的吗？（截至几日几点） =商量过的。

是如何商量的？ =虽说是商量，但实际上只有通知。3个闸中如果有1个闸带头，就会通知其他闸几日几点开始。

如果其他2个闸时间上不方便该怎么办？ =更改日期。

带头的闸不答应怎么办？ =没有这样的情况。都是相互商量之后，大家时间都方便的时候进行的。

【闸的会餐】

昨天龙王庙的碑文中记录了“每年二月十五上供”这样一句话，这是什么意思？ =每年二月十五，各闸（永利闸、普济闸、永济闸）都会来龙王庙上供，这个时候，各闸就会有各自的会餐。

是什么样的人聚集在一起？ =各闸的河正、河副、小甲。

各闸的人全部聚集在一起会餐吗？ =各有各的会餐，永利闸只有永利闸的人会餐。

这种情况，会餐所花费的费用仅仅是由聚会者来出吗？ =不是，由大公中来负担。

大公中是什么？ =大家、所有人。

大家指的是谁？ =镰户们。

在此会餐上，小甲会全部出席吗？ =是的。

这个会餐叫作什么？ =叫作“管小甲饭”。

为什么这样叫呢？ =因为是让小甲们吃饭。

【看闸的】

这个会餐在谁家举行？ =看闸人的家中举行。

不会麻烦看闸人家吗？为什么要在看闸人家中举行？=添麻烦是肯定的。

为什么呢？=看闸人耕种闸的所有土地，照顾我们是应当的。

这些土地一定只让看闸人来耕种吗？=是的。

看闸人会每年更换吗？=不会。

代代相传吗？=是的。

这么一来，也就是世袭制了吧？=是的。

现在永利闸的看闸人是谁？=武文奎。

哪里的人？=住在大贤村。

为什么住在大贤村的人会成为看这个闸的看闸人？=没有其他特别的原因，只是因为这个人比较好，而且离该闸比较近。

之前你说每年的二月十五都会在龙王庙上供，此次上供的费用由大公中负担吗？=是的。

【闸粮】

换个话题，河正、河副没有工资吗？=没有工资，作为谢礼，会按照亩数从镰户处收到数量不多的作物。

这个叫作什么呢？=“闸粮”。

每亩地有多少？=不知道。

你不是河正吗？这点小事都不知道吗？=不识字所以不知道，听说大概每亩地每年会收到一合半麦子。

听说永利闸的土地大概有10亩左右，这些土地也要征收田赋吗？=是的。

这些田赋由谁来出？=镰户们出。

【河正、河副的姓名】

可以告诉我永利闸最近5年的河正、河副的名字吗？=河正　郝鸣珂（三十一年）—同上（三十年）—同上（二十九年）—郝西存（二十八年）—郝鸣副（二十七年）。

河副　景大禄（三十一年）—沈梦熊（三十年）—赵植榄（二十九年）—景大禄（二十八年）—不明（二十七年）。

【花销帐】

用于河的费用会一一记到账上吗？=会的。

这个账面叫作什么？=叫作“花销帐”。

可以拿一本来给我看看吗？=明天带来给你看。

【镰底】

黄德福　兴工镰一张七分九厘六毛
　　534 丈尺　596 丈尺　2155 十丈尺寸[1]

孟泽文　兴工镰二张二分八厘
　　7524 丈尺　752 丈尺　2736 十丈尺寸

---

〔1〕译者注：原文数字如此。

郝富魁　兴工镰三张零一厘
903 丈尺　9933 丈尺　3612 十丈尺寸
郝直高　兴工镰二张四分二厘
726 丈　7986 丈尺　2904 十丈寸
景三门　兴工镰六张九分六厘
2088 十丈　22968 十丈尺寸　8232 十丈尺寸
景尚仁　兴工镰三张一分五厘
93 丈　1039 十丈尺　378 十丈尺
杨成德　兴工镰一张零八厘
324 丈　3564 丈尺　1298 十丈尺寸
赵百宪　兴工镰六分九厘五毛
209 丈　229 丈尺　832 丈尺寸
赵植楷　兴工镰八张三分九厘
2517 十丈　2769 十丈尺　1287 十丈尺
赵福传　兴工镰二张七分四厘八毛
824 丈尺　907 丈尺　3288 十丈尺寸
任住村　兴工镰三张七分九毛
837 丈　125 十丈　4548 十丈尺寸
头工每分　12 丈自山路桥中起丈干　92 尺寸[1]
二工每分　33 尺
三工每分　33 尺
四工每分　3 尺
五工每分　16 尺寸
庄稼工

## 4月17日

### 闸的祭礼　算镰　镰夫的分配

应答者　郝鸣珂（永利闸河正）
地　点　东汪村
【闸的祭礼】
二月十五的上供是在哪个庙进行的？ =龙王庙（大贤村）。
为什么要二月十五上供？ =祈祷一个好年头。龙王的生日在六月十三，二月十五是什

〔1〕 译者注：原文数字如此。

么日子我不知道。但是从很久以前开始就是二月十五上供。

这一天一般人都会参加吗？ =是的，但是人数很少，主要是河老和小甲等。

和闸有关的工作人员都有谁会去上供？ =龙王庙附近各闸的河正、河副、小甲等都会去上供。

各闸会共同准备多种多样的供品和祭礼吗？ =不是，各自准备各自的。

永利闸的人上供的时候，会提前商量供品的购入和集合时间等事情吗？ =不会特意这样做。供品都是河正和河副提前买好的，因为供品不是很多，所以就自己带到庙里。历年时间都相同，11点，所以没有必要一一通知。即使不通知大家，大家也会自然在这个点集合。

上供的方法如何？ =从很久以前开始，这个庙就没有和尚。大家集合之后，河正会把供品摆在龙王像的前面，然后大家再依次烧香叩头。

叩头的顺序是？ =河正、河副、小甲这样的顺序。帮办不参加，小甲全部参加。

祈祷什么？ =没有特别的祷告内容。大家都在心中默念希望来年水资源丰富。

（注：龙王庙中有管理各闸的龙王像）

这一天，会和其他闸的人商量事情吗？ =没有。

各闸之间有没有上供顺序？ =没有，各式各样的。

叩头之后还有什么仪式吗？ =没有，叩头完毕大家就回去了。供品会摆放大约1个小时的时间，回去的时候，河正、河副和小甲们会在树下把它们吃掉。

庙中上供之日，各闸的老人（河正）等聚集起来，能商谈关于挖沟的日程等事情吗？ =不行。挖沟的日期在每年的清明节时，这是惯例，所以没有商量的必要。

【算镰】

二月二十算镰日是什么意思？ =核查镰的变动情况的日子。

算镰会在每年的这一天举行吗？ =日期不定。三月进行的情况也有，总之要在清明节之前进行。

这一天有哪些人会聚集起来呢？ =集合者由河正决定之后再通知。河正会在清明节之前决定日期，然后叫人头（河副）传达给各小甲集合命令（帮办没有传令的职责），集合者有河正、河副、小甲、帮办。集合的地点有空房、河老的家，或者是村内有空房的祠堂等处可以选择。

二月二十小甲会带什么过来？ =“镰底”，在这个上面会写着显示土地关系变动的镰户、镰数。

镰底的制作顺序是怎样的？ =这并不是记录前一年每次土地变动的情况。算镰之前会定期让百姓申告土地变动。

算镰日，土地变动者不用由小甲带领过来吗？ =小甲会带领土地变动者到老人家中（或者祠堂），也有不这样做的情况。

集合地点定于村公所，要和村子一方联络吗？ =不会这样做。

小甲带领土地变动者到河老中会一一通知吗？ =一一通知会很费功夫，所以这时小甲就会敲响自己的铜锣，一边走一边大声说“几月几日是算镰日，在此之前收到了土地变动的消息，而且算镰日想来的人快来”。不会进行书面通知。因此，不办手续的一方就会有损失。

土地变动者有哪些人会去？ =买卖双方会去。

这个时候会带着契书之类的东西吗？ =不会让他们带着契约书等许多资料。如果买方情况复杂，则会让他们带过来看。

这个申告由谁来受理呢？ =事前小甲会询问，然后记入镰底。算镰的时候紧跟在小甲后面就可以了。小甲会由于错了而发牢骚。

会根据镰底进行名义上的改写和镰数的计算吗？ =会的，名义改写被称为“拨镰”。

这个手续一天时间能够办完吗？ =可以。

会集合擅长写字和打算盘的人吗？ =肯定会通知这样的人过来，各小甲会带上各自村中擅长写字和打算盘的人。

这些参加者每年都是确定的吗？ =不定。每场的决定人员都会不同。即使是像苦力一样，如果来了就要被招待，除了管他们简单的饭菜，其他的报酬也没有。

这一天有会餐吗？ =不会。

拨镰的记录方式如何？ =在河簿上记录的退的字是卖、收，由此来表示买。镰数为旱田每亩1厘（永利闸百厘为1张），水地也即是需要用水的芦苇地和稻地，每亩按照2厘来计算，在人名下记录各镰数。

【镰夫的分配】

算镰结束之后，接下来要做什么呢？ =算镰完成之后主要工作也就结束了，这时候就会开始决定镰夫的分配。也就是根据永利闸引水水沟的区域，会按照如下所示的比例将它们分为6个区。

（五工的各区间因镰的变动每年都会有所不同）

头工　1丈2为1分

二工　3尺3为1分

三工　同上

四工　3尺为1分

五工　1尺6为1分

六工　被称为伙工的镰户全部一起进行挖掘

各小甲会让担当各工的所有人都出来干活吗？ =不会。比如头工的情况，全部小甲会率领各自应当出勤的镰户（镰数多的人多出工）一起到头工所任的区间挖沟。但是，在头工的区间并不是无秩序的工作。在这个区间，14名小甲负责区域会被一一划分，让各小甲在自己的责任范围内挖掘。

上述小甲责任区间的长度是按照怎么样的标准来决定的？ =根据算镰，小甲管辖镰数就会很明确。比如小甲管辖3分，1分为1丈2尺（头工），那么他就会负责3丈6尺的挖沟工作。这个挖沟工作需要多少镰夫由该小甲根据预算来决定。

上边所需要的镰夫数，算镰时决定之后由大家一起策划吗？ =不是。都由小甲负责，小甲回家之后根据预算再决定。

比如说，在头工处，某小甲的管辖区域内镰夫众多的情况怎么办？ =就算只是头工，一天也不能完成全部工作，那么镰夫人数多的时候就会把他们安排到第二天。如果还有剩下的人员，就会把他们安排到二工、三工的地方继续工作。

【稻草】

稻草有什么用途？ =开沟子（挖沟）的时候，将闸关闭，必须使沟底变干，不然不能掘土，这时为了使闸和坝彻底闭合就会用到稻草。而且除了开沟子以外，也要关闭闸和坝，这个时候也会用到稻草。每年的需求量不同，但是账簿上的员数会和一年时间的需求量相适应。这个一般保管在河正的家中。

【椿】

椿 30 根的意思？ =为了防止沟岸崩坏所用的枕木，平时被保管在河正的家中。每年的需求数不定。

【闸板】

闸板的意思？ =每年会准备闸板，用于插入闸口调节水量，由看闸人进行保管。（除此之外看闸人没有其他需要保管的物品）

【当款】

当款的意思？ =永利闸处有土地，所以要向村公所交纳摊款。每亩收取 2 元，10 亩则收取 20 元。

【完粮】

完粮的意思？ =水闸土地课收钱粮，1 元 4 毛 8 分。

上边的摊款、钱粮，看闸人不用负担吗？ =对于看闸人来说，作为看闸的谢礼，只会让他们白种土地，不用他们来负担税金。闸的土地是“大公中”（大家的意思），所以大家都要负担。

负担闸的土地的公款当中包含哪些？ =县款即是从县里要求交纳的钱款。这个钱款暂时由村里出，然后再分配给村民负担。钱粮就是这些，村款也即村子花费的摊款。

大贤村内的闸的土地的摊款、钱粮交给哪个村？ =郝麻村。

为什么？ =以前开始就是这样，不清楚原因。

【谢吊花费】

谢吊花费是什么？ =每年十月初会将一年所花费用进行清算。这叫作经费。

谁会出席？ =河正、河副、小甲、帮办、闸夫（看闸人）会在河正村中的空屋（家庙的情况较多）集合。

有关系的村的村长不会来吗？ =没有关系。

【永利闸的经费】

一年中，关于永利闸的各种经费平均多少钱？ =去年是七八百元。平均费用不明。今年的经费也不明，没有预算。

一年中的支出由谁垫付？ =小甲垫付，不交利息。

需要金额多的时候不会找有钱人借钱吗？ =找别人或者是有钱人借钱需要支付利息。因此都是由小甲等人先进行垫付。

这一天，主要由谁来进行清算？ =主要由河正、河副、小甲来负责，帮办帮忙。

清算的结果会写下来吗？ =不会，因为很简单，所以不会这样做。

各镰夫的分配比例如何？ =支出金额除以全镰数，然后再决定各镰夫的负担额。金额出来之后，一直到十二月最后一天的这个期间由小甲来负责收钱。帮办负责帮忙。

一般情况下，决算公告会张贴出来吗？或者使用什么方法进行公开呢？ =没有公开。

到这个清算日为止，河正的工作就结束了吗？ =是的。

小甲和帮办的工作呢？ =也是一样。

没有中心管理人员，闸的要事和清算等事务会难办吗？ =雨后并不是用闸时期，所以不会难办。如果有各种要事，头小甲会向河正、河副汇报，然后公平地返还给先垫付的人。

【河正、河副的选任】

选举河正、河副是什么时候？ =到二月底止。

选举人是谁？ =由小甲主办，集合各小甲们来选举。

选举时要举行什么仪式吗？ =前任河正只会将河簿和河正的印章交给新任河正。

河正的印章

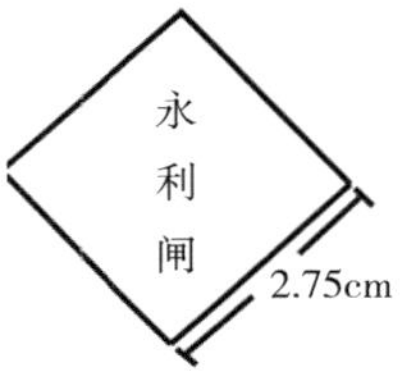


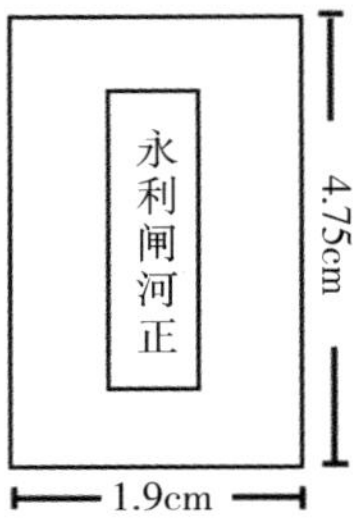


## 4月20日

### 水的纷争　芦苇地的灌溉

应答者　吴全顺（保长）

地　点　王快村村公所

你们村用哪里的水进行灌溉？ =使用的是瓦河、百泉闸、葫芦套、重兴闸的水。

这些水只是你们村在用吗？ =不是，共有9个村在用这些水。

哪些村呢？=王快、前楼下、北吴村、南市村、南市屯村、孔桥、东市村、西徐旺、南徐旺。

上述各村都是同样使用这些水源吗？=不是，孔桥、东市和王快使用同一水源；前楼下和北吴村仅使用百泉大闸的水；除瓦河外，南市村和南市屯村使用水源与王快相同；西徐旺和南徐旺使用沙河、百泉大闸、葫芦套。

西徐旺和南徐旺是邢台县的村落吗？=不是，是沙河县的。

【争水】

看了庭院的碑文，因瓦河的事情和沙河有过纷争吗？=是的。

是怎样的纷争，能简单说给我听听吗？=说来话长，但可以大致讲讲。瓦河是本地最古老的一条河，好像是明朝弘治三年挖掘的。此外的重兴闸、葫芦套、百泉大闸、沙河等都是在此之后修建的。瓦河的水源并不是从百泉而来。当然，百泉的确有少量漏水进入瓦河。瓦河由5条小泉构成（现在只剩下4条），这些泉喷涌而出的时候就形成了瓦河。明朝万历年间，由于干旱，水量不足，万历十四年开挖了葫芦套，万历四十五年开挖了重兴闸。这些都是买来全部村子的土地之后建造的。在此之后（年代不详），建了百泉大闸来灌溉。这个时候，沙河县的人们由于拥有邢台县的水，所以对水的需求量很高。当时他们就向邢台县的县令请示“不能分我们一点水吗”，但是邢台县的县令并没有答应。因此在没有办法的情况下，沙河县的人们就放弃了。几年之后，政府的县令更换，沙河县的人们又向新任县令请示。沙河县人的请愿是值得的，出乎意料地得到了政府新任县令的同意，将葫芦套的水划分给沙河县人们使用。这样一来，沙河县的人们就可以使用葫芦套的水了。但是不知感恩的沙河县的家伙们，在挖掘沙河时，破坏了我们邢台县的瓦河，还装作不知道。因此水流不畅，我们邢台县的人们很愤怒，断然向沙河县提出抗议，然后和沙河县人们起了纷争。结果就像庭院里碑文上所写，之后每年沙河县人们就会对我们邢台县的瓦河的凳槽（河上的流水装置）进行修缮。大致事情经过就是我刚才所说的，沙河县人们十分野蛮。详细内容在碑文上都写了，所以请仔细阅读，这样就能清楚地明白了。

现在，和沙河县人们还经常有纷争吗？=几乎没有了。

【正老人、副老人】

这些河都有老人吗？=有的。每条河都有2名，即河正与河副。

也有小甲吗？=有。

有几名？=?〔1〕

是按照从哪个村选出河正，哪个村选出河副这样的模式选出吗？没有固定选出的村子吗？=?〔2〕

小甲从哪个村选出多少名呢？=?〔3〕

---

〔1〕译者注：原文如此。

〔2〕同上。

〔3〕同上。

【河道专员】

小甲之外，没再设置帮办和公直这样的工作人员吗？ =没有，但是有2名河道专员。

什么是河道专员？ =负责调停水的纷争之类的事情。

【资料】

**重修瓦河水利碑记**

瓦河在城南楼下村、盖百泉之支流也、百泉发源顷余、皆楼下等村敛金钱贸得之者、于是决渠而东、而瓦河旁出马、经孔桥王快东市、约六里许。七入里河凡溉民田数十百亩、邢之人仰赖之旧矣、万历十四年、大旱百泉之缩、议者启筑葫芦套堤以助之、概葫芦套堤者、百泉闸之漏水派也、沙河民苏万物等、告欲合作而分其利、前侯郝公不可、谓邢水邢民而沙安得有分、后虽以郡守套公旨许之仍戒以无侵旧利、碑具载迄今十余年、其享其泽则是我大有造于沙矣、沙民不义挑绝我沟渠盗去我秋瓦石俾瓦河之水不通、三村之众无以为命、来奔诉者云集、予于是托三尹乔公往视之、如所言、召乃沙民论之曰尔胡贪若是、夫以邢民所买邢泉不尽为邢之用、而以借汝、汝又不图报德而狡焉、以侵我旧利、是无厌也、譬之寄食于人家、而因以扼其口元[1]、其亦不仁矣沙民阳回唯唯而心实未忍、乃讼于府郡守、陈公亲勘之、如豫言及郡判黄公、理其辞两造既具则亦如豫言、而沙民犹未服、复讼干道、豫因与沙侯使公同勘之、携手河上、俾两邑民指陈地形、则又不异豫言、乃愀然曰而健讼复若是、因蔽其罪乃始顿首服请勿复敢争也、于是修橙槽以两行而瓦河复通、邢民孔自才等因?[2]石请记豫惟父母之爱孱子、必为正经界、明籍记然后人不得以乱其室、而况小民乎、豫既辱父母之责矣、则夫与利除害、考古证令、以永庇我百姓宣伊异人任也、遂书之以列例于水滨。

赐进士出身文林郎邢台县知县刘九志撰

县丞任光恩　主簿乔进行　典史俞炎

选贡生王佐才　吴道明　庠生吴顺乡

郝鸿儒　吴尚贤　王钦高

张佐仁　许三元

大家都在各村吗？ =只在王快。

从很久之前就这样吗？ =是的。

现在的河道专员是谁和谁？ =我和某某2人。

老人是一定要成为村长吗？ =不是，各任其职。

---

〔1〕　译者注：原文为左口右元。

〔2〕　译者注：原文印刷不清晰。

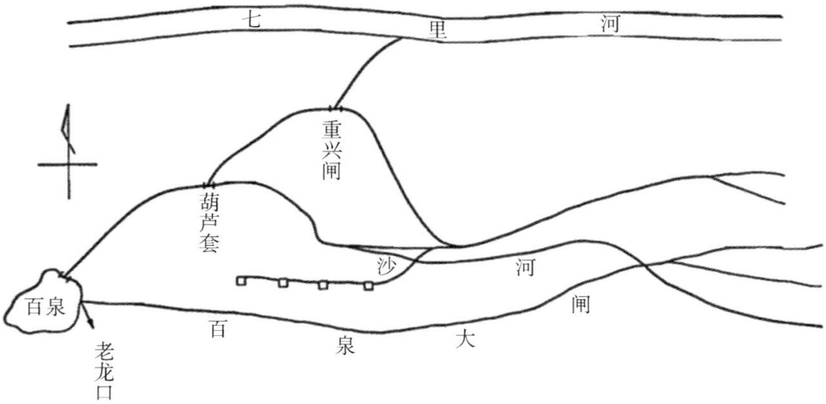


那么老人、小甲是世袭制吗？ =不是，每年会更换。

怎样更换？ =进行选举。

老人由谁来选举？ =？[1]

怎样选举？ =？[2]

小甲是由河老来指定的吗？ =？[3]

有叫人头吗？ =有的，即是河副。

【芦苇地的灌溉】

你村外笔直的北边大部分都种着芦苇，这些芦苇什么时候收获呢？ =十月份。

种子是一次播撒之后每年就不用播撒了吗？ =是的，因为残留着根，会一直生长下去。

芦苇地的灌溉工作什么时候开始？ =一般三月初一的时候开始。

什么时候结束？ =大概九月份结束。

那边的芦苇地面积很广，是个人所有吗？ =不是。

那么怎么灌溉呢？ =各人在自己的芦苇地边缘打开水阀，同时进行灌溉（参考下图）。

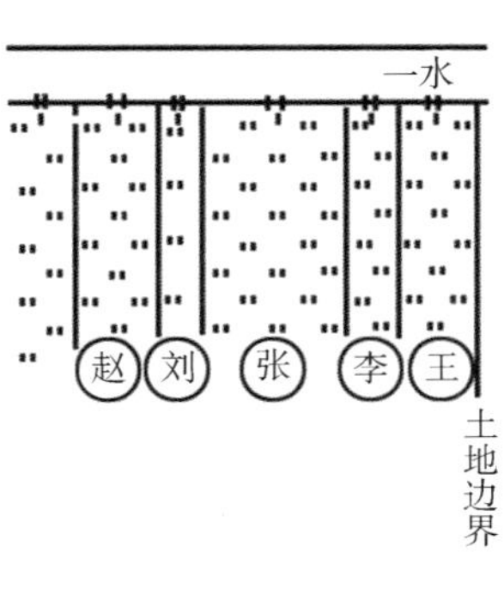


〔1〕 译者注：原文如此。

〔2〕 同上。

〔3〕 同上。

芦苇地以外的作物不是也需要用水吗？ =是的，水越多越好。一般情况下，旱田不需要用水的时候，会将水全部用于灌溉芦苇地。旱田需要用水的时候，会将芦苇地的所有小水阀同时关闭，然后将水引入旱田。

挖掘河和沟渠并又要进行摊款的时候，会在芦苇地和旱田上出同样的劳动力吗？会出同样的费用吗？没有任何差别吗？ =是一样的。

你们村的芦苇地的面积大概多少？ =239.5 亩，是全部面积（4198.058 亩）的 18%。

（可以灌溉的土地）

宅　地　272.279 亩

园　地　3019.693 亩

芦苇地　239.500 亩

稻　地　188.444 亩

荒　地　333.722 亩

沙　地　144.420 亩

合　计　4198.058 亩

【卫庄河】

流淌于村子周围的卫庄河的疏浚工作是村里来操持吗？或是老人的系统即镰夫操持吗？ =前者。

卫庄河流淌于这一带的各村中，每个村都会像上述方法一样疏浚吗？ =大体上是这样子的。

这些水一方面是为了灌溉的，不是应该由老人系统的人进行疏浚吗？ =比起灌溉，更多为了守护村子免于匪害，村里进行疏浚工作也是合乎常理的。

# 4 月 21 日

## 水的分配方法

*应答者　王景秋（七里桥村民，32 岁）*

*地　点　七里桥*

【水的分配】

七里桥用于灌溉的是晋祠河（从银沙泉而出）和通沟河这两条河流。使用晋祠河的日子是每月的初七、初十、二十五（以上大水），和初一、十五（以上小水）的各日。除这些日子以外不再使用。而且，用水日来临之时，会让农民们分配好时间进行使用。谁从几点开始使用，用到几点结束，像这样。如果超过自己的使用时间，或者没有使用，则不能用水。

使用通沟河水的日子是每月的初一、十五，这和晋祠河的按照时间用的使用方法不同，从上至下顺次使用。

比如，这是我可以用水的时刻，供你参考。

晋祠河 = 每月初十、未时开始戌时结束（大水）。

三十、卯时开始午时结束（小水）。

（没有三十的月份就从二十九的辰时开始、未时结束）

（注：所谓的大水就是关闭水闸仍有充分水量，小水就是关闭水闸有遗漏的水）

由于土地位置的关系，我不用通沟河的水。

应答者　田其善（32 岁）

地　点　田家庄

【水的分配方法】

我所在的村子在使用晋祠河的水。

使用天数为每月 10 天，即每月初七开始的三天半，二十二开始的三天半（以上为大水）；初一开始的一天半（没有三十的月份仅使用初一的半天），十五开始的一天半。

村中并没有像七里桥那样的谁从几点开始用水到几点结束的方式，只是按照地域划分日期来用水。即村子的南北方各有水沟，因此规定了靠近南沟的土地使用南沟水，靠近北沟的土地使用北沟水。南北两沟的配水顺序和日期如下：

顺序——每当使用日期来临之时，水流会先流进北沟，北沟在规定日期内用水过后，水流再流入南沟。

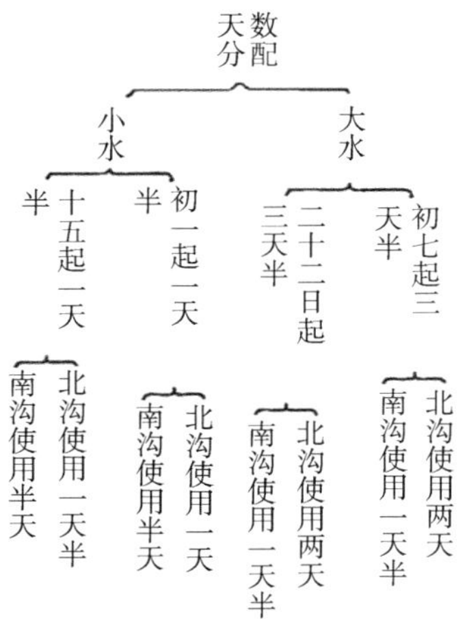


（注：从初一开始，但是没有三十的情况下，这半天双方共同使用）

使用南北两沟的水的时候，都不用按照时间而是从上至下按照顺序使用。

【老人、小甲、催役】

晋祠河有两位老人，有一名是从我们村里出的（田文）。我们村的有三四名小甲，没有帮办和公直。老人、小甲等勤杂工都有“催役”。

# 4月22日

## 闸的工作人员　镰户　挖掘河流

应答者　左葆真（58岁，老沟河小甲，大贤村人）
　　　　管升堂（43岁，老沟河河老，大贤村人）
地　点　东汪村

你们村在使用哪儿的水进行灌溉？=老沟河和东汪河的水。

到底哪儿被叫作老沟河呢？=在图上画出来给你看。

这老沟河的水不只有你们村在用吧？=是的。

那么还有哪些村在使用呢？=大贤、东汪、袁家店、东小汪、刘双楼、王麻村、东静庵。

【正老人、副老人】

老沟河的水是来自狗头泉的吗？=是的。

以上使用老沟河河水的村子都有老人？=不都是，规定只有老沟河有2名老人（正老人、副老人）。

选出老人的村子是固定的吗？=是的，都是从大贤村选出来的。

两人都是吗？=是的。

老沟河略图

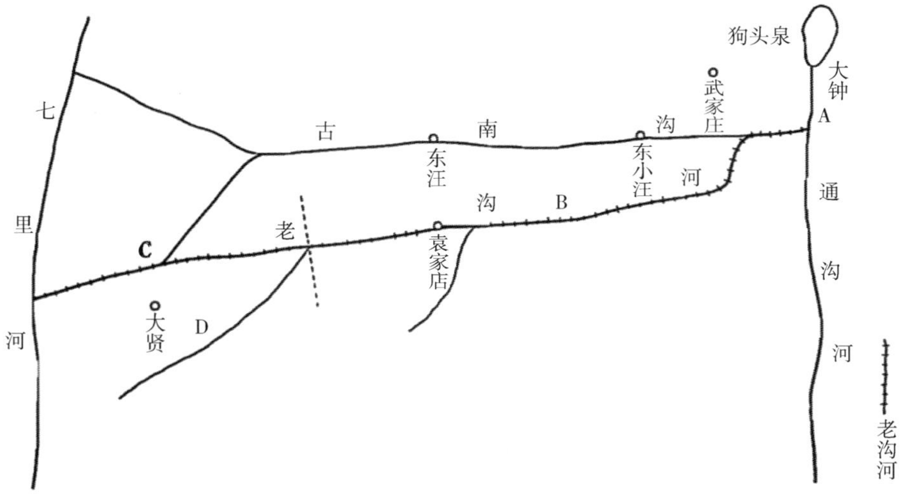


为什么呢？=从以前开始就是如此。

老人不是世袭的吗？=不是，如果不好就会被换掉。

谁来更换他们？=大家进行选举。

大家指的是谁？ =用水的所有农民。

副老人是？ =和正老人一样。

正老人是做什么的呢？ =进行河流挖掘的监督和预算劳动力。

不分配花在河流上的费用吗？ =在河流上并没有花费什么钱。

【小甲】

小甲一共有几名？ =6 名。

从哪个村选出了几名？ =大贤村 2 名（高锡荣、左葆真）、东汪村 2 名、袁家店 1 名、东汪村 1 名。

小甲不是世袭制吗？ =不是，如果不好就要重新选任。

由谁来选任呢？ =正、副老人商量之后任命。

从哪个村选出几名小甲，人数是固定的吗？ =是的。

小甲的工作是什么？ =拨夫（分配劳动力），带夫（带领劳动力）。

现在还想问点问题，副老人的任务是什么？ =和正老人商谈各类事务，在挖掘河流的时候，会把正老人写的一些通知票带给各小甲。

和“叫人头”的意思相同吗？ =是的，副老人也就是叫人头。

【小甲管辖镰户的范围】

回到之前的话题，各小甲所管辖镰户的范围是根据什么标准来决定的？如 A 图所示，是驻守在某处呢，总之就是将自己周围的农民归到自己管辖之下的镰户范围吗？还是如 B 图所示，不管农民的家庭住址，总之管辖一定区域的土地，然后持有这片土地的人就是自己所管辖的镰户了。是哪种呢？ =

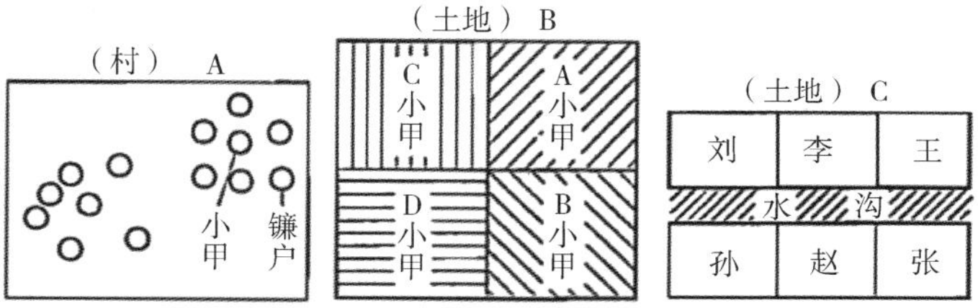


两种都不是，如上图（C）所示，以沟渠为中心，来决定自己所管辖的镰户，也就是规定哪位小甲管辖哪处沟渠。因此在这种情况下，自己管辖的沟渠两侧的土地就成为了自己管辖的土地，这片土地的地主就是自己管辖的镰户（镰夫）。

有小甲以外的公直或者帮办吗？ =没有。

【看闸的】

应该有看闸的人吧？ =有的。

有几人？ =只有 1 名，名叫宋。

在看哪里的闸呢？ =老沟河河口的六闸。

会给看闸人报酬吗？ =没有，仅仅让他们来耕种闸口附近的河流两侧的芦苇地。

看闸人是世袭制的吧？ =不是。

如你刚才所说，如果正、副老人和小甲都不好，就会换掉他们。如果要换人，会在每年大概什么时候换任呢？ =正月或二月的时候。

【算镰】

每年会算镰吗？ =不会。

那么如果土地有变动，什么都不做也可以吗？ =这个时候会去小甲那里进行更改。

更改什么呢？ =名字和土地亩数。

【河簿】

你们老沟河的河簿里，写着谁谁几名、几分几厘，这是依据什么写的？使用目的是什么？和土地所有亩数有什么关系呢？ =大致上是写着用水土地有多少亩，那么就能够决定挖掘河流时派出多少名劳动力了。现在劳动力的分配仍然是根据河簿，而且费用的摊款也是根据这个来决定。

和账有什么关系？ =我想大致是同一种意思吧。

在下七闸，每年二月十五都会在龙王庙举行上供会，你们那里呢？ =没有。

【挖河】

每年都会挖河吗？ =会的，A闸和B闸每年都会在立夏时挖，C闸和D闸会在每年二月挖。

怎么挖？ =挖A闸和B闸的时候，在挖掘之前，正老人会写通知票，然后派发给各小甲。

会派发怎样的通知票呢？ =以今年的通知票为例。

三月二十二日　当捻每小甲带夫二名

二十三日　挑河每小甲各带全夫

二十四日　挑河每小甲各带全夫

老人管升堂启

这个通知票由谁拿去？ =副老人。

小甲们在收到这个通知票之后会做什么呢？ =在这一天来临之时，会带上自己的全体镰夫一同前往。

通知票上写着“当捻”，这是什么意思？ =指的是关闸，挖掘A闸和B闸时，必须要关闭六闸。

镰夫如果没有挖河该怎么办？ =会收处罚金。

以怎样的标准收取多少处罚金？ = 没有什么特别的标准，大概就是按照当时的工资水平来决定。

小甲缺席的情况下要怎么办？ = 没有这样的情况，如果小甲没有来，大家不就都不会来了吗。

挖 C 闸和 D 闸的时候，也是一样的吗？ = 不会特别写出通知票，而是由正、副老人和其他小甲商量之后决定。

挖 C 闸和 D 闸的时候，A 闸和 B 闸的人会过来吗？ = ?

根据你所画的图，大致上成为了老沟河、古南沟和通沟河的干流了呢？ = 是的。

什么时候都不挖那一处吗？ = 只有在大旱的时候才挖，平时不挖。

谁来挖？ = 大家一起挖（老沟河、古南沟、通沟河）。

挖河的时候，哪里的老人会最先打头提出倡议呢？ = 老沟河的老人，因为老沟河的老人是总老人。

那这么一来，老沟河的老人的地位就比其他老人的地位要高一些是吗？ = 也没有特别高一些，但是他在大规模挖河的时候就是总指挥。

为什么老沟河的老人能当总指挥？ = 从很久之前开始就是这样，原因不知道。

进行大规模挖河的时候，最开始是按照什么顺序进行的？ = 首先是老沟河的老人让副老人以口头通知的形式通知各老人（古南沟、通沟河）时间和地点，到日子时再商讨。定下来之后，老沟河的老人会再一次向各老人派发挖河通知票。那由副老人带走。收到通知票的各老人，再将通知票交给自己的小甲们。

（通知票）

○月○日拉大摊

各小甲带○名

老河沟老人管升堂启

这个时候，各老人会同等挖河吗？ = 土地较多的老人必须要多计算出劳动力，因为有很多地方要挖。

这个时候，哪位河老的劳动力挖哪里，或者是按照怎样的方式挖，这都是由老沟河的老人做总指挥吗？ = 是的。

这个时候所花费的费用怎么办？ = 不花钱，挖掘工作结束之后，各老人会聚集在一起，然后互相慰劳。

意思是没有会餐吗？ =没有。

【农作物】

换个话题，我想知道每一种作物的播种时间、收获时间、灌溉时间和次数？ =

麦：播种 =秋分开始、寒露结束期间（九月上旬—中旬）。

收获 =芒种（四月下旬）。

灌溉 =清明开始收获前10日左右，大概3次（大约二十几天/次）。

谷：播种 =立夏开始直到夏至。

收获 =白露（八月中旬）。

灌溉 =从种子播种之后的一个月半开始直到收获前10日结束，大概3次（大约20日/次）。

高粱：播种 =三月中旬开始的10天左右。

收获 =八月中旬。

灌溉 =五月初一开始八月上旬结束，大概三次（大约二十几日/次）。

豆（黄）（黑）：播种 =四月初一开始的半个月。

收获 =八月二十左右。

灌溉 =播种之后的五六天要灌溉一次，到收获为止两次。

依据水量的增减，有丰收和绝收的情况吗？ =没有，即使是水量减少了，也仅仅只是产量变少，但是不会完全没有收成。

## 4月28日

### 水的分配　经费　水的纷争　拨镰　镰夫的担当

应答者　赵鸿儒（45岁，普济闸河副、张家屯人）

地　点　东汪村

你是普济闸的老人吗？ =副老人。

正老人是谁？ =姚锡麟（49岁，石井村人）。

【张家屯概况】

你所在的村子的名字从古至今都没有改变吗？ =没有变化。

事变前和现在，村子的户数有增减吗？ =没有。

人口呢？ =没有增减。

现在有多少户多少人？ =一百二三十户，人口一下子说不清楚。

什么姓氏的人数最多？ =张姓，占总人数的三分之二。

全部耕种自己土地的人家大概有多少家？ =大概有三分之二。

最多的一家耕种的土地面积大概有多少？ =大约四五十亩。

耕种自己的土地，同时也租种别人的土地，这样的人家有多少？ =大概有三分之一。

有全部耕种别人土地的吗？ =没有。

有完全没有土地的家庭吗？ =没有。

【雇农】

有人家做长工、月工或者短工的吗？ =有。

哪种比较多？ =长工。

大概有几家？ =七八家。

去哪里做长工？ =在本村内。

不去其他的村子吗？ =去的情况比较少。

长工一般做几个月？ =大约八个月。

几月开始几月结束？ =二月初二开始九月结束。

工资呢？ =今年一年大概一百二三十元。

去年呢？ =八九十元。

事变之前呢？ =四五十元。

不去做月工吗？ =也要去。

大概有几家？ =三四家的样子。

一个月挣多少钱？ =三四十元，事变之前大概十四五元。

也去做短工吗？ =去的。

你们村拥有土地最多的是哪家？ =张洪范。

有多少土地？ =八九十亩。

这些土地都是自己耕种吗？ =一部分租出去了。

你们村有雇佣长工的人家吗？ =有。

有几家？ =五六家。

最多的一家雇佣了多少人？ =2 个人。

像这样的家庭有几家 =只有 1 家。

谁家？ =韩清申。

在你们村，有出去工作的人吗？ =有。

有几人？ =两三个人。

主要去了哪里？ =大致都去了顺德村。

在做什么呢？ =一个人经营药店，一个人经营西关煤炭店，还有一个人成为了东关理发店的徒弟。

在你们村，除了农业之外有副业吗？ =妇女们织布造丝。

你们村每年的粮食够吃吗？ =不够。

那怎么办？ =由于我们村大多都是水田，所以卖掉米来买普通的粮食。

村里人需要钱的时候，一般怎么办？ =卖米。

米有剩余吗？ =没有，百姓一般都不吃米，都是将米卖掉，然后买来普通的粮食，因为米的价格很高。

【当地】

像葬礼和结婚，这样急需用钱的情况怎么办？=去“当地”。

当地是什么意思？=将自己的土地让给别人耕作来赚钱。

有期限吗？=没有，一直到返还之日。

不称之为典吗？=意思是一样，但是不称之为典。

【使利钱】

不让贷主耕作土地，而仅仅是将土地作为担保物从而借钱然后交纳利息，这样的情况存在吗？=存在。

这种情况叫作什么？=叫作“使利钱”。

以上所说的典当土地和使利钱的情况，写证明吗？=写。

使利钱的情况下，一般利息大概会收多少？=年利2分。

最高呢？=3分。

最低呢？=2分。

【当家子】

你们村中同姓同宗各家的关系叫作什么？=“当家子”。

不叫同族吗？=不叫。

当家子之间有共同所有物吗？=有。

什么？=桌子、椅子、锅，等等。

什么用途？=当家子之间的葬礼、结婚等场合会用。

这些当家子中最了不起的人是谁？=族长。

各个当家子每年有聚会吗？=有，清明和十月初一的时候。

正月呢？=没有聚会。

村的面积大概有多少？=大概二十几亩。

其中能够耕作的土地大概有多少亩？=十五六亩左右。

不能耕作的土地有多少？=剩下的土地不能耕作。

不能耕作的土地是怎样的土地？=倒流、坟地、宅地、河流等。

用河流灌溉的土地大概有多少？=基本上都是。

用井灌溉的土地呢？=没有。

不用河流，也不用井水，而是全部靠雨水灌溉的土地有吗？=还是没有。

【农作物】

你们村中，数量最多的农作物是什么？=稻子。

大概耕种了多少？=全部面积的五分之三。

种麦子吗？=种。

大概有多少？=剩下的几乎全部都是。

高粱呢？=没有耕种。

豆子呢？=耕种面积较少。

【灌溉来源】

你们村使用哪里的水来灌溉？ =普济闸的水。

从什么时候开始使用的呢？ =明朝开始使用。

至今为止都是如何使用的？ =不知道。

【水的分配】

现在和哪些村一起用水？ =石井屯、开花屯、相家屯。

这些水是从哪儿来的？ =七里河。

现在是怎样使用水的呢？ =10 天为一个周期。我们村会在其中使用 4 天，石井屯、开花屯、相家屯使用剩下的 6 天。

有规定村中某家从几点开始用到几点结束这样的情况吗？ =如果这样规定，就没办法用水了。

【老人】

你所在的水闸有几名老人？ =两名，正和副。

【小甲、帮办】

老人以外还有哪些人？ =小甲和帮办。

没设公直吗？ =没有。

【看闸的】

应该有看闸的人吧？ =有。

是谁？ =高雪成（40 岁左右）。

哪里人？ =大贤村人。

为什么大贤村人会成为看闸人呢？ =因为离这个闸很近。

小甲有几人？ =一共 5 人，石井屯 3 人，张家屯 2 人。

开花屯和相家屯为什么没有呢？ =因为这两个村各有 1 名帮办。

帮办一共有多少人？ =20 人。

哪个村出了多少人？ =张家屯 8 人，石井屯 10 人。

那么，开花屯和相家屯就只有帮办了吗？ =是这样的。

什么原因？ =因为镰数较少。

【挖河】

为了使水流顺畅流通，每年会挖河吗？ =会。

什么时候挖？ =清明节的时候。

谁来挖？ =镰夫们。

怎样挖？ =土地多的人挖得多。

【上供会】

每年会在龙王庙举行上供会吗？ =会举行。

每年什么时候举行？ =二月十五。

【经费】

挖河、修缮水闸，以及其他有关河流的费用是怎么处理的？ =五小甲进行公摊。

这么一说，这些费用是由小甲出吗？＝不是，各小甲会把钱数划分给自己管辖区域的镰夫们进行分担。

有记录跟水闸相关的收支情况的账簿吗？＝没有。

如果没有账簿，怎么知道一年花了多少钱呢？＝比如，挖河的时候要用草，这个时候看闸人就会去买草（赊买），然后看闸人那里就会保管有纸张，上面写着谁买了多少草。或者是因为河流的事情，老人在某家餐馆用餐，这也是一年结束之后再清算。也就是会到老人所去的餐馆把一年所花的费用进行合计，然后将它记录到河流一年的费用当中，五个小甲再把这笔费用进行公摊。所以并没有什么专门的账簿来记录。

【河簿】

如何使用水，哪些人能够使用水，关于河流的一切规则都是谁来定的？＝根据河簿来定。

【会餐】

河老和小甲每年都会聚起来会餐吗？＝会的。

会举行几次？＝两次。

分别是什么时间？＝正月下旬和腊月中旬两次。

是以什么为目的举行的聚会？＝前者是那一年的新任老人、小甲、帮办一起集合，然后发表就任致辞。后者是完成一年任务的老人、小甲和帮办聚起来发表卸任致辞。

举行这种聚会时，除了老人、小甲和帮办之外，还有其他出席者吗？＝没有。

【争水的仲裁】

当有关于水源的纷争时，由小甲仲裁吗？＝是这样的。

与外面的水闸有纷争的情况下，也是小甲和小甲之间来仲裁吗？＝根据具体情况不同而决定，如果不是什么大事，老人不用出面解决也可以，但如果并不是能够简单解决的问题，河老和小甲都必须出面解决。

【水利局】

你所在的水闸有专门解决水的纷争的仲裁者吗？＝没有，但是以前有水利局，在那里进行仲裁。

各闸之间没有组织仲裁机关吗？＝没有。

刚才你提到了水利局，水利局是一个怎样的机构呢？＝事变前有水利局，进行水纷争的仲裁工作。

这不是各闸之间组织起来的机构吗？＝不是，县公署组织成立的。

什么时候成立的？＝事变之前成立的。

【闸的土地】

除了挖掘河道和修缮水闸之外，为了筹集使用费用，水闸的土地上种过树木吗？＝有。

大概有多少面积的土地？＝二十几亩。

树木呢？＝现在一棵树都没有。

现在谁在耕种闸的土地？＝看闸的高雪成。

不用交纳地租吗？＝是这样的。

【镰夫】

什么是镰夫？ =用水土地的地主。

镰夫一定要挖掘河流吗？ =是的。

有镰夫不用挖河的情况吗？ =只要是镰夫就一定要挖河，如果不挖就要交罚金。

【拨镰】

镰夫卖掉土地时，一定要告诉小甲吗？ =没有特意去告诉小甲的必要，但是卖掉土地之后，必须“拨镰”，拨镰一年只有一次，大概在正月的时候进行。

拨镰是怎么回事？ =买卖土地之后，更改姓名等事。

在哪里进行呢？ =老人所在的地方。

拨镰的时候，谁和谁要出面呢？ =各小甲、买卖主和老人。

帮办不用出面吗？ =一部分会出面。

拨镰要如何进行呢？ =拨镰日那天，各镰夫（仅限土地买卖关系者）和各小甲，五六名帮办、老人都会出面。因此，相关的镰夫就会在席上汇报自己卖掉的土地或者是买来的土地。这样一来，帮办就会帮助老人，将汇报内容写在账簿相关者的名字旁边。谁卖给了谁多少亩土地，谁从谁那里买来了多少土地。这件事完成之后，这一年正确的地亩账簿就应该能完成了。然后各小甲会在上面写上自己管辖区域镰夫的相关事情。之后会根据这个来分配这一年的劳动力和金钱。

【镰夫的负担】

镰夫每年都会出闸的费用吧？ =是的。

镰夫所出的闸的费用叫作什么呢？ =没有名称。

每年的费用都是不固定的吧？大概每亩出多少钱？ =丰收之年大概是 10 钱左右。

镰夫除了要出闸的费用，不用额外再给老人和小甲别的谷物之类的东西了吗？ =是这样的。

应该也会给小甲吧？ =是的。

每年会给老人多少谷物呢？ =在普济闸的 4 个村中，每个的做法多少都有差异，大概是有镰一分，就要出三合（麦子）。

给小甲多少呢？ =我不是很清楚，有点复杂。

【小甲的选任】

小甲不是世袭制吗？ =不是，轮流的。

如何轮流？ =普济闸的 4 个村中，轮流方法都有差异。在我们村会分为 8 个小村分摊，每年哪个摊谁来当小甲都是固定的。在石井村，每年镰数最多的人会成为小甲。

哪个村每年出任几名小甲都是固定的吗？ =是一定的。

从以前开始就是这样吗？ =是的。

开花屯和相家屯不会出任小甲，从以前开始就是这样的吗？ =是的。

# 4月29日

## 河正　挖河　水的分配

应答者　杨顺（59岁，东汪村人）

地　点　东汪村

听说你当过村长？＝民国十五六年的时候当过村长。

可以问问你所知道的关于水的事情吗？＝知无不言。

东汪村在使用古南沟的水吧？＝是的，但是并不仅仅使用古南沟，也使用老沟的水。

东汪村基本上都是在用河水灌溉吧？＝是的，百分之九十都是用的河水（参考图）。

古南沟的河正现在是谁？＝杨福。

河副呢？＝没有，但是有15名小甲。

15名小甲全都是这个村子的人吗？＝是的，古南沟只有东汪村使用，所以河正和小甲都是东汪村的人。

你现在是小甲吗？＝不是。

【河正的选任】

“保老人”是怎么回事你知道吗？＝知道，每年正月的时候15名小甲来选河正。

一般的镰夫不能参选吗？＝是的。

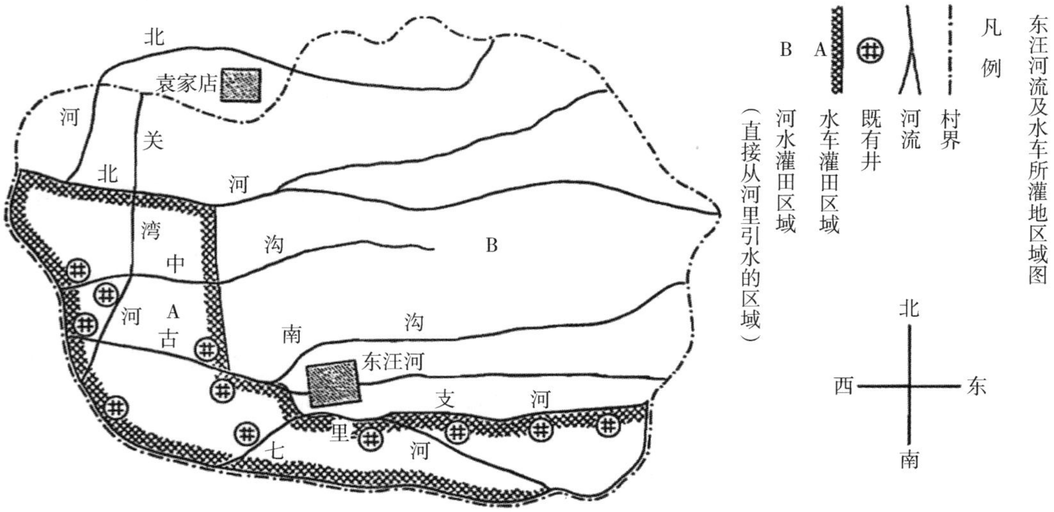


会选怎样的人呢？是从小甲当中来选吗？＝是的，从小甲当中来选。

因此，是规定河正必须由小甲来当吗？＝是的。

小甲每年会换吗？＝不会，会持续任职十年八年。

不是世袭的吗？ =不是。

哪位小甲会被选为河正是一定的吗？ =哪位小甲会成为河正这是不一定的，但是哪条河（渠沟）的小甲会成为河正这是既定的。也就是说，古南沟在东汪村的西边有4条支流（古南沟本流、小北沟、中沟、东沟）管辖这些河（渠沟）的小甲都是已定的。古南沟干流有3名小甲，其他支流每条支流都安排有4名小甲。所以每年保老人的时候，从哪条河（渠沟）来选哪位小甲都是已定的，按照顺序来选。如果今年小北沟的人当选了河正，那么明年河正就会在中沟的小甲当中选出。

河正每年会更换吗？ =是的，每年正月进行选举。

保老人的时候，除了小甲就没有别人出席了吧？ =没有。

村长不来吗？ =不来。

这个时候会举行会餐吗？ =会的，只有一次。

会餐在哪里进行？ =会使用某处的家庙。

【叫人头】

这个时候15名小甲都会出席吧？ =是的，叫人头也会来。

什么是叫人头？ =挖河的时候，为了让劳工早点干活敲铜锣来通知镰夫们、传达河正所说的话的人，叫作叫人头。也就是小使。

有几名叫人头？ =1名。

每年都会换人吗？ =不换，每年都是同一人。

现在的叫人头是谁？ =杨铃元。

会餐的费用由谁来出？ =用水的镰夫们。

“保举河正”是什么意思？ =和保老人意思相同。

【当捻】

“当捻”是什么意思？ =指的是挖河时，前一天关闭河口。如果不止住水，那么水一直流，就没有办法挖。挖古南沟干流的时候，就关闭东小汪村西边的牙石桥的东口。这样一来，水会流向北方的老沟河，就能挖东方了。同理，挖老沟的时候，要关闭东小汪村西边的牙石桥的北口。挖小北沟的时候，就要关闭小北沟的河口。挖掘中沟的时候，关闭中沟的河口，东沟也是一样道理。

谁会来当捻呢？ =小甲。

镰夫不来吗？ =不来，他们只挖河。

哪位小甲来做当捻呢？ =挖一条河（渠沟）的时候，这里的小甲就会来做。

【拉大工、拉小工】

什么叫作“拉大工”？ =挖掘古南沟干流的时候叫作拉大工，这个时候，小北沟的镰夫、中沟和东沟的镰夫都必须全部出来挖河。

这样一来，挖小北沟、东沟、中沟的时候，是独自来挖吗？ =是的，挖掘小北沟的时候，只有小北沟的镰夫来做。

拉大工每年什么时候进行？ =三月。

小北沟、东沟、中沟是什么时候进行？ =拉大工之前。每3天进行交替，这个叫作拉小工。

拉大工的时候，小甲会分配劳动力吗？ =是的，会根据账簿来分配劳动力。会根据河正所说的话进行分配。能够决定出每亩挖掘长度，这样一来，镰夫就能够在这 3 天当中来选出适当的劳动力，从而完成自己得到的任务。

【拉捻】

拉大工的时候，河正和小甲还是有会餐的吧？ =是的，只有 1 次，在拉大工之后。

什么是拉捻？ =挖河结束之后，弄坏河流堵塞处，让河流流通。

这么一说，拉大工结束之后有会餐吧？ =是的。

谁来拉捻？ =河正、小甲们，每名小甲都会带着 1 名镰夫。

你说每名小甲都会带着 1 名镰夫，会带着谁呢？ =带着身体强壮的人，并不是一定会带着谁。

拉大工的会餐在哪里举行？ =不一定。

不是在看闸人的家里吗？ =没有看闸人。

河老和小甲会出席拉大工的会餐吗？ =是的。

各小甲带着一起前去的镰夫们呢？ =也一起会餐。

叫人头呢？ =也一起会餐，叫人头一般由河正带着前去。

【会餐费】

这个时候所花的钱怎么办？ =由镰夫们来出（按亩）。

这个费用什么时候收？ =5 月的时候。

谁来收？ =老人。

不是小甲吗 =小甲收齐之后再交给河正。

之前说的保老人费用也是五月的时候收吗？ =是的。这一年的费用都是五月的时候收。

【水利费与村费】

镰夫们用这笔钱做什么呢？ =用在麦子上，或者用于现金。但是像以上河的费用再分配之后不足的话，不足部分就会由村公所来出。村公所一方再将这笔钱划入村子的摊款中。

分配之后为什么会出现不足的情况呢？ =分配的时候，将一斗麦子看作 5 元钱，但是收麦子的时候，当时价格是 4 元或 4 元几钱的情况经常发生。这样一来，钱数就会不足。

【挑河】

什么是“挑河”？ =一年中挖河里的淤泥和废物，让水流畅通，这个叫作“挑河”。

【垫桥】

什么是“垫桥”？ =在桥上盖上土，然后进行整理，叫作“垫桥”。

东汪村每年都会垫桥吗？ =是的。

哪里的桥呢？ =东小汪东西的两座桥。

为什么东汪要修缮东小汪的桥？ =因为在使用他们的水，也就是所说的使水垫桥。

谁来垫桥？ =镰夫。

镰夫们怎么垫桥呢？一起去吗？ =会把垫桥当作工程，选必要的人数，然后前去。

怎么知道必要人数呢？ =桥坏了的时候，东小汪村的人就会来，告诉我们桥坏了不能通行。这个时候，我们的河正或河正的代理人就会去查看。回来的时候就知道必要人数了。

这个时候，谁去修缮是由小甲来指定吗？ =小甲会听从河正的指令。因此，这个时候河正就会告诉哪个小甲出几人。

什么时候修桥？ =不一定。

东汪村在古南沟的两侧，不用种树作为河流树木吗？ =不用种。

七里河不是由东汪村挖吗？ =不是，因为我们不用那儿的水。

【老人的钱的垫付】

每年五月的时候，都会收取这一年的费用。但是在此之前老人没有钱用吧？ =没有，这种情况下，老人就会想办法，必须先垫付。

老人没有钱的时候怎么办？ =不可能。没有钱就不可能成为河老人。因此老人大多是有很多土地的有钱人。

就算有大量的土地，但是也有周转不灵的时候吧？这种情况怎么办？ =老人会想方设法，就算是借钱也必须要先垫付。

借钱应该要交利息吧？ =借 100 元，每个月要交 2 元左右的利息。

这个利息不是由老人来交，而是从河的费用里面出吧？ =是的。

可以解释一下“屯闸”是什么意思吗？ =和当捻的意思相同。

【笼账—算账】

“笼账”和“算账”是什么意思？ =每年五月的时候计算一年费用的意思。

谁来笼账？ =小甲，小甲中识字的人来进行笼账。

帮办不做吗？ =不做。

帮办是做什么的？ =帮办就是小甲。

笼账的时候，谁会出面？ =老人和小甲。

叫人头不会出面吗？ =即使来了，也不会让他们做事。

村长不来吗？ =不来，跟他没有关系。

笼账只需要一天就能够完成吗？ =是的。

在哪里笼账？ =不定，合适的地方就行。

笼账的时候有会餐吗？ =不定。

【筹款】

笼账结束之后立即进行派款吗？ =是的。

什么时候筹款？ =笼账当天就马上筹款。

应该是由小甲去吧？ =是的。小甲会拿着升斗和袋子去收麦子，钱也可以。

15 名小甲会一起去各个镰夫家收吗？ =不是，各小甲只会去自己管辖范围内的镰夫家收。

说到收麦子，那么派款也是用麦子来分配吗？ =是的，每亩就分配多少麦子。

为什么用麦子来分配？ =大概是因为老百姓都没什么钱，收与钱数相当的麦子其实也是一样的。

“公粮”是什么意思？ =不知道。

你所在的河流，没有公粮吗？ =没有。

“公粮饭”是什么意思你知道吗？ =不知道。

笼兴闸有“七闸公支”和“三闸公支”，你们村的河流不是老沟河的支流吗？=不是，和古南沟下七闸的做法不同。

“公漏”是什么意思？=不知道。

【老人饭】

什么是“老人饭”？=字面意思。请老人吃饭。我们这条河只有两次，也就是正月和三月两次。在下七闸，每次有河的事情，都会请老人吃饭。

正月是怎样的情况？=保老人的时候。

三月呢？=拉捻的时候。

“齐钱”是什么？=五月的时候，收取河的费用。

河的摊款叫作什么？=没有什么特别的名称，只是叫作“挑河花费”。

【当账】

什么是当账？=返还金钱。

老人一年所垫付的费用从河流的费用中来返还，叫作当账吗？=叫作当账。

当账是什么时候进行？=五月，笼账之后。

谁来当账？=小甲返还给老人。

老人把一年的费用全部垫付了，各小甲收了钱之后全都交给老人吗？=是的，就是这个意思。

去永济闸的时候，每年正月都会有“破土”一事，你们村没有吗？到底破土是什么意思呢？=不知道是什么意思。

你们河和老沟河、通沟河还有其他河流一起开会吗？=不会。

从以前开始就这样吗？=是的。

【上供】

你知道上供的意思吗？=知道，每年正月选举老人的日子上供。这一天，先上供，然后进行选举。

上供（祭祀）的对象是谁？=河神。

谁会来祭祀呢？=只有老人和小甲。

在哪里进行祭祀？=在选举老人的地点祭祀，在红纸上写着“供奉河神之神位”然后贴在合适的地方，然后在前面摆上供品。

是怎样的供品呢？=5碗4盘。然后点上蜡烛，摆上酒（3杯）。摆上供品之后，就会放炮竹。

谁会最先上香？=以前的老人。

【修天井】

什么是修天井？=我们河没有修天井，但是下七闸有。让河的上游和河相通，那么就必须通过橙槽让它从不同方向流通。这个时候为了防止河水泛滥，就会在橙槽的底部安上一个像窗户一样的东西，一般就是关闭它。发大水的时候，通常水流过多过急，这个时候就会从横向拖着窗户。这样一来水流就会漏在下方。这个窗户就叫作天井，因此所谓的修理天井就是修理这个窗户。

我在古南沟的西方（东小汪的东方）看见了橙槽，这个不是天井吗？ =不是。

【算镰】

算镰的意思是？ =虽然我知道它的意思，但是我们河现在没有算镰。现在有土地就能用水，以前没有镰的时候就不能用水，因此根据镰用水的时间也是一定的。如果持有5张就可以使用一昼夜。但是现在完全改变了，采用“自上而下”的方式。

到底算镰是什么意思？ =就是派款，一张镰算作多少钱。

【水的分配】

什么是自上而下？ =从上游开始自上而下依照顺序来使用。我们河上半月是“自上而下”，下半月是“自下而上”。

给您添麻烦了，可以介绍你们村是怎么用水的吗？ =大闸、二闸（古南沟本流）这两条河每月6天，小北沟6天；中沟8天；东沟8天；按照这样的方式用水。但是以上全部都是划分了上半月和下半月来进行使用。因此大闸和二闸上半月3天；下半月3天。而且，根据我刚才所说的，上半月从上而下进行使用，下半月从下而上依次进行使用。用水的时候，不用根据时间，大家的用水量都很充足。使用大闸的水时就会关闭二闸。但是使用二闸水的时候必须打开大闸（因为在上方，所以不打开的话下面二闸的水就出不来）。使用小北沟的水时就会关闭东沟，使用东沟水时就会关闭小北沟。由于使用中沟水的时候，要关闭最上面的水门，所以下面的大闸、二闸、东沟、小北沟全部都没有水。

永利闸有“谢事”，你们河没有吗？ =不知道这是什么意思。

## 5月1日

### 小甲的选任　河的费用的分配

应答者　姚锡麟（49岁，普济闸老人、石井村人）

地　点　东汪村

【小甲的选任】

现在石井村有多少名小甲？ =4名。史林的、史心芳、宁贞祥、闫同文。

这4个人担任小甲有多长时间了？ =每年都会换人，进行选举，这4个人是今年的小甲。

怎样选举呢？ =每年的正月初八选举河正、河副，正月十三选举小甲。

每年选举河正、河副、小甲的日期都是一定的吗？ =是的，至少时间是一定的，而且要在上午选举。

谁来选举小甲？ =河正与河副。

外人不参加吗？ =是的，不能参加。

以前小甲不是世袭的吗？ =不是。

【河费的分配】

小甲会分配河费吧？ =是的。

怎样分配呢？＝按照亩数。各小甲只用分配自己所管辖区域的费用。

比如，今年河费是40元，那么如何进行分配？使用普济闸水的村落来承担分配吗？＝不是以村落为单位进行分配，而是各小甲均分。普济闸有6名小甲，其中2名变成了1名，所以有5名小甲。如果有40元河费，那么每个小甲就必须要出8元。各小甲会把自己所分配到的8元再分给各镰夫。

刚才你说其中有2名小甲变成了1名，这是什么情况？＝因为镰数少，也就是说，这2名小甲所持有的镰数合计起来也就是其他1名小甲所持有的镰数。我们普济闸，镰数有100张。这100张镰当中，石井东街有20张，同西街有20张，同后街有8张，开花屯有8张半，相家屯3张半，张家屯40张。有20张就可以出任1名小甲。因此张家屯有40张，就有2名小甲的意思。石井后街、开花屯、相家屯这三个地方总共有20张，所以这三个地方只能出任1名小甲。用水、分配劳动力、分配河的费用时，全部都是根据镰的张数来决定。

在你们村，河的费用会算入村的费用，作为村子的费用，收村摊款的时候会一起收河的费用吗？＝是的。

这样一来，你们村的小甲每当分配来河的费用的时候，首先会从村里收到，然后再交给普济闸，之后村子所出的河的费用再进行村摊款吧？＝是的。

最后会将河的费用也写在村子费用的账簿里面吧？＝是的。

普济　五小甲　闫同文（石井后街）
宁贞祥（开花屯）
史心芳（石井西街）
史林的（石井东街）
张如成（张家屯）
张如琢（张家屯）

# 5月2日

## 王快村的概况

应答者　吴全顺（王快村保长）
地　点　东汪村

【王快村的概况】

户数？＝316户。

人口？ =约1700人（男约900人，女约800人）。

面积？ =4198.058亩，宅地　272.279亩，园地　3019.639亩，芦苇地　239.500亩，稻地　188.444亩，荒地　333.722亩，沙地　144.420亩。

姓氏？ =吴姓最多，有60户左右。

土地全部租借给他人，自己不耕种自家的土地的人家有几户？ =没有。

只耕种自己土地的人家有几户？ =20户左右，一般都有20亩左右。

不耕种自己的土地，耕种别人的土地的人家有几户？ =大约25户。

耕种自己的土地的同时，也租别人的土地耕种的人家有几户？ =很多，五六十户。

【村长】

在这里村长被叫作什么呢？ =没有特别的名称，现在的联保长就是村长。

什么样的人能当村长？ =村民非常尊敬的人，识字的人。

跟财产也是有关系的吧？比如说没有多少土地就不能成为村长？ =和财产没有关系，穷人如果品行良好、工作能力强，也能够成为村长。

谁来选村长？ =全部村民。

村长的工作是什么呢？ =掌管村里的一切行政工作，比如派款、派夫。

不用关心学校的事情吧？ =有关心的。

村民吵架的时候，村长会出来调停吗？ =会的。

必须是村长来进行仲裁吗？ =不一定，附近的邻居也能够进行仲裁、调停。

村费由村长来分配吗？ =是的。

【邻长】

村长以外，就没有人来辅佐村长的工作了吗？ =有的，邻长。

现在有邻长吗？ =有的，以前还有闾长。

邻长管辖多少户？ =10户。

有多少名邻长？ =31名。

邻长的工作是什么？ =在村长的指挥下做村里的事情。

【乡警】

除了邻长以外没有其他职务了吗？ =还有乡警。

有几名？ =1名。

乡警是做什么的？ =村长的勤杂工，做催夫的。

乡警每年会更换吗？ =不一定，连续任职乡警几年的人也有。

什么样的人能够成为乡警？ =大部分都是穷人。

乡警能够取村子里的摊款吗？ =不行。

现在的乡警是谁？ =吴国礼（四十一二岁）。

哪里人？ =本村人。

【集会】

村里人会聚在一起商讨各种事情吗？ =有的，如果村子里有要事就会聚在一起。

哪些人会聚在一起？ =正、副联保主任，各保保长、甲长。

外面的人不会来吗？=不来。

一般商讨什么事情呢？=派款、派夫等事情。

村长会不和别人商量自己单独做决定吗？=不会，平常的事情没有商量的必要，比如说地亩捐，等等。

有村民全体的集会吗？=有的。

那是怎样的情况？=正月的某一天。不是全体出席，只有代表出席。

是怎样的集会？=商讨村子里的许多事情，比如必须修理哪条道路，哪里的桥坏了，等等。

在哪里聚集？=村公所前面。

【当家的】

这个时候谁来讲开场白？=村子当家的（孔昭华、王树基）。

此时村长等人不会出席吗？=会出席，此时的主席并不是村长，而是村子当家的。

平时当家的不会干涉村里的事情吗？=村政的事情是不会让他们来干涉的。只有村子的风纪问题他们能够干涉。比如抓住了盗取作物的盗贼，如何进行处理这类事情，村长等就必须和村里当家的商量。

村民的集会只有这一次吗？=不一定只有一次。其他情况如有必要也会集会。

【看庄稼】

现在村里也会看守庄稼吗？=会的。

怎样看守呢？=以前是穷人随便在自己想要看守的地方撒上灰，被撒上灰的范围之内的土地就会全部成为这个人的看守区域。收获之后，这个人就会收到各家作为谢礼送的一些作物。现在情况不一样了，现在有自卫团丁看守。

你刚才所说的穷人会随便撒灰从而决定自己的看守区域，那如果大家一起撒灰，不就乱了吗？=最先撒灰的人胜利。

什么时候看庄稼呢？=作物成熟的时候。

现在自卫团来看守，是怎样看守呢？=轮流看守。

自卫团有多少人？=11人。这个自卫团和村里一般的自卫团不一样，是半义务的，村子会给少量的报酬，每个月10元左右。

看守作物叫作什么呢？=看庄稼。

没有青苗会吗？=没有。

看守作物不叫看青吗？=这里不这样叫。

【村费】

去年村里的费用大概花了多少？=大概2万元左右（包括地亩捐）。

这些费用是什么时候从村民那里收取的呢？=春秋两期，也有中间收取的情况。

租用他人的土地耕作的人也要出吗？=不用。

把土地全部借给别人的人交村费吗？=要交，土地的所有者要承担一切的费用。

没有土地也不耕作的人呢？=不出。

比如，王快的人，持有东市的土地，然后把这些土地交给东市的人耕种，那么他如何交村费呢？ =如果在东市交纳了田赋，那么村费就由东市来出。

【家畜的共同饲养】

会一起饲养马和牛吗？ =即使有，也很少。

一般几户会一起饲养呢？ =2户。

你们村中这样子的家庭有几组？ =三五组。

这样的情况叫作什么？ = “多喂牲畜”。

用的时候怎样使用呢？ =商量之后使用。

村民们没有共同使用的农具吗？ =没有，一般都是借来自己没有的工具，然后使用。

【虫害】

你们村有蝗虫侵袭的情况吗？ =没有，但是有不知名的虫子来吃稻子这样的情况。

很严重吗？ =是的。

每天都会来吗？ =不一定，并不是从别处来，而是从稻子的叶子中自然生出这种虫子的。

最近有这种虫子吗？ =去年有少数，但是不知道什么原因后来就没有了。这种虫子一旦出现会有很多，稻穗就不能生长，产量就会锐减。

为了防治这种虫子，采取过什么措施吗？ =没有什么特别的方法。

平时是怎么防治的呢？万一退治了呢？ =用棒子来打。

为了不让这种虫子再出现，有什么预防方法吗？ =没有。

【水灾】

最近贵村有水灾发生吗？ =没有，但是民国六年发生过非常严重的水灾。

那个时候是如何防治大水的呢？ =没有什么特别的方法，因为是从山中急剧流出的水，那个时候，七里河逐渐涨水，破坏了两岸的堤防，水流从坏掉的地方涌出，然后流进了各个村子。

哪个村当时受到了损害呢？ =七里河两岸的村庄大多都受到了损害。

房屋也受到了相当程度的损害吗？ =是的。

那一年的收成如何？ =减收至平时的八九成的样子。

饥荒情况相当严重吧？ =是的，吃糠。

【庙】

贵村有庙吗？ =有的。

有哪些庙呢？ =关帝庙、土地庙、观音庙、三官庙（天、地、水）、佛爷庙（玉山寺）。

这些庙举行过庙会吗？ =只有焚香日。正月十五的时候，村民们会去各庙进行烧香。平时村民们不会上香，但是在玉山寺，除了正月十五以外，每年的二月初九全体村民也会去烧香。

各庙中都有住持吗？ =没有。

【大会首、小会首】

平时烧香的时候，没有在各个庙中帮忙的人吗？ =因庙的情况而不同，会有叫作大会首的会首。

大会首是什么？ =负责掌管记录庙的费用的账簿，然后分配庙的费用（麦秋2期）。

这个庙中所花费的费用也是由村民摊款吗？ =是的。

庙的费用一般有哪些呢？ =烧香、点灯、修庙的费用。

小会首是什么？ =烧香的人。

什么样的人能够成为大会首？ =公正而且识字的人。

成为大会首的人一定要是有钱人吗？ =不一定。

大会首和小会首经常都是一样的人吗？ =会更换，会首如果不好，就会选别人来担任。

怎样选举呢？ =各庙会在各庙周围品行良好的人中进行选择。

这样一来，经常在庙里祭拜的人是一定的吧？也就是说，哪个庙的周边有哪些人进行祭拜也是一定的吧？ =一般是这样，但是正月十五的时候不一样。

庙里烧香的那一天不会唱戏吗？ =不会。

【庙产】

没有烧香和庙的修理工作所使用的庙的所有的土地财产吗？ =没有。

各庙中没有和尚吗？ =是的。

【会】

有以庙为中心的会吗？ =没有任何会。

也没有庙以外的会吗？ =没有，只有收成特别好的年份才会有唱戏的。

这种情况下，会有人建议请唱戏的来吗？ =村长、村子当家的，等等。但是，这也是会得到村民答应的情况下才会进行，因此这个时候就会开村民大会。

这个时候所花费的费用呢？ =按照土地亩数来分配。

这个时候也有会首吧？ =有的，临时选出的。

会选什么样的人呢？ =有着各种事情的经验的人。

【夜警】

贵村在冬天的晚上会有值夜的吗？ =每年冬天就会有，有“鸣更”和“暗更”两种。

什么是鸣更？ =一边打鼓一边在村中四处转。在村中巡视的同时，发出打鼓的信号通知大家。

什么是暗更？ =拿着枪进行巡视。

同一个夜晚，鸣更和暗更会同时出来吗？ =会在同一个夜晚出来，但是并不是一起出来，而是轮流。也就是说鸣更出来的时候，暗更回去。暗更出来了，鸣更就回去。

什么样的人会打鸣更？ =会雇用人打鸣更。

贵村每年会雇用多少人打鸣更？ =1排1名，因此5排5名。

什么是排？ =组的意思，也就是说我们村被划分为了5个组。

为什么叫作排呢？ =不知道。

谁来打暗更？ =轮流打。

如何轮流？ =各家按照顺序依次轮流。

不是根据地亩数算的吗？ =不是，派夫不是按照地亩数，派款是按照地亩数来的。

如果不按照地亩数，那会按照什么标准来出人呢？ =如果有人就出人，没人的话不出人，出钱也行。

因此，出了人的人家就不用出钱，出了钱的人家就不用出人吗？ =是的，但是如果同时有人和土地的情况下，两者都必须得出。如果没什么土地的人就不用交钱，大致上5亩以上的人家会被要求交钱。

所谓的钱，是怎样的钱？ =担任夜警的人，要吃夜饭，也要花费很多钱，因此需要钱。

【摊款的负担者】

贵村每当有摊款的时候，都是从村民们那里收来的吗？ =不是。

那是怎么来的？ =暂时由村里先出钱，然后再向村民们收取。

县各方面来的摊款，是土地所有者来出还是耕作的人来出？ =不管土地是谁在耕种，摊款都是由地主来出。

【租佃】

租用别人的土地耕种，叫作什么？ =“租地”。

租地有期限吗？ =没有。

不会签一年一年的契约吗？ =不用。

租地的时候会写证文（契约书）吗？ =写。

这个证文叫作什么？ =“租契”。

根据租契的内容来担保自己的土地从而租用土地吗？ =是的，如果不这样做，就不能按时收到地租。

一定要写租契吗？ =是的。

地租被叫作什么？ =“租子”。

什么时候收纳租子？ =收获之后会收纳。

收一次吗？ =分两次收。收麦子的在麦子收获之后（五六月），收红粱（高粱）的在高粱收获之后（八月）。

不是收现金吗？ =也会收现金。

谷物和现金哪种情况比较多？ =前者，现金只占10%左右。

去年的地租是多少？ =每亩两斗麦子、两斗秋。

今年呢？ =和去年一样没变。

事变之前呢？ =每亩一斗半麦子、一斗半秋。

【资料】

**（租佃契约书）　租契**

立租契人××因为身闲今同中人×××说租到×××名下地一段言明每年出麦子×大斗红粮×大斗如有租子不到现有自己村×地一段东至×××西至×××南至××

×北至×××四至清楚许地主执字收种恐口无凭立租契为证此据

计开　同中人×××　×××

民国　年　月　日　立租契人　×××立

# 5月3日

## 当契　使利钱　卖契

应答者　杨顺（59岁，东汪村人）

地　点　东汪村

【当契】

你们村中，让别人耕种土地三五年从而借钱，期限到了的时候就要还钱取回土地，有这种情况的借钱吗？ =有的。

这种借钱的方式叫作什么呢？ = “当契”。

当契一般有几年？ =3年，但是这也是不定的，这个时候会根据情况来定，因此五六年也有。

当契的时候，要写什么证文吗？ =写。

这个证文叫作什么？ = “当契文约”。

3年就是3年，5年就是5年，期限到的时候一定要还钱并且收回土地吗？ =期限没到的时候是买不回土地的，3年期限到了，什么时候都能够买回土地。

这样一来，超过了3年的期限，到了5年，也能买回土地吗？ =是的。

【使利钱】

用土地作为担保，出利息借钱，如果期限到了还不上钱，会把土地让给对方耕种，用这种形式来借钱吗？ =有的，这叫作“使利钱”。

使利钱也有期限吗？ =有的。

一般是几年？ =1年。

1年过了还不上钱的情况怎么办？ =贷主来耕种土地。

如果还不上本钱，但是能够交纳利息，这些土地会怎样呢？ =如果能够交纳利息，就不用让贷主进行耕作。

那也就是说，虽然写着1年期限，但是如果能够交纳利息，不管借多少年都可以吗？ =是的。

这个证文叫作什么？ = “使利钱文书”。

这个使利钱文书每年不会改写吗？ =不会改写。

【土地买卖】

卖掉土地被叫作什么？ = “买卖”“卖契”。

这个证文怎么写呢？ =我来写给你看。

这个证文叫作什么？ = “卖契文书”。
在这个村里，村民如果要钱的时候，以上三种方法，哪种用得最多呢？ =使利钱。
使利钱的利息有多少？ =一般每年要收2分5厘。
最高呢？ =3分。最便宜的利息是每年2分左右。

【资料】

（当契文约）

立当契人×××因为不便今同中人×××将自己村××地××亩当与×××名下为业言明当价每亩××元交清不欠恐后无凭立当契为证

立当契人　×××　同中人×××　×××

三年以后许回

中华民国××年××月××日

（使利钱文书）

立使钱人×××因为不便今同中人×××今使到×××名下大洋××元言明每年出利×元（或麦子××斗秋×升）倘有利（或租）不到准将自己××地××亩收去恐后无凭立此据为证

使钱人　×××　同中人　×××

年　月　日

（卖契文书）

立卖契人×××因为不便今同中人×××将自己村北×地×段计××亩东至×姓西至×姓南至×姓北至×姓卖×××名下永远为业言明买卖每分×元其价当日交清不欠恐后无凭立此据为证

计　开

金石在内土木相连

卖契人　×××　同中人×××　×××

年　月　日

## 5月4日

### 谷物产量的价格

应答者　东汪村村民

地　点　东汪村

【产量】

（平年，每亩）

麦子　3斗

粟　　2斗

高粱　2斗

豆　　3斗

米　　3斗

【谷物价格】

（民国三十年，每斗）

麦子　5.00

粟　　4.50

高粱　3.00

豆　　4.00

米　　12.00

【每亩的平均收入】

（民国三十年）25元左右。

【每亩的平均支出】

（民国三十年）除去生活费　10元左右。

五口之家需要20亩土地。

【芦席】

大概每天每人能够制作1张。每年平均每人可以做出300张。民国三十年的市价按照普通情况来看，每张1元50钱，纯利润是30钱，小的卖70钱，纯利润是20钱左右。

如果没有种植芦苇的材料，就会买来芦苇制作芦席。

# 1942 年 6 月

（华北农村惯行调查资料第 88 辑）

水篇第 7 号　河北省涿县码头镇

调查员　山本斌

助　手　达光

本篇调查了河北省涿县的琉璃河沿岸有关水的组织情况，主要是关于桥会、船会等。作为水利惯行调查的一环，本篇记录了在进行后文琉璃河以及永定河的水灾修复工程方面的调查（第 89 辑）期间，利用夜间访谈的内容，所以有碎片式调查的特点。本调查承蒙县公署向码头镇警察分所的介绍联络，与该所沟通而完成了资料收集。

## 6 月 15 日

### 琉璃河

调　查　达光

应答者　白禄（镇长）

【琉璃河的泛滥】

琉璃河又有一个名字叫作大清河，如其名河水非常清澈，水流缓慢，水灾极少发生。

春天二月的时候，河里的冰开始融化，水变少。六七月进入降雨期之后，水量剧增，水溢出河流两岸的事情经常发生。但是并不会引发水灾，想要早一点引水反倒能够滋润耕地，对农作物极其有利。

琉璃河的水深一般情况下是 1 丈五六尺，进入夏季多雨期之后，水深就会达到 2 丈以上。因此民国二十八年，在水灾之前，琉璃河与天津之间的船只贸易非常兴盛。现在与下游小清河的合流之处被沙土所堵塞，下游的水不能流通，所以上方的水溢出之后就泛滥了。

# 6月16日

## 码头镇的概况

应答者　白禄（镇长）

【码头镇的船运】

码头镇是一个有200余户人家的镇，是第二区的中心地，有警察分所、镇公所和商会等。

这里的居民都是在明朝以后从山西、河南、山东等地移居过来的。最初是移民入住，据说随后商人们陆续从各地来此。现在本镇的商户有20余户，这是由于明代以后本地和天津有船运，所以和天津贸易的商铺逐渐产生。但是，这些商人是纯商人的情况较少，过半数都持有土地，由家人耕种土地。商店原本是粮店、杂货、烧锅、陶器和药店比较多，其他的还有“做小买卖的”。现在由于小清河泛滥，琉璃河底因积沙而和天津断了船运贸易。各商户贸易不景气，被迫走向窘境。但在事变之前，贸易非常兴盛，特别是在事变前十年间，以及铺设京汉铁路的光绪二十五年前，贸易是非常景气的。当时最为活跃的是粮店和杂货铺，粮店将黑豆、黄豆、玉米（不出售玉米，因为和棉花、烟草一样，由于土地质量不良，这一地带种不出麦子）放在十里堡的船上，然后运送到天津。这些船在归途中，又会把杂货、砂糖、纸、酱、海带、胡椒等物品输送给本地的商户。这些运输船只并不是停在码头镇的附近，更多的是在河流的下游。而且输出地是天津，输入物品还有北京运来的布匹，除此之外就没有了。

和本镇相同，或者在此之上，琉璃河镇的商店也非常之多。这也是在同一地点依靠天津的船只来输出物资。不一样的地方在于琉璃河镇有铁路，位于北京保定之间公路的要塞，商业也如当地一样，和当地的物品也有很大的差异。而且这里也是从西边房山县的山地运来的石材的集散地。此外，码头镇下游也有很多村镇，这一地带就成为了商业贸易的中心，但是互相之间并没有总店和分店的关系。相关镇上商人组织商会，这是官民组织的，不过目的并不在于增强互相之间业务上的联络，保持统一战线。而且，商会代表会合之后进行商讨，除此之外，再无其他。

事变之后，由于水灾而导致河道堵塞，商品销售也都转向了京汉线方面。

以前船运的运费和现在铁路的运费相比，便宜了很多倍，现在非常怀念当年。

以前生意兴旺的商店在事变之前倒闭的比较多，完全破产倒闭的也有10户左右。可以说，赤字持续、被逼入苦境就是全部情况了。本镇最大的粮店、杂货店的锦裕恒每年也持续亏损，光是去年赤字就有1万元，但是商户向他乡转移的情况比较少见。不管哪位家庭成员移居了，就会有人留下，留下来的家庭成员不能经商，只能靠耕种土地来维持生活。和事变前相比，现在的户数减少了许多。

【商会—组织和业务】

本镇有商会。民国十几年的时候根据县里命令而成立的，组成人员有会长、副会长各

1名、执行委员5名、监察员两三名、文简2名、扶役2名。执行委员、监察员都由土地雄厚的商人担任。会长、副会长不经常到商会上班、处理公务，但他们要和县里接触，同时要承担重要事务的处理工作。一切的实务都是执行委员来做。即中间的3个人叫作“常务”，这3个人负责处理普通的事情。一旦有稍大一些的问题时，就会和5名执行委员商量后再决定。后一种情况下，会要求会长和副会长出席。监察员主要作为办事人（以上的执行员）来进行会计的监督工作。平时没有其他的事情，只做自己的事情。文简是商会的雇员，根据帮办人的命令来写公文书。商会的主要工作是依据县的命令收集商铺的税款，然后再把税款送到县里。还有临时接到县里的命令，委托他们进行物资的调配和征发（比如民国28年有水灾时，商会根据县的命令将救济用的粮食分配给各商户，这一次又是为了筑堤工作的劳动力配送粮食，这些都是在商会进行）。除此之外，商会还要进行商品的斡旋、共同购买、经营共同的仓库等，必须相互扶持才能继续。

在事变之前，商会是商户随意就能入会的，大概有20户的大商户成为了会员。去年6月商会改组，而后不管商户大小都必须强制加入，现在会员达到了70户。70户当中，也有极小的商户进来。会员要交纳会费，这个标准是依据店铺的大小，而不是根据营业额、实际收入等。现在商户需要负担的会费很多，到多的月份的时候，一个月要交纳几百元的家庭也有。

【里公所、里枝团】

现在的镇公所在事变之前叫作里公所。

里公所里面有里长、里副、文简、乡丁（扶役）。商会的会长和里长、里副不允许同时兼任，但是实际上并没有这样。执行员也是一样，不能在里公所兼任职务，商会和里公所也没有内部的联系。

但有一点，现在有充当自卫团的“里枝团”，也叫作“商团”。这个商团原本是属于里公所的，商会成立之后，为了保护商户，也为了使它能够维持下去，它的工资和花费都由双方按照商会六、里四的比例来出。里枝团员有8人，里公所的摊款按照占有地亩数的摊款来征收。近年来，每亩地收五六元，农会不用交纳。

## 6月17、18日

### 以船会为主

*应答者　商会帮办某人（由于和青帮话题相关，所以希望匿名）*

【桥会】

琉璃河到天津下流的这一区间哪些地方有桥？＝琉璃河镇（御路桥）、码头镇、新桥镇（新城县和永城县的边界）、南大桥、北大桥（新城县附近）、苑家口（雄县附近）还有其他。

桥所在的地方是怎样的地方？＝交通要地或者商业兴旺之地。

码头镇的桥到什么时候为止还在（现在没有了）？＝至民国二十八年，后因洪水破坏没了。

这座桥是镇公所建成的吗？＝不是，是桥会建成的。

沿岸的桥所在的地方都一定在桥会的吗？＝不一定，像上述那样的大桥一般都是在桥会，但是其他桥在容城县的某地。

到天津范围内的河道通过地，有河流特有的会或者班吗？＝有江工会、船会，其他的我没有注意，但是较大的就是这两个。

【江工会】

江工会不叫作堤公会吗？＝详细情况不清楚，也许也这样叫。

江工会是怎样的会呢？＝大家一起修堤防的会。

只是修，不用进行防水工作吗？＝都有，由于发洪水大家会很苦恼，所以在河流沿岸的各村堤防处，都会提前堆积春土，当水量增加或者决溃，大家就会用土来堵塞。

村公所还有别的会吗？＝有的。

村公所完全不用负责防水工作吗？＝我不是这个地区的人，所以我不是很清楚。

每个村都有一个江工会，那么若干个村子共同创建了这个会吗？＝不知道。

这里有没修堤防的地方吗？＝所有地方都修了堤防。

修堤防的地方都是村民们修的吧？＝不是，官府修的。

官府修了堤防，成立了江工会吗？＝我是这样认为的。

沿岸的江工会大概有多少？＝（没有回答）

发洪水时，江工会会互相联系共同致力于防水工作吗？＝（没有回答）

【船会】

什么是船会？＝船只的所有者成立的会。

面向河流的村子一般都有船吗？＝不一定，一般情况下本村附近的比较少。据我所知，在这附近，南芦、北芦、小茨、蔡家庄、贾家庄、孟家庄没有船只，西韦坨、东茨、西茨各有30只左右，辛庄、河西务不明。

有船的人家只靠船来维持生活吗？＝不是，以西韦坨为例，百姓都有船，大概都是能放两三万斤左右货物的船。

在去天津的途中，哪些地方有船会呢？＝一般都在天津上游的有船的村子里面。

拥有多少只船就能够组成一个会呢？＝30只左右。

您熟知哪里船会的事情呢？＝十里堡（新城县）。

为什么知道？＝事变前，雇了十里堡的船运送粮食到天津。

【物资的集散与水运】

事变前，您的职业是什么？＝我原本是新城县人，民国十七年之后在新城县县城的粮房工作，这个粮房有一个资本家，我是掌柜的，当时新城县输出的农产品大部分都流向天津。输出产品每年不定，最多是黄豆，其次是麦子。

为什么不从较近的京汉线发货呢？＝因为运费相差几倍。

新城县的输出数量多吗？＝不多，但是经营范围大的粮房在县城中有十余家。沿河有一两百家左右的同行，生意兴旺。事变之后变得不景气，粮房变少，新城县的粮房也大多倒闭了。而且由于民国二十八年永定河的大洪水，琉璃河、大清河产生了很多沙地，与天津的交通也变得不便，船运经商买卖的各地的粮房破产情况很多。我自己的粮房破产之后就失业了，后来通过熟人介绍，才来到了这个商会。

河边的各县与京汉线、北京、保定方面、天津方面，其中哪一个有着密切的商贸关系？＝几乎都是与天津方面。

这应该全都是利用船运的吧？＝是的。

所有的运输船只大概有多少？＝不明。

粮房以外的贸易还有哪些呢？＝由于输出物品全部是农产品，所以都是粮房。输入的有县城的杂货商、布行，等等。船只一般都是在去程运输农作物，在回程囤积商人要卖到本地的物品。

在与天津的贸易中，有很多天津的商人乘船过来吗？＝因商品种类不同，情况不同。买谷物的时候，天津会有卸卖店的人过来。我的粮房是自己运送谷子，然后与天津的商人根据行情来订立商约。粮房大多和我们一样。

您的粮房输出的物品有哪些呢？＝黄豆、麦子等。黄豆是由天津的商人卖给本地或者关外的油房。

外地的粮房会经营哪些东西呢？＝新城县如上所示，其他地方的情况不知道。

贵店的粮房每年大概运出多少谷物？＝七八百石左右，大部分都是黄豆。

有船运的时期是什么时候？＝正月到十月是开河期，开河期以外的冬天大多为修船期。

您装船的地方在哪？＝距离新城县县城 18 里东的新桥。

新桥和下游的药王庙（地名）之间，河底很浅，大型船只无法通过。因此，这一区间只能使用小船，5 只小船每只能装 50 石左右，到达药王庄之后在这里将所有物品换装进一艘大船，然后再运往天津（和天津中间，贸易兴盛的镇有新城县的新桥和固安等地，码头镇、琉璃镇和它们相比根本不算什么）。

为什么在径路中使用船呢？＝我在新桥雇用了十里堡人的船只。十里堡位于镇的下游，这里船只很多，也有去天津的船。不去天津的时候，就运送琉璃河上流输出的煤炭，经常在新桥之间往返。我们在新桥随意就能雇用到船只，十里堡也有船只数百。由于有很多船来到新桥，所以争先恐后雇用的情况并没有。

新桥没有这个地方的船吗？＝两三户左右，不管怎么说，十里堡都有几百只船。

新桥没有船会吗？＝没有。

【船户】

十里堡的户数和有船人家的比例是多少？＝300 户左右，每家都有船，有船的人家被称作为船户，一般一户有一船的情况比较多，两三户共同持有一只船的情况也有。

他们仅仅依靠船来维持生活么？＝180 户左右都是主要依靠船只收入来维持生活，剩余的是百姓，但是现在卖掉船只的人极少。

【船的使用方法】

您雇的人家是一定的吗？＝不一定。

雇船的时候会和头面人物或者船会的人联络吗？ =没有必要这样做，会直接委托船户来做。

会委托给相熟的人吗？ =会的，尽量找熟人，雇用了船只之后，我们就会去十里堡。如果船户是熟人，就会受到款待。

雇船的约定呢？ =和船户直接口头约定，运送费为每石三四百角左右，先付一部分，后付大部分。

装载货物的人是船上的人吗？ =都是新城来的搬运工或者是本地的苦力。

这些人加入了船会吗？还是青帮？ =不是，不属于哪一个会，只是普通人。

货主会乘船吗？ =是的。

【到天津的船的运行】

船会停在哪些地方？ =会在上面所说的在龙王庙替换货物，在十里堡也会停。除此之外，在码头和有桥的地方会短暂停船，交纳税款和其他费用之后再出发。

为什么要在十里堡停船？ =船户在去往天津的途中，通知家人或者在家里休息。

在发生什么事情的时候，船户与船会联系吗？ =不会，完全没有必要联系。

船户不联系船会，那么他们的家人来联系吗？ =没有这样的事情。

货主也在十里堡下船停留吗？ =是的，作为船户的客人，会接受盛情款待。

在去天津的途中，船户们如何办手续？ =没有什么特别的手续，只要拥有县公署颁发给船户的船的执照，船就可以去外县的任何地方。

【船运相关的赋税】

在天津之间运行的船户要交纳的费用是？ =新城县的管船局（所属县公署系统不明）收一部分钱，然后新城、永城两县的边界处，有“白沟河另立管船局”，在这里也会收钱。由于我不是船户，所以收费目的我不知道。船户大多数都存钱，所以会按照所说的方法来交钱，而且在码头的某处，每10元运费就会收1元3角的两种税，船会加入者3角，否则交1元。和天津距离较近的范家口，会在河岸处检查船的执照，检查证上会按旗印之后收费。到天津为止相关的税费用如前所示。

在天津，船户要交纳的费用是？ =在天津又会有很多费用需交纳。因船只大小不同，费用也不同。尺丈钱、过桥费用，每一座桥都要收钱，1元或者两三角。比如说，桥横着通过上方的“浮桥”时，要交3角钱左右的“过浮桥钱”。过法租界的自动桥，给桥的看守人一点小费，这也是惯例。而且还有故意妨碍船的通行的家伙。虽然说没有必要给他们钱，但是不给钱船就无法通行，货物卸载也会被推迟，所以没有办法，还是要给钱。各种费用没有定额，说到十里堡的船会人员，气焰嚣张，所以这是不得不面对的问题。

货主要交纳的税费有哪些？ =在码头装货的时候，牙行（又称“包商人”）会收纳课税。除此之外到天津为止都不用交纳其他费用。在天津的码头，横立着很多船只，卸货很费功夫。在天津的码头，有“官缆”，也就是卸载货物以便整理的绳子，在一定的时间拉开绳子，卸货搬运的时候对货物进行收纳，通过的时候必须交1元2角的免照费。这个时候，货主和船户如果完全没和工作人员联系，不管过了多久货物卸载都要推迟。因此我方必须要和工作人员保持联系，对方说船户是十里堡船会的人，就能够尽早使事情进展顺利。而且在天津，大豆和芝麻每石会收取 1 角钱的“油粮钱”。

【依靠船运的粮食贸易】

货物如何售卖？ = 天津油房、粉厂的掌柜会来到新城购买，自己搬运的东西也有，但是比较少。在粮房，很多物品都会被带到天津（如上所示）贩卖。我卖给了天津河边的“万春斗店”。

价格大致是根据市价来定。万春斗的附近有一两千艘船，我把黄豆的样品和运送它过来的船名以及我方的粮房名一起写到纸片上，然后交给万春斗的工作人员。买主会检查，船来之后会审核实物。这个时候，谈好价格之后再决定买卖。

粮房或是船户能够顺利地将货物运送到天津，都是因为船会的代表者多次和天津方面联络吗？ = 天津没有这样的代表，只有当有争执的时候，船会的香头才会出面。

【船会的沿革、组织】

各地的船会都是依据官府的命令而成立的吗？ = 不是，船会是船的所有者自发成立的。

船会是什么时候成立的？ = 在我们出生之前，很久之前。

各地的船会联合之后在某处有本部吗？ = 没有。

每个村子都有一个船会吗？ = 各有不同，比如，外村的新城和永城边界白沟的船户加入了十里堡的船会。但外县的村不能入会。如果能加入，是因为这个村的船户较少，所以才加入了邻近村子的船会。

船会加入村是组成了一带呢？还是不受地域限制有很多船会，一村的各船户加入其中之一就可以了呢？ = 前者。

【与青帮的关系】

船会人员互相打招呼的时候，会把帽子朝上吗？ = 你在问青帮的事情吧。没有深入青帮，事变前夕，青帮加入了各地的船会，不可动摇的时候，发生了事变。而且河道堵塞，杜绝水运，水运就这样中断了。

（注：关于这个问题最初他的回答是肯定的，但是马上进行了否认）

但是船会上的人不是都和青帮有所交涉吗？ = 我想是有的，但是他们并不是青帮，这边的事情不要再问了。

（注：以下大致是十里堡船会的事情）

【船会的干部】

船会的干部被叫作什么呢？ = 香头、副香头各 1 名，在他们之下还有很多首事人。

每代香头都是出自同一家吗？ = 不一定。

香头是由村长或者商会长来兼任的吗？ = 是各自分开的。

成为香头的人要具备什么资格？ = 本地的船户，有人格和胆量是非常重要的，识字并不是必要条件，最重要的是有胆识。

邻村的人能够成为香头吗？ = 和十里堡一样，由于船户一般都是十里堡的人，选举时没有选外村人的情况，但也不是不能选。

年龄和性别呢？ = 男性，没有年龄限制，工作能力强，因此，中年和老人成为香头的情况比较多。

信仰呢？ =不管信什么宗教的人都能当。

回教也可以，基督教徒也能当吗？ =是的，但是没有信这些教的人。

一般船会的人信仰什么宗教的人数最多？ =大教。

大教是什么？ =佛教。

祭祀哪位佛神？ =刘老爷、南海大士、奶奶、财神。

刘老爷是怎样的人？ =不是很清楚，但是据我所知，刘爷庙是在保定东关和十里堡带治愈病痛的神。

本地船户以外的人家也会祭祀刘老爷吗？ =是的，每家祭祀的神一般都是一样的。

船中一般会祭祀怎样的神灵？ =奶奶、南海大士。

船会不抽烟喝酒的人以前是在里的人吧？ =不，一起喝酒的人有很多。

当首脑的人呢？ =不喝的人很多。

当首脑的人是因为在里而不能喝酒吗？ =没有这样的事。

当香头需要多少财产？ =大体上都是有钱人当了香头，但是这并不是必要条件。

首事人的情况呢？ =和香头一样。

香头、首事人的任期是多久？ =不一定，只要这些人没有做坏事，持续任职时间会很长。

选举方法？ =船户聚集后进行选举。

船会有办公场所吗？ =没有特别的办公场所，有要事的时候就会在香头的里聚集。

【船会的会】

船会做什么工作？ =在十里堡，三月初一，船会会在刘老爷庙（祭祀刘守真）唱戏，很多来看刘老爷的人聚在一起，这个叫作“河船戏”，三月初一是刘的生日。

这个庙会开始之前，船会要开会吗？ =是的。

参加者有哪些人？ =香头、首事人，等等。

外地的桥会或者船会的人不开会吗？ =不开，但是会招待他们。

什么时候？ =刘爷庙的会日。

招待用船的商人们吗？ =不招待。

十里庙办会的时候，会请各地相关会的人员来吗？ =不会邀请在天津的人，但是会邀请附近的人。如果我们受到邀请就会接受款待，不是会里的款待，而是船户熟人的款待。

【船会的设备等】

船会有共同的船具和仓库吗？ =没有。

有经营船会的码头吗？ =没有。

会设立仓库等然后修船吗？ =船会没有这样做，修船的人大体上都是从南方来的人，南方船运兴旺，他们的修船技术很高。

船会没有土地吗？ =没有。

船会拥护能对抗其他坏人的力量强大的人吗？ =没有特别的，或是当船户发生争吵被打的时候，力量很强的人就会出来，击败对方，因为船户是这样做的，所以并没拥护什么力量很强的人。

没有船会设立的自卫团吗？ =没有。

【船会的工作与功能】

在关于船的事务与衙门的交涉中，船会一方承担什么工作吗？ =有，香头被收法外的税和费用之时，就会和县或者收税人进行交涉，因此，船税很便宜，不能入会的人就不知道要交多少钱，这样的大问题就需要船会一方去进行交涉。

除此之外，船会就没其他工作了吗？ =没有。

关于船的纷争扩大的时候，当首脑的人会去劝解吗？ =会。

这个时候，谁去劝解呢？ =副香头和执事人等。

纷争很大的时候，船户会全体出动吗？ =即使不出动，十里堡的船会让天津方面知道自己的威力之后，就会派上边的代表前去，对方势力减小，即使是一人交涉，实际上也是整个团体在进行交涉。

什么时候发生过怎样的事件呢？ =不能说，想知道就去十里堡调查吧。

那么纷争很多吗？ =非常多。

有什么纷争呢？希望你给我举个例子 =在天津，十里堡的船户和码头的搬运工因为货物搬运的事情争吵了起来。就是搬运没有考虑其他货物的搬运顺序，为了先一步搬运，十里堡的船户生气了，之后就争吵了起来。因为多次去天津和这里的搬运工也熟识了，都没有发生过这样的事情，有好多天都不卸货，而是放置不管。

这个时候，没给他们看十里堡的船会颁发的船的证明书吗？ =没有。

十里堡的船只有什么不一样的标识吗？ =没有，每个会的“风旗子”都一样，虽然升起了捐旗，但是这和印有收纳船税的印章的旗子差不多。

这种纷争协商不顺利，事情会扩大吗？ =是的。

这个时候怎么办呢？ =会和香头联系，然后香头会和搬运工的头目联系，平息这件事。

【与其他团体的交涉】

香头和搬运工的头目会经常联系吗？ =相互之间关系亲密，个人之间的交流也很亲密。

一般这个时候香头会亲自出面吗？ =这种情况也有，但一般情况下都是首事人等来决定。

通常香头会为了不和各方面失去联系而努力吗？ =是的，因此十里堡的会在天津也很有面子。

【船的登记】

买卖船只的时候要向船会汇报吗？ =是的。

这是为了帮衙门做事吗？ =不是，为了收会费。

【船的卖、典等】

买卖船的时候要呈报此事吗？ =是的。

典当船或者指地借钱（注：说明这个意思）的时候会进行汇报吗？ =是的。

这种情况向会里汇报吗？ =不用。

像买卖船只、典当、指地借钱的时候，向县里汇报吗？ =只有卖船的时候会汇报。

这件事不能由船会代办吗？ =个人自己去做。

【船会与船户】

有船的人都必须成为船会的船户吗？ =这个是自由的，但是入会之后会得到很多利益，如我前面说的，包括了与天津之间的税、各种费用、还有卸货等等，因此大家都入会了。

船会里用交会费吗？ =是的。

什么比例？ =我并不是很清楚，但是根据船只大小不同，会费不同。

总额大概有多少？ =不知道。

这些钱用于什么？ =大部分都用于“船戏”。

有了基金，会用于船户相互的融资或者救济贫户吗？ =没有。

【会里头目的工作】

香头负责做什么工作？ =船戏的时候会成为中心人物，而且发生大纷争的时候，出面直接进行调停，去县公所出头，除此之外就没有其他工作了，船戏的时候比较忙。

副香头的工作是什么？ =一般叫作帮办，受香头之意，联络诸事、写文书，还有进行各种计算。

首事人的工作是什么？ =没有什么其他特别的工作，一般都是做自己的工作。

应答者　白禄（码头镇镇长）

【桥会与船会】

码头镇有船会吗？ =只有渡场用的船，没有船会。

为什么在码头镇镇公所有船、户和册？ =这是本镇的某个桥会在十里堡之外的船会建桥的时候进行捐赠的文书，这个时候十里堡船会的人收了捐款之后一起交给了桥会。

桥会在建桥的时候，款待了船会的人吗？ =是的，但是并不是特意款待，有要事的时候会叫过来的船只，拜托他们募款。委托十里堡船会进行募款后，就能够收到白沟上流的船户的募款。民国二十四年收到了千元募款。

平常船会和桥会之间互赠礼品，来人了进行接待，有这样的事情吗？ =没有这样的事情。

除此之外，桥会不会款待船会的人吗？ =桥建成之时，本地的桥会款待了十里堡、杨家屯、团林、白沟河镇船会的香头等人，作为捐赠金的谢礼（没有唱戏之类的活动）。

【资料—关于修桥时捐赠情况的船会募款簿、船户册】

十里堡及其他

船户册（前述调查后在镇公所拿到的，以下内容是为建立普济桥会而捐款的船户名）

十里堡船会

对　王云才　对　王梅元　对　张梅琪　对　梁耀祥

对　王桂龄　对　同福祥　对　梁　宽　对　李　茹

对　杨　福　对　杨有福　对　刘出赞　对　方　福
对　同福荣　对　李　华　对　周出亭　对　方振林
对　石　袁　对　方振福　对　刘玉立　对　李　桐
对　杨有庆　对　刘王堂　对　李　安　对　方　元
对　李　俭　对　宋　业　对　刘　万　对　左　昆
对　方振有　对　王德信　对　宋　顺　对　方信云
对　王出有　对　梁　泽　对　方　路　对　朱　贵
对　刘　琪　对　李　平　对　播少有　对　周德田
对　李延生　对　刘　千　对　贾永才　对　李　大
梁耀亭　李　起
王　和　张瑞亭
李奎元　孙应仁
方出焕　人德有
方　恺　苏进才
王元领　王顺才
李　旺　王出举
苏　忠　除春元
苏　李　干　福
平高贵　李德玉
王　有　董　顺
耿出海　杨桂林
时王山　鲁景春
王　海　芦景太
王　荣（船号由一号至一百三十二号止）
以上共助洋元五十元整

十里铺村（船号二一三号）
陈然助洋之七角
菜各庄船会系德林庄
杨得贵　赵　芝　宋长斌
杨德生　鹿振声　高梅金
杨　茹　李　福　杜永海
间福庆　杨　贵
除　昆　杨明芝（船号由一百三十三号至一百四十七号止）
高　芳　齐景金
以上共助洋元六元整
菜各庄船会

杨　增　杨　荣　陈　柏　杨　悦
徐　德　杨　科　杨　亭　杨林仆
杨　明　杨振庆　王耀增
刘文辛　宋林仆
张树奎　朱云峰　刘　福　李德堂
张文奎　杨景山
赵德泉
除景生　沈思海
杨　书　杨树德（船号由一百四十八号一百七十二号止）
以上共助洋元十七元四毛三仙[1]
安辛县（船号一百七十三号）
杜永顺　助洋元一元
长青口（船号由一百七十四号至一百七十五号）
刘连　瑞君　助洋元一元五角
菜各庄船会
高和楼　高财
刘凤山　张起
（船号由一百七十六号至一百七十九号止）
以上共助洋元二元八毛整
同上
邢永德　杨永利
高明海　刘振和
孟召祥（船号由一百八十号至一百八十四号止）
以上共助洋元三元五毛
船号一百九十一号　杨灿助洋元七角
毕簿　葛武
（船号由一百百十五号至一百八十六号）助洋元一元四角
张青口（船号一百八十七号）
李文才　助洋元一元
同上（船号一百八十八号至一百九十号止）
宝生元　宝生奎
李德顺　共助洋元一元九角
李家营村（船号由一百九十二号至一百九十八号）
李璋瑞　李麻和
李云菠　李顺和

[1] 译者注：原文如此，仙为美元cent的音译。

王小六　李套来

李如和　共助洋元三元五角

(船一百九十六号至二百零四号止)

郝怀祥　张才

王振　任德祥　黑家营

高树旺　王清

以上共助洋元二元四毛

药王庙（船号二百零五号）

李文山　助洋元七毛

白沟河镇（船号由二百零六号至二百零八号止）

周俊田　王琢

怀又　共助洋元一元五毛

张青口（船由二百零九号至二一零止[1]）

杨柏林　杨鸣庆　助洋元一元

雄县袁家元村（船号二百一一号[2]）

许金生　助洋元七角

高桥村（船号二百一十二号）

李云华　助洋元五毛

李家营村（船号二二五号）

李忠才　助洋元无毛

东双堡村（船号二一四号）

王文让　助洋元四毛

王共　助洋元五毛

琉璃河镇（二一六号）

项清　助洋元五毛

李家营村（船二一七号）

李德元　助洋元五毛

白马庄（船二一八号）

杨义　助洋元五毛

同上（船二一九号）

史永平　助洋元五毛

五里屯村（船二三四号）

赵德望　助洋元六毛

史各庄村（船二二零　二二三）

---

〔1〕译者注：原文如此。

〔2〕同上。

崔　汉　刘　群
乌珍已　乌温山
以上共助洋元二元四毛
王乡村（船二二六　二二九号）
贾又峰　助洋元五毛
贾梅　助洋元五毛
李光村（船二二七　二二八号）
王乐彬　助洋元五毛
王龙章　助洋元五毛
平景桥（船二三零号）
李万顺　助洋元五毛
此段内任焕保系店头村人　张青口（船二三一　二三二号）
任焕保　赵树桂
李宗庆　共助洋元一元七角
同上（船由二三五至二三九号）
王　勳　董春生
李福增　干清顺
孙立田　共助洋元三元
船号　二四零号至二四二号　李生桐　李生田
吴凤起　共助洋元一元五角
船号二二四号　菜各庄　助洋元7毛
许家湾村（二四三　二四四号）
许国山　许德兴
张青口村（船二四五　二四六号）
王定福　同上
以上共助洋元二元
张青口村（二四七　二四九号）
张寿昌　张凤岗
张友松　王海山
张尚又（由后来尾第二起改号二五二、[1]二五三止）
以上共助洋元二元五毛
同上（船号二五七　二五八号）
时奎　王介臣
以上共助洋元一元
十里铺船会（二五四、二五六号）

[1] 译者注：原文如此。

崔炳群　杨　海
刘延桂　共助洋元十五元
张青口村（船二五九号）
王树才　助洋元五毛
同上（船二六零　二六二号）
张克有　孙袁珍
韩义藤　韩　永
以上共助洋元一元六毛
张青口（船二六五　二六七　本地十九垡）
庞　钧　张此春
柴　茶　共助洋元二元
琉璃河镇（船二六四号）
李海清　助洋元四毛六仙
独流镇（船二六八　二六九号）
冯　瑞　田德三
以上共助洋元一元
高桥村（船二七零号）
李树楼　助洋元五毛
棘林庄（船二七一号）
马麻福　助洋元五毛五仙
十里铺（船二七三号）
郭　禄　助洋元七毛
赵北口村（船二七四号）
干　玫　助洋元七角
张青口村（二七五至二七九止）
何恩凤　助洋元七毛
张永宽　助洋元五毛
张浩广　助洋元五毛
肖　宗　助洋元五毛
靳云池　助洋元五毛
同上（船二七二号）
袁大仲　助洋元六毛
十里铺村（二八零）
万　柱　助洋元七毛
安辛县北田庄（二八一起二八三止）
田　福　助洋元七毛
田致仁　助洋元七毛

周来　助洋元六毛
史各庄（二八四）
秦保出　助洋元六毛五仙
（船二八六）高凤岐　助洋元七毛
段村（二九二　二九三号）　史各庄村（二九四　二九五）
辛大水　助洋元六毛　芦秀龙　助洋元七毛
王文叉　助洋元六毛　杨青叉　助洋元七毛
李家营村（二八七起二九一止）
李海龙　助洋元六毛
李瑞才　助洋元六毛
李炳顺　助洋元六毛
李德祥　助洋元六毛
宋振生　助洋元六毛
王家营（二九六）
李凤春　助洋元五毛九仙
十里铺村（二九七号）
赵德有　助洋元七毛
十九岱村（二九八号）
刘出成　助洋元七毛
白马庄村（二九九至三零一止）
杨　巨　助洋元六毛
杨德福　助洋元七毛
张建勋　助洋元七毛
双堡头村船三零二号　王秀　助洋元七毛
高桥村（三零三号）
邢福生　助洋元七毛
张青口村（三零四号）
王善辉　助洋元七毛
王家寨村
陈春安　赵德仁
王玉怀（船三零五　三零六　三零七）
以上共收洋元二元
史各庄村（史各庄船三零八　三零九）
杨德山　张增祥
以上共收洋元一元四毛
菜各庄村（三一零）
赵广珍　助洋元五毛

张本营村（三一一　三一二）
高恩鸿　助洋元七毛
刘振山　助洋元七毛
史各庄村（三一三、三一四　二八五）
刘出仁　高保安
刘九如　共助洋元二一元[1]
段村
三一五　刘老德　三一七　杨和
三一六　杨明立　三一八　赵岗
以上共助洋元二元八毛
船三一九　李家营村　李文奎助洋元七毛
张青口　三二零　许凤桂　三二一　赵树深
三二二　王福臣　三二三　干德和
三二四　王鸿恩　共助洋元三元
白马庄村
辛树房　三二五　阎树和　助洋元七毛
错　号　张清口　三二六　李富贵　助洋元七毛
白马庄　三二五　杨德望
段　村　三二六　赵有文　助洋元六毛
同　　三二七　张△　助洋元七毛
同　　三二八　张树芬　助洋元七毛
白沟河　三二九　吕景和　助洋元七毛
张青口　三三零　王汉友　助洋元七毛
同　　三三一　乌文奎　助洋元七毛
同　　三三二　梁　叉　助洋元七毛
十里铺村　三三三　王成金　助洋元六毛
同　　三三四　王奎茶　助洋元六毛
同　　三三五　张　禄　助洋元六毛
同　　三三六　王　金　助洋元六毛
白沟河　三三七　李　蕿　助洋元七毛
平章村　三三八　孙　起　助洋元七毛
吴家台　三三九　吴树田　助洋元七毛
杨家屯　三三零　王永祥　助洋元六毛
黑家营　三四一　黄已瑞　助洋元七毛
孟　营　三四二　王　珍　助洋元七毛

〔1〕译者注：原文如此。

杨家屯 三四三 赵 祥 助洋元七毛
李家营 三四四 李振元 助洋元七毛
同 三四五 韩 永 助洋元七毛
张青口 三四六 尚景龙 助洋元七毛
王家营 三四七 赵金德 助洋元七毛
同 三四八 赵金福 助洋元七毛
辛树房 三四九 阎树和 助洋元七毛
张青口 三五零 李高贵 助洋元七毛
同 三五一 王 顺 助洋元七毛
同 三五二 宋 珍 助洋元七毛
同 三五三 侯头有 助洋元七毛
同 三五四 葛 庆 助洋元七毛
李家营 三五五 毕庆有 助洋元七毛
张青口 三五六 张示顺 助洋元七毛
李家营 三五七 韩金祥 助洋元七毛
段 村 三五八 杨叉田 助洋元七毛
同 三五九 米继芝 助洋元七毛
孟良营 三六零 张 德 助洋元七毛
鲤鱼村 三六一 关 铎 助洋元七毛
大龙花村 三六二 高寿山 助洋元七毛
张青口村 三六三 尚景山 助洋元七毛
同 三四七 刘珍 助洋元七毛

十里堡南街及其他船名册

十里堡南街船民册 民国二十四年立 经理人周玉亭、万振有、刘玉赞、方振才、刘高、方至焕、苏进才、阎发、杨福

今将十里铺南船户列下

王玉才 年四十余岁 王玉有 年五十岁
王桂苓 年三十余岁 刘 琪 年三十岁
杨 福 年二十余岁少管船 李廷升 年三十余岁
张 某
阎福荣 年三十一二岁 王树元 年三十岁
石 喜 年四十五六岁 阎福祥 年四十七八岁
杨有发 年四十七八岁 杨有福 年二十七八岁
李 俭 年五十余岁 李华 年三十四五岁
方振有 年六十余岁 方振福 年六十岁少管船二十三岁
刘玉堂 年四十一岁 刘玉赞 年四十一岁
田乐 少管船三十余岁 周玉亭 年三十八九岁

平德信　少管船四十余岁　刘玉立　年五十余岁
刘　万　少管船　三十余岁　梁　泽　年三十余岁
李　安　年三十岁上下　李　平　年三十岁上下
刘　千　年四十余岁　宋　顺　年四十余岁
张树琪　年三十余岁　方　路　年五十余岁
梁　宽　年三十岁　潘可有　年三十余岁
贾永才　年四十余岁　周法才　年三十余岁
以上均住路西
梁耀祥　年三十岁上下　李　泰　年三十余岁
李　茹　年三十岁上下　梁耀亭　年五十余岁
方　福　年五十余岁　王　和　年四十余岁
方振林　年四十余岁　李圭元　年二十岁上下
李　桐　年四十余岁　方玉焕　少管船年三十余岁
方　元　年五十岁上下　方　恺　年三十余岁
左　崑　年五十岁上下　王元领　年三十余岁少管船
方振云　年五十岁上下　李　旺　少管船二十余船
朱　贵　年四十岁上下　苏　忠　年三十余岁
苏　孝　年三十三、三十四岁　苏进才　年五十岁上下
平富贵　年五十岁　王顺才　年四十岁
王有　年四十余岁　王玉峰　年五十岁
耿玉海　年四十岁上下
以上均住路东
徐春元　时玉山　侯国柱　于福　王海
李得玉　王荣　董顺　李起　杨桂林
张瑞亭　鲁景春　孙广仁　卢景太　仁德有
已发船号由一号至一百三十三号　以上共助洋元五十元
二一三　陈起　助洋七毛　二七二　郭禄　助洋七毛
十里铺　刘海泉
菜各庄　河南　杨德贵　李福　杨德清　杨贵
杨如　杨德芝　阎福顺　齐景全　徐崑
宋长斌　高芳　高树全　赵芝　杜文海
广德声　原写菜各庄改德林庄已发船号由一三三至一四七以上助洋六元
刘永生　助洋五元　以下菜各庄　有一七六至一七九
高和楼　邢永德　高明海　刘振和　与下列菜各庄之名合并
杨永立　刘凤山　助洋元 14 元[1]

〔1〕 译者注：原文数字如此。

一九一　高财　助洋14元　张起　孟合祥

助洋七毛

二月初三　助洋七毛　共助洋二元八毛

杨增　杨荣　徐德　杨科

杨朋　杨振声　张梅奎　杨义

张文奎　朱之峰　赵德泉　杨山

三月初二日杨灿助洋七毛

徐景生　杨恩海　杨玉　杨树德

陈柏　杨悦　杨亭　杨树林

刘文辛　宋林朴　王耀增　李德堂

刘福

船号由一四八至一七二号　助洋元一七元四三[1]

安辛县船号一七三号

杜永顺　助洋三元　张青口船号一七四、一七五

刘连君　助洋一元五毛

茨村　石永理　石旺　许山

彭铎　彭起　马才　马德海

张老生　张两　张志有　和顺兴

两家　王爱乡　王顺乡　王重乡

王佩乡　王廷号　王春荣　王春山

王哲云　王涉云　刘汉臣　史彬

史德瑞　石汉勋　陈万忠　赵德有

后不交

任绍久　归陈

菜各庄船会　毕发　葛武　助洋一元四毛

新镇县张青口村李文才　助洋一元

王乡村　雄县袁家庄村船会

贾义峰　二二六　助洋五毛　李华堂　杨有德

张忠　李光村　王玉恒　王金有

赵万春

二二七　王乐彬助洋五毛　马德禄　彭景文　李秀清

二二八　马龙璋助洋五毛　郭光耀　张万苍　彭德才

王乡村　彭福堂　二一一　许金生助洋七毛

张有才

二二九　贾海　助洋五毛　果增寿　李永发　赵宝安

---

〔1〕译者注：原文如此。

新镇县张清口镇船会　宝生奎助洋　一八九　一元九毛

宝生元一八七　李德顺一九零　杨柏林二零九

杨鸣春　二一四　共助洋一元

二一八　王继德　助洋七毛

新城县三里铺船会　王振

李永营村

李璋瑞　一九二　李广和　一九三　李云发　一九四　李顺和

一九五　王小云　一九六　李奎木　一九七　共助洋三元

李义和　一九八　助洋五毛　李德元　助洋五元　郝怀洋

一九九　张　才　二零零　王　振　二零一　任德祥　二零二

共助洋二元四毛

高树旺　二零三　王　清　二零四　李文山　二零五

药王庙　助洋七毛

白沟河　周俊田　二零六　王　涿　二零七　怀　义　共助洋一元五毛

高桥村　李云华　二一二　助洋五毛　李永营　李忠才　助洋二元五毛

东双堡　王可让　二一四　助毛四毛　双堡庄　二一五

王兴助洋五毛

白马庄　杨　义　二一八　平景桥　史永平　二一九　共助洋一元

琉璃河镇　项　清　二一六　助洋五毛　平景桥李万顺

助洋五毛　新镇县张青口镇　徐庆如　张永顺　万春玉　李宗发　赵树桂　共助洋一元二毛

任焕保安新县店头村施洋五毛

五里屯村　赵法望　助洋六毛　赵德有　宋顺　吴

田珍

史各庄

崔　汉　二二零　刘　群　二二一　乌珍已　二二二　乌温山　二二三　共助洋二元四毛

同上（船号二四七至二四九号）

张寿昌　张凤岗　张友松　王海山　二五三

张尚义　共助洋二元五毛

内有王海山、张尚文　改号二五二、

白沟河李家营　李　发　李金和

有船户条者有效

枣林装村

薛恩忠　张瑞珍　马景全　袁大仲

王连弟　薛明芝　杨明芝　王锡廷

张万益 张茂来 薛万江 李炳祥
张青口村
王 勋 二三五 董春生 二三六 李福增 二三七
于清顺 二三八 孙立田 二三九 共助洋三元
李生桐 二四零 李生田 二四一 吴凤起 二四二
共助洋一元五毛
许国山 二四三 许德兴 二四四 共助洋一元
二四五 王宗福 二四六 同上共助一元
二四八 二四九 二五零 时奎 二五一 王介△
共助洋一元
张青口村
二五七 时 奎 二五八 王介臣 共助洋一元
三五九 尚福和 二五零 尚景龙
十里铺船会
二五四 崔 炳 二五五 杨 海 二五六 刘廷桂
二五九 王树才 共助洋一元五毛
二六零 张克有 二六一 孙喜珍 二六二 韩叉
二六三 韩 永 共助洋按
二六四 李海清 四毛六
十九堡
二六五 凤 钧 二六六 张士春 二六七 柴荣
共助洋二元
二六八 冯瑞琪 助洋五毛
二六九 田德三 助洋五毛
高桥村 李树楼 二四七 助洋五毛
枣林庄 二七一 马庆福 助洋五毛五
十里铺 二七二 靳 波 赵北口 二七四 于玖 助洋七毛
二七五 何恩凤 助洋七毛 二七二 袁大仲
助洋七毛 二七七 张浩庆 助洋五毛 二七六
张永宽 助洋五毛 二七八 肖 宗 助洋五毛
二七九靳义池 助洋五毛 二八零 方 柱 十里铺
助洋七毛 安新县北田庄 二八一 田 福 二八二
田致仁 二八三 周 采 共助洋二元
二八四 秦保玉 助洋五毛五 二八五 崔△
二八六 高凤岐 助洋七毛
段 村 二九二 辛大水 二九三 王文叉 共助洋一元二
史各庄二九四 芦秀龙 二九五 桥青叉 共助洋一元四 二九六 李凤春 助

洋七毛　二九七　赵德有　助洋七毛　二九八　刘玉成　助七毛

白沟河镇

二七九　杜号和　助洋七毛

二八二　李海龙　二八八　李瑞才　二八九　李炳顺

共助洋三元　二九零　秦德祥　二九一　宋振生　三五零　李富贵　助洋七毛　五三一　王顺　助洋七毛

三五二　宋　珍　助洋七毛　三五三　侯长有

三五四　葛　发　共洋一元四　三五五　毕庆有　助洋七毛

三五六　张永顺　助洋七毛　三五七　韩重祥　助洋七毛

三五八　杨叉田　三五九　朱继芝　共助洋一元四

三六零　张　德　助洋七毛　三六一　关铎　助洋七毛　三六二　高寿山　助洋七毛　三六三　尚景山　助洋七毛　二九九　杨巨　三零零　杨德福　张建勋　共助洋二元

双堡庄村

三零二　王　秀　助洋七毛　三零三　邢福生　助洋七毛

三零四　王喜辉　助洋七毛　安平县王家寨

三零五　陆春安　三零六　赵德仁　三零七　王玉怀　共助洋二元

史各庄

三零八　杨德山　三零九　张增祥　共助洋一元四　菜各庄　三一零　赵　珍　助洋七　毛　三一一　高恩鸿　助洋七毛　三一二　刘振山　助洋七毛　三一三　刘书仁　助洋七毛

三一四　高保安　助洋七毛　二八五　刘九　助洋七毛　三一五　刘一德

三一六　杨　和　三一七　杨明立　三一八赵刚

共助洋元二元八　李家营三一九　李文奎助洋七毛

三二零　王凤柱　三二一　赵树深　三二二　王福臣

三二三　于清和　三二四　王鸿恩　共助洋三元五

三二五　杨德望　助洋七毛

段　村

三二六　赵有文　三二七　张　沛　共助洋一元四

三二八　张树芬　助洋七毛　三二九　吕景和　助洋七毛

三三零　王汉友　助洋七毛　三三一

乌文奎　三三二　梁　叉　共助洋元一元四　三三三　王成金

三三四　王奎荣　三三五　张　禄　三三六　王金

共助洋二元四　三三七　李　发　白沟河　助洋七毛

平章村

孙　起　助洋七毛　吴家屯　三三九　吴振田　助洋七毛

杨家屯

三四零　王永祥助洋七毛　黑家营　三四一

黄已瑞　助洋七毛

孟营村　三四二　王　珍　助洋七毛　三四三　赵　祥　助洋七毛

三四四　李振元　助洋七毛　三四五　韩永　助洋七毛　三四六　尚景龙　助洋七毛　　三四七

赵金德　三四八　　赵金福　助洋一元四　三四九　阎树和　助洋七毛

# 5月18、19日

## 桥会

应答者　王树芳及其他

【关于桥会】

在这附近桥的结构是怎样的？=除了琉璃河的石桥外，全部都是木桥。

从以前开始就是这样的吗？=是的。

有桥的地方就一定有桥会吗？=是的。

没有由个人或者村子建造的，而非桥会建造的桥吗？=如果是极小的桥，由四五人建成，收渡桥费，这是极小的桥。

在这附近有哪些地方有桥会？=琉璃河镇（御路）、新桥镇、白沟镇、苑家口（雄县）、南天桥、北大桥（新城）、其他。

桥会是村公所的一部分吗？=不是。

为什么桥会被区分开来？=因为桥会并不是一村所有，和很多村都有关系，不属于一个村。

那这样一来，一般外村的人也能够加入桥会了吗？=是的。

本村的桥会是什么时候成立的？=明代。

叫什么名字？=普济桥会。

从最开始就叫作这个名字吗？=是的。

为什么叫普济呢？=桥地西岸有一个叫普济庵的奶奶庙，所以取了这一名字。

是庙的老道发起的桥会吗？=不是很清楚，请你去看庙内的碑文。

这个庙以前是事务所吗？=不是，但是大家曾在庙里聚集过。

（注：事务所的询问情况被推后）

这个庙是在桥建成之后修的吗？=因为风水关系，修桥的时候，庙对土地有好处，所以修了庙，可能是这样吧。

桥建成之后马上就有了桥会吗？=很久以前的事情了，我不是很清楚。

桥会是哪个村的村民成立的呢？=以前只有本村和芦村的人来办事，应该就是这两个村的村民吧。

两村的商人等呢？ =芦村没有商人，但不能这样说，以前本镇有商人。

（另有一说，普济桥以前仅由芦村经营，但是码头镇由于修桥出了很多钱，所以之后码头镇开始主管桥会了。）

【桥会的相关村和出资者】

参加本桥会的有哪些村？ =北芦村、马庄、辛庄窝、北港、码头镇。

上述之外的村子为什么没参加？ =因为距离较远，同时他们也不经过这座桥。

即使是外村人，向码头镇运输货物的时候也要通过这座桥的吧？ =是的。

那为什么没参加桥会呢？ =距离远，关系淡薄。

这座桥是官府建成的还是人们自发建立的？ =本地人自己推进建成的，但是也是得到了官府的许可。

普济桥这一名字听起来非常有佛教的意味，庙的住持没有主动承担任务吗？ =没有，绅商提倡建造这座桥的，与庙没有关系。

绅商是怎样的人？ =有德的买卖人，码头镇最多。

与那些虽然钱少，但是受人尊敬的人的提倡没有关系吗？ =没有关系，建桥需要钱，绅商多出了一倍的钱。

桥会成立时的记录还有保留吗？ =没有，想知道的话可以看庙内的碑文。

【桥会的负责人—其经历】

以前和现在，这个会里有哪些工作人员？ =名称虽不同，但是实质相同。以前上有香头，现在有会长，下有首事人 10 余名，上边的香头以下的全部工作人员都叫作经理人。

我想要知道现在经理的名字？ =事变后，民国二十四年来河流被河沙堵塞，看不见流水，桥会停办。因此，现在谁在经营桥会无从知道，现在也没有这样的事情。

那么你知道的经理人名都有哪些？ =民国二十四年建桥募款时如下所示。

甄衡（本镇、杂花商、曾担任镇长）两代前就开始担任经理
刘凤五（北芦村、农民、财主）三代前起
刘恩华（马庄、农、财主）两代前起
王树芳（本镇、曾担任镇副）三代前起
王桂明（同前）两代前起
王桂臣（本镇、药商）两代前起
郝金亭（本镇、财主）一代前起
郝金崑（本镇、农民）两代前起
王槐声（本镇、杂货商）本人这一代起
赵纯如（台子财、财主）本人这一代起
刘祝川（本镇、布商）本人这一代起
郑蔚文（本镇、监商）本人这一代起
肃荣宗（本镇、酒商）本人这一代起

马万粮（本镇、杂货商）一代前起
祝宝崑（本镇、农民）一代前起
杨永深（本镇、农民）一代前起
李春耀（本镇、席商）本人这一代起
载甫明（本镇、农民）一代前起
张让（本镇、货栈）本人这一代起
董子香（本镇、店商）一代前起
董苇乡（本镇、药商）本人这一代起
焦贵昌（本镇、农民、财主）一代前起
李青林（本镇、布商）本人这一代起

依据上边的名单，没有辛庄窝和北港的经理人吗？＝因为建桥的时候他们不在。

这些不就是建桥募款时的经理吗？＝不，这是当时的经理。

那么，当时的经理人中没有上述二村的人吗？＝（没有回答）。

参加桥会的村子必须出任经理吗？＝是的。

那么当时上二村没有入会吗？＝没有，入会了，但是不知道什么原因。

入会的村子会有怎样的规定呢？＝村人会向桥会捐赠土地。

【香头】

香头有别的名字吗？＝会首。

在这个镇中，没有和村长进行商讨的会首吗？＝没有。

没有和本镇长进行商谈的工作人员吗？＝没有。

一般来说，上述的首事人的事情也会和会首说吗？＝会说，而且在此之上任职的香头的事情也会和会长说。

香头的香是什么意思？＝烧香叩头的香。

这样一来，普济庵以前就有烧香会，这个头不叫香头吗？＝以前的事情我不是很清楚。

依照上边的例子，这个香头是谁？＝甄衡（本镇）、刘凤五（北芦村）、刘恩华（马庄）、王树芳（本镇）。

这4个香头都在吗？＝是的。

4个人中最上面的香头叫作什么？＝大家都同等地位。

那么，香头的工作4人都各有分配吗？＝不是，每年轮流，4个人都当过香头。

这些人面对首事人的时候叫作什么？＝老管事人。

四人轮流制是什么时候开始的？＝从前开始。

【香头的资格和选任】

能成为4位香头的人家或者村子都是固定的吗？＝不一定，因为是推荐的，所以不适当的香头就不能代代继续任职，而且出任香头的村子也不是固定的。

几代连续任职的情况不是比较多吗？＝不能这样说，但是首事人几代持续任职的情况比较多。

能够成为香头的人当中，必须是镇长或者商会的有权力者才能加入吗？ =不是。

穷人也会被推荐当香头吗？ =不是，能当香头的人一定要交垫付金或者捐赠金。但是，并没规定土地和财产要达到多少以上的限制。

外村的有钱人也能够成为香头吗？ =不能。

本地出生但住在外地的有钱人能成为香头吗？ =不能。

香头的年龄大概是多少？ =老人较多。虽然是年轻人，但是也并不是没有人推荐，不过有能力者大多数是老人，所以年轻人没有成为香头。

还有什么其他必备的资格吗？ =善良、受人尊敬、工作能力强，不识字也可以。但由于是商人和有钱人，所以大家都识字。

香头由谁来选举？ =邀请首事人等来进行选举。

您会邀请谁？ =邀请甄衡、刘凤五。那个时候甄是镇长，我是副镇长。

他们难道不是首事人吗？ =是香头。他们会劝导我们成为香头。

这样一来，就是由这 3 个人来决定您能否当香头吗？ =不是，这是老管事人在事前会和首事人进行商量之后再决定。

邀请的时候会发聘书吗？ =什么都没有。

也没有仪式之类的吗？ =没有。

每年都会请香头吗？ =不是。最初是邀请了一次之后，只要这个人不做坏事，就会让他持续任职下去。

邀请的时候，会同时选 4 名香头吗？ =不是，并不是在同一年或者同一时期进行的。最开始的时候，每年会邀请并选举 1 名香头，但是不知不觉变成了 4 名香头。因此，内部如有缺员情况，就会决定邀请 1 个人。

是什么时候决定这样做的？ =不知道。

上述 4 人的祖先也是老管事人吗？ =不是。

为什么会是这种情况？ =如果不是有能力和受人尊敬的人，不就不行嘛。

【会的负责人的工作】

老管事人和首事人的工作不同吗？ =首事人除了要出垫付金及其他费用外，就没有什么工作了，也就是名誉职位。而老管事人要负责会里的工作，只有他们来做，所以工作上的事情只有他们来承担责任（老管事人也没有工资）。

轮流成为香头的人要做所有工作，而此外的老管事人不就什么都不做了吗？ =不是，老管事人会在商讨之后办事。

只有老管事人来决定一切事情，不用和首事人商量吗？ =总的来说是这样的，但是根据工作性质的不同，情况也不同。

桥会有办公室吗？ =没有。

但是保管账簿和金钱的地方是既定的吧？ =以前，文书、账簿、金钱等都是保管在芦村的刘凤五家的柜子中（刘并不是村长）。

什么时候开始？什么时候结束？ =什么时候开始我不清楚，直到民国十七年，镇公所将这些东西搬到了别处，之前都是保管在刘家的。

那么，桥会就在刘家了吗？ =不是，他家只是用于保管物品。

那个时候，算账和会计都是谁来做？ =义庆和做了很多年。

【会的办事处——庙】

那么，桥会在哪里呢？ =普济庵。

普济庵中有桥会使用的房子吗？ =有的，在里面修建了一个房间，用于开会等事情。

这个庙中有镇公所、商会或者其他会吗？ =没有。这些都在其他地方，与桥会无关。

桥会是在庙中租借了这一个房间吗？ =白住（免费居住）。

桥会修过庙吗？ =修过。

在香头家开过会吗？ =没有，如有要事，大家会在庙里集合。

只有老管事人商讨事情的时候是什么情况？ =这种时候尽量在庙里进行。

什么时候，桥会的什么人住在这个庙中？ =不是，因为这个庙平时也没有使用，所以没有人住在这里。

桥会有值班人员吗？ =有。

这些家伙没有住在庙里吗？ =没有，庙中有老道士。

这位老道士也会参加老管事人的会面吗？ =和他没有关系。

从前开始就是这样吗？ =不知道。

【从会的庙转到镇公所】

桥会的庙到镇工作的转移的时间是？ =民国二十年。

转移原因？ =我担任镇长的时候，桥会中，和外村有关系的首事人大多数都是码头镇人，而且垫付金大多数都是由码头镇人来负担，所以大家都提议将桥会搬到码头镇镇公所。大家没有异议之后就转移了，之后事务都在镇公所办了。

这个时候，桥会解散了吗？ =没有，规定桥会的事务在镇公所解决，但是账簿等全部另外解决。但是民国二十二年开始到二十四年，从前的文件全都放在了刘恩华的家中，二十四年之后转移到了镇公所。也就是现在在镇公所看到的文件。

为什么之前转移到刘恩华的家中？ =没有其他理由，因为他是有钱人，经常捐钱，而且是老管事人，所以就委托他来暂时保管了。

【桥会组织的变更】

二十二年后，桥会组织有变更吗？ =是的，在此之前4名老管事人轮流成为香头，之后废除了这一制度，会长成为镇长，其他也全部由首事人来担任，也就是说，二十二年到二十八年，由甄乡长来担任，会计事务委托给了金玉衡。

【首事人——会首】

首事人还有其他的别称吗？ =也叫作会首。

现在应该也有上述的首事人吧？ =是的，但是民国二十八年开始，河水渐渐变没了，没有修桥的必要，所以桥会停办了。二十八年之前，首事人就没有什么特别的工作，以后就更没什么工作了，即使是有，也形同没有。

首事人由谁来选任呢？ =不用选举，老管事人作为中心人物来邀请。

不是由一般人来选举产生的吗？ = 不是。

只有老管事人来邀请吗？ = 不是，老管事人会询问首事人等人的意向，然后再邀请。

那么，请求他们担任首事人要开会吗？ = 是的，在普济庵开会。

这个时候有哪些人聚集在一起呢？ = 老管事人、首事人，没有其他了。

根据前述内容，有 18 人，这是定员的吗？ = 不是，不是定员，但是大致上就是这么多人。

没有过人员激增吗？ = 有。

【首事人与筹款的关系】

什么时候筹钱呢？ = 修桥时费用严重不足的时候，增加首事人，让他们来出钱，北京或者附近的人（但是只限本地出身者）也行，让他们做首事人。

那原来不让在外地的人加入桥会不就是场面话了吗？ = 不是，首事人一向没有差事。

【首事人的资格】

穷人也能当首事人吗？ = 出不起钱就不能当，即使是请求穷人来当首事人，他们也会拒绝的。

没有能力的人呢？ = 只要有钱就可以成为首事人。

女性也可以当首事人吗？ = 没有这样的先例，不能当。

年龄呢？ = 没有年龄限制，但是 30 岁以上的人居多。

不识字的人呢？ = 一向不在意这个。

老管事人一般信仰什么宗教？ = 大教。

大教是什么？ = 佛教。

佛教以外的人不能成为首事人吗？ = 没有这种情况，大家都信仰佛教。

首事人的信仰呢？ = 同前。

首事人出身于哪个村是固定的吗？ = 总的来说，上述的村子和有钱的人家都是固定的，几乎不会有变动。

镇长或是商会长一定会当管事人或者首事人吗？ = 随意，但有钱的都会当。

首事人去世了，他的孩子会当首事人吗？ = 不一定，父母去世了，孩子不是必须要当首事人。

孩子如果不愿意当首事人的时候怎么办？ = 不当首事人也是可以的。

孩子想要当首事人的时候就能当吗？ = 老管事人和首事人如果觉得合适，会重新邀请。

邀请首事人的时候，会写聘书之类的吗？ = 没有。

老管事人的年代是什么情况？ = 也没有。

【首事人的任期】

首事人有任期吗？ = 没有，一旦成为了首事人，除非这个人搬走了、不想当首事人之外，会当一辈子的首事人。

首事人变成穷人，出不起垫付金的时候，就会让他退任吗？ = 不是，但是一旦有这样的情况，本人自己申请辞任，然后就可以退出了。

【桥会的会议】

桥会中会定期举行会议吗？ =十月收租，五月折桥，八月搭桥，有这3次定期会议。

除了上述之外没有临时的会议了吗？ =只有上述的邀请会议。

邀请会议什么时候举行？ =不一定，不过大多数都是在八月搭桥之前举行，由于搭桥需要筹集费用，所以就会开会来筹集垫付金。

上边的3个会议会在哪里举行？ =普济庵。

这个时候首事人都会参加吗？ =是的。

十月收租指的是什么？ =桥会有土地，所以就会有地租，所以会商量收租的事情。

五月折桥指的是什么？ =由于要进入雨期了，如果没有拆桥，流水就会造成危险，这个时候就会商讨拆的日子。

八月搭桥指的是什么？ =关于八月架桥到五月折桥的事情进行商谈。

会议中，关于决定事项，是大家一起进行商讨之后决定呢还是大致由老管事人决定之后再得到大家的承认呢？ =事情不同，情况也不同，但是首事人作为听众的情况比较多。

【桥会的工作】

桥会的工作中有哪些呢？ =搭桥和折桥。

经费大概需要多少？ =民国二十八年的账簿由于不知去向，所以我也不知道。

（注：本调查中金额的相关问题都得不到回答，可以说是相关问题可能充分伤害到他们的感情，所以采取了拒绝回答金钱相关问题的方针）

【桥夫】

为了管桥，有常年雇用的人吗？ =有。

这些人被称之为什么？ =“桥夫”。

是谁？ =王老道。

工作了多少年？ =到民国二十八年为止的几年。

哪个村的人？ =本镇。

每代都是桥夫吗？ =不是，只有他这一代。

他平生住在哪里？ =？[1]

他在担任桥夫的同时，也是普济庵的住持吗？ =不是。

他有土地或者房屋吗？ =有，但是土地很少。

他被桥会所雇用吗？ =是的。

工资多少？ =每年10元。

一年只有10元不行吧？ =庙附近的8亩土地都让他白种，因此怎么说都是可行的。

除此之外他就没有别的收入了吗？ =没有了。

雇用年限是？ =并不是一年一换，10年、20年持续任职的才是桥夫。

桥夫要负责哪些工作呢？ =桥的监督、修桥的破损处（土盛一类的东西）、修桥附近的路，还有给道路洒水。

---

〔1〕 译者注：原文如此。

【摆渡及其利用关系】

听说有渡船吧？ =有，在渡场渡船叫作摆渡。

哪里有呢？ =桥的旁边，叫作普济摆渡。

这是由桥会来经营的吗？ =是的。

什么时候开始的？ =从很久之前就开始了。

桥变成了人行道、车马摆渡了吗？ =不是，摆渡船平时不让使用，一旦出水桥变得危险或是桥有损坏的时候才用。而且规定了只有马车才能用船来摆渡。

船的大小？ =一艘船，可以载 2 台大车、2 匹家畜。

谁来保管船只？ =摆渡的两人。

和你刚才所说的桥夫不一样吗？ =工作不一样。

摆渡的有其他别称吗？ =船户。

他们住在船的附近区域吗？ =不是，他们住在自己家。

桥会会发工资给他们吗？ =每年每人 10 元左右。

他们平时都做些什么？ =就是普通百姓。

船户的家代代都是如此吗？ =大体上是这样的。

贫富情况呢？ =都是贫户。

桥夫和船户不是桥会的首事人吗？ =不是，贫户怎么当首事人。

有渡桥费吗？ =没有。

过桥的时候不用交费，那么其他时期也不收外村来的船的渡桥费吗？ =不收。

搬运业者或者是很大程度上利用这座桥的人平时会以谢礼的方式送给桥会或者船夫钱吗？ =没有，是免费的。

不送钱也不送物品吗？ =对于船夫来说，每年 4 回（大秋、麦秋、新年、腊八）附近各村村民都会送来粟或者麦子，这是惯例。

对待桥夫会怎样呢？ =没有，另外，让他们白种桥会的土地，会将这些土地分配给船户耕种。

送给船户谷物的村子是固定的吗？ =以码头镇为中心的二三十个村。

这是什么时候开始的呢？ =从前就开始了。

送的数量是村子和各家自己来决定吗？ =不一定，送的一方随意，不送也可以。

商人等会送物品吗？ =送钱。

这是公开进行的还是私底下内部进行？ =前者。到了这一时期，船夫就会去各个村子，先去村长家，然后在村长的带领下去各家各户。

现在还有摆渡船吗？ =没有，二十八年水灾的时候摆渡船流失了。

在这附近没有向过桥或者摆渡的人收取费用的吗？ =几乎没有，刁窝的摆渡有收钱的，但是这里不收钱，在芦村附近有以个人的渔船作为摆渡船的人家。这是个人所有，因此每次收 1 角到 2 角钱。

听说码头也有土地，但是没有桥会的管理人吗？ =没有。

没修码头吗？ =称不上是码头，而且也不花钱修理。

【桥会的募款】

桥会募款是什么时候？ =桥材腐朽需要重新建造的时候。

什么时候？ =民国二十四年，在此之前都没有。

大概几年会换买一次新的桥材呢？ =不一定。

那个时候，从前的租金或者其他的公用金会不足吗？ =是的，这个时候就会募款。

桥会的募款是在村附近大概什么范围进行呢？ =河北省一带，有时也从山西或者河南募款。

为什么这么大规模地募款？ =仅仅从村子附近募款是不够的，因为桥的材料费很高，所以大范围募款，请你看看民国二十四年捐赠劝诱状的内容。

【资料—桥会的捐赠委托书及其他】

（1）捐赠委托状

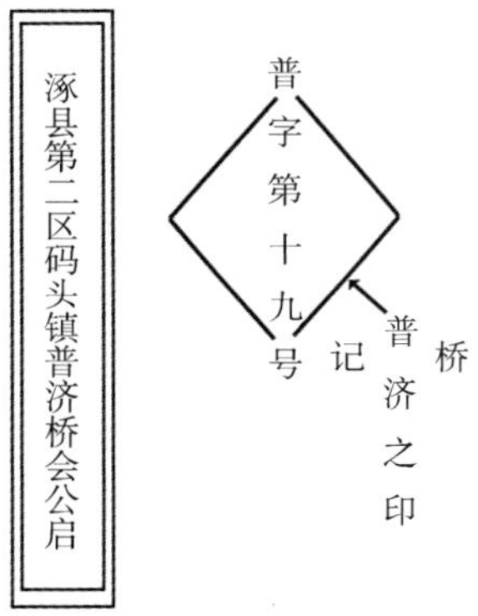


涿县第二区码头镇普济桥会公启

募款人注意

助款人地址及通信处

以便合给收据立请帖

经启者?[1] 闻徒杠既设郑侨以利行人嚣架完成周穆特通师旅因知中流自有砥柱何须仲子问律行程不遇风波奚必苏髯呼渡从云舟楫亦堪利涉聊兑?[2] 裳何若桥路常此畅行不虞濡轨是以何之必需于桥为古今中外所视为要工者也今涿县第二区码头镇其河为圣水下游南通津淀北控琉璃东濒永定西连巨马忙牛水势无常长流浩瀚东西建有长桥横亘数十丈名曰普济湍利往来行人镇既衡繁地尤险要为幽燕津保之通衢实水陆交通之孔道旧有普济桥会归鄙人等经理历有年所惟两泊岸低瀑向用棣稽镇筑偶遇水涨辄被

〔1〕 译者注：原文印刷不清晰。

〔2〕 同上。

侵没迭费工资迄难收效一经断岸人人里成现鄙人等观兹情形公同会议拟将两泊岸加梆涨顶概用砖石建筑以为一劳永逸之计但工程浩大费用亦繁兼之会款拮据无米与炊方今国家亟谋建设对将伯之助以成此集腋之裘凡我诸大善士见义勇为解囊不吝行见

众志成城河梁无阻行人称便同履康庄孰不拜

仁人之赐也

涿县码头镇普济桥会经理人

甄　衡　王槐声　李春耀

刘凤五　赵纯如　戴甫明

刘恩华　刘祝川　张　让

王树芳　郑蔚文　董子香

王桂明　肃荣宗　董盖乡

王桂臣　马万粮　焦贵昌

郝金亭　祝宝昆　李青林

郝金昆　杨永深

| | | | | |
|---|---|---|---|---|
| 先生 | 先生 | 先生 | 先生 | 先生 |
| 助洋 | 助洋 | 助洋 | 助洋 | 助洋 |

注：普、济、桥、建、筑五字分开，每个字25枚（根据编号进行整理），桥会分配给本镇的商人等附近出身的人联系北京、天津成功的人士，募集捐款，并联络天津重镇的船会和桥会来募集。

（2）民国二十四年募款成绩表（上边的募款案内书的记载事项由调查员整理而成）

| 序号 | 记　　事 |
|---|---|
| 2 | 1　@8.00 |
| 3 | 12名　&20.00　琉璃河商会　10.00 |
| 4 | 8名　&8.00（天津）1名　@1.00　他2名&　2.00　计11.00 |
| 5 | 4名　&4.00（良乡） |
| 6 | 琉璃河村公所2.00　他8名&8.00 |
| 7 | 3名　&3.00（?） |
| 8 | 4名　&4.00（天津）1名&1.00（北京）　2名&2.00（黄山店）　计7 |
| 9 | 9名　&9.00（易县）1名@1.00（定兴）　1名@1.00（徐水） |
| 10 | 8名　&9.00（?）　藩家庄公所1.00 |
| 11 | 4名　4.00（周口店）　1名@ 2.00（琉璃河） |
| 13 | 3名　&3.00（?）1名@ 1.00（房山）2名&2.00（保定）8名&8.00（天津）1名@1.00（琉璃河）　计15.00 |

续表

| 序号 | 记　　事 |
|---|---|
| 14 | 4名　&9.00（?） |
| 15 | 5名　&5.00（束鹿） |
| 16 | 1名　@1.00（窦店）1名@1.00（豆店）　6名&4.60（?） |
| 17 | 5名　&5.00（?） |
| 18 | 6名　&5.00（?） |
| 19 | 琉璃河普安屯天主堂5.00　琉璃河邮局0.50　1名@1.00（安新） |
| 20 | 5名　&5.00（?）任村天主堂2.00南蔡村1名@1.00 |

| 序号 | 记　　事 |
|---|---|
| 1 | 1名　&　8.50（固安）南公由自治公会　2.00　北公由自治公会1.00　中公由自治公会2.00　太子分镇自治公会2.00　1名@2.00（茨村 ）计17.50 |
| 2 | 6名　&　1.00（?） |
| 3 | 1名　@　1.00（房山）1名@5.00（固安）3名&3.00（?） |
| 4 | 1名　　@　1.00（?）浮洛营1.00稣店1.00 |
| 6 | 18名　&　19.00（?） |
| 7 | 1名　@　2.00（官立村）1名@1.00（松林村）　1名@1.00（北马村）1名@1.00（横坡村）1名@1.00（林家屯）1名@1.00（东古郭） |
| 8 | 10名　&　10.00（天津荣庄） |
| 13 | 13名　&　13.00（天津）　2名&2.00（?）计15.0 |
| 14 | 8名　&　3.70（?） |
| 16 | 10名　&　11.00（石家庄）5名&5.00河北省银行2.00宵晋农工银行2.00计20.00 |
| 18 | 1名　@　1.00（逐南商官庄）15名&15.00（第三类）北许各黄各主 旧军装新田屯 刘家营褚家村 南杏村各乡村公所@1.00 |
| 19 | 定兴县商会4.00 1名@1.00（涿县）2名&2.00（?） |
| 20 | 3名　&　13.00（良乡）6名31.00（宛平）内各商会15.00 |

| 序号 | 记　　事 |
|---|---|
| 1 | 4名　&　6.00（北京）　1名@1.00（白情）1名@1.00（香河）1名@1.00 |
| 2 | 1名　@1.00（黄土坂）　2名&2.00（豆店）　5名&5.00（房山）　1名@1.00（坨生）1名@1.00（不梯） |

续表

| 序号 | 记　事 |
|---|---|
| 3 | 4名　@ 1.00（房山）8名 @ 1.00— 5.00 & 17.00（北京）2名 @ 5.00（天津）　赵桥 1.00 翟州 1.00 计 25.00 |
| 4 | 长沟商会 2.00 长沟斗局 1.00 上坡村公所 1.00 兴旺村公会 2.00 |
| 6 | 2名 & 2.00（北京）　1名 @ 1.00（范庄） |
| 7 | 武强　1名 衡水 6名 深县 6名 武邑 3名 城 2名　枣强 2名　高杨 3名　河间 2名 |
|  | 里县 1名　南官 3名 |
| 8 | 2名 & 2.00（安新县） |
| 11 | 1名　@ 1.00（高碎店）　7名 & 9.00（沟镇）　2名 & 2.00（北平）　1名 @ 1.00（涿县）　1名 @ 1.00（山西太谷县） |
| 12<br>13 | 4　名 @ 1.00（河间庆兴盒等）　计 4.00　　宅丘县文永安 1.00 & 5.00<br>5　名 & 5.00（北京常姓） |
| 15 | 13名 & 24.00（北京） |
| 17 | 10名 & 11.00（?） |

| 序号 | 记　事 |
|---|---|
| 1 | 赵博如 10.00 |
| 2 | 无 |
| 3 | 无 |
| 4 | 无 |
| 5 | 长沟镇公安局 5.00 |
| 6 | 本镇公安局 5.00 |
| 7 | 无 |
| 8 | 无 |
| 9 | 无 |
| 10 | 无 |
| 11 | 无 |
| 12 | 无 |
| 13 | 无 |
| 14 | 无 |
| 15 | 无 |

续表

| 序号 | 记　　事 |
|---|---|
| 16 | 无 |
| 17 | 无 |
| 18 | 无 |
| 19 | 无 |
| 20 | 无 |

| 序号 | 记　　事 |
|---|---|
| 1 | 2名 & 6.00（?） |
| 2 | 无 |
| 3 | 无 |
| 4 | 无 |
| 5 | 无 |
| 6 | 20名 & 42.00（?）　（汲绍岚 20.00） |
| 6 | 衡水5名　武强8名　深9名　武邑3名　尧阳4名　枣强9名　献1名　各@ 1.00 |
| 7 | 2名 & 2.00 武安1名　束鹿　2名　尧阳3名　武邑1名　深1名 武强1名　德平1名　枣强庄5名　景州3名　固城1名　安新县2名　冀1名　衡水3名　东光2名　高阳1名　各@ 1.00 |
| 8 | 2名 & 2.00（景州）　2名 & 4.00（武强）　5名 & 5.00（衡水）　2名 & 2.00（肃宁）<br>2名 & 2.00（河间）　1名 @ 1.00（枣强）　4名 & 4.00（深县）　他2名 & 2.00<br>2名 & 2.00（析州）　1名 @ 1.00（德平）　1名 @ 1.00（交河）　3名 & 3.00（东光） |
| 9 | 8名 & 3.00（?） |
| 10 | 9名 & 9.00（?） |
| 11 | 河间3名　高阳3名　衡水1名　枣强9名　南宫3名　固城1名　郑州1名　尧阳2名　景县2名　各@ 1.00 |
| 12 | 武邑1名　深择4名　景州2名　容城1名　南宫3名　深州1名　武强2名　束鹿4名<br>河间1名　衡州3名　深州3名　尧阳1名　冀4名　许2名　冀城1名　各@ 1.00 |
| 13 | 束店11店　冀1店　3名　衡水5名　武强5名　保定1名　冀州1名　他3名　各@ 1 |
| 15 | 南3名　衡水2名5名　束鹿2名　高阳3名　尧阳1名　献县3名　曹州1名　保定2名<br>武清1名　徐水1名　各@ 1.00 |

续表

| 序号 | 记　事 |
|---|---|
| 16 | 1 名 @ 10.00（?） |
| 17 | 20 名 & 30.00（北京） |
| 18 | 5 名 & 5.00（?）　1 名 @ 3.00（東鹿） |

（3）捐赠金收据

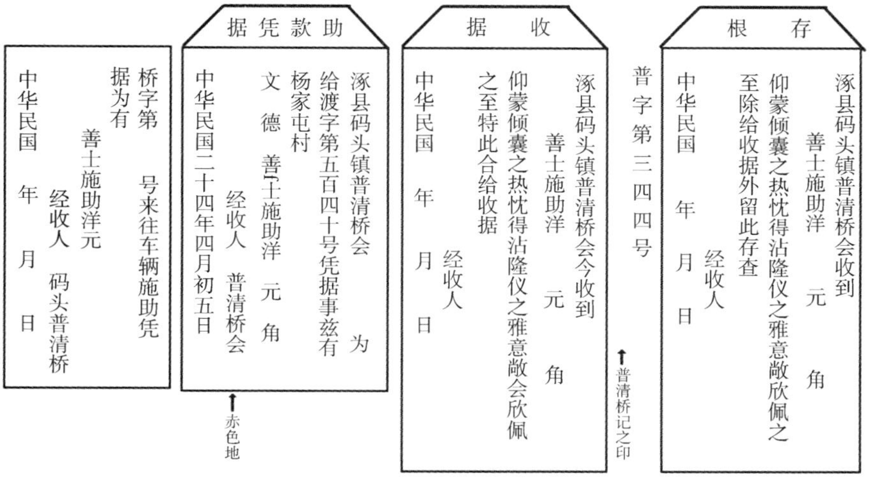


【因水灾等修桥】

由于水灾发生，桥材的破损和流出经常出现吗？ = 是的。

这种时候就需要应急处置的人员，桥会是雇人还是接受镇公所派的出工人员呢？ = 除了拆桥和架桥以外，基本不需要大规模的出工。如果这样委托镇公所的时候，由桥会来出工钱。

修桥的时候让首事人家里出工吗？ = 没有。

会让耕种桥会土地的人出工吗？ = 这也没有，一般都是雇人，然后给他钱。

有没有种建桥用的木材的地？ = 没有。

要补充流木的时候怎么办？ = 一般都是买。

修桥时桥会的钱不够，有过接受商会和镇公所资金周转的时候吗？ = 没有，这种时候会由香头或者首事人垫付。

桥会与商会或者镇公所清算过垫付费吗？ = 没有。

【桥会的收入与土地关系】

会里的经费是怎么筹措的？ = 土地、房屋和捐献收入。

会里的土地大约有多少？ = 1 顷多。

都在哪里？ =路村、北白村、南白村、长〇村、张村、兴〇〇、祖村西地、古家庄、杨泗庄、刘庄、北港、辛立村、北芦村、〇洛营、立辛庄、东小营、西茨村、西小营、刁窝镇、马头镇。

那土地呢？ =分为上、中、下。

以上列举的为什么会成为桥会的土地？ =会里没有买过，是以前有人捐献的。

什么时候的事？ =忘了从什么时候开始，到民国期间。

为什么会有人捐赠呢？ =为了给桥会造桥的钱。

捐献1笔大约多少？ =大多是五六亩到三十亩左右。

这些捐赠者都是以上那些人吗？ =不一定，以上只是土地所在地。

如果人们把土地捐献了，土地就变成桥会所有，桥会可以自由处置土地，比如卖掉或者种东西吗？ =不行，捐了的人依然会耕种，会里是不能把土地卖掉或者随便种东西的。

如果是会里的东西，不应该由会里任意处置吗？ =名义上是会里的东西，以桥会的名义交纳钱粮，但产权依然是归原来的所有者所有，所以就像原来一样耕作。

【会的土地与租佃关系】

这些耕种者对于会里来说叫什么？ =佃户。

佃户要给会里交地租吗？ =对。

这些地租叫什么？ =租子。

租子和钱粮相比如何？ =总体来说租子是3角5、钱粮是2角5。

这一带普通土地的地租大约是多少钱？ =十五六元。

这么说租子算是很便宜了？ =对。

这么说，每亩土地，会里可以得到从租子里扣除钱粮的金额吗？ =对。

那会里有来自别的官员或者镇公所的负担吗？ =没有。

普济桥的用地有界限吗？ =两侧是桥会的土地。

西边离庙很近，那算是庙里的土地吗？ =我不清楚。

普济庵里有个老道，他的生活费从哪里来的？ =不清楚。

（注：相关点的回答似乎有避免正面回答的意向）

这座庙有香火地吗？ =没有。

以前有吧？ =以前就没有，只有桥会有土地。

是不是原本庙也有土地，只是慢慢地变成了桥会的土地？ =我觉得一开始就没有，但是我也不太清楚那么早的事。

看到租票有“学字第△号”这样的整理号码，这是什么土地？ =这不是桥会的土地。

但这是在桥会的租票的，怎么回事？ =应该是哪里出错了，用了桥会的租票吧。

◎租票的存查（带有学的字）

这是什么土地（展示租票）？ =这是以前的学田，由镇公所管理，那些土地的租子被充作学校的经费，因此加上“学”字整理而成。

是不是原本是桥会的土地，为了凑齐学校经费就分配出去了？ =和桥会没有关系。

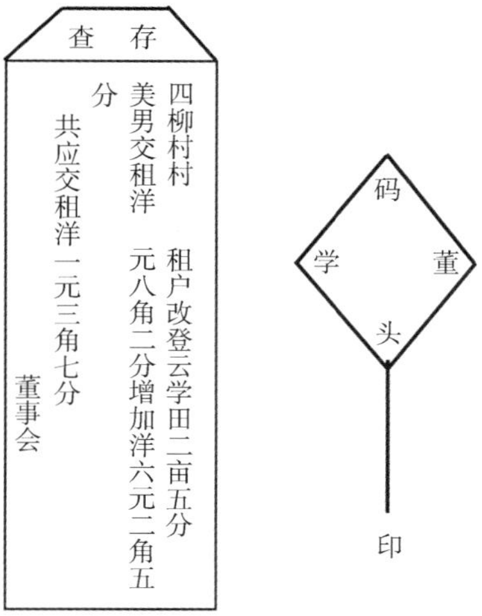


这些土地在哪里，有多少亩？ =不知道。

【桥会的房基地】

属于桥会的土地除了之前的租子还有别的吗？ =有，房基的土地。

这些又是为什么变成了桥会的土地呢？ =不知道从什么时候开始变成桥会的土地，也不知道为什么，以前就有了。

【房地的租票】

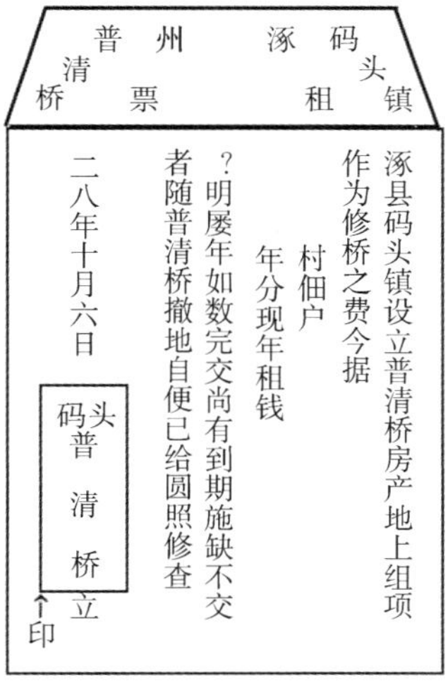


这样的土地叫什么？ =叫房地。

在哪里，有几亩？ =马头镇市街还有岸边，合计有 4 段，五六亩。还有桥两边的土地都是桥会的土地，右边的 4 段有房子，是桥会建的，一般会租出去，收入充当建桥费。

【桥会所有的房屋】

那些建筑在什么地方又是什么样的呢？ =一处是 6 间房子（租借费每年 10 元），在街道中间，一处有 30 间半（每年 30 元），其中 6 间房子借给镇公所用，并不收取房租，还有一处，是在路南边的土地（每年3元）。

这些建筑是什么时候建的？=反正很久了，有百年以上了。

有以前是老百姓的后来被桥会买了的土地吗？=我觉得这种情况应该很多。

有民众为了桥会捐献出房地的吗？=完全没有。

这些土地有没有别的所有者吗？=没有，这是桥会的东西。

【桥会的房地—处理与手续】

桥会可以卖掉这些土地吗？=可以，和捐献的耕地（前述）不同的是，这些是可以自由处理的。

近年来桥会没有买卖过土地吗？=没有。

卖土地的时候是由谁决定呢？=香头或者老管事人。

全部都要由首事人来测量评定吗？=虽然事后会告诉首事人，但也不是非要求得他们的同意和谅解。

【桥会房屋的租赁关系】

在这些建筑里，有没有原先的房主向桥会租房子住的情况？=没有，（住的都是）别的人。

到现在租房子的人变化大吗？=几乎都是那些人。

这些租借是怎样的呢？=租的人向桥会的香头（现在是会长或者镇长）申请，如果同意香头说的房租价格，那么约定就成立了。

会写租借契约书吗？=不会。

租房的人什么时候交房租？=每年一个季度后交。

滞纳的时候会把房子收回来吗？=对。

在没有滞纳的情况下，如果有人出更高的价格租房的话怎么办？=如果已经有人住了，就没有这种事，只要不滞纳房租，那想住到什么时候就住到什么时候。

租房的人可以改造或者增建房屋吗？=不行，这种时候需要会里的允许，而且一般也没有这种例子。

是不是会优先租给和桥会关系好的？=不是，就算是和桥会没有关系的人也租给他们。

桥会好像有像码头这种地吧？=桥东的那块地，会在那里卸货装货，此外也没有别的设施了。

这块土地没有收费吗？=没有。

【桥会名义上的土地与捐赠者】

刚才有问了桥会耕地有关的事情，捐赠土地的人的村子大约都是有规定的吗？=也不一定，都是附近村落的人捐的。

如果一个村是受别的桥会管辖，那这个村的村民如果要捐赠土地就不会接受，有这种情况吗？=没有，人家要捐干嘛拒绝，再说也不是说一定是受哪个桥会管的。

信仰普济庙的（民众）范围也是一样不一定吗？=对。

捐土地的穷人多还是富人多？=当然是富人多。

【捐赠土地的相关文书】

以前捐献土地的文书在桥会里吗？=以前是有的，二十八年发大水的时候全都没了，现在全都不剩了。

（注：现在在镇公所里有相当一部分古文书，没有整理就原样保存着）

捐赠的时候，原来所有者会把地契交由桥会保管吗？ =会。

与此相对应的，原先的所有者会从桥会那边拿到什么文书吗？ =不会。

【捐赠者的租借（佃）关系】

原先的所有者几乎都会租借（捐的）那块地吗？ =对。

期限是多少？ =永远。

有没有记载这类事情的文件？ =没有。

那这样如何证明现在的佃户就是原先的那块土地的所有者呢？ =桥会里的地亩账簿和本人持有的租票。

佃户除了租票外是不是没有别的和土地相关的文书了？ =对。

大约相关的佃户有多少户？ =百来户。

他们主要都是什么村的？ =前面说的土地所在地的那几个村的人。

【桥会的收入】

每年桥会从这些土地得到的收入有多少？ =300 元左右的净收入。

上述是租子的合计吗？ =不是，是从租子中扣除了从桥会出资支付的钱粮之后剩下的部分。

如果把（支出的）钱粮也加进去大约多少？ =不知道。

前面听说相关的土地全部有 100 亩，这是真的吗？ =（没有回答）

【资料】**桥会缴纳的田赋收据**

缴收田赋收据

河北省公属为发给收据事兹据　县局　区　镇乡街

花户普清桥会完纳　年　忙地一顷九十亩　分

厘　毫每亩应缴地粮租课国币　厘共应缴国币八元

七角四分　厘业经如数收讫合给收据为证

中华民国　年　月　日

缴收员

此联给纳赋人收执如有错误限五日内

呈明更正

（自三十年度起用此项收据）

字第 014 号

缴捐收据

河北省涿县公署为发给收据兹据　城镇乡村　缴纳

普清桥会

三十年　月期　应缴捐共国币　元　角　分

业经如数收讫合给收据为证

中华民国　年　月　日　缴收员

此联给捐纳人收据

这些土地大约有几亩？ =（没有回答）

【桥会地的租子】

租子会因土地不同而不同吗？ =民国后几乎没什么差别，之前会因土地性质不同有变化。

最近每亩租子多少？ =每亩3角5。

这么说，每亩的3角5租子除去钱粮之后，那1角就是纯利益了，这样算对吗？ =对。

这么说，如果把300元除以1角，那就有3000亩，也就是30顷对吧？ =（没有回答）

【租子额的变动与确定】

租子3角5这个价格是不是大体没有什么变化？ =以前会更便宜，民国初是500钱、200钱之类的。现在，多为2角5、1角5，28年以后统一为3角5。

每年租子的价格都会变化吗？ =不是，10年、8年变1次，一般都是固定的。

谁决定租子的价格？ =老管事人们。

有没有和佃户商量过？ =没有。

为什么有时候会变动租子价格？ =当和物价或者租佃地使用费相比非常便宜的时候就会变。

【租子以外的捐赠】

新建桥的时候会增租吗？ =不会，这个时候会筹捐。

对于各佃户，除了租子以外（捐赠）大约要分摊多少呢？ =不是，这是随个人自由，捐赠一般都是从民众那里获得。

【租子的滞纳与佃权】

如果有几年滞纳了租子，土地就会被桥会没收，有这样的事吗？ =这是绝对不可能的，因为产权是佃户的。

那这样说，不交纳租子的人家很多吧？ =到事变前很少，因为租子也便宜。事变后虽然不太清楚，应该有相当一部分人没交吧。

除了租子以外，佃户还有什么别的负担没有？ =附加费。

什么时候开始的事？ =民国二十二年以后。

【黑地整理与租子附加】

为什么民国二十二年开始要交附加费了呢？ =因为那年对黑地进行了整理，一块土地如果是黑地就会向县里申告，在县里民国二十二年以后就要既交钱粮又交附加费了（民国元年、四年的关于黑地整理的命令）。

这么说，民国二十二年之前，这块土地（黑地）是不用交税的？ =既不用交钱粮，也不用交附加费。

但是，一开始是民地的时候，如果有必须交钱粮的土地，捐出去之后难道不是由桥会代交吗？ =不是，虽然不太清楚以前的事，反正是钱粮和附加费都不用交。

那这么说，把土地捐给桥会之后就不会被征收交钱粮和附加费了是吧？ =也许吧。

【桥会地的摊款】

村里的摊款如何？ =这是由佃户交纳的，谁也不能逃掉。

【佃权的处置】

佃户可以把土地卖给别人吗？ =可以。

这种行为叫什么？ =推或者叫推佃。

【旗地与桥会地】

这附近有以前的旗地吗？ =有。

多吗？ =有一部分。

有几亩？ =不知道。

知道是谁的土地吗？ =忘了，有张家口方面王府的土地。

这些是什么时候整理的？ =民国二十年左右。

现在桥会的土地里有多少是以前的旗地？ =没有关系，从以前开始。

【桥会地的推佃文书样式】

我想看看桥会土地的推佃和典地的文书示例

（推的例子）

立退佃地字人〇〇〇因正用將承佃地〇亩坐落在〇〇村村〇〇〇为陇东至〇〇〇西至〇〇〇南至〇〇〇北至〇〇〇四至分明弓尺例下〇〇長〇〇丈〇尺〇〇宽〇〇丈〇尺亲烦中人说合情愿推佃于〇〇〇名下承佃言定价洋〇〇元其洋笔下交足不欠自推佃后倘有亲族人等争论有中保人及推佃人担负全责恐口无凭立推佃地字为证

中保人〇〇〇 印

中华民国〇〇年〇月〇日立推佃字人〇〇〇 印

代笔人〇〇〇 印

【桥会土地的典文书样式】

（典的例子）

立典地字人〇〇〇因乏手不便今将白地一段計地〇亩〇分坐落在〇〇村村〇〇〇为陇东至〇〇〇西至〇〇〇南至〇〇〇北至〇〇〇四至分明〇〇长〇丈〇尺〇〇宽〇丈〇尺亲托中人说合情愿示典与〇〇〇名下承种〇年为限期备价回赎言定共計价洋〇〇元其洋笔下交足不欠倘有亲族人等争论有中人一面承管恐口无凭立典地字为证

中保人〇〇〇

中华民国〇〇年〇月〇日立典地字人〇〇〇

代书字人〇〇〇

【桥会地的推、典及其手续】

上述的推地和典地都只在当事人之间进行，不需要和桥会联系吗？ = 只有推地需要在桥会办手续，典地不用。

和县公署之间关系又是怎么样的？ = 到民国十七年为止和县公署是没有关系的，只需桥会内的手续。

到民国十七年以前的手续是怎样的?? = 要推地的时候，首先如上所述制定文约，卖主交给买主老文（旧文书）以便贸易兑换，等到了交纳租子的十月，在香头传唤下到场，在香头的账簿上更换名义，这个叫过割。

【县的参与与佃户的立场】

为什么民国十七年以后要到县公署办手续了呢？ = 县里来的命令，就这样做了。

这个时候的手续又是怎样的呢？ = 要推地和典地的人到县公署去，用县里规定的样式用纸，填了之后交到县公署以求批准。

在县公署看来，这是谁的土地？ = 桥会的土地。

那县里知道佃户才是真正的土地所有者吗？ = 不知道，不知道也好。

为什么？ = 因为（知道后）就要交钱粮和附加费了，这没什么好在意的。

这种土地的买卖价格、典当价格和普通的土地比起来如何？ = 比较便宜。

为什么便宜？ = 所有者好像有两个，这种归属不清的土地谁都不是很想要。

所以现在的佃户感到很不安吗？ = 佃户们的确是想要把它变成自己的所有地。

【资料—桥会租票】

（参考资料—以上调查完成之后得到的东西，没有时间日期，仅根据资料无法调查）

租票——用于房产地贷付

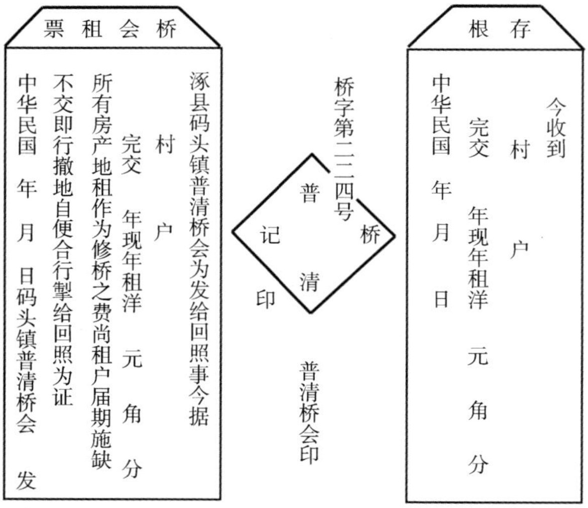

通知票——用于十月初一前催租用

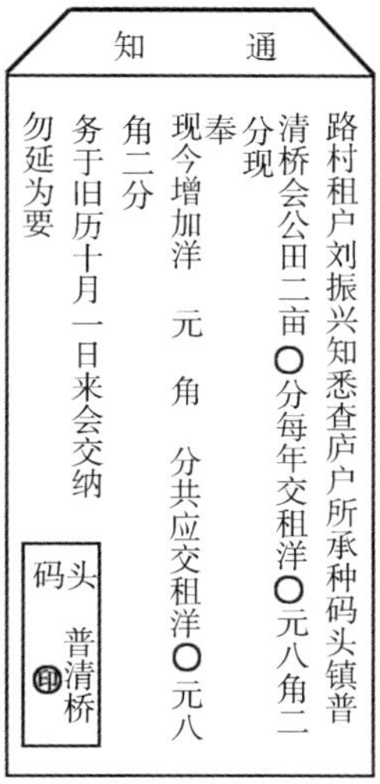

通知

路村租户刘振兴知悉查庐户所承种码头镇普
清桥会公田二亩〇分每年交租洋〇元八角二
分现
奉
现今增加洋　元　角　分共应交租洋〇元八
角二分
务于旧历十月一日来会交纳
勿延为要

码头
普清桥（印）

租票的存根

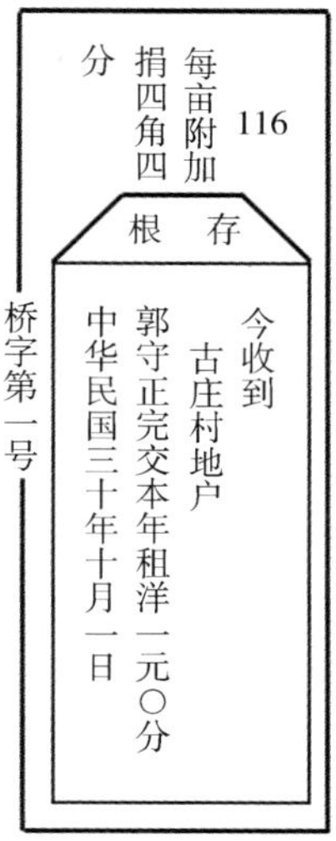

每亩附加 116
捐四角四
分

桥字第一号

存根

今收到
古庄村地户
郭守正完交本年租洋一元〇分
中华民国三十年十月一日

普济桥会的印章

（注：以上有记录附加捐款，这是地户—佃户在交纳租子的时候也把附加捐款一同上交桥会，桥会汇总后，一起交到县里）

桥会交纳的田赋收据

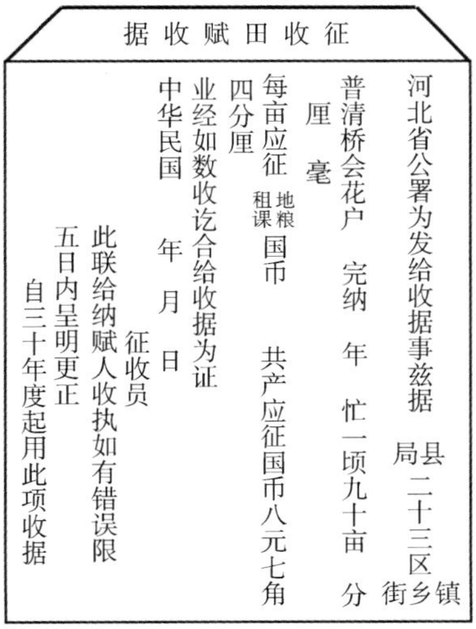

征收田赋收据

河北省公署为发给收据事兹据　县局　二十三区街乡镇
普清桥会花户　完纳　年　忙一顷九十亩　分
厘　毫
每亩应征　地粮租课　国币　共产应征国币八元七角
四分厘
业经如数收讫合给收据为证
中华民国　年　月　日
征收员
此联给纳赋人收执如有错误限
五日内呈明更正
自三十年度起用此项收据

字第514号

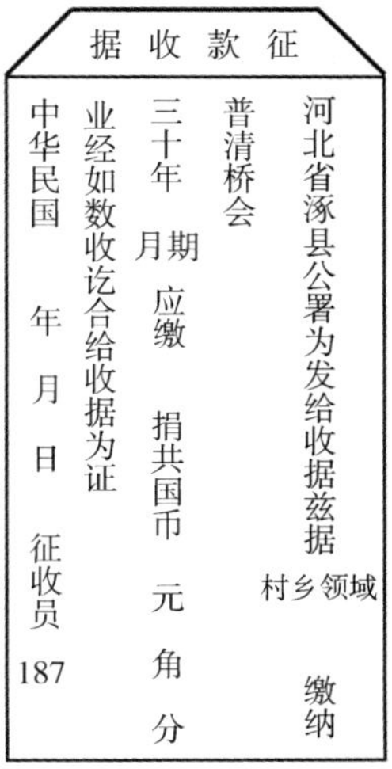

征款收据

河北省涿县公署为发给收据兹据　村乡领域　缴纳
普清桥会
三十年　月期　应缴　捐共国币　元　角　分
业经如数收讫合给收据为证
中华民国　年　月　日　征收员
187

【桥会的收入与储蓄金】

除了以上的土地收入和房子收入，每年都会接受捐赠吗？＝不，不是每年都接受捐赠，只有在造桥经费不足时才会募款。

听说上述的收入是200元，这样修桥够吗？ =材料可以用两三年，这个（价格）以下就够，用在桥的经费大约每年是百来元，剩下的钱存起来为将来修桥之用。

这么说，这些存金每年都会有所增加，可以达到相当的金额吧？ =对。

这笔钱由谁保管？ =金玉衡。

这笔钱不用在金融上吗？ =不用（据传桥会也有搞金融）。

桥会除了桥以外没有别的支出了吗，给工作人员的工资之类的？ =会给桥夫、船户（已述），香头和首事人没有工资。

【桥会与其他会的关系及其他】

桥会的同事会联络之类的吗？ =不会。

在桥会会议上，会招待其他桥会的人吗？ =不会。

为什么不会？ =就普济桥会来说，上下游都聚到桥所在地要走的路途就很远了，在下游的白沟有桥会，到那里就要百来里，所以就不怎么联络。

在办普济庵庙会的时候，桥会有没有组织过戏剧，举办过宴会？ =桥会什么都没做，那是庙里的人搞的。

各地桥会的香头同事相互间有交往吗？ =没有。

【桥会的募款与船会】

像桥会在募款的时候，一个桥会向其他桥会请求援助，有过这样的事吗？ =没有，不过曾向船会请求过援助。

如果是这样的话，是向哪里的船会求助？ =十里堡。

桥会和船会是在什么方面有关系？ =这个啊，参加桥会的多为商人和财主，他们经常雇船把东西送到天津，让他们帮忙把东西送来，因此有很多关系很好的，十里堡的船户们多为熟人。因此像桥会募款的时候，拜托船户收集资金，他们自己也乐于捐款，也会给我们牵线搭桥（取得更多捐款）。

这么说，船户和属于这里桥会的商人私人关系也很好？ =对。

以上的募款是以个人名义拜托的吗？ =不是，募款的时候从管事人到首事人要全体动员，安排各方面事务。然后当有十里堡的船户来到本村，就有桥会的人出面（不一定是谁）跟他说："接下来村里想修桥，拜托了"。船户听了，回到村子后会转达给船户的香头。（然后）船会的香头会把船户们召集起来，汇总募集到的捐款。现在桥会里有的船户册子就是那时候对方编写的，帮我们把捐款金额填好了，再由船会的香头把账本和钱带来给我们。

船会方面还有什么帮助你们的地方吗？ =其他的就几乎没有了。

那像（桥会）这边有没有为船会或者船户做什么事？ =除了雇船以外就没有了。

【会与会的关系】

十里堡刘老爷庙祭典的时候，叫本村桥会的人去参加吗？ =没有，但是如果去的话也会很欢迎我们。

桥造成的时候有庆典吗？ =有。

那个时候会叫别村的人来吗？ =会。

都有什么人呢？ =村长、财主之类的有权势的人。

不招待船会的香头吗？ =会招待（已述）。

【桥会相关资料】

从桥会管理文件中得到的各类资料。

【工资饭费的支付证明】

1. 给桥会看桥人的支付证明

今领到
计61工人
看桥工人饭费洋　二十四元四
桥会发给
计21工人
看桥小船工饭费洋　八元四
木匠一工洋元　五毛
二十八年十月初六日具领人△维才代领

收　到
桥会远垫封粮款　四个月二息洋三十二元一角
按款加
经收人　张　萌　堂
三十年十一月初六日（旧历）

【建桥承包契约】

2. 和桥有关的契约书（注：新建桥的时候，据说大体上石工是琉璃河镇人，瓦工是辛庄人，木工没有本镇人。同一个人并不能全部完成这三类工作）

立折桥运料字人高让今包到码头镇普济桥会在良邑董家林村买妥三空石桥一座今经杨振生介绍情愿将此桥料石包拆运至码头桥左右交卸言明此桥上至桥面下至豆渣大料两层为齐所料物均归码头镇桥会拆运料石工饭脚费共合洋元一百七十元整取具妥实舖保后暂支洋元一百元其余之款均等工俊两清倘有拆运不尽各等情由中保人担负完全责任工人如有用石磕碰均由包工人负责与桥会无干此系双方情愿各无返悔恐口无凭立包折桥运料字据为证

介绍人杨振生

铺保铺长

中华民国二十三年夏历　十二月初八日

立包拆运料字人　高让

代笔人　王子　忠悉

【修桥承包契约】

3. 和桥有关的契约书

立包修人阎克恒、张永春今经白魁武、武星元介绍包修码头镇普济桥东西尔岸之石泊岸定安妥小渣豆渣石一百二十方丈言明工料脚皈像倨等共合洋元七百九十五元整取保后暂借洋元三百元定十二月初一日送料过多半数再支洋元二百元如有舛错中保与介绍人担负完全责任此系双方情愿各无返悔恐口无凭立合同为证

今将投标办法开列于下　附记十方尺为一方丈

计开

一、本会定购小渣豆渣一百二十方丈根线大鑽细山皮糠软概不收

二、送到桥下管保安装五分为缝代互角上层扣铁锯

三、安装所用绳杠架木均由包工人自理本会帮办

四、本会定期奖励石匠米面肉酌核成绩附给多少不等

五、投标必须填窟保人并投标人署名

六、所有安装一均倘有工匠被石磕碰均归包工人负责本会概不担任

七、宽长厚以一尺厚四尺长、再长者亦可、长二尺三尺二尺五寸各一度按方丈核箕

八、本会小工概不负责均归包工人自理

九、石匠工人住处本会筹备不收房费煤燃炭碴包工人自备

十、妥协[1]后每丈暂发优三、四元取具妥实铺保

十一、定二月初旬开工依俟工竣补发价齐

介绍人白魁武、武星元

铺保负责　琉璃河　兴盛号　裕合隆车舗

中华民国二十三年夏历十一月初五可立包修人

阎克恒

张永春

代笔人　王子　忠悉

【修桥账簿】

4. 修桥账簿

民国二十七年十月初一日立　修桥账

开笔大吉

旧账更来净久洋十元零一角四分

十月初一日

入租洋一百二十元附加在内十三元七毛五分八厘

〔1〕译者注：原文如此。

入又洋十五元二毛五卜

梅手

锦裕源取洋一百二十元

初三日

出还玉和兴小账洋三毛

出遗夫兴李布洋五毛

纸笔租钱

出还锦裕恒洋九毛八厘

沈少宗手

出大船工洋五元

集维才手

出催租工洋五元

出木匠零修酒洋四毛△先五厘

出火食洋十四元二毛二厘

出茶叶洋一毛

出催租饭洋五元

沈少宗手

出大船酒洋三元

出老道工洋二元七毛

卜福元昌

出小账洋一毛四元

卜福和祥

出收号铅丝洋三元五毛

入租洋三十九元二毛五分五厘

入附加洋六元五毛七先九厘

入租洋三十三元二毛一先

入附加洋六元一毛三仙五厘

净存洋六十六元二六四

出还锦裕恒货洋二元七毛

出还义聚成果供洋九元九毛

初六日

卜二十六年

出木匠零修酒洋四毛三分五厘

出还三合席店洋七毛二先

共入洋二百二十元三八九　共出洋一八七元六二

除出下存洋三十二元四毛二分九厘

出还同和厚洋七元

公所手
十二月二十三日出还广泰恒洋伍元七毛
涿县
出串粮洋二五元
出老道工洋一元
老道手
出水斗繩洋一元八毛
拨银货公所手
出杨俊洋十元
老道手
出纸零用洋四元二毛
出大食洋一十四元七毛一先
出木匠工洋五元
出木匠酒洋一元
出找摆渡酒饭洋一元
出五月间涨水看桥工饭洋二十四元四毛
出五月间小船工饭费洋八元四毛
共入洋元三十二元六毛四先附租洋　附加捐　二十七元四毛　五元一七八
共合入洋一百三十三元九三
共合出洋元一百三十三元九三
除出净存洋三十二元四一九
入租洋八十六元三角玖分二厘五
入附加税洋十五元七毛六先
又当日花费洋七毛四先
除出净存洋一百零一元四毛一分
又出老道全年工洋十一元
兰波手
出锦裕源取洋元三百七十元
初三日
出老道工至年底洋八元
出大泊渡工洋五元
出沈绍宗酒洋三元
出催租工洋五元
出催租饭洋七元
卜初一
入租洋六十九元五毛四先　租　元　税　元
入租洋三十一元七毛　租二十七元五毛　税四元一毛七分

　　串错
出买兴退租洋三元
出老道工洋至年底洋元二元
出厨坊酒煤洋元二元
出六月间涨水发庄工饭洋一元五角
　　交涿县
出去年串粮洋二八元五毛
除出净存洋四毛一九
　　二十九年十月初一日
入租洋二百四十元零五毛零五厘
入附加税洋五十六零五毛三分七厘
出当日花费洋一元四毛四分二厘
除出净存洋二百八十九元六毛
　　初三日
出补助绩德房租洋六元
出补锦裕源底△洋四毛
去年洋四毛一分九厘
　　原存
洋三百九十一元零一分
共入洋二十六元五三　共支洋三百八十八元四
除支净存洋二十九元五毛六先
　　初八日
收租洋二十四元七毛八先
收附加洋一元七毛五先
出烟卷洋一元
十一、出李木匠酒洋一元
　　十一日
收正租洋一十二元六毛五先
收附加洋元二元六毛二先五厘
　　卜张兴五米价钱
　　学校洋三十三元
收学校洋一元七毛五先
収钱洋九毛二先一厘
共入洋六十二元九九　共出洋九十二元五
除出无存
　　十三
收学校洋三十三元

出收租米面菜洋三十三元
出又洋元九元五毛
收正租洋九元四毛
收附加洋二元五毛九仙四厘
出送租条洋八元
出厨房酒洋二元
出大船酒洋六元
除出净存洋一十一元四毛九先
　　十六
收正租洋九元五毛二先
收附加洋元四元六毛二先
出茶叶烟洋九毛
出还学校洋元一元七毛五先
共入洋一十四元一四　共出洋二元六五
出集维才份费洋五惠
　　十一月二十一日
收正租洋三元五毛
收附加税洋五毛一先
出收租饭费洋三元二毛
　　二十五日
收锦裕源洋元一十六元八毛
　　十二月初三
收又洋二十元
出封量洋三元六毛
出又洋三十三元
出又洋二毛
原存洋一元四九　共入洋元七十三元九九五
共出洋六十六元七
挽住净存洋十元七毛八先五厘
出刘凤催租洋五元
出还锦裕恒收租、账等　洋三元六毛
出补还学校收、租猪羊　肉洋九元八毛
　　二十六日
出刘凤二次催租　洋二元
收正租洋二十八元三毛七先五厘
收附加洋四元八毛一元
出镇长收租烟卷等一元三毛

三十年四月十三
出王子忠账份洋十元
十月初一日
收正租洋元一百九十八元九毛二先五厘
收附加税洋元一百一十七元八毛八先六厘
出补退厉天春租洋五毛七先六厘
出当日收租烟洋八毛五先
出锦涌源洋元三百二十元
收又洋十元
十月初三
收正租附加洋一百三十五元一毛六分
出烟茶叶洋一元七毛
梅手
出交锦裕源现款洋一百三十五元
出烟洋元一元
初六
收正租附加洋六十二元二毛二先
出烟茶叶洋一元五毛七分四厘
前后除出净存洋大十二元零九先
初九日
卜刘凤
出催送租条二日工返洋六元
出公所洋元十元
十九日
收正租洋四十八元零七分三厘
收附加洋二十七元九毛六分八厘
出还骁聚成麻刁等洋一十六元六毛八分
出收租烟卷茶洋二元
收锦裕源洋二百四十元
出农民量款洋三百元
二十三日
收正租洋一十五元
收附加洋元十二元四毛
出收租全会员用米饭、菜洋七十三元零一
十二月初六
收锦裕源洋元二百五十元
出王头波借洋五十元

内陈粮二十四亩在内

出封粮三一八六三[1]　用洋一百六十元零三毛八先

出黑士　垫款四个月、按款加二息　洋三十二元一角

【庙的财产】

5. 在桥会相关资料里夹含的资料

谨将接收药王真武二庙不动产及动产罗列于下

药王庙（不动产）　地基

基南面东西长二十弓〇半弓〇北面东西长二十一弓二尺五寸〇宽　十五弓三尺五寸

房间

前殿三间〇后殿三间〇北廊房三间〇北平房三间〇南平房五间〇门面房三间勾连建房　陆间〇火道斗五尺桶房一间前廊后厦

（动产）

八仙桌七张。板凳十一条。厨桌一个。钱柜一个。小座柜一封。小坑桌一个。罗圈椅两对。条炕一个。小钢铁佛像九尊。烛仟一对。磁茶罐一对。帽镜一个。三号灯壶个。提灯一个。磁泥五供一堂。木条桶一个。大条案一个。大供桌一个。小供桌二个。磁泥五供查堂。木五供一堂。细磬四个。铁香炉五个。铜茶盘一个。三号保俭灯一个。磁壶一个。茶碗三个。大板凳二条。木桌三个。木漆五供一堂。铁香炉一个。木香炉一个。槐树两株。花桩三个。

真武庙（不动产）　小刀把五弓半

地基

南段

东西宽二十一弓

南北长二十三弓

北段

东西宽三十六弓

南北长四十二弓

西南面北长六十五弓

房间　大殿三间　东房三间

（动产）　庙墙院内大小榆桑树二十三株

（系与杨永津伙栽）

庙前伙栽榆树一行

庙后伙栽榆树一行

---

[1] 译者注：原文如此。

（系与刘恩富伙栽）
中华民国二十四年九月十五日　清理

【修桥募捐收支记录】

6. 同前资料

谨将本公所与普济桥代募下程车桥工助款收支数目开具四柱清册分类列下
计　开
民国二十三年十一月起
至二十四年三月二十日止
共募助款洋元二百一十三元四毛三先
收公启筑字第四号布施洋久一元
总助共收洋元一百一十四元四毛三先
二十三年份
正月十七日
支　赴管庙看石　料修理车用洋元二元四先
十五、支买抬筐洋元一元一毛
二十五日　支　印收据　黄表纸　洋七毛
又支毛边纸洋二元五毛
二十一日支　赴宫村写　布施六人饭用　洋一元二毛
七月十三日　印公启　收据　洋五元三毛
二十一日支包袱洋四毛
由十一月十二日起　共支　刷车　桐油洋六元九毛
十二月十三日　支赴涿县写　布施九人饭用　洋一元七毛
二十八日支催粮饭洋二毛
二十四年份
正月十一日　支送指令饭洋二毛
三月四日　支　送各村　请帖饭　洋元二毛
十日支　写本村常计六人洋元五毛　摊布施点心
十五日、二十三日　赴黄家林村查看石活饭　洋元八毛
支　订补普字第一号　前交去者　洋元一元
支　赴南乡写布　施七人饭用　洋元二元四毛
前后邮票洋元二元六毛六先
总　共支洋二十六元四毛四先
计二十三年十二月十七日付一百元本年一月十四日
五十五元
已付锦裕佤洋元一百五十五元

以上除支净洋元三十二元九毛九先
中华民国二十四年三月二十三日　开

【咸丰年的典契】
7. 同前资料

立典地字人郭喜因乏手不便今将本身白地一段计地三亩半言明情愿典于王名下承种每亩典价钱九吊共合钱三十乙吊其钱笔下交足竝不欠少一典三年钱到许赎如钱不到地许长种两家情愿各无反修恐口无凭立典为证

此地坐蓓码头河西东西兰
咸丰七年十一月十六日找价清钱四吊文
咸丰八年十二月二十六日找优清钱五吊文
咸丰九年正月二十七日找优清钱五吊文
此地作为退佃

中保人　郧与情　十
咸丰二年十一月十二日　立典字人　郑喜　十

【铺家分单】
8. 同前资料

立分单字人白庆成、白庆瑞、白庆祥因年气不景碍难同居过度奉母命亲烦中人情愿将房产地业及铺面房并家居等产业全数均归庆成、庆瑞二人经理以备奉养老母所有京中铺内一切内外债务均归庆成、庆瑞负责任与庆祥无干系后庆成、庆瑞家业发达与庆祥无干庆祥发展亦与庆成、庆瑞无干自立分单之后倘再有争论等情有分单及中人为证此系双方情愿各无异言恐口无凭立分单为证

计开庄基地一段。地十二亩。又一段二亩二分五厘。东房参间北房一间。外债缺洋二百元。内债缺外洋四百元。

| | | | | |
|---|---|---|---|---|
| | 白玉山 | 十 | 甄平斋 | 十 |
| | 白魁武 | ㄱ | 王子清 | 十 |
| 中证人 | 扬青山 | 平 | 王芝波 | 十 |
| | 祝玉峰 | 十 | 戴心齐 | 十 |
| | 祝宝林 | 十 | | |

中华民国二十六年国历四月二日

立分单字人白庆成　（指纹）　白庆祥　（指纹）
代笔人王子忠　瑞　（指纹）
悉　（指纹）

# 6 月 14 日

## 关于涿县水田地区的纷争

调　查　达光

应答者　吴某（涿县公署建设科长）

地　点　吴科长家

【涿县稻田的沿革】

有位有名的儒者邵康节先生隐居在其故里范阳郡（现在的涿州）。先生除了学问（主要是易学）之外还从事农业。因为这个地方的水特别多，人们苦于无法栽种麦和粟米等作物。

可是先生来了之后，自己尝试种植水稻，并且获得成功，就向农民传授种植方法。农民学会了之后，就利用上游流下的泉水，不断扩大种植面积。到了现在，已经达到了 1 万亩以上。那个地方就是如今涿县以大邵村为中心的水田地带。因此可见涿县的稻田至少有 1 千年以上的历史。

【灌溉水的变迁】

涿县水田的灌溉水可以说是备受自然恩惠，这水是从位于涿县县境西 12 里房山县内的山麓地带的一个叫万泉庵的天然泉池流出来的。这泉水在山谷中流淌，虽然开发比较晚，从两三百年前起泉水干流两岸的农业渐渐兴起，利用泉水（来灌溉）。因此，涿县县内的水田地带开始受到（水源方面的）威胁。

【第一次水利纷争—清代】

清代初年，明朝的遗臣冯阁老拥有几块涿县秧坊村的废产（无法耕种的地）。

冯阁老将其开垦为耕地，在处于泉水流经的下营村附近开水沟引来泉水，灌溉自己的耕地。这种引水方法，其实就是把主干的水用石头堵住，把水全部引到引水沟里去。就是因为这样，给地方带来了两大灾害。一个是引水沟内的水量非常大，经常造成泛滥。另一个是涿县的水田地带因为上游水被堵住了，没有水流下来，往往造成旱灾。因此农民们便一起到县公署去投诉。县长虽然曾经传唤冯阁老的管家（仆人之首，管理钱财的人）到县衙，但由于冯阁老的权势，也拿他没办法。后来农民们又到直隶总督那里去投诉，也一样没什么用。不过，在 3 年后一个叫骆延忠的农民男扮女装潜入京城，因为和太后认识，便到太后那里告了状。

太后（知道后）很快便通过顺天府尹下达龙票，命令其调查引水沟的事情，且建造分水坝。这个分水坝长达 8 尺，它将水三七分，七分留给干流，三分给引水沟。此外，为了给干流分更多的水，还朝着干流方向建了一个 8 尺的斜坡，就这样才终于把事情解决了。

【第二次水利纷争—清末以后】

不记得是乾隆年间还是乾隆以后了，在房山县的东北县境建了一所行宫。行宫前有一条约7尺的水沟，叫作御河，河上建了一座桥。以前那一带人是很少的。在那以后“看行宫的”的人除了看守行宫之外，还开始务农，渐渐家族繁衍形成了南北郑和后河村这样的村落。这里的农民为了灌溉耕地，在泉水干流上建了引水沟，并将其延长，而且有时候还会偷盗泉水干流的水。因为这样的事情一直以来都有，涿县水田地带的人们就共同雇了“看水的”人来监视水源。“看水的”负责监视上游的水。民国十八年春四月左右，“看水的”看到南郑村的人盗水，大骂其小偷。附近村落的人急忙赶到，十分气愤，并说：“水源是在房山县内的，所以是房山县的。今后绝对不会把水给涿县用。”公然用石头把干流的水堵住，全部引到了引水沟里。涿县的人便到涿县公署告状，涿县县长宋大章就到房山县半壁店调查事件原因，一到那边，就被那里的妇人小孩包围，受到了侮辱。

涿县县长知道这件事是受房山县王县长指使后，在天津省公署的会议上（和王县长）吵起了架，并向省长投诉，但这事也没能得到解决。

农民们没有办法，只能到北京地方法院起诉，十九年第一次审判开庭，房山县的律师陈竹溪是南郑村人，是引水沟相关事务的总代表；泉水干流这边的代表是梁谷庄的梁万祥（红眼）。引水沟这方拍了十九年刚开始种植的稻敷亩的照片，向法院以此证明从以前开始这就是水田了。但在审判的时候，梁谷庄的梁红眼陈述的理由非常正确充足，使得对方陷入了窘境。陈在第一回审判结束回家后就遭到了暗杀。后来其尸体在房山县坟庄附近被发现。这件事又是未解决就草草收尾了。

民国二十年，知道吴铁城来了，天津的涿县县长宋大章和其见面，告诉他关于水源的纷争。吴铁城大致看了诉状，对涿县县长说：“这是水利委员会的事情，交给他们做吧。”涿县县长觉得事情应该算是解决了，就提了辞呈走了。

【水利委员会的处理—关于半壁店的滚水坝】

河北省公署作出了派遣水利委员会的技术员修造滚水坝的决定。在半壁店举行了民众大会，决定将水分为干流四分之三，引水沟四分之一。但是因为技术员住在引水沟这边的杨树下村，收受了贿赂，便作了弊。看看现在的滚水坝就知道不是按当初在民众大会上决定的那样造的。首先，长度上是21.5米对9.3米，并不是3/4对1/4的比例。然后在宽幅上，是55厘米对50厘米，（引水沟）只短了5厘米。还有倾斜度上，干流这边是水平的，引水沟是倾斜的，水就会比较急。

【事变后的状况—民国三十一年第三次纷争】

事变以来上游的治安很不好，所以涿县的人不太到房山县那边去。但是今年干旱，雨水不够，上游几乎没有水来，6月4日涿县建设科长和大邵村的村长冯秀山一起到上游去看了情况。7天之后，涿县县长和房山县县长在半壁店签订了约定，决定在日本军的帮助下修理河道。

约定的时间虽是一周，但由于担心上游的农民会发起暴动，去了一天就返回了。此外，在日军的斡旋下，引水沟方面在8日到23日这几天把水堵住，让水都流到涿县去。

【水力磨】

涿县水田地带有一个经常成为用水争端原因的水力磨。根据习惯水力磨使用时间是从白露到第二年的清明节。因为一到清明节，下游的人就会来拿掉水力磨。因此往往会产生纷争。

图（左：有倾斜度　右：无倾斜度）

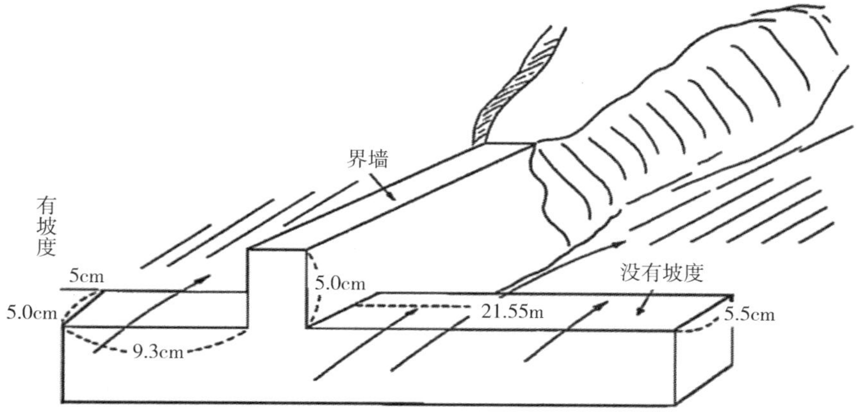


而且有人对这件事特别清楚。据那个人说，如果要细谈以前到现在的所有关于水的纷争，估计要花上半年时间。水力磨成为纷争之源已经到了这个地步。

## 关于房山县万泉庵　涿县公署吴科长

【水源池与灌溉引水】

在房山县境内，从涿县水田地带长沟镇西行 12 里有一个叫万泉庵的泉眼。那个地方有无数的泉眼，地下水从不间断地涌出。虽然现在没有很大的泉眼了，但以前有一个直径 50 厘米左右的泉眼。民国以后，那周围都由水利委员会修筑池子将水引到一定方向去。这个池子就叫万泉庵。

泉水由万泉庵出来，向西流大约 2 里就到了下营村，在这里河道被分水坝一分为二，一股为干流，流到涿县水田地带灌溉 1 万亩水田。一股由第一引水沟引流到房山、涿县境内，直至涿县的秧坊村。这股水用来灌溉旱田。

干流再向东南 5 里，就到了半壁店。在这里，一部分的水由滚水坝引流到北引水沟，向北流动 6 里，到达终点北郑村，用于旱田灌溉。

另一边，干流继续东流，流入涿县水田地带，灌溉田地。为了让干流流入涿县内各田地，还在四面八方造了许多小沟。

【涿县的河道修整计划】

（在涿县公署了解的内容）

（原因）涿县第五区大邵村小邵村冯村夹河及房山县东梁个庄南梁个庄北梁个庄七个村稻田约一万亩均利用万泉庵泉池及河道之水此河历年由七村村民遂时修理因事变后治安关系五年间未敢前往修理察泉池河道淤浅又值今年天旱无雨稻田不能栽秧在此勤俭增产时期实有修理之必要。

（1）（分水沟）在明末清始时代因冯阁老灌溉羊房村私人花园在下营村东北万泉

河右岸开引水沟一道嗣后羊房半壁店纸房等村民利用此沟水灌溉旱田此引水沟宽八尺河道宽约三丈六尺现在河道左岸开出稻田约三亩将河道侵占约二丈四尺以致本河流量减少

（计划修理）将左岸稻田所侵占者掘去恢复旧河道三丈六尺宽度

（2）（滚水坝）在清朝时代皇帝在河左岸建筑行宫宫前修御河桥一座在河左岸掘引水沟一道通御河桥下以资点缀后来沿沟附近村如杨树下南郑北郑等村民利用此沟灌溉旱田至民国二十年因旱田村与循园村争执水利经水利委员窟修滚水坝一道本河水宽二十米突〇六引水沟水宽十米突〇七现在河道淤浅水草丛生流量减少

（计划修理）掘出河内草石

（3）（水力磨）因此项营业用水时妨碍水流惯例清明节后停止用水白露节后始准开磨现在竟四季继续营业妨碍水流

（计划修理）现在停止用水将拦水石除去

（4）万泉庵最他此处涌水源泉极旺盛现在亦水草丛生石淤塞

（计划修理）将池石掏掘水草除去并河道遂处修理

预定兴工日期六月七日开工（约一周间）

人夫数　约二百五十名

出夫村　大邵村　小邵村　冯村夹河　东梁个庄

南梁个庄　北梁个庄

监督者　涿县　房山警察官与友军紧密联络

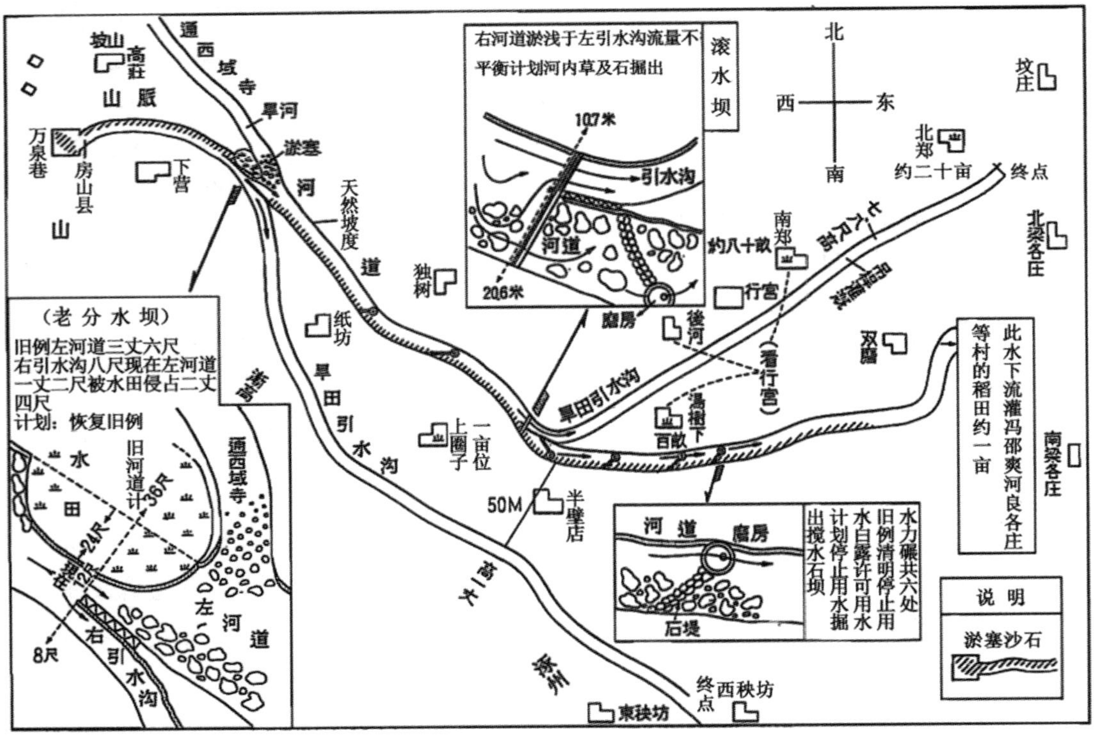

# 1942年6月

（华北农村惯行调查资料第89辑）

水篇第8号　河北省涿县码头镇
　　调查员　山本斌
　　助　手　达　光

本篇收录了应对民国二十八年小清河与琉璃河水灾的河道挖掘和筑堤工程的参观调查内容，并整理了同年永定河与小清河泛滥时的治水惯例相关访谈记录。调查方法与上一篇报告书相同。以琉璃河泛滥地区的复原工程为中心。

【关于调查】

前言＝本篇的调查内容与惯行调查追求的课题还是有一定距离。并非因为当初认为这是惯行调查的适合对象才开展的这项调查。因为笔者喜欢治水工程或者说是治水惯行，一直想着要看看治水工程的现场，正在此时刚好听说有工程要动工，就急忙跑去参观了。

在现场，每天有数千劳工在工作，码头镇的警察分所、镇公所、商会的职员忙于和工程相关的事情，没人有空来当我们的调查对象。我们一边观察，一边在空暇时间和工程相关人员、警察所所长及其他人进行快速问答。对于工程本身，在大致把握了工程轮廓之后，还想要深挖所调查的这项工程和中国一直以来施行的治水惯例有何联系。但是因为这次动工是为了治安方面的紧急处置，而且这次采用了无法用以往治水工作的概念来衡量的崭新、大规模性的方式（至少在这一带），因此无法确认与以往的治水有什么联系。

如上所述，即使本调查不能成为惯行调查的直接素材，仍可为今后水的惯行调查作为资料留存、参考。

## 6月15日

### 工程概要

应答者　郭世年（燕京道公署秘书）

（郭秘书是满洲人，在5月12日被道公署派遣到当地，是一早就参加当地复原工程的中心人物。他几乎一直都在工程现场，非常忙碌。趁他有一天休息的空闲，与他进行了以

下问答）

您是一开始就和这项工程有关系吗？ =不是，这件事也就是5月动工前才跟道公署说，之前虽然也知道一点，详细的我也没有办法很负责地回答你。

【大水灾与修复工程的目的】

本次工程为什么动工呢？ =一方面是为了挖掘琉璃河、小清河的河道来排出（民国二十八年大水灾时候的）积水，通过复兴水灾多发地区，以求农作物的增产，同时预防从永定河流到小清河的河水泛滥，安定民生和民心。民国二十八年七月，永定河决堤，洪水冲入小北河（小东河或者也叫混河岔，地图上表示为小清河，一般我们不叫小清河），冲破了码头镇附近的堤防，洪水袭卷镇北，流入琉璃河。当时这一带因为大水，田地、房屋都遭了殃。而且因为琉璃河的河水水量太大，逆流到上游，各地都引发了洪水。能看到以往低洼的受灾地区积水，这种情况持续到现在。

在此期间，县里没有试着对积水地区进行排水吗？ =积水范围太广了，也很耗经费，什么都做不了。

这些积水因蒸发或者被地下吸收而变少了吗？ =少了很多了。但是现在还有良乡管辖范围内的13970亩地以及涿县内的7709亩地还有积水。地域参考下面的地图（含有此后因雨水而导致的积水区域）。

永定河和小清河的关系？ =小清河是为了给永定河排水的。也就是说，永定河增水的时候，就会把卢沟桥附近的水闸放下，让水流到这里。没有流水的时候，河水会很少，甚至河底完全没水的时候也是有的。

这次工程的主要动工点都有哪些？ =小清河的河道也在二十八年水灾的时候，被洪水带来的泥沙给填得和平地一样高，挖那个河道。还有，在从小清河到琉璃河的溃堤的地方建筑防坡堤。还要挖同样被泥沙填高的琉璃河的河道。如果对它们都放任不管，上游的水是不会退的，估计又要发大水了。

很早以前就在计划这项工程了吗？ =县里、省里都有在考虑。据县里的人说，这次工程计划的和之前县里考虑的工程方法大约是一致的。

农民们要如何使用这些积水地？ =一小部分用来种水稻。还有，打算今年开始把良乡县内的琉璃河站西北的积水地带作为水田，因此现在良乡县公署正在挖水沟。这些工程里，良乡县负责的部分是大致完成了的，现在就是要让农民们去上述地方挖沟了。

当地工程和上面的水田开发的工程有何联系？ =后者是良乡县直辖的工程，和本工程完全没有关系。

农民们没有想办法排掉这些积水地的水吗？ =没有，农民能力不够。

那么，农民们没有去请求当局的人组织排水吗？ =没有（县派遣员也是同样的回答）。

这么说是县公署立了案，然后去请求省公署的？ =也没有这回事。这次工程好像是在军队的作战命令下开始动工的。

不是，你听说过之前的事情吗？ =我们也不太清楚上面的事情，但是以军队（特务机构）为中心，在建设总署或省里派出技师，进行调查。

建设总署琉璃河泛滥调查报告书

【资料—琉璃河泛滥调查报告】

1. 调查时间　1942 年 4 月 15 日

2. 调查员　本调查由北京特务机构拜托水利局、北京工程局、北京施工所派遣以下调查员

水利局　樱木念

北京工程局　平野幸　大傀竹夫

北京施工所　笠井义男

3. 调查目的

琉璃河的泛滥情况以及对策调查

4. 泛滥原因及状况

（1）原因

民国二十八年七月发大水的时候，永定河在卢沟桥处决堤，其洪水量的 80% 都流到了小清河里，这洪水又在小清河位于涿县码头镇境内的上游 1000 米地方（郎庄）的右岸决堤。洪水从决堤的地方右转，迂回经过码头镇北端，流入琉璃河河道。这股洪水含有大量泥沙，而且小清河的洪水水位比琉璃河的要高。小清河逆流进琉璃河里，从合流点开始，上游泥沙沉积。此外，下游河床上升得更厉害，这就是琉璃河的河水积滞在上游的原因。

（2）近因

去年因为降雨量很少，所以洪水不太泛滥。今年 3 月以后，上游冰雪融化，融冰水导致泛滥区域急剧增加。

（3）排水状况

洪水的一部分从北港村的北端流过凹地，经过南沟村，向着涿同村的洼地流去。这就是为什么琉璃河镇附近的水位会稍微低一些的原因，而涿县地区内的浸水面积会不断扩大。

此外，北港村南侧被埋住的河床因当地居民的挖掘也有少量水流进。

（4）当地附近的护岸状况

算是这次受灾的一个原因，即附近的河川没有堤防和护岸，当地附近的琉璃河因为河床上升，河岸和田地的区别不明显。而且，当地附近如果是平坦的地方，即使是水位少量上升，也会导致泛滥面积扩大。

（5）各河流情况

小清河因为永定河流量大增，现在的流量为 30 立方米/秒，算是相当量大，而且夹杂着泥沙。小清河平时上游的水加上流到河里的雨水，水量大约是 3 立方米/秒，且为清水。

（6）县调查的受灾情况（附图参考）

| 县名 | 良乡县 | 涿县 |
|---|---|---|
| 受灾面积（亩） | 13970 | 7700 |
| 受灾户数（户） | 850 | — |
| 因耕地导致收入减少金额 | 56 万元 | 17 万元 |

说明

（1）查码头镇西刘庄北港古家庄洋泗庄北芦村西马庄辛庄窠涿同村等九村因今春三月十日河水暴涨该九村地势较洼计被淹面债约四千七百亩其中麦田有一千二百余亩被于不能萌芽收成绝望

（2）查刁窝镇东张村沿鲁村佟村大小柳村等六村于三月十一日因拒马河水被永定河水堵塞不能下泄故流入该六村较洼地带计淹没面积约三千亩有余其中麦田有一千一百余亩全被淤毁收获无望惟刁窝镇西南东张村西沿鲁村北等三村洼地较四面地均其低不所债聚之水用人力无法宣泄只可任其浸渗能否及时播种春禾尚难逆料

河北省涿县三十一年春季河水泛滥被淹村庄一览图

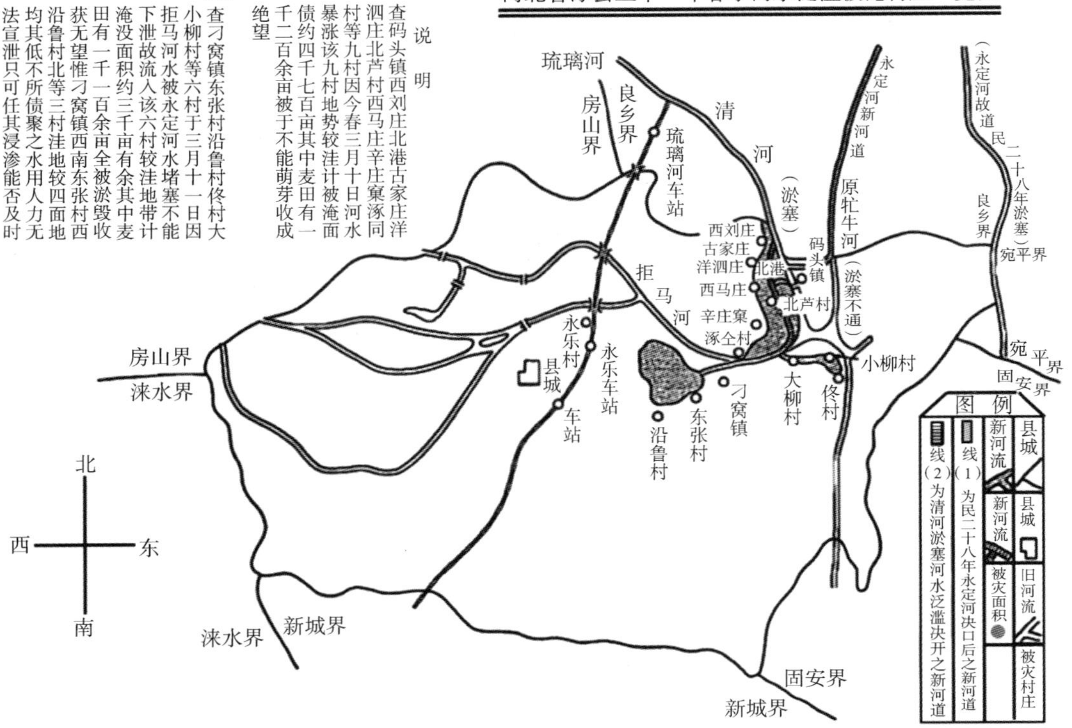


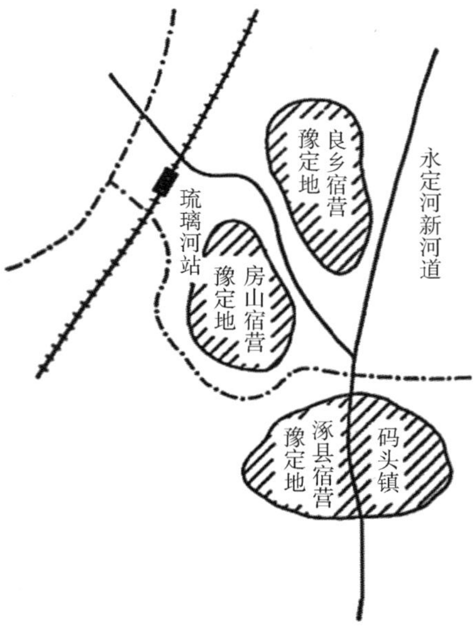

5. 对策

这一事件的根本对策就是恢复各河道的原有路径，建造堤防护岸工程，以达到防止泛滥的预期目的。要实施这个改修计划，必须在永定河改道之后，花费大量经费并实施精密的实地测量，否则是难以制定解决方案的。本调查认为，作为应急对策，第一期工程应在今年雨季之前完工，雨季之后再度调查，然后进行第二期工程，这样比较适当。

（1）第一期工程

①挖掘被埋住的琉璃河的河床（参考附图）

②在现在小清河和琉璃河的汇流点建造简单的导流堤（参考附图）

（2）第二期工程

①修复郎庄北端的小清河的决堤口（参考附图）

②挖掘被埋住的原小清河河床（参考附图）

③如果条件允许的话，虽然可能花上数年，如果能够在琉璃河上新建堤防和护岸的话，就能把琉璃河水位抬高，使水流更顺畅，防止出现像今日这样的泛滥。

6. 对策的理由

实施了第一期工程中的①工程，可以使得现在的一部分积水流掉，使得水量很大程度上减少（预计现在永定河卢沟桥正在施工的溢流堤完成的时候，永定河水量会被改变，平时小清河水量也会变得很少，水位也会较低，满水的区域可能可以全部排水，浸水地也会不见），同时发洪水的时候也可以使得泛滥减少，尽可能减少对农作物的伤害和影响。

其次，正如附页的平面图所见的那样，小清河和琉璃河几乎是以直角合流，且小清河流势较琉璃河急。如果实施了应急对策中的①工程，可以使其以锐角合流，使得小清河的流势降缓，防止水流激荡之处破堤，同时可以防止合流点上游的琉璃河的河床泥沙堆积。

必须建造第二期工程的理由就在现在卢沟桥附近正在建造的溢流堤上，因为到了后年是永定河洪水期，预计有大量的洪水会流入小清河。

因此，如果就放任小清河的河道这样，恐怕会再次堵塞琉璃河河口，导致琉璃河沿岸的受灾越来越严重。

而且，按这样下去，估计下游的拒马河的合流口也会被堵住。

还有一个不能放任不管的理由是，作为粮食增产计划的一部分，从今年开始实施水田计划。就这么放任不管，不仅会对计划实施造成阻碍，而且现在的积水区还是当地最适合耕种的地。

7. 上述处理的大概工费

（1）第一期工程

①挖掘工程　全长 1500 米　宽 20 米

平均深度 10 米　土量 30000 立方米

②导流堤工程　全长 500 米

护岸工程（杭栅工）　全长 300 米

杭打水制工　全长 50 米

合计　15000 元

45000元

（2）第二期工程

①溃堤口修复工程　全长2000米　75000元　杭栅护岸

②河床挖掘工程　全长2500米

平均深度10米　土量75000立方米

合计　75000元

150000元

根据上述调查报告，可见本次工程十万火急，因此才会急忙暂行本工程。从现场调查到工程实施期间的时间非常短，在预算之类还有一部分没确定的情况下，就开始动工了。

【复原工程计划】

这次工程有像基本计划书之类相关的东西吗？=有，这是基于各机构的调查决定的，大体如下所示。5月20日军队方面决定的。

1. 工程期间

预定5月25日动工，6月15日完工。

2. 工程地点

（1）最初十天为琉璃河河底挖掘以及同河堤坝修筑。

（2）接下来十天小清河同上。

3. 一天内劳动力的分配

涿县五千名、良乡三千名、房山县四千名、住宿地为工程附近的农村

涿县—码头、萧家街、徐家街、北白、郭塔西、郭田城、刘家营、北港、辛立村、刘庄、杨泗庄、古家庄、保安庄

良县—北园子、南白村、薛庄、庄户头、立教、黄土坡、王家园子、路村、东店子、南吕村、西南吕

房山—园家庄、祖村、张村、谷庄、小务、仙南路、南乐、北乐、周庄、福兴村、大营、杨合庄、平各庄、仙北路

4. 工程委员会

琉璃河附近洪水泛滥地区复原工程委员会设在码头镇（涿县），会长为燕京道尹李少徽，副会长为涿县知事杨开明，良县知事陈仲和，房县知事唐祖熙。

委员会的事务所里常驻有省公署、道公署、县公署的职员（涿县建设科科员1名，县警察队队员3名，良县建设科科员1名，县警察队队员2名，房山警察队队员3名）。

5. 监督机构

当地军队分配有涿县（码头镇警察队30名、保甲自卫团50名），良乡（警察队10名、警备队30名），房山（警察队5名）的警察以及其他。

工程实施的计划是谁制定的？=省公署。

和建设总署没有关系吗？=他们虽然做过调查，但和工程计划没有关系。

由省那边定的工程经费大约是多少，谁来出？ =正在向政务委员会申请8万元，加上省公署4万元、涿县公署3万元、良乡县2万元。开始合计是17万元，但因计划更改变成了28万元，因为大体上被批准了，所以就开始动工了。

工程计划、经费问题之类的事情是谁来负责？ =省公署方面，但是内部关系我就不太知道了。

一开始没有工程计划书吗？ =如下所示。

【资料】

**民国三十一年琉璃河泛滥地区对策书**

河北省公署建设厅立案

琉璃河泛滥地区对策要领

一、目的

为了解决由于民国二十八年七月的水灾和今年3月以后的融水导致的琉璃河沿岸洪水泛滥问题，排除地方农民对雨季来临的担忧，同时这项本年度动工的工程也是一项惠民土木工程，促进琉璃河镇地区水田工程的开发；另一方面加速淹水地带的耕地化，为粮食增产做出贡献。

二、要领

（1）将小清河和琉璃河的河道复原以及堤防护岸工程的实施作为根本对策，同时本工程的实施也和永定河的流量改变工程有密切的关系。因为需要精密的实地测量和大量经费，目前暂时先用应急对策消除码头镇到上游地区的泛滥，雨季后再考虑永久对策。

（2）作为应急对策，实施对被埋掉的琉璃河河床的挖掘（附页附有平面图、横断图）。

（3）经费概算　如下所示

| 名称 | 数量 | 单位 | 单价 | 金额 | 摘要 |
|---|---|---|---|---|---|
| 挖掘土砂 | 37，500 | 立方米 | 50钱 | 18，750元 | 宽25米　平均深度1米　全长1，500米 |
| 杂费 | 1，250 | 工具其他一套 | | | |
| 合计 | 20，000 | | | | |

（4）本工程实施之际和治安强化运动有着一定联系，当地的技术指导当然是劝导相关县民（良乡、涿县）进行义务劳动，也要注意用一部分经费以物资形式对其进行补贴。

（5）本工程的推进方面要特别着重燕京道、良乡县、涿县这3县。

三、其他

（一）永久对策

（1）位于郎庄北部小清河决堤口的修复

（2）被埋没的小清河河床的挖掘

（3）琉璃河河道的改修

上述施工是很有必要的，这些工程的细节部分正在实施应急对策，在现场进行调查实测以此制订计划。

（二）因泛滥导致的当地受灾情况

| 县别 | 受害面积（亩） | 耕地收入减少（元） | 摘要 |
|---|---|---|---|
| 良乡 | 13970 | 560000 | |
| 涿县 | 7700 | 170000 | |

附页附有泛滥状况平面图

1942年5月

琉璃河泛滥地区应急恢复工程设计书

变更设计说明书

一、本工程为小清河溃堤处和琉璃河泛滥地区的应急恢复工程，紧急动工，因为在雨季前有可能完不成，所以从5月25日在没有充分调查计划的情况下开始动工，一边施工一边调查，需要改变一部分之前的概算设计。

二、当初预定小清河河道挖掘为3000米，但调查后发现变柳树村附近现在的河道变得非常弯曲，流水中心很大程度上移动了，因此流水直击变柳树村落，从住宅向上约5米的地方都被冲毁了，因为这种状态，在这中间形成了约2000米的河道，要把流水引入旧河道，所以河道挖凿延长了2000米。

设计书

琉璃河泛滥地区应急恢复工程

1. 小清河河道复原

| | | | |
|---|---|---|---|
| （1）河道挖掘工程 | 全长5000米 | 宽度350米 | 土量292500立方米 |
| （2）筑堤工程 | 全长800米 | 天端宽度50米 | 平均高度15米 |
| （3）端流工程 | 全长400米 | 天端宽度80米 | 平均高度35米 |
| （4）护岸工程 | 杭打连柴护岸 | 全长700米 | |
| （5）筑坝工程 | 杭栅筑坝长10米 | 宽度4米　12处 | |
| （6）架桥工程 | 全长480米 | 宽度40米 | |
| 2. 琉璃河河道挖掘 | 全长2000米 | 宽度20米 | 土量48000立方米 |

工费　金28万元也

| 工种 | 细目 | 材料 | 形状尺寸 | 单价 | 金额 | 单价 | 金额 | 摘要 |
|---|---|---|---|---|---|---|---|---|
| 小清河 | 河道掘凿工程 | | 延长5000米<br>底宽35米<br>平均深1.6米 | 立米 | 392500 | | | 平均延长10米　585立方米 |
| | | 笼子 | | 个 | 2000 | 2.00 | 4000 | |
| | | 人工 | | 人 | 351000 | | | 土砂每100立方米附有120人挂别途粮食支给免费 |

**续表**

| 工种 | 细目 | 材料 | 形状尺寸 | 单价 | 金额 | 单价 | 金额 | 摘要 |
|---|---|---|---|---|---|---|---|---|
| | 筑堤 | 小计 | | | | | | |
| | 工程 | | 延长 800 米 | 立方米 | 2500 | 2. 00 | 500. 00 | |
| | | | 天端宽 5 米 | | | | | |
| | | | 平均高 1. 5 米 | | | | | 预计勾配法两成，下沉 |
| | | 笼子 | | 个 | 250 | | | 两成 |
| | | 人工 | | 人 | 17250 | | | |
| | | | | | | | 500. 00 | 土砂每 100 立方米附有 |
| | | 小计 | | | | | | 150 人挂别途粮食支给 |
| | | | 延长 400 米 | | | | | 免费 |
| | 断流 | | 天端宽 8. 0 米 | 立方米 | 25700 | | | |
| | 工程 | | 平均高 3. 5 米 | | | | | 预计勾配法两成，下沉 |
| | | | | | | | | 两成 |
| | | 木桩 | 长 40 米 | 木 | 250 | 8. 00 | 2000. 00 | 断流用 |
| | | | 末口 15 厘米 | | | | | |
| | | 粗朵 | 长 2. 0 米 | | 1000 | 1. 20 | 1100. 00 | 同 |
| | | 草包 | 直径 30 厘米 | | | | | |
| 小清河 | | 绳 | | 袋 | 1000 | 50 | 500. 00 | 同 |
| | | | | 卷 | 5 | 7. 15 | 35. 75 | 同 |
| | | 铁线 | | | | | | 1 卷 20 千克 |
| | | 铁线 | 直径 4 毫米 | 千克 | 50 | 5. 00 | 250. 00 | 断流用 |
| | | 笼子 | 直径 0. 7 毫米 | 千克 | 20 | 12. 00 | 240. 00 | 断流用 |
| | | 木匠 | | 个 | 500 | 2. 00 | 1000. 00 | |
| | | 人工 | | 人 | 20 | 2. 50 | 50. 00 | 杭仕拵其他 1 式 |
| | | | | 人 | 39. 850 | | | 土砂每 100 立方米附有 |
| | | | | | | | | 150 人挂木桩及断流其 |
| | | | | | | | | 他 1 套 1300 |
| | | 小计 | | | | | | 人别途粮食支给免费 |
| | | | | | | | 5275. 75 | |
| | 护岸 | 木桩 | | 米 | 700 | | | 木桩连柴栅护岸 |
| | 工程 | | 长 40 米 | | | 8. 00 | 22432. 00 | 木桩粗朵沈床固 |
| | | 贯木 | 末口 15 厘米 | 根 | 2804 | | | 平均延长 100 米 4 百 |
| | | | 长 3. 5 米 | | | 7. 00 | 1666. 00 | 使用 700 米的量 |
| | | | 末口 15 厘米 | 根 | 238 | | | 平均延长 100 米 4 百 |
| | | 贯木 | | | | 6. 00 | 4206. 00 | 使用 700 米的量 |
| | | | 长 3. 0 米 | 根 | 701 | | | 平均延长 100 米 1 百 |

续表

| 工种 | 细目 | 材料 | 形状尺寸 | 单价 | 金额 | 单价 | 金额 | 摘要 |
|---|---|---|---|---|---|---|---|---|
| 小清河 | 水制工 | 粗朵 | 末口15厘米 | | | 1.20 | 26040.00 | 使用700米的量 |
| | | | 长2.0米 | 束 | 21700 | | | 平均延长100米3100 |
| | | 草包 | 末口35厘米1束 | | | 50 | 2000.00 | 使用700米的量 |
| | | | | 袋 | 4000 | | | 平均延长100米1百袋 |
| | | 绳子 | | | | 7.15 | 500.00 | 使用400米的量 |
| | | | | 卷 | 70 | | | 平均延长100米10卷 |
| | | 麻绳 | | | | 3.00 | 300.00 | 使用700米的量 |
| | | 铁线 | | 千克 | 100 | 5.00 | 3500.00 | 打桩用其他 |
| | | | 直径4毫米 | 千克 | 700 | | | 平均延长100米100千 |
| | | 铁线 | | | | 3.00 | 1260.00 | 克使用700米的量 |
| | | | 直径0.7毫米 | 千克 | 105 | | | 平均延长100米15千克 |
| | | 木匠 | | | | 2.50 | 2625.00 | 使用700米的量 |
| | | | | 人 | 1050 | | | 平均每延长100米附150 |
| | | 人工 | | | | | | 人700米的量 |
| | | | | 人 | 10500 | | | 平均每延长100米附15 |
| | | 小计 | | | | | 64529.50 | 人700米的量 |
| | | | | | | | | 别途粮食支给免费 |
| | | | 延长15米 | | | | | |
| | | 木桩 | 宽4.0米 | 地方 | 12 | 8.00 | | 打桩连柴棚水制 |
| | | | 长4.0米 | | | | 7680.00 | 每防波1个地方80根 |
| | | | 末口15厘米 | 根 | 960 | | | 用12个地方的量 |
| | 架桥工程 | | | | 192 | 5.50 | 1056.00 | |
| | | 贯木 | 长4.5米 | 根 | | | | |
| | | | 末口10厘米 | | | | | 断流1个地方16根 使用12个地方的量 |
| | | 柴枝 | 长2.0米 | 束 | 4200 | 1.20 | 5040.00 | 每断流1个地方350束 |
| | | | 直径30厘米 | | | | | 使用12个地方的量 |
| | | 绳子 | | 卷 | 48 | 7.15 | 343.20 | 每断流1个地方4卷使用12个地方的量 |
| | | 麻绳 | | 千克 | 50 | 3.00 | 150.00 | 打桩用其他 |
| | | 铁线 | 直径4毫米 | 千克 | 240 | 5.00 | 1200.00 | 每断流1个地方20千克使用12个地方的量 |
| | | 铁线 | 直径0.7毫米 | 千克 | 60 | 12.00 | 720.00 | 每断流1个地方5千克使用12个地方的量 |
| | | 木匠 | | 人 | 240 | 2.50 | 600.00 | 每断流1个地方附有20人12个地方的量 |

**续表**

| 工种 | 细目 | 材料 | 形状尺寸 | 单价 | 金额 | 单价 | 金额 | 摘要 |
|---|---|---|---|---|---|---|---|---|
| | 架桥工程 | 人工 | | 人 | 3600 | | | 每断流1个地方附有300人12个地方的量别途粮食免费供给 |
| | | 小计 | | | | | 16789.00 | |
| | | | 长48.0米 | 平方米 | 192 | | | 经间长4.0米经间杭5 |
| | | | 宽度4.5米 | | | | | 本建桁5本引 |
| | | 杂圆木 | 长5.0米 | 根 | 60 | 24.50 | 1470.00 | 桁水用 |
| | | | 末口25厘米 | | | | | |
| | | 杂圆木 | 长5.5米 | 根 | 65 | 1850 | 1202.50 | 桥桩用 |
| | | | 末口20厘米 | | | | | |
| | | 杂圆木 | 长4.5米 | 根 | 13 | 1500 | 195.00 | 梁木用 |
| | | | 末口20厘米 | | | | | |
| | | 杂圆木 | 长5.0米 | | 24 | 11.00 | 264.00 | 筋违用 |
| | | | 末口15厘米 | 根 | | | | |
| | | 杂圆木 | 长4.0米 | | 40 | 8.00 | 320.00 | 袖木桩用 |
| | | | 末口15厘米 | 卷 | | | | 地覆木用 |
| | | 杂圆木 | 长4.5米 | | 600 | 5.50 | 3300.00 | |
| | | | 末口10厘米 | 千克 | | | | 敷成木用 |
| 小清河 | | 管束 | 长350毫米 | | | | | 土抱木用 |
| | | | | 千克 | 120 | 2.50 | 300.00 | 筋违木去附用 |
| | | 螺丝 | 直径12毫米 | | | | | |
| | | | 长240毫米 | 千克 | | | | 杭梁木、桩木以及地覆 |
| | | 鎹 | 爪长60毫米 | | 600 | 2.00 | 1200.00 | 木取附用 |
| | | | 直径16毫米 | 人 | | | | |
| | | 铁线 | 直径4毫米 | | 50 | 5.00 | 250.00 | 桁木梁木取附用其他 |
| | | | 长152毫米 | 人 | | | | |
| | | 洋钉 | | | 100 | 5.00 | 500.00 | 架设手间1套 |
| | | 木匠 | | | 200 | 2.50 | 500.00 | |
| | | | | 立方米 | | | | 架设手间1套 |
| | | 人工 | | | 600 | | | |
| | | | | 个 | | | | |
| | | 小计 | | | | | 9501.50 | 别途粮食支给免费 |
| | | | | 个 | | | | |
| | | | | | | | | 水中挖掘15000立方米 |
| | | 笼子 | | 个 | 48000 | | | |

续表

| 工种 | 细目 | 材料 | 形状尺寸 | 单价 | 金额 | 单价 | 金额 | 摘要 |
|---|---|---|---|---|---|---|---|---|
| 小清河 | 架桥工程 | 人工 | 延长2000米<br>底宽20米 | 个 | 500 | 2.00 | 1000.00 | 土砂100立方米附有平均140人<br>共48000立方米的量 |
| | | 杂圆木 | 长4.0米<br>末口15厘米 | 个 | 40 | 8.00 | 320.00 | 别途粮食支给免费 |
| | | 杂圆木 | 长4.5米<br>末口10厘米 | 个 | 600 | 5.50 | 3300.00 | |
| | | 杂圆木 | 长350毫米<br>直径12毫米 | 个 | 120 | 250 | 300.00 | |
| | | | 长240毫米<br>＊长60毫米<br>直径16毫米 | 个 | 600 | 2.00 | 1200.00 | |
| | | 铁线 | 直径4毫米 | 千克 | 50 | 5.00 | 250.00 | |
| | | 洋钉 | 长152毫米 | 千克 | 100 | 5.00 | 500.00 | |
| | | 木匠 | | 人 | 200 | 2.50 | 500.00 | |
| | | 人工 | | 人 | 600 | | | |
| | | 小计 | | | | | 9501.50 | |
| | 琉璃河（河道）（挖掘工程） | | 延长2.000米<br>宽20米<br>平均深度1.3米 | 立方米 | 48.000 | 420.00 | | |
| | | 笼子 | | 个 | 500 | 200 | 1000.00 | |
| | | 木匠 | | 人 | 67.200 | 330.00 | | |
| | | 小计 | | | | | 1000.00 | |
| | | 计 | | | | | 101595.95 | |
| | | | | 人 | 490000 | | | |
| | 伙食人工 | 小米 | | 千克 | 60 | 420.00 | 25200.00 | 人工1人附有小米及包米合3包支给 |
| | | 包米 | | 千克 | 430 | 330.00 | 141900.00 | 平衡仓库支给的东西 |
| | | 计 | | | | | 167100.00 | 同上 |
| | 杂费 | | | | | | | 工具及杂材料购入费<br>工具损坏及搬运费<br>医疗费人工杂役支给 |

**续表**

| 工种 | 细目 | 材料 | 形状尺寸 | 单价 | 金额 | 单价 | 金额 | 摘要 |
|---|---|---|---|---|---|---|---|---|
| 小清河 | 杂费 | 计 | | | | | 2304.05 | 料杂品费其他一切 |
| | | 合计 | | | | | 280000.00 | |

1. 原本打算筑坝1300米，断流工程有必要增加200米。还有，因地形原因有300米被认为没有必要，因此全长800米。

2. 断流工程上因为决堤口的长度太大之故增加200米，增至全长400米，天端宽度8米。

3. 护岸工程因溃口的长度之长以及河岸被冲刷部分的不断增加，故而全长增加200米。

4. 筑坝工程与前项相同，因增加坝长，增加2处，共为12处。

5. 因为护岸、筑坝工程的变动导致工资也产生相应变化。

6. 随着小清河复原工程，涿县、固安县之间的联络变为可能，会给治安警备上带来一定困难，故而必须建造一所临时桥。

7. 琉璃河河床因小清河合流造成泥沙堆积，因此需增加挖掘深度。

8. 前面工程预算和本设计额的差额有65000元，主要在于小清河河道的挖掘量的增加和临时桥的架设。

9. 本工程预定从动工之日起在40天内完成。

6月5日变更申请的工程费

| 项目 | 数量 | 金额（元） | 摘要 |
|---|---|---|---|
| 苦力 | 490000名 | 167100 | 40天里每天每人2斤杂粮 |
| 木匠 | 1510名 | 3775 | 40天分发劳动费 |
| 笼子 | 3250个 | 6500 | @200 |
| 草包 | 5000袋 | 2500 | |
| 木材 | 5947条 | 45791 | |
| 树皮 | 26900捆 | 32280 | @1元2 |
| 绳 | 123卷 | 87945 | 20千克=1卷=7元15 |
| 麻绳（6分） | 150千克 | 450 | |
| 铁线（4毫米） | 1040千克 | 5200 | |
| 铁线 | （0.7毫米） | 185千克 | 2220 |
| 拱顶 | 120条 | 300 | |
| 洋钉 | 600根 | 1200 | |

杂费　　　100 千克　　500

合计　　　1130405

合计　　　280000

备注　补助金申请内容

上次申请　170000 元（内涿、良乡县 50000 元以上机构 80000 元　合计 130000 元）

【关于修复委员会】

当地的委员会有组织章程吗？ =全部都没有。委员会怎么运作是我们来了之后随意决定的，随意变更的。只要能让事情运作得最好就可以，我们采取这一原则。

上述的各工作人员是什么时候在码头镇集齐的？ =县的工作人员在动工（25 日）前三天就来到码头镇了。

那时候已经分配好人手了吗？ =因为工作人员数量大体上在 20 日的时候就定好了，县这边负责统筹安排，我们这方只要做好相应工作人员人数的准备工作就可以了。

上述组织是什么时候决定的？ =动工前后吧，大家在一起商量之后，决定工作分配。

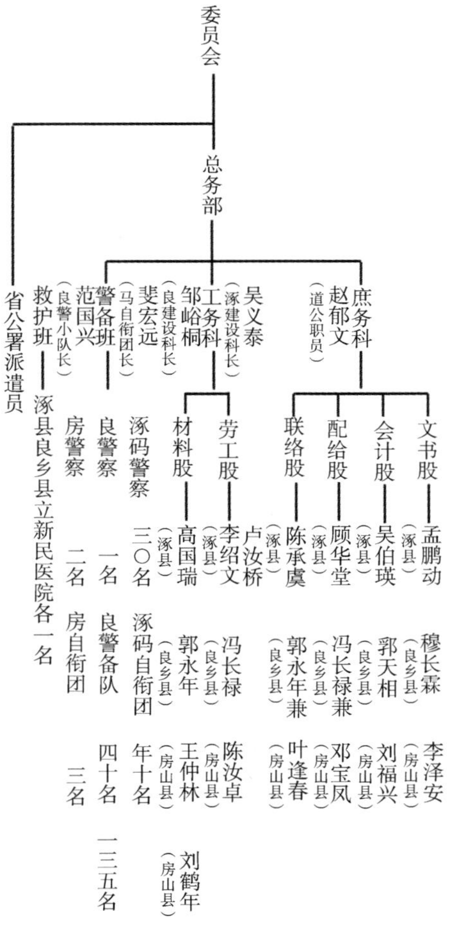

是中国人决定的吗？=不是，因为负责监督的是军队，所以听他们指示。一开始是把企划股归给工务科管辖，因为多有不便就换成了下述所示的那样。这里面包括了省公署派遣的日本技师以及3个日本承包人。

上述的承包人是承包什么呢？=什么也没（承包），只是因为和省公署有些联系，就来这里援助（我们），委员会只发放伙食费。

文书股是干什么的呢？=负责委员会发放到外面的公文的撰写和发送，还有，制作统计表。每5天写1份报告，主要是给省、道、县里写。主要的起草是由我和日方的人写。

那会计股呢？=主要是钱财的收受保管、出纳、工程用具费用等。配有内勤1名。到目前为止所需要的经费都是向涿县、良乡县公署借来凑合的。到目前的花费大部分是各材料的搬运费、支给的粮食费、不足（补充的）2000个笼子的费用。

那配给股呢？=因为每天要给劳工小米和玉米，（他们负责）召集劳工代表，合计劳工数，把东西交给他们。配有内勤1名。

联络股呢？=在工程现场进行工作方面的联络。没有内勤。

劳工股呢？=负责分配工程现场的劳工。但是因为一个县的作业区域是有一定规定的，就负责那个区域的分配就可以了。还要监督劳工的作业情况，调查到工人员的数量。配有一名内勤。

材料股呢？=负责收集工程材料（领取、分类）保管、分配。材料有麻袋、树木、搬运用的笼子等。

大约就是如以上所说的那样运作吗？=大约是这样的，但是因此这次工程很急，所以并没有明确的界限。如果把界限划得很清楚，工作就没法做了，大家每样都干点。但是因为有三个县的人，所以每个县负责筹划跟自己县有关的事情。

听说固安县跟本工程也有关系？=和工程没有什么直接联系，但是因为是邻县，就为我们提供物资上的援助，像发放的粮食和工程材料。（因为物资的）货款稍后会给他们，所以就不断地给我们送（物资）过来了。

警备班是干什么的？=虽然治安很良好没什么好担心的，但还是预备着以防外匪和潜匪。还有负责看守以防有人逃跑。劳工就像前面所说的大致有一定的住宿地点，良乡的警备班就住在同县劳工的住宿地路村附近，房山的也是一样住在南乐附近。除了警备以外，他们会固定有三分之二的人去工程现场负责监督。

我听说在工程现场，劳工股的人也是负责监督的，那他们和警备班的人关系是怎么样的呢？=没有一定谁的地位高谁的地位低。

（因为）是劳工股这边决定劳工的（工作）分配，（所以）不让警备班的人（对分配）插手是吗？=并没有特别这样去做，因为彼此都比较熟，这种事情一般也不会发生。警备班一般是负责斥骂监督那些偷懒的人。

警备班的管辖范围也是一定的吗？=对，就是劳工们工作的地方。

【劳工的工作分配等】

一个县劳工的工作区域内，是按什么标准分配劳工数量的呢？=大体上是按区和乡的排列顺序分配的，但是一般一项工作完成之后还会有别的工作，所以有时候顺序有些乱。

一个村的劳工就让他们固定在一处工作是吗？ = 对。

没有特别从各个村选拔那些力气大的，然后给他们活儿干吗？ = 没有。

像木匠之类的怎么样呢？ = 木匠不像普通的劳工。会给他们工资，指定工作给他们做。

是三个县分配并派出一定数量的木工吗？ = 不是，木工是委员会雇的，在某一带（雇佣）。

永定河也蛮近的，没有找来那些以前做过土木工程的人，给他们一定的工作做吗？ = 没有时间找那些人了。因为必须在雨季之前完成工作，只能由我们这边决定，然后不断赶进度。

工程刚开始时听过那些有治水经验的人的意见吗？ = 同上。

【劳工动员数】

劳工的出工情况怎么样？ =

| 日期 | 涿县 | 良乡 | 房山 | 计 |
|---|---|---|---|---|
| 5. 25 | 5. 108 | 3. 080 | 1. 668 | 9. 856 |
| 5. 26 | 5. 199 | 3. 080 | 2. 820 | 11. 099 |
| 5. 27 | 5. 173 | 3. 065 | 2. 879 | 11. 116 |
| 5. 28 | 5. 155 | 3. 067 | 3. 130 | 11. 352 |
| 5. 29 | 5. 110 | 3. 060 | 3. 043 | 11. 213 |
| 5. 30 | 5. 183 | 3. 031 | 3. 563 | 11. 733 |
| 31 | 5. 175 | 3. 036 | 3. 356 | 11. 568 |
| 计 | (36. 102) | (3. 419) | (20. 460) | (77. 081) |
| 6. 1 | 5. 190 | 3. 038 | 3. 324 | 11. 552 |
| 6. 2 | 5. 191 | 3. 043 | 3. 074 | 11. 308 |
| 6. 3 | 5. 275 | 3. 029 | 3. 132 | 11. 436 |
| 6. 4 | 10. 079 | 3. 008 | 3. 301 | 16. 388 |
| 6. 5 | 9. 004 | 3. 033 | 3. 298 | 15. 322 |
| 计 | (34. 739) | (15. 138) | (16. 129) | (66. 006) |
| 6. 6 | 2. 414 | 3. 016 | 3. 548 | 17. 983 |
| 6. 7 | 9. 793 | 3. 018 | 3. 162 | 15. 973 |
| 6. 8 | 8. 010 | 2. 962 | 3. 332 | 14. 304 |
| 6. 9 | 7. 173 | 2. 967 | 3. 340 | 13. 989 |
| 6. 10 | 7. 082 | 3. 005 | 3. 189 | 13. 276 |

续表

| 日期 | 涿县 | 良乡 | 房山 | 计 |
|---|---|---|---|---|
| 6.11 | 5.587 | 3.004 | 3.204 | 11.795 |
| 6.12 | 5.587 | 3.084 | 3.180 | 11.851 |
| 6.13 | 6.450 | 3.082 | 3.406 | 12.938 |
| 6.14 | 7.063 | 3.011 | 3.338 | 13.412 |
| 6.15 | 7.124 | 3.028 | 2.819 | 12.971 |
| 6.16 | ? | 2.739 | 2.747 | |
| 6.17 | ? | 2.727 | 2.750 | |

注：①截至6月15日、6日，总计人数为282479人。

②6月4日起，涿县的出工人数激增，是该县公署为了尽早完工而增加的。

【出工分配】

以上出工的劳工是在哪里安排和集合的呢？=委员会那边算出所需的人数，然后通知县里，由县公署来安排。

县里是怎样分配出工人数的呢？=那我就不知道了，只有县公署知道。

那么，出工者来这边的时候有人引导吗？=有。

引导时需要村长吗？=了解情况的人都可以。

以上的引导人在工程期间会变动吗？=每次劳工轮班的时候会变动。

引导的人先来这里做什么呢？=一开始去委员会露个面，由劳工股的人通知引导人员（事情）。以后就不用每天（到委员会）签到露面了，在现场照看劳工就可以。

引导人员不用做工吗？=对，他们负责不让大家偷懒，还有根据劳工股的指示给劳工分配工作场地，以及照看病人。

除了以上的引导人员，有没有其他从村里派出的照看劳工的人？=（他们）带来厨子，让他们给我们做饭。

像上表那样每天没有办法集齐人数是为什么？=有病人啊，或者有人有急事回村了，还有因为轮班导致的人数差异。

有很多病人吗？什么病比较多？=主要是消化器官的病，军方、良乡、涿县公署那边会有药品的补助。

几天让劳工轮一次班呢？=在我们这边，分配的人数如果能照常出工就很好了，并没有成规。因此不同的村，有的是5天，有的是7天。因村情况不同而有所不同。

[劳工股（良乡）的工作人员所说的话=县那边考虑户口数、距离和经济情况，让各乡出指定的人数，各乡又根据其构成让各村分配人数。谁以怎样的标准来出人就是村里的人自己决定的了。]

劳动时间？=6点半到正午，然后正午到3点是休息时间，3—7点继续工作。

【劳工受诊者的数量】

| 日期 | 涿县 | 良乡 | 房山 | 计 |
|---|---|---|---|---|
| 5.26 | 0 | 160 | 0 | |
| 5.27 | 0 | 197 | 4 | |
| 5.28 | 0 | 148 | 9 | |
| 5.29 | 33 | 158 | 0 | |
| 5.30 | 31 | 146 | 3 | |
| 31 | 64 | 131 | 18 | |
| 6.1 | 43 | 153 | 8 | 204 |
| 6.2 | 104 | 138 | 104 | 346 |
| 6.3 | 93 | 141 | 48 | 282 |
| 6.4 | 69 | 139 | 21 | 229 |
| 6.5 | 143 | 150 | 30 | 323 |
| （计） | （452） | （721） | （211） | （1.384） |
| 6.6 | 166 | 136 | 125 | 427 |
| 6.7 | 120 | 114 | 61 | 295 |
| 6.8 | 83 | 157 | 33 | 273 |
| 6.9 | 75 | 96 | 75 | 246 |
| 6.10 | 105 | 61 | 96 | 265 |
| （计） | （549） | （564） | （390） | （1.506） |

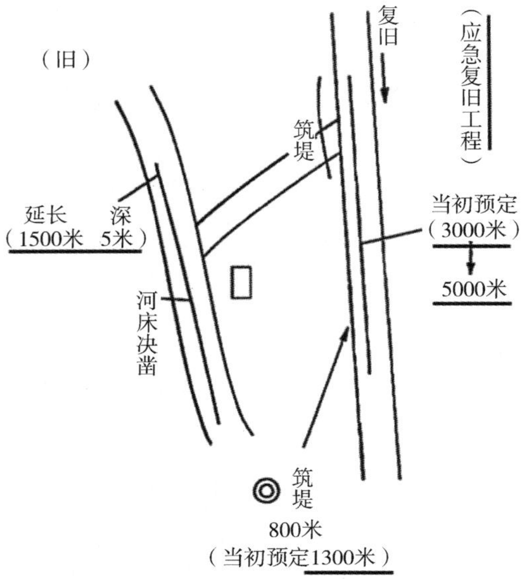

# 6月17日

## 工程进度情况

调　查　达　光

应答者　郭世年

【工程进展情况】

1. 琉璃河相关

琉璃河河床因为民国二十八年的小清河泛滥，导致入河泥沙太多，河床几乎和附近的旱地高度持平。因此，为了排水，在河道中心有必要进行宽20米、深1.6米、长1500米的河道挖掘工程。虽然真正实施的时候是挖了2000米。每天挖掘100米，从6月25日开始动工。这个区间是用了良乡的劳工3000名，同时开始动工。劳工的配置是按乡分开，决定一天的工作区域之后就开始赶工。工程期间有很大一部分区域有涌出的水，妨碍了工程进度，但也大体上按预定的进程进行，到6月5日，其完成度为73%；6月7日的时候挖掘工程大体完成。因此，从当天起，该河的筑堤断流工程用1500名劳工，掘土地点的拾土、收尾工程用了1500名劳工，预计10天后大体就能完工。

2. 小清河方面

由此处可见，上述几种工程类别中，与当初预定的计划有出入（当初预定6月20日动工，7月15日完成，如今延期到7月底）。

| 种别 | 当初计划（米） | 变更计划 | 备注 |
|---|---|---|---|
| 河道挖凿工 | 3000 | 5000 | |
| 筑堤工 | 1300 | 800 | 天端宽5米、平均高15米 |
| 截止工 | 200 | 400 | 天端宽8米、平均高3、5米 |
| 护岸工 | 500 | 700 | 扭杭打、柳柴的工程 |
| 水制工 | | 10 | 杭栅宽4米、12个地方（由于变更增加2处） |
| 架桥工 | | 480 | 宽4米 |

首先于6月25日从各个河道挖掘点动工。也就是说，决定涿县和房山的责任区域，前者负责下游的3750米，后者负责上游的1250米。涿县每日大约派出劳工四五百人，原定到4日完工却未能完成。于是从6月4日起又增员到1万人，继续推进工程。另一方面，房山派出了大约3200名劳工。

截至6月5日，涿县方面完成了1750米，剩下的2000米从4日开始动工，进展顺利。另一方面，房山县因为出工人数少、效率低，仅以截至6月10日的挖掘量来说，虽然完成率有60%，但因拾土工作未完成，只做完了整体工程的48%。房山出工人数不理想是因为供给粮食数量安排不足，安排好之后，出工人数就逐渐增多了。总体来说，现在工程也在顺利进展中。

随着挖掘工程的进展，由于会酌情把劳工分配到其他工作上，在6月7日把上述劳工中良乡的1000人、房山的1000人调配到断流工程中，预计截至6月10日可完成20%。

筑堤工程在6月7日让良乡县500名劳工开始动工，预计截至6月10日可完成20%。

护岸工程使用涿县、码头镇附近600名劳工，在7日左右开始动工。把600名工人分成3班，一班在上午7点到下午7点期间编织“柳条”、搬运木桩、做杂活，其他的两班实行轮班制（上午6点到下午1点和下午1点到8点半这两班）。“千斤”（打木桩）机器从一开始的2台增至后来的4台，1台每天可以打50个木桩，6月5日打300根，到10日在全长700米中的200米里打了400余根木桩，随后不断进行中。预计在护岸工程竣工之后进行防坡堤和临时桥建造工程，现在正在收集材料。

【劳工住宿地点】

住宿点必须考虑和工程现场的距离，现将原先的计划稍作变动。

**工程进展情况报告表**

1. 工程名　琉璃河泛滥地区应急恢复工程　第二回　自6月1日至6月5日
2. 动工年月　民国三十一年5月25日
3. 竣工预定年月　民国三十一年6月30日
4. 劳动出工表

1. 工作天数　日
2. 天气　雨天一日　阴天一日　晴天5日

| 名　称 | 到上次为止出工数 | 本次出工数 | 合计出工数 | 摘　　要 |
|---|---|---|---|---|
| 小　　工 | 77,987人 | 66,000人 | 143,981人 | |
| 木　　匠 | 10人 | 180人 | 190人 | |
| 熟练工 | | | | |
| | | | | |
| | | | | |
| 计 | 1,800人 | 11,180人 | 144,155人 | |

5. 工程完成量表

| 工　程 | 形状尺寸 | 设计数量 | 到上次为止完成量 | | 本次完成量 | | 合计完成量 | | 摘要 |
|---|---|---|---|---|---|---|---|---|---|
| | | | 数量 | % | 数量 | % | 数量 | % | |
| 大清河河道挖掘工程 | 延长5,000米<br>底宽35米<br>平均深度1.6米 | 292,800立方米 | 65,000 | 22 | 50,000 | 18 | 115,00 | 4 | |

续表

| 工　程 | 形状尺寸 | 设计数量 | 到上次为止完成量 | | 本次完成量 | | 合计完成量 | | 摘要 |
|---|---|---|---|---|---|---|---|---|---|
| | | | 数量 | % | 数量 | % | 数量 | % | |
| 大清河筑堤工程 | 延长 800 米<br>天端宽 5.0 米<br>平均深度 1.5 米 | 11,500 立方米 | 0 | 0 | 0 | 0 | 0 | 0 | |
| 大清河截流工程 | 延长 400 米<br>天端宽 5.0 米<br>平均深度 1.5 米 | 25,200 立方米 | 0 | 0 | 0 | 0 | 0 | 0 | |
| 大清河护岸工程 | 延长 700 米 | 700 米 | 0 | 0 | 木桩 300 根 | 5 | 木桩 300 根 | 5 | 5 月 31 日动工打桩以及材料收集中 |
| 大清河防坡工程 | 长 15.0 米<br>宽 4.0 米 | 12 个地方 | 0 | 0 | 0 | 29 | 0 | 0 | 材料收集中 |
| 琉璃河河道挖掘工程 | 延长 2.000 米<br>底宽 2.0 米<br>平均深度 1.2 米 | 48,000 立方米 | 21,000 | 49 | 14,000 | 35,000 | 73 | | |
| 合计 | | | | 15 | | | 30 | | |

## 工程进行情况报告书

1. 工程名　　琉璃河泛滥地区应急恢复工程　　第 3 回　自 6 月 6 日
2. 动工年月　　民国三十一年 5 月 25 日　　至 6 月 10 日
3. 竣工预定年月　　民国三十一年 6 月 30 日
4. 劳动出工表

1. 工作天数　5 日
2. 天气　雨天一日
阴天一日
晴天 5 日

| 名　称 | 到上次为止出工数 | 本次出工数 | 合计出工数 | 摘　要 |
|---|---|---|---|---|
| 人　工 | 143987 人 | 75525 人 | 219512 人 | |
| 木　匠 | 180 人 | 180 人 | 360 人 | |
| 熟练工 | | | | |
| | | | | |
| | | | | |
| 计 | 144167 人 | 75705 人 | 219872 人 | |

5. 工程完成量表

| 工　程 | 形状尺寸 | 设计数量 | 到上次为止完成量 | | 本次完成量 | | 合计完成量 | | 摘要 |
|---|---|---|---|---|---|---|---|---|---|
| | | | 数量 | % | 数量 | % | 数量 | % | |
| 大清河河道挖掘工程 | 延长 5,000 米<br>底宽 35 米<br>平均深度 1.6 米 | 292,800 立方米 | 115,000 立方米 | 40 | 18,680 立方米 | 8 | 133,680 | 48 | 因为挖土处理未了实际上堤是 60%，预计 12% |
| 大清河筑堤工程 | 延长 800 米<br>天端宽 5.0 米<br>平均深度 1.5 米 | 11,500 立方米 | 0 | 0 | 2,200 立方米 | 20 | 2,200 | 20 | |
| 大清河截流工程 | 延长 400 米<br>天端宽 5.0 米<br>平均深度 1.5 米 | 25,200 立方米 | 0 | 0 | 500 立方米 | 10 | 0 | 20 | |
| 大清河护岸工程 | 延长 700 米 | 700 米 | 木桩 300 根 | 5 | 木桩 425 根 | 0 | 木桩 725 根 | 15 | 打桩完了后可完成 60% |
| 大清河防坡工程 | 长 15。0 米<br>宽 4.0 米 | 12 个地方 | 0 | 0 | 0 | 20 | 0 | 0 | |
| 琉璃河河道挖掘工程 | 延长 2.000 米<br>底宽 2.0 米<br>平均深度 1.2 米 | 48,000 立方米 | 35,000 立方米 | 73 | 10,000 立方米 | 20 | 45,000 立方米 | 93 | |
| 合计 | | | | | | 20 | 30 | | |

涿县内的码头镇、北西郭、郎庄、北港、马庄、西宰庄、常庄、杨泗庄、古城、刘庄、保安庄、浮落营、搭四郭、西田城、东田城、除街辛庄、台子、任村、北芦、双柳村这 21 个村落是涿县、房山县劳工的住宿之地。这个地方还住着作为警备班的涿县警备员 60 人、房山县警备员 12 人。其次，靠近工程现场的良乡县内的常舍、路村、薛庄、南白、北白、兴礼、南召、官庄等 18 个地方住有良乡的劳工、良乡警备员 40 人。

各地住宿劳工数

| 月日 | 涿县劳工数 | 房山劳工数 | 良乡劳工数 |
|---|---|---|---|
| 6.1 | 2014 | 3324 | 3038 |
| 6.2 | 2340 | 3074 | 3043 |
| 6.3 | 2133 | 3131 | 3029 |
| 6.4 | 5305 | 3301 | 3008 |
| 6.5 | 5187 | 3298 | 3020 |

| | | | |
|---|---|---|---|
| 6. 6 | 3991 | 3548 | 3016 |
| 6. 7 | 4756 | 3162 | 3018 |
| 6. 8 | 4576 | 3332 | 2962 |
| 6. 9 | 4217 | 3340 | 2967 |
| 6. 10 | 3982 | 3189 | 3005 |

【劳工待遇】

虽然没有给劳工现金，但是会给他们每人每天大约 5 角的小米和玉米。粮食方面虽然委员会向特务机关、省等机构发出了请求，但因在工程动工前赶不及了，委员会就从当地各个机构借用粮食应急。之后特务机关等准备粮食运输，逐渐实行粮食分配。

也就是说，从 6 月 20 日开始的十几天之间，因为粮食没有运到，三县只能自备粮食。良乡县是向琉璃河商会调粮食，涿县是向乡公所（好像第 4 区）及村公所调派，房山因为没有办法自己准备，委员会就帮其向码头镇的商会借用小米 6000 余斤，向良乡县琉璃河新民会办事处借用 8000 余斤。

工程完成量

| 工　程 | 形状尺寸 | 设计数量 | 到上次为止完成量 | | 本次完成量 | | 合计完成量 | | 摘要 |
|---|---|---|---|---|---|---|---|---|---|
| | | | 数量 | % | 数量 | % | 数量 | % | |
| 大清河河道挖掘工程 | 延长 5,000 米<br>底宽 35 米<br>平均深度 1.6 米 | 292,800 立方米 | 65,000 | 22 | 50,000 | 18 | 115,000 | 40 | |
| 大清河筑堤工程 | 延长 800 米<br>天端宽 5.0 米<br>平均深度 1.5 米 | 11,500 立方米 | 0 | 0 | 0 | 0 | 0 | 0 | |
| 大清河截流工程 | 延长 400 米<br>天端宽 5.0 米<br>平均深度 1.5 米 | 25,200 立方米 | 0 | 0 | 0 | 0 | 0 | 0 | |
| 大清河护岸工程 | 延长 700 米 | 700 米 | 0 | 0 | 木桩 300 根 | 5 | 木桩 300 根 | 5 | 3 月 31 日动工打桩以及材料收集中 |
| 大清河防坡工程 | 长 15.0 米<br>宽 4.0 米 | 12 个地方 | 0 | 0 | 0 | 0 | 0 | 0 | 材料收集中 |
| 琉璃河河道挖掘工程 | 延长 2.000 米<br>底宽 2.0 米<br>平均深度 1.2 米 | 48,000 立方米 | 21,000 | 44 | 14,000 | 33 | 35,000 | 73 | |

续表

| 工　程 | 形状尺寸 | 设计数量 | 到上次为止完成量 | | 本次完成量 | | 合计完成量 | | 摘要 |
|---|---|---|---|---|---|---|---|---|---|
| | | | 数量 | % | 数量 | % | 数量 | % | |
| 琉璃河架桥工程 | 桥长480米<br>宽4.0米 | 1个地方 | 0 | 0 | 0 | 0 | 0 | 0 | 材料收集中 |

因为粮食运输的延误，出工人数大大减少。到了6月10日左右，在北京特务机构的周旋下粮食终于运到，从此时起预计出工人数就不至于大大减少了。

（追记：6月16日，涿县第3区派出劳工中的200人、房山派出劳工1000人左右因粮食不足而逃匿）

委员会在粮食运到之前一直是向商会以及其他机构借用粮食。在工程结束之后，委员会把费用交付给县里，再由县与这些机构清算。

虽然委员会除了以上支付之外没有其他补贴了，但是各地劳工有从自己所在地拿到劳务费的，也有没有拿到的。

【工程材料】

工程材料主要是圆木5000根、柳条3万束，圆木中的1000根从码头镇附近获得，剩下的4000根通过固安县公署向下面调配获得，这也是按预定收集的。

以上的货款不能立即支付，在工程结束之后由委员会交付给县里分配的金额，再由县里支付。

## 6月15日

*应答者　萧士培（涿县码头镇分所长）*

【出工的分配等】

今天的工程里涿县一天出几个人？＝3000人，后来是5000人。

这是谁定的？＝上面的人，我们不知道。

是按什么分配原则来出人？＝本县有6个区，每个区出500人，就是3000人。因此实际上是第一区500人；第二区300人；第三区500人；第四区500人；第五区500人；第六区200人；合计2500人，有时候也会有变动，要出5000人。

为什么二区和六区可以少出人？＝因为六区最远，二区除了出人以外还提供了很多物资，物资有工程用的柳条、圆木之类的，但是不是无偿的，可以拿到钱的。

各区分别以上述的比例出人吗？＝不是，最初是让二区和六区出人，二区出了3000人，六区出了2000人。二区、六区的分配工程结束之后，到了第2期的时候，剩下的4个区合计出5000人。

第二区的出人指令是委员会直接向村下达的吗？=不是，是从我的分所下达的。

第二区是以什么样的指标出人呢？=男人10人里出2人，本区总人口是31000人，其中男人有15200人，这里面包括了老人和小孩。我们是要求这15200人中的每10个人中有1人参加，也就是一共要3000人。

**琉璃河恢复工程各种材料购入配出表　　民国三十一年六月五日**

| 材料种类 | 形状 | 购入数 | | | 配出数量 | 结存数量 |
|---|---|---|---|---|---|---|
| | | 前存数 | 现购数 | 合计 | | |
| 木杠子 | 长6尺直径2寸 | 118根 | 285根 | 403根 | 191根 | 212根 |
| 柳条筐 | 柳条制 | 145个 | 56个 | 201个 | 51个 | 150个 |
| 柳条篮 | 柳条制 | 190个 | 348个 | 538个 | 190个 | 348个 |
| 木橛子 | 长2尺直径1寸5 | | 500根 | | 500根 | |
| 杂木（圆木） | 长1.5尺末口5寸 | | 994根 | | 994根 | |
| 粗条（柳条） | 长6尺直径1尺 | | 13，622捆 | | 17，622捆 | |
| 备注 | 1 木杠子，柳条筐，柳条篮及木橛子均由码头镇自卫团代买<br>1 杂木圆木及粗条（柳条）由涿县、良乡、固安3县代买<br>1 杂木圆木及粗条（柳条）木橛子均已交付现场利用<br>1 以上各种材料均为付款 | | | | | |

**琉璃河恢复工程各种材料　　民国三十一年六月十日**

| 材料种类 | 形状 | 购入数 | | | 配出数量 | 结存数量 |
|---|---|---|---|---|---|---|
| | | 前存数 | 现购数 | 合计 | | |
| 木杠子 | 长6尺直径2寸 | 212根 | 700根 | 912根 | 380根 | 532根 |
| 柳条筐 | 柳条制 | 150个 | 194个 | 344个 | 340个 | 4个 |
| 柳条笼 | 柳条制 | 348个 | | 348个 | 348个 | |
| 麻绳 | 两股 | | 205捆 | | 120条 | 50捆 |
| 草绳 | 稻草制 | | 150捆 | | | 500个 |
| 草包 | 稻草制 | | 500捆 | | | |
| 杂木（圆木） | 长1.5尺末口5寸 | | 553捆 | | 553根 | |
| 粗条（柳条） | 长6尺直径1尺 | | 546捆 | | 546捆 | |
| 备注 | 1 木杠子，柳条筐，麻绳均由码头镇购买<br>1 杂木圆木及粗条（柳条）及草绳草包均由涿县，良乡，固安县代买<br>1 杂木圆木及粗条（柳条）及麻绳子均已交付现场利用 | | | | | |

要出役的人数和所拥有的亩数没有关系吗？另外，商人等也要出役吗？＝因为从表中可以知道每村每镇等的男性数量，告诉各村按每10个人中的2个人（十分之二）的比率出役，不根据村子的远近进行调整。

各村按照什么标准出役呢？＝各村都不相同，有按户口人数出役的，也有按田亩数出役的，我们这边不干涉。

如上所示的方法以前也有吗？＝因为不像这次这样需要大量的人，上面的方法这是第一次使用，像以前修路的时候，通知道路附近的村子，但是只通知所需要的人数，由村里决定谁去出役。

会让距离工地几里以上的村民留宿呢？＝10里以上。

住宿场地由你们指定吗？＝和委员会的人商量之后，尽可能让各县各村在固定的地方，即良乡县的人住在镇北的良乡县内，房山的人住在镇西，涿县的人住在镇上或者镇东南。

码头镇住着涿县的人，现在大约有一千好几百人（参考152页[1]下方的图）。

【邻县的合作】为什么房山、良乡参加了涿县的工程呢？＝因为属于同一个军事管辖区域。

那么，如果房山那边有大工程，本县也会过去吗？＝当然，本县也派出劳役参加了房县挖壕沟的工程。

这三县因为永定河、小清河和琉璃河的泛滥经常遭受洪灾，经常三县合作一起进行治水的工程吗？＝以前不是的，这次是因为民国二十八年的水灾以良乡县内的堤防决堤为开端，冲毁了涿县，更是使琉璃河的河水逆流，房山方面也洪水泛滥，三县全部受灾，所以才让三县百姓一起修复吧。

因为二十八年的决堤发生在良乡县、房山。涿县的人对良乡县的人没有不好的感情吗？＝没有。

在和良乡县的接壤地区，没有局部的用水纷争吗？＝没有。

【县民之间的感情和争水】这三县互相保持着良好的感情吗？＝那也没有，倒不如说感情很差。

县民和县民之间有没有发生打官司的事情？＝有的。

那是哪个县和哪个县之间的事情呢？＝涿县和房山县。

发生纷争的地域是哪儿？＝在涿县西部的大邵村的水田地带，两县的百姓经常掀起腥风血雨。（参照别册调查）

在琉璃河地带怎么样呢？＝没有。

【宿营村庄的营地搭设等】在各分处的劳工住宿地，有做什么接待的准备吗？＝什么都不做，也没有时间。

搭建村子之后会让他们做各种准备吗？＝也没有，村民因为工程用不着做动员的准备，各家如果把房屋的门打开就很好了。

---

〔1〕　译者注：此处的页码是指引文在日语原书中的页码。

对于提供住宿的人家，有什么样的指定要求吗？ =尽可能让他们住在寺庙或者空置的房屋里，并且由警官调查是否有空房，像这样房间极其不足的时候，什么样的百姓家都可以让他们住宿，现在住宿的村子有 24 个，各户平均住 3 个人。

睡觉的用具由谁承担？ =因为是夏天，所以不需要用具。

粮食呢？ =由委员会支出，但是，由村里的人做饭，每个村子来一两名厨子，厨子的工钱似乎是由村里支付。

柴火钱这些呢？ =因为委员会不承担，就是村子或者个人承担吧。

给提供住宿的人家的报酬呢？ =委员会和村子都不承担。

这样安排住宿的方法以前也有吗？ =这次是第一次，大家都面面相觑，以前没有像这次这样大规模的工程，虽然有修筑永定河，但是负责人在河边搭建了茅草屋供他们住宿。

只有妇女和小孩的家里也让他们住宿吗？ =这个由村长斟酌处理，尽可能让他们去别的地方住宿。

在住宿的村庄有偷盗的事情吗？ =没有，我这里还没有收到过那样的报告。

【外村人的投宿】以前在中国经常给外村人提供住宿吗？ =现在让素不相识的人在村里居住，由于治安关系，以前应该也是这样。

以前有牵着骆驼的南蛮子请求在村里留宿的事情吗？ =有的，如果对方和善亲切，会让他借宿在寺庙里。

在住宿地有夜晚巡视的警察吗？ =从码头镇各村调出两名自卫团员，进行警戒以防万一，并且劳工也从自己的村子里带自卫团过来。

## 6 月 15 日

应答者　涿县农民

地　点　码头镇（福寿食堂）

【出役的命令】你来自哪个村？ =第四区，在涿县的西南部。

你在村里是干什么的？ =乡公所的办事人。

这次工程的事情，在乡里是什么时候说的？ =工程开始之前。

从哪里开始下令的？ =县里。

什么命令呢？ =说是派出一定数量的人。

你以前被派出参加过河防工程吗？ =这是第一次。

按照什么标准派人出役呢？ =在乡管辖下的各村有一定的比例，由村里决定派出谁。

【派出比例标准】上面各村的比例数是以什么为标准的？ =酌情考虑村子的户口数、贫富等的关系。

在公所，决定了负责这次工程相关事务的人吗？ =没有，只领头人带领劳工过去就可以了。

乡长、村长也每次都被命令要出现在码头镇吗？ =不是，来一个代表村子的人就行了。

你是代表村子过来的吗？=当然。

【照顾劳工】除你之外还来了照顾农民等的人吗？=来了做饭的人，其他就没有了。

做饭的人是雇来的吗？=当然，从乡里雇的。

【劳工的报酬】劳工能从委员会得到什么吗？=每人每天有2斤玉米和小米，别的就没有了。

乡里会给劳工发放劳务费吗？=乡里不发。

那乡管辖下的村呢？=每个村子不同，有发的，也有不发的，发的话，按照短工的市价发五六角。

你每天做的工作是什么？=最初是把劳工带到这里来，然后和委员会里的县公署的人联系询问住宿的村子，接下来把劳工带去那个村子决定住处，获取粮食，晚上防止有人逃跑。

像这种村民住在其他村子里帮助其他村子的情况，以前有吗？=是全新的做法，这次是第一次。

住宿的村子会愉快地接待你们吗？=他们只提供睡觉的地方，我们不会受到任何接待。

你会带着大家一直到工程结束吗？=我在更替劳工的时候回乡，别人来替代我。

## 6月19日

应答者　房山县农民

你是房山县哪个村的人？=第二分部管辖下的南四位村。

南四位村有几甲？=十二甲。

【村子的出役比例】这次工程派出了多少人？=一甲派出2人，共计每次派出24人，每7天进行一次更替。

以什么标准决定派出的人呢？=按照户口、门牌的顺序。

在这个村里普通的出役也是按户进行的吗？=修路或者这种工程的时候按户派出，但是分摊经费是按田亩数。

房山县有几个区？=不知道。

有几个警察分部？=4个。

你是哪个村的？=第二分部管辖下的第十一编乡下面的北洛平。

【出役的例子】北洛平有几甲？=十二甲半。

派出出役的数量呢？=23名。

几天进行轮班？=5天。

出役的事情是从哪里通知到村里的？=警察。

村里是按什么标准决定出役者的？=按田亩数。

你们是什么时候来的？ =我们是第三回的替换者，昨天下午交换之后从今天开始在现场工作。

你们的劳动时间呢？ =6 点到现场集合，6 点半开工，工作到 12 点，12 点到 3 点休息，3 点到 6 点工作。

在哪个村住宿？ =北港。

北港有很多的住宿者吗？ =住着两三百人，也住了良乡人。

房山人和良乡人是分开住的吗？ =当然，住宿地都是分开的。

也住着房山的警察等人吗？ =住着 2 名房山的警官，2 名自卫团的人，但只守卫我们。

【津贴和照顾】做饭是怎么样的？ =早饭和晚饭在村里吃。

做饭的工具呢？ =只有水缸是从村里借的，其他的都不借，茶碗这些都是用自己的。

柴火呢？ =用我们村的费用买的。

会从委员会得到粮食吗？ =最开始委员会不给发放，所以大家都自己带过来，现在给发放，但是一天两斤根本不够，也不知道什么原因经常会缺斤少两，茶等都是自己带的，也不会从委员会、村里得到劳务费。

谁做饭呢？ =有 2 名厨子、2 名磨米的，都是各村雇来做饭的，他们不参加工程，和出役的班次一起交换。

【工头的工作】大家都有带领的人吗？ =每个班次都有工头进行照料。

工头是在村里干什么的人？ =是村长任命的熟悉工作的人，也可以是非保甲者的普通人。

村里派人出役时，大体都是由这次成为工头的人带领吗？ =不一定。

工头做什么？ =刚来的时候，工头告诉委员会工人数量，拿到分配粮食的手续，之后不用每天去委员会。

不用每天报告接受分配的人数吗？ =因为一开始就报告过了，大体人数是不会变的，所以不碍事。并且每天早上在现场集合之后，要接受县里的警官的检查，所以委员会那边很清楚人数。

工头在现场工作吗？ =不工作，负责接收委员会的人或者警察官的指示，监督带过来的人，出现病人时，马上通知给委员会。

自卫团的人不去现场吗？ =去的，依照警官的指示进行监督，但是不工作。

## 6 月 14 日

*应答者　良乡县公署职员*

【县派员的职务】你是朗乡县公署的派员吗？ =当然。

在这个工程中负责什么？ =担任委员会的会计，没有事情的时候来现场看一下工作状况。

在现场做什么呢？ =不监督，去县民工作的地方指导工作方法。

那么仍然会监督吗？=只向农民指出自己注意到的地方，监督是由警官做的，虽然我们也是协助人员，但因为人手不足，如果什么事都大家一起做，那就不能按照计划完成工程了。

在中国做什么事情都会决定好工作的范围，认为这样就能各自承担责任，但是这次的工程好像有很大的不同啊？=是的，委员会根据各自的分工有自己的办公桌，在委员会里的工作结束后，都要去现场。

【良乡县出役和分配】良乡县按比例出役的劳工数量是多少？=3000名。

上述那些是按照顺序来出役的吗？=是的，现在已经超出3000名很多了。

那是因为这次的工程是直接有利于农民的，所以自发过来的吗？=没有这种事，农民都是被命令过来的。

为什么会让超出规定人数的人过来出役呢？=比例变多的结果。

良乡县的3000名是怎么选出的呢？=这3000名，由委员会按照每10个人选1个人的比例计算分摊，县里综合考虑分摊数量和户口、到现场的距离的关系，分摊给各编下的乡公所，乡公所又分摊给各村，各村几乎都是按照所拥有的田亩数来派出人员，一直都按各村的操作方法都不是乡公所决定的。

那么出役者是组成一队来到现场吗？=是的，50人一个班次。

一个村子里不到50人的时候怎么办呢？=和附近的出役者一起，构成50人一个班次。

上面的班次是委员会这样决定的吗？=是的。

其他的县也是同样的组成一个班次吗？=是的，都是一个村子或者和邻村的人一起组成一个班次，拿着一面旗子。

（注：良乡是黄旗，涿县是白旗，房山是红旗）

良乡的班次的带领者是谁？=能做这个工作的人，不是村长也可以。

上面说的带领者，是由保甲长、会长这样的人担任吗？=谁都可以，只要是有统领大家的能力就行了。

【工作的分配】现场劳工的分配是怎么样的？=各班次分别隔开一定距离挖掘砂石，这是一天的工作区域，做不完就不能回去，所以大家都很努力工作。

不根据劳工的能力而给与不同的工作吗？=这如你所看到的，两个班次有一百人在这里工作，上午在对面挖掘砂石，下午修理这里的堤防，没有给有手艺的人安排别的工作。并且也没有时间去调查谁有什么手艺。

如上面所说的划分区间分配工作，会提高效率吧？=在中国尤其如此，不给劳工等确定工作范围的话，都会偷懒，工作没有进展，因为确定了范围早点做完就可以早点回去，就会拼命工作。

【劳工的报酬】劳工能从委员会得到什么？=两斤玉米和小米，其他的就没了。

乡里会给劳工发放劳务费吗？=什么都没有。

村里呢？=有的村子每天给6角。

这100个人住在哪里？=因为他们都是距这里十几里的村民，所以没有回家住。

# 6月15日

应答者 良乡县农民

【农民出役分配例一】你是哪里人？ =良乡县第三编乡（豆店）的刘丈村。

豆店乡有几个村？ =10个村。

刘丈村有几甲？ =8个甲。

刘丈村这次的选派方法是乡里指定的吗？ =不是，村里斟酌确定的。

怎么确定的呢？ =实行一周轮班制，按照甲的顺序和所拥有田亩数选出20人，即每甲选出2.6人，也是按照甲的顺序选的。

所拥有田亩数的大小不同，出役人数也不同吗？ =是的，土地多就要多派人，最后按照所拥有田亩数的比率分摊各家的出役人数。

有钱人也自己来工作吗？ =如果家里有长工，可以让长工来，没有的话就雇人。

良乡县的村子都是像上面那样进行的吗？ =一般是按田亩数派出的，但也有按户派出的村子，并且按户派出时，也有把拥有1亩到4亩的贫户，2户并作1户，拥有5亩以上的作为1户来处理，各村不一样。

【农民出役例二】你是哪个县哪个村派出的？ =良乡的大十里村。

大十里村有几甲？ =140户，11个甲。

出役的分摊数量是多少？ =31人。

几天轮一次班？ =5天，我们是第5次的，轮班的天数是村子内部决定的。

关于这次工程的出役分摊人数，是从哪里来的指令？ =乡公所。

乡公所说了什么？ =说一甲派出2.6个人。

2.6个人是什么？ =每天从每甲派出2.6个人，因为没有0.6个人，就各甲组合在一起，就成了2.6人的比率。

村里是怎么决定上面的出役分摊人数的呢？ =按照田亩数，因此大地主每次都要派人。

【大地主的情况】大地主有多少亩呢？ =1公顷，村里有3位大地主。

大地主自己来工作吗？ =因为很热，工作又很辛苦，就雇人来。

除了大地主之外，不想来出役的人也可以雇人来吗？ =可以。

那样的人多吗？ =有很多。

每天给多少工钱呢？ =6角1分。

你这个班次的带领者是谁？ =看庙的人。

他经常在这种时候成为带领者吗？ =不一定每次都是。

【农民出役例三】你是哪个县哪个村的人？ =良乡县第三编乡的万家庄。

万家庄有几甲？ =13个甲。

出役分摊的人数是多少？ =33人。

几天轮班？ =7天，这是村里决定的。

乡公所对你们的村里说每甲派出2.6人吗？ =不知道，我们上面的人知道。

村里按照什么标准分摊人数的呢？ =按田亩数、甲的顺序派出（没有土地的人不用来，而且也不把2户贫户并作1户）。

以前参加过修筑永定河的工程吗？ =村里没有。

其他村子呢？ =有的。

那时分摊了出役人数吗？ =没有，因为有募集银钱的事情，我参与了这个。

从委员会里发放的东西是什么？ =只有粮食。

村子和乡里会提供什么呢？ =什么都不提供。

这个工程是为了什么进行的？ =为了防范洪水。

因为这个工程，你们村子就没有洪水了是吗？ =是的，我的村子距离这个工程地点很近，经常有水灾。

村民们在这个工程之前做过防水工程吗？ =仅仅凭借一个村子的力量是完不成的，所以没有做过。

如果和其他的村子联合起来做，只完成自己这个地域的防水工程就可以了吗？ =不是那样的，光是清除小清河的淤积就是个大工作。

在你们的村子大家都为这次的工程感到开心吗？ =是的。

那么有没有比分摊数多的志愿者来参加呢？ =没有，没有超出规定数量的人来。

33个出役者都是本人来的吗？ =有三四个是雇人代替自己来的。

## 6月13日

### 民国二十八年永定河的泛滥情况

调　查　达　光

应答者　孙　某（涿县公署建设科科员）

民国二十八年发生水灾之前，永定河（别名：混河）的河道由北至南流经码头镇东20里的北祭村附近，琉璃河由西北向南，在码头镇的南3里处和拒马河、牧牛河（笔者[1]记：小清河以前叫作小东河、混河岔）汇合后继续向南流。牧牛河是永定河的一条支流，但是永定河水几乎不汇入牧牛河中，而是由北向南从码头镇东1里处的塔西郭村附近流过。

然而，民国二十八年永定河的河堤被洪水冲坏了，永定河水都不汇入干流而是全部流入牧牛河后向南流去，而且水流极大并携带泥沙，致使下游淤积严重。在郎庄附近，就不再向南流了而是向西流，与在码头镇的北边与清河汇合。永定河的水势比清河的水势要

〔1〕 译者注：指本篇报告的作者。

强，因此霸占了清河的水道，清河的水便没法继续下流，引起上游的河水泛滥。清河如琉璃河的名字一样，水流清澈见底。受民国二十八年永定河河水泛滥的影响，码头镇的琉璃河流入很多泥沙，因为泥沙堆积的影响，上游的河水流通不畅，河道中心的水深年均1丈。当地到天津的船运在民国二十八年之后就没有了。

这一地带以前有过水灾，民国之后六年、十八年、二十八年都曾发生过。民国六年的水灾是因为西边山谷地带留下的水汇入导致的。那时候永定河（混河）还没有发生过洪水。民国十八年的水灾也只是小清河的水灾，码头镇附近也只是西北角少量面积浸水而已，民国二十八年的水灾是这一地带未曾有过的水灾。

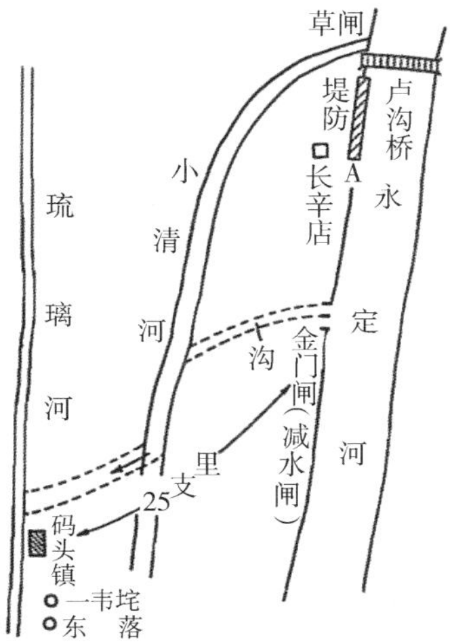


## 6月17、18日

### 永定河决堤前后

应答者　萧士培（码头镇警察分所长）

【泛滥决堤情况】

我想谈谈民国二十八年永定河水灾发生前后降雨情况与水位上涨的关系，好吗？ =民国二十八年夏季好像有三四天降水量很大，但是永定河水位没有仅因此而大幅上涨。我们预测到了七月水量会猛增并导致泛滥，但是水位并没有出现大幅上涨，反而是时而上涨时而下降，最终导致永定河在16日发生决堤。

决堤前琉璃河的水量如何？ =比永定河更早出现水位上涨。琉璃河的水位上涨很多，但是仅琉璃河水位上涨不会发生水灾，大家都没有担心。

小清河水量如何？ =永定河水量增加，自然会通过卢沟桥的闸口流入小清河，所以两条河水的上涨程度是相当的。但是这条河引入永定河水，而这条河的源头与永定河没有关系，源头在房山县山区。

永定河一般会出现决堤的地方有几处？ =插图的堤防 A 点出现决堤，7 月 16 日的事。

A 处其他决堤地点如何？ =A 点处在南岸，只有这一处。

没有从金门闸流进来水吗？ =金门闸是一直开放的减水闸，自然会向小清河流水，但是这里不是问题。主要是从前面的决堤点涌入的洪水导致全部问题。

决堤前永定河的水没有溢出来吗？ =虽然永定河底比附近的土地要高，但是有防洪堤可以防洪水。可是民国二十八年水量大幅上涨，越过堤防出现少许浸水，不过没有出现大问题。

小清河呢？ =溢出来了，流到农田里，但是没有出现大的灾害，很快就退去了，或者被土地吸收了。但是 A 点决堤后这条河水量大增，最后泛滥了。

右侧是什么时候开始溢水？ =记不清了。

是决口的大约几天前呢？ =一个月前就经常有水溢出。

那个时候这个地方召开过防水的会议吗？ =什么都没做，人力不足。

尽管堤防守不住了，为什么妇女儿童不能逃跑呢？ =那个时候没想着会发这么大的水，就没有安排。

溢水持续了多少天？ =洪水不是一直都有的，小清河也有时退水，但是几乎一直是满的，稍有增水就向两岸溢出，积蓄一段时间后，A 点就决堤了。以小清河河道为中心广袤的一带都被洪水淹没了。

A 点大概是几点决堤的？ =早上还没出太阳的时候（这个之后就会知道的）。

这附近被洪水淹没大概是几点？ =下午两三点，这里一瞬间变成了大海。

民国二十八年永定河决堤洪水时一次流入这么广大的区域吗？ =决堤后不是一直在增水，有时增水，有时退水，被浸泡的面积不断变大。

几天内是怎样扩大的呢？ =我想先说一下决堤前的事，小清河不断增水，7 月 7 日下午 5 点左右在北西郭桥（这座桥是由北西郭、小田城、大田城、塔西郭各村的人一起经营）溢出，这时永定河满满的都是浑浊的水，13 日左右在琉璃河镇西大桥溢出了，人们开始担心水变得越来越大。第 1 次大量增水是在 7 月 7 日下午 2 点到 13 日下午 2 点，13 日下午 2 点到 14 日上午 10 点水量下降了一点，但是 16 日下午到半夜 12 点左右从决堤处涌来大量的水，17 日中午 1 点到 6 点处于平静状态，当天 6 点到 10 点水量减少了，21 日下午 2 点到 22 日下午 8 点又来了大量的水当天 8 点到 23 日上午 5 点又恢复了一点，在那之后水量不断减少，虽然 27 日又来了很多水，但是 27 日也开始减少。（这部分是看着当时资料说明的）

增水时洪水的深度如何？ =不同的地方深度不同，耕地最深的有 2 丈 5 尺，平均 1 丈左右，村子里最深有四五尺，普通有 2 尺，家里浸水了，其他记不住了。

【受灾情况】

哪里受灾严重？ =铁道的东边比较严重，东边离决堤点比较近受灾严重。

第 2 区内的村子数及浸水的村子数？ =64 个村子中有 45 个浸水。

区内人畜死伤数？ =3 人死亡，5 匹马、4 匹骡子、10 头驴、1 头牛、165 头猪、7 只羊共计 195 只牲畜。

住房受灾情况？ =虽然各个时期的情况不太清楚，但如下表所示，土房很多损坏的。

| | 淹水（间） | 半坏（间） | 全坏流出（间） |
|---|---|---|---|
| 7 月初调查 | 29 | 15 | 12 |
| 7 月 26 日调查 | 12678 | *1240 | *6745 |

（注：*印记的里面有 3847 间房屋是有修复可能性的程度）

耕地的受灾情况呢？ =根据 7 月上旬的调查，耕地的 3/10 也就是 227 顷受到洪水威胁，之后水量减少了。在 24 日的时候，有 94 顷浸水，同样在 26 日左右的调查里，有 536 顷（耕地的 8/10）浸水，农作物和原来相比也大大减产。作物以高粱、玉米、谷子、豆类等居多。大水的大部分过了两个月才退，土地变得又湿又软，倒是可以种植麦子。

受灾民众数目呢？ =根据 7 月中旬的调查，受灾民众数量有 11358 名（其中需要紧急救济的有 4087 名），在 7 月 26 日左右的调查中，受灾民数为 22890 名（月前 12508 名）。受灾民众大体上都没有什么存粮，他们都等着秋收，就算有存粮的，也因为浸水大多都不能吃了，所以因为这场大水一半的灾民都要为来年的粮食发愁。

受灾的公共设施？ =桥梁有两处，电话都不能用了，是一个月后修复的。道路也是一片狼藉，也是花了一个月才能使用。

（注：在今天调查里的时日、人员数量等都是根据当时的记录）

## 6 月 19 日

### 以码头镇为中心的泛滥情况

应答者　萧士培（前文出现过）

【泛滥和防洪】

我想了解一下民国二十八年水灾这个村的一些情况，在 A 地点决堤之前没对永定河进行防护吗？ =有。

什么时候开始？对什么地点进行防护的？ =本县管辖范围内永定河的右岸地区，因为永定河从 7 月 12 日开始的三四天内水位都在增高，如果堤坝决口就糟了，所以就让 200 名左右（堤坝附近的）村民去监视堤坝，修理有溃堤危险的地方（详细后述）。此外，7 月中旬琉璃河在东茨村、西韦坨之间的土岗子决口了，水眼看就要向东流去，所以让附近 200 名村民花了整整 2 天修复土岗。

在没有得到命令的情况下，村民们会自发去防水吗？ =如果没有命令，村民们什么都不会做的，而且靠自发什么事情都干不了。

在这个村是谁发现大水迫近了？各个机构是如何联络的？ =大家只要有谁发现水快来了，就会马上通知到村里。

什么时候的事？ =从正午前起，水就开始不断迫近，到了傍晚这一带就都是水了。可能是因为从正午到傍晚这一带的水不断蔓延，水位基本保持平均，我记得到了傍晚水好像减了一些。

那个时候，码头镇内的水位怎么样呢？＝路上也都是水，可能有一二尺吧。到了晚上就退水了，道路上的土都看得见了，镇子周围不用说，肯定都是水。

那个时候已经可以看到有房屋浸水了吗？＝那个时候还比较少，像前面说的，之后的增水才导致房屋基本都浸水了。

码头镇附近大水冲来的时候，西边铁路也同时浸水了吗？＝没有，水是从这边向西边蔓延的，不到一周就蔓延到西边了。小清河溃堤的地方就是我们现在工程施工的地方，永定河的水一鼓作气冲到了码头镇的北边，冲进了琉璃河里，所以琉璃河的水就溢了出来，形成了洪水。此外，河流逆流，上流的河水把流出口都冲没了，因此到铁道以西都有大水灾。

永定河河水也流到了铁路以西吗？＝因为铁路西边的地势比较高，永定河的河水流不到，其实是因为没了河道的琉璃河的水泛滥导致的，所以涿县房山地带除了山岳地域都浸了水，这也是没花几日的事。

这一带大水是什么时候减少的呢？＝码头镇附近是 2 个月左右，田里的水也没了，道路也通了。一般 2 个月左右大部分的水会向下游流去，被地下吸收从而减少。琉璃河的话，在码头镇一带的河底因为永定河、小清河带来的巨大的沙层，导致上游的水流不进河道里，那片到现在都是湿湿的浸水地。

## 6 月 20 日

### 以永定河河务局为中心的河防

*应答者　萧士培（前文提到过）*

【永定河河务局】

有管理永定河的机构吗？＝永定河河务局。

是从什么时候开始有的？＝以前叫作无定河，河道不定，乾隆年间造了堤坝，改成为永定河，从当时开始就有河务局了。

民国二十八年的时候，河务局总部在哪里？＝天津。

属于什么机构？＝我觉得是省公署。

河边有河务局的常驻事务所吗？＝有。这一带以前事务所的中心在固安，现在在哪就不知道了。

那良乡、宛平一带的是在哪里？＝不知道。

河的两岸是属于一个河务局管辖吗？＝不是，各自分“段”管辖。就涿县附近的永定河来说，有南上四工、南上五工衙门。最近把“工”换成了“段”。南上四段的事务所是在韩营（良乡县）、南上五段的是在长安城（宛平县）。他们各自在堤坝附近，本县内北寨只有河兵驻扎着。

一个“段”的间隔是大体上固定的吗？ =不是，把为了防护河流必要的区间分为一“段”，距离不定。管理边界的话，有水的时候就是以流水中心划分，没水的时候就是到两岸的中心线。

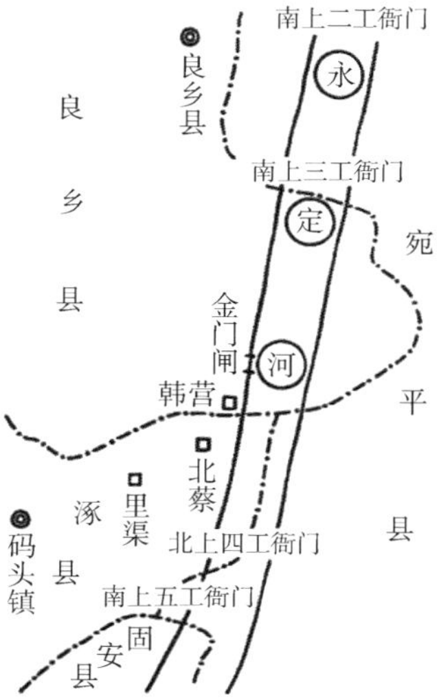


【华北水利委员会】

除了河务局之外，没有别的和永定河有关的机构了吗？ =国民政府直属的华北水利委员会在民国十年成立。他们在调查洪水等受灾情况的时候派过中国人来，没有常驻的。也没特别做过什么。

【河务局的组织和任务】

一个段有规定人数吗？ =段长 1 名（没有副段长）、下设办事人两三名、工巡官带领的河兵有二三十名。段长、办事人平常都会在城里，涨水期的 7 月 1 日到 10 月 1 日会在当地事务所。河兵是全年都在的。现在这边也有河兵，在修理今年春季河岸的破损之处（水灾后永定河有很多积沙，完全变成了一条干河，河务局的组织跟以前一样）

河务局是什么机构？ =监视河堤和闸，负责保护它们。紧急的时候可以随意征用附近的居民，命令他们修复河堤。如果不紧急，必须先和县警察署联系。

【与河相关的土地】

河堤上种着树吗？ =河务局在河堤开始 10 丈内的土地上，种着相当范围的柳树。这片地也不用来耕地，地很不好，什么都种不了。

河流用地是不时改变的吗？ =以前好像有变化，现在有了堤坝，就没变化了。

河流用地以前是民地吗？ =对，但是现在是官地了。

什么时候变成官地的？ =成立了河务局以后。

什么时候的事情？ =很久以前了。

河岸和河边地算是什么呢？ =和上面一样是官地。从堤防开始，10 丈以内都算是河务局的管辖范围，是官地。

河边除了闸、事务所、堤防以外，没有别的设施了吗？ = 没有。

量水计、量水识木之类的呢？ = 只有量水尺。

【河务局局员的职务权限】

负责巡视河堤的是谁？ = 河兵。

那工巡官呢？ = 也会做这个。一般是监督和指挥河兵。

段长、办事人呢？ = 不会一一巡视，有事的时候才会出面。

河务局可以征用人手的村子是固定的吗？ = 从河岸开始 10 里内的村子。以前就是这样。下游也是这样。

10 里以内的村子会叫他们爱护村子之类的吗？ = 没有名字。

河务局曾向 10 里以内的村子课税吗？ = 没有。

同样，有没有征用过物品粮食？ = 没有。有的时候也会付钱。

河务局可以随时征用 10 里内的村民，让他们做事情吗？ = 只有跟堤坝有关的事情才行。

河兵是只负责监视堤防吗，或者也可以抓捕和处罚破坏堤防的人？ = 可以抓人，但是不能处罚他们。

有没有破坏堤防的例子？ = 没听过。

如果破坏堤防的人，可以到 10 里以外搜捕吗？ = 到 10 里以外搜捕是不被允许的。10 里以内的话就不要紧了。根据规定是这样的。但是实际上并不是说 10 里就是 10 里的。如果有这样的限制，那破坏者就都逃掉了。但是如果有犯人逃来码头镇一带，就必须联系警察分所进行逮捕。

河兵在 10 里之内抓捕到犯人的话，谁来负责处罚？ = 河务局。

根据犯罪的轻重程度，处罚也不一样吗？ = 大多数情况下处罚都是轻的。好像有偷堤防附近的土的事情。如果那个时候被抓住，稍微打一下，把土还回来事情就算完了。还有如果有像偷盗护岸用的木枝，作为惩罚就让犯人买下木枝，并且让他们种树，罚金什么的就没有。像破坏堤防之类的事情是没有的。如果有，这就算是严重的犯罪了，河务局就会把他送到地方法院。

上述的法院在哪里？ = 事变前是在涿县。现在应该把犯人往哪儿送就不知道了。

要把犯人往涿县的法院送，是要先把犯人交给涿县的警察分所，再由其送到法院吗？

=不用，由河务局直接送过去就可以了。

比如，像有偷盗堤坝树的人被码头镇警察分所发现并且捉住了，作为一件和河堤有关的犯罪，需要先联系河务局然后把犯人引渡给河务局吗？ =不用，因为是小犯罪，没有必要交给河务局。只要和河务局联系一下就可以了。联系了之后，河务局这边会表示要求归还盗窃的物品，或者要求重新植树之类的。然后我们这边就会让犯人这样做，才会释放他。

和河堤有关的严重犯罪需要引渡给河务局吗？ =不用。但是审讯时会要求河务局人员到场，如果要送到局里的话，我们这边会直接送。

有相关的送局的例子吗？ =没有。

【农民等的征用】

河务局征用过河岸附近10里内的农民吗？ =不时会有。

你能想到堤防受损的情况吗？ =民国六年虽然涨过水，但却没有坏（民国十八年之前堤坝没有坍塌过），十八年韩营附近的堤坝坍塌了。

当时征用了10里范围内的农民了吗？ =当时永定河河域内有泛滥。不清楚是否征用。

河务局在紧急必要时征用10里范围内的人员时，事后会联络所属县的警察分所吗？ =并没有。可以随意征用。

那么并不紧急时呢？ =如果是大工程，应该在事前联络后征用的。但如果是小工程，不需要联络。

会给被征用者工钱吗？ =紧急且不施行该工程会威胁到村庄安全时，会征用大量人员，所以不会给钱。并且，村民们也认为是为了自己的村庄，不会索要钱。但是，如果是普通征用的话，会按照市价支付劳银。

木材等的征用，也有10里之内的限制吗？ =如上所述，一般会支付补偿金。

有定期进行过堤坝补修吗？ =有的。一般是春天，在没有涨水的时候，雇用10里之内的人作为小工进行堤坝修筑。

当时有像不给报酬就不让工作的永定河边的堤工会这样的，为了保护堤坝而由村民组织起来的工会吗？ =没有。

像上边这样的征用、征发时，是河务局单方面征用劳工和物资吗？ =不是的，是和附近的村长商量后决定的。

征用10里之外的人员时，河务局是在联系警察分所后，经河务局之手来征用的吗？ =不是的，我方进行人员募集并带领过来。

但是民国二十八年并没有这种事，上述的决堤发生前，是您所在的分所派出了永定河岸监视人吗？ =是的。

【县、警察的临时水防事务】

这是依据县的指令进行的，还是根据河务局的要求进行的，或者是根据农民的请求进行的？ =是根据县里预先注意永定河水量的指示进行的。而且，即使没有指令，作为警察也必须这样做。而且从永定河附近的村庄里请求了派员。

但永定河堤防是受河务局管辖的，擅自闯入怕是不妥当吧？ =原则上是这样的。但是，虽然有30多名河兵住在本县，遇到大水的时候是忙不过来的。我们的人去了那里的话，对方也会感到开心的。

因为从这里过去的人都是为了支援河兵，那关于修理方面，难道不是接到了河兵或是河务局的指示吗？=不是。如果是要接受河兵的指挥，那在河兵还没有到达的时候就会变成一盘散沙。由于河兵没有到达的先例很多，就用当地警察的决断来弥补这个问题。

如果河兵到了的话，应该接受他们的指示吗？=是这样。因为他们很了解水势。

本所几天内会派出多少人？=本所的3位警官带领了附近的村民2至30人（总计200多人），让他们巡视河边地区。

派人的时候是和谁进行交涉的？=与村长交涉。

码头镇警察分所的职员有几人在场？=30人。但有一半是被派遣到当地任职的。

【平时的水量调查及预防措施】

水灾前特别派了半数的分所员去各地驻扎吗？=没有。普通的状况下会这样做。但是水灾前让他们当天往返去永定河、小清河、琉璃河等各地方做水量调查了。

永定河的水量调查是派哪里的驻扎员去做的？=里渠的驻扎员。因为有通到里渠的电话线，所以用电话了解了每天的水量状况。

里渠的驻扎员每天都会去永定河做调查吗？=驻扎员让村里的自卫队去看了。

每天都会收到水量报告吗？=涨水之后每天都收到了。

基于这份报告，分所采取了什么行动吗？=向县里报告了。

县或是分所为了预防洪水做了什么准备吗？=除了巡视永定河堤防，继续补修强化之外什么都没做。

有让各个村挖好壕沟，或者召集救护船，或者买好药准备着吗？=就算挖了壕沟也不够防水。一旦形成了洪水，什么帮助都没有。这个地方船很少。而且，就算没有提前召集好，那些船主也随时会给我们提供，药没有买。

里渠的驻扎员有和河务局交涉过吗？=这个有。

那么，从本所派遣3位人员到河岸巡视的事情也要事先和驻扎员打招呼吧？=对，打了招呼的。

【保甲自卫团】

当时从里渠一带到永定河岸的地域内除了驻扎员和河务局的河兵以外，还有什么人有权力？=事变后，保甲团的队长鲁化南就常驻在里渠了。他很有权。

当时这里已经实行保甲制度了吗？=不是的。这是冠名的自卫团。保甲团是专门为了防备匪贼的，和行政没有关系。

上面的保甲团就是里渠的驻扎员为了调查永定河的水量而派遣的自卫团吗？=不是，是和土地有关的自卫团。

鲁化南以前的经历？=（没有回答）

他算是警察分所管辖的吗？=是和警察完全没有关系的独立机构，县公署直属。

他是为了预防水灾被派到这里的吗？=不是，为了一般治安管理和防备匪贼。

他的部下有几个人？=500人左右。

那些都是村民吗？ = （？[1] 没有回答）

那么上述的驻扎员做很多事情的时候，不和鲁打招呼可以做吗？比如征用人手或者征收东西之类的？ = 这是需要鲁的承认的。我们当时没有那么大权力，这个地方的事情基本上由他们来决定。

从本所派出的3名警官带着二三十名去护岸那边调查情况这件事也是在鲁的许可之后做吗？ = 这是肯定的。

上述的村民是哪个村的村民？ = 里渠的自卫团员和北蔡村的村民。

北蔡村不就是有河兵屯驻的地方吗？ = 对。

这里也是可以征用河兵小工的土地吗？ = 对。

我们让这片地出人手的时候，需要得到河务局的同意吗？ = 没有警察分所的正式联系。驻扎员那边，我觉得自然会联系的。派遣地我们这边是不太清楚的。

上述参加永定河护岸的人让他们拿什么呢？ = 警官和自卫团是让他们拿铁炮。其他的就不给。

为什么要让他们拿铁炮呢？ = 当时距离事变后不久，治安也很差，作为防身之用。还有，他们要在现场指挥村民们，给他们铁炮以示威严。

在现场，上述的派员做什么？ = 如果有必要修堤，就从北蔡以及其他的村子征用10名、20名小工。出工的人让他们只带铁铲来。

上面的征用是通过河兵吗？ = 对方也能谅解我们，所以可以随意安排。

【修理修补措施】

修理需要的材料是怎么筹备的？ = 没有特别从附近村落筹措的。必要的时候，就砍堤防的柳树来用。填土用的是河兵早早让农民堆好的土。这些土不是一般民地里的土，是堤防10丈以内的官地里的土，春季的时候河兵让农民挖掘并堆好的土。

派员等人的主要工作是什么？ = 河水很满，就要从堤坝上的缝隙流到平地上了，就需要巡视相关地方，这是主要工作。一旦发现有这样的地方，就要让农民来填土。还有，就如前图所示，为了加强河流激荡部分，要打大桩子，为了制水，要让他们拴上柳枝。

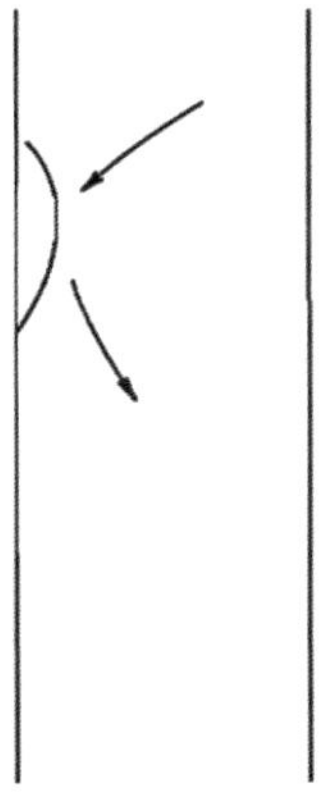

〔1〕 译者注：原文如此。

如上面所示，你们随意用河务局的材料，他们没有怨言吗？＝如果能把事情做完，就能得到认可。如果很急的时候，不向河务局照会，我们就随意征用小工、征收材木了。但是我们这边也知道河兵们的做法，也没有做那么离谱的事情。河防是大家都应该做的事情，没有过因为我们这边做得过分了，河务局那边有怨言的事情。那边也是，这个时候也没有人有困扰，所以也很欣然接受我们这边的做法。

派员住在河边吗？＝不。当日就返回了。水面上升后，河边就开始巡视了。河兵晚上也不能睡，必须巡视。

你们定好白天是你们巡视，晚上是河兵了吗？＝对。

晚上你们这边有谁参加吗？＝没有。

【河防的联络】

如果河流在夜里决口了，谁负责联络你们呢？＝没有人负责联络。事实上主要一决口根本就没有办法联络。平常的话，我们这边的派员白天在河岸边上，因为白天就回来所以有联络。派员不在现场的时候，里渠的驻扎员就会注意很多事情，只会跟我们联系。

民国二十八年永定河决口的时候，从哪里得到发大水的消息呢？＝哪里都没有。水来得很快。

河务局和警察分所之间没有通电话吗？＝没有。

河务局各段之间有通电话吗？＝有。

河务局各段之间，会互相告知各段各自的水量吧？＝应该吧。

是用什么方法，没有给你们通知吗？＝没有。

但是，河务局不是一个应该向各机构通知增水或者决口情况，发出洪水警告的机构吗？＝河务局主要负责堤防监视和修理，没空腾出手来。并不做这样的事情。

本来是应该做的，但实际上做不到吗？＝应该吧。

河务局和各县公署之间没有中间联络的机构吗？＝没有。河务局要和我们这边联络的时候，就会派普通的河兵或者附近部落的村民。但是，发大水的时候，附近整个地区就跟海一样，没法进行联络了。没有事先特意过来通知的。因为什么时候会发洪水谁都没办法预知。

作为县公署，每天都会打听邻县的水量吧？＝我觉得有这么做，用电话。

县或者警察分所有没有向永定河流经的各县派联络员？＝没有。

【相关村的合作】

在河边的村子里，有没有自发派出联络员到邻村和其外村子？＝没有。

河边的村子，会依靠河务局、警察分所还是保甲团？＝平常是不在意的。一旦发大水的话，哪个机构都会去依靠。民国二十八年的水灾之前，曾经向警察分所提出要求，希望派出尽可能多的人来修理永定河河坝。这些是通过里渠驻扎员进行的。

河边的村子有没有互相商量，决定区域，一起防水的惯例？＝没有，只在官方指示下干活。

河边的村子在水灾前后，有没有出现对水务很了解的人，进行巡视、指挥防水工程之类的？＝没有。

民国二十八年决口以后，上游的村子没有采取烽火或者敲钟之类的方法向下游通知洪水的方法吗？ =没有烽火，晚上发大水也不用，会敲钟。而且也会敲锣，原先没有定敲的数量。但是，钟和锣都不是为了和别的村子联络，是为了告知自己村的人灾难。民国二十八年水灾的时候，良乡那边完全没有和我们联系，是大水一直迫近自己村附近了，才知道大水来了。

发大水的时候是怎么和县那边联系的？ =因为电话也打不通了，用船和县城联系。

大水之前，本所向县城报告什么事情？ =虽然不是每天报告，水位的变化很显著的时候就会刻不容缓联系他们。报告的事项，是关于永定河涨水情况。这些信息都是通过上述方法获得。

大水之后呢？ =每天都报告给县里，没有发现其他的报告文件。

# 6月20日

## 发大水和村民

*应答者 玉衡（码头镇警察分所巡官）*

【河务局与警察】

你民国二十八年的时候在做什么？ =和今年一样是本所的巡官。

分所经常和永定河河务局来往吗？ =平常没有。感觉好像要发大水的时候，会从所里派人去帮忙。

要是警察和河务局没有经常联系，发大水不是会给民众带来意料之外的损害吗？ =永定河春季大体上是干涸的。因此联络很少。但是一进入夏季就不能掉以轻心了。但是，就算那个时候联系了，河兵自己也不会知道什么时候会发洪水。知道的时候交通已经不通了，也没有办法联系了。

你去过永定河吗？ =没有。

你知道河务局的工作内容吗？ =并不那么清楚。

【大水灾的原因】

民国二十八年的大水灾的原因是什么？ =因为卢沟桥南堤坝的破坏，如果那个没有坏，应该不会发洪水吧。

上面决堤之前水是从草闸流到小清河吗？ =对。

上述的草闸有可以调节流入水的装置吗？ =我觉得是没有的。

这么说，流入这里的水也有可能变成洪水咯？ =对，民国二十八年这里的河水也不时从堤坝溢出来。虽然这样有洪水的危险，如果只是这样，也不会造成很严重的受灾。洪水的主要原因还是在于A处的决口。

从金门闸开始如何？ =同上。

当时农民们预知到有大水了吗？ =不知道。

没有要发大水了这样的传言吗？ =没有。

今年如何？=虽然没有要有大水的传言，永定河经常很不安定，所以大家都不敢掉以轻心。

比起一般人，河务局应该更清楚涨水的危险性吧？=对，河兵等很清楚。

河兵和河边的老人能感觉洪水要来了吗？=除了龙王以外，谁都不知道。

永定河里的是什么龙王？=太王庙（卢沟桥北）的太王。

什么时候太王会发洪水呢？=生气的时候。

太王什么时候生气呢？=不知道。

永定河边的人经常去太王庙祭拜吗？=有去的，也有不去的。

村长或者老人没有定期去太王庙祭拜吗？=好像没有。

在涨水的时候，村民有拜祭龙王或者其他的神明以祈求退水吗？=没有。

洪水后如何？=虽然这一带没有，但是长辛店这么做过。二十八年水灾的时候也祈祷过，然后好像庙附近的水就退了。

【预防措施】

县或者警察或者河务局有预测洪水并指定村民的避难处吗？=没有。

那么，有让各村子准备好排水用的盛土、木材等吗？=没有，但是北蔡、南蔡一直放着河务局的笼子（搬土用）。因为他们离永定河很近，河务局就让他们代为保管。其他的就没有了。

没有准备救护船吗？=没有。

虽然官方没有做，但是村里没做什么避难准备、排水准备之类的吗？=我觉得也没有。水力太大了，做什么都没有用。

村里会让妇女去别的村避难吧？=几乎没有。大水来了就逃往村里的高地。

有钱人会让家人去城里避难吧？=大体上不会离开村子。

这么说，是因为觉得不管怎么发大水，首先是没有性命之忧的是吗？=大家觉得只要逃往村里高地，就大体上得救了。虽然这么说，大水来了也没有办法泰然处之。

在低地的村子如何呢？=北蔡村是属于在低地的村子，洪水一来就算是很危险的地方了，但是也是谁也没外逃。

比起大水的时候分别避难、不搬出家财，河边的村落平时就会考虑水灾的事情，然后会做一些处置吗？比如把地券预存到镇里的商人那里？=地券、借贷证明书会藏在柜子里面。放到柜子里的话，就算房子被冲走了，也不会浸水和丢失。

河岸边的村子和远一点的村子相比，把地券等贵重物品委托给城镇的人保管的哪个会多一些？=都有，不能说哪个比较多。

沿岸的村子有防水的设施吗？=没有。

村落的基地在比较高的地方吗？=好像是这样的。

村落没有用防水墙围起来吗？=没有。但是，大水来的时候会在村里重要的地方盛土、排水。

【发洪水时的对策】

民国二十八年村里的人就算大水来了也很镇定吗？=因为就算想要逃出村里也逃不出

去，所以妇女、老人等就去村里的高地避难。男人大体上是像上述一样没有避难的。而且男人晚上是一觉都没睡，四处奔走，还要监视增水的涨落。避难的家人们也因为过于恐慌，几乎没睡。

遭受大水侵袭的村子首先采取什么对策呢？=以村公所为中心，把村里能干活的男性劳动力（每户不一定出一个，能干活的都要出）召集起来，日夜监视水的涨落。此外就是各自管各自的了。

有没有像大家一起把储藏的粮食一起搬到高地这样的事情？=有的话也是各搬各的。

没有一起做饭吗？=没有。

对于那些因为房屋浸水而没有住的地方的人，村里没有为他们想办法吗？=村里什么都没做。本人会直接去投靠关系好的人家。

没有那种令人钦佩的人，自发救济那些受苦的人吗？=没有，我们如果接到求助，能借就会借，能帮就会帮。

粮食怎么样呢？=和上面一样。

像上面这样，提供住宿和粮食的人，会不会索要房租和食费？如果没有索要，之后会向村里索要吗？=相关的内部关系我是不知道的。我觉得或许是不收钱的吧。还有也不会向村里要钱吧。我有听过这样的事："二十八年水灾的时候，有个村民退水之后到邻村避难，请求住宿。那个村子很同情他，借给了他住的地方，也给了他吃的，不收一分钱。"

按上面的话来说，也有相当一部分人到邻村避难吗？=几乎没有相关的例子。

## 6月19日

### 水灾救济会

应答者　玉衡（前文提到过）

这个镇上没有像红十字会之类的慈善团体吗？=没有。

街上有三圣道会的惜字灯笼，这个会是什么时候成立的？=应该是最近成立的。他们没有向警察分所提呈报告，所以不是很清楚年月。信仰这个会的人为了自己的修业，自己会掏腰包在街头挂个惜字灯笼。

从以前开始就没有做慈善事业的会吗？=没有。

在水灾和饥荒时候也没有出现慈善家吗？=没有。

【水灾委员会】

在民国二十八年水灾后没有进行慈善工作吗？=成立了水灾委员会。

在什么地方成立的？=一个在县公署内，一个在当地，各自成立的。

上面的两个机构最初没有取得联系就成立了吗？=一开始就有联系。

当地的委员会是谁在什么时候提议的？=决口后，是十来天后的事情了，分所长提议的。

上面的委员会是在县里命令下吗？=对。

地方上没人请求成立相关的会吗？=没有。

所长和谁商量了？=军、镇长、保甲团长、商会长、里长（现在的镇长）。

除上面以外，和有大片土地的人或者有钱人商量吗？=之后发出邀“请”了。一开始只召集了上面的人（商量）。

委员会正式名称叫什么？=涿县临时水灾救济会码头分会。

【委员会的组织】

这个组织是？=县里有中央总部，在水灾重镇设有分会，第二区里只有本镇有。会长是萧士培（现分所长）、副会长裴广远（保甲团长）、李异峰（商会长）。顾问五十岚警备队长（当时驻在码头镇），其他的有董事数十名。

董事、邢裕如（码头镇、南号经理）王振远（同）张辑五（同）杨文华（同）李子明（同）李茂斋（同）王子清（镇副）祝葛田（码、商号、财主）王树芳（镇长）郝金亭（码、药商）郝金昆（镇公所书记）白禄（现镇长、财主）苏志中（现镇副）黄亦纯（前镇公所员）郝基臣（保卫团长）李济善（保甲团）赵承裕（同）高凤翔（巡官）王秉钧（巡官、私）葛玉良（涿全村长）曹品如（义合庄村长）曹仲斟（义庄、农、财主）吴哲臣（北港村教员及村公所员）范雅齐（丁各庄、教员）刘忠（西马庄村长）郝庭珍（辛立村长）孙真修（台子村长）魏春元（沙窝、校长）孙家才（北芦村长）王桂成（?[1]）黄元明（任村长）李某（杨村长）裴广声（保甲团副）陈绍元（保衙团队长）陈乐山（同）鲁化南（同）张明斋（里渠、财主）郭振远（保长）刘海舟（?[2]）白绍岐（大夫）郝新民（同）张杰三（商会、经理）张凌云（河工巡官）。在很久之后，县长给的委任状才到各人手上。

【委员会的工作】

委员会的工作主要有什么？=受灾情况调查和难民的救济。

主要的安排会开会决定吗？=在上述的聚会上就把大体的方针都定好，之后上述的人也会随时开会讨论。

会的办公场所设在哪里？=警察分所里，办公由警官负责，并没有设办事员，人手不够的时候会让自卫团的人帮忙。

在会里什么事情会成为议题呢？=8月9日、10日开了两次会。会上的议题有募款、施粥、收容、调查、防疫，就目前的问题来说，首先要督促各村长调查各村受灾情况，同时展开救济。

纵观董事会成员，商人和有钱人很多，为什么呢？=救助受灾地需要金钱和物资，会里接受他们的捐赠，或者说是为了得到粮食提供，在7月份让大商号做了米饭和干饼，用船运着分给北芦、北港、刘庄、辛庄、辛立村、马庄、杨泗庄等8个村庄的穷人。

根据上述所说，是让他们捐赠金钱物品吗？=也有让他们捐赠的，也有随后会里付给

---

〔1〕　译者注：原文如此。

〔2〕　同上。

他们成本费让他们先通融一下的。

为什么董事里有村长？ =因为他是村的中心人物，一个村的救济事务是以村长为中心展开的。

【会的成立】

一开始就把县委员会设为总部，区设为分会，这样成立的吗？ =一开始完全和县里没有联系，在当地酌情成立了会，后面才变成县里的是总部，区里的是分会的。但是创立确实是在县里的授意下。

警察分所还有镇公所、商会，是不能在没有和县里取得联系的情况下成立救济会的吗？ =对，首先需要县的许可。不可以随便设立。

以前发大水的时候有没有这样的会？ =虽然会的名字不叫委员会，但是听说也成立过以警察为中心的这样的会。

【经费及其负担】

这个会的经费大约是多少？ =7000 元左右。

上述的经费由谁来负担？ =会成立之后马上在富商等垫付之后就筹款清算了。县城的委员会也送来了几百元，日本军的队长也捐了一些。

在各个村，只要有水灾就自然而然地成立灾民救济的会吗？ =并不会，村有村公所就够了。

各个村用在灾民救济的费用随后会里会给报销，是这样的做法吗？ =相关费用会是不支付的。是村里自己负担。

会成立之后也是这样吗？ =对。

【会的成立与通知方法】

会是什么时候成立的？ =所长提议那天。

有没有成立仪式？ =没有。

为了显示委员会的成立，有在各个村贴布告吗？ =没有。

这么说，各个地方都还不知道委员会的成立吗？ =分驻所还有用船巡视的警官、自卫团的人做了通知。

有没有什么特别的时候需要说是委员会，因为要寻求办法而通知的？ =没有。

【会以外的救济对策】

在委员会成立之前，难民救济、发药品等，有这样的救济工作吗？ =在码头镇进行了难民避难，警察协商了住宿。

其他的做了什么事？ =其他的就没有了。

没有派人到各地调查实情吗？ =这个在水退之后不久就做了，但当时因为大水交通不通，几乎没有办法知道情况。但是，派了巡官用船到各地调查，慢慢地就知道情况了。

委员会一开始做的是什么事情？ =首先是让码头镇的难民去避难。对应各地的受灾调查展开的救济工作。

【受灾和避难】

当时码头镇的浸水和受灾程度？ =村子周围全被水围住了。村内的房屋内也大多浸了水。虽然没有全部损坏的房屋，破损了一部分的很多。不过，因为水都流到了院子和炕底下，至今为止睡在地上和小屋里的人就没有住的地方了，需要转移到别的避难处。而且，水不定还会怎么涨呢，村子尽头的人家战战兢兢的，我们想着把他们移到安全地带。此外，那些没有受害的房屋还有一般的住房，房子全部是用泥土做的，指不定什么时候就崩坏了。因为以上的原因，需要避难的有六七十户，多达五六百人。

他们没有去拜托亲戚朋友，多少转移一些人吗？=没有，一般的人家都是因为浸水，然后也没有办法得到收留。虽然有被那些大户人家的熟人、朋友收留的，也就只有10户而已。

这么说，在委员会成立之前，没有人组织到哪里避难吗？=不是的。在码头镇有很多大商店，会收留很大一部分人，人们都到各商店请求投宿。

委员会成立之前，有大约多少人到上述的商铺避难了？=数目不明。

占了上述五六百人的多少呢？=不知道。

上面的避难者大都是农民吗？=几乎全都是农民。

农民直接到商铺去请求住宿吗？=最开始是这样的，到了后来是由警察分所来协商。

农民在到商铺请求住宿的时候，是各户分别去还是选出一个代表派他去呢？=各户自己去。

这个时候有没有人到分所或者镇公所来委托帮忙协商？=没有。

镇公所这边，有没有安排过水灾时的避难场所？=没有。

【对于避难处的委托关系】

乡公所、商会、庙、学校等的空房有用来做难民避难所吗？=这些都有人住着，没有收容的余地。相比之下，到了商铺他们都乐意收留，所以大家都会去商铺。

农民去商铺请求住宿的时候，大多是去那些买自己农作物的铺子吗？=这个不一定。村里人都互相认识，所以哪个铺子都会去。

【难民收容所的设置】

委员会成立之前，警察方面定过避难所吗？=不记得是在委员会成立前还是后了，警察这边作为收容所定了以下几个商铺，把店主叫过来，要求他们的承诺。大家都欣然应允。但是，自发提出要提供住宿的倒是没有。有广盛聚、天福堂（药铺）、德义祥、鸣兴文、福音堂（美国人的，但是美国人没有来过）。

上述的店铺以前就有避难者住着了吗？=对，各自直接交涉之后就住着了。但是，福音堂是我们这边和他交涉之后才能住的。

上述的收容所定了之后，是如何分配难民们的住宿的呢？=并没有统一分配。

决定了收容所这件事通知过难民吗？=虽然没有贴布告，但是让巡官们通知过。很快就传遍村里了。

有没有按地域或者同姓划分避难场所，或者规定收容所的收容人数？=没有。

这一带有没有同姓的人有家庙的？=没有。

难民是乱七八糟的到想去的收容所吗？=对。

收容所谁负责收容事务？=巡官、镇公所、商会、自卫团的人负责照料。

充作收容所的房屋在什么地方？ =商店里有很多屋子，还有仓库也有，商店街在镇子也算是高处，仓库里也可以睡人。

负责照料的人是怎样分配屋子的呢？ =没有把老人、妇人、小孩单独分开，就是把一家子分在一起。

避难者中男女哪个比较多？ =女的、小孩特别多。

为什么男的少呢？ =男的都被纳入自卫团了，但为了监督以及让家里有个人在，也留下了一些男的。

会给家里女孩子多的人家好点的屋子吗？ =对。男的就尽量让他们睡在外面。男的哪里都能睡。

每一处收容所都配有负责照料的人吗？ =没有。

如果有事情的话，有谁会去提这件事吗？ =没有。

让难民们带什么来呢？ =没有特别指定的，要寝具。也有自己带过来的。在商铺是什么都借不到的。

粮食由谁来负担呢？ =负责收容的商铺来出，商铺还是很乐意的。但是，也有少数人带来面粉、大米、麦，自己做饭。

商铺在上述的负担额之后，会向委员会或者商会索要钱财吗？ = （没有回答）

大约避难了几天？ =水灾之后不久的几天，会成立的时候大部分人已经回到自己家里了，剩下大约十来人，在不久之后也慢慢减少了。

【粮食的调配与发放】

有没有发放过粮食？ =有。

什么时候？ =7 月下旬左右开始的 3 个月间，我也送过粮食。

讲讲你送粮食的事情？ =水灾开始的时候，我用船装着小米、干饭送到刘庄和北港。这是委员会发放的粮食，船能装多少就尽量装多少。我觉得 5 斗的袋子有五六袋，也没具体称有多少。刘庄分 2 袋、北港分 1 袋。到了刘庄就叫来村长，向他打听极贫户，让他带路，走访了好几家，一一发给了老人孩子。那个时候，是按照村长所说的来发，而不是以极贫户的调查为基准来发的。到了北港已经是晚上了，就拜托村长发放，然后就回去了。

粮食的发放是做了贫户调查，合理地进行的吗？ =一开始是没法调查的，根据村庄的大小决定发放的数量。开始发放是在 7 月 27 日、28 日左右，到 8 月上旬期间，用船能装多少装多少，根据村庄大小适当分发。到了 8 月份，慢慢的灾民情况就了解了，就根据调查来发放。

这些粮食是委员会买的吗？ =大部分是这里的委员会买的，一小部分是从后县得到的。

上述的粮食在村里是通过谁来发放的？ =虽然不一定，但是一开始的一段时间（几个月不明）是汇总了交给村长，再由村长发给极贫户。后来做好了“极贫人数册”之后就让他们本人直接到委员会，然后给他们（没有像极贫证明书或者传票的制度。问一下就知道是不是本人了，没什么不方便的）。如上所述，虽然两个月间都发放了粮食，但也不是每天都发，是在基金范围内，选择适当的时机发放。

极贫册子上的人有多少？ =12000 名。

涉及了辖管的各村吗？ =对。

那些村子几乎都发过粮吗？ =对。

每一个人会发多少，发几次呢？ =不清楚。

经由村长发放的时候，会给发放的村子排序号，一一发放吗？ =会。

以什么标准来排序？ =受灾的多少。

施粥每天在哪几个地方进行？ =码头镇的小学运动场一处，冬天两回。

那个时候已经不发粮食了吗？ =不怎么发粮食了，有粥场的时候，就不发粮了。

施粥需要多少费用？ =需要几千元。（已经提到的捐赠金的一部分）

做粥用的粮食买了多少？ =忘了。

谁从哪个地方买的？ =会主要从本地的粮行买的。

通过商会买的吗？ =都有，通过商会买的也有，直接买的也有。

粮行有捐赠的吗？ =没有。

会没有从商会借用金钱物品吗？ =没有。

（注：在农民的话里，上述的金钱物品不缺。只要提到和钱有关的话题就很难得到回答，所以改变话题）

有别的村的人来粥场吗？ =有。

从什么村来的？ =周围的各个村子，也有从远的村子来的。

上述情况是让他们随意来还是我们这边调查了之后才发放给他们？ =后者。

【灾民调查与证明】

从什么时候开始如何调查的？ =水灾十来天后，让各个村长调查灾民情况。调查齐了之后从灾民里选出极贫户，制作“极贫人数册”。这个册子里记有户主、男女分别的数量。

总计人数有几人？ =两回大约有三四天。第一次每天有五六百名，第二次有千名左右。

会给求粥的人什么证明书吗？ =会给他们金属制的号码牌。

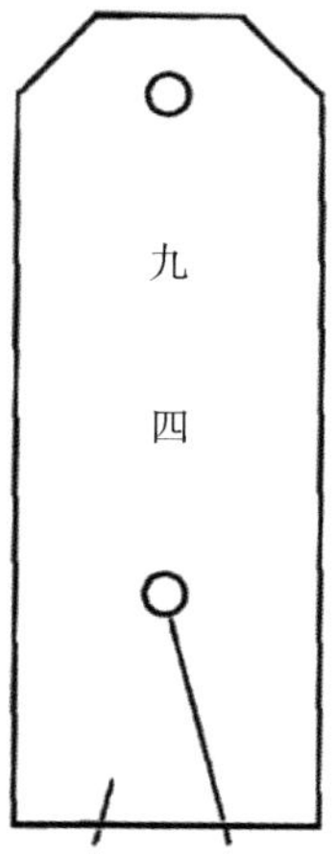

上述的号码牌发到了哪一号？ =不记得了。

拿着这个去的话，只能吃一次吗？ =不是，第一次、第二次，几点去都能吃。

接受施粥的人也能得到粮食吗？ =都可以。

这个号码牌之后会回收吗？ =对，第二次施粥之后会让他们还回来。

这个号码牌还有别的用途吗？ =只有施粥的时候用得到。

施粥大约在几点？ =一天两次，9 点到 1 点和 4 点到 5 点左右。

一个人让他们喝多少粥？ =喝到他们饱为止。每个人是小米半斤左右，一天可以招待千人左右。

施粥后有为贫民做什么吗？ =用于做粥的剩下的小米会分给贫户。

【疾病对策】

二十八年受灾的地方有疾病蔓延吗？ =没有。

水灾的时候没有让人汇报病人情况吗？ =命令村里这样做。

这一年有施药吗？ =委员会做了。买了大约百元的仁丹、避宝散、十滴水（预防霍乱用的）发给他们。

委员会雇了医生，派他们到各地去吗？ =没有。但是，灾民里如果有病人没有办法支付全部费用，就会让他到码头镇的中医那里免费诊查。相关的看病费随后委员会一并清算，但是因为都是小钱，医生就婉拒了。

【教会与救济】

二区的福音堂在哪个地方？ =码头镇一处。

这里的主管人员是中国人吗？ =对。

灾害的时候有大肆进行福音的传道活动吗？ =和平常一样。

平常他们也会救济灾民吗？ =不会。

水灾的时候他们有主动救济灾民的举动吗？ =也没有那么积极。

二十八年水灾的时候有收容是其信徒的灾民吗？ =信徒们没有受到大的损害，收容的都是普通民众。

如果是信徒的灾民，那应该会先收容他们吧？ =应该是这样吧。但是在会的协调下，他们是面对一般民众开放的，实际上没有这样做吧。

# 6 月 20 日

## 对于水灾救济

调　查　达　光

应答者　李　某（商会帮办）

你是从什么时候开始在商会工作的？ =发大水的民国二十八年夏天。大洪水之后的 1 个月左右。

那之前呢？＝在新城县做粮行的掌柜，因为生意失败了，就在熟人的介绍下来了这里。

【避难民的情况】

那个时候水已经退了吗？＝这一带已经退了。

当时镇里还有避难民众吗？＝有很多。

他们是水灾之前的避难民众吗？＝各一半。

大概哪个村的村民多一些？＝不知道村子。那些乡下的有钱人和保甲团的家人比较多。

保甲团的家人是本地人吗？＝大多数是外乡的。和保甲团的人一起来到本地的，当时这个院子（现商务会）里有保甲团的家人3户，八九个人在避难。

他们来自哪些村？＝不知道。

为什么有钱人和保甲团的家人来这里避难？＝当时乡下匪贼非常多，他们当时被盗贼盯上了。

在大水前后治安情况哪个比较好？＝没有大的差别。

水灾后，没有成为匪贼的难民吗？＝关于匪贼的事情我不想说，商会长知道得很清楚，请去问他。

避难者全部大约有几个人？＝不知道。

有一两百人吗？＝我觉得有。

他们在什么人家那里避难？＝有亲戚的就去亲戚那里。没有亲戚的就借了房子来住。当时镇里有很多空屋，很容易找到避难的地方。

为什么当时空屋很多？＝因为事变前后镇里很多有钱人都迁到了北京、天津了。

【水灾与匪贼】

水灾前后的匪贼的祸端？＝水灾之前我是不太清楚，但是之后，一个夏天可能是晚上吧，匪贼△△△的部下袭击了村子。保甲团、警察很快就出动了。那个晚上四面八方都是枪声，睡都睡不着。一个月左右之后（旧历八月左右）又有200名左右的匪贼来袭，所幸镇子没有被他们毁了。

这之外就没有匪贼来袭了吗？＝我还没到这个镇上的时候，民国二十六年十月，匪贼侵入镇内，南北街路西的房子被烧了很多。

上述的匪贼来自什么地方？＝不知道。

这一带一开始匪贼就很多吗？＝匪贼的事情我不太清楚，麻烦您去问商会长吧。

【救济会的物资调动】

商会里有和水灾救济会相关的文书吗？＝现在商会里应该还有。

为什么商会里会有？＝会里让商会出救济的粮食。从商会通知到富商，让他们出粮。这是商会暂时借给救济会的，不是捐赠的。

水灾救济会不通过商会直接向店铺借粮的事情有吗？＝也有这种事。

水灾后，农民有到当局那里请愿减少田赋吗？＝没有听说。恐怕没有提交减免的呈文吧。

镇公所、警察、商会等没有提出请愿吗？ =二十八年 10 月 4 日，县里有针对水灾地的处理问题开了会，萧分所长参加了此次会议，有听说他对于田赋减免提了提议。此外别的就没有了。

县方面调查了浸水地的受灾情况了吗？ =在县里的命令下进行了受灾地调查。以此为基准，在民国二十八年底发出了废除第二区二十九年的田赋和附加的指示。第二区以外的地方有没有减免我就不知道了。

# 1942年9月（2—9日）

## （华北农村惯行调查资料第90辑）

水篇第9号　河北省天津县第七区小站乡

调查员　山本斌

翻　译　孙希中

### 一　关于南北运河河务局

*应答者　徐（南北运河河务局第2科长）*

（徐科长在民国二十五六年时作为大清河河务局局员在任邱县什方院办事处工作，事变后转任到现处，原籍满洲）

【事变前的河务机关】

在清代的时候，华北的河务中央机构是京畿河道总办处。民国四五年顺直水利委员会在天津意大利租界成立以后，近代河道管理开始顺利发展；另一方面民国初年河务局成立，开始管理各条河流。上述的水利委员会在本地没有机构，为了测量等各项计划才临时向各地派人。这个会的工作虽然不是很清楚，当时的文献在现在意大利租界工部局所管里，很想看一下这些。

辽东政府成立之前，北运河河务局在通州，该政府成立后，移到了天津。南运河河务局就在现在天津的南北运河河务局的那个地方，是以前就有的。上述的两个河务局在事变后（二十七年3月22日）改组并合并了。

永定河河务局事变前在卢沟桥，事变的时候一度移到了丰台，最后又回到了旧址。大清河河务局事变前是在任邱县什方院，事变后移到了新城县。子牙河河务局在事变前位于大城县王家沟，现在在天津。黄河河务局事变前在濮阳县濮头镇，事变了就停办了。

【与河务局相关的诸法规】

现在继续使用事变前颁布的诸法规。事变后没有颁布新法规。

（笔者[1]注：以前的法规是河北省公署建设厅颁布的，全部收录在民国二十八年重印的河北省各项水利单行法规中。还想探听民国十九年公布的河川法、同年的水利行政统一

---

〔1〕 译者注：指这篇报告书的作者。

令、二十四年的水利事业奖助条令、其他的中央法令等对于华北的适用状况，回答是完全没看到这些法令在华北实施）

【河道管理的河段】

把河道酌情分为段。一段的管辖距离根据地势、河川利用状况、沿线经济情况等不一而定。其次，在一个段有管理两岸的，也有只管理一岸的。

永定河　18 段

南运河　6 段（山东、河北省境内到天津之间）

北运河　7 段

子牙河　6 段

大清河　6 段

大体上一段配有段长 1 人、事务员 1 人、工巡夫 5 人。但是只有永定河是用河兵代替工巡夫驻扎着。

【资料—南北运河河务局的职员】

局　　长　沈混（俸三零零元）
第一科长　一名（俸一四零元）
第二科长　一名（俸一八零元）
主任科长　一名（俸一二零元）
科　　员　两名（俸六十—八十元）
事 务 员　六名
技 术 员　六名
雇　　员　六名
测　　目　一名（俸一六元）
测　　夫　七名（俸一四元）
公　　役　八名
其他的汽油船船长　马士元　二一元
大　　车　张荣堂　一九元

【南运河各段的职员】

| | 段长 | 事务员 | 雇员 | 工巡目 | 工巡夫 |
|---|---|---|---|---|---|
| 第一段 | 一 | 一 | 一 | 一 | 四 |
| 第二段 | 一 | 一 | 一 | 一 | 四 |
| 第三段 | 一 | 一 | 一 | 一 | 四 |
| 第四段 | 一 | 一 | 一 | 一 | 四 |

续表

| | 段长 | 事务员 | 雇员 | 工巡目 | 工巡夫 |
|---|---|---|---|---|---|
| 第五段 | 一 | 一 | 一 | 一 | 四 |
| 第六段 | 一 | 一 | 一 | 一 | 四 |

【南运河各闸的职员】

| 闸别 | 管理员 | 事务员 | 闸目 | 闸夫 |
|---|---|---|---|---|
| 九宜闸 | 一 | 一 | 一 | 六 |
| 兴农闸 | 一（第六段长兼任） | 一（稽查员） | 一 | 七 |
| 捷地减河闸 | | | 一 | 三 |
| 海河闸 | | | 一 | 三 |
| 马圈闸 | | | 一 | 三 |

（注：①闸为局里直辖　②闸目的俸禄是12元、闸夫的俸禄是7元）

【资料—南运河各段的段址、段界、流速、流量】

| 段别 | 岸别 | 段界 | 段址 | 段距离（公里） | | 河身宽度(公里) | | 水深（公尺） | |
|---|---|---|---|---|---|---|---|---|---|
| | | | | | | 头 | 尾 | 洪水 | 小水 |
| 一 | 两岸 | 连镇 | 第九屯——油房口 | 53 | 68 | 62 | 60 | 7.05 | 2.28 |
| 二 | 两岸 | 泊头镇 | 油房口——砖河镇 | 54 | 78 | 60 | 59 | 6.77 | 2.32 |
| 三 | 两岸 | 沧县 | 砖河镇——林缺河 | 66 | 42 | 59 | 44 | 6.26 | 3.63 |
| 四 | 两岸 | 唐官屯 | 林缺河——双塘 | 53 | 90 | 44 | 35 | 4.75 | 2.28 |
| 五 | 两岸 | 邵公庄 | 双塘——天津 | 53 | 14 | 35 | 35 | 6.08 | 1.52 |
| 六 | 两岸 | 唐官屯 | 靳官屯——西大沽 | 72 | 82 | 50 | 30 | 4.85 | 2.03 |

| 段别 | 流速（M/SEC） | | 流量（M/SEC） | |
|---|---|---|---|---|
| | 最大 | 最小 | 最大 | 最小 |
| 一 | | | | |
| 二 | | | | |
| 三 | 0.792 | 0.488 | 67.549 | 25.272 |
| 四 | 0.709 | 0.296 | 28.410 | 6.876 |

续表

| 段别 | 流速（M/SEC） | | 流量（M/SEC） | |
|---|---|---|---|---|
| | 最大 | 最小 | 最大 | 最小 |
| 五 | | | | |
| 六 | | | | |

【资料—北运河各段的段址、段界、流速、流量】

| 段 | 岸别 | 段址 | 段距离（公里） | | 河身宽度（公里） | |
|---|---|---|---|---|---|---|
| | | | | | 头 | 尾 |
| 一 | 左 | 通州 | 66 | 00 | 75 | 50 |
| 二 | 右 | 通州 | 35 | 50 | 74 | 50 |
| 三 | 左 | 北蔡 | 22 | 80 | 50 | 45 |
| 四 | 右 | 河西务 | 36 | 60 | 50 | 45 |
| 五 | 左 | 北仓 | 32 | 40 | 45 | 43 |
| 六 | 右 | 杨村 | 33 | 00 | 45 | 43 |
| 七（新开河） | 两 | 天津西宝窪闸口 | 140 | 2020 | 82 | 80 |
| 二（通惠河） | 两 | 通县 | 21 | 00 | 35. 50 | 24. 50 |

| 段别 | 水深（公尺） | | | | 流速（M/SEC） | | 流量（M/SEC） | |
|---|---|---|---|---|---|---|---|---|
| | 洪 水 | | 小 水 | | 最 大 | 最 小 | 最 大 | 最 小 |
| 一 | 2 | 50 | 0 | 00 | | | | |
| 二 | 10 | 08 | 2 | 81 | 0. 213 | 0. 071 | 23. 159 | 5. 283 |
| 三 | 5 | 26 | 0 | 23 | | | | |
| 四 | 8 | 06 | 2 | 68 | | | | |
| 五 | 4 | 96 | 1 | 42 | | | | |
| 六 | 5 | 1 | 1 | 1 | | | | |
| 七 | 6 | 90 | 1 | 17 | | | | |

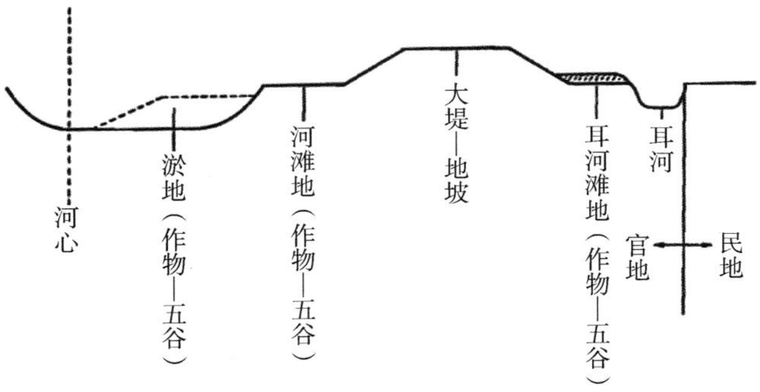


【资料—河北省南北运河河务局民国三十一年（1942）经征河租地亩统计表】
（三十一年7月制）

| 种类 | 数量（亩） | | 租额（元） | 备注 |
|---|---|---|---|---|
| 河淤地 | 2437 | 44 | 444 | 49 |
| 河滩地 | 6478 | 76 | 13471 | 07 |
| 耳河滩地 | 640 | 44 | 244 | 87 |
| 籽粒地 | 2637 | 44 | 190 | 31 |
| 荒　地 | 421 | 77 | 264 | 94 |
| 麻课地 | 10281 | 21 | 720 | 31 |
| 上苇地 | 34 | 13 | 34 | 13 |
| 茨苇地 | 83 | 40 | 67 | 02 |
| 鱼藕地 | 93 | 10 | 186 | 20 |
| 借水地 | 206 | 84 | 120 | 09 |
| 房基地 | 642<br>30<br>18 | 间<br>所<br>89 亩 | 942 | 94 |
| 水　井 | 286 | | 293 | 00 |
| 大　井 | 2 | 口 | 2 | 00 |
| 机井 | 3 | 口 | 10 | 00 |
| 水池 | 323 | 个 | 172 | 30 |
| 过堤水地 | 4 | 个 | 4 | 00 |
| 芦苇地 | 2 | 个 | 9 | 80 |
| 冰窖 | 3 | 个 | 44 | 00 |

【麻课地】

只有北运河有。全部有 1 万亩以上。所在地不仅仅是河边，相当远的地方也有。这是没有田赋的土地，耕作的人从以前开始就把麻抵租子上交河务局。现在每亩是 7 到 9 分的租子。

【籽粒地】

由来不明，属于皇室，也叫燕粉地。麻课地、籽粒地都没有田赋。土地是像黑地一样的，因为农民被免了田赋，所以就归属到局，也有用很便宜的租子永佃的。

【河淤地】

因为大水的缘故泥土流来，导致河底的变化，从而新产生的土地。

【河滩地】

从以前就有。是堤防侧面的土地，是没有流水的地方。

【耳河滩地】

耳河挖的土堆积而成的土地。

【上苇地、茨苇地】

种植芦苇的土地。也有距离河流很远的土地。

【荒地】

不能种植作物的荒地。马厂减河上游特别多。距离河很远的地方也有。

（注：农田局—后面出现—不管辖）

【鱼藕地】

只在河边有的种植藕的地。

【借水地】

在附近的民有地上为将运河的水用于灌溉而使用的土地。

【房基地】

民众在河务局的土地上建造住房，交纳租子的土地。相关的土地多在河滩地、堤防上。

【水池子】

为了将水引到河边的田里而挖的地。一个池子可以灌溉 3—5 亩的菜园。也有用来灌溉麦田的。稻田没有相关的东西。抽水器有桔槔、搬斗子（两个男人使用，引水的斗子）。池子没有大小、深浅的限制。此外关于设置地方也没有距离上的限制。如果有要求，一般都会许可。每个人的安装数量也没有限制。

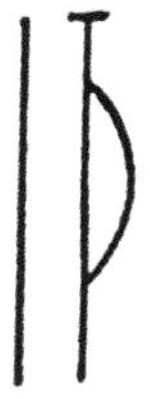

池子—抽水手段、人力（2人）斗子　菜园3—5亩
水井　人力（1人）辘轮　菜园10亩
大井　人力（2人）辘轮　菜园10余亩
机井　畜力水车　菜园230亩

上面的都是和池子一样，在河边凿井引用运河的水。

（注：笔者今年春到静海县城附近的南运河河岸去视察的池子，水井就如下图所示）

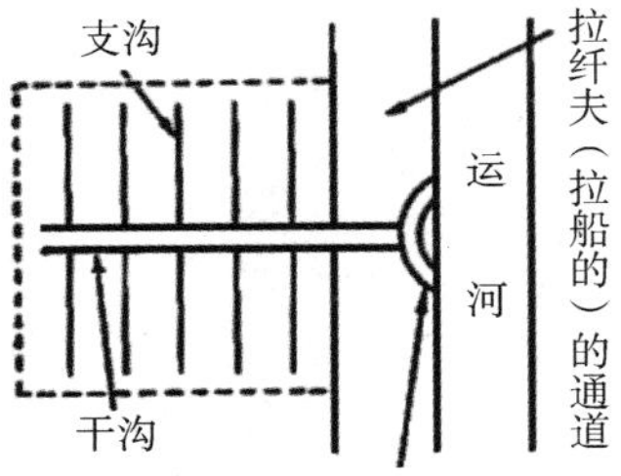


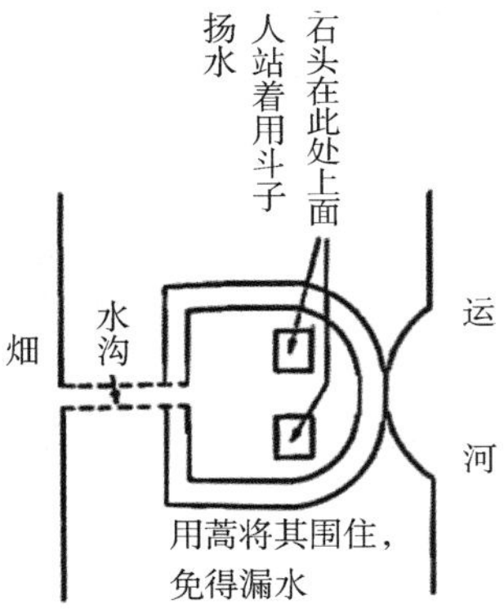


农民说："关于池子的设置我们去了河务局的段那里请愿。对方并没有拒绝。地点也只是我们口头告诉他们。一年里作为使用费，需要上缴5角左右。虽然一般原则上池子是一个人建造的，也有相邻的3户人家的田共用一个池子的。池子的使用上，就白菜田来说，初伏（新历7月半）左右开始到新历11月初左右的期间，抽水也是以半个月一次的频率。挖池子的人从这里将水引到隔壁地里的沟里，并不收费。河边有很多菜园，灌溉就用这个池子和水井。水井一般挖一丈左右，下面造一个运河的水的入口用以引水。此外也有不造口子，因为运河的水会自然而然渗透过来。"

【资料—南运河第六段的河租收入】

（根据民国三十年的南运河各段经管河租地调查表）

（1）房地基租

一四七件。三零处、房子间数总计四三六间。租金以间为单位，每间一、二、四元的比较多。租金总计二四三元五。九月十五日开征、第六段经征、员夫催征

（2）河滩地

二二七件。二六六四亩零七。每亩租一元五、租金总计三七九八元二六。九月十五日开征、第六段经征、员夫催征。种植五谷

（3）耳河滩地

二六零件。五三零亩三九。每亩五角。租金总计二一九元八五、种植五谷

（4）荒地租

五九件。三四三亩七三。每亩一元五。租金总计二一八元一二

（5） 井池租

六件。六处。每一处有五角、一元、五元等。根据芦苇的有无不同

【南运河九宜闸河租收入表】

（根据与前述相同的资料）

（1） 房基地

二件。房子总计八间。每间一元、租金总额八元

（2） 河滩地

六件。一三亩七二。每亩五角、一元、一元五角。租金总额一二元四六

【南运河兴农闸河租收入表】

（根据与前述相同的资料）

（3） 河滩地

七件。三一亩三零。每亩一元、一元二五。租金总额五九元左右。十、十一月征租、兴农闸开征、闸夫催征。种植水稻

【资料—河务局租户使用执照范例】

也字第一〇五三五号

河北省南北连河河务局
发给执照事今据静海县梁官屯〇租户丁福成报称
承种〇等河滩地一段计
△顷一亩三分〇厘道章缴纳照费一元〇毛注册费
一毛口五请换照前来经查明属宝当填发执照一纸
须至存根
叶　开
一户静海县梁官屯〇丁福成承种等河滩地一段
计〇顷一亩三分〇厘坐落九宜闸东至冯南至道
西至河北至丁等河滩地每亩年纳租洋一元五毛
〇分
中华民国三十一年四月十六日

固字第律零一号

地　租　存　查

北省南北连河河务局为存查是今据顺义县
蘇庄村租户金凤林
年五十九岁承租　籽蒲苇荒滩淤粒　甲地拾亩〇分〇厘每亩　租
价五元〇角〇分
自三十一年一月一日起租保人　住　县
庄村交纳北连河第　工巡段三十一年份租款国
币五十元〇毛〇分业经如数收讫除发给执照
井照慎缴验汇送外合行慎注存查备核
经征员北运河第　工巡段段长

尺丈式图
北
长　公尺
宽　公尺
自
至
东至
西至
南至
北至
附　注

此联送河务局存查

执　照

河北省南北连河河务局　为
发给执照事今据　县　村庄租户○○○　称
承种　等地　段
顷　亩　分厘遂章缴纳　费　元　角
呈请换照前来除将原有各项执照查验注销
并转呈省公署查核外合行发给新照以资执
证嗣后各该租户须将应完租款按年照章缴
纳不得延缺遇有更替亦宜随时来局报明注
册换照如有隐匿及缺租等情一经查出定即
从严处罚须至执照者
计　开
一户　县　村庄　承种　等地　段　计
顷　亩　分　厘
坐落东至　南至　西至　北至　等地每
亩年纳租洋　元
角　分
右照给　收执
中华民国　年　月　日
局　长　限更名缴销

## 二　小站的概况

应答者　天津县公署建设科长及其他人

第七区的耕地面积有多少？ = 事变以来治安很差，没有调查。但有和水田相关的调查。

第七区的水田和旱田的面积比是？ = 不清楚。

上述的哪个比较多？ = 水田。

【资料—民国三十一年水田播种面积表】

（天津县公署制作）

| 区　别 | 水田播种面积 | 收获可能面积 | 平年度产量 | |
|---|---|---|---|---|
| 第一区 | 12,100 亩 | 6,370 | 每亩 1.7 石 | 品种陆羽银坊主白米 |
| 第二区 | 1,100 | 1,100 | 2.0 | |
| 第三区 | 600 | 420 | 2.0 | |
| 第四区 | 300 | 24 | 1.8 | |
| 第五区 | 15,445 | 6,949 | 2.0 | |
| 第六区 | 2,460 | 1,200 | | 被水淹没 |
| 第七区 | 36,000 | 16,400 | 2.1 | |
| 合计 | 68,005 | 33,679 | | |

（注：因为只和第七区有关，本表似乎不正确）

【土质】

第七区的土质怎么样？=马厂减河（以下仅简称为减河）附近的水田地区因为长年有水流过，所以碱性很少，尽管这样，只要没有引水碱性就会显示出来。减河以东的地区，除了一部分水田，就是碱性的荒地和湿地。海边有盐场（制盐场），这里是完全无法耕作的地。

水田地带和旱田地带的土质不一样吗？=一般来说，水田地带的黏土层比较深。但是，虽说旱田也有黏土层，但是因为无法引水，所以没有办法变成水田，水旱田在地层本身是没有多大差别的。

对于这片碱性地带，没有进行除碱工作吗？=开拓周公的水田可以说是除碱工作，此外就没有别的了。

【官地】

农田局管理的地全部有多少亩？=53800亩。

上述的是官地吗？=对。

在第七区除了上述以外的官地多吗？=多。有各种各样。

上述官地和民地的比率是？=官地九对民地一左右吧。

官地主要在哪里？=不能笼统地说。

除了农田局，还有管理官地的机构吗？=没有。

那农田局以外的官地由哪个机构管理？=不知道。

以前不是有很多开垦公司之类的吗？=不知道。

【水田】

在第七区除了农田局官地外，水田有几亩？=在减河一带。面积有300顷左右。事变前也是这么多。虽然事变后也有开垦的地，但是那是把原有的荒废了的水田恢复改良了而已，开拓新的水田的情况很少。事变后，虽然有日资公司在经营水田，和全部的水田面积比较的话，还不值一提。这些土地主要都是农田局以外的土地。但是，农田局的土地也有370亩稻田给森本先生在耕种。森本先生从农田局的佃户那边租借了2年的土地。

水田是第七区最多吗？=在天津县各地水田都很多。从天津到小站的途中和大小孙庄、郑家庄、杨家庄、挂甲寺等地都很多。但是最集中最多的还是小站地带。

在小站地带，米和其他的谷物的生产量占的比率有多少呢？=七八成都是米。其他的是高粱、玉米等。

农作物的话其他的还有什么？=芦苇之类的。

可以产出多少呢？=芦苇地到处都有，很多。

第七区的主要集中在哪里？=小站。

第七区的全部户口有多少？=7千户。

农田局下管的土地上有几个村子？=20个村子。

**【资料—民国三十年第七区小站乡户口及水田统计表】**
（由新民会调查）

| 地　名 | 户 | 人口 | 水田亩数 | 收稻量（石） |
|---|---|---|---|---|
| 小　站 | 1,921 | 9,095 | | |
| 花　园 | 260 | 1,740 | 6,000 | 19,036 |
| 会　馆 | 204 | 1,385 | 3,500 | 23,400 |
| 老左营 | 153 | 1,171 | 4,000 | 23,172 |
| 前　营 | 185 | 1,117 | ? | 12,500 |
| 南副营 | 166 | 943 | 3,500 | 5,500 |
| 东闸口 | 148 | 823 | ? | |
| 正　营 | 124 | 812 | 3,800 | 12,241 |
| 右　营 | 126 | 757 | 3,800 | 13,707 |
| 新　军 | 92 | 443 | | |
| 后　营 | 378 | 1,792 | 5,000 | 23,500 |
| 西小站 | 245 | 1,364 | 3,000 | 5,000 |
| 上右林 | 196 | 1,173 | | |
| 北闸口 | 175 | 1,104 | 2,900 | 10,181 |
| 傅字营 | 154 | 914 | 3,800 | 10. 827 |
| 新军路 | 142 | 819 | ? | 10,000 |
| 盛字营 | 146 | 771 | 3,500 | 14,360 |
| 东大沽 | 111 | 560 | ? | 463 |
| 四道嶋 | 83 | 491 | | |
| 新开路 | | | ? | 6,200 |
| 合计 | | | 53,800 | 191,560 |

（注：53,800亩里含有旱田1,800亩）

天津县第五区小站乡
（数字为保的序号）

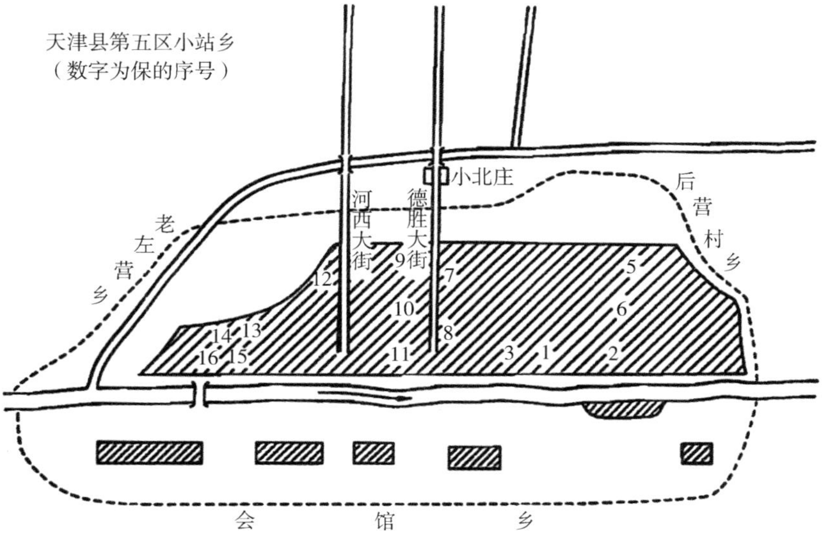


【资料一小站镇居民籍贯调查】
根据乡公所户口册

| | 第 3 保 | 第 10 保 | 第 2 保 | 第 16 保 | 第 17 保 | 第 18 保 |
|---|---|---|---|---|---|---|
| 安　徽 | 2（内一、合肥） | 2 | | | 2 | |
| 天　津 | 30 | 40 | 32 | 40 | 22 | 8 |
| （台塘口） | 1 | | | | | |
| 葛　沽 | | 1 | | | | |
| 静　海 | 18 | 9 | 20 | 9 | 30 | 42 |
| （独 流） | 1 | | | | | 1 |
| （唐官屯） | 1 | 4 | | | | |
| 青　县 | 7 | 5 | 7 | 7 | 8 | 5 |
| 沧　县 | 8 | 4 | 16 | 5 | 5 | 8 |
| 安　次 | | | | 2 | | |
| 河　间 | | 2 | 2 | | 2 | 1 |
| 盐　山 | 6 | 5 | 2 | 2 | 2 | 2 |
| 大　城 | 1 | 4 | 2 | 2 | 6 | 1 |
| 东　光 | 4 | 4 | 2 | | 1 | |
| 新　城 | 1 | | | 1 | | |

续表

| | 第 3 保 | 第 10 保 | 第 2 保 | 第 16 保 | 第 17 保 | 第 18 保 |
|---|---|---|---|---|---|---|
| 文 安 | 1 | | | 1 | | |
| 宁 河 | 1 | 2 | 1 | | | |
| 武 强 | | | | | | 1 |
| 宁 津 | 3 | 3 | 1 | | | |
| 献 | 1 | | 1 | | 1 | 2 |
| 南 皮 | | | | | | 1 |
| 武 清 | 1 | | 1 | 1 | | |
| 南 宫 | | 1 | | | | |
| 吴 桥 | 1 | | | | | |
| 大 名 | | 1 | | | | |
| 武 邑 | 1 | | | | | |
| 交 河 | | 1 | | 1 | | |
| 巨 鹿 | | | | 1 | | |
| 任 邱 | | | 2 | | 1 | |
| 管 陶 | | | | 1 | | |
| 栾 | | 1 | | | | |
| 阳 谷 | | | | 1 | | |
| 宁 阳 | | | | 1 | | |
| 佃房县 | 1 | | | | | |
| 山东省 | 4 | 5 | 2 | | 1 | |
| 淄 川 | | | | 1 | | |
| 禹 城 | 2 | | | | 1 | |
| 临 邑 | | | 1 | | | |
| 东 昌 | 1 | | | 2 | | |
| 海 丰 | | | | 1 | | |
| 东 平 | 2 | | | | | |
| 乐 陵 | 1 | | | 2 | | |
| 德 平 | 1 | 1 | | | | |
| 润 城 | | | | | 1 | |
| 浦 台 | 2 | | | | | |

续表

| | 第3保 | 第10保 | 第2保 | 第16保 | 第17保 | 第18保 |
|---|---|---|---|---|---|---|
| 无　棣 | 1 | 2 | 1 | | 1 | 2 |
| 海　平 | | 1 | | | | |
| 泰　安 | | | | | | 1 |
| 东　昌 | | 1 | | | | |
| 利　津 | | 1 | | | | |
| 金　乡 | | 1 | | | | |
| 东　阿 | | 1 | | 1 | | 2 |
| 高　湾 | | 1 | | | | |
| 博　兴 | | | | | | 2 |
| 阿　城 | | 1 | | | | |
| 曹 | | 3 | | | | |
| 寿　阳 | | 1 | | | | |
| 杨　清 | | 1 | | | | |
| 霸 | | 1 | | | | |
| 平　阴 | | | 2 | | | |
| 济　南 | | | 2 | | 1 | |
| 北　京 | | 1 | 1 | 2 | 1 | 1 |
| 北大河 | | 1 | | | | |
| 白　镇 | | | 1 | | | 1 |
| 保　定 | | | 1 | 2 | 1 | |
| 清　河 | | | 1 | | | |
| | | | | | | |
| | | | | | | |
| 河南省 | | 1 | | | | 1 |
| | | | | | | |
| | | | | | | |
| 山　西 | 1（介休） | 1（介休） | | | | |
| | | | | | | |
| 日　本 | 2 | | | | | |
| | | | | | | |

续表

| | 第3保 | 第10保 | 第2保 | 第16保 | 第17保 | 第18保 |
|---|---|---|---|---|---|---|
| 朝　鲜 | 1 | | | | | |
| | | | | | | |
| 无记录 | 8 | 4 | 3 | 3 | 5 | 18 |

【资料—民国三十一年（1942）第七区小站大乡各街巷户口表】

（由小站乡公所调查）

| 保 | 街　名 | 甲数 | 户数 | 男数 | 女数 | 男女合计 | 保长籍贯 |
|---|---|---|---|---|---|---|---|
| 1 | 东门内河沿粮市街 | 11 | 139 | 366 | 240 | 606 | 天津 |
| 2 | 城内大街 | 10 | 124 | 432 | 282 | 714 | 静海 |
| 3 | 城内大街西门外 | 8 | 78 | 319 | 119 | 438 | 天津 |
| 4 | 东巷里、前胡同 | 10 | 109 | 309 | 311 | 617 | 沧县 |
| 5 | 西巷里、前胡同 | 13 | 172 | 442 | 420 | 862 | 天津 |
| 6 | 后河里 | 10 | 89 | 302 | 207 | 509 | 静海 |
| 7 | 得胜街 | 10 | 128 | 376 | 276 | 652 | 天津 |
| 8 | 河西大街 | 10 | 109 | 335 | 213 | 528 | 东光 |
| 9 | 同，老君堂街 | 11 | 119 | 330 | 280 | 610 | 利津 |
| 10 | 同 | 7 | 85 | 236 | 227 | 436 | 静海 |
| 11 | 后河胡同 | 9 | 100 | 219 | 218 | 437 | 天津 |
| 12 | 同 | 8 | 71 | 148 | 122 | 270 | 天津 |
| 13 | | | | | | | |
| 14 | 鲁市大街 | 12 | 121 | 321 | 244 | 565 | 沧县 |
| 15 | 兴隆街西大街 | 14 | 139 | 452 | 207 | 659 | 东阿 |
| 16 | 西小闸街 | 8 | 89 | 355 | 307 | 462 | 静海 |
| 17 | 河南大街 | 8 | 99 | 298 | 189 | 487 | 静海 |
| 18 | 同 | 8 | 101 | 269 | 164 | 433 | 沧县 |
| 合计 | | 168 | 1853 | 5391 | 3904 | 9395 | |

【资料—小站职业统计】
（小站乡公所调查）

| 种别 | 户数 | 种别 | 户数 | 种别 | 户数 | 种别 | 户数 |
|---|---|---|---|---|---|---|---|
| 杂货 | 20 | 自行车 | 7 | 客店 | 4 | 烟业 | 3 |
| 棉布 | 7 | 米面 | 10 | 镶牙 | 2 | 洋铁 | 3 |
| 广货 | 9 | 肉 | 10 | 照相 | 1 | 山货 | 7 |
| 药 | 13 | 鱼 | 2 | 成衣局 | 6 | 皮革 | 5 |
| 杂粮 | 20 | 青菜庄 | 10 | 代当业 | 3 | 书局 | 3 |
| 银楼 | 2 | 煤 | 3 | 紫彩作 | 4 | 刻字铺 | 1 |
| 酱园 | 1 | 鲜货茶食 | 9 | 理发 | 13 | 大车行 | 12 |
| 面食业 | 28 | 估物 | 13 | 埫鞋铺 | 9 | 铁工场 | 3 |
| 木铺 | 23 | 棉花铺 | 6 | 水铺 | 11 | | |
| 估衣 | 2 | 铁炉 | 8 | 澡堂 | 1 | | |

（注：水铺（10户）是让人喝茶的店。把饮用水提供给各家的人叫挑水的。小站有3个。居民把减河的水作为饮用水，大体上都是各户拿着圆铁桶去打水，也有一部分人向上述的挑水的订水。费用根据挑运距离不同而不同，每桶两三钱乃至5钱。挑水的是农业劳动者，没有专门以挑水为业的）

【小站乡各教信徒人数】
（小站乡公所调查）
佛教　9009
回教　252
天主教　51
【小站的庙】
（小站乡公所调查）

| | 创建年 | 管理人 |
|---|---|---|
| 大极观 | 光绪十七年 | 刘振山 |
| 松柏堂 | 光绪五年 | 刘王琦 |
| 观音会 | 民国二十五年 | 刘德山 |
| 清真寺 | 光绪三十年 | 马广君 |
| 大王庙 | 民国三十年 | |

【减河流域地带的农业】
减河以东农田局管外的地域是种什么？ =因为是碱性土地。虽然在村子附近也种植着高粱、玉米和蔬菜，但是由于种植面积小，并且都是草地，所以产量很低。因为土质不

好，村庄十分稀少。沿海地区的居民通过渔业谋生。有的地方也生产盐。

减河以西的四丈河流域的土地如何？＝在这个地区，同样由于水利问题，土壤碱性很强，虽然种植着高粱、谷子、玉米，但是产量非常低。

是不是表明除了水田地区之外，一般的土地都很贫瘠呢？＝的确如此。

农田局所属以外的土地，如果采用引水的方法，能不能成功改为水田呢？＝这种情况也是有的。但是因为需要进行大工程，而且最终水还是引自减河，并不能造出大的河流，所以称不上是好方法。

减河上游的唐官屯地区的土地如何？＝在这个地区，除了日方建造的农场之外，没有水田。大部分农田是旱田。其中土质不好的田地占十分之七。主要种植高粱、谷子、玉米。

上述地区的谷物和米会运往小站地区吗？＝不会。会在唐官屯的市区上市，并从那里通过南运河的船运或津浦铁路运往天津地区。

小站附近的船只运送过这个地区的谷物吗？＝没有。

## 三　小站地区的水稻种植情况

应答者　赵世宾（小站商会）

您是这个地方的人吗？＝不是，我是沧县人。

什么时候来这里的呢？＝民国十五年。当时我是被新军营中拥有永佃田的小站人雇用为长工而来到这里的。两年之后，在这里种植水田。在那时加入了商会。

事变后这里的水田面积增加了吗？＝没有，并没有增加很多。

但是日本人拥有的水田不是增加了很多吗？＝虽然日本人的水田增加了很多，但原先的水田由于没有水也荒废了很多。所以我觉得到头来总面积并没有发生变化。

是不是因为日本人的农田用水过多，才导致原先的水田荒废的呢？＝不是，事变后旱灾频发，导致减河本身的水量减少。

但是，如果没有日本人的水田，也不会有荒废的土地吧？＝（没有回答）

事变之前，这里没有大白王、小白王、无芒、蚌芒、遵化牛毛这些稻种吗？＝对于这些名字我不是很熟悉。但是之前有长芒子（普通的白芒子）和红芒子，民国二十五年还引进了葫芦头。

现在还有这3种稻子吗？＝长芒子完全没有了，虽然还有红芒子，但数量并不多。

那么现在最多的是哪一种呢？＝日本种最多。

日本种与本地种的比例是多少？＝八比二的比例。

日本种是从什么时候开始引进的呢。引进了哪些种类呢？＝从事变之前就开始引进了，但是事变之后数量开始激增。种类有陆羽、爱国、银坊主等。

为什么日本种的数量变多了呢？＝因为产量高。

是谁提倡的呢？＝不太清楚。

日本种和本地种在种子的性质方面存在差异。在种植方面有什么差异吗？＝日本种的种子要多一些。另外种植时需要的水量更多，除此之外好像并没有太大差异。

应答者　郭永生（小站农民）

【水田的耕耘】

水稻的收获期是什么时候？＝早稻大概在八月十五时收获，晚稻大约在十月份收获（早晚稻同时播种，只是由于稻子的品种不同，收获时间不同）。

一般在同一个地方种植几种水稻？＝一般只种一种。

在播种之前一般要锄几次地？＝使用的农具不同，次数也不一样，用犁杖要走一个来回，用铁锹只要走一次。因为犁只能掘三四寸，所以要走一个来回，而铁锹能掘七八寸，所以只要一次。

上述掘土的动作叫什么？＝挖地，或者掘地。

地挖得越深越好吗？＝挖得太深会导致土壤碱性加强，会惹人讨厌。

土壤碱性的强弱会随着距减河的远近而有所不同吗？＝离减河越远碱性越强，可是这里虽然离减河很近，土壤的碱性也很强。

上述3种农具中用得最多的是哪一种？＝铁锹用得最多，其次是犁。

上述的农具和所用牲畜的关系是？＝犁是家畜用的，铁锹是给人用的。

这一带家畜的数量很少，导致用铁锹的人变多，是这样吗？＝不是。是因为用铁锹能挖得很深，更有效率。可是近年来由于劳务费和粮价的上涨，用家畜拉犁的人变多了。以前劳务费便宜的时候，大家都用铁锹。

为什么要掘土呢？＝掘过土之后那样放几天。被太阳照射过的土壤碱性会下降。把土壤捣碎后放在一边，碱就出不来了。

什么时候掘土呢？＝年内不要用土地，先放在一边不管，等到三月份的时候就去掘。很久以前就开始这样做了。

除了掘地之外，播种之前还要做什么事吗？＝什么都不用做。

使用犁和铁锹，一人一天分别能锄多大的地？＝用犁能锄5亩，用铁锹能锄0.5亩。

应答者　李达成（小站农民）

【选种】

事变之前，是用自家生产的种子吗？＝也有人买种子来用，但大部分的人都用自己家里贮藏的种子。

现在怎么样呢？＝现在因为日本种用得多了，几乎都是买的。每年从日本那里引进。然后我们通过军粮公司来买。

什么时候开始选种呢？＝八月半、九月左右刚收获后就立刻选种。

如何选种呢？＝在草场里把稻壳去掉，迎着风撒出去。质量好的，结实的就会落在身边。把这些作为来年的种子，大部分人都用这种方法，但有的人也会用扇车来挑选种子。

有没有用过缸子里的水（或者盐水）来挑选种子？＝没用过。

怎样保存那些种子呢？＝在干燥的地方，把种子放到麻袋里。不会放在缸子里。

应答者 王大明（小站农民）

【浸种】

怎样浸泡种子呢？ =在播种之前，先把种子泡在水缸里。短的要10天，长的要18天左右。这叫作“播芽子”。如果减河水量多，可以少泡几天，早点播种。但是如果水量不是很多的情况下，就要多泡几天。根据浸种时间长短的不同，换水的次数也不同。一般每3天到每6天换一次。到种子发芽的时候取出来就行了。

不能把种子放在麻袋里，在河水里泡一星期吗？ =100个人中只有2个人会那么做。因为那么做种子可能会被偷。

把浸过的种子放在炕上，盖上席子让它们发芽，有做过这样的事吗？ =几乎没有，炕的热量会使种子发生异变。

1亩地播多少种子？ =以前种白芒、红芒的时候，1亩总共各播7斤。现在日本种可播10斤，本地种零散种植，但是因为现在种植得更密集，所以现在的数量更多。

应答者 刘树久（小站农民）

【播种】

插秧的田被称为什么呢？ = “芽子丘”或者“沐子丘”。

通过芽子丘来移植，和直接播种，哪种方式更多一些呢？ =很久以前开始就全部用芽子丘的方式了。

什么时候用芽子丘来播种呢？ =清明节后到谷雨的十来天之间。

怎么选择芽子丘的地方呢？ =比较高的，而且水比较多的地方。因为碱是往低处流的。另外如果水量不够的话，就会因为碱的原因停止生长。

在此田地芽子丘的面积大约是多少呢？ =十分之二左右。

芽子丘最大占多大面积呢？ =1亩。一般不到七八分地。

把种子从水缸里移到芽子丘的顺序是什么？ =作芽子丘并不是什么难事。移之前一天先掘一块2寸左右的地。另一方面水缸里发芽的种子直到最后都要浸泡在水里。让芽子丘通上水，使土壤变软。两三天后播种。大概是清明节刚过的时候。

具备什么条件的时候才可以播种呢？ =像我前面所说的那样给芽子丘通上水，挑一个无风的日子。因为如果有风就不能均匀地播撒种子了。因此，大多在清晨和傍晚播种，也有在白天播种。

要播2天吗？ =是的。

播完种子后，还要平整土地吗？ =不用。

为了不让种子散开，要用木板压住种子吗？ =不用。

要向芽子丘或者田里撒入石灰吗？ =不用。

什么时候用肥料呢？ =芽子丘里的苗长到2寸长时，撒上少量的豆饼和肥田粉。之后就不用了。

芽子丘维持那种情况会持续多久？ =红芒和白芒要二十几天。不会超过一个月的时间，日本种的话要四十几天。

【浇水、换水】

怎么给芽子丘供水呢？ =根据水量的不同调节，如果水量够用，一开始要尽量多灌溉，之后减少用水量，晚上稍微加大水量。

为什么要这样做呢？ =一开始的时候用水用得多是因为那时苗还很脆弱，如果水量小的话很容易倒。之后苗会变得强韧一些，所以减少用水量。这时叶子由于充分吸收阳光和空气，变得结实。在晚上调整用水量，是因为夜间给水稻更多水会让它们的长势更好。

芽子丘怎么换水呢？ =每天早上换一次水。

为什么每天都要换水呢？ =如果不这样做的话碱就会变多，就不会生长。

为了除去碱有采取过什么措施吗？ =没做什么特别的，只是为了让混进碱的水流出去，在丘的周围挖了沟。

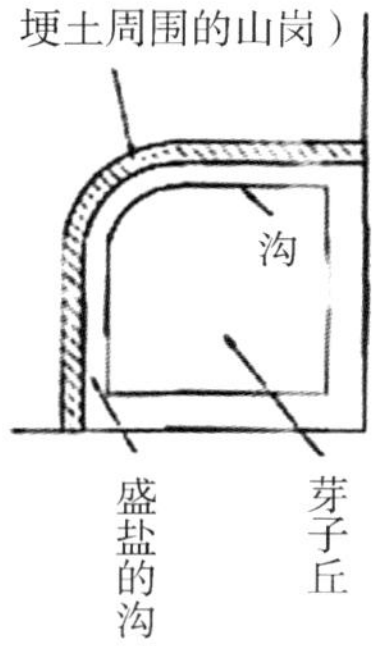


芽子丘的最高水位能达到多少？ =刚开始的时候水很多，水位有 3 寸，达到这个高度之后就不再引水了。

一天换一次水要持续到什么时候？ =要一直持续到最后，如果下雨的话就不换水，而是排水。

有过切断向芽子丘供水的情况吗？ =有时会有，不是因为水量不足，而是因为当不能预见水量变化的前景时，在本田的准备就绪之前需要抑制稻秧的生长。因为把发育完全的稻苗从芽子丘移植出去是不可能的。

随着天晴、天阴的变化，水位会不会也发生变化呢？ =不会。

芽子丘里的水被排出去的多还是渗透到地下的多？ =两者都有。至于两者的比率我也不知道。

换水，把水排出来引进去叫作什么？ =叫作“拉水”“放水”。

不能称之为“换水”吗？ =一般不这么说。

与芽子丘相对应的本田叫什么？ =叫作“丘”。

在向丘移植之前，要在什么时候做什么事情呢？ =和前面所说的一样，二月中旬的时候用铁锹挖一次土。如果下雨的话土块会受潮崩裂，等同于又掘了一次土。在做芽子丘时就不用再掘土了。

应答者　杨进先（小站农民）

【移植】

把芽子丘里的稻苗向丘里移植叫作什么？ =叫作“栽秧”（不叫插秧）。

什么时候栽秧呢？ =旧历的四月份开始，持续2天。一边向田里引水，一边把土给铲平。在栽秧的前一天，要向田里撒豆饼。栽秧移植持续到四月中旬。

这个地区栽秧是同时进行的吗？ =是的。

于是一下子水就多起来了，是吗？ =是的。

那些水是从哪里来的呢？ =是减河的水。

减河的水量能满足这一带人们的需求吗？ =以前差不多可以满足。但是近几年旱灾频发，而且日本人和朝鲜人在上游用了很多水，所以我们这儿有点缺水。特别是今年，水量非常少。

到了需要用水的时候，这一带的人们是怎么把水引进来的呢？ =以前在芒种的时候，河务局的人会打开九宜闸，把减河的水引进来。

是因为农民们的请愿才打开闸门的吗？ =是的。

是一个人一个人直接去请愿的，还是一个村子的人或是好几个村子的人联合起来去请愿的呢？ =一个人或一个村是不会去请愿的。有时是一条支流沿岸的地主们联合请愿，或是整个小站地区派出代表去河务局请愿。

上述的代表指的是村长吗？ =不一定，只要是有一定权力的人，不是村长也可以。

在缺水的时候，会不会有某个支流的代表出钱请求向自己的田里多引些水呢？ =过去经常有。

现在又是怎么样的呢？ =如果水够用就不去请愿。但是如果缺水还是要去的。比如说今年就去请愿了。在事变发生之后还是第一次。事变之前每一年都要去。

今年请愿之后水变多了吗？ =并没有增加很多。但是请愿之后终于下雨了。因为雨水的功劳农田局的土地和减河沿岸地区的农田几乎都可以栽秧了。可是距离减河很远的那些地方，有很多虽然作了芽子丘，但还不能栽秧的土地。

栽秧之前要引多少水呢？ =在栽秧之前要先向丘里引2寸的水（这个时期的水量是最多的）。在栽秧的那一天，要把田里的水位保持在1寸（无论是本地种还是日本种都是如此）。

栽秧的时候，秧苗之间的距离是多少？ =不用线、尺子之类的工具，我们全凭经验和眼睛去测量。所以栽秧的时候需要有经验的人。普通人每天只能栽一两亩的秧，而熟练的人每天能栽3亩地。

一株有几根秧苗呢？ =五六根。

穷人们会多种一些吗？ =如果种得多，秧苗的发育会受影响，所以不会那么做。

每株秧苗之间的间距是多少呢？ =不超过半尺。

【水的调节】

栽秧时的水位要一直保持到什么时候？ =一直要到收获之前。

秧苗栽好之后，每天都要拉水、放水吗？ =是的，每天都要。

要把水全部换成新的吗？＝不用。因为每天都会有水渗透到泥土里排出去，所以只要补充减少的这部分的水量。

因为发育所需，在什么时候要多用些水呢？＝基本不用。

刚开始抽穗，开花，成熟的时候都不用吗？＝不用特意调节水量。但是也不能让田里的水流干涸。

什么时候要减少水量呢？＝下大雨的时候要排水，还有收获的半个月前不需要水。

根据水稻种类的不同，拉水量会有差异吗？＝没有。

在碱性强的土地里需要更频繁地拉水吗？＝大部分土地的碱性都是差不多的，没有更频繁的必要。

有没有关于哪几个月用水多、哪几个月用水少的农谚？＝用水量不会减少。一旦减少的话碱性会立刻上升。

随着稻苗的生长，用水量会发生变化吗？＝在稻苗还小的时候不能让水太深。随着稻苗长大，水要一点一点地增多。一直增加到 3 寸到 4 寸左右的水位。

也就是说水位会长到 2 寸以上？＝是的。

是不是为了雨后的干旱做准备，特意把水位上升到三四寸的呢？＝基本不到 4 寸，即使是为干旱做准备，一般也只到 3 寸。

上述为干旱做准备多引水，一般会这样做吗？＝不是很清楚。

在风大的时候，会不会为了防止稻苗倒下而多用些水呢？＝只有在稻苗还小的时候会增加用水，也不会经常性地那么做，等稻苗长大了就不会这么做了。

不会因为担心刮大风或其他风灾而特意增加水量吗？＝不会。

【除草】

什么时候去水田里除草呢？＝有钱人在五月初和五月中旬，再加上什么时候都可以的一次，总共要去 3 次。而一般人会去 2 次，就在五月初和五月中旬。无论是中国种还是日本种，水稻在五月初时能长到 8 寸高，五月半的时候能长到 1 尺高。那时杂草会影响到稻苗的生长，所以要除掉。除草也叫作“薅秧”。

除了除草之外，不用掘土吗？＝不用。

栽秧之后不施肥吗？＝只要像上面所说的那样施一次就行了,水量充足之后什么都不用做。

应答者　李春秀（小站农民）

【收获】

在这儿收获叫作什么？＝叫“担稻子”。

什么时候收获呢？＝八月十五左右收早稻子，九月半到十月初收晚稻。

用什么工具割稻子呢？＝镰刀。

一人一天能割多少稻子？＝因为要一株一株地割下再捆起来，所以只能割 1 亩地。如果只是割稻子能割 1 亩半地。20 株稻子捆成 1 束。

割下来的稻子要当天运回自己家吗？＝也有人把它们运回自己家的草场，但是大多数人都是留在现场。把 10 到 20 束叠在一起抗风，等两三天之后再带回自家草场。

【看青】

在上述所说的两三天里，晚上谁看管这些稻子呢？ =看青的人。

看青的人是村公所雇用的吗？ =不是村里雇用的。

【青苗会】

村子里有青苗会吗？ =一个村子里面有五六个。

一般有规定一个村子要有几个青苗会吗？ =没有规定。

青苗会里有类似于头头之类的人吗？ =没有。

能加入青苗会的人都是些什么人？ =有水田的人。

青苗会在村子的什么地方？ =没有办公室。只是十户十户的人家，因为土地连在一起，共同雇用看青的。

青苗会是为什么而设立的呢？ =看管稻子，以免被别人偷走。

看青的人除了要看管稻子之外，还要看管其他农作物吗？ =这个地方只有稻田，所以看青的只要看稻子。

为什么这个地方一个村子里有五六个青苗会呢？其他地方基本都是一村一个。 =是因为这个地方的住房都是分散开的。本来就是为了看管自己的田地而设立的，自然一个村就有好几个了。

看青的工资，最后还是由村公所的人支付吗？ =不是，只是雇用的人支付。

几户人家雇用几个看青的呢？ =不一定。要根据看管的田地的大小。

那么一个看青的能看管几亩地呢？ =不太清楚。

如果水田很大，怎么雇用看青的呢？ =那个人独自雇用一个。

多大的田需要一个人雇用一个看青的呢？ =我不知道。

看青的要雇用多长时间呢？ =不会按整年的时间来雇用，只在稻子开始变黄的时候开始。一直雇用到收获之后把稻子全部运出去之后。

工钱是多少？ =上述所说的那段时间要给个三五十元。

看青的还需要做其他事吗？ =不用，只要负责看守。

【打谷场】

打谷场又叫作“场”吗？ =是的。

还有其他的名字吗？ =没有。

场在住宅的什么位置？ =场在住宅的前面。

一般场有多大？ =根据贫富的不同，水田大小的不同有所区别，一般有2亩地，最大的能到3亩。如果有100亩的水田，3亩的场就够用了。但是如果有200亩的水田，就要造2个3亩的场，也有人会造一个5亩的场，但那种人非常少。

如果场的面积很大，或者一家有两三个场，那些场会不会离房子很远？ =不会，都在邻近的地方。

【铺】

在水田里面时不时地能看到一些小屋，这些小屋叫什么呢？ =叫作“铺”。

铺是什么呢？ =一般人的住宅。

为什么要起“铺”这个名字呢？＝我不知道。

铺的附近一定要有水车吗？＝不是所有的都有，每个都不一样。

铺里面一定会有农具吗？＝不一定。

在铺的附近有水车和农具的情况更多一些吗？＝不一定。

为什么要在这种地方建造房屋呢？＝那是因为在离水田近的地方拥有房屋可以让自己在耕作上更方便。

穷人家和有钱人家哪个更多住在铺里面呢？＝前者，有钱人是不会住在这种地方的。他们都住在镇子或者村子里。

铺里面会住着新搬进来的人吗？＝不是很清楚，但是有的有钱人会建几个铺，让佃农住进去。

上述的情况有很多吗？＝不是很多。

有一整年都住在铺里面的人吗？＝过去有很多，现在的话有三分之二的人定居在里面。其余的三分之一的人住在小站或者邻近的村庄。主要是因为害怕强盗匪徒才那么做的。如果治安变好，大家都会住在铺里面。

应答者　李春秀　马文炳（小站农民）

【脱壳】

让我们回到刚才的话题中，怎么处理运回场的稻子呢？＝首先先放在场里晾晒一整天。然后用碾米机或者用马拉来脱稻壳。碾米机分为足踏式（以前是用手来推动的。现在经过改良变成了足踏式）和用牲畜拉动两种。前者要300元，后者要200元。通过马力来脱壳，在事变前就有了。拥有80亩水田以上的人，即便是中国人，大多都有。价格在1000元左右。

脱壳又叫作什么？＝咯稻子。

有用木板碾压稻子来脱壳的吗？＝很穷的佃农会这么做。这种做法效率很低。如果是压麦子的话能把麦茎和麦穗分开，但是稻子就不行了。

用过下图所示的工具吗？＝没有。

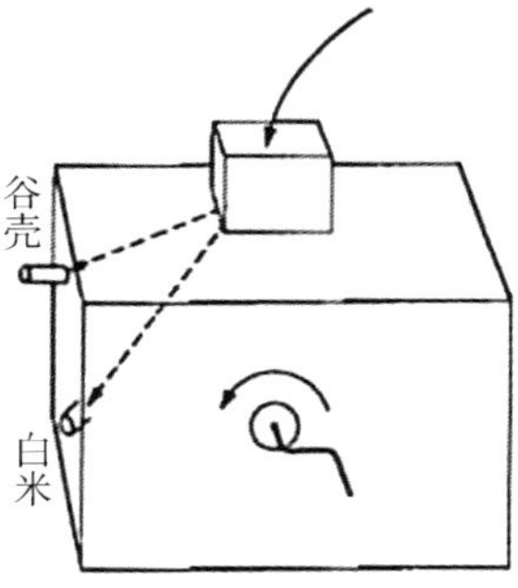


脱壳结束之后要做什么呢？＝现在不用碾米直接卖给军粮公司。以前都要碾成米，只留下种子。在九月半到十一月之间碾米。要在太阳下面晒一天，然后用木锨投到空中，装进除去杂物的袋子里。然后用碾子压，放进扇车里面，把籾壳和白米分开。

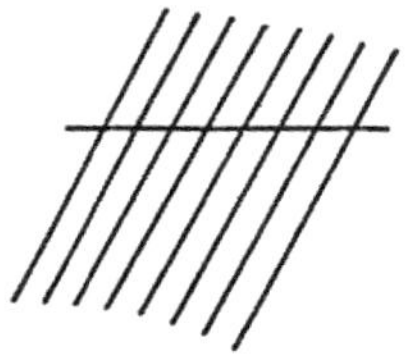

错（不要）

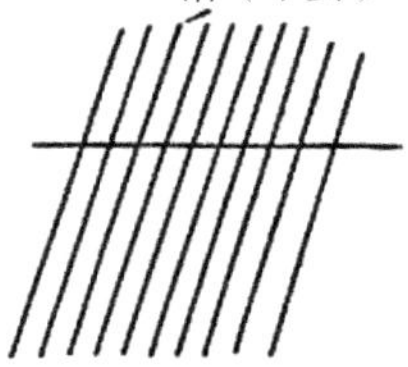

有人用水车、动力和家畜来碾米吗？＝没有。

什么时候开始卖给军粮公司？＝从去年开始。现在不允许卖给军粮公司以外的人，也不允许私人储藏粮食。以前都是装上开到天津的车去天津市内卖的。

怎样处理茎和谷壳呢？＝茎除了用作燃料之外，还会卖给咸水沽的日本制纸公司。谷壳都当燃料烧了。

应答者　任连武　于子绅　王云先（小站农民）

（水田的农业劳动）

【雇用劳动】

水田的工作最需要人手的是什么时候？＝栽秧和收获的时候。栽秧的时候需要的人手最多。

栽秧时各个农家会雇用其他人吗？＝几乎都会雇用。

有不雇用的人家吗？＝几乎没有。

这个地区有很多劳动力吗？＝没有很多。

那么从哪儿雇用人呢？＝有很多人从山东和河北过来。会雇用那些人。

那些人是在事变之后开始过来的吗？＝以前就有。

事变之后到这里来避难的流民多吗？＝有很多穷人过来，但是不一定是难民。

以前和现在过来的人哪个多呢？＝都差不多。

他们是在什么时候开始过来呢？＝三四月份插秧的时候。

来的人一开始去哪儿呢？＝以前开始每到这个时候，在小站的四大桥会设立短工市场。来这儿的人都会去那儿。

山东哪儿来的人最多？＝哪儿的人都有。

到这里来的山东人多还是河北人多？＝都很多，具体的比例我也不知道。

河北哪儿来的人最多？ =从静海县、青县、沧县、东光县、兴山县、大名县来的人最多。

他们大体都是从一定的村子里来吗？ =我也不是很清楚。但是沧县的中王村、李村有很多人来这儿。是在本地南边相距百里的村子。

他们在本地做什么呢？ =基本上都是小农。他们会在这儿买下旱地，等到农忙的时候过来。

山东人是利用铁路过来的吗？ =不是，大家都是走来的。

为什么要到这么远的地方来呢？ =因为这边的收入高一些。

事变前和事变后哪个薪酬高呢？ =现在薪酬少一些。

为什么会变少呢？ =因为减河的水量变少了，雇人的变少了。事变前减河水量充足，对雇工的需求很大。事变前一天能拿到 10 元的报酬，现在一天只能拿五六元（雇主包饭）。

所以说现在来这儿的人数减少了？ =和以前差不多。

一天有多少人来呢？ =每天至少有四五百人，也有过一天来 1000 多人的时候。

这种日子会持续几周呢？ =会持续 2 周。

加起来总共有多少人来呢？ =我不知道。

他们中有多少人会留下来定居此地？ =几乎都会回去，留下来的人很少。

栽秧的时候，100 亩的水田需要雇用多少人？ =大概需要 30 人左右。

一般一个人有多少亩水田呢？ =差不多四五十亩。

那么要雇用多少人呢？ =差不多 10 个人左右。

他们到这儿来的话住在哪里？ =有的人会住在雇主家的房间里，但是这种情况很少。一般都会住在小站的“店”里面。

来这儿的人每年都一样吗？雇主是一定的吗？ =有第一次来的人，但来过很多次的人更多。雇主不是一定的。

他们和雇主是每天签一次合约吗？ =签一天合同，等雇主看过劳动成果后，觉得还不错的话，再继续雇用。但是也有这样一天一天地签合约，一直雇用一个月的情况。

这种时候雇主会让他们住在自己家吗？ =几乎没有。也有住在房子里的，但是因为这种时候外面很暖和，所以大多数人都会睡在外面。

他们是叫作短工吗？ =是的。

除了短工之外，还有其他称呼吗？ =没有。

【伙计】

有雇用一整年的情况吗？ =有。

那些人叫作什么？ =也有叫作“长工”的，但是更多会称为“年工”或者“伙计”。

拥有多大面积的水田要雇用多少伙计呢？ =有 30 亩的会雇用 1 个。如果有 100 亩就要雇用五六个。

伙计的酬劳是多少？ =按整年来计算，包括伙食费在内大约 300 元左右。

很多年间雇用同一人的人家多吗？ =很少。偶尔有一次雇用七八年的。

伙计和雇主是同乡人，这种情况多吗？ = 不一定。

是不是有很多上述的短工后来成了伙计？ = 不一定。各种情况都有。

雇主雇用伙计和短工的时候，是优先找那些同一籍贯的人吗？ = 不一定会这样做，一般都会挑选那些能力强的，干得好的。

大多数雇主会雇用几个伙计？ = 六七个。

像那样的家庭在这个地区有几个呢？ = 十几个。

那些家庭，是不是有亲属在天津附近？ = 那样的家庭有10户左右吧。

如果家人不在这里，会把照看水田的工作交给其他人吗？ = 是的，管事人会处理一切工作。

你所说的管事人，是不是有很多都是从短工和伙计升上来的？ = 那种情况很少，一般都会挑选那些亲近的人，或是很有诚意的人做管事人。

如果有好几个伙计，他们中间有阶级差异吗？ = 有，如果有5人左右，会有下图所示劳银方面的差异。

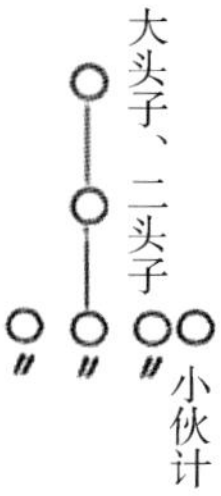


【大头子、二头子】

大头子做什么工作呢？ = 大头子不怎么做农活，但是所有的大事都要由他经手，并且由他负责，他会指挥大家做具体的事。

那么二头子呢？ = 把大头子说的话传达给小伙计，有时也与小伙计一起干活。

有管事人的时候，他和大头子是怎样的关系呢？ = 因为管事人相当于主人的代理，所以和主人一样会给大头子下达各种命令。

有没有把一切工作交给大头子，而没有管事人的家庭呢？ = 如果是那样的话，就不叫大头子而叫管事人了。

如果大头子很善良，而且活儿干得好，雇主会不会把他提拔成管事人呢？ = 有可能会，但是这种事很难的。管事人都是那种可以把所有事情安心交给他做的那种人。

【资料】

**河北省小站农田管理局所属小站十四营村水稻种植品种调查表**（农田局调查）

| 类别 | 插秧时期 | 成熟日期 | 每穗子粒 |
|---|---|---|---|
| 红芒 | 旧历四月小满节后 | 120 天 | 140 粒 |
| 白芒 | ~ | 120 天 | 140 粒 |
| 美国 | ~ | 115 天 | 130 粒 |
| 蚌珠 | ~ | 135 天 | 140 粒 |
| 陆羽 | ~ | 115 天 | 130 粒 |
| 银坊主 | ~ | 135 天 | 140 粒 |
| 爱国 | ~ | 140 天 | 150 粒 |

天津县公署调查

| 种别 | 出穗期 | 成熟期 | 收获比 |
|---|---|---|---|
| 自留种 | 8.14 | 9.25 | 100 |
| 陆羽 232 | 8.18 | 9.25 | 168 |
| 万年 | 8.16 | 9.25 | 138 |
| 农村 1 号 | 8.12 | 9.20 | 132 |
| 中生银坊主水原 1 号 | 9.3 | 10.7 | 140 |
| 爱国 | 8.29 | 10.8 | 174 |
| 籍内早生 22 号 | 8.27 | 10.8 | 177 |

## 四　以小站开垦为中心

【农田管理局、沿革】

溯维前清同治末年、湖南提督周公盛传、驻军小站、鉴于原野广袤、适宜屯垦、逐价买荒地五百余顷、挑河建闸、分营屯田、营田之名、由是始著、逮甲午战后、周公致仕、营田收归、特立营田局、设会办提调等职、管理小站新城咸水沽各区营田、招佃领种、按年纳租、自民国四年治设局长、属于直隶省长公署、军粮城之官田、遂已并归本局、十九年八月曾让于南开大学代管、二十六年一月由冀察绥靖公署收归、设立小站营业管理局、七月卢沟事变骤起、局务陷于停顿、八月天津市治安维持会成立、十月委员局长李芬接办局务、屡冒危险、始克恢复、定名为天津治安维持会天津县政府小站营田局、暂由天津县代管、二十七年三月、改为河北省天津县小站营田局、同年十二月奉令归河北省公署直辖、改称河北省小站营田局、三十年一月奉令改为河北省小站农田管理局、以迄于今云。（以上、河北省公署建设厅吕金藻记）在六十年前、清光绪初年、经驻小站盛军周武壮公、及周刚敏公、开辟稻田、先引海河潮水、由咸水沽灌入、后二年、复开马厂新减河、一面曳南运河之水、一面灌溉滔天、嗣后驻军因有调防他处者、亦有弃甲归田者、即渐渐转倒民间、遂设立营田局、以资管理、属于直隶总督、现虽由公家所有、但因农民均出以相当贷价、没有永佃性质、自入民国　　以来、迭经军民两机关、变更管辖、中间虽经一度归南开大学收租、复由前冀察绥靖公署收归、事变后经天津市维持会、令天津县派职前往恢复、于二十七年、收归省署直辖

（以上内容来源于农田局的调查报告。上述是经由口头情报收集而来。现在农田局的职员中，没有熟悉周公开垦时期的人。知道那时情况的人是一个在安次县居住的叫曹克思的人）

应答者　吕金藻（河北省公署建设厅）

【周公的军营和垦田】

这个地方在周公屯兵之前有军营吗，还是说都是民众用地？=没有军营，是个连草都不长的荒地。

那是凭空想象的，还是确有依据？=只是我所认为的。

为什么那样认为呢？=虽然屯兵之后有所经营，但在之前只能认为是荒地。

既然开垦之前是荒地，那么这块地有所归属吗？=很久以前的事我也不知道，但在60年前的确是属于某个人的。

周公的名字是什么？=周盛传。

他的籍贯和官职是什么？=是安徽省出身的汉人将军。盛军的统领。原先是李鸿章的部下，为了镇压第四镇，在马厂—小站—大沽—塘沽一带驻军。他的哥哥在南京当大官，也来过这里。

周公是什么时候来这儿屯兵的呢？=光绪三年。

周公管辖的有多少营？=18个营。马厂有骑兵的5个营，小站有步兵的13个营。

小站的13个营现在还有吗？=已经没有营房了。原先营地所在的地方现在都变成了村子。13个营各变成1个。后来又多加了1个村子。总共有14个村子。

一个营有多少兵员呢？=500个。13个地方加起来有6500个。

周公所在的营地在哪儿？=在一个现在叫作周公祠的地方。

其他营地是围绕着那个地方设立的吗？=是的，散落在以周公祠为中心10里的范围内。

周公的部下都是南方人吗？=南方人很多。南方人经常吃米饭，所以要开拓水田。但是也有北方人。

营地的大小有标准吗？=因为兵员数量一样，所以一样大。开垦地也都同样是70顷。

知道营的名字和它们的配置吗？=左军正营、右军右营、新军营、前营、传字营、盛字营、老左营、右军正营、右军右营、后营、中军右营、副营、会馆（现在的周公祠）。

会馆是什么？=是指安徽会馆。这里有祭祀周公的祠堂。

根据《重修天津府志》所绘小站地图

《重修天津府志》中的小站地图

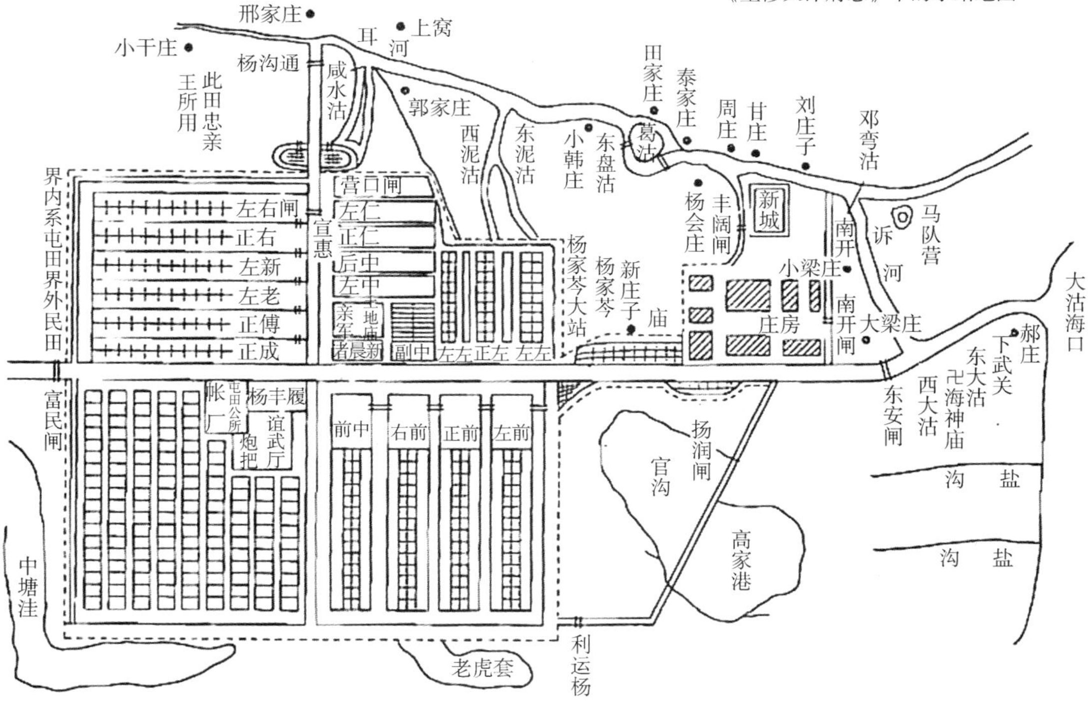

根据《重修天津府志》所绘小站地图

《重修天津府志》中的小站地图

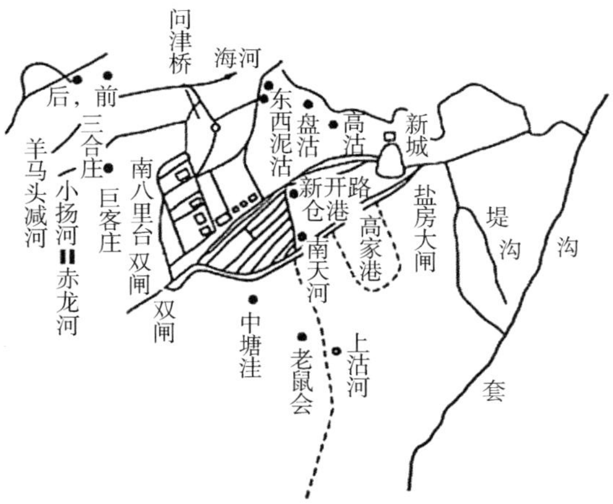


周公为什么要在这里驻兵呢？＝因为这些地方是守护北京和天津的要地，所以周公被派来驻守。清末为了防范长毛贼的骚乱及外国在沿岸的侵略而被派来驻守此地。

周军的领导阶层中有很多周公的家人和同乡吧？＝因为知道现在都有很多姓周的人，所以我想当初军中周家一族的官员应该很多。同乡的人应该也很多。现在都有很多留下的。

周公的后代们现在在哪儿？＝好像在北京或是天津。

周家一族在哪个村子？＝在会馆村里有几户，和周公同姓的。

上述的人和周公是什么关系？＝不是很清楚，大概是远亲吧。

周公的同乡人在哪个村子里有几户人家？＝分散各地，不知道数量是多少。

上述的同乡人以前就是有权力有钱的人吗？＝不是很清楚。

除了同乡之外还有南方人吗？＝广东、湖北、湖南、四川等地的人，因为周公是南方人，所以很多南方人慕名而来。

上述的人是周公的武将吗？＝大概是吧。

那些人的子孙现在还在这吗？＝在。

从前都是有权的人吗？＝没有什么重要的人，不太清楚从前的事。

*应答者　戴星桥（农田局总务股）*

【屯田、开垦】

屯兵的练兵场现在还在吗？＝不知道当时的练兵场在哪儿，因为是荒地，所以什么地方都可以练兵，在这儿没有专门给周公练兵的地方。

周公的水田开垦计划是什么？＝从前这一带的荒地种什么都长不出来，只有引水才能长出粮食，所以一边屯兵，一边开垦水田。

以调节运粮河的河水为主要目的修造了减河，在那之后周公提出了利用水的方案，是这样吗？ =不知道最初的计划。但是传言正如上述所说同时实施这两个计划。

引水计划是怎样的呢？ =把运河的水引入减河。

是在兵营移到这里之后，为了兵粮自给而修建减河，还是说先修建了减河，再把兵营移过来？ =在这儿屯兵的同时修造减河。

减河的开垦是从什么时候开始的？ =光绪初年。

是一下子全部开工的，还是分区间一个个开工的？ =好像是分区间开工的。因为阅读县志上的详细情况很麻烦，所以我说的都是口头相传的说法。光绪四年还是五年，先把海河的水引向小站方向，接着开挖了现在的月子河，还开挖了连接咸水沽和小站的河流，之后再开挖小站到九闸之间的河段。还有另外一种说法。光绪初年在潮宗桥（静海县）附近开工，然后逐渐地往海河方面开挖。

周公在此地一直就任到什么时候？ =一直到打高丽（日清战争[1]）的时候。

那时减河的工程已经告一段落了吗？ =是的。

减河的支流叫什么？ =诸耳河。

诸耳河也是周公任职时开挖的吗？ =大概是的吧。

（几天后，在天津日本民国图书馆调查时，在《重修天津府志》上查到小站一带的水闸、桥梁的建造时间。如下表所示。在这个府志里没有关于周公修造减河的具体情况）

| 名称 | 所在地 | 建设年份 |
|---|---|---|
| 宜洩闸 | 新农镇北十里 | 光绪元年（五年改建） |
| 新农桥镇 =肥兴闸 | 新农镇 | |
| 问津桥 | 新农镇北二十里 | （光绪三年把木桥改建为铁柱桥） |
| 中塘洼，双闸，富民闸，西北闸 | | 光绪二年 |
| 观稼桥 | 新农镇西 | （光绪七年改建为铁柱桥） |
| 济农双闸 | 新农镇北十里 | 光绪四年 |
| 东淮新闸 | 新农镇 | |
| 西淮新闸 | | |
| 通济双闸 | 问津桥南十里 | |
| 丰济闸 | 大大站 | 光绪五年 |

〔1〕 译者注：指甲午中日战争。

上述的工程是周公个人出的钱，还是国家出的钱？ =因为是大工程，所以是国家出的钱。但是周公作为一个大善人，一开始也以个人名义出了很多钱，后来才依靠国库。

上述工程都是由军队修建的吗？ =军队参与了修建。但是因为是大工程，所以我觉得也雇用了一般的民众。

除了周公之外，这些工程的主导者还有谁呢？ =和周公同乡的李鸿章也参与了支援。

周公有没有买下减河和中耳河流域的田地和营地呢？ =当然有，卖给军队，作为产业经营。

现在还有当时买卖关系的资料吗？ =我们局里面没有，在九宣闸有石碑。

石碑上写了什么？ =不知道。(关于碑文请参考210页[1]九宣闸视察记)

在周公祠里有关于修造减河的碑文吗，或是在其外村？ =没有。

被军队买下的产地，是一个个地分给屯兵吗？ =是的。

一个人分几亩地？ =只分给在营地里居住的士兵，给将官分的多一些，而普通士兵分到的很少。

为什么会知道这件事？ =传言是这样。

有没有把家人带到屯所的？ =都是独身。

在此之后有没有允许带家属过来？ =不是很清楚。以前这儿也有屯兵的子孙的家。他们的祖先有人把老家的家眷带过来，也有的在当地娶亲。但是这些好像都不是周公那一代的。周家军也发生过很多变化。好像后来原先的屯兵制度瓦解了，变成上述那样。

屯兵每天都训练吗？ =因为屯兵忙于农务，所以一个星期只到营地集中训练一次。结束之后又会返回自己的家里干农活。

屯兵的开垦地是一户一户定好的吗？ =有共同劳作的，但是土地是一户一户分配好一定面积的。

最初分配土地的时候，是像地券一样分配的吗？ =是的。

那是规定在一定期限内必须耕完一定的面积吗？ =我不知道。

还有，对于已经开垦的面积，是像私有土地那样耕作的吗？ =我不知道，但是以为营产地是公家的地，所以大概不能像对私有土地那样做吧。

除了屯兵之外，有没有其他人进入营地内开垦土地呢？ =屯兵大概有时会雇用普通人来开垦土地吧。但是一般人不能作为土地开垦的主力。

周公和军队，会发放开垦所用的农具并且融资吗？ =周公经常以个人名义出资，所以这种事也是常有的吧。但是我也不知道是不是所有的都是用自己的钱。

周公给士兵分配耕种的土地是无偿的吗？ =不是。会收取地租。直到今日还保留着这种制度。

周公那个年代，大体上是与现在的农田局开垦同样大小的土地吗？ =是的。大概有500余顷的水田。

除了上述500顷的营田之外，其他土地是什么时候开垦的呢？ =我想也有周公时代开

---

〔1〕 译者注：此处的页码是指引文在日语原书中的页码。

垦的。最近也有很多日本人种的水田。

周公时代开垦的田地，是周公本人计划的吗？ =不是很清楚。但是水田一出来就有收成，所以附近渐渐地也开始出现水田。

周公时代开垦的水田大概占现在这一带水田总面积的百分之多少？ =把日本人的水田去掉的话没有多大差别。现在的面积稍微大一些。

【屯田地的管理机关】

周家军一直在此地驻扎到什么时候？ =一直到光绪二十年左右。

到那时为止，大体上都是顺利地进行开垦吗？ =不是。光绪十八年，周家军发生过叛乱事件。还会时不时地发生各种事件。

周家军的内部，也偶尔会有移驻吗？ =我想因为是屯兵，所以不会发生这种事吧。

光绪二十年，为什么会被调走呢？ =光绪二十年那年打高丽（日清战争），军队全部被派往东边。

上述的战争结束后，那些军队都回来了吗？ =有很多人没有回来。

在那之后谁管理营地？ =各营的住房保持不变。光绪二十六年，在义和团事件发生前后成立了营产局，专门管理营地。

日清战争之后，这个地方还有兵营吗？ =在直隶总督和北洋大臣袁世凯时代有兵营。光绪二十年前后也有。那个时候袁军使用营房，不时会有顾问过来练兵。张之洞的时代也有。营房由于时局的变动，有时有，有时没有。到民国 4 年的时候大致上都有兵营。民国初年时，袁军骑兵团的一个旅在此地驻扎，一共有 1500 多人马。民国 4 年营房被废弃。

所以说屯兵在周公时代终结时就没有了，后来的都是纯粹的军队？ =是的。

周家军撤兵之后，这里的兵营都建在什么地方？ =小站西边，现在是医院的那块地。

从前屯兵的住房，后来有士兵居住吗？ =不是很清楚。

军队直接使用的土地和民众使用的土地是分开的吗？ =大概是分开的。

军队使用多大范围呢？ =不是很清楚。

营产局的上级部门是什么？ =不是很清楚。但是有很多变动。民国初年隶属于津海道公署，直到民国 19 年营产局都被称为营田局。我不知道上级部门是什么。民国 19 年，傅作义从天津警备司令的职位上离任时，曾委托熟人南开大学的校长张伯苓代为管理局产。此后直到民国二十三年，一直被作为大学直属的学校资产而由校田管理处管理。之后，又归于王哲元的冀察政务委员会所管理，被改称为营产营房管理局。事变发生的时候，一时之间无人看管，在那期间置于天津县公署的管理之下，直到民国 27 年，由河北省公署建设厅直辖。去年春天改名为农田局，直至今日。事务系统处于建设厅商务科的治下。

周公时期管理减河的部门是什么？ =周家军。

营产局时代呢？ =民国成立之后一直与河务局有关系。

在清朝就有河务局了吗？ =建于光绪年间。那时有以通州作为本部的河务道台，一直持续到宣统年间。这是河务局的前身。

通过河务道台对减河进行管理吗？ =知道的不是很清楚，但应该不是吧。

那么直到什么时候减河才开始与河务局有关系呢？ =民国初年时，河兵大量涌入。

河兵是什么？ =是指现在河务局的巡工夫。光绪时代也有河兵，但他们与减河没有关系。最初把减河分成3段，分3队来监视减河。一队有二三十个人。

河兵主要的任务是什么？ =对堤坝的管理。平时为了防止堤坝被破坏而监视堤坝，等到发大水的时候防止决堤。

这种制度在河兵到来之前就有了吗？ =不知道。

除了河兵之外，还有什么河务局的人会来？ =闸夫会被分配到东闸口或九宜闸。

从什么时候开始的？ =河兵到来之前。

是属于河务道台吗？ =不是很清楚。似乎平常都是农民，以种地为生，在需要用到闸的时候再来开关闸口。

河兵是在什么时候改名为工巡夫的呢？ =有些地方的工巡夫仍旧被称为河工。不知道什么时候改名的。

上述的人现在还有吗？ =没有了。现在减河有了第六段，段长在唐官屯。工巡总计5人。九宜闸到潮宗桥之间有2人，潮宗桥到海河之间由3人管理。

事变前上述地区的管理是怎样的？ =现在和事变之前没有变化。

什么时候开始变成这样的呢？ =记不得了。

## 五　周公祠

应答者　张宝成、徐同树（小站农民）

【周公祠的祭神】

周公祠里供奉的是谁？ =周武壮公和周刚敏。

周刚敏是周公的什么人？ =不是很清楚。

刚敏也是在此地任职吗？ =是的。

官职是什么？ =不知道。

是和周公同时在任吗？ =是的。

周公祠是什么时候修建的？ =光绪十七年，他在世的时候修建的。

谁修建的？ =十四营的人为了感谢他而修建的。

周公祠的管理者是谁？ =一个姓周的，第十九任保长。

上述的那个周姓的人与周公是什么关系？ =远亲。

在这附近人们是在家里祭祀周公吗？ =不是。庙会的时候到祠里来。

为什么要来呢？ =依靠周公这一带才开垦了水田，对此表示感谢。

来周公祠祭祀时，大家都祷告些什么？ =商业繁荣，治愈疾病之类。

关于周公在此地开垦农田，有没有留下什么美谈？ =没有。

他在这里施行善政吗？ =是的。

他是仅被作为农田的开垦者而被敬重的还是作为农业的神灵被尊敬的？ =只是被作为

开垦者。

在这里也进行祈雨等仪式吗？ =没有做过。那些仪式都在小站的老君堂举行。

只在这里有周公祠吗？ =不是。周家军治下的青县、静海县、沧县、苍台都有。在天津和保定也有。

【祭日】

周公祠的祭日是什么时候？ =三月二十八日和七月二十八日。

上述的日期是周公的什么日子？ =不是很清楚，只知道其中之一是周公的生日。

事变前一直都来此进行祭祀活动吗？ =事变前这里祭祀活动很热闹。那时还演戏，现在没有了。事变之后因为治安恶化，所以庙会没有那么热闹了。

庙里有谁住着吗？ =住着一个老道士。

他是安徽人吗？ =不是。

从很久以前他就一直住在这里吗？ =他的父亲是住在这里的居士，身为儿子的他也留在这里当道士。

这个道士与周公有什么关系吗？ =不知道。

祠的维持费用是由谁来出的呢？ =由十四营出资。

【庙地】

祠有什么附属土地吗？ =有。在祠的附近。

有多少亩？ =不知道。

由谁管理？ =石记的周家租赁。

祠的修理费用从很久以前就是由十四营来出吗？ =以前由周家的个人来负责，后来才由十四营出资。

从什么时候开始十四营出资呢？ =不知道。

祭拜这个祠的人主要是十四营的人吗？ =是的。

其他人不能来这里吗？ =没那回事。但来的人很少。

【庙会】

看了街头张贴的广告，今天的庙会是由小站商会主办的，从很久以前开始就是这样的吗？ =是的。

为什么不是由农会主办？ =以前没有农会，农会去年才成立，所以是由这片土地上最有权力的人所在的商会来主办。

商人们也会来祭拜吗？ =不论职业、男女，大家都会来。

在举办庙会之前，商会要做什么准备？ =现在什么也不用做。

商会的有权势的人们不会聚在一起讨论什么吗？ =不会。

以前是怎么样的呢？ =以前因为要演戏，所以要从军队那里获取演戏的许可。除此之外什么都不用做。

庙会当天，有权力的人会当上会长之类的吗？ =以前开始就没有。

庙会当天，不用花钱吗？ =是的。只是祭拜的人们聚集起来，一起烧香叩头。

庙会当天，不举行商会仪式吗？ =不举行。

有权力的人们会一起过来祭拜吗？ =现在成立了农会，各村的保甲长都加入，所以会长会带着保甲长们来祭拜。今天应该也是如此。

事变之前也是如此吗？ =以前都是由个人随意来祭拜的。

为什么现在要以团体来祭拜呢？ =大概与警备和治安有关吧。

之前听说过十四营的人负责修祠。是每年都要这么做吗？ =今年七月十五日鬼节的时候，为了支付老道士的伙食费，农会的保甲长们聚在一起商谈。在那时由各村寄付费用。

以前就经常有这样的事吗？ =以前没有。因为现在生活不景气，如果不聚在一起商量的话谁都不会出钱。以前老道士会走访各个村子，自己拿到费用。

今年也是每个村子支付一定的费用吗？ =不是。是根据个人的意愿来出钱的。实在出不起钱的人也可以不出。一般都会出1元左右的钱。

上述的钱是给老道士的伙食费吗？ =是的。

用作周公祠的修理的费用呢？ =不知道。

周公祠图

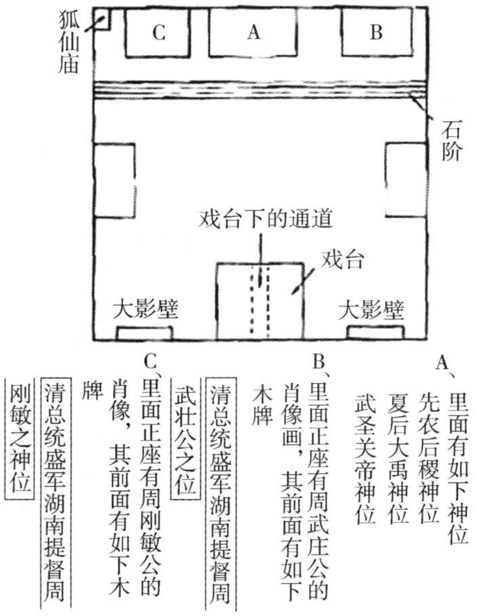


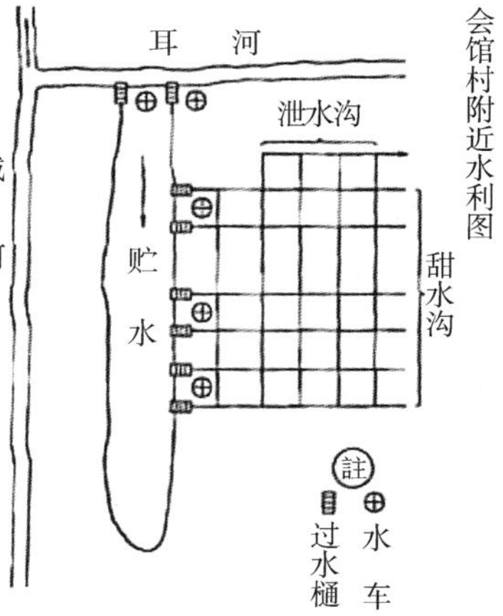

会馆村附近水车配置图（一）（二）

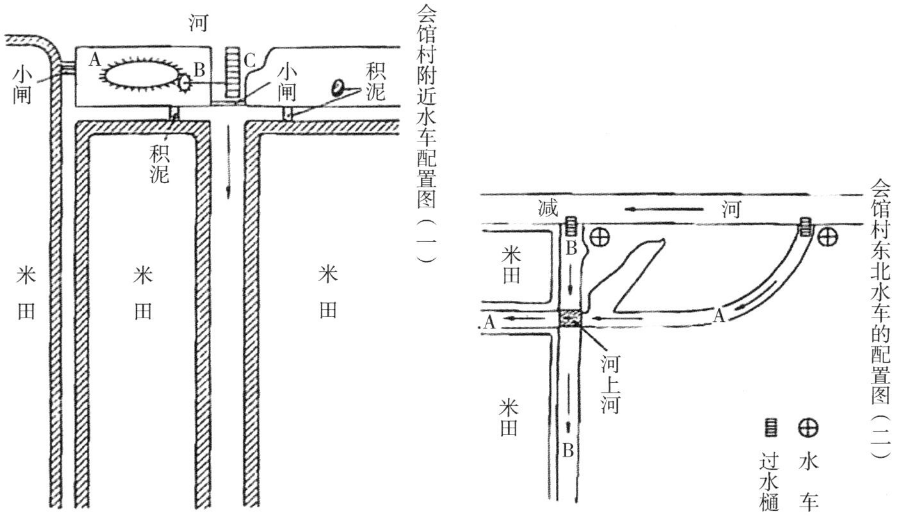


【资料】○周公祠祭田的永租执照（根据新民会调查资料书写）

永　租　执　照

周刚敏武壮公祠

为发给执照事本祠所留七项祭田向由租户承领耕种每亩半年缴纳二元四角分春秋两季交清不许施缺该项收入为修理祠堂为祭礼之费本祠裔米津迭据租户面恳所恳之田用费不赀务要甜水管进碱水管出祠方不得无故加租夺佃俾便永远耕种本祠裔派人调查据报所肯各节均是实情合亟发给执照

见证人　周师石○○○

租户商万金承领一顷三亩二分九厘九　周公祠记

祠裔　周正香○○○

中华民国十七年十一月四日

周刚敏武壮公祠图记　发给

李春桂

立当契人商连生因正用奉母命烦友人刘锡义等说合情愿将先父自垦会馆双租地计二顷

李凤鸣

零三亩三分九厘九毫坐落周公祠前方南北大道西侧附庄房一所计南北房十间门窗具全大场一个碾米家伙具全尽数当与

德兴厚名下为业言名当价洋贰仟元整其洋笔下交足不缺一当三年为满赎地之日春前秋后分文不得短少此系三面设定各无反悔恐口无凭立此当契为证

东至大道 西至徐

南至水河 北至咸水河

代笔人 朱明甫证

读合人 王明海十

李春桂十

刘锡义十

李凤鸣十

立当契人 商商氏、

商连生、

中华民国三十年阳历四月十九日立

○周公祠祭田租据（根据新民会调查资料书写）

周 刚武 敏壮 公小站祭田租据

兹有租户德兴厚

租到周公祠田一顷〇三亩三分九厘每亩

年租大洋二元四角分春秋两季缴纳不得系毫

施缺共应缴大洋二百四十八元一角六分业经

如数收清合亟发给租据

大河费 五毛三合洋四十二元六角七分 东贴耳河合

杂 费 四分合洋四元乙角三分六厘 洋九

除东贴统共大洋共洋二百八十四元九角〇分

中华民国二十二年十二月初十日发给

附记

上述所记租据样式，仅在内容上有所区别，如下所示：

×民国二十年十二月二十八日所记

前文与上面的租据一样

大河费三毛三一合洋三十四元二毛五分五

杂费五分合洋五元二毛七分

×东贴耳河　　九元零六

统公大洋除杂费东贴二百七十八元八角二

×民国二十一年所记

前文一样

大河费三毛八合洋三十九元二毛九

杂费四分合洋四元　毛三分

东贴耳河合洋九元零六

×民国二十五年所记

前文一样

大河费三毛八

杂费三分合洋三元一毛

○周公祠祭田租据

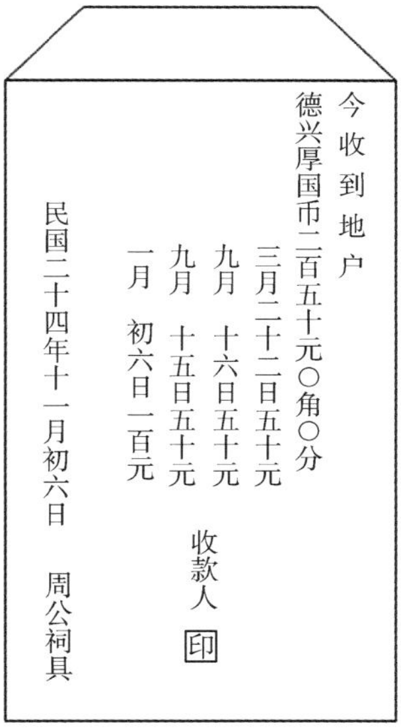


## 六　农田局相关资料

【资料】

**河北省小站农田管理局组织章程**

第一条　本省为管理小站军粮城咸水沽四官庄新城等区省有农田各产及辩理农田水利工程并收租款各事项设小站农田管理局直隶属于河北省公署建设厅

第二条　小站农田管理局设局长一人承河北省公署之命综理本局一切事物并监督指导

所属各职员

第三条　小站农田管理局设总务经征两股分掌各股事务

第四条　总务股设股长一人股员四人测绘员一人掌理事项如下

一　开文书会计庶务事项

二　开农田各产之管理整顿事项

三　开农田水利及农田之清丈事项

四　开工程之设计及实施事项

第五条　经征股设股长一人、股员一人、催租人四人、外镇催租员四人，掌理事务如下

一　开经征租款事项

二　开填发租据事项

三　开稽查并催收租款事项

四　关于审核租册租据及月报旬报事项

第六条　各股股长承局长命督率所属职员办理本股事项

第七条　小站农田管理局局长由河北省公署委任局长以下各职员由局委会用呈请省公署备案

第八条　小站农田管理局缮写文件得酌用雇员

第九条　本章程如有未经事宜得随时呈请省公署修正之

第十条　本章程自核准之日施行

(附）奉令增设指导股组织章程未及呈请修正故未列入

【资料】

**小站农田管理局亩数表**

| 村名 | 类别 | 亩数 | 备注 |
|---|---|---|---|
| 四官庄 | 基地 | 722 | |
| 小站十四营村 | 水田 | 56,204 | |
| 咸水沽 | 水田 | 2,193 | |
| 新城村 | 园田 | 237 | |
| 军粮城 | 水田 | 40,692 | |
| 军粮城 | 区田 | 1,661 | |
| 合计 | 水旱田 | 101,709 | |

小站附近农田局管理地

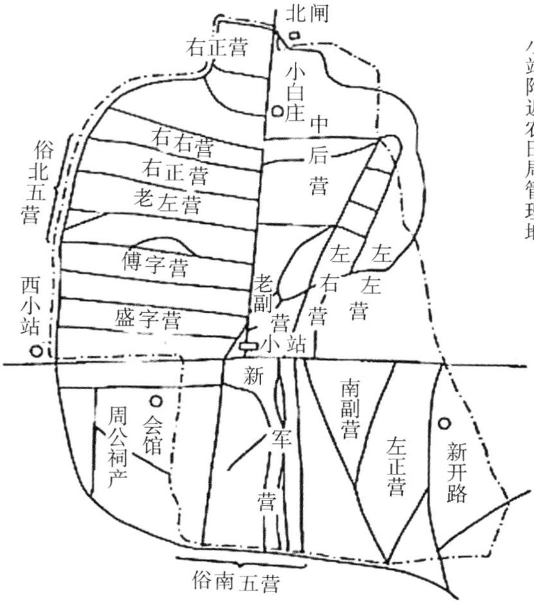


小站附近农田局管理地

【资料】

**河北省小站农田管理局所辖**

农田水利苇湖收入一览（民国三十年）

| 村名 | 户数（户） | 面积（亩） | | 每亩租额 最高（元）/最低（元） | | | 应纳租额（元） | |
|---|---|---|---|---|---|---|---|---|
| （一）农田 | | | | | | | | |
| 盛字营 | 108 | 2, 558 | 54150 | 1 | 123 | 823 | 2, 317 | 350 |
| 传字营 | 157 | 4, 943 | 22250 | 1 | 410 | 823 | 4, 614 | 570 |
| 老左营 | 144 | 5, 531 | 75810 | | 845 | 706 | 4, 542 | 530 |
| 右正营 | 208 | 66, 000 | 05200 | 1 | 127 | 706 | 4, 890 | 500 |
| 老副营 | 104 | 2, 527 | 89160 | 1 | 410 | 823 | 2, 240 | 250 |
| 中右营 | 86 | 2, 943 | 86600 | 1 | 127 | 706 | 2, 395 | 930 |
| 前营 | 145 | 3, 839 | 79413 | 1 | 410 | 824 | 3, 532 | 510 |
| 新军营 | 113 | 3, 358 | 38740 | 1 | 176 | 706 | 2, 783 | 860 |
| 左右营 | 97 | 4, 083 | 38100 | | 900 | 706 | 3, 329 | 580 |

续表

| 村名 | 户数（户） | 面积（亩） | | 每亩租额最高（元）/最低（元） | | | 应纳租额（元） | |
|---|---|---|---|---|---|---|---|---|
| （一）农田 | | | | | | | | |
| 中后营 | 102 | 2,918 | 65650 | 1 | 127 | 706 | 3,384 | 340 |
| 南副营 | 122 | 4,263 | 77300 | 1 | 200 | 706 | 3,578 | 160 |
| 左正营 | 176 | 5,580 | 08960 | 1 | 127 | 824 | 4,615 | 630 |
| 左左营 | 143 | 1,408 | 45990 | 1 | 127 | 706 | 4,443 | 840 |
| 新城村 | 38 | 237 | 02100 | 1 | 690 | 845 | 210 | 030 |
| 军粮城 | 43 | 1,661 | 46400 | | —— | —— | 102 | 489 |
| 四庄 | 284 | 722 | 70605 | 8 | 450 | 300 | 617 | 016 |
| 计 | 2,170 | 58,825 | 71528 | | —— | —— | 48,448 | 005 |
| （二）苇湖 | | | | | | | | |
| 苇湖租 | 32户 | 31处 | | | —— | | 3,173 | 573 |
| 计 | 31户 | 31处 | | | —— | | 3,173 | 573 |
| （三）水利 | | | | | | | | |
| 咸水沽 | 128 | 2,193 | 83790 | | 210 | 075 | 357 | 817 |
| 军粮城 | 1,028 | 40,692 | 42700 | | —— | —— | 1,831 | 196 |
| 计 | 1,156 | 42,886 | 26490 | | —— | —— | 2,189 | 013 |
| （四）总计 | | | | | | | | |
| 农田水利（除苇湖） | 3,326 | 101,711 | 98018 | | —— | | 53,637 | 018 |
| 含苇湖 | 3,357 | —— | | | | | 53,810 | 591 |

备注：

上表为民国三十年的数据，三十二年的数据作出如下修改：

①租价上涨 农田、小站上涨3元，咸水沽上涨2元，军粮城上涨1元。

②水利 从以前的2角左右上涨了5角。

③苇湖 现在的租价是以前的1倍预测会增收17万元。即从去年的5万上涨为今年的22万。

| | 户数 | 营田种类 | 亩数 | | 每亩租额 | | 总租额 | | 备注 |
|---|---|---|---|---|---|---|---|---|---|
| 盛字营 | 61 | 稻田 | 1572 | 122 | | 941 | 1479 | 3668 | |
| | 1 | ～ | 461 | 000 | | 824 | 37 | 9040 | |
| 垦务 | 31 | ～ | 770 | 979 | 1 | 127 | 651 | 4772 | |

**续表**

| | 户数 | 营田种类 | 亩数 | | 每亩租额 | | 总租额 | | 备注 |
|---|---|---|---|---|---|---|---|---|---|
| | 7 | ~ | 11 | 969 | 1 | 127 | 13 | 4890 | |
| 陆部 | 5 | ~ | 156 | 032 | | 823 | 128 | 4143 | |
| 计 | 105 | ~ | 2557 | 102 | | | 2310 | 6513 | |
| 传字营 | 108 | ~ | 4480 | 710 | | 914 | 4216 | 3481 | |
| | 5 | ~ | 60 | 278 | | 824 | 49 | 6690 | |
| 垦务 | 15 | ~ | 193 | 689 | | 845 | 163 | 6670 | |
| | 11 | ~ | 32 | 526 | 1 | 127 | 36 | 6568 | |
| | 1 | ~ | 7 | 290 | | 900 | 6 | 5610 | |
| | 1 | ~ | 2 | 156 | 1 | 410 | 3 | 0400 | |
| 陆部 | 7 | ~ | 168 | 897 | | 823 | 139 | 0020 | |
| 计 | 148 | ~ | 4945 | 546 | | | 4614 | 9439 | |
| 老左营 | 134 | ~ | 3255 | 859 | | 824 | 4330 | 8108 | |
| | 4 | ~ | 162 | 419 | | 706 | 114 | 8678 | |
| 垦务 | 1 | | 46 | 394 | | 845 | 39 | 2030 | |
| 陆部 | 3 | | 83 | 775 | | 823 | 68 | 9468 | |
| 计 | 142 | | 5548 | 447 | | | 4553 | 6454 | |
| 右正营 | 119 | | 4800 | 462 | | 824 | 3955 | 5800 | |
| | 10 | | 646 | 450 | | 706 | 456 | 3937 | |
| 垦务 | 4 | | 34 | 468 | | 986 | 34 | 0032 | |
| | 17 | | 36 | 361 | 1 | 127 | 40 | 9788 | |
| | 27 | | 175 | 411 | | 845 | 148 | 2223 | |
| | 3 | | 16 | 914 | | 824 | 13 | 9370 | |
| 陆部 | 15 | | 280 | 987 | | 823 | 231 | 2523 | |
| | 1 | | 2 | 204 | | 900 | 1 | 9836 | |
| 计 | 196 | | 5993 | 275 | | | 4882 | 3509 | |
| 左右营 | 80 | | 2143 | 884 | | 824 | 1766 | 5600 | |
| 垦务 | 10 | | 37 | 387 | | 845 | 31 | 1920 | |
| 陆部 | 9 | | 149 | 501 | | 823 | 123 | 0393 | |
| 计 | 99 | | 2330 | 772 | | | 1921 | 1913 | |
| 老副营 | 26 | 941 | 881 | 418 | | | 824 | 4149 | |

续表

| | 户数 | 营田种类 | 亩数 | | 每亩租额 | | 总租额 | | 备注 |
|---|---|---|---|---|---|---|---|---|---|
| | 3 | | 73 | 120 | | 824 | 60 | 2509 | |
| 垦务 | 8 | | 18 | 528 | 1 | 127 | 20 | 8810 | |
| | 4 | | 36 | 570 | | 845 | 30 | 9016 | |
| | 3 | | 1 | 102 | 1 | 410 | 1 | 5538 | |
| | 1 | | 259 | 700 | 1 | 550 | 402 | 5350 | |
| | 2 | | 22 | 400 | | 986 | 22 | 0864 | |
| | 1 | | | 700 | | 900 | | 6300 | |
| 陆部 | 35 | | 1011 | 625 | | 823 | 832 | 5673 | |
| | 3 | | 80 | 904 | | 824 | 66 | 6650 | |
| | 3 | | 107 | 366 | | 900 | 96 | 6290 | |
| 计 | 101 | | 2918 | 656 | | —— | 2382 | 3483 | |
| 前营 | 94 | | 2939 | 167 | | 941 | 2765 | 7561 | |
| | 23 | | 630 | 232 | | 824 | 519 | 3116 | |
| 垦务 | 17 | | 24 | 730 | 1 | 127 | 27 | 8700 | |
| | 3 | | 3 | 477 | | 845 | 2 | 9380 | |
| | 2 | | 2 | 800 | 1 | 410 | 3 | 9480 | |
| | 2 | | 95 | 615 | | 986 | 94 | 2760 | |
| 陆部 | 5 | | 143 | 773 | | 823 | 28 | 3250 | |
| 计 | 146 | | 3839 | 794 | | —— | 3532 | 4247 | |
| 新军营 | 43 | | 2952 | 194 | | 824 | 2432 | 6080 | |
| | 6 | | 22 | 189 | 1 | 176 | 26 | 0940 | |
| | 2 | | 10 | 473 | | 941 | 9 | 8550 | |
| | 3 | | 115 | 766 | | 706 | 81 | 7310 | |
| 垦务 | 39 | | 21 | 232 | 1 | 127 | 23 | 9284 | |
| | 6 | | 9 | 144 | | 845 | 7 | 7267 | |
| | 1 | | 21 | 071 | | 824 | 25 | 6025 | |
| | 1 | | 31 | 071 | | 986 | 30 | 6350 | |
| | 1 | | 157 | 803 | 1 | 410 | 10011 | 0000 | |
| 陆部 | 9 | | 132 | 887 | | 823 | 109 | 3660 | |
| | 1 | | 47 | 322 | | 824 | 38 | 9920 | |

续表

| | 户数 | 营田种类 | 亩数 | | 每亩租额 | | 总租额 | | 备注 |
|---|---|---|---|---|---|---|---|---|---|
| 计 | 22 | | 3381 | 150 | | 824 | 2797 | 5396 | |
| 南副营 | 84 | | 3802 | 932 | | 824 | 3133 | 6160 | |
| | 1 | | 14 | 000 | | 706 | 9 | 8840 | |
| 垦务 | 6 | | 48 | 005 | | 845 | 40 | 5640 | |
| | 1 | | 1 | 125 | | 824 | | 9270 | |
| | 7 | | 287 | 872 | 1 | 127 | 324 | 4320 | |
| | 7 | | 76 | 170 | | 986 | 75 | 1036 | |
| | 2 | | 5 | 640 | | 900 | 5 | 0760 | |
| | 2 | | 5 | 460 | 1 | 200 | 6 | 5520 | |
| | 1 | | 6 | 568 | 1 | 000 | 6 | 5680 | |
| 计 | 111 | | 4247 | 772 | | | 5602 | 7226 | |
| 右正营 | 124 | | 4883 | 386 | | 824 | 4023 | 9100 | |
| 垦务 | 12 | | 11 | 827 | 1 | 127 | 13 | 3290 | |
| | 25 | | 669 | 100 | | 845 | 565 | 3895 | |
| 计 | 161 | | 5563 | 313 | | —— | 4642 | 6285 | |
| 左左营 | 77 | | 2632 | 532 | | 824 | 2169 | 2060 | |
| | 14 | | 724 | 127 | | 706 | 511 | 2336 | |
| 垦务 | 38 | | 1958 | 497 | | 845 | 1654 | 9300 | |
| | 10 | | 85 | 070 | 1 | 127 | 95 | 8739 | |
| | 1 | | 3 | 400 | | 900 | 3 | 1600 | |
| 计 | 140 | | 5403 | 626 | | —— | 4434 | 3035 | |

总计 728 户，地 561 顷 59 亩 8 分 4 厘，洋 47709 元 5 角 3 分 5 厘 7 毫
苇湖 36 户（即 36 处），共租额 3948 元 5 角 6 分 8 厘

【资料】

**小站附近镇地亩数及租户租额统计表**

| | 租户 | 地亩 | | 共租额 | | 备注 |
|---|---|---|---|---|---|---|
| 四官庄 | 287 | 723 | 584 | 617 | 0161 | 全部旱田每亩租价大概为 1 元每亩，但也有 8.25 元每亩和 4.225 元每亩的例外 |

续表

| | 租户 | 地亩 | | 共租额 | | 备注 |
|---|---|---|---|---|---|---|
| 咸水湖 | 128 | 2193 | 418 | 357 | 715 | 所有稻田的租价都在每亩1元以下 |
| 新城 | 40 | 240 | 817 | 216 | 4452 | 全部是旱田 |
| 军粮城 | 1038 | 44958 | 503 | 2023 | 1326 | 稻田每亩租价为0.045元 |
| | 43 | 1661 | 464 | 102 | 489 | 区田 |
| 计 | 1081 | 46619 | 967 | 2125 | 6216 | |
| 总计 | 1537 | 49777 | 786 | 2316 | 7986 | |

【资料】

**修正河北省小站农田管理局征收各项租费规则**

（民国三十年六月十日省认可施行）

第一条　小站农田管理局（一下简称本局）征收各项租费，悉依本规则之规定行之。

第二条　本局应征农田租费种类如下

一　地租　稻田、旱田、区田、荒地、荒场、河埂、河边等属之。

二　苇湖租　苇坑、苇沟、鱼苇、曳水沟、曳水河、荒坑等属之。

三　水利费　人们引用本局辖境内之水流属之。

第三条　本局征收各项租费等则暂照原定数目征收如有增减时、应于开征前通知佃户、并将某租某费增减理由及数目、呈报省公署查验。

第四条　各农田遇有灾歉、应由本局查勘明确拟定成灾分数、并将被灾区村佃户姓名、受灾地亩、及应减免租费数目、造具清册、呈报省公署核办。

第五条　地租、苇湖、每年分春秋两季征收之

甲　春租　由五月一日起开征征收年额四分之一

乙　秋租　由九月十五日起开征、征收年额四分之三

水利费、民田引用农田水流、每年秋后、由局按亩丈量、将应征收水利费数目、通知地主赴局一次征清。

第六条　租户交纳租金时、须持上年度交租收据、赴局直接交纳、但在外镇派有催租员者、得交由催租员就地照章征收、接期解局。

第七条　前条租金及水利费、征收时、应即制给收据、征存之款、随时滞解省库核收、收据计分三联、甲联给交款人收执、乙联径呈财政厅备查、丙联存局　前项收据、由本局制备呈请省公署盖印发还应用、以昭慎重。

第八条　租户及用水地户、如有施缺租费情事应伤具妥保、限期交纳、到期不

交、由保人代交、或收归租权、及禁止来年用水并呈报省公署查验。

第九条　本局每月经征租杂各款、应按月造具四柱清册、于次月十日以前逞呈财政厅查验。

第十条　本规则自呈奉省公署核准之日施行如有未尽事定得随时呈请修正之

应答者　杨书林（农田局文牍主任）

现在还有上述规则之前的章程吗？＝事变之后局里的文件全部烧毁了，所以没有。

上述的规则是事变之后第一个制定的规则吗？＝是的。

上述规则中包括以前章程中征收的东西吗？＝我什么都不知道。

【区田】

第二条的区田是什么？＝在小站地区附近没有区田。在军粮城那儿有，是指由本局管理下的土地。

为什么叫作区田呢？＝我不知道，从很久以前开始就叫作区田（在区田之前也被叫作旗地）。

指的是水田吗？＝是的，旱田里没有区田。

在哪些地方和普通的水田不一样呢？＝一般的水田都是按亩来交纳租金的，而区田是以一整块土地来交纳。租金与一般水田相比并不便宜。因为是本局管理下的土地，所以在统计数据时有一些不便之处，所以可能改称相近的面积。在其他方面并没有区别。

为了开垦的时候方便一些，会给老百姓分配一整块土地吗？＝可能是的吧，不是很清楚。

土质怎么样？＝与普通的水田相比并不坏到哪儿去。

区田的灌溉用水是从哪儿引来的？＝从海河引水过来。

上述规则中第二条第一个里面的荒地和荒场有区别吗？＝荒场是指以前的放马场，是只有军队的土地。是引不到水的碱性土地，在东大站的本局管理地的边界附近，除了秋草之外什么都不长，因为没有水所以就连苇子都种不了。与之相比，荒地是指那些普通的荒凉土地，如果努力开发就可以变成水田。

【河埂】

河埂是什么？＝是指那些在支流或耳河边挖土堆出像堤坝一样的土地，即使现在变成荒废的河流也还留下来堤坝，也被称为河埂。在上面可以种豆子和麦子。

【地租】

第二条第一个的地租会不会根据土地种类的不同而不一样吗？＝是的，不仅如此，即使土地的种类是一样的，而土地的质量不一样时，地租也有所不同。

大概如下表所示：

| 每亩地租（如果没有特殊标记，指的都是按亩计算的价格） | |
|---|---|
| 稻田 | 从四分五厘到一元四角的价格都有 |
| 旱田 | 差不多一元左右 |
| 区田 | 八九角（换算成按亩计算） |
| 荒地 | 五六角 |
| 荒场 | ～ |
| 河埂 | 七八角 |
| 河边 | ～ |

上述各种土地的面积和所在关系是怎样的呢？=因为没有调查过，所以不清楚。

【苇坑、苇沟、鱼苇】

第二条第二个的苇坑和苇沟指的是什么？=都是种植苇子的土地。前者是像圆形的池塘一样的坑，后者是指变成沟的地方。

鱼苇又是指什么呢？=除了种植苇子外，还可以捕到鱼的土地（不是特意养鱼，而是捕那些自然地聚集在这里的鱼）。

如果在苇坑和苇沟也能捕到鱼，那么它们是不是也变成鱼苇了？=不是，鱼苇是指以前就能捕到鱼的地方。是指那些很久之前就惯于捕鱼的人家（不叫渔户，自然还是称为佃户）经常去的地方，关于打鱼的纷争的话题如下所述。

【打鱼的纷争】

民国二十九年九月禁止打鱼的事件（花园村、夏矩臣和后营的居民共同向当局提请禁止打鱼的方案）

上述请愿的原因是什么？=上述两个村子的上游，有时会有人把水堵住来打鱼。为了防止这种情况的发生而来请愿。

以前有很多这样的事吗？=以前是要向当局交纳金钱才能获准打鱼，即使是那种场合，也不可以把水堵住。

所以说上述是指那些没有获得当局许可而打鱼的那些家伙吗？=是的，打鱼本身并没有什么错误之处，但把水堵住确是在做坏事，那些家伙就跟土匪一样。

以前有这样的事吗？=好像没有。

那为什么后来会发生这样的事？=因为治安环境变差了，只要一没有人在旁边，就不知道会做出什么事来。

当局是如何处理这件事的呢？=当然是颁布了禁止打鱼的法令，但是好像还有人在打鱼。他们好像是与新民会联系之后，获得打鱼的许可的。

现在在哪些地方还有困扰农民自顾自地打鱼的人呢？=石柱子河、大道沟、北潮河一带有一些。这些原本是禁止打鱼的区域。

【河沟】

曳水沟和曳水河有什么区别？=沟和河的区别只在于大小的不同，在这些地方有种植苇子的地方，也有捕鱼的地方。

上述的那些地方，原先属于苇沟，也可以算是鱼苇吧？＝是的。

【荒坑】

荒坑又是什么呢？＝放在一边不管，让其自行生长植被的地方，用途是采集牧草。

【渔业的许可】

在贵局的管理之下，基于本规则而获得捕鱼许可的人家有多少户？＝以前有二三十户，现在有六七户。

为什么会像这样减少那么多呢？＝因为鱼的数量变少了。

是因为除了获取许可的人之外，还有其他人在捕鱼吗？＝事变之后缺乏监管，所以大概有那种倾向吧。

用什么工具捕鱼？＝用四个角的吊网。

属于本局管理之下的人，是不能随便设置捕鱼网的吧？＝是的，需要本局的许可。

如果是在县政府那边取得许可呢？＝常年的习惯，县政府与这件事没有关系，只有本局允许了才算允许。

昨天在减河看到在船头放置渔网的人，那个人获得本局的许可了吗？＝减河属于河务局管理的范围，与本局没有关系。那应该是没有获得许可的行为，减河流域鱼的数量很少。属于本局管理下的河流包括耳河和曳水沟等。

贵局最近有没有给谁发放过许可？＝没有。村子里的人什么都不知道，只是从新民会的人那里获取口头许可，就随便阻塞河流捕鱼。造成水流被截断，不能流向水田。

拥有许可的那些人，是不是拥有什么像许可证之类的东西？＝只是发给他们一般的租地的执照。

是指在哪些区域捕鱼呢？＝发给他们的是对于土地使用的执照，所以在那块土地里可以捕鱼。在这个范围内随便在哪个地方设置渔网都可以。但是渔网放置的地点一般是固定的。但地点并不是当局指定的。

其他人可以在那块区域里面捕鱼吗？＝不能。

【地租】

地租是什么？＝本局的佃户向官方租赁土地，种植除了苇子之外的其他作物，比如水稻和谷物，然后向当局交纳土地租金。地租指的就是他们交纳的钱。

【苇湖租】

苇湖租是什么？＝是指苇地的副产货物的价格。此外，除了苇子之外捕鱼的家庭还要交纳租金。因为无论什么样的佃户都会种植苇子。

交纳地租还是苇湖租是根据土地种类的不同而有不同的执照吗？＝执照是一样的。

上述情况下，因为土地种类和交纳租金的区别，会附带什么特别的条件吗？＝没有。

对于那些像稻田和苇坑一样必须要用到水的土地而言，当局对待它们时会比对待其他土地有更多的考虑吗？＝没有。

【减免租金】

可是，对于那些土地，可以收到高额的租金，所以只要这样做就行了吗？＝种植苇子的土地有使水流动的义务。如果因为没有水导致无法收获苇子的话，根据报告可以减免租金。

这么说来，苇子地比水田优先供水吗？ =不是，一样要供水。并不会因为是苇子地就优先供水。如果要说顺序的话，因为水田大多离减河较近，所以水会先会流经这里。只是在水流不到苇子地而导致那里收不到苇子的时候，才会减免租金。

那么如果水田也发生供水不足的情况，是不是也会同样地减免水田的租金呢？ =在那种情况下，水田会种植旱田的作物，所以并不会减免租金。

如果已经为种植水稻做好准备，而导致种不了旱田的作物呢？ =根据不同情况也会有所减免。

苇子地供水不足的时候，一定会减免租金吗？ =不是，要看具体情况，如果没有向省公署提出申请并获得许可的话也不能减免。

那么水田的减免又是怎样的呢？ =与苇子地的情况相同，并不会因为是水田或是苇子地就获得特殊对待。

是把水田里用剩下来的水引到苇子地里吗？ =并不是全部，但是大多都是这样做的。

局里的方针，就是首先向水田供水，再把剩下来的水引向苇子地吗？ =从想法上来看确实如此，但是具体实施时因为地势关系等原因不一定这样做。

关于水田和苇子地使用水的先后顺序，农民们会产生纷争吗？ =不会。

【苇湖租】

知道苇湖租的各种土地面积及配置关系吗？ =因为没有调查过所以不知道。但是，总面积并不是很大。

苇子地和水田是不是和以前的大概一致，面积没有发生变化呢？ =大体上没有变化。

苇子租额的标准是怎样的呢？ =由于土地种类和土地规则不同也不一样。大体上如下表所示。

苇湖租

| | |
|---|---|
| 苇坑 | 按亩　每亩1.5元 |
| 苇湖 | 根据土地的长度和大小。每一段小的收二三元，大的也有收2000元的。<br>不会按亩计算收费。 |
| 鱼苇 | 70元到100元不等。根据大小。苇地的租金和捕鱼的租金不分开收，一起收。 |
| 曳水沟 | 同上 }只限于有渔户的情况下 |
| 曳水河 | 同上 } |
| 荒地 | 按亩　每亩9角 |

【水利费】

第二条第三款的水利费是什么？ =对于本局管理下的土地不收水利费。对于属于管理范围外的民田供水的时候才开始收水利费。收水利费的区域范围是距本局管理的土地边界

2 华里范围内的土地，只限于从本局管理地引水过去的土地。对于那些虽然用水，但是是用自家水的家庭，不收水利费。从今年开始上述的 2 里范围增加到 5 里。

对于上述的 2 里土地之外用水的土地面积，贵局随时都能了解吗？ =不是每年都让各个村子报告。局里的催租员会在收获期时前往调查。经调查后的土地收取每亩 2 角 5 分，现在变为每亩 5 角的租金。

有没有上述水利费征收地所在的表格？ =没有调查过。

第四条里因为灾害而减免租金的情况发生过吗？ =去年没有过。今年也许会有吧。

减免的请愿是有农民自发进行的吗？ =是的。

有过村子和受灾户联合起来请愿的情况吗？ =有过受灾户联合请愿的事，但没有一整个村请愿的事。

没有像上述的例子吗？ =现在回想不起来了。

上述请愿发生的时候，当局是如何处理的呢？ =本局的职员会去现场调查，如果有请愿的理由，就会向省政府提出申请。省政府会进行书面审议。一定会派人过来再次调查，如果情况属实就会减免租金。手续十分烦琐。

*应答者　戴星桥（农田局总务般）*

【资料—执照】

在局里面还保管有旧执照吗？ =有如下所示的（后文所示）。

这个东西不是这个地区的执照吗？ =是的。是天津附近大孙庄的东西。是在本局管理的土地的执照。

名义变更以及土地纷争的时候，有没有佃户拿着旧的执照来这里的？ =有时会有，但现在不允许这么做了。

农田管理局下天津县大孙庄执照

执　照

署理天津镇中衡游府监管左营事　为
发给执照事照得本府人据总催○○庄头事禀称
大孙庄王廷贵○○○宪拟甲似大孙庄淤荒大田
地一段计地十亩整遵章纳租等情前来本府已经
禀明
镇宪准其注佃承种纳租合函发给执照为此发给
该户收执俟后如有倒佃或新盖房间先由总管庄
头呈报本府查勘确实以便更名换册换给新照呈
请
镇宪挂号给　后方准办理倘隐匿不报一经查出
定将该户即行图革如总催庄头知情不报一经查
出亦应罚办决不○罪○○○○
废　右照给　大孙庄　王廷贵　收执
销——（红色）
宣统二年六月二十日
王万春名下应分祖遗计地五亩整因手
中困难○○四年二月二十九日王万春
总府　情愿将应分之地如数推与武连和管业
下余计地五亩归原业主管理　○号

旧的执照大部分都是佃户所持有的吧？ =数量极其稀少。
为什么会少呢？ =因为民国初年用旧的执照和新执照交换之后，又进行了整理。
那些整理过的东西，就是在发生纷争的时候提出的吗？ =是的。
那些执照是什么年代的？ =有光绪年间的，有宣统年间的。

【资料—有关卖契和水利】

天津县公署财政科税契股里保管的因为契税手续而被提出的小站附近（农田局管理之外）的买契

立杜卖地契人怀德堂宁因正用今将自置地共计六段相连共地二十一顷零九亩零九厘坐落天津西小站运西地名南双闸凭中、友等说合尽数卖于

茂德堂王

树～～～孟　名下永远为业言明每亩时值加

洋六元正共合价洋一万二千六百五十四元五毛四分其洋笔下交足无缺并无私债零星折准无弊沟桥道路闸甜　减水河照旧通行在内自卖之后有负族人地邻争竞为碍者有卖主一面承管不与买主相干此系两家情愿各无返悔欢后有凭立杜卖契为据

计陆段弓口以随带红契为凭计带红契四张

计开四至、东至海挡　　南至李姓

东北角黄姓　　聂姓

西至薛姓道东　　北至　耳河

孙姓

批原契红契弓口内经原业主卖给介福韩卧姓地二十五亩彼以挑甜水河一道引水赴乱渠沟之用从地之东头数段内穿出不好除弓口特此明以志之批内有韩姓坐落双闸东地

南

北　沟一道

南加宽十六号

北宽　　八号　又西沟一道在弓口内现在谭姓借水

孟恩鲁

薛宗椿

中友人　　杨春霖

刘楚帆

宣统元年正月二十五日立杜卖契人怀德堂宁清

买契

| | |
|---|---|
| 买主姓名 | 茂德堂　王<br>树德堂　孟 |
| 不动产之种类 | 地 |
| 座落 | 天津西小站以西 |
| 面积 | 二十一顷零九亩零九厘 |
| 四至 | 东海挡　东北角黄姓<br>南李姓聂姓<br>西薛姓道东孙姓　北耳河 |
| 卖价 | 洋一万二千六百五十四元五毛四分 |
| 应纳税额 | 洋五百六元一毛八分二厘 |
| 原契几件 | 四件 |
| 立契年月日 | 宣统元年正月二十五日 |

中华民国五年七月二十二日　　　　　　给

（下述契约里包括开挖沟渠的相关事项。通过与契税员的谈话可知，“在这一带的水田里，水田买卖的时候要是利用原有沟渠的话，一定会记录下来。对于买下这块地的人来说，有没有这项条目是今后水利使用的唯一根据。有没有记录这项条目会影响土地的价格。”）

（藤井水利公司保管）

为发给执照得本署所辖（小站农田管理局）营房营田各产历经照章收租在案所有租佃各户承领房田等产倒租更名向须按章缴费呈请换发执照俾使收执兹据（宽怀堂藤）呈请承领稻田

执照原照〇字〇号〇年〇月开计地〇顷〇亩

〇分〇厘〇

毫房〇所〇间坐落（右正营）每一亩每年应纳租洋八角四分五厘该地房弓口四至分明堂经饰查属完合行发给执照以资凭证嗣后应即按章纳租不准拖缺及外占情事致干罚办切切此照

计开

弓口东南　　四至东至　　南至

西北　　　　西　　　　北

计地〇顷〇亩〇分〇厘〇毫

每年共纳　租洋　　〇元八角四分五厘

右照给租户（宽怀堂藤）收据

民国三十年八月

（藤井水利公司保管）

立杜绝契人百忍堂张今因正用将自置坐落小站双闸水口地基段计地八十三亩整弓口四至分明烦中说合情愿卖与敬霖堂勳记名下永远为业三面言明绝偿银洋八十三元整其洋笔下交足并无贷债折准零星等弊自卖之后倘有亲族人等出为竞争违碍者有卖主一面承管与买主无干恐口无凭立此卖契为据随带印契一张

弓口头段　南北长均二百四十弓东西宽均七十三弓

弓口二段　东西长均一百二十弓南北宽均二十弓

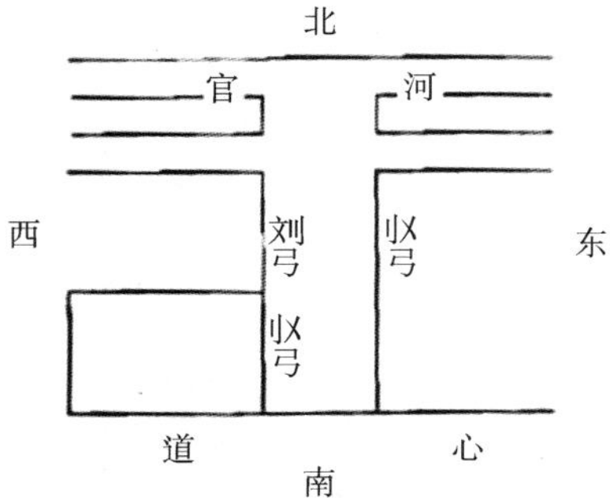


南至道心　北至官河及茂盛公　四至东至茂心盛　西至公司

中人　张林处

刘守义

中华民国七年九月十四日立

杜绝契人　　　　百忍堂张十

那个的样式与上述的大孙庄的一样吗？=不一样。

记载了哪些内容？=不记得了。

现在的佃户所持有的执照是怎样的呢？=如下所示。

根　存

兹据高岳堂请领农田执照原照○字○号○年○
　　地○顷五亩○分四厘○毫
月○日开计
　　房　所　间
　　　　坐落○○
营每年每亩应纳租洋三元整　该地弓口四至分
明业经查实如下
　　计　开
　　东南　　东　　南　　至
弓口　　四至　　至
　　西北　　西　　北
　　计地○顷五亩○分四厘○毫
　　每年共纳租洋十五元一毛二分○厘
中华民国三十一年八月十四日

【资料—佃户执照】

照　执

　河北省公署
为发给执照事照得本署所辖小站农田管理局营
房营田各产历经照章收租在案所有租佃各户承
领房田等产倒租更名向须按产缴费呈请换发执
照俾便收执兹据○○○呈请承领○○执照原照
○字○号年　月　日开计　房地　　坐落
每○　每年应纳租洋○○该房地弓口四至分明当
经饬查属实合行发给执照以资凭证嗣后应即按
○纳租不准施缺及外占情事致干罚办切？此照
　　计　开
　　东南　　东　　南　　至
弓口　　四至　　至
　　西北　　西　　北
　　计地○顷○亩○分○厘○毫
　　每年共纳租洋　元　角　分　厘
　　右照给租户
中华民国　年　月　日

临时执照

河北省小站营田局
为发给临时执照事今据小站村租户孙洛德等呈称租得大营盘护城河鱼苇一段计○顷○亩○分○厘○毫前领○字第○号地照因○乃请发给执照以资凭证情情前来经本局查实后合行发给临时执照为凭俟换照时再行慎发正式地照须至临时执照者

计开
东西　南北　长○丈○尺○寸
四至　东至　南至　西至　北至
每年应纳租洋四十元整分春秋两季缴纳不得拖缺特此
注明
右给租户　孙洛德　王忠义　胡瑞应　张凤悟　收执
中华民国二十九年八月十六日

【屯田的解放】

以前周公的屯兵撤退之后，营产局是怎样处理从前的屯田的？＝如果原来的屯兵后来回来的话，就承认他的耕作。如果不回来就是无效的，可是实际上回来的人微乎其微，几乎所有的土地都卖给民间。

有没有看过这一时期的文献？＝没有，上述的话只是传闻。

【永佃】

卖给一般的农民，意思就是把那些土地变为农民的私有土地吗？＝不是，土地是公家的，所以只是让他们永佃。

这种情况下会给买土地的人发放执照吗？＝是的，之前经常有，但事变之后很少见了。

现在还有谁持有执照？＝没有。

为什么？＝这是因为在那之后管理主体发生了变化，为了整理而收归的土地执照发放新的，于是农民手上就没有了。

这是什么时候的事情呢？＝民国建立之后，具体年代我也不是很清楚。

这么说来，在营产局整理屯田时，土地依然是国有的，只是给予民户永佃的许可？＝是的。

能获得永佃资格的只有这一带的农民吗？＝不是，不论是哪个县的人都有资格。

哪个地方成为永佃者的人最多呢？＝不一定，但因为相对要便宜一些，所以很多天津人会买。

取得永佃资格的人叫什么？＝“佃户”或者“永佃户”。

对于佃户来说，有什么附加的义务吗？＝要按时交纳租金。

那些租金与现在的租金有区别吗？＝现在的租金与原先的租金没什么区别，非常便宜。

不能由营田局这里出租金吗？ =是的。

对于佃户来说，如果没有交纳租金，会被撤去永佃的资格吗？ =是的。

如果佃户延迟交纳租金的时间，会被撤去永佃的资格吗？ =实际上，租金十分便宜，那种情况不会发生。现在也是如此。

【永佃地的让渡】

佃户可不可以转让自己的土地？ =属于一般佃户的东西需要获得当局的批准。但是，不告知当局就私自将土地转卖给他人的行为是不被允许的。现在依然有这样的规定。

如果现在得知有很多佃户把永佃地转让给他人，会怎么应对？ =在事变之后土地政策的紊乱期，有很多民众瞒着当局私自转让土地。对于这些情况的整理是很大的问题，而且会花费很多的费用，所以并没有开展。

【兑】

佃户把永佃地转让给他人这一行为叫作什么？ =叫作“兑”。

佃户把永佃地转让给他人时，大概会以怎样的价格出售呢？ =每亩地两三百元左右。

（注：据笔者在省公署建设厅调查得知，藤井公司买下农产局旗下土地时，支付给佃户 180 元，支付给省政府 140 元）

在兑土地的时候会立契约吗？ =是的。

契约是由当事者向局里提出获取的吗？ =不一定，绝大多数都不会。

来局里时不用带着契约吗？ =是的。当事者来的时候，会说明自己的情况，如果其中没有问题的话，本局会发给他们新的执照。

对于上述的兑土地是否真实发生，当局会马上知道吗？ =因为之前会向佃户或者本人询问事情经过，所以立刻就能知道是不是真的。

关于兑土地这件事，需要在县公署履行税契的手续吗？ =从以前开始就不需要。

兑土地的时候，需要获得村长的证明吗？ =不需要。

【过割】

名义上交换的手续叫什么？ =叫“过割”。

过割的手续是怎样的呢？ =当确认兑土地的行为没有问题之后，让买卖双方到场办理。在那种情况下，双方当中只有一方到场也可以。除此之外，双方都不到场，而由铺保（保证人）办理也可以。当局会回收从前卖主的执照，然后发放新的执照。

过割时会收取费用吗？ =每亩地收取 2 角的费用。

【永佃地的出典】

佃户可以不经过当局直接将土地典当给他人吗？ =可以。

实际生活中这种情况经常发生吗？ =好像经常有。

本来是禁止典当土地的，从什么时候开始允许民众这样做呢？ =不太清楚。

典当的时候是由谁来交纳租金？ =不一定，有的承典者会以佃户的名义交纳租金，也有佃户来交纳租金的，具体是由双方商量之后决定的。

上述典当土地的价格是多少？ =因为与本局没有关系所以不知道确切的数字，大概是 200 元左右吧。

【押】

那么佃户可以抵押土地吗？ =可以。

不需要经过当局吗？ =是的。

那种情况下抵押价格是多少？ =与典当的价格差不多。

佃户可以把那块土地给别人租种吗？ =可以。

不需要经过当局吗？ =是的。

【小佃户】

佃户之下的租佃人叫什么？ =小佃户。

有没有小佃户再把土地给别人租种？ =没有。

贵局清楚地知道佃户们的住所吗？ =全都有所了解。

有没有关于佃户住所的统计表？ =没有制作过。

天津附近本身自己就是佃户，还把土地给别人租种的人多吗？ =有倒是有，但数量不是很多。

人数不多，那佃田的面积大吗？ =没有什么特别的情况。

佃户自己耕种土地，与不自己耕种而转租给别人的比例大概是多少？ =前者占十分之六到十分之七，后者占十分之三到十分之四。

佃户的耕作面积和小佃户的耕作面积的比例大概是多少？ =前者占十分之七到十分之八，后者占十分之二到十分之三。

佃户将土地转租给别人时，会不会立下契约？ =只有口头契约。

有没有合同时限在一年以上的转租？ =基本上都是一年签一次的合同。

虽说是每一年签一次合同，但在实际生活中，小佃户租种很多年的情况多吗？ =不是本局着眼的重点问题，不知道。

小佃的租价大概是多少？ =下地最低10元，最高有十三四元的。

事变前的价格呢？ =最低3元，最高8元。

把土地给别人租种时，地租是由谁来交纳呢？ =由佃户交纳，但实际上也有小佃户以佃户的名义来交纳。

佃户要向县公署交纳哪些税呢？ =不用交田赋，只需要交7角的亩捐。

上面提到的亩捐是从什么时候开始征收的呢？ =事变之前没有亩捐这一说法，事变后新设立的。

县公署的摊款与佃地相关吗？ =相关。

每亩地要交多少左右？ =不知道。

农田局会向佃户征收挖掘耳河等河流的费用吗？ =这里花费的费用是由省公署认可后得到的资金（今年有6000元），农田局在耳河挖土。但实际上仅凭这6000元是无法修理闸口的。所以挖土的钱由村子支付的情况有很多。到最后在这些地方还是佃户来支付费用。

# 1942年9月1—14日

（华北农村惯行调查资料第91辑）

水篇第10号　河北省天津县第七区
　　　　　　小站乡
　　调查员　山本斌
　　翻　译　孙希中

## 一　农田局水利设施概况

应答者　戴星桥（农田局总务股主任）

（戴先生民国十五年到十八年之间在五原河务局就职，事变之后调任农田局）

【排水的设施】

在减河流域有没有分流的排水设施？=耳河上为水田灌溉而建了一些设备，可是那些水最终还是经由曳水沟排向其他地方。肥水闸、东耳河、咸水河等都发挥了排水的作用。在减河的支流上还有新引河，这些是为了排水而建设的。

耳河一共有几条呢？=在农田局管理之外也有，因为我们不知道其他地方的情况，如果指的是管理范围之内，如下表所示。也被称为“三闸五耳河”。

| 闸名 | 耳河名 | 引水距离 |
|---|---|---|
| 惠元闸 | 四丈河 | 18里（3240余丈） |
| 肥水闸 | 东耳河 | 10余里（1800丈） |
| ～～ | 北耳河 | 5里（900丈） |
| 清河闸 | 东耳河 | 9里（1620丈） |
| ～～ | 西耳河 | 4里（720丈） |
| 引水面积 | | |
| 惠元闸 | 217顷 | |
| 肥水闸 | 132顷 | |
| 清河闸 | 154顷 | |

【资料】

## 河北省小站营田局管辖桥闸涵洞数目清册

| 桥闸种类及名称 | 数目 | 坐落地点 | 备注 |
|---|---|---|---|
| 观稼桥 | 1 | 减河小站内 | 俗称西大桥 |
| 东大有桥 | 1 | 小站北 | 此桥系来往天津必经之路 |
| 西大有桥 | 1 | ～～ | 此桥通右军五管义一带 |
| 木桥 | 1 | 西小站北 | 此桥通和尚地一带 |
| ～～ | 1 | ～～　河南 | 此桥通孙家店一带 |
| ～～ | 1 | 小站内五六小学校东 | |
| 葫芦灌桥 | 1 | 北小站西 | |
| 石桥 | 1 | 小站西门外河西大街 | |
| 木桥 | 1 | 小站大十字街北 | |
| ～～ | 1 | 小站东街后河 | |
| ～～ | 1 | 小站东门外子业库南 | |
| 云峰桥 | 1 | 东大站南减河上 | |
| 石桥 | 1 | ～～　东头 | 此桥可通葛沽大道等处 |
| 木桥 | 1 | ～～　河南鸭子湖 | 通上古林初口等处 |
| ～～ | 1 | 大放马场 | 直通新城 |
| | 1 | 龙王庙北 | 通葛沽小站等处 |
| ～～ | 1 | 老副营村南道口 | |
| ～～ | 1 | 靶挡东 | |
| ～～ | 1 | 西万园村 | |
| ～～ | 1 | 东万园村 | |
| ～～ | 1 | 左右营道口 | |
| ～～ | 1 | 招商局北湖南头 | |
| ～～ | 1 | ～～　北头 | |
| ～～ | 1 | ～～　南 | 该桥自光绪年间失修木料已朽被水冲殆尽 |
| ～～ | 1 | 左右窨水窨后 | 汤洋等三岑子咸水沽等处 |
| ～～ | 1 | 小站北小营盘西 | 通后营村 |
| ～～ | 1 | 小北门外 | |

**续表**

| 桥闸种类及名称 | 数目 | 坐落地点 | 备注 |
|---|---|---|---|
| ~ ~ | 1 | 小营盘前 | |
| ~ ~ | 1 | 中右营西 | |
| ~ ~ | 1 | 中后营村西 | |
| ~ ~ | 1 | 后营村北 | |
| ~ ~ | 1 | 北闸口北卡子房 | 此桥自光绪初年建造失修已久木料塌坍殆尽 |
| ~ ~ | 1 | 北闸口南 | |
| ~ ~ | 1 | ~ ~　北头东岸 | 通咸水沽天津等处 |
| ~ ~ | 1 | 前营村北 | |
| ~ ~ | 1 | ~ ~　西 | |
| ~ ~ | 1 | 前营村南老鼠套边河上 | 此桥由宁姓者修理通上古林初口等处 |
| ~ ~ | 1 | 新军营村道口北头 | 通梁家庄房薛家园子庄房等处 |
| ~ ~ | 1 | 新军营村头道沟 | |
| ~ ~ | 1 | ~ ~　二　~ ~ | |
| ~ ~ | 1 | 南副营村三 ~ ~ | |
| ~ ~ | 1 | 南副营村黄家营盘村北 | |
| ~ ~ | 1 | 左正营四道沟 | |
| ~ ~ | 1 | ~ ~　五 ~ ~ | |
| ~ ~ | 1 | 南天门潮水闸南 | 通上沽林初口等处 |
| ~ ~ | 1 | 盛字营南 | 该桥归进德堂郑姓者修理三 |
| ~ ~ | 1 | ~ ~　北 | 通小张庄亦归进德堂郑姓者修理三 |
| ~ ~ | 1 | 传字营东 | 此桥在潮水河上 |
| ~ ~ | 1 | 老左营东 | 同前 |
| ~ ~ | 1 | 右正营 | ~ ~ |
| ~ ~ | 1 | 靶挡北 | |
| ~ ~ | 1 | 小营盘北 | |
| 合计 | 52 | | |

续表

| 桥闸种类及名称 | 数目 | 坐落地点 | 备注 |
|---|---|---|---|
| 惠元闸 | 1 | 西小站村东减河北岸 | 用以灌溉右军五营村小张庄义和庄等处 |
| 肥水闸 | 1 | 小站西头～～ | 用以灌溉后营万园等村 |
| 请河闸 | 1 | ～～东～～南～～ | 灌溉前营村南副营等处 |
| 兴农闸 | 1 | ～～　减河间 | |
| 北潮水闸 | 1 | 北闸口北头西岸 | 此闸坍塌尚未修复 |
| 南潮水闸 | 1 | 新开路村南南大门 | |
| 洩水闸 | 1 | 小站北 | 此闸俗称北小闸泻水入于咸水沽海河 |
| 灰闸 | 1 | 四丈河下口 | |
| 合计 | 8 | | |
| 小木涵洞 | 1 | 小站街东营田局后 | |
| 木涵洞 | 1 | 东大站东大放马场减河北岸 | |
| ～～ | 1 | 小站减河东北岸 | |
| ～～ | 1 | 云降桥西北岸 | |
| ～～ | 1 | 左正营四道沟减河南岸 | |
| ～～ | 1 | 四丈河老河岔 | |
| 合计 | 6 | | |
| 以上共计　桥52座，闸8处，涵洞6处 | | | |

计　五耳河长约8360余丈　引水地　500余顷

除了上述之外还有其他闸吗？＝有。

为什么上述要特意称之为“三闸五耳河”呢？＝因为这些是属于农田局管理之下的，其他并不属于农田局的管理。

比如说有哪些？＝南双闸、北双闸、北闸口、潮水闸、北小闸（大有桥附近）、南潮水闸。

上述的闸与那三闸对比有什么差异吗？＝规模很小。

【桥与闸】

农田局管理下的设施有什么区别？＝请看下面的表。

桥也是由贵局管理的吗？＝以前管辖区域内的桥都属于本局管理，现在与闸在一起的桥属于本局管理。

三闸五耳河之图

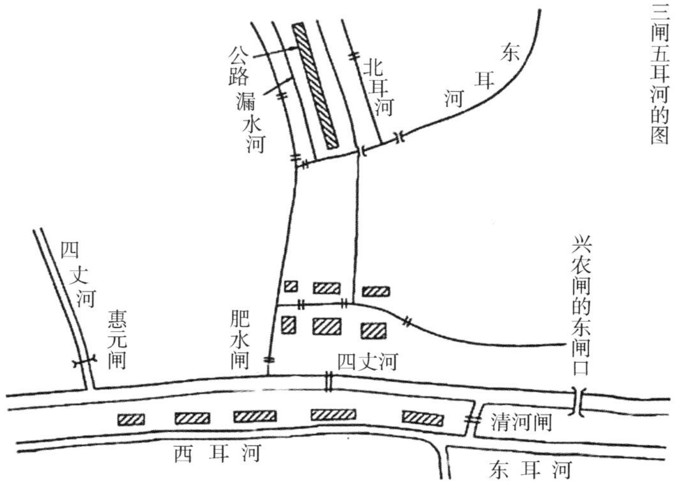


耳河和闸的图

耳河与闸的图

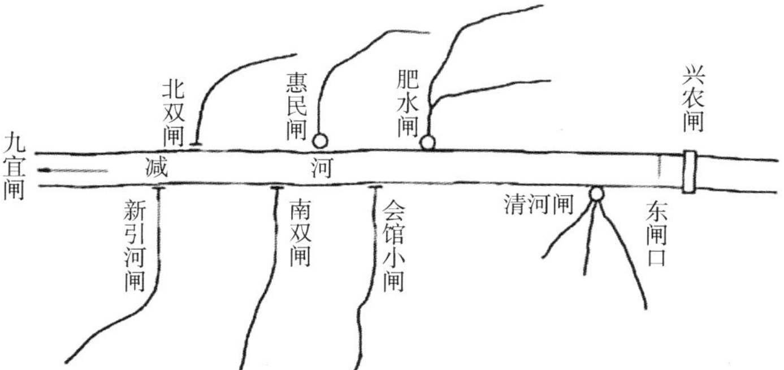


以前这些设施的维持费和修理费是由贵局支付的吗？ =是的。

现在其余一部分是由谁管理？ =县政府。

有哪些桥？ =不在闸的附近，专门用作交通通道的桥，非常小的桥除外，那些小的桥是村子或个人建造的。

是什么时候转移给县管理的呢？ =就在最近。

为什么要移交管理呢？ =修理的时候如果是属于本局的桥费用就要由本局支付，但是本局修理的时候，需要向省里提出申请。省里的认可手续不是一时半会儿能办好的。所以由县里向各村平摊劳动力和费用。

对于贵局管理下的那些桥，是由贵局雇用人来修理吗？ =经费在省里认可的范围之内的话，就雇用人来修理。

在那种情况下，不足的部分是由村子填补吗？＝最近因为本局缺乏资金，所以没有修过。以前怎么做的我也不知道。

## 二　涵洞

应答者　祖考先（南北运河河务局与农闸稽查员）

利用减河的还有其他机关吗？＝没有。

与华北交通水运科没有关系吗？＝没有，华交的船不通过这里。

小站附近地区槽船的船户有没有组建船会之类的组织？＝在小站地区有二三十艘船，并没有特殊的协会。

船的登记等手续在哪里进行？＝大概在天津附近吧。在小站没有进行船只登记的机关。

（民国二十九年在天津成立了叫作船运工会的机构，致力于解决雇佣船只的协商，但与此地没有任何关系）

【排水设施】

在减河上游有△△涵洞和△△小闸之类的建筑，那些是为什么而建造的呢？＝新引河闸是在七月到九月之间发大水的时候排水用而建立的。原来是5个孔的闸口，但是现在被破坏了，导致无法发挥涵洞的作用。这个小闸平常会关闭，在水量上涨的七月到九月之间为了排水才开放。

上面提到的引河闸是谁在什么时候建造的？＝我不知道，但年代并不是很久远。大概是在周公的时代建造的吧。

现在是属于河务局管理之下吗？＝我不太了解这一区域的具体情况，但是好像不属于河务局管理。也许是属于附近的村民吧。

关于这个闸的开启和关闭是由河务局指示的吗？＝不是。即使河务局没有做出特别的指示，假如是在小站地区的用水期，擅自把这个闸打开会造成严重的后果。如果让农民知道了，会对闸的管理者产生怨言。所以即使没有谁指示，在需水期时也不会有人随意打开闸。河务局和农田局都不会做出干涉。

被排出去的水的用途是什么？＝被附近的村子用作饮用水。

那么也就是说村子在引水时，是把得到饮用水作为第一要务的吗。还是说有其他的目的？＝如果不排水的话会有泛滥的隐患，所以基本上排水是第一目的。

【涵洞】

钱家园小闸是什么？＝是个涵洞。

是谁在什么时候为了什么而修建的呢？＝不是很清楚，但大概是附近的村子为了获得饮用水及苇地灌溉用水而修建的吧。

钱家园小闸的开启时间是一定的吗？＝对于涵洞来说，都会有一定的惯例。顺便一提，小站用水地区的需水期大约是从小满前后开始，直到白露这一段时间，如果没有发大水的话一直是关闭着的。在那之后会打开闸口引水。

这个惯例是要严格遵守的吗？ =好像在事变之前是要极其严格的遵守的。事变之后好像没有那么严格了。

关于饮用水的话题，在水田的需水期，用涵洞引水的村子是怎么解决饮用水的问题的呢？ =每个村子都有苦水井，所以会依靠那些井水。白露之后，就可以享受减河的甜水了。除此之外，苇地也会在发大水的时候引水，所以有很多办法可以度过这一时期。

这样的涵洞在减河流域共有多少呢？ =有 15 处。虽然没有详细的调查，但是还有很多破损之后无法使用的地方。

15 个涵洞的用途各有不同吗？ =基本上都是为附近村落提供饮用水。

有没有派遣过小站地区的农民去上游有涵洞的地方调查过呢？ =实际上并没有这种事。以前，在上游地区陆续打开涵洞时，会立刻被发现，之后很快就会被小站一带的人们所得知，所以上游地区很少打开涵洞。

河务局会向涵洞所在的村子收取什么租金吗？ =不会。

刚才提到过，在上游地区对涵洞的开启和关闭发生过一些骚乱，具体是指什么？ =九宜闸附近的下游区域，有一个日本的大公司开垦了 20 顷水田，在减河的发源地建造了涵洞。听闻此事的小站地区农民去闹过事。

上面提到的那家公司是因为不知道具体情况而修造涵洞的吗？ =不是很清楚，但是据说除了河务局以外的上级机关，一个同意，一个不允许。最后这一行为还是被禁止，这个公司做出赔偿。

以前在上游地区设置涵洞时，需要得到几个机构的许可呢？ =需要农田局或河务局的许可。

局里曾允许开涵洞吗？ =很久以前在承认上面提到的关于限制使用的附加条件的情况下有过允许的先例。但是如果把涵洞的水给水田使用，是绝对不允许的。

那是为什么？ =因为这是关系到小站地方农民死活的问题，所以农民们会联合起来反对。

【争水】

像这样关于用水的争夺有很多吗？ =事变之后没有具体数据。这些纷争会被视为骚乱。以前经常发生村子与村子之间争水的事。水利情况不好的村子会袭击那些富足的村子。甚至会有用铁炮的案件发生。后来出动了警官，向着天空射击威吓乱民。除此之外，还有基于争夺水最后被砍头的事情。

那是什么事件？ =不是一时半会儿能说清楚的。

*应答者　戴星桥（农田局总务股主任）*

【围绕涵洞的纷争】

有听说过在上游新建涵洞，被小站居民反对的事件。那个事件的起因和结果是怎样的？ =事变之后旱灾频发，上游区域水田的开发又由日本公司所主导。这些水田都是从减河引水的，导致下游的水量减少，因此时有农民的骚动发生。

具体是哪个公司？＝是九宜闸的大公司，中塘附近的藤井公司。

藤井公司的水田，原来是谁的土地？＝原来是属于勋记公司的荒地，后来被该公司收购。土地面积很广，在上面的佃户有100多户。

这一带，从前有很多经营水田的公司吗？＝有3个。

除此之外没有其他的吗？＝不确定所处的位置具体在何处，但是在东拓附近也有。正在把荒地变为开垦中的水田。

在这些地方有哪些引水设备？＝有日本公司建造的闸口，用来引水，用马达来抽水。

因为那个减河的水量有显著地减少吗？＝的确减少了很多。以前，农田局的水田能得到优先引水的权利，但在事变之后很难再像这样了。

农民有没有反对这种行为？＝有的。

关于这一事件有相关的文件吗？＝通过下面的资料来说明吧。

【资料】

**河北省小站农田管理局所辖农田及减河附近民田需水办法**

（民国三十年8月省公署核准）

第一条　本办法依奉河北省公署令订正之

第二条　本办法以保持马厂减河水量维护者有农田用水为宗旨

第三条　凡有农田及减河两岸附近民田引用河水悉依本办法理之

第四条　引用河水以先及省有农田后及民有私田为原则

第五条　民田需水次序以引水用户之新旧定为取水之前后

第六条　凡减河两岸附近民田除原有闸产涵洞水口按序用水不得变更外嗣后其他民田非经呈请河北省公署核准不得私自开口引水以杜流弊

第七条　本办法如有未尽事宜得呈请修正之

第八条　本办法自核准之日公布施行

这个章程提出的经过是怎样的？＝请看下面本局的公文。

“民国三十年农田局向省公署提出的公文的要旨”在中塘地区有新建设闸口开垦水田的日本的水田公司。因为这个原因，居民之间对于禁止新闸建设的愿望十分强烈。基于此，本局将与此事相关的具体办法向省里呈请。另外还向省里送去农民的呈文。这个呈文是由下面提到的那个人作为代表的姓名。

| | |
|---|---|
| 小站老左营农会会长 | 张　欣　圃 |
| 七区第一联保 | 王　绍　圃 |
| 右正营乡农会干事长 | 雷　唤　周 |
| 花园乡农会干事长 | 夏　锯　臣 |
| 新军乡农会干事长 | 阎　立　成 |

会馆乡农会干事长　　　　程　度　之

上述办法是基于民国三十年由小站农户向农田局提出的“禁止上流建闸辟地”请愿书，在同年四月二十日，由本局向省公署提出申请，同年八月，获得省公署的认可。

请愿书的大意如下所示。

“小站附近的水田有1100顷（官田500顷，民田600顷）。

水田的用水都要从减河引入。

最近几年的灌溉面积，在民国二十四年以前，春天河水干涸能看到河底时是200顷，民国二十五年、二十六年、二十七年是三四百顷，民国二十九年因为水量充足而灌溉了600顷的稻田。这是这几年的最高纪录。

然而，现在（民国三十年）距离河较远的官田中南天门鸭子湖，东排坵等几处共计100顷的土地及民田鱼鳞潼、孙家甸、中塘、五丈河两岸、乱七沟等几处共计400顷的土地苦于无水可用。此外，最近藤井公司的岸田某农会来到这里，在中塘附近开垦了数百顷荒地，又在中塘地区开辟了50余顷的水田。是否妨碍到小站的农民现在还尚未可知。此外，此地还是湖南督办张敬尧开垦的300顷农田所在之地。另外朝鲜的某人在津浦路东边附近，减河南岸的赵家房子的北边，计划开垦30顷水田，现在正在建造新的闸口，此外也传出了咸水沽新民会小泉先生在中塘村附近设计涵洞计划的消息。如果是为了‘利民’，我们是很欢迎稻田的，但是我们并不希望因此导致水量减少。我们还害怕因为新开垦农田的原因，导致原先的土地受到危害。对于在上游建造设施，夺走下游的水利这件事，我们感到很遗憾。

我们希望基于‘历史’和‘农民生计’这两方面的考虑，对于新开垦土地一事一律禁止。”

## 三　河务局的减河管理

应答者　祖孝先（南北运河河务局与农闸稽查员）

【涵洞】

按照设计，涵洞的引水口和减河河底的高度差是多少？＝没有固定的规则，一般都是根据实际情况而判断，大都距河底1米以下。

耳河的引水口是怎样的呢？＝比涵洞的引水口高一些。那是因为，在引水口是同样高度的条件下，涵洞里的水可以顺利通过，但耳河里的水不能通过的情况时有发生。

属于河务局管理下的减河的大致范围是多少？＝河道及两侧堤坝之外的河流到与之平行的耳河之间的面积。

也就是说，涵洞是在河务局管理之下的土地的下面？＝是的。

允许个人随意建造涵洞吗？＝不允许。

为什么？＝会扰乱河政。只要在减河流域没有特别的排水河，是不能改变减河正道的流向的。如果随便建造涵洞，再从那些涵洞引水的话，最坏的情况是会引发洪水。此外，设计涵洞的时候，需要用到河务局管理下的土地。因此无论如何都要获得许可。

那么在申请涵洞设置的许可时，通过与否是只由河务局决定的吗？ =关于减河水的使用，农田局也要占很大一部分，所以我们必须要和农田局商量之后再做决定。

但是对于河务局来说，只要是和河政相关的事情，都是站在自己的立场上处置的吧？ =不会有那种事。从很久以前就留下的惯例，所以我们必须要和农田局商量。

听说有的涵洞在农田局的管理之下。那些涵洞是在什么时候、谁允许建造的呢？ =我什么都不知道。

即使是在农田局的管理区域内，是不是也像上面提到的那样由河务局来管理两岸的土地？ =是的。即使是农田局的土地也不例外。

农田局管理下的耳河及耳河的闸口，与河务局有关系吗？ =没有。

关于闸口的开启，河务局有什么可以决定之处吗？ =什么都决定不了。是由农田局来决定的。与我们完全没有关系。

【租】

对于这些闸，会收取闸捐之类的费用吗？ =不收取任何费用。

小站附近的菜园里，在河边设立桔杆来引水，这需要河务局的许可吗？ =不需要。

什么都不需要吗？ =无论桔杆汲取了多少水分，对于减河水量的影响都是微乎其微的。

在南运河附近地区，对于在河边建造水池和井池的土地要征收租税，在减河有没有这一情况？ =不属于我的管理范围。

有没有征收租税，建造设施的地区？ =没有。

【房基租】

有没有收取房基租的土地？ =沿岸的堤岸上有船户，做小买卖的人及其他贫民的家。对于这些人，要收取一间房四角的房基租。但是在小站没有。

【河滩地】

有没有把河滩地作为收取租金的土地？ =有。

这些土地上主要种植着什么？ =因为这些土地水分充足，所以都很肥沃。可以种植高粱、谷子、玉米、白菜等作物。租金是一亩地1元。

耳河也有滩地吗？ =有。大概和上述的土地拥有同样的土质。价格也差不多。

上面提到的租金是由河务局的谁来征收的？ =先由各闸夫收集，再交给我。

有没有属于河务局名下的房子？ =以前在河边有过。事变之后不复存在了。

允许把收取房基租的土地变为耕地吗？ =谁也不会那么做。

允许在河滩地或是耳河滩地上建造房屋吗？ =不允许不经申请就建造。如果要建的话必须要先获得许可。

有没有人获得过那样的许可？ =没有。

有没有人在减河岸边建造水井？ =没有。没有建造水井的必要。一般都用斗子来汲水。

是不允许建造水井吗？ =没有那样的禁令。

【桥】

减河上架设了几座桥梁？ =事变之前有 10 座。现在只剩下西大桥（小站）。

那座桥是由谁架设的？ =大概不是县里就是小站镇吧。不在我的管辖范围内。但是，就像农闸一样，下面是闸口上面是道路的桥梁，是由河务局出资建造的，属于河务局的管理之下。(注：关于这一点有可疑之处)

在减河的干涸期需要掘土吗？ =河底都是泥土，无论堆积多少，都不会阻碍水的流动。因此没有掘土的必要。

【九宜闸】

九宜闸是在什么时候建造的？ =光绪年间，周公开垦水田时。

是从什么时候开始变为现在这种新式的呢？ =民国六年左右。改为现在的五孔式。

民国六年之前是什么样式的？ =五孔这一点没有变化。旧式的九宜闸，是由人工手动来升降闸板的，而新式变为由机器来控制。

以前的样式与新样式相比，在构造上有没有不同之处？ =外观有所改变，但是我想闸的功能没有变化。但是我们对于以前的事情并不是完全了解。

周公为什么要建造九宜闸？ =为了修建减河而调节运河的水。为了这个目的必须要建造一个闸。

不是为了考虑向水田地引水吗？ =是的。但是，运河余留下的水还能被作为水田的用水，所以水田的用水不是最先考虑的东西。以前运河发挥着交通要道的重要作用，因此不能让运河干涸。现在这一点也没有变化。

九宜闸的直接管理者是哪些人？ =如下表所示。

| 职务名称 | 姓名 | 就任年份 | 薪酬 |
| --- | --- | --- | --- |
| 九宜闸管理人 | 高观唐 | 民国二十七年 | 60 元 |
| 事务员 | 宋 | 民国二十九年 | 30 元 |
| 闸目 | 王 | —— | 12 元 |
| 闸夫 | 徐等五人 | —— | 各 7 元 |

他们属于哪一段？ =不属于段。由本局直辖。

为什么不是由段来任命呢？ =因为闸是尤为重要的设施，所以必须由本局来特别关注。有关航运的问题本局不是很明白，因此为了不发生纰漏之处，不任命到现场的人。

上面提到的管理员等人住在什么地方？ =管理人和事务员在唐官屯的第六段事务所办公。现场的闸目和闸夫就住在能直接看到闸的地方。

管理人多大岁数了？ =60 多岁。

什么时候开始担任这个闸的管理人？ =民国十八年到十九年左右。

(上面提到的民国二十七年是事变之后的起始年)

他的原籍在哪儿？ =不知道。

他的家族是代代做管理员的吗？ =不知道。

闸目和闸夫是当地的村民吗？ =是的。

哪个村子？ =靳官屯和其他几个村子。

他们的家族以前也是做闸夫的吗？ =不知道。

他们是什么时候开始当闸夫的呢？ =事变前就开始了。

他们的薪酬分别为12元和7元，难道这不是太少了吗。闸夫是不是向闸的所属地借过来的？ =不是。

他们还有其他的收入吗？ =他们不是任何时候都要看管闸的。平常是普通百姓。也有看管闸的工作。

这么说来，闸夫只有在发大水的时候才要注意闸的情况？ =不是，每天都要去看看，然后向管理人汇报水位。

如果把九宜闸的5个孔全部打开，运河和减河的水量比例是多少？ =减河占七成，运河占三成。那种情况下，会有运河上的船只不能航行的危险，所以通常情况下，会关闭几个孔。

有没有关于九宜闸开关的规定？ =没有。

“河北省南运河河务局管辖九宜闸开启关闭法”这一说法以前有吗？ =现在没有这样的东西。

【运河水量】

运河的水量在什么时候多？ =新历的7月、8月、9月。

10月和11月的时候呢？ =与9月相比，水量有很大的减少。虽然每次都不同，但有过一次性下降半分高度的时候。

12月以后呢？ =12月到来年2月水面会结冰。在这段时间内不能航运。

3月呢？ =与10月时的水量差不多。

4月以后呢？ =比3月少。4月、5月、6月大多时候水都很少。

7月到9月出水期的时候，闸会怎么样呢？ =闸夫要频繁地去测量闸附近水域的水位，在必要的时候把闸打开。

【闸的开启关闭】

这段时间里，闸夫可以随便地开启和关闭闸吗？ =不可以。要根据管理员的指示。

管理员即使在这种时候也住在唐官屯吗？ =不是很清楚。

如果没有向管理员一一请示的时间时该怎么办？ =这种时候一般都会依据处置法的指导，适当地处理。

这种时候是不是由管理员来决定是否开启关闭闸？ =不一定。既然获得了允许，我想管理员应该能够适当处理吧。

原则上需要怎么做？ =需要本局的许可。

冬天时闸是处于什么状态？ =大体上水量很少，而且也没有航运，所以会把闸关上。

这么做的话，减河不会完全没有水吗？ =如果不开辟泄水的话，减河一带地区的饮用水会严重不足。饮用水基本上都是用减河的水。

【水的调节】

水田地带的用水期是什么时候？ =新历的4月到5月间，芒种之后。

这时运河的水量很多吗？ =不一定。

如果水量充足时会怎么做？ =在保证运河航运所必须水量的前提下，把剩下的水引向减河。

是不是根据水量的多少，来打开一定数量的孔，或是让运河的水量和减河的水量维持二比一的比例？ =不是。根据具体情况适当处理。

是不是白天让水流向运河，晚上让水流向减河？ =在水量很少的时候会这么做。不太清楚事变之前的情况，但是在事变之后，只要是处于需水期而水量不足的时候，都会采用这种办法。今年旧历五月到七月之间就是这么做的。不是规定在这一时期必须要这么做，而是在这段时间里发生这种情况的次数较多。从早上8点一直到晚上8点，把所有的水引向运河。而在其余时间，把水引向减河。

为什么要这么做呢？ =因为小站地区的水田需要用水。

因为这个原因，运河夜间的航运会停止吗？ =是的。

平时在运河不进行夜间航运吗？ =是的。

有没有发生过因为把水引向减河，导致运河的水量不足，而不能航运的情况呢？ =在那种时候，就不会向减河输水了。要把运河放在第一考虑的位置。

从前开始就是在芒种前后这几天开始向减河输送大量水吗？ =是的。

是由芒种的日期来决定的吗？ =不是。小满前后，大约芒种的时候会像上述提及的那样开始输送水，但是也不一定。如果航运条件允许的话，大概都是像上述提及的那样处理的。

从小满、芒种开始一直持续到什么时候？ =直到旧历六月上旬左右。在那之后通常会因为降水的缘故使得水量增加。

【闸夫的工作】

请再说明一下闸夫的工作时间？ =在结冰期通常没有重要的事情要做。只是为了保证闸的安全要注意看管闸口。在小满前后这几天会开始忙碌起来。虽然要随时关注水量的变化，但也不意味着要寸步不离这里。在春天偶尔也会开关闸口，但是到夏天会变得更为频繁。

应答者　杨书林（农田局文牌主任）

【九宜闸开启的请愿】

在用水期，小站一带的农民会不会对开关九宜闸请愿呢？ =会。

会选出代表来吗？ =是的。一般让农会作为代表。

农会会不会召开农民会议之类的来收集意见呢？ =不会。春天需要用水，这是谁都懂的道理，所以不必特别为此召开会议。

代表首先会向何处请愿呢？ =会向农田局、河务局、兴农闸的稽查员请愿。

有没有人直接去拜托九宜闸的人呢？ =也许有，但是即使去了也没有用。九宜闸的人没有决定的权力。这个问题只能在本局解决。

九宜闸与兴农闸之间建立了电话的联络吗？ =没有。

向农田局的请愿只有一次吗？ =不是。大家都需要用水，所以会去很多次。除了向农田局或河务局的兴农闸的稽查员申请之外，还会多次向本局发送请愿的文书。

这些请愿大致是在什么时候进行的呢？ =小满前后。

如果不请愿的话，是不是就不会打开九宜闸呢？ =即使不请愿，按照以往的惯例也会在小满前后打开九宜闸。但是，农田局要考虑农民的想法，所以必须要进行这样的手续。

向本局请愿的时候，会不会明确提出想要多少水量，持续多长时间呢？ =不会。因为水量是由河务局决定的，所以不会这么做。

河务局会和哪些地方商谈来处理此事呢？ =会和各个机关商量。比如说建设总署或军队。

应答者　祖孝先（南北运河河务局与兴农闸稽查员）

【九宜闸开启的请愿】

在春天的需水期，有没有农民来到您这里，向您请愿开启九宜闸呢？ =不会有人郑重其事地来找我，但是有时会有农会的人来拜托我。此外，农田局也会有人来拜托我。那时我会向本局通报此事。

有农民直接去九宜闸请求的吗？ =也许会有不经过我直接去的人。其实我也不是很清楚。但是，即使向九宜闸直接拜托此事，也不会得到许可。

请愿之后会立即打开九宜闸吗？ =是的。

【开启的标准】

关于开启九宜闸这件事，有没有什么规定？ =听说确实有相关规定，但是我不是很清楚。

请您说一下您知道的事吧？ =在九宜闸的上游有标尺，如果那里的水位在8.36米（大沽标准）以上的话，就会开始向减河放水。8.36米的高度可以保证运河的水位。

也就是说即使在需水期，如果水位没有达到8.36米，也不会向减河送水？ =是的。

在需水期时大体上水位都会达到8.36米以上吧？ =是的。

现在也是这样做的吗？ =这是事变前的情况。我也不知道现在是怎么做的。

除了向水田引水之外，还会在什么时候开启九宜闸？ =在事变前好像没有发生过这种事，但是事变之后军粮城的军粮公司的船会来小站购买小站一带出产的米。船会从小站的槽场（在农闸的上游）逆流而上。那时没有水的话就无法航行，所以根据天津机关的指令会打开九宜闸放水。今年三月之后也有过。

## 四　九宜闸的实地考察

9月13日，在津浦线唐官屯站下车，在站警务段刘茂悟先生的陪同之下，前往九宜闸考察。

九宜闸距车站约有6公里的距离。运河沿岸半里之内基本都是菜园，种植着大白菜、蒜、马铃薯等作物。河边用来引水的场所，会在面对着河的地方掘土，将水汲取上来。

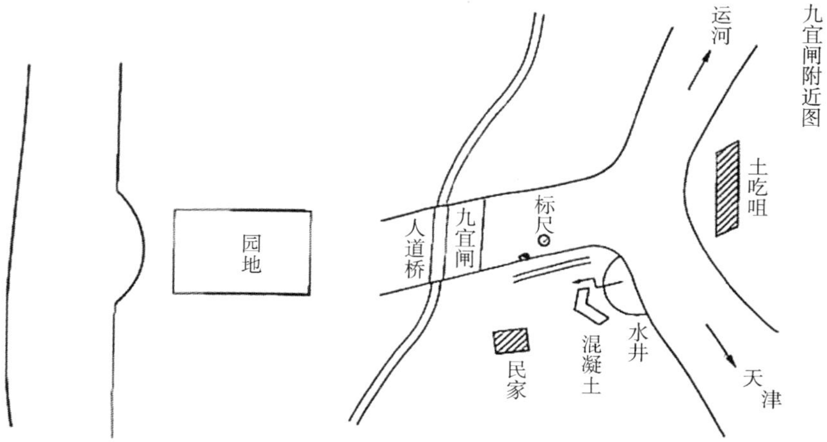


〇水井深两丈，建设费六七十元。扬水器是轱辘。

〇土吃咀是指发大水时的防水堤。

九宜闸附近有茶店。是由1个闸夫经营的，也兼做锻冶屋。根据在茶店里的听闻，有1个管理人，1个书记，平常不会到场，居住在唐官屯。闸夫是靳官屯的2人，加上王千户屯的2人总计4人，听说在他们中间有闸目，是王千户村的人。

在闸畔的茶店里，从靳官屯的老百姓那里获知的信息如下。

这个闸是在距今63年之前由周公建造的。最初是木闸，在民国六年或七年改为现在的新式闸。

【看闸、闸目、闸夫】

现在有5个人看闸，其中1名为闸目，是闸夫的头头。闸目是闸附近王千户庄的人，闸夫中有2人住在靳官屯，还有2人是王千户庄人。对于闸夫的任命，不是由村民选举，而是由河务局指名雇用。虽然闸目和闸夫不是世袭的，但都是长年干这行的人。而且其中并没有村中有权力的人。不如说是贫民占大多数。在清代，国家也不会给闸夫发放土地。现在绝大多数闸目也没有土地。闸夫之中有2人拥有一定的土地，从事农务。其余的2个人都是很贫穷的人，其中1人为九宜闸的管理人做饭，另1人在闸畔的小屋经营着茶店兼锻冶屋。

关于看闸没有什么特别的规定。闸夫的日常任务，是把位于闸入口处标木上显示的水位汇报给唐官屯的管理人。管理人再与各个机关商量，对闸夫下达开关闸的命令。【大王庙】

在运粮河和马厂减河交汇之地，在减河北岸有一座大王庙。大王指的是龙王。庙宇的规模很大，现在处于荒废状态。匾额上有很多对以前水神的赞颂。

正殿上供奉着龙王的雕像以及“靳官屯减河大王之神位”的木牌。在这个庙里面会举行这个地区的祈雨仪式。

南运河九宜闸平面图

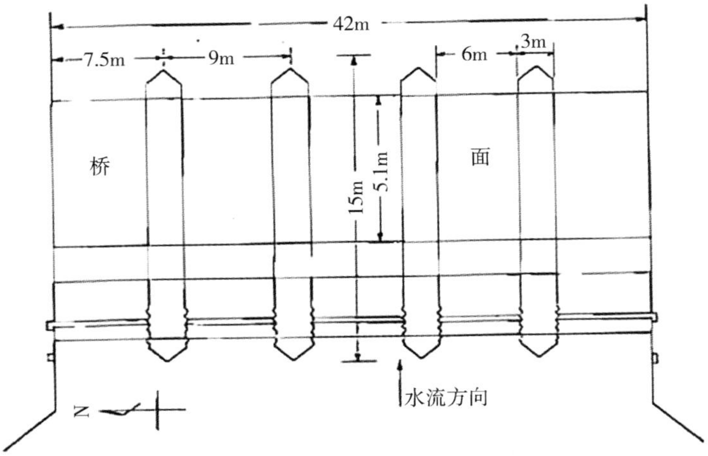


南运河九宜闸立面图

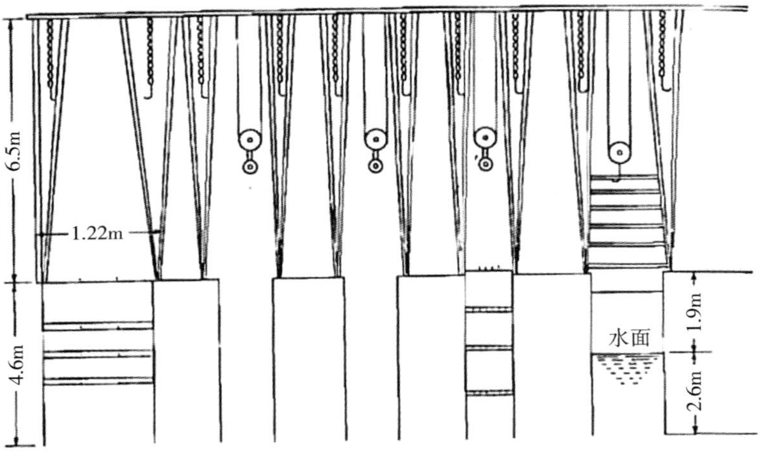


在正殿里供奉着一块如下所示的匾额。

光绪十三年十一月

治

水

功

高

| | | | | |
|---|---|---|---|---|
| | 帮办 | 苏仲发 | 中副哨官 | 吕大年 |
| | 帮办 | 魏金垚 | 前哨哨官 | 毛得成 |
| 盛军飞骑马正营 | 左哨哨官 | 张福贵 | 左副哨官 | 闫王亭 |

右哨哨官　张得林　右副哨官　张堰荣
后哨哨官　梁传登　后副哨官　张福五
中副哨官　程永福

【庙的碑文】

庙内的一块碑文，记述了民国六年河务局各河管辖的由来，以及县长承办廷理堵口的工程，另外还记载着下大雨的时候在大王庙做法事后水灾减少的事迹。在九宜闸附近还有两块碑。一个是在民国十五年由天津、青海、静海各县的南运河一带的40多个村子共同建立的。是纪念直隶镇威第七方面军团第二师第一旅旅长干公德政的碑。碑文的大意是："从前，堤内的若干荒地招佃纳租之后得到开垦，上交的租交钱入国库。在河滩淤地上居住着数千户的人。在干公（山东省出身）驻屯的时候，对于两岸的河淤实行了'改佃为业'的政策。这是为了民众的利益而施行的。民众很欢迎这种甘霖沛欢的处置。另外，这段时期里官淤由河务局经营，收取租款作为挖泥船的经费。"

另一块碑是民国十五年10月由静海、天津、青县、南运河、减河两河40多个村子共建，是直隶保安总局司令兼〇〇〇大将军的德政碑。碑上记载着："减河两岸的河淤地总共有数千百顷（?），收上来的租税不仅保护着减河，还保护着减河旁数千百万的民众，这真是一个伟业。"还记述了开垦减河的历史："以前武庄公挖掘减河的时候，把高处挖平，填上沟渠，搜寻石头来填充泥土，披荆斩棘，这样重复了很多年，终于建成一块一望无际的平原。"

在减河畔还有如下的碑文：

【资料】

**南运减河靳官屯墙记**

靳官屯曷为而设牌也以有减河故南运河又曷为而开减河也津郡处九河下游三淀既淹有川而无泽三岔河为诸水交汇之区每当伏秋盛涨众流令萃数百生活淼托洋一望无际不有河以分之其患不止余于上年曾在三岔河以北之陈家沟添开减河一道别通北塘以入海而止可梢杀北运河之水际而南运河、上水山东河南山西汾卫漳诸大川之水源远流巨泛滥淹没往往有害民生其患尤位于他水从前如四女寺哨马营直境捷地与济等处共开有减河四道以资分洩无如岁久失修河道多废仅存捷地一减河水患更甚光绪五年敕天津道等勘察水利往复相度据查津城东南由青县之靳官屯经盛军事所驻之新农镇至新大沽以出海最为顺轨非特山东之德州一下如交河东光沧州各处均免水患而盛流荡洩即大清子牙诸水涨时而由此制潟是减河之同较前此四女寺哨马营各处尤为因势利导而出水益便其下游津静之交俗所称南洼弥望百里内外尽为石田亦可引淡刷谦俾农时不毛之地得以击其生植盍南运河会漳河之浊流本有石水斗泥之喻□　苟得导引以资灌溉其肥自能化谦以成腴既杀盛涨亦涤积卤均于减河是赖不独此也津地迤而西至东仿南方稻田之制应为开辟其阡陌纵横河渠复绕尤堪限戎马之足于海防局势亦不无裨益所谓一举而三善备焉规画既定为集淮练军三十余营分段挑淤盛军既列戊青县之马厂迤选至津属之新城即伤周提督盛传统率该军领其事通力合作至六年夏开工竣于是建石质双料五孔大桥插于靳官屯河头以凭启闭沿河分建石铁柱板桥四道以便行人计河长一百五十余里其下流横河六道各长数里沟渠左右荣带高流分，注使入海之尾闾益杨均归盛军始终经营此地方百世之利也独是有其举之莫之敢废此牌为全河关键尤在后之人备葺以时无使地坏承之是邦者尚其念几辅之水灾农田之乐利与夫海防之形要无令此河此墙等于四女寺各处之减河日久淤塞而失前人创始之美意则幸甚是为记

钦左大臣太子太傅文萃殿大学士会办海军督办北洋海防兼通商事务兵部尚书都察院右都御史直隶总督兼理河道一等肃毅伯加骑都尉世职合肥李鸿章撰井书

光绪十七年一月

【资料】

**○马厂减河附近的户口**（唐官屯战警务段的资料）

| 村名 | 户数 | 男 | 女 |
|---|---|---|---|
| 五千户 | 54 | 159 | 149 |
| 烧窑盆 | 139 | 394 | 382 |
| 荆官屯 | 105 | 316 | 312 |
| 唐官屯 | 1,150 | 34,412 | 31,480 |
| 园庄子 | 33 | 123 | 114 |
| 小十八户 | 25 | 78 | 69 |
| 郑家庄 | 132 | 394 | 382 |

## 五　兴农闸

应答者　祖孝先（南北运河河务局稽查员）

【闸的管理机关】

兴农闸是何时建立的？ =周公时代。

周公时代是谁管理九宜闸与兴农闸的？ =大概不是周公管理的吧，想不出来。

河务局是从什么时候开始管理的呢？ =我不知道。

在河务局之前是由农田局来管理的吗？ =不是很清楚。

这个闸位于农田局的土地上，为什么会由河务局来管理呢？ =那是因为如果由农田局来管理的话，他们只会专注于向水田引水，经常会让闸里的水堰塞，造成九宜闸过来的水量过多最后导致泛滥的后果，所以才要由河务局管理。

九宜闸是为了什么目的而建造的呢？ =向小站一带的水田引水，需要在这附近把水贮

藏起来。为了这个目的而在周公时代修建了九宜闸。

这个闸除了上述的目的之外，在航运上还有什么作用吗？ =没有，九宜闸不是为了船的通航而修建的。小站的船只是把上游的杂货、木材、煤、糖等输送到九宜闸附近的村子。这些船如果不在上流运来什么货物是不会回去的。上流不出产米，农作物也不会在小站地区聚集，会经过津浦铁路输送出去。

兴农闸的管理人是谁？ =第六段段长。

【闸的管理者】

第六段和兴农闸配备人员的人名以及职务名称是怎样的？ =兴农闸与其他的主要闸一样在十多年前开始由本局直辖。第六段的段长不只是兼任本闸的管理人。第六段的事务所位于唐官屯（第四段事务所也位于唐官屯）

**第六段人员**

| 职名 | 姓名 | 就任年份 | 薪酬 |
|---|---|---|---|
| 段长 | 李洪山 | 民国二十八年 | 60 元 |
| 事务员 | 李成 | 三十年 | 30 元 |
| 佣员 | 孙 | 二十八年 | 20 元 |
| 工巡目 | 李 | 二十九年 | 12 元 |
| 工巡夫 | 4 名 | 二十七年 | 各 7 元 |

**兴农闸**

| 职名 | 姓名 | 就任年份 | 薪酬 |
|---|---|---|---|
| 管理人 | 第六段长 | | |
| 稽查员 | 祖孝先 | 二十七年 | 30 元 |
| 闸目 | 孙魁陆 | 二十九年 | 12 元 |
| 闸夫 | 王德和 | —— | 7 元 |
| ~ ~ | 岳金发 | —— | 7 元 |
| ~ ~ | 贾德智 | —— | 7 元 |
| ~ ~ | 朱广良 | —— | 7 元 |
| ~ ~ | 刘春和 | —— | 7 元 |
| ~ ~ | 祁开贵 | —— | 7 元 |
| ~ ~ | 贾凤祥 | —— | 7 元 |

第六段的管辖范围有多大？ =减河全部。但是九宜闸和兴农闸是在各闸管理人的管理之下。

第六段为什么会位于唐官屯，而不在中心地区的小站呢？ = 我也不知道原因。

【工巡夫】

减河堤防的巡查是由谁来做的呢？ = 听说以前是由 100 多个河兵来做的。

河兵是什么？ = 就是现在的工巡目、工巡夫。

到何时为止被称为河兵呢？ = 事变前的事，但是现在也有人把工巡夫称为河兵。

减河的管理实际上是怎样的？ = 虽然名义上是由第六段来管理减河全部区域，实际上因为距离很远，而且虽然叫作管理但并没有重要的事情要做，所以第六段基本只是看管从九宜闸到潮宗桥的这片区域，以及兴农闸和潮宗桥以下的河堤。

具体是由谁来负责什么事务？ = 工巡夫巡查堤防，确定有无破损。

除此之外，工巡夫还要做什么事吗？ = 工巡夫是类似于苦力的存在，无论什么跟河有关的工作都要去做。

具体要做什么工作？ = 平常是普通的老百姓，在河有异变的时候，要去观察水量状况与有无河堤决溃的情况，并将这些事报告给上级。

向谁报告呢？ = 有关潮宗桥以下地方的事情向我报告，其上流的话，向第六段的人报告。

发生紧急情况的时候，工巡夫是不是会延迟报告，而自己来采取适当的对策呢？ = 紧急情况是指怎样的状况？

比如说即将要发生洪水的时候？ = 在减河是不会发生洪水的，洪水只会从运河或者子牙河那里过来。

河务局能征用减河沿岸的居民吗？ = 可以征用 10 里内的居民。

发生过这种事吗？ = 在我的记忆中没有。

工巡夫能直接征用居民吗？ = 工巡夫是穷人，不是有权力的人，所以不行。如果要征用的话，需要遵照第六段或其他上级机关的命令。要发大水的时候，需要遵循我或者第六段的指示。

这种时候的征用是没有报酬的吗？ = 不是，由局里出钱。

您和第六段处理此事的时候，需要先向局里联络之后再处理吗？ = 是的，必须先请示，再根据指示来行动，我们不能擅自处理。

水量少的时候工巡夫就不用工作了吗？ = 是的。

工巡夫住在哪儿？ = 住在河边的村子里。

工巡夫是以前就住在那里的村民，还是被派来住在那儿的呢？ = 是村民。

工巡夫在哪个村子？ = 工巡目的老李住在上游的十八户村。因为他是统率工巡夫的人，所以不用像苦力那样到处巡视。小马住在万家码头，小齐住在西小站，小车住在东大沽。

工巡夫以前就是从这 4 个村子里选出来的吗？ = 不是。只是因为这些村子离河很近，所以在管理上较为便利。只是因为这个原因。

他们的祖先也是工巡夫吗？ = 不一定吧。

他们在村子里是什么地位的人？ = 老李的情况我不清楚。其他几个都是贫民。小齐没有土地，小车有 10 亩地，小马有 10 到 20 亩的地。但他们都有房子住。

他们虽然没有财产，但是可以与上级沟通，难道不是受人敬畏的吗？ =好像没有那回事。

他们有没有加入帮派？ =不知道。

他们在村子或保公所里有什么活可以干？ =小齐在西小站保公所当扶役，但是小马和小车和这样的工作完全没有关系。

上面 4 人之中，有在村子里当甲长，或者负责与村长商量的人吗？ =没有。

他们有没有负责看管的区域？ =大概规定是他们的居住地附近的地方。

他们的薪酬是 7 元，河务局会无偿借给他们土地吗？ =不会。

除了上述的薪酬之外，他们还有其他收入吗？ =除了自己的工作所获得的报酬之外，没有其他的。

【稽查员】

您（稽查员）的主要工作是什么？ =监督兴农闸的开启与关闭。还有对河边的巡视（在水量多的时候会进行）、收租，和其他的各种报告。

您是什么时候到这个地方任职的呢？ =事变后，民国二十七年。

除了闸目和闸夫之外，您手下还有什么人？ =没有。

【闸目、闸夫】

他们住在什么地方？ =东闸村。

东闸村在哪儿？ =兴农闸附近。

从前闸目、闸夫就是这个村子的人吗？ =是的。

这个村子以前是闸夫建立的吗？ =不好说。

村子共有几户人家？ =100 多户。

闸目和闸夫的家以前就在这里吗？ =是的。他们以前就住在这儿。

闸目和闸夫不能是其外村子的人吗？ =没有这回事。只是因为这儿离闸近，理所当然的事。

他们到今年为止当了几年的闸夫了？他们的祖辈也是闸夫吗？ =大概做了 20 多年了。有很多人的祖辈也是闸夫。

他们有多少土地？ =老王有 50 亩。老岳没有土地，做着短工的工作。老贾的情况不明。老朱有七八十亩。老刘也有七八十亩。老祁有 10 到 20 亩地。贾凤祥有 7 亩地。

有 50 亩到七八十亩地，在这个村子里是不是可以称得上中等阶层了？ =的确是中等阶层。

闸目老孙有几亩地？ =不知道。

他家里代代都是闸目吗？ =他当了 10 年的闸目，但是不久前辞职了。现在的闸目是王德和。祖辈的事我也不知道。

闸目和闸夫的人选是谁决定的？ =是由我们决定的。

在那之前不需要村里的人推荐吗？ =不需要。

闸目也不需要推荐吗？ =不会郑重其事地那样做。

您是怎么决定人选的呢？ =我也了解现场的很多情况，会从闸夫的中间挑选。需要作为闸夫的长期经验，所以必须在拥有7年到10年以上经验的闸夫中挑选。

村民们会认为当上闸目是一种荣誉吗？ =没有那回事。

闸目和村长，哪一个人的地位更高呢？ =不是很清楚。

闸目经常成为村长等人商量的对象吧？ =不是很清楚。

闸目和闸夫有加入帮派的吗？ =不知道。

信奉潘祖的闸夫多吗？ =不知道。

闸目和闸夫中有在村子里担任公职的人吗？ =好像没有当保甲长的人。

保甲长不能从闸目和闸夫中挑选吗？ =一直没有这样的规定，但是约定俗成不会这么做。

如果保甲长被选为闸长，那么他会辞去保甲长的职务吗？ =谁知道会怎样呢。我也不知道。

闸目领导下的闸夫们，各自的工作都是固定的吧？ =不固定。与闸有关的工作什么都得干。

只有这点人数，在忙的时候也能赶得上吗？ =是的。

闸目和闸夫会帮助村民吗？ =不会。

紧急情况下，会让村民顶替吗？ =不会。

在那种时候，允不允许向闸目和闸夫发出出动的命令？ =这种时候，会有人向我报告。我再联系县里的警察，从他们那里获得出动的许可。如果不这么做直接从村子里发出征发的命令是不被允许的。

闸目和闸夫的工作很难吗？ =只用负责开关闸。对于普通人来说也并不是很难。

闸目和闸夫都做什么样的工作？ =只有闸的开启。但是对于普通人来说是有点难度的工作。

那么对于闸夫需要培训吗？ =需要。作为他们的候补，东闸村的小徐、小杨、小朱、小陈4个人正在接受开关闸的培训。一旦现在的闸夫出现缺口，就会从他们中间选出新的闸夫。

除了本局的薪酬之外，闸夫还有其他收入吗？ =没有。

有没有从局里或者村子里获得什么特别的恩惠？ =并没有。

工作特别忙的时候会发放津贴吗？ =不会。

水田地区的人们会向闸目和闸夫请求开关闸吗？ =不会。

水田地区的人们会有什么谢礼吗？ =没有。他们并不是很贫穷的人，就算什么都得不到也没关系。工资对于他们来说只不过相当于零用钱。

他们希望能成为闸夫吗？ =工作很困难，所以不是特别希望干这行。因为是为人们服务的工作，所以不会有人抱怨。

村民们很羡慕能成为闸夫的人吗？ =谁知道呢。

成为闸夫候选人的人能拿到工资吗？ =本局不会发放，但是村子也许会给一些报酬。即使有，也不会是很大的数额。

不是很忙的时候，闸夫住在哪儿？ = 在兴农闸东岸有他们休息的地方。平常在那儿必须有一个值班的人。其他人可以去做自己家里的事情。

闸目的情况又是怎样的呢？ = 闸夫一天中必须在现场露面一次。

当值的人是按什么顺序安排的呢？ = 每天交换一次。

【闸的开启关闭】

兴农闸是在什么时候开启与关闭？ = 不一定。没有水或者水量很少的时候关闭闸口，水量多的时候（大多是在七月到九月间）全部打开。开启与关闭的时间与每一刻的水量有紧密联系，不是一言两语就能说清楚的。

关于闸的开启与关闭，有什么必须常记在心中的要素吗？ = 减河是为了运河的排水而存在的，所以妨碍排水将闸关闭的行为是不被允许的。

九宜闸与兴农闸的开关时间互相之间有关系吗？ = 需水期会将九宜闸打开，为了把水堵住，要将兴农闸关上。

资料　**民国三十年九月至民国三十一年九月兴农闸附近上游水位表**

| 民国三十年 | | | | | | | | | | | | | | | |
|---|---|---|---|---|---|---|---|---|---|---|---|---|---|---|---|
| | 九月 | | | 九月 | | | 十月 | | | 十一月 | | | 一月 | | |
| 1 | P2 | 1.18 | 1.17 | P2 | 1.08 | 1.10 | P2 | 0.94 | 0.94 | P2 | 0.95 | 0.93 | P2 | 0.92 | 0.92 |
| 2 | P2 | 1.18 | 1.20 | P2 | 1.12 | 1.15 | P2 | 0.90 | 0.92 | P2 | 0.96 | 0.90 | P2 | 0.92 | 0.90 |
| 3 | P2 | 1.20 | 1.19 | P2 | 1.12 | 1.12 | P2 | 0.98 | 0.92 | P2 | 0.94 | 0.92 | P2 | 0.90 | 0.88 |
| 4 | P2 | 1.18 | 1.18 | P2 | 1.12 | 1.18 | P2 | 0.95 | 0.94 | P2 | 0.93 | 0.94 | P2 | 0.85 | 0.84 |
| 5 | P2 | 1.13 | 1.12 | P2 | 1.18 | 1.10 | P2 | 0.88 | 0.84 | P2 | 0.92 | 0.80 | P2 | 0.84 | 0.80 |
| 6 | P2 | 1.11 | 1.09 | P2 | 1.08 | 1.08 | P2 | 0.83 | 0.83 | P2 | 0.88 | 0.90 | P2 | 0.80 | 0.78 |
| 7 | P2 | 1.06 | 1.09 | P2 | 1.08 | 1.08 | P2 | 0.00 | 0 | P2 | 0.88 | 0.88 | P2 | 0.77 | 0.77 |
| 8 | P2 | 1.06 | 1.06 | P2 | 1.08 | 1.07 | P2 | 0.00 | 0 | P2 | 0.86 | 0.88 | P2 | 0.70 | 0.70 |
| 9 | P2 | 1.08 | 1.08 | P2 | 1.08 | 1.08 | P2 | 0.00 | 0 | P2 | 0.87 | 0.88 | P2 | 0.70 | 0.71 |
| 10 | P2 | 1.08 | 1.08 | P2 | 1.06 | 1.04 | P2 | 0.00 | 0 | P2 | 0.96 | 0.90 | P2 | 0.72 | 0.72 |
| 11 | P2 | 1.01 | 1.12 | P2 | 1.03 | 1.02 | P2 | 0 | 0.60 | P2 | 0.96 | 0.96 | P2 | 0.72 | 0.73 |
| 12 | P2 | 1.13 | 1.12 | P2 | 1.02 | 1.02 | P2 | 0.80 | 0.90 | P2 | 0.90 | 0.90 | P2 | 0.73 | 0.73 |
| 13 | P2 | 1.10 | 1.14 | P2 | 1.04 | 1.04 | P2 | 1.02 | 1.02 | P2 | 0.88 | 0.86 | P2 | 0.72 | 0.71 |
| 14 | P2 | 1.12 | 1.12 | P2 | 1.03 | 1.02 | P2 | 1.02 | 1.04 | P2 | 0.80 | 0.87 | P2 | 0.71 | 0.70 |
| 15 | P2 | 1.20 | 1.24 | P2 | 1.02 | 1.05 | P2 | 1.16 | 1.12 | P2 | 0.76 | 0.70 | P2 | 0.79 | 0.77 |
| 16 | P2 | 1.24 | 1.30 | P2 | 1.03 | 1.00 | P2 | 1.02 | 1.04 | P2 | 0.76 | 0.72 | P2 | 0.71 | 0.72 |

续表

| | 民国三十年 | | | | | | | | | | | | | | |
|---|---|---|---|---|---|---|---|---|---|---|---|---|---|---|---|
| | 九月 | | | 九月 | | | 十月 | | | 十一月 | | | 一月 | | |
| 17 | P2 | 1.22 | 1.20 | P2 | 0.98 | 0.92 | P2 | 1.02 | 1.08 | P2 | 0.70 | 0.74 | P2 | 0.70 | 0.71 |
| 18 | P2 | 1.19 | 1.20 | P2 | 0.92 | 0.92 | P2 | 1.12 | 1.07 | P2 | 0.80 | 0.82 | P2 | 0.73 | 0.72 |
| 19 | P2 | 1.16 | 1.18 | P2 | 0.91 | 0.92 | P2 | 1.08 | 1.08 | P2 | 0.80 | 0.84 | P2 | 0.72 | 0.73 |
| 20 | P2 | 1.15 | 1.18 | P2 | 0.90 | 0.88 | P2 | 1.08 | 1.08 | P2 | 0.84 | 0.82 | P2 | 0.72 | 0.72 |
| 21 | P2 | 1.18 | 1.28 | P2 | 0.92 | 0.92 | P2 | 1.09 | 1.08 | P2 | 0.82 | 0.82 | P2 | 0.72 | 0.72 |
| 22 | P2 | 1.08 | 1.08 | P2 | 0.95 | 0.95 | P2 | 1.00 | 1.04 | P2 | 0.84 | 0.84 | P2 | 0.72 | 0.73 |
| 23 | P2 | 1.08 | 1.06 | P2 | 0.96 | 0.97 | P2 | 1.06 | 1.08 | P2 | 0.80 | 0.82 | P2 | 0.73 | 0.72 |
| 24 | P2 | 1.08 | 1.08 | P2 | 0.92 | 0.92 | P2 | 1.05 | 1.05 | P2 | 0.82 | 0.82 | P2 | 0.71 | 0.71 |
| 25 | P2 | 1.08 | 1.20 | P2 | 0.92 | 0.94 | P2 | 0.95 | 0.90 | P2 | 0.84 | 0.83 | P2 | 0.71 | 0.71 |
| 26 | P2 | 1.06 | 1.06 | P2 | 0.96 | 0.97 | P2 | 0.92 | 0.94 | P2 | 0.85 | 0.84 | P2 | 0.70 | 0.70 |
| 27 | P2 | 1.06 | 1.08 | P2 | 0.97 | 0.98 | P2 | 1.08 | 1.12 | P2 | 0.86 | 0.86 | P2 | 0.80 | 0.80 |
| 28 | P2 | 1.08 | 1.08 | P2 | 0.92 | 0.90 | P2 | 1.96 | 1.94 | P2 | 0.88 | 0.86 | P2 | 0.82 | 0.82 |
| 29 | P2 | 1.07 | 1.07 | P2 | 0.90 | 0.90 | P2 | 1.17 | 1.00 | P2 | 0.86 | 0.86 | P2 | 0.83 | 0.81 |
| 30 | P2 | 1.06 | 1.05 | P2 | 0.96 | 1.00 | P2 | 0.98 | 0.96 | P2 | 0.90 | 0.90 | P2 | 0.84 | 0.84 |
| 31 | P2 | | | P2 | 1.00 | 0.94 | P2 | | | P2 | 0.90 | 0.90 | P2 | 0.85 | 0.85 |

| | 民国三十一年 | | | | | | | | | | | | | | |
|---|---|---|---|---|---|---|---|---|---|---|---|---|---|---|---|
| | 二月 | | | 三月 | | | 四月 | | | 五月 | | | 六月 | | |
| 1 | P2 | 0.85 | 0.85 | P2 | 1.40 | 1.18 | P2 | 0.72 | 0.76 | P2 | 0.62 | 0.60 | P2 | 0 | 0 |
| 2 | P2 | 0.84 | 0.84 | P2 | 1.30 | 1.38 | P2 | 0.80 | 0.78 | P2 | 0.60 | 0.57 | P2 | 0.56 | 0.50 |
| 3 | P2 | 0.90 | 0.92 | P2 | 1.42 | 1.53 | P2 | 0 | 0 | P2 | 0.53 | 0.48 | P2 | 0.49 | 0.50 |
| 4 | P2 | 0.92 | 0.91 | P2 | 1.35 | 1.38 | P2 | 0 | 0.82 | P2 | 0.50 | 0.46 | P2 | 0.53 | 0.40 |
| 5 | P2 | 0.91 | 0.91 | P2 | 1.32 | 1.34 | P2 | 1.10 | 1.25 | P2 | 0.47 | 0.45 | P2 | 0.31 | 0.40 |
| 6 | P2 | 0.91 | 0.92 | P2 | 1.37 | 1.47 | P2 | 1.34 | 1.37 | P2 | 0.46 | 0.44 | P2 | 0.42 | 0.42 |
| 7 | P2 | 0.94 | 0.94 | P2 | 1.34 | 1.21 | P2 | 1.10 | 1.40 | P2 | 0.45 | 0.41 | P2 | 0.40 | 0.41 |
| 8 | P2 | 0.94 | 0.95 | P2 | 1.15 | 1.20 | P2 | 0.95 | 0.86 | P2 | 0.40 | 0.40 | P2 | 0.42 | 0 |
| 9 | P2 | 0.95 | 0.95 | P2 | 1.11 | 1.16 | P2 | 0.98 | 1.02 | P2 | 0.40 | 0.40 | P2 | 0 | 0 |

续表

| | 民国三十一年 | | | | |
|---|---|---|---|---|---|
| | 二月 | 三月 | 四月 | 五月 | 六月 |
| 10 | P2　1.00　1.00 | P2　1.04　1.02 | P2　1.00　1.15 | P2　0.39　0.39 | P2　0　0 |
| 11 | P2　1.00　1.09 | P2　1.00　1.09 | P2　1.17　1.20 | P2　0　0 | P2　0　0 |
| 12 | P2　1.02　1.02 | P2　0.96　0.96 | P2　1.11　1.13 | P2　0　0 | P2　0.52　0.52 |
| 13 | P2　1.02　1.02 | P2　0.95　0.95 | P2　1.07　1.00 | P2　0　0 | P2　0.48　0.52 |
| 14 | P2　1.02　1.02 | P2　0.95　0.94 | P2　1.08　1.12 | P2　0　0 | P2　0.56　0.52 |
| 15 | P2　1.02　1.02 | P2　0.96　0.93 | P2　1.03　0.92 | P2　0　0 | P2　0.52　0.53 |
| 16 | P2　1.04　1.04 | P2　0.96　0.94 | P2　0.92　0.98 | P2　0　0 | P2　0.54　0.53 |
| 17 | P2　1.04　1.04 | P2　0.92　0.84 | P2　1.05　1.18 | P2　0　0 | P2　0.47　0.46 |
| 18 | P2　1.04　1.04 | P2　0.80　0.80 | P2　1.17　1.16 | P2　0　0 | P2　0.48　0.50 |
| 19 | P2　1.06　1.06 | P2　0.88　0.92 | P2　1.06　1.00 | P2　0　0 | P2　0.50　0.59 |
| 20 | P2　1.06　1.06 | P2　0.98　0.90 | P2　0.85　0.88 | P2　0　0 | P2　0.46　0.44 |
| 21 | P2　1.04　1.04 | P2　0　0 | P2　0.82　0.78 | P2　0　0 | P2　0.43　0.46 |
| 22 | P2　1.04　1.04 | P2　0　0 | P2　0.70　0.66 | P2　0　0 | P2　0.40　0.47 |
| 23 | P2　1.03　1.03 | P2　0　0 | P2　0.76　0.82 | P2　0　0 | P2　0.60　0.58 |
| 24 | P2　1.08　1.10 | P2　0　0 | P2　0.84　0.82 | P2　0.34　0.32 | P2　0.50　0.48 |
| 25 | P2　1.12　1.16 | P2　0　0 | P2　0.87　0.81 | P2　0.42　0.40 | P2　0.45　0.42 |
| 26 | P2　1.18　1.21 | P2　0　0 | P2　0.85　0.84 | P2　0.41　0.36 | P2　0.36　0.38 |
| 27 | P2　1.31　1.31 | P2　0　0 | P2　0.81　0.80 | P2　0.39　0.35 | P2　0.38　0.40 |
| 28 | P2　1.32　1.40 | P2　0　0 | P2　0.76　0.74 | P2　0.34　0.32 | P2　0.43　0.50 |
| 29 | P2 | P2　0.90　1.18 | P2　0.72　0.70 | P2　0.32　0 | P2　0.50　0.59 |
| 30 | P2 | P2　0.80　0.78 | P2　0.68　0.61 | P2　0　0 | P2　0.40　0.42 |
| 31 | P2 | P2　0.75　0.80 | P2 | P2　0　0 | P2 |

| | 民国三十一年 | | |
|---|---|---|---|
| | 七月 | 八月 | 九月 |
| 1 | P2　0　0 | P2　1.25　1.26 | P2　1.13　1.11 |
| 2 | P2　0　0 | P2　1.28　1.12 | P2　1.10　1.05 |
| 3 | P2　0　0 | P2　1.23　1.70 | P2　1.01　1.08 |

续表

| | 民国三十一年 | | |
|---|---|---|---|
| | 七月 | 八月 | 九月 |
| 4 | P2　0　　0 | P2　1.81　0.48 | P2　1.13　1.15 |
| 5 | P2　0.40　0.40 | P2　0.75　0.66 | P2　1.14　1.13 |
| 6 | P2　0.40　0.41 | P2　0.49　0.49 | P2　1.12　1.12 |
| 7 | P2　0.40　0.35 | P2　0.40　0.35 | P2　1.12　1.11 |
| 8 | P2　0.50　0.43 | P2　0.23　0.20 | P2　1.10 |
| 9 | P2　0.48　0.44 | P2　1.38　1.30 | |
| 10 | P2　0.46　0.48 | P2　1.27　1.22 | |
| 11 | P2　0.50　0.58 | P2　1.19　1.14 | |
| 12 | P2　0.78　0.77 | P2　1.11　1.10 | |
| 13 | P2　0.67　0.68 | P2　1.09　0.06 | |
| 14 | P2　0.91　1.10 | P2　1.04　0.98 | |
| 15 | P2　1.10　1.12 | P2　0.98　0.89 | |
| 16 | P2　1.04　1.00 | P2　0.84　0.80 | |
| 17 | P2　0.62　0.70 | P2　0.75　0.74 | |
| 18 | P2　0.64　0.60 | P2　0.73　0.75 | |
| 19 | P2　0.52　0.50 | P2　0.76　0.78 | |
| 20 | P2　0.48　0.48 | P2　0.80　0.81 | |
| 21 | P2　0.46　0.44 | P2　0.88　0.83 | |
| 22 | P2　0.30　0.38 | P2　0.83　0.83 | |
| 23 | P2　0.62　0.63 | P2　0.82　0.80 | |
| 24 | P2　0.80　0.85 | P2　0.81　0.82 | |
| 25 | P2　0.75　1.10 | P2　0.81　0.81 | |
| 26 | P2　1.10　1.06 | P2　0.80　0.74 | |
| 27 | P2　1.08　1.11 | P2　0.78　0.74 | |
| 28 | P2　1.16　1.22 | P2　0.72　0.70 | |
| 29 | P2　1.17　1.09 | P2　0.67　0.67 | |
| 30 | P2　1.10　1.09 | P2　1.03　1.10 | |
| 31 | P2　1.15　1.21 | P2　1.13　1.13 | |

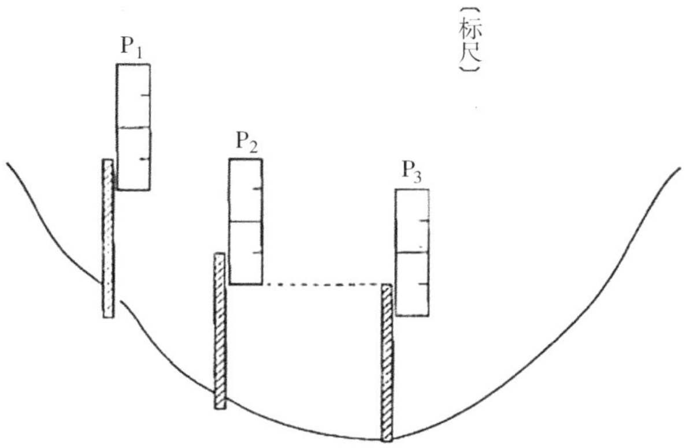


（说明）兴农闸附近的上游有 P1、P2、P3。表示 2 米的尺度 P3—P2—P1 相当于 0.5 米的高度。同闸附近下游也有 P1、P2、P3。样式是相同的。上表是根据上游所在的前者标尺而作。

每天在上午 6 点和下午 2 点测量 2 次。没有水速的测定表。

上面一年之内的数据没有异常的例子。大概每年都是这样。

大致上按照九月、十月、十一月、十二月、一月的顺序逐渐减少水量。

表中在三月或五月发生过水位为 0 的情况。不是因为在闸的附近地区完全没有水流经过。而是因为中途流入耳河和涵洞，水不能到达这里。

根据我的观察，在水田地区，从四月到七月之间，尤其是五月、六月和七月是用水最多的时期。其中没有哪个月用水特别多。用的水都很多。

九宜闸和兴农闸之间有电话联系吗？ =没有电话。一切由本局决定。将决定传达给九宜闸，并且与兴农闸（即我这儿）联系。

农民们会在需水期间到您这儿请愿打开九宜闸吗？ =与农田局相比，我们这边经常受到委托。有时农会也会来这里拜托我们。在那种时候，会由我来与本局联络。

在这个时节会关闭兴农闸吗？ =是的。

从什么时候开始关闭呢？ =没有规定特定的时间。基本上在旧历三月十三到八月十五之间是关闭着的。但是如果水量过大，也会打开。上述做法从古至今都没有变化。

上述的那段时期里，船不能从兴农闸通过吗？ =大概在四月到七月之间一般的船不能通航。为了让船通行，必须要打开闸。如果这么做的话，至今为止储存起来的水就会一齐向下游流去，水田的老百姓们会进行激烈的反对。因此如果没有特殊的命令，在这期间一艘船都不能通过。到了七月和八月的时候，水量会增加，在那时打开闸，让船通行。

在李秀山（这一地区的土匪）统治下的年代，关于闸的开启与关闭，需要联络李秀山的部队吗？ =大多数时候都会这么做。他就是如同这个地区的统治者一样的存在，任何重要事项都要经过他的决断才能执行。

李秀山的部队是不是掌握开关闸的权力？ =如果得不到他的谅解，就不能打开或关闭闸。

【水位的测定】

在兴农闸会测量水位吗？ =在闸的上游和下游的地点进行测量。

从什么时候开始这么做的？＝事变之后。根据建设总署的要求。观测上午和下午共6个小时的水量，由我直接去观测。每天报告一次结果。

有没有这一年间的水位表？＝没有表，但是有报告。（参考前一页的水位表）

在兴农闸下游地区也有水田吗？＝有。

这个地区的水是从什么地方引过来的？＝从减河各处的闸。

指的是兴农闸的上游的闸吗？＝是的。

没有从下游的闸引水的地区吗？＝没有。

## 六　农田局的水利设施

应答者　戴星桥（农田局总务股主任）

【农田局和河务局的联络】

农田局与兴农闸有什么关系吗？＝事变之前，兴农闸是由河务局和农田局共同管理的。这个闸本来是为了把向水田流去的水堵住而建的，所以当时能够很好地进行管理。事变之后，转变为河务局专管，很多事情都不方便。

为何在事变之后不再是共同管理呢？＝那是因为当权者不了解这个地区的特殊情况。

兴农闸的共同管理时代，实际上两个局的职员是怎么做的呢？＝我也不是很清楚。好像兴农闸的闸夫，是由两局兼任的。

现在，需水期到来的时候，关于开关兴农闸的其他事项，农田局和河务局的稽查员相互之间有联络吗？＝是的。这种时候双方会经常互相联络。对九宜闸的开启与关闭的请愿会由本局处理。

农田局和河务局会定期进行商谈，或者互相帮助吗？＝没有定期进行的事情。开启关闭兴农闸的时候农田局的闸夫会去帮忙。不是因为规定这么做，只是因为同为闸夫会互相帮助。

农田局和河务局的闸夫们会举行集会吗？＝没有听说过。

【闸的种类】

贵局管理下的闸，都有哪些种类呢？＝先前举例的3个闸是比较大的闸，其他都是小闸。

这3个闸是周公的时候设计建造的吗？＝是的。

是由谁来承担修建的费用呢？＝周家军。

其他闸又是怎样的呢？＝在耳河流域的其他闸，我想大概与上述的闸是同样的情况。但是没有足够证明由来的资料。

是不是大闸由周家军修建，小闸由村子或者个人修建呢？＝不是很清楚。

全部共有多少个闸？＝我也不知道具体数字。

有没有明显是由村子建造的闸？＝我不知道。

个人建造的闸呢？＝有很多（个人修建的闸被称为民闸，上面提到的三闸被称为官闸）

虽说是由个人建造的，但是也有2个人或者3个人，或者邻接地区的十几户人家的情况吧？＝什么情况都有。

除了3个闸之外的其他闸，是不是有很多原来是由农田局管理的？＝也可以这么认为。但具体情况我也不知道。

对于3个闸是如何进行管理的呢？＝派遣闸目和闸夫。

【闸目、闸夫】

请告诉我闸夫的姓名和居住地？＝闸目的老王（小站）、闸夫的老王（小站），同样是闸夫的老刘（东闸村）、两个老孙（东闸村）。

他们是一直干闸目和闸夫的吗？＝是的。

为什么住在小站和东闸村的居多呢？＝因为无论去哪个闸，都是河边的村子更为方便。

他们的家族代代都是看守闸的吗？＝不是很清楚。

是由谁来挑选闸目和闸夫的呢？＝那是事变之前的事，我也不知道。

他们是分别在不同的闸吗？＝不是。5个闸夫被分管到3个闸，无论是谁每个闸都要看管。闸的开启与关闭仅凭1个人的力量是做不到的。必须要由5个人合力完成。

3个闸通常处于什么情况？＝这几年水量不足，所以基本上都是开启状态。但是发大水的时候如果不关闸会淹没水田，所以那时候要关上。

闸夫平常要经常监视闸的状态吗？＝不是。除了发大水的时候，并没有重要的事情。平常只要闸目不要中断与局里的联络，其他的事都由百姓来做。水量多的时候会变忙。根据水量的多少，要随时扬卸闸板。在降雨期和涨水期，要不分昼夜地工作。

一个月的工资是多少？＝月薪7元。

除此之外还有其他收入吗？＝没有。

大多数闸夫属于贫穷阶级还是富裕阶级？＝贫穷的人占大多数。因为工作很辛苦，所以希望干这活的人很少。

他们以前是不是兼任河务局员？＝确有此事。

河务局、农田局的闸夫有没有过齐聚一堂的时候？＝不知道。

【水量】

近年来减河的水量都很少吗？＝不能说很多，但也不是很少。不管怎么说还是能勉强够用。但是与事变前相比的确减少了很多。去年还勉勉强强，但是今年由于运河的水量减少，送往本地的水也减少了很多。今年白天不会向减河输送，只在晚上送过来。

为什么会变少呢？＝因为需水期的降水量变少了。

难道不是因为水田面积增加，使得对水的需求也增加，或是因为又开辟了新的水路吗？＝从大局上来看，我想这种影响微乎其微。老百姓们说什么的都有。

关于这个地区一年中的水量？＝一言以概括的话，夏天很多。另外需要的时候很少，不需要的时候过多。减河的水量在旧历一月和二月极其少。从旧历三月十三日左右开始进入需水期，在这个时期会从九宜闸那里送水过来所以大体上够用。到了四五月的时候，降水很少，所以几乎没有水。如果克服这段时期，到了六七八月正值降水期，水量又会多得用不完。

这么说需水期时水量都很少？ =是的。

【配水方法】

那种时候，会优先向农田局的土地引水吗？ =是的。

会不会优先向下游的闸，在向上游引水？ =不会。

如果这么做的话不是会发生上游一直用水，而下游没有水用的情况吗？ =即使发生这种情况也是没有办法的事。因为占据了地利，我们也无可奈何。

这种时候，有没有用过在上游的闸用闸板来限制进入的水量，使得水量和流向下游的闸的水量均分这种方法呢？ =的确是一种很好的想法，但是没有实际做过。

闸的引水是不是根据时间来决定的？ =不是。

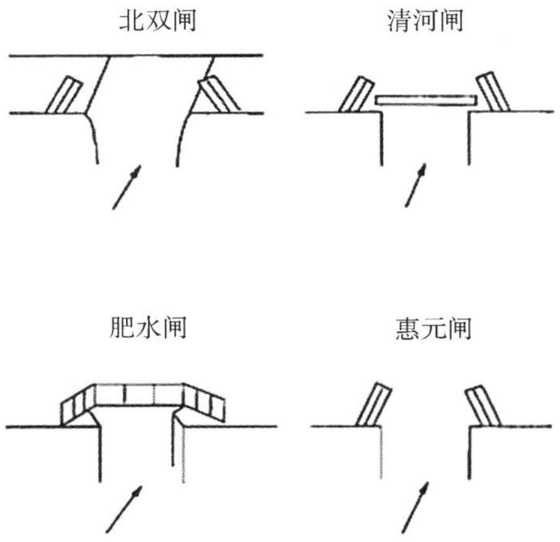


应答者　杨书林（农田局文股主任）

【兴农闸的修整】

（民国二十九年关于兴农闸的修整，向省政府提出申请）

兴农闸是由农田局管理的吗？ =是河务局管理的。

农田局与这个闸的维护工作有关系吗？ =从前就是河务局管理的。与农田局有关系的，只是要负担一部分给看闸的发放工资。事变之前这里看闸的一直是给两个局共同工作的。

九宜闸的看闸的也是这样吗？ =不是。只有这儿是这样。

为什么在事变之后不再是兼任呢？ =事变之后，机构很紊乱，变成了现在这样。

为什么关于本闸的修理，要由农田局去向省里提出呢？ =本局不是主体。主要是河务局进行申请。本局因为也有一些联系的缘故才会提出申请。（河务局也是省的管理机关）

这么说的话，在修理的时候，河务局和农田局组成共同战线，共同提出申请吗？ =是的。

申请通过了吗？ =因为省里没有钱，所以被否决了。

【北潮水闸】

北潮水闸位于距北闸口 8 里的地区，属于本局管理地范围之外。是为了防止海水逆流而上而修建的。建筑材料只有土和木头的粗末，很容易破损。每年都会提出把闸换成水泥建筑的请愿。

【闸板】

（民国三十一年，提出了关于闸用木板的请愿书）

这个时间的概要？ = 用来关闭清水闸的木板本来有 11 个。有很多木板里面都腐朽了。所以提出了更换新木板的请愿。

| | |
|---|---|
| 请愿者 = 前营村佃农代表 | 陈宝珊 |
| 黄字营 ~ ~ | 阎仁成 |
| 新军村 ~ ~ | 朱存智 |
| 南副营 ~ ~ | 郑春旭 |
| 左正营 ~ ~ | 王锡才 |

上述的佃农代表，是各个村子的村长和保长吗？ = 不一定。

是村民的情况多还是村长的情况多？ = 不能一概而论。

是由谁选出来的？ = 佃农们。

把佃农召集在一起开会的事经常发生吗？ = 经常有。

是由村长或保长带头发起的吗？ = 与村长、保长没有关系。他们自发地聚集在一起。

上述的佃农代表每年都是一定的吗？ = 不一定。

每次的人选有变化吗？ = 大致都不变。

什么样的人会被选上呢？ = 有名望的人。

对于这个事件，局里是怎么处理的？ = 局给他们买了新的木板。（一年之中这些木板都在现场放着，没有看管的人）

【耳河的管理】

耳河是由谁管理的？ = 农田局。

各耳河有其他管理人吗？ = 虽说是管理，其实除了挖沟之外什么都没做。虽然耳河两岸都需要局里负责看管，但是不会经常发生崩塌的事情，所以并不会那么严格地看管。另外还有因为崩塌而改变河道的地方，因为农田局没有经费，所以不能改善。于是佃户们向局里申请，由他们负担改修的费用。

【闸的管理】

属于农田局管理外的闸是由谁来管理的？ = 什么情况都有。如果是村子修建的就由村子管理，如果是个人修建的就由个人来管理。

从前官方修建的闸，现在有没有村子或个人管理的？ = 我想应该有。但是不知道全部局的情况。

【农田局的经费】

有没有农田局的年经费表？ =如下所示（参考中间的表）

【浚河费】

上表提到的浚河费，指的是耳河的挖土经费吗？ =是的。

耳河每年都要挖土吗？ =是的。如果放着不管，就会在河底堆积3尺5尺，那样会很难疏通水流。这样的地区有很多，但是能支出的经费只有6000元左右。如果对整条河都挖的话需要好几万元。四丈河等河段因为河底比水田高，如果放着不管的话，立即就会泛滥，危害到水田。

什么时候挖河？ =一年一次，在春天的融冰期（旧历三月），要花费10天到1个月的时间。

五耳河干流以外的不用吗？ =是的。

水流之外的也有必要吗？ =有必要。

本来也是农田局负责的事吗？ =不是。以前是佃户来做的。

农田局每年都会在五耳河挖河吗？ =因为经费的关系所以只在重要的地方进行。管理不到的地方，由有钱人或者农民共同出资自行实施。他们在这一方面的出资能达到很大的数额。总觉得很想要那一笔资金。

【资料】

**小站农田管理局民国三十一年（1942）经常临时收支概算表**

（小站农田管理局制）

| 科目 | 本年度概算数 | 上年度概算数 | 比增 | 教减 | 备注 |
| --- | --- | --- | --- | --- | --- |
| 一、岁入经常门 | | | | | |
| 管理收入 | 54772元 | 55012元 | | 240元 | 除30年天津建设工程局占地区免租分实际如上数 |
| 二、岁出经常门 | | | | | |
| 管理局经费 | 17280 | 14480 | 4800 | | 增设指导设计增列如上数 |
| 俸给费 | 15420 | 11100 | 4320 | | 增设指导股股长一员月支100元股员3人月各80元年增如上数 |
| 俸薪 | 12680 | 9360 | 4300 | | |
| 工资 | 1740 | 1740 | | | |
| 办公费 | 1596 | 1116 | 480 | | |

续表

| 科目 | 本年度概算数 | 上年度概算数 | 比增 | 教减 | 备注 |
|---|---|---|---|---|---|
| 文具 | 660 | 180 | 480 | | 月增40元年增如上数 |
| 消耗 | 720 | 720 | | | |
| 禄支 | 216 | 216 | | | |
| 特别费 | 264 | 264 | | | |
| 旅费 | 264 | 264 | | | |
| 三、岁出临时门 | | | | | |
| 管理局临时费 | 8154 | 7594 | 560 | | |
| 临时费 | 8154 | 7594 | 560 | | |
| 浚河费 | 6464 | 6460 | | | |
| 外镇催租各季补贴 | 434 | 434 | | | 外镇4名<br>该局管理水闸及涵洞共10余处时有修理公事上年度概算数不数支用本年度增加如上数价值增高30年度概算数是下数用本年度接上年度概算数增加三成 |

他们实施的时候需要局里的监督吗？=本来应该是局里负责做的事，结果由他们去做了，我们这边感到很惭愧，没有再去干扰的道理。他们提出申请的话就委托给他们去实施。

那么用那6000元进行挖河工程的时候呢？=不管怎么看都至少要花费3万元，但是省里只认可6000元，最后不足的部分要由农民承担。对于不足额的划分不会让我们知道。我们觉得面子上挂不住，会交给村子里的人自己去做。

【佃户代表】

进行挖河工程的时候，以前是怎么做的呢？=事变前的情况我也不知道。近年来都是先和佃户代表（最后都变成了五耳河的代表）商量后再执行。

“委托给村子里的人”指的是交给这些佃户代表吗？=是的。

**河北省小站营田局所辖小站十四营村佃户代表姓名一览表**

| 营村名 | 代表姓名 | 备注 |
|---|---|---|
| 盛字营 | 宋鹏翰 | 四丈河——惠元闸 |
| 传字营 | 柴富有 | ~ ~ |
| 老左营 | 韩宝文 | ~ ~ |
| 右正营 | 雷焕周 | ~ ~ |
| 右右营 | 刘德山 | ~ ~ |
| 中后营 | 赵郁周 | 北耳河 |
| 中右营 | ~ ~ | 肥水闸（北耳河、东耳河） |
| 老副营 | 夏矩臣 | 东耳河 |
| 左右营 | ~ ~ | |
| 左左营 | ~ ~ | |
| 左正营 | 王锡才 | 东耳河 |
| 南副营 | 郑春旭 | 清河闸（东耳河、西耳河） |
| 新军营 | 朱存智 | 西耳河 |
| 前营 | 陈宝山 | ~ ~ |

佃户代表都是固定的吗？＝是的，如上表所示。

他们是各村的保长吗？＝有很多是保长，有的保长同时兼任农会的干事。

需要与农会的重要成员商量吗？＝上表里的佃户代表在农会中都是有很高地位的人，所以最后还是要与农会交涉。在事变之前就有农会了，但那时的农会不是正式的组织。事变之后，李秀山（土匪）让农会的势力增长，发起了运动最终得到了县里的认可。

怎样与佃户代表商谈呢？＝他们先在村子里与村民们商量好，决定挖土的地点，然后到局里来告诉我们大致情况。决定了地点之后，所需要的费用基本上也能计算出来，我们就把这些内容向省里呈请。这种时候，省里一定会派人过来，但是不会承认申请额。

对于那6000元是如何使用的？＝对于预定好的挖河项目，如果没有得到省里的认可，就不能再建造水田。所以佃户代表会与村民们商量，决定好实施的日期，再各自到局里来，把实施期通知给我们。我们会回应各个佃户代表管理下的挖河费的金额，把6000元适宜地分摊到每个人手上。

局里不会派人去监督工程吗？＝付出费用后，一切事务都交给他们去解决。百姓们只得到了少量的钱，如果再派人去监督的话他们会很不高兴的。

各个佃户代表是如何调配出役者的？＝我们不知道内情。

【从山东来的外来务工者】

挖河的劳工凭借当地的居民足够吗？＝佃户们大概能满足一半的要求，剩下的一半是从津浦路或山东那里来的外来务工者。

每年都是这样吗？ =是的。早春时节，小站会聚集几千个从各地来的苦力。事变前也是如此。

哪个县出身的人最多？ =好像山东兴山县的人占了一半。

他们只是为了挖河过来的吗？ =不是，挖河的工作结束之后，还有芽子丘的工作和移植的工作等，因为正值稻作期，只要留在这里的人，都会以短工的身份被这一带的农家雇用。

【四丈河的佃户代表】

四丈河的佃户代表（前表）全部是村（保）长吗？ =有乡长、副乡长或村（保）长、副村（保）长等。

四丈河流经几个村子？ =义和庄和狼窝两个乡。

除了上面提到的佃户代表之外，有没有管理四丈河全段的人？ =从古至今都没有。虽说是管理，但是并没有工作要做，所以不需要。

四丈河的挖河是由这里被河水灌溉的各村来做的吗？ =是的。

挖河的时候各村是只负责自己村内的部分，还是所有村子共同分担全部的工作？ =我想应该是做自己村内的工作吧。

在那时各村会派人聚集在一起商量吗？ =是的。

在哪个村子里召开。又会派谁去商谈？ =在有乡公所的地方。

【河夫】

有没有指挥挖河工作的人？ =对这个地方的情况不是很了解。各村共同雇用河夫。

河夫是指土地的所有者吗，还是通过其他途径招聘的？ =不了解此处的情况。

【北耳河的佃户代表】

北耳河的赵郁周是村长吗？ =直到最近村长一直是天云亭。他以前是副村长。最近因为出了一点状况，赵才变为村长。

北耳河的佃户代表赵是中后营的人吗？ =是的。

为什么他会成为中右营的佃户代表呢？ =我不知道。

【耳河的闸】

在一条耳河上有很多闸吗？ =是的。

这些闸都在什么地方？ =在把耳河的水引入支沟的地方。

这些闸是一个村子有一个吗？ =不是这样，什么情况都有。

请举出一条耳河有数个闸的例子？ =如下图所示。

为什么要修建 B 呢？ =发大水的时候把 A、B、C 都关上，让水进不来。

B、C 在引水的时候也要使用吗？ =使用。

主要是在什么情况的时候使用呢？ =从 A 那里过来的水量过大的时候，会放下 B、C 的闸板限制水流。

那是为了防水患吗？ =是的。

对于闸板的使用，立刻就会对下游水田的引水量产生影响，所以在使用之前会与农民

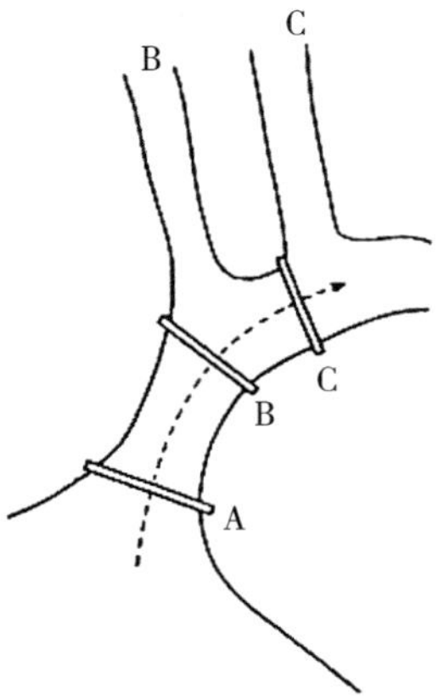


商量吗？ =我也是这么想的，但是我不知道究竟是怎样。

有没有将C关闭，将A和B打开，把水蓄在B里的时候呢？ =有。

有数个闸的时候，各闸的开关时间都是固定的吗？ =不是很清楚。

首先是上游的闸引水，在顺次往下游延去，或者先向耳河本河附近引水，再到支沟的地方。会这样做吗？ =不是很清楚。

建设新的支沟时需要局里的许可吗？ =是的。

经常建设新的支沟吗？ =与以前相比大多没有变化。

会进行耳河和支沟的河道移设工作吗？ =那种事经常有。

原因是什么？ =发大水的时候，经常会有流沙在河道堆积。

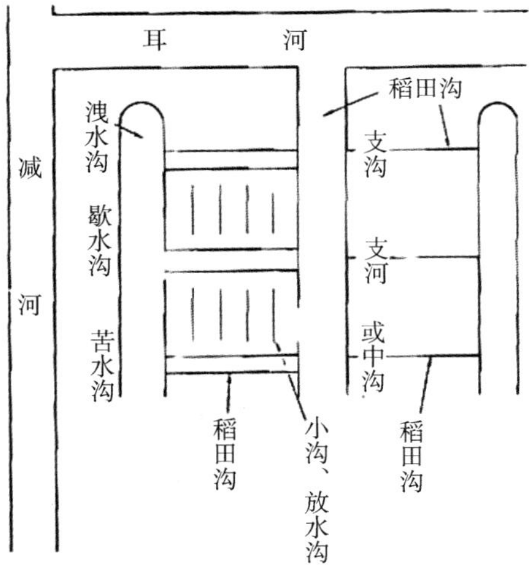


（水会流向减河、耳河、支沟、稻田沟、放水沟、洩水沟）

请举出例子？ =如上图所示。

【民国三十年（1941）左右营人的淤土排除请愿】

这个事件是怎样的事件呢？=下图中耳河的甲那个地方有很多积沙，(1) 出水的时候水无法通过；(2) 发大水的时候这个地方会泛滥，(3) 没有积沙的时候，A 那个地方水进不去。于是就改修成 B 的样子，到本局来请愿。

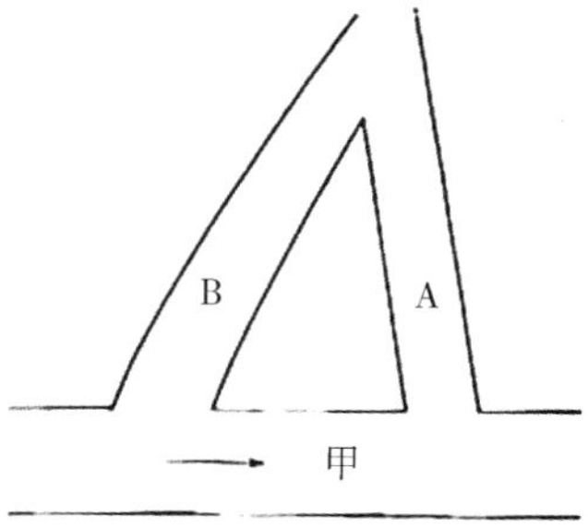


这个事件的请愿者只有左右营的村民吗？=大概是这样的吧。

在左右营，这个事情是在村公所解决的吗？=不是，不是作为一个村做的事。和与这块土地有关系的人商量之后再过来的。只是凑巧其中左右营的人居多。这种时候，有问题的土地沿岸的人会联合起来来请愿。

上述的人们，这种时候，在请愿之前决定了什么事吗？=新河道的位置以及做出了向 B 地的拥有者做出每亩五十元补偿的决定。

这个请愿书附带保证，那是什么？=保证会严格遵守请愿。

【水车的制约设置】

在这个请愿书里面有很多记录水车位置的附图，有记录这些东西的必要吗？=是的，如果不清楚地记下地点的话，之后会引起纠纷的。

为什么？=有除了规定地点以外不允许随便引水的土地。虽然不是全部，但是这些土地的水车不能由一个人擅自建造。

平常在设置水车的时候要与什么人商量呢？=与使用那里流水的人。

这么说，要与好几十个甚至好几百个人商量了？=没有这种事，一般只和与那块地有直接接触的人商量。

虽然没有直接接触，但是害怕建设了新的水车之后，自己的用水会被大幅度减少的人，不用与这些人商量吗？=各种情况都有。不能一句话概括。关于这一点，我们还不是很清楚。

关于水车的设置，只用与有利害关系的人商量就行了，还是要得到局里的许可呢？=只需像前者那样做就行了。

在受到水的润泽的地方，在设置水车时也要像上面说的那样与他人商量吗？=是的。

有移设水车的时候吗？=有。

用水车以外的方法，随便引水也可以吗？=对于两个男人用新的水斗来汲取水这种做法，在耳河沿岸地区是不被允许的。而在减河地区就没有关系。

【争水】

关于水的争抢很多吗？ =从古至今都非常多。事变之后因为一旦发生骚动立即就会被怒目而视，所以这种事情变少了。

村子与村子之间的争抢，和接触土地的人个人之间的争抢，哪个都有吗？ =两者都有，没有水的土地上的人，会赌上性命，女人也上阵，争抢对方的水。

能具体举一个事例吗？ =不知道一些事情的细节。

【河道的变更】

（民国27年四月到八月间后营村两人、小白庄村24人的请愿）

这个事件的土地在什么地方？ =北耳河，属于本局管理。

请愿的目的是什么？ =北耳河河道的变更。

为什么要请愿呢？ =下图中原来的河道（A）被泥沙堵塞住无法使用，所以提出移动到B的位置的请愿。

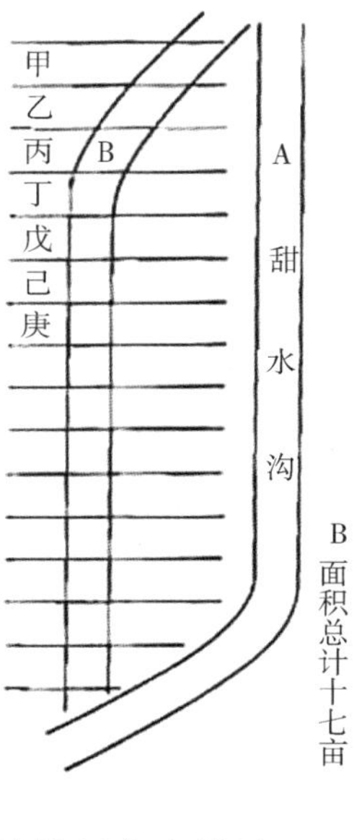


有没有和上图中甲乙丙丁等土地的佃户交谈过？ =有过。

只与上述之中主要的几个人商量之后，就决定请愿了吗？ =必须要得到所有人的同意。

是在什么地方进行商谈的呢？ =村公所。（现在的保公所）

进行商谈的时候，相关村子的村长（保长）们也会参加吗？ =没有规定必须要参加。如果是村子大事的话，村长必须要出席，但是没有让村长只知道这个事，成为请愿者的状况。

上述的改造中，最先受到影响的是哪里的人？ =甲乙丙丁的人。

下游的人呢？ =也会受到影响。

下游的人也会参加集会吗？ =如果有损失的话就会出席，如果得到好处的话就不会参加。

与甲乙丙丁的土地邻接的土地上的佃户呢？ = 他们也会受到利益影响。

他们会参加集会吗？ = 和下游的人的情况相同。

邻接地和下游的佃户，受到恩惠之后，会付给改道的佃户钱吗？ = 也许会付，本局也不知道，本局所知道的事情是，佃户们会商量，付给因为改道而被占用很多土地的人赔偿金。这段时间一亩会补偿 30 元。

之前有说过，改道的通过地的佃权会由大家平摊购买，这段时期变成怎样呢？ = 不那么做了，通过地的面积与佃田面积收支相抵，那之后不会收取租金。

也就是说，那块通过地会被局里回收吗？ = 是的。

作为原来河道的土地的补偿，不会给受害者吗？ = 因为我们为了开垦沙地也花费了很多工夫，所以不会那么做。

改道后被害地被局里回收，和把佃权转移给大家，哪种情况比较多？ = 都是前一种情况。

那么这个事件的结果是怎样的呢？ = 局里派人到现场调查，确认大家的意见，向省里申请许可。

改道时必须向省里申请吗？ = 是的。

无论大小都要做吗？ = 是的。

省里许可了吗？ = 是的。但是在履行手续的时候，有 5 个人说自己因为赔偿金过少而受到了不公正的待遇，产生了纠纷。

在向局里请愿之前，有了解过赔偿额吗？ = 是的。因为已经在请愿书上署名了，让那些抱怨的人看了之后，他们一句话都说不出来。

直到许可通过实施改道之前，这个改道工程的经费是由谁支撑的？ = 只由请愿者负担。

局里没有补助吗？ = 局里只会去监督工程。

进行工程的劳力，只有上述甲乙丙等地的人吗。还是由各村平分呢？ = 只有前者。

这种时候，受到恩惠的村子不会派人来帮忙吗？ = 除了上述的人之外没有其他人。

局里会向佃户们提出河道变更的申请吗？ = 不会。

从古至今都是这样吗？ = 是的。

为什么会这样做呢？ = 因为局里会尽量在保持原有河道的前提下分配供水，在建设新的河道的时候，会由请愿者负担费用。

【沟的移设】

（民国二十七年四月二十六日，中右营的佃户郭、王、路、汪等关于沟的移设问题向局里请愿）

上述佃户的土地是局管理的土地吗？ = 是的。

为什么会来提出移设沟的要求呢？ = 长久以来小支河的泥土堆积，发挥不了作用，所以他们来请愿把它移设到南边，移设的场所东西两百余丈长。

经常会有这种移设要求吗？ = 不是很多，但是也有相当的数量。

在提出这种要求时，只与附近的佃户商量之后直接向局里请愿吗？ = 是的。

中间不需要经过农会或者村子的颜役吗？=没有这种事，佃户会直接过来。

这种时候，设置的场所是其他佃户的土地吗？=是的。

请愿之前要与上述的佃户商量获得他们的了解吗？=是的。

一般情况下怎样了解呢？=请愿者会支付赔偿金，那是因为随着移设地的面积减少而使得收获也减少才需要赔偿的。

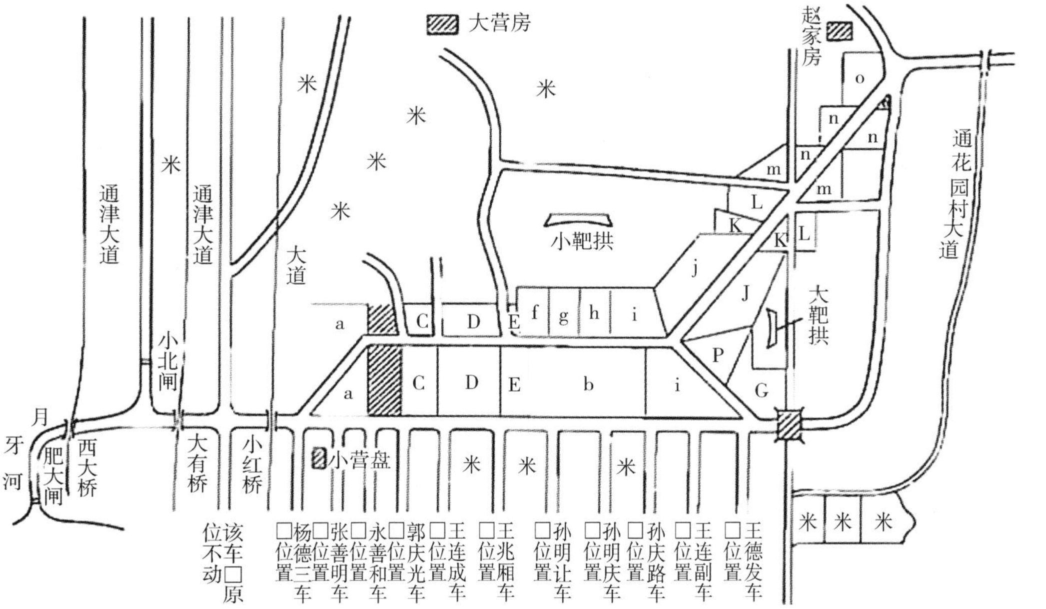


月牙河沂河占用民地图（英文字母表示归属关）

还是因为会把佃权转移给请愿者呢？=两者都包括，最后那块土地会转让给请愿者。

也就是说局里的租金收入额不会发生变化？=是的。

上述的转让叫作什么？=“推”。

关于这个事件，局里是如何处置的呢？=在对现场进行过调查之后，允许了请愿。

移设工程是由谁来做的？=由请愿者来做。

局里有向水田输送水的义务，所以不应该是由局里来做吗？=原有的沟渠以外的沟渠与本局没有关系，请愿者负担工程的费用，本局只负责监督是否通过请愿的过程。

看过以上的事例之后，是不是在耳河流域引水设备变更时都需要向局里提出申请呢？=是的，不仅如此，还必须与那个地点的相关人商量。

但是，根据设备的大小，是不是也必须向局里申请呢？=在支沟等地的小闸，以及分水的堆土等地，由本局自作主张会造成妨碍，但是因为这些地方与邻接土地的引水有关系，所以要经常与邻接土地的人磋商。

【涵洞】

涵洞被称作为什么？=也叫作“小管”。

涵洞是什么呢？=在减河侧壁的引水口建造的，引入灌溉及饮用水的装置。

农田局管理下的涵洞构造是怎样的？ =

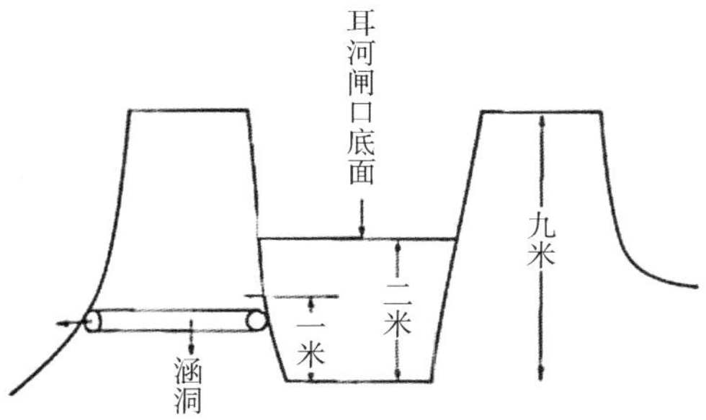


您知道局管理范围之外的涵洞的情况吗？ = 只知道一点。

都有哪些呢？ = 钱家园小闸、济生小闸、裕氏小闸、惠民小管等。

上述的涵洞都是为了什么用处而建的呢？ = 钱家园小闸，除了引入饮用水之外，还能向苇田引水，其他都是饮用水用的。

上述的涵洞都是什么时候建造的？ = 都是民国成立后建造的。

建造这些涵洞时，获得了哪些机关的许可？ = 不是很清楚与农田局和河务局的关系，应该在县公署有许可牌。

建造上述的涵洞时，小站地区的人们有没有反对过？ = 有过。

【争水】

上游地区的争水事件主要是与涵洞有关吗？ = 是的。

都有什么事件呢？ = 民国十年的时候，春光、上游的村子，在潮宗桥和曾福台各自建造了一个涵洞。到了小站需水期引水的时候，小站的人去关闭涵洞，最终演变成了一个严重的事件。逮捕了对方的人。事件最后打起了官司，向津浦道公署提出诉讼。最后小站地区胜诉了。

打官司的时候小站地区的代表是谁？ = 对于这一切情况我都不知道，县公署里应该还备有卷宗。可以去调查。

最后，上述的事件是如何解决的呢？ = 让下游的小站地区优先使用水，如果水量在六尺以上，也可以向上游的涵洞引水。

除此之外还有其他的纠纷吗？ = 事变之前，有一年小满之后，到了小站地区的用水期，要关闭上游五丈河的双闸。另外在耳河，距离减河两里以上的地区也不能先使用水。于是在两里的地点派遣农田局丁（现在也有，但不再做这种事情了），建造石坝让水不能通过。好像关于这些问题有发生过争抢水的情况，但我不知道具体的事情。

有去过省里吗？ = 去过。

【与其他县的人争水】

也会与天津县的居民以及静海县的居民争水吗？ = 河边的两个县的居民之间经常会有争抢事件。那时，双方的县长会商讨解决方法。这样的纷争有很多。

上游除了饮用水用的涵洞之外，有没有用于引水灌溉开垦地的涵洞呢？ = 不是很清楚，应该很少吧。

近年来上游不再开垦了吗？=忘记是民国几年的时候，农田局的前身，营田局局长成立的勋记公司，这个公司开垦过。现在好像已经变成荒地了。

那块地在哪里？用了涵洞吗？=不是很清楚。

局管理下的涵洞是什么时候建造的？=与上游的涵洞相比时间要早很多，我想大概是周公时代修建的。

是由个人修建的吗？=是的，以前的有钱人或有权势的人自己出钱建造的。

也就是说，现在贵局管理下的涵洞不是公家的东西？=是个人财产。

那又为什么由贵局来管理呢？=如果不由我们监管的话，害怕不会向一般的民田引水。

【闸与涵洞】

闸和涵洞用水量的比例是多少？=前者是一百，后者不到一。

上述是在涵洞已经全开的情况下吗？=不是，是在限制下使用时的数据，如果一直开着的话，水会不断引入，比率会更高。

涵洞的用途是什么？=在上游地区，为引入村子的饮用水。在局管理下的地方，大概是给稻田灌溉用的。

现在从涵洞引水的人们都是有钱人吗？=现在不一定了，建造的时候是有钱人为了向自己的土地引水而修建的，但是随着时代的发展，土地也不断细分化，现在也有一个涵洞，被其他家庭使用的情况。

平常一个涵洞有几户人家在使用呢？=两三户，不会比这再多了。

涵洞使用者和闸利用者之间能顺利地维持吗？=是的。以前，周公那个年代首先建造闸，然后再修建涵洞。那时有过纷争。人们因为担心涵洞会使得自己的用水减少，发生了骚乱事件。结果是涵洞所有者那一方失败了。涵洞在闸的用水期不能使用。要给闸优先用水。即使是现在，如果要新修建闸的话，农民们都会反对。

有没有不允许修建新涵洞的规约？=没有，只是有这样的传言。

那么涵洞的使用期是什么？=小满、满种之后到新历10月份之间，是闸的用水期，所以不能打开。原则上是绝对不能打开的。

在那段时间里，利用涵洞的水田耕作者会很困扰吧？=是的，他们会与涵洞的所有者商量，来局里拜托我们允许他们打开。

局里是怎么处理的？=如果向涵洞引水的话，向闸的引水会急剧减少，所以我们不能允许，一旦允许就会造成严重的后果。

每年都会打开吗？=他们商量之后，会在小满时节来局里，本局会依据具体情况来处理。

那个时节是作芽子丘的时候吗？=是的，作芽子丘时尽可能地允许打开，大概会持续半个月到20天的时间，在这种时候，一般都是按照先闸后涵洞的顺序。因为闸已经是打开着的。

为了监视涵洞，局里会派人过去吗？=没有派人的必要，就算偷偷地打开涵洞，我们也会马上知道，百姓们会到局里来报告情况。

上述的百姓，是固定的人吗？＝为了监视不会用固定的人。

也就是说除了作芽子丘之外，其他的时候涵洞都是关着的了？＝是的。

有没有在同一个地方同时使用闸和涵洞的人家？＝没有。

上述的旱灾如果持续下去，涵洞的所有者大概会很困扰吧？＝总会下雨的，即使在当地没有降雨，上游过来的减河水量会增加，闸的引水也十分充分。那种时候，会打开涵洞。

对于闸的水量是否足够，这种时候是由局里来做决定吗？＝是的。

任谁看都觉得是大水的时候，允不允许擅自打开涵洞？＝那种时候另说。

像上述一样做的话，基本上所有涵洞使用地的稻谷都能长出来吗？＝是的。

在水不是很多的情况下，有没有过打开特定的涵洞，或者一个一个轮流打开涵洞的时候呢？＝没有。一起打开。如果不那么做的话就是偏袒某方了。

在冬天也可以打开涵洞吗？＝从秋收季节前，一直到跨年之后，原则上涵洞是要一直关闭的。

涵洞和闸的利用地哪一个更高呢？＝闸的利用地。

闸利用地和涵洞利用地种植的作物有区别吗？＝大体上没有区别。

涵洞的开闭是由局里派人去做的吗？＝是利用者自己去做。

涵洞的修理由谁负责？＝个人负担。

请给我看一个和闸有关的案件？＝如下所示。

关于涵洞的事件

【涵洞开启的请愿】

（民国二十七年四月，小站镇的徐某等10人，因为芽子丘没有水，向局请求打开涵洞）

徐某等10人是涵洞的利用者吗？＝全都是。

与农会有关的人，有没有作为他们的辩护人，加入这个事情呢？＝与大局有关的事情，都会与农会有关系，但是在这个时间中，牵扯到的人只有涵洞的利用者，所以与农会无关。这种时候，只有受害者会请愿。

具呈人徐怡陈等住居本镇务农为业、租佃户等地居东闸口迤西、时值稻种下地、芽丘五十余亩、预须河源浇灌芽苗、以备栽种、佃户等将近百户、赖此度生、拟请开放涵洞、以便灌溉芽田、理合声请均鉴恩准查核、务恳涵洞提前开放以舒民生、而维恳务是为德便、佃户所请是否有当批示只遵谨呈

小站营田局局长　李

中华民国二十七年四月

具呈人　徐怡陈
赵令兰
王德发
王连富
（其他六名）

【资料】

**修正河北省小站农田管理局整顿农田限制荒芜办法**（民国三十年八月核准实施）

第一条　本办法依奉河北省公署令订定之

第二条　本办法以整顿农田限制荒芜推广产区增加租收为宗旨

第三条　本局所属农田苇湖等产及荒芜之地悉依本办法分别整顿限制之

第四条　农田区域内所有河流水道闸桥涵洞一切灌溉建筑物遇有淤浅破坏不适用情事由本局随时设计呈请修复或改善之

第五条　承租农田苇湖各佃民有左列各款情事之一者取销其佃权将地收回另租

一　缺租一年者

二　荒芜一年者

三　无力耕种已达二年者

四　领荒不垦已达二年者

五　死亡及逃窜不归已经调查属实者

第六条　佃民所租农田遇有水旱风雹虫伤各灾情事立时呈报不得延缓以凭勘察转请减免租费

第七条　佃民所租农田除水旱风雹虫伤各灾外不得托故报荒规避纳租

第八条　佃民所租农田均应悉数耕种如有栽种不齐者其未种部分应一律照章纳租

第九条　佃民所租农田因故迁徒不能耕种或无力耕种时须　请退田，由局另行招佃领种其承奉请退佃者仍须照章纳租但不得超过二年

第十条　佃民所租农田遇有水旱风雹虫伤各灾情事一经请准减免租费本办法第五条所定一至四各款年限不适用之

第十一条　佃民所租农田前已荒芜者由本年起一律恢复耕种照章纳租

第十二条　佃民所租苇湖如开成稻田部分应随时呈报升科不得隐匿

第十三条　佃民所租基地荒地沟边河埂荒坑除地势洼下不能耕种者外统限于本年内开垦耕种照章纳租

第十四条　本办法如有未尽事宜得呈请修正之

第十五条　本办法自核准之日公布施行

上述规则已经实施了吗？＝民国三十年八月得到省里的认可，正式实施。

【荒芜地】

这个规则主要是为了什么提出的呢？＝事变之后，本局的地政很紊乱，良田的荒芜化进一步加剧，局里的收入也减少了，希望能增加收入。因为这个原因，附加了各种限制，计划整治农田，同时恢复荒地。

这个规则是局里因为迫不得已而制定的，还是因为农民的要求而制定的？＝这个规则最初是由农民提起的。他们在民国二十九年左右，因为有很多的天灾而无法按时纳租，向省公署提出申请。因此省里向本局下达命令，要求我们制定上述的规定。

本规定的宗旨是不是主要为了奖励开垦荒地？ =最初的目的是上面提到的农民的要求，但是在制定规定的过程中，自然而然地改变了最初的目的，宗旨变为整顿这一地区的地政。另外规定还按照农民的要求包括了灾害时减租的内容。

如上所述的荒地中，属于局管理下的土地变为荒芜地的有很多吗？ =有很多。虽然不知道具体面积，但是常年来，因为水道的改变有很多土地变为了荒地。另外，一个地区的水田，不是所有都会被开垦。侧面的土地，大部分都会保持着荒地的状态。这些土地如果有投入的话，都能变成优质的水田，但是因为所需费用过多，所以有很多都被放在一旁不管。另外还有因为不勤于劳动而变成荒地的土地。事变之后，有很多土地都没有耕种者。这样的土地面积很大。局里本着不能放任这种情况的态度而制定了新规定，想要整顿这些情况。

执照面积中，因为没有种植作物，所以会不会只减免那一部分的租金呢？ =会。

看了第四条之后，发现局里正在改善灌溉设施，但是局里有没有采取更积极的行动，比如修建水车或者融资呢？ =没有，连保持现有设施的资金都不足，所以无法做到。

以前怎样？ =民国二十八年的水灾之前，本局向河北省银行借了 18 万元，用于给农民融资。在那之后回收了这些资金。另外，去年本局向省公署作出了农耕贷款融资方的申请，但是资金没有给本局，而是给了天津县新民会。

以前挖河和其他水利设施的修理所需要的资金是局里只凭借租金收入支付的吗？还是向银行借了款？ =用的是租金收入。

除了租金收入和水利费之外，局还有其他收入吗？ =没有。

对于违反了第五条各项的佃户要回收他们的土地，回收的根据是什么？ =这段时期新制定了规定，没有其他的根据。

佃户所持有的执照上面，有没有写着上述违反各项的记录？ =有。

永佃户都是当地的农民，在听说缺租一年土地就会被收回的消息之后有过动摇吗？ =没有。

这个规定实际上也适用在他们身上吗？ =不会那么严格地适用。

为什么？ =事变之后治安一直在变差。

有没有根据上述第五条而被收回土地的人呢？ =没有。

这个规定也适用于原来的佃户吗？ =是的。

有没有根据第六条而做出减免租金的情况呢？ =在这个规定制定之后没有，民国二十六、民国二十七、二十八年只在受害地区，向省里呈文实行减免租金。特别是在民国二十八年，北十营的水田上种植的稻作因为水灾而全部歉收。因此只有这个地区租金全免。

有关于佃户无故不耕种田地，把土地放任一边的时候，就要回收他们土地的条文，因为这个规则的原因，能看出耕种区域扩大吗？ =我想多多少少有一点。

第十二条苇湖的佃户，允许他们自由地作为水田种植稻子吗？ =事变之后根据这个规定是不允许的，在这个规定发布之前，这种事情也必须由本人呈报给本局。

有把水田变为苇地的情况吗？ =绝对没有。

不被允许吗？ =是的，另外因为收入的关系，大家都尽可能地修建水田。

有把苇地变为水田的情况吗？ =有。
有多少？ =不是很大，不知道具体面积。

【资料】
**河北省公署布告　建农字第2298号**

为布公事：照得本业所辖小站农田管理局各区农田苇湖等产、自事变以还、向乏整顿、所有原定租额、种类复杂、价格低微、当此大东亚战端开始之际。百物奇昂之时、凡属农民、务须悉心耕作、力图项产、并经本署将该项农田租率、详细修订、自本年度起、公布施行、除另令小站农田局遵照办理外、合将新租率开列于后、仰承租各佃民人等、一体遵照、勿违、切切此布

计开

甲等地：每亩每年证租律五元、（四为庄房基园田属之）
乙等地：每亩每年证租律三元、（小站十四营稻田属之）
丙等地：每亩每年证租律二元、（咸水沽稻田　新城县园田等属之）
丁等地：每亩每年证租律一元、（军粮城水田区田等属之）
戊等地：每段照原租增加一倍、（小站附近各苇湖、苇地、鱼苇、满流等属之，其余荒地等统限本年内、一律开垦升科、以便增加生产）
己等地：民田水利：每亩每年征水利费五角（营田届外、凡行用本河之民田属之）
中华民国三十一年四月二十八日

省长　吴赞周

## 七　小站地区的个人水利设施及其他

（孙希中调查）

【井的缺除】

在小站地区，完全没有用水井的灌溉。不是因为禁止挖井。在旱地灌溉的时候，也是用从减河流到耳河的水。另外对于饮用水，河边的村落也会汲取减河的水来使用。减河的水是甜水，所以人们都喜欢喝，而井水中碱性很高，是苦水。在距离河较远的地方有很多井，但是无论哪一口井的水都是苦水。

【水车】

作为扬水器的设施中最为普及的是水车。佃户大多数都拥有水车。畜力拉动的水车和人力拉动的水车都有，前者大约占七成，后者大约占三成（牛很少，主要是骡子和马）。

水车的样式如下所示。A动的话，B、C、D都会跟着动，D会扬水。一套水车的价格大约是300元。从早到晚水车一直动，大概可以灌溉25亩的面积。拥有不到20亩的水田的人，只要有1匹牲畜就够用了，而有30亩以上的人，必须要有2匹。如果是从早到晚不停牵引水车的情况，要有三四匹交替着拉。水车拥有者之间，经常会互相借牲畜，这个

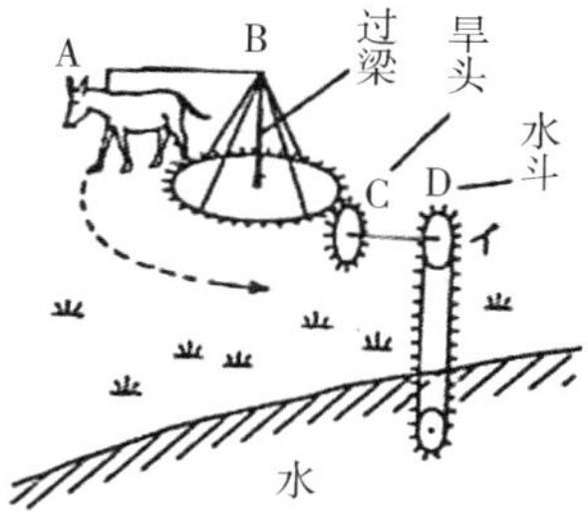


行为叫作“打套”。水车基本上是个人所拥有的，但是也有两三个人共买一台水车的情况。没有属于村有的水车。水车的设置场所不能由个人自由决定。如果是农田局的佃户，可以不获得局里的许可就随意设置水车，但是必须要获得邻接土地佃户的同意。设置场所一般是与耳河和支沟接壤的土地，属于佃地内。把佃权转让给他人时，有过包括水车一起转让的事例。没有听说过不转让水车，保留下来，再借给别人的事情。

本来是一个佃户使用的水车，为了作为土地的一部分转让给他人，要让接收人能够利用这个水车。那种时候也有事先和与水车的利用有关系的当事者商量的情况，但是一般都是从田里引水，各人用各自的牲畜牵引水车。也就是说会另外引水。这种时候，哪个先用，要取决于当事者的承诺，一般是由水车的所有者先用。

水车所有者在结束向他的佃地引水之后，不会把水车借给其他土地的人。究其原因，是因为基本所有佃户都有自己的水车。另外在需水期的时候，水车一直都要使用没有借给别人的富余。没有听说过好几个人共同建造一台水车共同扬水的事情。

在有水车的土地上很少会有佃户，如果有的话会共同租借水车。这种时候一般都是水车的拥有者让出一台水车，佃户负责提供拉水车的牲畜。

【摇车子】

虽然在水田也会有这种设备，但大多数还是在菜园地里。每台的价格在 100 元左右。基本上都是个人所拥有的，两人以上共有的情况很少。如果两个人从早干到晚的话，只能灌溉 5 亩的土地。

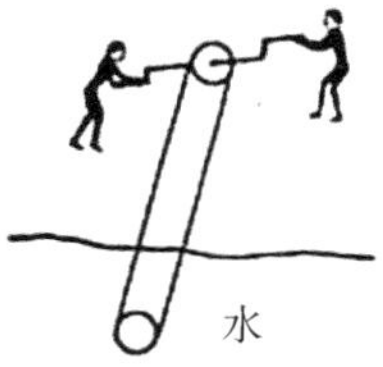


【水斗】

有由两个男人牵引绳子，带动水斗汲水的样式，但是在水田几乎见不到。

在近十年来，内燃机使用的“马力”有了很大的增长。无论是日产还是中国产，五六十亩以上的永佃田上都有设置。价格在600元以上。事变之前，要由天津输入油，现在军公司会配给。没有属于村有的设施。很多时候都是三四户人家共同购买的。没有10户以上的人家购买的情况。假设有10户人家共用，离设置场所距离较远的人家会有所损失，所以大多数情况下都是三四户。“马力”使用地附近的人，因为水少了而感到困扰的人也有很多，但是设置“马力”的人都是有钱和权力的人，所以不会对此口出怨言。1个小时能灌溉20亩土地。

没有像贮水池一样的地方。因为一旦水流停滞，碱性会上升，会变成苦水。

## 八　上沽林概况

应答者　焦鸿奎（上沽林第五十六保保长）

（上沽林是位于第七区渤海附近的村子）

您的村子是什么时候建立的？ =唐代的时候南方人因为黄巢之乱逃往北方，那时来到我们这个村子的人是我们村子的始祖。还有一种说法是我们村原先是唐王为了海岸警备而建造的望海楼，在村子里有当初望海楼的遗址，还有唐王女儿梳头的地方。

现在村子里有几户人家？ =147户。

上述的村子都在一个地方吗？ =一个区域有40户，另一块区域有100户。

在村子的周围有没有围墙或沟渠？ =有一条很古老的土墙，现在已经荒废了。

村子的土地有多少亩？ =3顷40亩。

【官地—永佃】

上述的土地是属于村民的吗？ =不是，没有民地，全是官地。

也就是说村民是借官地来耕作的吗？ =是的。

官指的是什么？ =指的是国家。

这个地区的土地土质好吗？ =因为在海边，所以不是很好的土地。

这些土地是村民直接向官方借的吗？ =不是，是通过曹家借的。

全部都是通过曹家借的吗？ =几乎所有。

曹家在什么地方？ =不知道在什么地方。

如果是通过曹家借，是否向曹家交纳租金？ =以前作物长势很好的时候，好像有过交纳租金（时代和利率不明）的事情，但是在我所知道的范围内没有过。

村民向曹家借土地的时候有文书？ =没有。

对于这块土地，村民交纳钱粮吗？ =不交纳。

地亩捐呢？ =会交纳给县公署。

有没有完全不耕种土地的人家？ =有三四十户，靠做小买卖（杂货）和打鱼为生。

其他人都是靠种地为生的吗？ =因为这里的土地土质不是很好，所以光凭土地是活不下去的。因此有很多采草或打鱼的人家。基本上每个家庭都在夏天干农活和捕鱼。

有对这些土地进行买卖的事吗？ =没有。

买卖这些土地是需要在县公署进行名义变更的手续吗？ = 因为没有买卖，所以不需要。

这些土地的租期是多久？ = “永佃”。

有没有把“永佃”的权利转让给他人的情况？ = 也没有，我们村里没有，但是距离我们村很远的海边的土地被日本的东拓公司收购了。

那里是耕作地带吗？ = 无论什么作物都长不出来，但是可以采盐。

那也是官地吗？ = 和这里的土地一样属于曹家。

东拓是从县公署那里买的吗？ = 不是很清楚。

东拓买下这块地后，准备在上面做什么呢？ = 将来把这一片变成盐滩（制盐场）。

在村子里的土地上农民种植什么？ = 种植高粱、玉米、谷子等，但产量非常少。

您的村子里有获得采盐许可的人家吗？ = 没有，从村子向海边走 20 里的路，就能看到从事制盐业的地方了。

有没有村民拥有类似于开垦执照的东西？ = 没有。

以前官方让人们开垦荒地的时候，如果开垦完毕会不会发给他们地券呢？ = 不知道以前的事。

近年这一带的荒地有进行过开垦吗？ = 没有开垦过。

在小站附近地区，听说以前的荒地因为周公修建的减河变成了优良的土地，在您的村子里如果投入人力也能变成那样吗？ = 减河的水到不了这里，只要能把那里的水引过来就能除去这里土地里的碱性，变成良田。但是那是大工程，很难实现。

您的村子有几个姓氏？ = 有很多。

最多的姓是什么？ = 赵姓，有十几户人家。

其他的姓氏一般都有几户人家？ = 不是很好说，差不多两三户吧。

有没有拥有家庙和祠堂的人家？ = 没有。

上述的姓氏都是唐代以来流传下来的吗？ = 不是很清楚。

说起村子里的老户，是什么姓氏？ = 赵姓。

赵姓是从南方迁到这里来的吗？ = 是的。

赵姓以外的人呢？ = 从山东和河北迁过来。

什么年代迁过来的？ = 不是很清楚。

村长和副村长是谁？ = 现在我是保长，李是副保长。

事变之前，有实行过昌邻制吗？ = 没有。

【牌头儿】

有负责担任村长和副村长的联络人的人吗？ = 有牌头儿。

牌头儿也能被称为香头或会首吗？ = 不这样称呼。

牌指的是什么？ = 指的是甲，甲是 10 户。

甲和牌是一个东西吗？ = 是的。

牌是从什么时候开始使用的呢？ = 从民国初年。

事变前，牌头儿有多少个人？ = 15 人。

现在呢？ =15人。

牌头儿之外，村里还有其他担任重要工作的有能力或有权力的人吗？ =没有。

【土地庙】

贵村有什么庙？ =只有土地庙。

土地庙是为了什么而修建的？ =为了村民死的时候报名。

【东海龙王】

有没有祭祀东海龙王的场所？ =没有。

渔夫祭祀的神是什么？ =东海龙王。

村里没有庙吗？ =是的。

是在其外村子里，然后去那里祭拜吗？ =也不那么做。

那么是在什么地方用什么方式祭祀呢？ =船舱里供奉着神位。一般不用特别地烧香叩头，但要在解冰期结束到捕鱼期之前选择合适的日子举行祭祀活动。一年只有一次。

这种事是海边的几个村子联合起来举办还是只有一个村子的渔民共同举办？ =没有。

【在家里】

您信仰什么？ =圣仲（仲是假借字）。

从什么时候开始的？ =四五年前。

在您的村子里，信仰圣仲的人家有几户呢？ =只有几个人，但在减河一带非常多。

圣仲是指谁？ =就是圣仲。

是从人类飞升成仙的吗？ =不是，一开始就是神仙。

在哪里有祭祀圣仲的庙？ =小站的松柏堂公所，也被称为圣仲庙。

上述的庙指的是理门的庙吗？ =没有这种称呼。

在家里呢？ =会说。

松柏堂的信众非常多吗？ =是的。

无论在哪个村子都有他的信者吗？ =是的，不只是这一带，在天津地区也有很多信众。

农民和商人的信众哪个比较多？ =都很多。

有没有哪个职业的人都是他的信众？ =没有。

您为什么在四五年前开始信奉呢？ =在那之前经常喝酒抽烟，那些行为对身体有害，还会影响到工作，所以突然顿悟入教。

入教的时候有介绍人吗？ =直接去找当家的。

当家的指的是谁？ =在堂里的老先生。

当家的称入信者为什么？ =徒弟。

当家的人叫什么？ =初代姓牛，现在是第二代的刘（牛是丰山人，刘是他的徒弟，听说是沧州人）。

牛以前是谁的徒弟？ =不知道。

牛以前没有松柏堂吗？ =不知道。

松柏堂所属的上级机构在什么地方？ =不知道。

松柏堂里祭祀什么？ =南海大士、圣仲，还有现代的一个神和眼元奶奶。

上述的现代的一个神指的是潘祖吗？ =是的。

知不知道一个叫作维祖的神？ =不知道。

信仰达摩吗？ =不信仰。这是木匠信仰的神。

现在当家的可以说成是潘祖的第几代传人吗？ =不能这样说。

（注：潘祖是在家里的祖先，一般在家里都会说当家的是始祖的第几代）

您入教的手续是如何办理的？ =和当家的面对面，告诉他我出身的村子和姓名，并且讲述自己对于入会的希望。当家的在席上会说出一般人理解不了的经文上的语句，就是这样。

入会的日期一年中是固定的几天吗？ =二月十九日、六月十九日、九月十九日、十二月八日。

在上述的日子也会有庙会吗？ =是的，这一天信徒们会聚在一起吃饭，不叫庙会，没有特别的集会名称。

上述的日期是根据什么而定的呢？ =与上述神明的诞生日期有关。

入教的日子信徒们要做什么誓约吗？ =没有，但是入教者从那天开始要遵守不喝酒，不抽烟草，不吃牛肉，不吃无鳞鱼的规定。

这个规定是由当家的告知的吗？ =不是。

为什么不能吃牛肉和无鳞鱼呢？ =因为牛是为了人类辛勤劳动的动物，吃它们的肉是忘恩负义的行为，无鳞鱼是生下孩子后一生不分离的动物，所以也不会吃。

有没有十大禁止（注：青帮或在家里所规定的）？ =不知道。

入教者会将帽子反着放置吗？ =那是青帮的规定，我们同伴之间不会有这样的事，但是入教很久的人在交换茶碗的时候有一定的规矩，我们刚入教的人不知道。

入教的时候，入教者要出钱吗？ =随便，但是每个人都会多少出一点，即使是穷人也会出 2 元，那天能受到很好的招待，所以出 2 元也不是什么损失。

会发给入教者会员证吗？ =是的。

上面写着“义气千秋”吗？ =不是。

那写着什么？ =忘记了。

入教后，信徒之间的关系变得更深厚了吗？ =并没有。

有没有只有一个村子的信徒聚集的集会？ =既定的日子大家会互相邀请一起去，除此之外没有其他的。

入教者之间相互结婚也可以吗？ =没有特别的规定，个人的自由。

后入教的人，会像对待兄长一样对待先入教的人吗？ =不会。

一当家的徒弟，会像称呼长辈那样称呼当家的吗？ =没有。

入教者生活困难的时候，其他的入教者会帮助他吗？ =不会。

如果一个入教者受到欺负，别的入教者会来帮忙吗？ =不会。

也就是说除了禁烟禁酒让身体更健康之外没有其他的效果了？ =生病的时候会找当家的来看，当家的会用茶作药，一般的疾病都能治好。

一年之中要给松柏堂出多少钱？ =不一定，除了在既定的日子出一两元之外，看病的时候，会出 3 角或 5 角。除此之外没有其他的。

松柏堂和同一系统的堂在这一带分布在哪些地方？ =小站、咸水沽、葛沽。

（之后又打听了海边的村子的事。根据小站人所说的话，海边的村子基本都是靠渔业为生，有很多海盗。最近有数十个海盗归顺。另外海盗中还有利用戎克做满洲之间间谍的人）

海岸边的唐驹河村有几户人家？ =7户。

是什么时候建立的村子？ =从正月到十月捕鱼期间有居民，其他时候是没有人居住的土地。

哪个地方的人会在捕鱼期到这里来？ =静海县的人。

有住宅吗？ =有是有，但是建筑材料都是草荣粗末，十月份他们还乡的时候，会整理行李关上门回去。

有没有人留下来看守？ =没有人。

同样在海岸旁的白沙头呢？ =有4户同样是静海县人的村子。

高沙领呢？ =22户，静海人。

上述的两个村子是渔村吗？ =是的，从正月到十月是渔村。

驴驹河村呢？ =没有去过。

海岸的村子都是只在捕鱼期才存在的吗？ =是的。

在海边的土地不种什么农作物吗？ =完全不种。

**【资料】民国三十一年（1942）上沽林户数、拥有土地亩数**

| 甲别 | 户数 | 所有亩数 | 甲别 | 户数 | 所有亩数 |
|---|---|---|---|---|---|
| 1 | 10 | 27.0 | 9 | 10 | 22.0 |
| 2 | 10 | 19.0 | 10 | 10 | 12.0 |
| 3 | 10 | 16.5 | 11 | 10 | 11.0 |
| 4 | 10 | 38.0 | 12 | 10 | 12.0 |
| 5 | 10 | 17.0 | 13 | 10 | 23.0 |
| 6 | 10 | 33.8 | 14 | 10 | 13.0 |
| 7 | 10 | 21.0 | 15 | 7 | 23.0 |
| 8 | 10 | 40.0 | 合计 | 147 | 328.3 |

注：不同职业的户数

| | |
|---|---|
| 治鱼柴草 | 88户 |
| 种地治鱼柴草 | 22户 |
| 种地小买卖 | 15户 |
| 小买卖治鱼柴草 | 14户 |
| 小买卖 | 6户 |
| 种地 | 1户 |
| 苦力 | 1户 |

# 1942年11—12月

（华北农村惯行调查资料第106辑）

水篇第11号　河北省南和县、任县、邢台县第三区、平乡县
调查员　山本斌

本辑的资料是在河北省邢台县第五区进行水惯行调查时，以该区内流经源泉地邻接的南和县、任县和邢台县第三区的河流为中心所做的调查。其中，南和县的调查是将西村繁先生做出的中文问题表分发放给约100个村庄，根据农民填写的内容整理出来的（因此应答者也就是填写者）；山本对任县的调查是在该县的新民会宗像先生的引路下展开的；我们南西、河头村以及邢台县第三区的调查，是在新民会顺德道总会藤井先生、小栗先生的关照下得到了邢台县辛庄红枪会石文忠先生的随行警备的联络，从而开展的。此外，关于平乡县的资料关系到上述小栗先生所采集的信息。

## 南和县（1942年11月中旬调查）

在南和县是根据西村繁先生发的调查表所做的调查，但根据西村繁先生的现场视察记录，南和县靠近城西南的土地中有300亩水田，流至邢台县百泉下游的兴亚运河，这是事变后南和县公署为了用于灌溉而建造的。

北豆村老人1名，小甲11名，同村的上地大概每亩上百元

南里庄老人1名（邢台县河会村人），小甲9名，土地每亩40元

康屯老人同上，小甲1名

井庄老人同上，小甲1名

西贾郭老人1名（邢台县景屯人），小甲1名

田庄老人17年前死亡，小甲8名

### 一　济民闸的河正

回答人　王赞绪（济民闸河正）

【济民闸的灌溉管理机关—河正及其管辖下的人员】

你管理哪个闸门？ =济民闸。

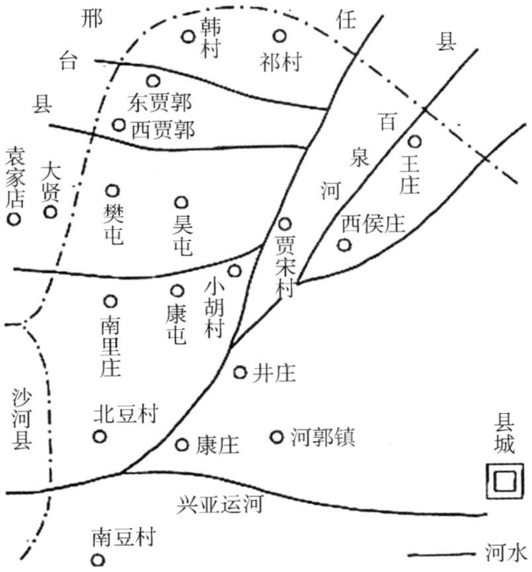


你的村庄是？＝南和县北豆村。

你家在这个村子里住了几年？＝世居。

你是什么时候成为河正的？＝今年农历二月。

你的前代没有做过河正吗？＝没有。

河正从哪个村子里产生是固定的吗？＝均依据本村的公开选拔。

产生河正的家庭是固定的吗？＝不是。

河正不是由一定的村子或家庭轮流产生的吗？＝由本村的公直以及镰夫公开选拔。

河副不从产生河正的村庄中产生，是从另外的村庄产生吗？＝河副不从本村产生。老人以下有两三个公直，这是本村公开选拔的。

在你之前的河正是哪个村的人？＝本村人。

你从上一任那里除了水簿以外还继承了什么呢？＝1个河簿，1个镰刀簿。

有在各村村长等人的协商下选出河正、河副的经历吗？＝没有。

有小甲或者镰夫协商后选出河正的经历吗？＝每年都是公直和镰夫选出河正。

1个闸门有1位河正吗？＝是这样。

从一个闸门引水的各个村庄也有其他的河正吗？如果有，将闸门的河正称作什么呢？＝由于引到本村的水是本村和康庄一村共同使用的，康庄有1名公直，在本村的河正管辖之下。

什么样的人可以成为河正呢？是依据年龄或者所拥有土地的亩数吗？＝合适的年龄、名望、拥有相应的土地。

你以前当过村长、闾长、邻长、牌长或者其他的公职吗？＝去年是村长，今年春天是保长。

村长、保长什么的一被选为河正，就要辞去公职成为河正吗？＝不能身兼两职。

你什么时候成为河正的？ =民国三十一年农历二月。

被选上后，被谁委任过吗？ =没有。

你成为河正的时候，帮办、公直、小甲等已经决定了吗？ =河老每年一换，公直3年一换，小甲是固定的。

河正亲自委任帮办、公直、小甲、闸夫吗？ =小甲是固定的，公直是公开选拔的。

河正从小甲中进而委任1名头小甲吗？ =河老从小甲中选出2名头小甲，让其办理联络事项。

河正亲自选任叫人头吗？ =是这样。

你被选为河正后，去了村公所等地方做新上任的问候吗？ =每位被选为新任者的人都必须去村公所被介绍给相关的人。

【灌溉管理—会计】

河务的会计人员是由哪个村的哪个人担当的？那个人的职业叫什么？还有是由谁选出的？ =这是河老和公直亲自管辖的。

河务的现金是哪个村子的哪个人来保管的？那个人是由谁选出的？ =村里公开选拔的公直来保管现金。

河务的金钱关系的监督是哪个村的哪个人来做的？那个人叫什么？ =一概是本村担任的（公直及河老）。

【闸负责人的职责】

帮办或者公直是做什么工作的人？ =公直办理议会以及借耕地款项等事情。

【各月的灌溉管理】

河正让河副做什么样的工作，按月份来说？ =阳历3月开工治水，4月挖河，5、6、7、8月份水浇地，9月挖河，10月清算河上的花费。

河正对小甲呢？ =3月征集人夫开河治水，4月派人挖河，10月帮助河正分配花费。

河正对闸夫呢？ =3月开工治水挖河，4月挖河，6、7、8月浇地，9月挖河，10月出具本年河上花费。

河正对叫人头呢？ =3月起召集各个小甲夫治水，4月征集人夫挖河，5、6、7、8、9月看护河上水利有无妨碍，10月帮助河正分配花费。

你对河务做些什么呢？ =3月开工治水，4月征集人夫挖河，5月份水浇地，10月清算河上花费。

【河正的职责】

除了河务，你还在几月做什么事呢？ =什么也不做。

河正在怎样的情况下能够将帮办、小甲、叫人头等免职呢？ =本村没有这样的事情，因为大家都在诚实地服务。

河正什么时候在哪里与其他水闸门的河正河务取得联络，河正以外还有谁参加？ =3月中旬做河务的联络工作，只有河正聚集，地点是邢台县东汪镇。

每年会与使用你管辖下河水的其他县村民协商水的问题吗？其他县以谁为代表？ =本村每年让河老去东汪镇协商。

河正和村（保）长什么时候汇聚一堂协商？＝每年阴历二月初二。

河正平时让谁去巡视河沟？＝让叫人头巡视河沟。

【河正的薪金】

河正得到一定的月薪吗？＝不是一定的，每年总的来说能得到若干的粮食。

作为河正的所得的河粮，是从前的一亩地半斤麦子吧？这是小甲收集的还是叫人头收集的？＝河老每年从镰户收到5斗麦子，镰户共同分摊5斗的全部。

【灌溉管理的经费和负担】

河务所需要的费用总的来说有多少？还有其详细区别是怎样的？＝每年开会饭费20元（一闸一次），年总计百余元，洪水时的修闸修桥费大约70余元。

河工需要的费用最先是谁来垫付？河正、河副还是村子的商铺等？＝公直。

你的闸门没有向谁借过钱吗？如果借过钱，利息是多少？＝没有。

河务向村子、商人等借钱的时候是河正去交涉还是别人呢？＝没有这样的先例。

【闸的附属地】

为了得到河的费用，河和闸有附属地吗？如果有，是多少亩？租给谁了？＝没有这样的土地。

这样的土地会花费村子的分摊款田赋之类的吗？＝没有这样的土地。

【算镰】

春天什么时候算镰？＝每年阴历二月十五。

在哪个村子的哪里算镰？＝本村。

算镰的日期是由谁决定的？由谁通知的？＝河老。

在算镰的那天都有谁出席？＝公直、小甲。没有其他了。

在算镰的那天，镰夫不出席报告镰数的变动吗？镰夫在那之前先向小甲报告这个吗？＝3天前预先向各小甲报告镰刀的变动。

【闸的里程】

你管理的河沟有多少里？＝5华里。

【挖河】

挖河的时候，河道分为头工、二工、三工这样的吗？＝分成六工，每天平均分6丈。

各工属于哪个小甲的管辖？今年是怎样分配小甲的？＝

| | | |
|---|---|---|
| 头工 | 第一小甲 | 左曼祥 |
| 二工 | 第二小甲 | 李鸣老 |
| 三工 | 第三小甲 | 刘致清 |
| 四工 | 第四小甲 | 刘希德 |
| 五工 | 第五小甲 | 王赞禹 |
| 六工 | 第六小甲 | 蔡德祥 |

镰夫的镰的单位是张吗？＝是这样。

一张用于多少亩？＝33亩。

今年挖河沟的时候，各镰夫所属的那一部分有多少丈？＝

头工　　一丈
二工　　一丈
三工　　一丈二尺
四工　　一丈五尺
五工　　一丈七尺
六工　　二丈

【挖河期间闸负责人的免张】

你的闸门在挖河的时候，会免一张小甲的镰吗？ = 是这样。

河正、河副、公直、叫人头免几张呢？ = 免一张。

免张是指只免除挖河时出夫的意思吗？ = 是这样。

还有秋后免除镰钱的意思吗？ = 没有。

【县里对挖河的补助】

事变前县公署对于挖河和修闸门进行过补助吗？ = 没有。

【各闸的合作关系】

各闸都在同一天挖沟吗？ = 是这样。

什么时候协商而定下那天呢？ = 三月。

各闸什么时候共同去龙王庙上供呢？ = 七月初一。

各闸的人员什么时候聚集一起吃饭呢，吃饭的费用是各闸平均分摊吗？ = 三月，费用由各闸负担。

各闸的龙王庙（大贤村）到河沟的上游是各闸共同出夫吗？ = 是这样。

各闸的公共支出（共同支出）是多少呢？ = （没有回答）

【灌溉管理的经费】

一年中的经费在哪里核算，什么时候分配给镰夫？ = 十月。

在哪里进行？届时都有谁会来集合？ = 在本村进行，河正、公直、小甲聚集。

【河正河副的任期】

河正没有任期吗？要是没有，任期什么时候结束？ = 一年一期，在十月结束。

河正副虽说是一年一换，但实际上德高望重会续任吗？ = 虽然是一年一选，但德高望重的话可以连任。

【县里对闸的命令】

河正、河副在县公署的命令下都做哪些事？事变前后分开说？ = 都没有。

【闸的水量】

你的闸门的水量和以前相比增减是怎样的，原因是什么？ = 由于兴亚运河（事变后县公署让挖掘的）的建成，水量减少。

【闸的引水】

各闸的引水期是相同的吗？ = 是这样。

各闸引水的时候，来自各闸的人在闸门处聚集吗？在那时县吏村（保）长等什么的会出面吗？ = 开闸时来自各闸的人们聚集，后者不参加。

你的水闸的水是自上而下地使用吗？ =是这样。

水少的时候，各闸会制定引水的先后吗？ =是分开的（？[1]）。

引水的村庄制定用水日期吗？ =规定日期。

【争水与水利会】

除了制定上述日期以外没有其他的用水约定吗？ =没有。

事变前关于水的纷争，有作为仲裁机关的水利会吗？ =水利会进行调解。

## 二　北豆村的水利

应答者　邱玉田（北豆村）

村附近的简图

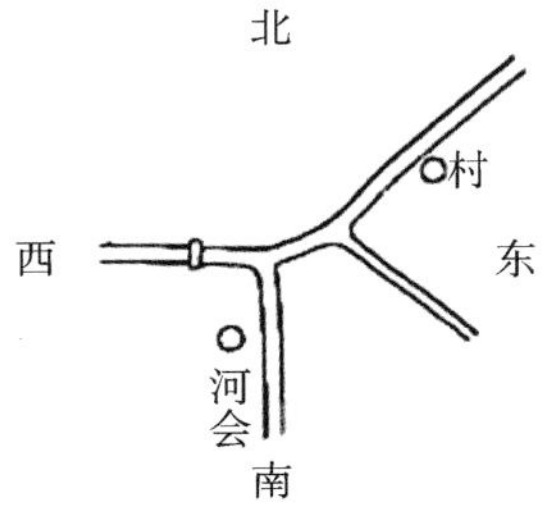


本村的农地和邻村相比地势高低是怎样的（哪边高，哪边低）？ =村西稍高，村东稍低。

地势高的地方种什么？ =麦子。

【灌溉方法】

用水依靠什么？ =从河流引水。

不用井水或者其他的吗？ =不用。

【灌溉地的比例】

本村灌溉地和非灌溉地的比率？ =前者六成，后者四成。

【地下水位】

平均挖井多少尺会得到水？ =平均1丈会出水。

【灌溉与农作物的关系】

河沟的远近和农作物有关系吗？ =远的地方收成少，近的地方稍好些。

灌溉地种什么？ =麦子、大豆。

不能灌溉的地里种什么？ =高粱。

【年降雨天数】

总的来说，一年中大概多少天会下大雨？ =有15天会下大雨。

〔1〕 译者注：原文如此。

普通的降雨大概有几天？ =有 30 天下小雨。

【对降雨的依赖程度】

由于本村有河沟，雨水的有无不是问题吧，农作物依靠河沟水吗？ =不下雨的话，河水会变少。如果有降雨，河水相比较增多的话，本村的农作物大多依靠河水。河水少的话，依靠雨水。

【旱灾】

即使本村有河沟，不下雨的时候还是会发生旱灾吗，那样的话哪些方面会遭遇旱灾？=没有降雨且较多使用上游的水的时候，下流会没有水，自然发生旱灾。到了旱天会求雨。

【河沟的规模】

总的来说河沟有多深？ =6 尺深。

河沟的支流呢？ =4 尺深。

支流的支流呢？ =2 尺深。

上述三者的大小总的来说是固定的，还是农民可以随意将其由大改小？ =不是固定的。可以由大改小。

农民扩大河道时先和谁商量？ =和老人商量后实施。

【水灾、挖沟与村公所的关系】

本村发生过水灾吗？有的话是哪里的水呢？ =有。七里河来的水。

谁负责防洪工作，村长和河正协商吗，还是河正不关心水灾的事情？ =老人以及看闸的公直来办理此事，与村长无关。河正管理水灾的事情。

挖沟属于谁的工作，村公所还是河正？ =河正，与村公所无关。

村公所有承担水的工作吗？ =没有。

【村的年度经费与水利费】

实行大编乡制后，本村的年经费多少元？其中水费的种类以及金额是怎样的？ =全村一年经费 3 万元，其中水费只有 100 元。

【县的水利事业】

事变后，县署以外的为本村做过治水、利水工作吗（比如说打井，筑堤）？ =今年四月县公署让打了 7 口井。

事变后，本村由于水的事情没有向县公署请愿过吗？ =没有。

【河沟用地的所有权与钱粮】

本村可利用的河沟用地属于谁的（村子的，还是镰户的，或是邻接地主的）？这块土地有钱粮吗？有的话谁来交？ =属于镰户，钱粮也是镰户自己交。

河沟支流还有支流的支流的用地是怎样的呢？ =全部是镰户所有，都是镰户交钱粮。

【水源地及其所有权】

从水源地到本村有多少里？源泉的名字是？ =20 华里，百泉坑。

源泉地的用地的一部分是以前本村或者本村镰户买的吗？ =由于在邢台县下，没有详细了解。

现在源泉地属于谁？=邢台各村以及南和各村公共镰户出资买的。

过去的源泉地所有者向用水户收水租吗？现在呢？=收。只是不知道名字，现在用水户交水租40元（今年）。

【河沟的设立与村公所】

过去挖掘沟道设置闸门的时候，是各村的公所联合来做吗？还是只有河正方面来做？=全部是河正方面来做。

【水量】

最近河沟的水量增减及其原因是什么？=现在水在减少，是由于引水至兴亚运河。

【镰户】

用水户叫作镰户吗？=是这样。

镰户拥有多少镰，这件事向村（保）长方面报告吗？=60镰，不向保长报告。

用水户不用水的话（比如说像将水田用作旱田的情况），该用水户可以从镰户退出吗？=不允许。

村内所有农户中镰户有几成？=土地所有者都是镰户，村子所有户都是镰户，没有地的人不是镰户。

【镰户与村公所】

镰户一方面置于河正小甲，一方面置于村（保）公所的管辖下的情况没有吗？=镰户、小甲与村（保）公所无关。

河正、小甲找镰户有事时必须经由村（保）公所吗？还是这依据事情的大小而定？=不一样。公事命令时先由村公所办理，分配，闲时即河正、小甲、镰户办理河事。

什么样的事情必须经由村长呢？=县公署的一切行政事务都归于村长办理。

【灌溉管理机关与村公所的关系】

一年中有河正和村长一起吃饭商谈水务的情况吗？=没有。

河正、帮办、小甲没访问联络过村公所吗？=没有。

村公所的人没联系过河正、小甲吗？=没有。

正月等节日里，河正方面和村公所方面没有相互交换礼物贺喜吗？=没有。

村公所和河正双方在公共事业上有合作吗？如果有，经费在什么事情上怎样负担呢？=有。共同做一件事时经费由全村分摊。

河上的桥坏了由谁来修理？=河正负责修理。

闸上的道路坏了的情况下谁负责修理？=河正。

洪灾时不是村子对桥负责，河正对闸负责这样的吗？=全部由河正承担责任，全是看闸的、小甲、镰户等来负责。

村子和河正两方面不是共同雇用闸夫、叫人头等吗？=看闸的是公共雇的，每年5斗小麦。

村公所的办事员兼当河正方面的公直、帮办、小甲等的人没有吗？=有。

保甲的甲长可以兼职河正方面的小甲吗？=可以。

村长参加过河正、小甲的会面吗？=参加过。

河正、小甲等参加过村公所的会议吗？ =没有。

河正方面向村公所借过钱吗？ =没有。

村公所垫付河正方面水利上的费用，之后河正方面返还的情况有吗？ =没有。

在村公所方面选过河正、小甲、帮办、闸夫吗，还是在河务办事人中随意选择？ =后者。

村内分配水的事和其外村庄商量吗，这是村长来做，还是河正来做？ =河正和其外村子商量。小甲也办理此事。

本村内的小甲管理本村内的镰户吗？ =是这样。小甲管理镰户。

本村界内有其外村村民用水地的情况下，其地主在本村内小甲的管辖下吗？ =本村小甲的管辖下。

本村内的小甲也有管理外村镰户权限？ =有。

河正每年通知本村新上任的河正、帮办、小甲等人的姓名吗？ =通知。

本村人和外村人争水的情况下应该谁来仲裁？村长还是河正？ =河正。

本村祈雨的情况下去哪里的庙烧香？ =在本村的龙王庙烧香。

祈雨的费用从村费里出还是从河正出？ =村民共同出钱。

祈雨时村（保）长也参加吗？ =参加。

【关于灌溉用水的使用规定】

本村的用水期是怎样的？ =旧历二月十五到八月十五。

在本村可以随意使用水吗，不能随意使用的话，有怎样的规定呢？ =旧历五月初一开始分水，邢台县河会村使用3天，本村使用7天，但事变后规定废除了。

邻村用水的日期时间和本村相同吗？ =（没有回答）

即使规定了用水日，因用水量差异，有其他规定吗？ =没有。

每个人的用水量是依据土地的大小，还是同量？ =土地的大小。

在本村不用水的时候，河沟里没有水吗？ =是这样，没有。

即使是水量极少的时候农民也能使用吗？这种情况下没有规定吗？ =没有。

在本村不用水的日子，在河沟的哪里用什么来停止河水？谁来做这件事？那个人是哪个村的人？谁雇用的？ =本村人，看闸的邱得昌，河正雇用的。

河正方面为了监视引水状况经常派人吗？那个人是哪个村的谁？还有村长和河正不亲自巡视吗？ =村长、河正都不为了看水派人。

河正一年巡视几回村内的河沟、闸、坝的建筑物？ =大约30回。

水量正常的时候，每个人随意引水吗？还是有规定？ =随意引水，没有别的规定。

水量正常的时候，有让其他人率先引水的事吗？ =没有。

水少的情况下，先引水到上游地还有下游地？ =先是上游地。

水少的情况下，先引水到河远地还是河边地？ =河边地。

水少的情况下，有根据农作物的种类调整引水的先后这种规定吗？ =没有。

没有先向村子的公共地、庙堂、祠堂附属地引水，把向百姓的地引水拖后的规定吗？ =没有。

【灌溉地的买卖与用水权】

在用水地有用水权的话，卖土地的时候，有卖地不卖水这样的事情吗？ =没有。卖土地即是卖镰。

有无土地却拥有用水权的人吗？ =没有。

【灌溉用水的买卖、借贷】

用水的人由于自己的水多，有将这水卖给他人、借给他人的事情吗？ =没有卖的，但是可以借给他人。

【水车、井的共有】

在本村有合买一台水车或者水井的吗？有的话，多的时候大约多少人买？平时大约多少人？ =本村没有水车。有公共打的7口井。没有几个人一起买的。水井有公共合用而打造的。

【公有水井】

上述的水井用地是公共的土地还是私人的土地？公共土地的交多少地租呢？ =公共土地，没有地租。

村子公有的水井有几个？使用的户主交给谁多少钱？ =7个公有井，不掏钱。

【灌溉水路的借地费用】

乙使用的水道在甲的土地内的情况下，乙向甲交多少钱？ =不交钱。

【公有、同族共有的灌溉器具】

村子公共购买的农具除了取水器外还有什么？ =没有了。

同族购买的取水器及农具呢？ =没有。

【租地与水】

一般将土地租出给他人时，水和土地一起租出吗？ =一起租出。

没有只租出土地但不租出水的情况吗？ =没有。

土地的出租人将土地和土地内的水一起租出的情况下，出租人还能使用这里的水吗？可以使用的话，谁先使用呢？ =上述的情况下，出租人如果拥有用水地就能用水。

【典地与水】

将土地典（或当）出时，出典人、承典人双方共用水的情况没有吗？ =有。

那种情况下谁先用水？ =上游的那位先使用。

【本村土地相关价格】

| | 每亩地价 | 每亩年佃价 | 每亩典价 | 每亩押价 |
|---|---|---|---|---|
| 上地 | 170元 | 3斗（高粱麦） | 100元 | 100元<br>利息20元 |
| 下地 | 30元 | 1斗（高粱） | 无 | |

## 三　南里庄的水利

应答者　陈金海（小甲）、王中元（小甲）、王中魁、程照庆、程树春、张之仁、王好义、程庆长、张根全

村附近的简图

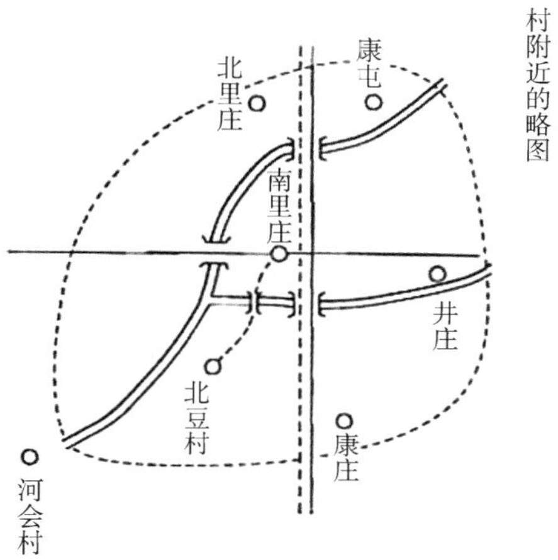


本村与邻村比较高低如何（哪边高，哪边低）？ =村南高，村北低。

在高地种什么？ =麦子、谷子。

低地种什么？ =高粱。

【灌溉方法】

用水依靠什么？ =（无回答）

不用井水或其他的吗？ =（无回答）

【灌溉地的比例】

本村的灌溉地和非灌溉地的比率？ =大半能用河水灌溉。

【地下水位】

打井平均多少尺出水？ =1 丈多。

【灌溉与农作物的关系】

距河沟的远近与作物有关系吗？ =没关系。

灌溉地种什么农作物？ =麦子、谷子、大豆。

不能灌溉的地种什么？ =没有不能灌溉的地。

【年降雨天数】

总的来说，一年中大概几天下大雨？ =不一定。

正常的雨有几天？ =不一定。

【对降雨的依赖程度】

本村由于有河沟，雨水的有无不成问题吗，作物依靠河沟水吗？ =完全依靠河水

浇田。

【旱灾】

本村即使有河沟，不下雨的时候还是会发生旱灾吗，这样的话哪些方面会遭受旱灾？＝即使不下雨也不会遭受旱灾。

【河沟的规模】

河沟的大小总的来说是多大？＝平均小河沟宽3尺、深2尺，大的宽3丈、深5尺。

河沟的支流呢？＝宽3尺、深2尺。

支流的支流呢？＝宽2尺、深1尺5寸。

上述三者的大小总体来说都是固定的吗？农民可以随意由大改小吗？＝没有。

农民想扩大河道的时候和谁商量？＝全村公议。

【水灾、挖沟与村公所的关系】

本村发生过水灾吗？哪里的水流过来？＝发生过，洪水全部是七里河流来的水。

谁负责防止水灾工作？村长和河正协商吗？还是河正不参与水灾的工作？＝水灾的防卫属于老人的工作。

挖沟属于谁的工作？村公所还是河正？＝挖沟属于老人、小甲、镰户的工作。

村公所办理的情况下，出工是按家、按亩，还是按镰户呢？＝村公所不管。按镰户出夫。

村公所承担水的工作吗？＝村公所与水无关。

【村的年度经费与水利费】

实行大编村制后本村年经费多少元？其中水的费用种类和金额是怎样的？＝每年全村的支出费用是1万2千余元。

【县的水利事业】

事变后，县署以外为本村做过治水、利水工作吗（比如打井、筑堤）？＝没有关系。

事变后，本村曾因水的事情向县公署请愿吗？＝没有。

【河沟用地的所有权与钱粮】

本村利用的河沟用地是谁的（村子的？镰户的？邻接地主的?）？这个土地有钱粮吗？有的话谁来出？＝邻接地的地主所有，钱粮也同样是地主交纳。

河沟的支流以及支流的支流的用地呢？＝同上。

【水源地及其所有权】

水源地到本村有几里水源的名字是？＝20华里，百泉。

源泉地的用地的一部分是以前本村或者本村镰户买的吗？＝不是镰户买的。

现在源泉地属于谁？＝公有。

以前源泉地所有者从用水户那里收水租吗？现在呢？＝没有收过水租。

【河沟的设立与村公所】

以前挖掘河沟设置闸门的时候，是各村公所联合做吗？还是仅仅河正方面来做？＝河正的工作，与村公所无关。

【水量】

最近河沟水量的增减怎样？其原因是什么？＝现在由于上流两岸不用水，水很多。

【镰户】

用水户叫作镰户吗？ =是这样。

镰户有多少镰，这件事也向村长报告吗？ =有 35 张镰。

用水户不用水的话（比如将水田用作旱田的情况），该用水户从镰户退出吗？ =可以从镰户退出。

村内所有户中镰户有几成？ =占二分之一。

【镰户与村公所】

镰户没有一方面被置于河正、小甲，一方面被置于村公所的管辖下的情况吗？ =镰户是由河老、小甲管理，与村公所无关。

河正、小甲找镰户有事的时候必须经由村公所吗？还是这取决与事情的大小？ =不是一定的，也有取决于事情大小的时候。

什么事情必须经由村长？ =纠纷事件由村长来调节。

【灌溉管理机关与村公所的关系】

一年中河正会和村长一起吃饭商谈水的事情吗？ =没有。

河正、帮办、小甲访问联络过村公所吗？ =没有。

村公所联络过河正、小甲吗？ =没有。

正月等节日中，河正方面和村公所方面没有相互交换礼物贺词吗？ =没有。

村公所和河正二者没有工作合作过吗？有的话经费在什么事情上怎样负担？ =没有。

河上的桥坏了由谁修理？ =镰户修理。

闸上通路如果损坏了，谁负责修理？ =镰户修理。

水灾时，是桥由村子负责、闸由河正负责吗？ =一般是老人看闸。

不是村和河正两方面来雇用闸夫、叫人头等人吗？ =共同雇用（是公雇的）。

有村公所的办事员兼任河正方面的公直、帮办、小甲等的人吗？ =没有。

保甲的甲长可以兼任河正方面的小甲吗？ =可以。

村长参加过河正、小甲的会面吗？ =村长不参加。

河正、小甲等人参加过村公所的会议吗？ =不参加。

河正方面从村公所借过钱吗？ =没有借钱的行为。

有村公所垫付河正方面水利相关的费用，之后河正方面返还的事情吗？ =借钱的话，以后必须返还。

村公所选过河正、小甲、帮办、闸夫吗？还是河务办事员随意选择？ =村公所不选，在河务办事员中自己选择。

村内分配水的事情和其外村子商量吗？这件事是村长做还是河正做？ =小甲做。

本村内的小甲管理本村内的镰户吗？ =是这样。

本村界内有其外村村民用水地的情况下，其地主在本村内小甲的管辖下，还是在地主居住村内的小甲管辖下？ =本村的小甲管辖下，与其外村无关。

本村内的小甲有管理外村镰户的权限吗？ =有。

新上任的河正、帮办、小甲的姓名每年通过河正通知村公所吗？ =通知选举。

本村人和外村人争水时由谁仲裁，村长还是河正？=河正调解。

本村祈雨时去哪里的庙烧香？=在闸上烧香上供。

祈雨的费用是从村费出还是河正出？=依靠村内公摊。

祈雨时村长也参加吗？=是这样。

【关于灌溉用水的使用规定】

本村的用水期是什么时候？=没有期限，随时可以浇地。

在本村能够随意使用水吗。不能随意的话有什么规定？=可以随时浇地，没有别的规定。

邻村的用水日期时间与本村一样吗？=一样。

即使固定了用水日期时间，根据水量的多少会有其他规定吗？=没有。

每个人的用水量取决于土地的大小吗？还是同量？=取决于土地的大小，根据顺序向下浇（依次往下浇）。

在本村不用水的时候，河沟里没有水吗？=有水。

水量很少的时候，农民也能使用吗？那种情况下没有规定吗？=没有规定。

在本村不用水的时间，用什么在河沟的哪里拦截水？那个由谁来做？那个人是哪个村的哪位？由谁雇用的？=河老管理闸。是河会村的人由镰户雇用的。

河正为了监视引水状况经常派遣人员吗？那个人是哪个村的哪位？还有村长和河正不亲自巡视吗？=没有巡河的人，水少的时候由河正设法挖河在河上看守监视。

河正一年巡视几回本村的河沟、闸、坝的建设物？=不一定，但经常视察。

水量正常时每个人随时引水吗？还是有规定？=没有别的规定。

水量正常时，有过让他人率先引水的事情吗？=没有。

水少的情况下，上游地和下游地先引水到哪里？=不一定。

水少的情况下，河远地和河近地先引水到哪里？=先浇近地。

水少的情况下，有根据作物的种类决定引水先后的规定吗？=没有。

水少的情况下，有先向村子的公共地、庙堂、祠堂附属地引水将村民地的引水拖后的规定吗？=没有。

【灌溉地的买卖与用水权】

对用水地有用水权的话，在卖土地时，有卖地不卖水的情况吗？=土地和水一起卖。

有无土地却拥有用水权的人吗？=没有。

【灌溉用水的买卖、借贷】

由于用水的人觉得自己的水多，有把水卖或借给他人的情况吗？=没有。

【水车、水井的共有】

在本村有合买一辆水车（或水井）的情况吗？如果这种情况多，大约多少人买？平常大约多少人？=本村没有水车。

【灌溉水路的借地费用】

乙使用的水道在甲的土地内的情况下，乙要向甲出多少钱？=不要钱。

【公有、同族共有的灌溉器具】

村子里公共购买的农具除了取水器还有什么？=没有了。

同族购买的取水器和农具呢？ =没有。

【租地和水】

一般将土地租出给别人的情况下，水和土地一起租出吗？ =是这样，一起租出。

有只租土地但不租水的情况吗？ =没有。

土地的出租人将土地和其土地内的水一起租出的情况下，出租人还能使用这水吗？能使用的话，谁先使用？ =不能。

【典地和水】

将土地典（或当）出的情况下，有出典人和承典人双方共同用水的情况吗？有的话谁先用？ =在上游的人先用水。

【本村土地相关价格】

| | 每亩地价 | 每亩年佃价 | 每亩典价 | 每亩押价 |
|---|---|---|---|---|
| 上地 | “上等水地”<br>40 元<br>注① | 二斗小麦（价格 35 元）<br>二斗秋作物<br>（价格 15 元） | 25 元 | 无<br>注③ |
| 下地 | 最低 15 元 | 五升秋作物 | 5 元<br>注② | |

注：①本村因为是碱洼地，地价便宜。没人买。

②由于地质恶劣，完全没有二地典当。

③由于土地不良完全，没有二地抵押。

## 四　西贾郭的水利

应答者　候铁中（西贾郭村）

村附近简图

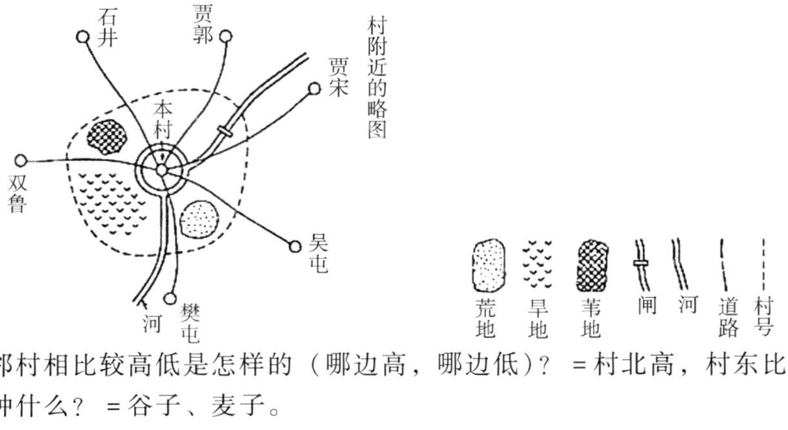


本村和邻村相比较高低是怎样的（哪边高，哪边低）？ =村北高，村东比较低。

在高地种什么？ =谷子、麦子。

【灌溉方法】

用水依靠井水还是有其他的办法？ =用上游的余水，用水斗将其泼洒用于灌溉。

【灌溉地的比例】

本村的灌溉地和非灌溉地的比率？ =可以灌溉的三成，非灌溉地七成。

【地下水位】

打井多少尺会出水？ =大约5尺出水。

【灌溉与作物的关系】

河沟的远近和作物有关系吗？ =（没有回答）

在灌溉地种什么作物？ =谷子、麦子。

在非灌溉地种什么？ =高粱。

【年降水天数】

总的来说一年中大约几天下大雨，正常的雨有几天？ =7月下4天大雨，6月下5天正常的雨。

【对降水的依存度】由于本村有河沟，雨水的有无就不成问题吗？作物依靠河沟水吗？=下雨可以耕种作物。不是仅仅依靠河水。

【旱灾】

本村即使有河沟不下雨的时候也会发生旱灾吗？那样的话哪些方面会遭遇旱灾呢？ =没有雨水的话会发生旱灾，村北最严重。

【河沟的规模】

河沟大体上有多大？ =宽5尺，深4尺。

河沟的支流呢？ =宽3尺，深2尺。

支流的支流呢？ =宽1尺5寸，深1尺5寸。

上述三者大小总的来说的一定的吗？农民可以随意的将其改小吗？ =一定的，不能随意更改。

农民想扩大河道的时候，和谁协商？ =只有和保长协商了才可以。

【水灾、挖沟与村公所的关系】

本村发生过水灾吗？哪里的水流来？ =发生过，从村的西北部流来（雨水）。

谁承担防止水灾的工作？村长和河正协商吗？还是河正不参与水灾？ =村保长负责办理防御水灾的事。

挖沟属于谁的工作，村公所还是河正？ =本村的河由本村的保长负责，上游的大河由河正办理。

在村公所负责的情况下，出工是按家按亩还是按镰户？ =按地出人每5亩出1个人。

【村的年度经费与水利费】

实行大编村制后，本村的年经费多少钱？其中水费的种类和金额是怎样的？ =大乡成立至今每亩大概出9元7角，此外没有了。

【县的水利事业】

事变以后，县署以外为本村做过治水、利水工作吗（打井、筑堤什么的）？ =今年5月县署谕令打了3口井。

事变以后，本村因水的事情向县署请愿过吗？ =没有。

【河沟用地的所有权与钱粮】

本村利用的河沟用地是谁的（村子的镰户的还是邻接地主的）？这土地有钱粮吗？有的话谁来出？ =邻接地的地主所有，钱粮由各地主出。

河沟的支流还有支流的支流的用地是怎样的？ =同上。

【水源地及其所有权】

水源地到本村有多少里？源头的名字是？ =18里，泉名是百泉。

水源地用地的一部分以前是本村或本村镰户买的吗？ =本村买了邢台、张屯村的一部分。

现在水源地属于谁？ =不知道。

以前水源地所有者从用水户那收水租吗，现在呢？ =没有水租。

【河沟的设立与村公所】

以前挖掘河道设置闸门的时候，是各村公所联合做的吗？还是只是河正方面做的？ =总体上是河正做的。

【水量】

最近河沟水量的增减是怎样的？其原因是什么？ =眼下河水正在增长，因为上游不用水向下游放出。

【镰户】

用水户称为镰户吗？ =是这样。

镰户所拥有的镰有多少？这个也向村长方面报告吗？ =本村共有78镰，这个没有向村子里报告过。

用水户不用水的话（比如说将水田用作旱田的情况），该用水户从镰户退出吗？ =不能退出。

村内所有户中镰户占几成？ =十分之四。

【镰户与村公所】

镰户有一方面被置于河正、小甲，一方面被置于村公所的管辖下的情况吗？ =在河正、小甲的管辖下，不在村公所的管辖下。

河正、小甲找镰户有事的情况下，必须经由村公所吗？还是依据事情的大小？ =小事由小甲商谈，大事由河正、小甲和村公所商谈。

什么事情必须经由村长？ =（没有回答）

【灌溉管理机关与村公所的关系】

一年中河正有和村长一起吃饭商谈水的事情吗？ =没有。

河正、帮办、小甲什么情况下会访问联络村公所？ =有因为河工而联络的情况。

什么情况下村公所会联络河正、小甲？=没有。

正月等节日中，河正方面和村公所方面会相互交换礼物贺词吗？=没有。

村公所和河正二者在工作上合作过吗？如果有，经费在什么事情上怎样负担？=没有。

河上的桥坏了由谁来修理？=以前是村长负责修理，现在是保长负责修理。

闸上道路如果损坏了，谁负责修理？=保长。

水灾时不是桥由村子负责，闸由河正负责的吗？=是这样，除那以外没有办法。

不是村和河正两方面来雇用闸夫、叫人头等人吗？=共同雇用（是公雇的）。

村公所的办事员中没有兼任河正方面的公直、帮办、小甲等的人吗？=没有。

保甲的甲长可以兼任河正方面的小甲吗？=不能。

村长参加过河正、小甲的会面吗？=保长参加。

河正、小甲等人参加过村公所的会议吗？=没有请他们参加过。

河正方面从村公所借过钱吗？=没有。

有村公所垫付河正方面水利相关的费用，之后河正方面返还的事情吗？=没有。

村公所选过河正、小甲、帮办、闸夫吗？还是河务办事员随意选择？=这个选举与村公所无关，在河务办事员中自己选择。

村内分配水的事情和其外村子商量吗？这件事是村长做还是河正做？=分水的事由樊屯、北里庄、吴屯、康屯、西贾郭5个村来办。

本村内的小甲管理本村内的镰户吗？=是这样。

本村界内有其外村村民用水地的情况下，其地主在本村内的小甲的管辖下，还是在地主居住村内的小甲管辖下？=不允许其外村的人用水。

本村内的小甲也有管理外村镰户的权限吗？=能管。

新上任的河正、帮办、小甲的姓名每年通过河正通知村公所吗？=每年通知1次。

本村人和外村人争水时谁应该仲裁？村长还是河正？=村长、河正都应调解。

本村祈雨时去哪里的庙烧香？=从过去开始就没有祈过雨，主要依靠老天爷吃饭。

祈雨时村长也参加吗？=同上。

【关于灌溉用水的使用规定】

本村的用水期是什么时候？=从谷雨开始到白露停止。

在本村能够随意使用水吗？不能随意的话有什么规定？=不能随意使用，根据上述用水的起止期所定。

邻村的用水日期时间与本村一样吗？=一样。

即使固定了用水的日期时间，用水量多少有其他规定吗？=没有。

每个人的用水量取决于土地的大小吗？还是同量？=按照土地的大小次序推水。

在本村不用水的时候，河沟里没有水吗？=如果上游不用水时，即使不是用水日也有水。

水量很少的时候，农民也能使用吗？那种情况下没有规定吗？=没有。

在本村不用水的时间，用什么在河沟的哪里拦截水？那个由谁来做？那个人是哪个村的哪位？由谁雇用的？＝用闸板塞止，由河头办理，是邢台县景屯的景桂珍来做，闸的所属村庄雇用的他。

河正为了监视饮水状况经常派遣人员吗？那个人是哪个村的哪位？还有村长和河正不亲自巡视吗？＝挑河时会派遣人，那个人是景屯的人，但不知道名字。河正会派代表让他巡视。

河正一年巡视几回本村的河沟、闸、坝的建设物？＝由于收杂粮的缘故，一年来三四回。

水量正常时每个人随时引水吗？还是有规定？＝正常时可以随时引水，没有别的规定。

水量正常时，有过让他人率先引水的事情吗？＝有。

水少的情况下，上游地和下游地先引水到哪里？＝先灌溉上游地。

水少的情况下，河远地和河近地先引水到哪里？＝先灌溉河近地。

水少的情况下，有根据作物的种类决定引水先后的规定吗？＝没有根据作物的种类决定引水先后的规定。

水少的情况下，有先向村子的公共地、庙堂、祠堂附属地引水将村民地的引水拖后的规定吗？＝没有。

【灌溉地的买卖与用水权】

对用水地有用水权的话，在卖土地时，有卖地不卖水的情况吗？＝没有不卖水的情况。

有无土地却拥有用水权的人吗？＝没有。

【灌溉用水的买卖、借贷】

由于用水的人觉得自己的水多，有把这水卖或借给他人的情况吗？＝没有。

【水车、水井的共有】

在本村有合买一辆水车（或水井）的情况吗？如果这种情况多的话，大约多少人买？平常大约多少人？＝本村没有水车。

【灌溉水路的借地费用】

乙使用的水道在甲的土地内的情况下，乙要向甲出多少钱？＝没有租金。

【公有、同族共有的灌溉器具】

村子里公共购买的农具除了取水器还有什么？＝共同买的有水刮子。

同族购买的取水器和农具呢？＝没有。

【租地与水】

一般将土地租出给别人的情况下水和土地一起租出吗？＝水和土地一起租出。

只租出土地但不租出水的情况没有吗？＝没有。

土地的出租人将土地和其土地内的水一起租出的情况下，出租人还能使用这水吗？能使用的话，谁先使用？＝这种情况下，出租人可以用水，但是租地人先用。

【典地与水】

将土地典（或当）出的情况下，没有出典人和承典人双方共同用水的情况吗？如果有，谁先用？ =典主先用。

将土地抵押时，土地和水一起抵押吗？ =连地带水，一齐借出。

没有抵押土地，但不抵押水的情况吗？ =不许原主借用。

【本村土地相关价格】

| | 每亩地价 | 每亩年佃价 | 每亩典价 | 每亩押价 |
|---|---|---|---|---|
| 上地 | 40元 | 5升（麦子）<br>1升（谷子）<br>合洋20元 | 20元 | 10元 |
| 中地 | 15元 | — | — | — |
| 下地 | 如拨粮无价可以收买 | 无人租 | 无人典 | — |

## 五　韩村的水利

应答者　李某（韩村黄沙会）

户数有130户，同族多数姓王、姓张、姓李。家庙在姓李的地方。

村里从过去就有大刀会、黄沙会。

农作物主要是高粱、麦子、谷子。

灌溉使用百泉河普济闸流来的水。普济闸在大贤村附近流经景家屯、石井村到达本村。

本村没有小甲。右闸水的老人是石井村的ヨーシリン[1]，副老人是张家屯的チャオホンルー[2]

由于右闸水在需水期时流入本村的水量极少（但冬天多），不那么起作用。因此一直以来也没有小甲。本村的用水户把金品作为用水费给上述的河正、河副的情况从过去就没有。而且也没有从本村向上述挑河出劳力的情况。

关于上述闸水的使用日期时间和使用量的规定也没有。只要水来了，就能够随意使用。

本村由于水不足实行井水灌溉。原有的井有十五六口，今年打的有11口。挖到地下2丈七八尺才有水出来。

任县简图

〔1〕 译者注：原文如此，疑为调查员用日语片假名记录的当地发音。

〔2〕 同上。

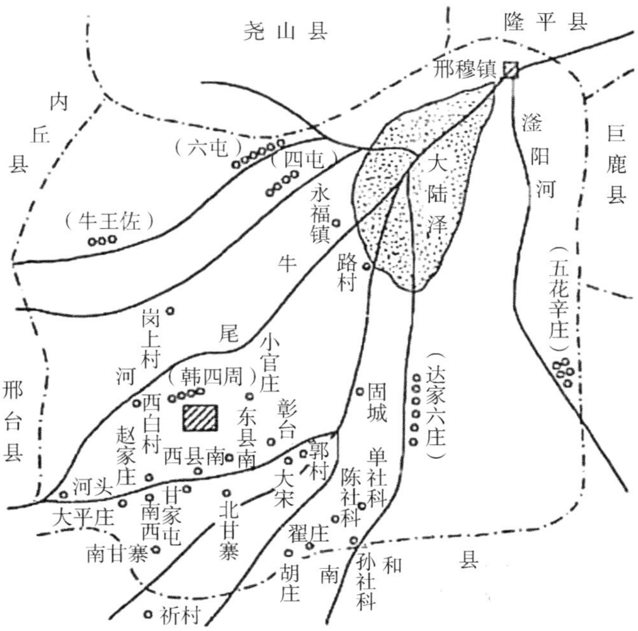


# 任县（1942年11月20日至22日调查）

## 一　北甘寨村概况

应答者　北甘寨村村长

90户

因为全部是从山西省洪洞县迁移过来的，没有土民（土语中的原住民）。

同族关系

居住地域及牌

没有牌，东街是陈姓，西街各姓杂居。

庙

有龙王庙、关帝庙、老母庙、三官庙、土地庙，各庙中有社。事变前各社有会首，是修庙、烧香的中心人物。总的来说，成为会首的家庭是事先决定采用轮流制的。事变后，社没有了，会首也没有了。社被冠以庙名，但土地社也称作牛王社。

自卫组织

有以李某为头目的大刀会，事变前有50乃至80人入会。但事变后全村村民加入。

祈雨

祈雨在邻村彰台的龙王庙进行。过去起就非常有效，那一天县长也会祭拜。也有从

| 姓别 | 陈 | 〃 | 〃 | 刘 | 〃 | 刘 | 〃 | 李 | 李 | 武 |
|---|---|---|---|---|---|---|---|---|---|---|
| 门别 | 一 | 二 | 三 | 一 | 二 | 一 | 二 | 一 | 一 | 一 |
| 户数 | 五〇 | | | 二〇 | | 一〇 | | 五 | 五 | 六 |
| 族长 | 有 | 有 | 有 | 有 | 有 | 有 | | 有 | 有 | 有 |
| 当家的 | 无 | 无 | 无 | 无 | 无 | 无 | | 无 | 无 | 无 |
| 家庙 | 共同家庙有 | | | 同前 | | 同前 | | 有 | 无 | 无 |

附近一带、南和县来祈雨的。

## 二　北甘寨村附近的卖水

应答者　任县县长

北甘寨村周围有一伙坏人由于将公家的河水卖给他人图取私利，县里现在正在将他们拘留。水是公有的东西，不应该占为私有。县下有几个买水的村庄，但南和的村也在买。因此由于拦截任县内的河流，输送到南和的有些村子对于任县的行为感到不高兴。水的价格因时期有所不同。

任县顺水河、百泉河地带简图　-----------浇地沟

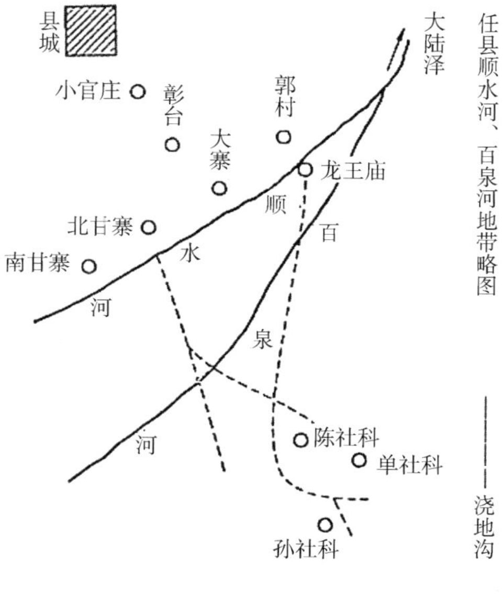

## 三　北甘寨附近的水利

应答者　北甘寨村农民

任县县城东南部有以邢台县百泉为源头的顺水河，在沿河的北甘寨村西有兴农闸。

【顺水河】

这条河的名字叫什么？ =顺水河（和南部的百泉河在固城村附近合流）。

水源在哪里？ =邢台县百泉的水流经南和流入本县。

这条河是天然河还是人工河？ =后者。

什么时候挖掘的河？ =因为是很久以前的事了，所以不知道。

使用这条河水的村庄是固定的吗？ =是这样。

都有哪些村庄？ =（没有回答）

【顺水河的管理者】

现在河流的事由谁管理？ =各村的保长即村长。

从以前开始就这样吗？ =事变后起。

事变前有老人、小甲吗？ =有。

老人是哪个村子里的人？ =南和县、祁村，离这里很近（祁村很多演戏剧的人）。

河副呢？ =没有。

小甲共有多少人？ =都在祁村、北甘寨、南甘寨、彰台。在北甘寨有 4 人，在彰台有 6 人，在大宋也有。一共十多人。

帮办有多少人？ =北甘寨的刘、彰台 1 人，其外村就不知道了。

公直呢？ =没有。

小甲率领镰户吗？ =十余户。

【镰】

镰夫的镰称为几张几分吗？ =是这样。

一张等于多少亩？ =大约 4 顷。

【挖河】

每年都挖河吗？ =事变后不挖河了。

以前呢？ =河底堵塞时挖河。并不是必须每年都挖。

挖河时候的出夫以什么为标准？ =按镰即一张镰。出 20 多人，只是人数根据当年挖河的长度有所不同。

事变后挖河时依据什么？ =按亩。

事变后也挖河吗？ =两三年前挖。

那时谁担任出夫的角色呢？ =保长。

那时的出夫数以什么为标准？ =按亩。

每多少亩出多少人？ =不知道。

【镰】

除了出夫时之外就不用镰了吗？ =有镰的话可以灌溉。引水也依据镰。

【灌溉用水的使用时间】

这个地带各村庄使用水的日期时间是固定的吗？ =事变前起就不固定。

【水量】

因此水经常很丰富吗？ =大致很多。

上游用水很多，水流不到这里的情况也有吗？ =自上而下，上游的邢台先用很多水，之后这个地带用剩余的水，但是水足够用。

【争水】

这个地带与南和县和邢台县争过水吗？ =没有。

【水簿】

现在谁拿着水簿？ =听说事变后没有了。

事变前的水簿也可以，但没有人拿吧？ =没有吧。

【分水单】

事变前，除了水簿之外还有分水单吗？ =有的。

分水单由谁保管呢？ =小甲保管，但事变后就没了。

有事变之前的也行，有人保管吗？ =没了吧。

【灌溉用水的碑文】

关于水的碑文没有残存吗？ =没有。

【小甲】

本村成为小甲的家庭是固定的吗？ =是这样，从中轮流当小甲。

【兴龙闸的争水】

兴龙闸什么时候建成的？ =过去。

听说最近围绕这个闸有了纷争，希望你讲述一下。 =（不怎么说话，但后来陆续讲了下列内容）水多的话，上游的人用水时，即使装上闸板拦截，因为有漏水，下游也能够使用，可是需水期水少的时候，由于漏水也少，下游的人就不高兴了。事变后的一年，大寨的人夜间去拆掉上游村装入的闸板而发生争吵，县知事仲裁后决定月初北甘寨使用，中旬大寨（宋）使用，下旬北甘寨使用。

【事变后新设的沟】

在兴龙闸稍上游的地方有个新沟，是什么时候由哪个村建造的？ =是北甘寨去年挖的。

哪个村和哪个村在使用这个水沟？ =到北甘寨、彰台、小官庄5里，上述3村在用水。

如此说来，新设这个沟是在下游的村同意的基础上吗？ =（没有回答）

上述三村使用这个新沟的水时拦截兴龙闸吗？ =是这样。

那么由于新沟的建成，下游用水量大大减少吗？ =影响不大，有漏水。

（注：由于这样的新沟在事变后尤其盛行，这个地带的争水情况变多了。猜想上述情况并非真相。而且新沟的设置难道不是在事变前就相当多吗？这是需要再调查的一点。北甘寨的话，虽然控制了提问，但好像凭借新沟的设置从前的用水村开始向其外村卖水了。

事变后，土豪、土匪卖水向新接水地的农民收取每亩5角或者1元钱，听村子里说也有人得到数千元收入的。）

【看闸】

在水闸有称为看闸的人吗？＝没有特别设置，拦截时村长决定出工的人。

【闸的附属地】

闸有附属地吗？＝没有。

【闸的管理村】

管理闸的村是固定的吗？＝是的，兴龙闸由彰台和北甘寨管理，上游的永润闸由祁村、北甘寨、南甘寨、彰台管理。闸坏则由管理村共同维修。

【河沟的管理】

以前听说是老人、小甲管理河道，和现在的保长管理相比，哪个好呢？＝现在更好。

哪一方面好？＝（没有回答）

## 四　陈杜科村的买水

应答者　贾永祥（大约20岁，陈杜科村农民）

【灌溉用水的买卖】

本村在事变前起就有买水的习惯吗？＝有，我们村从南甘寨、祁村买水。

顺水、百泉河附近经常卖水的村子是哪里？＝祁村、南甘寨、北甘寨、郭村。

经常买水的村子呢？＝翟村、胡庄、三杜科（孙杜科、单杜科、陈杜科）、岗上村。

从顺水、百泉引水的河沟是自古以来就固定的吗？＝不是，因买和不买每年变化。

【卖水者的社会地位】

什么样的人主管卖水？＝村里的权威者。

知道现在卖水的村里权威的名字吗？＝不知道，想不起来郭村权威的名字。

老人、小甲之类的人不是在卖水吗？＝不是。

那么村长、甲长、保长等呢？＝好像不这样。

卖水的是好人还是坏人？＝事变后是土匪卖水。事变前同样，好人不做这样的事。在北甘寨卖水的人也是坏人。

【水的买入情况】

本村每年都买水吗？＝这三四年间土匪太多，百姓也无法认真浇地。从今年起开始买水浇地。本村今年浇地40亩。

今年是从谁那买的？＝（没有回答）

霍村、胡村从哪里买水？＝（没有回答）

三杜科村共同买水吗？＝是的，合买。

3个村的什么人商谈后买水？＝（没有回答）

买水的代价是多少？＝年年都有市价。

（注：是因为土匪与卖水有关系，由于不怎么得到回答，让贾先生做了卖水情况的笔

记，其内容如下）

去年，因为霍、胡二村种植麦子时买了北甘寨的水灌溉，长势很好，今年每亩收获2斗。由于三杜科村没有浇地，只收获了二三升，所以三村共同计划浇地。（合伙是，共同计划的意思吧）以前3个村年年浇地，但事变以来由于土匪猖獗而中断。在这期间，由于游民毁掉浇地沟，变为平地，现在花费很多挖沟费和劳力（出夫）。农民们煞费苦心终于能挖沟浇地了。但浇地之后，因为权威者毁掉水沟，想要将地平分，农民们给他们金票而停止了平整地面。浇地沟是百姓的福利，所以大家虽然不想愉快地对待他们，但因实在没有办法给了他们金票。我们盼望着水沟永远不会被平整为地面，为浇地提供便利。

## 五　大陆泽的概况

应答者　小固城村民

大陆泽地势低，但除了雨期大体是旱地。旱地里几乎只种高粱。麦子只种一点。相对于旱地有一部分地势低的湿地，虽然有几条河水流入称作水地的沼泽，但这是人工河道。

大约7月可以看见沼泽中的水，在这个时候河水常常溢出河外。三年中大概发生一次水灾。最近从民国二十六年到二十九年每年六七月都有洪水。三十年没有。

对于洪水没有别的预防措施。洪水逼近的话大致都去各村的家庙避难。虽然村里和同族不提前储备粮食，各家一点一点积攒谷子、高粱等。洪水严重时人口减少，也有吃草和树皮的情况，但这样的事情几乎是没有的。普通的洪灾没办法去外村避难，村民尽可能留在自己的村里。河水溢出很多的村子里有许多船。能大量获得苇子的村子很少。平时旱田地带多，旱田和水田没有钱粮的差异。旱田有许多下地。虽然小固城在事变后几乎不进行土地买卖但大体地价是上地一亩七八十元，中地二三十元，下地即使不要钱也没有人买。用土城和水沟围在村落周围的是路庄一样的东西，外村没有这样的设施。

## 六　大陆泽路村的概况

应答者　路村村长

路村位于任县起向东15里，在位于县中央的大陆泽的西南部。从这里虽然可以一眼望到大陆泽，明明是沼泽却不是湿地。只是到了降雨期，由于这个地方地势低，屈指可数的大小河流聚集在这里成为沼泽。

村里的户数？ =359户。

村里的姓？ =很多姓吴、阎、赵，也有其他几个姓。

这是居住的村民是从哪里来的？ =全部是山西洪洞县。

【家庙】

有家庙的是姓什么的？ =上述3个姓有，同姓的人少就没有家庙。家庙称作祖先堂。

【牌】

村子里有叫牌的东西吗？ =有五牌。

牌是什么时候开始有的？ =很久以前。

大体上同族固定于一个牌吗？ =不一定。有分家等事情，各姓在各个地方。

【分家】

分家的事有很多吗？ =与事变前比很多。

为什么？ =变得贫穷了，兄弟吵架就变多了。

【水灾】

村子里水灾多吗？ =每年有多有少。虽然不一定，但对有降水时突然发洪水、不下雨时发生旱灾的状况很苦恼，今年水很少。

村里种什么？ =一律种高粱。

高粱不会遭遇水灾吗？ =虽然一尺左右高的时候不能浸在水里，长高以后稍稍浸在水里也没关系。收获前有水也没关系。因为高粱不会枯萎，又能抓到鱼。

什么时候发生了大水灾？ =民国六年和九年。

村子的地基看上去很高，大水灾的时候会浸水吗？ =民国六年时，村子的三分之二浸水。

民国六年的灾害是？ =没有死人，房子崩塌的也很少。

水灾逼近时会和外村联系吗？ =不联系。

水灾和盗贼逼近的话，会在楼里打洋炮而取得联络吗？ =不会。

（注：在这个地段，各村都有几座高楼，3 层的很多）

村子为了预防水灾做什么准备呢？ =不做什么特别的准备，依据当时的情况各自看水。其方法由村长决定。水有从上游流来的，也有逆流来的。

村子里选定了水灾时的避难所吗？ =聚在各自的家庙里，只是村长没有对这种事逐个做决定。

没有家庙的人怎么办？ =搬到熟人或者好朋友的家里，即使去了别人的家庙也会得到帮助。

家庙会预想到这种情况储备粮食等东西吗？ =不会，由于没有储备，避难者吃自己的粮食自己捕鱼。

没有避难船吗？ =民国六年时船很多，大约有七八十艘。当时大约三四十元能买一艘船。现在要花四五百元，村子越来越贫穷，船变少了。

是做什么用的船？ =打渔和避难用的。

也有同姓同族合买的船吗？ =没有，都是各人私有。

也有同族两三户合买的吗？ =与之相比，关系好的人合买的更多吧。

也有用船让老太太和孩子到县城以外的地方避难的情况吗？ =虽然有，但极少。因为水灾再严重也没有死人的情况，所以尽可能留在村里。

村公所每年为了水利和防洪水做了怎样的支出？ =完全没有，这种费用是村民各自负担。

【外出务工】

本村除了高粱以外没有其他收入来源了吗？ =收完高粱之后去他乡务工的家庭很多，女人也有很多去的，把老人和孩子留在家里去，总的来说冬天去。

去哪里做什么？ =去山西的太原、绛州，河北的曲周、威州、南宫，拿着简单的道具编苇，大概三月回村。

什么时候开始变成这样做的？ =从以前开始。

有多少的收入？ =一天含餐有5角的收入。

事变后也去上述各地吗？ =是这样。

为什么去山西太原？ =有坐汽车去的人，但是车费太贵，所以走路去。从任县花6天到达太原。

村东的空地上有上百根高粱杆堆成块状，为什么不放在家附近呢？ =因为家里空地少，而且会造成火灾，很麻烦。

右边好像划分为一个一个的区，放置时是按照牌或姓什么的吗？ =不是，按照先到的顺序放置。

这块土地是个人的土地吗？ =是这样。

地主收放置费吗？ =不收。

## 七　大陆泽、永福庄的概况

应答者　赵景林（永福庄前村长）

永福庄是在任县大陆泽西边的大村

村里的户数？ =840户。

村民的祖先从哪里来？ =姓任的、姓骆的都是土著（一直在此居住的人），其他的都是明代从山西洪洞移住来的。

【牌】

村子按牌分开吗？ =有八牌，如下图。

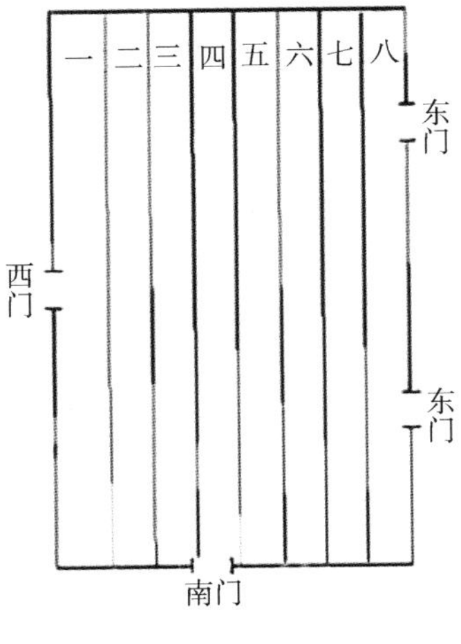


（注：各牌的面积、户数大体相同）

【同族】

同族多数姓？ =赵、刘、张、郭。

有家庙的姓是？ =上述 4 姓都有。

居住地大体是按姓的不同吗？ =一二牌中姓刘的多，三牌中姓郭的多，四五牌主要姓赵，六七牌姓赵的多，八牌姓张、姓赵、姓刘的多。

你的赵姓分为几户几门？ =赵姓共有 200 户，一个赵姓有两门，其他的赵姓一门。

姓赵的都有家庙吗？ =有，前者一个，后者一个。

【族长】

你的赵姓里有族长吗？ =有。

什么样的人会成为族长？ =长辈老头儿，我的族长 60 岁。

你的赵姓中有除族长以外能处理一个族的事情的人吗？ =没有。

60 岁了什么都能做吗？ =他很健康，什么都能做。

管钱管账什么的委任给哪个人吗？ =不，他亲自来做。

【牌与村政的关系】

现在的村长是谁？ =张延宾，以前的秀才。

什么时候开始做村长的？ =10 年前起。

从各牌不出任辅佐村长的人吗？ =一个人一个人地从各牌出任做村副。

村副不称作牌长吗？ =不称作。

【庙】

各牌都特有什么样的庙？ =一牌有奶奶庙、怡贤亲王庙，四牌有关帝庙，七牌有三官庙，八牌有三教庙。

村公所在几牌？ =四牌。

【楼】

楼在几牌？ =一、五、八牌。

一牌的楼在谁家？ =姓梁，村里的有钱人，没有当过官、农。

五牌的楼呢？ =姓赵的有钱人，做过闾长。

八牌的楼呢？ =一个在姓刘的闾长家里，一个在姓张的有钱的闾长家里。

楼都是由那一家担负建造的吗？ =是这样。

村公所等没有补助费用吗？ =没有。

村公所没有楼吗？ =没有。

【匪贼的来袭】

最近匪贼来袭过吗？ =事变后多次来过。

为了防备土匪来袭日常生活中没有特别的商谈过吗？ =没有，但是村的入口处会轮流派出两人守夜，土匪袭击则敲鼓通知大家。

依照牌守备吗？ =不是。

不是从东边来则由七八牌的人守，从西边来则由一二牌的人各自守卫责任区域吗？ =不是。

匪贼来的话谁来指挥防卫？ =村长。

村长是怎样召集大家的？ =向保长命令，各家能出人的都要出。

没有特别规定各保守护的区域吗？ =依据匪贼的数量和出现方法。根据当时的情况。

请举实例说明土匪袭击时的情况。 =事变后匪贼来袭过上百次，那时候没有办法。逃走或者隐藏起来。

【庙的会首】

各庙都有各自的会首吗？ =有。

八牌以外的人也可以成为三教堂的会首吗？ =不可以。

三官庙以外的庙的情况下呢？ =同上，那个牌的人成为会首。庙不在牌内，不从二、三、五、六牌出任会首。

会首成为村长的商谈员的人多吗？ =不一定。

会首大体上可以在位几年？ =不一定。三教堂的会首大多是二三年。

## 八　大陆泽、邢穆镇的概况

应答者　宋介子（邢穆镇）

邢穆镇是任县东北角的大镇直至大陆泽的出口，滏阳河流经附近。

本村有多少户？ =四五百户。

全都是农民吗？ =农民很多，商人也有。事变前滏阳河有船运商业繁荣。现在不景气了。从天津进杂货，从这里运出棉花和麦子。

这一带的土质好吗？ =不好。

【水灾】

经常发生水灾吗？ =因为在大陆泽的下游，所以经常发生，民国六年有一场大洪灾。现在也是10年中大约有3年被水威胁。

滏阳河和镇北的新河也会发生洪灾吗？ =几乎不会。视大陆泽的水而定。

【楼】

村里楼多吗？ =事变前有4座。

楼为了什么而建？ =匪贼来时，从楼上喊叫通知村民。

洪水逼近时也这样做吗？ =防水时几乎不使用，因为即使不从楼上看，大家也知道有大洪灾。

本村也有很多编席打工的人吗？ =没有。

镇不分成牌吗？ =不。

【滏阳河的灌溉管理】

镇东的滏阳河大约距离多少里？ =非常近。

滏阳河的水也用作灌溉吗？ =是的。

有作为河道管理者的老人或者小甲吗？ =老人不知道，虽然不称做小甲，但有甲头6人。

甲头6人中有头目吗？ =有。

称为什么？ =不知道。

谁来委任甲头？ =每年由镇长决定。

不把镇长特称作老人、水头儿什么的吗？ =不。

谁拿着水簿和分水单什么的？ =不知道那种事。

把用水户特称作什么？ =没有特称。

知道镰户这个词吗？ =不知道。

甲头都做哪些事？ =需水期时农民要求镇长引水来。镇长命令向那些管辖区域引水。

用水户交用水费吗？ =是的。

以什么标准来交？ =不一定，1 亩大概向镇长交 3 毛钱。

镇长把这费用用于什么？ =不知道，用于看水等费用吧。

在滏阳河不挑河吗？ =不挑河。

甲头每年是固定的吗？ =根据村长的意思决定。

除了甲头以外，有帮办、公直、闸夫吗？ =不知道。

## 九　河边的特殊小村庄

应答者　任县新民会总会职员

【由分散的几个村庄组成的村庄】

在本县有很多沿着河边的小村落，那些形成了一个村吗？ =是的，我的老家附近有个俗称牛王左的，是由牛屯（35 户）、王屯（30 户）、左屯（40 户）三者形成了一个村，村长叫左士珍。

除了牛王左以外还有什么？ =有县城西的韩西周、县城东南的三杜科、大陆泽地段的达家六庄（李庄、达庄、赵庄、谢庄、贯庄、旧庄）、同样东边的五花辛庄（南辛庄、董庄、贯庄、北辛庄、栗庄）、县城北的六庄（关庄、冯庄、宋庄、程庄等）。

上述都是几个屯或者几个庄形成了一个村吗？ =是的。

大概离得多远？ =不一定，远的也有大约相距 1 里地。

什么时候几个屯开始形成一个村的？ =其他的不知道，牛王左是在民国二十四年，依据县城命令变成村庄。

为什么没有在一处居住？ =从前以来就是这样的，不知道。

在上述各屯庄中与屯庄名姓氏一样的人家多吗？ =大体可以这么说。在牛王左王屯全部姓王，左屯也全部姓左，但在牛屯除了姓牛的也有姓宋的。

各屯里都有家庙吗？ =由于大体上都不是富裕的村，所以没有。

本县下的各村大概都有家庙吗？ =不一定，富裕的姓有。

## 十　南西村的水利

应答者　许忠孝团傅师（南西村）

南西村使用牛尾河和顺水河的水灌溉。

本村人使用顺水河的水时每年都向祁村（邻村但在南和县）的看闸人请愿，在每亩水费上决定达成一致后，引水种田。

本村人从前起就用牛尾河的水灌溉，但用水户必须向河头村的甲头（也称老人）、小甲每亩地交1升麦子。

在这附近的牛尾河有各地的闸口，闸名是河曲村闸（邢台县）、河头村闸（以下全部是任县）、永固闸、蒲州屯新闸（也称一名土匪闸）、西留村王家闸、李家闸、县闸、北章固闸、万泉闸。

上述的闸口中主要的6个闸口有6个老人。

有一条与牛尾河交叉但水源完全不同的小河。水源是百泉（邢台）在交叉点通过牛尾河的河底。这就通过了上述各村。虽然各村没有老人，但相应设置了村长管辖下世袭的小甲。河头、太平庄、南西、赵家庄、干家庄、西县南、东县南、彰台、大宋村。

上述的牛尾河的闸口、百泉系的小河相传是明代万历年间大宋村的八府巡按赵凤林建造的。

## 十一　河头村的水利

应答者　河头村乡长

在本村附近有南永固闸和北永固闸，二闸的老人都是本村人。前者的老人叫李成华，后者的叫文双全。老人也称作甲头。

李成华的上一代也是老人。相传他家在建闸的时候立了功。文双全在10年前通过对小甲等的选举被选为老人。也没有说他家在建闸时有特别的功劳。

从南永固闸引水的村庄及其用水日如下：

| | | |
|---|---|---|
| 河头村 | 旧历每月一日至三日 | 3天 |
| 太平庄 | 旧历每月四日 | 1天 |
| 南西 | 旧历每月五日 | 半天 |
| 赵家庄 | 旧历每月五日至六日 | 1天 |
| 干家屯 | 旧历每月六日至七日 | 1天 |
| 西县南 | 旧历每月七日至十一日 | 4天 |
| 东县南 | 旧历每月十一日至十三日 | 2天 |
| 彰台 | 旧历每月十三日至十六日 | 3天 |
| 合计 | | 15天半 |

其后又追查从河头村引水的顺序。先让上游使用,后让下游使用。即轮流用水大约半个月。

在南永固闸用水的各村中有一两名小甲。小甲是世袭的。

从北永固闸引水的村庄及其用水日如下：

| | | |
|---|---|---|
| 河头村 | 一日至八日 | 7天半 |
| 西白村 | 八日至十六日 | 7天半 |
| 合计 | | 15天 |

即轮流用水半个月，用水的顺序是上游先用，下游后用。

在北永固闸河头村有 8 名小甲，西白村有七八名小甲。小甲是世袭的。

没有像邢台县设置的镰户。而且回答说由于分水的单位张，以及名字，自古以来就没有实行过，所以不知道。挑河时出工人数依据用水地所有者所拥有的亩数而定。村子间或个人间不实行买水、卖水活动。

# 邢台县第三区（1942 年 11 月 23 日及 12 月 22 日调查）

## 一　大吕村的水利

应答者　毛振关（大吕村村长）

本村使用牛尾河支流的一部分水和关湾河的水灌溉，大吕、小吕（邢台县第三区）使用牛尾河支流的水，这条水流在下游李道村和牛尾河的主流汇合。直到事变前，支流的老人都是从小吕中姓胡的、姓洛的家中出任。老人的下面有小甲，大吕有小甲 5 名，小吕和李道村有更多，但是忘记了确切数字。

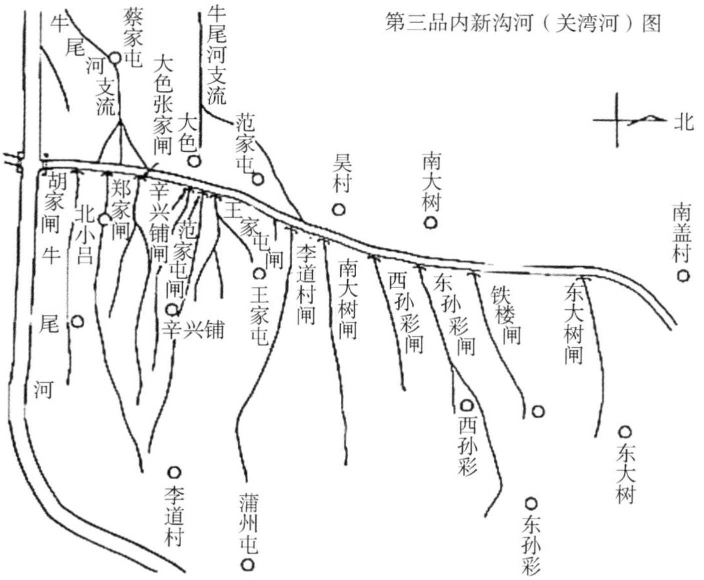

第三品内新沟河（关湾河）图

由于事变后的歉收和动乱，没人担当职务，也没有报酬，所以小甲和河老的制度自然取消了。由于不方便，从今年起我兼任起小甲的工作。之前的 5 个小甲完全没有起到任何作用。

用水的顺序是小吕 5 天、大吕 5 天，在那天用水户可以无限制地用水。因此自古以来就没有镰。而且也不把用水户称作镰夫。

事变后，支流的水变少了。原因是达活泉附近有了水田。

事变后，新沟河的水量没有变化。本村的南部虽然有荒地，但由于是碱性的，无法变成水田。新沟河是只有第三区的十八村和第五区的祝村使用人工河。现在的老人是孙彩村姓孟的人。在新沟河的用水村有小甲，但本村自古以来没有小甲。那是由于本村的户口太少，挑河的时候人员不够，接受由小吕村出工，以向小吕村付钱来代替无法出工的缘故。新沟河的用水户称作镰夫。本村人拥有的镰不过仅仅一张。1厘等于2亩，所以一张有200亩。本村的镰夫在小吕村小甲的管辖之下。

本村的户数为98户。居民大概是明朝永乐年间搬家到本村的人。我家在那时从洪洞县迁至任县的北张村，同治年间移至北小汪村（邢台县牛尾河上游），同年移至本村。不知道为什么要像这样搬到各个地方，但最初搬家是由于当时山西人多、河北人少的缘故。本村有30户姓毛的，分为两门。二门比一门户数多。由于家庙是二门的，所以只有二门的人在清明节祭拜。一门二门都有族长。二门还有管事人（也叫当家的），但一门没有。一门由于没有家庙，不需要管事人。

## 二　第三区的水利及北小吕的概况

应答者　赵林祥（北小吕的人，住在县城西大街45号）

为什么来县城？＝事变后治安不好，所以住在城里。

从什么时候开始住的？＝事变以后。

职业是？＝儿子是合作社的职员，我是种地人，为了躲避匪害将土地租给佃农而生活。

【北小吕的概况】

北小吕的户数？＝160余户。

与一般的村庄相比富裕还是贫穷？＝普通的村庄，因为是牛尾河沿岸，虽然尽是碱地，但有水的时候也还好。

村民都种什么？＝高粱最多，也种一点麦子。

村里姓什么的多？＝姓郑、姓胡的最多，大约各40户，姓赵的20户，姓刘的十七八户，其他都是小族。

家庙有几座？＝4座，与分牌相对应大家都有。姓郑的1座，姓胡的分为前户（即前街的人）和后户各1座，姓赵的1座，姓刘的1座。其他没有。

【牌和同族】

村子的牌是怎样分的？＝分为四牌，姓刘的、姓胡的（后户）一牌，赵家单独一牌，郑家一牌。前户姓胡的一牌。

上述各姓大家大体上都聚集在其牌下吗？＝是的。

在牌的地方有各家庙吗？＝是的。

牌有牌长吗？＝有族长，没有当家的，族长下有小头儿、管账、管钱的，没有牌长。

姓刘的、姓胡的（后户）的牌中没有一位牌长吗？＝分别有族长，没有两者的首领。

事变前一牌中最大职位的人叫什么？＝族长。

在和村长做相同事情的牌长中，有不做族长那些事的人吗？＝没有，族长下有三四名小头儿。

从来县的命令是按照村长到牌到小头儿的顺序还是到族长的顺序传达的？ = 族长小头儿什么的是在清明节上坟的人，县的命令是村长通知闾长、邻长，邻长通知各家长。

【黄沙会】

有黄沙会吗？ = 有。

什么时候开始有的？ = 从有匪乱的时候起，事变前起。

没有其他的会吗？ = 只有黄沙会。

加入黄沙会的大概有几户？ = 10 户、20 户。

都是姓什么的人？ = 不一定，每个姓都有。

入会时需要族长和小头儿的许可吗？ = 不需要。

村长的许可呢？ = 不要。可是我不清楚内情。

【村长的选举】

事变前的村长是谁？ = 每年更换一次。

黄沙会的人中有成为村长的人吗？ = 能，因为是选举，被选上就是村长。

河副中有成为村长的人吗？ = 有，虽说是选举，但河副当上村长的情况也不多见。

小甲呢？ = 不太知道，但几乎没有。

出任村长的牌不是固定的吗？ = 四牌轮流，现在也是这样。

族长成为村长的情况多吗？ = 被选上就成为村长，但不一定多。

投票时谁来投票？ = 全村人从有固定号码的牌的人中选。

【牛王社】

村里有牛王社吗？ = 过去有，事变前有。

其他的社没有了吗？ = 现在没有。

以前都有什么？ = 牛王社各村都有，其他没有了。

大约多少人组建了牛王社？ = 大家一起上供磕头。

是大约多少人组建的社？ = 去磕头的人都是社员，不知道人数。

社里有大会首、小会首吧？ = 十月烧香时，先去的领道儿是大会首，没有小会首。

大会首每年是固定的吗？ = 不怎么清楚。

大会首下有什么样的人在？ = 不清楚有什么人在做什么。

牛王社以牛王庙为中心吗？ = 以土地庙为中心。

土地庙里祭祀着牛王吗？ = 是的，有牛王的牌位。

牛王是牛尾河的王吗？ = 不知道。

有龙王会吗？ = 没有。

有真武庙吗？ = 有，但损坏了。

【黄沙会】

黄沙会的人聚集在会坛吗？ = 过去有会坛聚集。

会坛在村的哪里？ = 在某个家里，不好说是谁的家。

打谷场不是会坛吗？ = （没有回答）

不聚集在庙、家庙、村公所吗？=聚集在固定的家中。

【新沟河灌溉的村落】

将新沟河（关湾河）用于灌溉的村子有几个？=18个村子中有14个村自古以来就用水，但后面4个村不用。

【灌溉管理机关】

执掌新沟河河务的系统中都有什么？=老人、副老人、小甲。

其人数是自古以来就固定的吗？=是的，老人1名、副老人7名、小甲36名。

【老人的选出】

老人是从哪个村选出的？=都是三区的钱炉、东孙彩、南大树、吴村、王家屯、李道村、辛兴铺、苏家屯、大色（过去是八村但最近加上了李道村）。

为什么限定于上述的9个村？=因为是灌溉地段的中心地，自古以来。

听说第五区的祝村也在使用这水，祝村人不能成为老人吗？=不能。

祝村人能够选老人吗？=可以。

在第五区除了祝村以外没有出任老人的村子吗？=没有。

同样能够选任老人的村子没有了吗？=没有。

为什么是这样呢？=因为在第五区除了祝村以外不能用水。

东汪到祝村的村子中使用新沟河的水的村庄一个也没有吗？=不能使用，使用的话三区的人是不会沉默的。

为什么区别对待第五区的祝村？=因为使用河水中心地段的村子是上述9个村。

你和老人的选任有过关系吗？=有。

为什么？=因为我在事变前当过一次副老人，那个时候。

老人是怎样选任的？=36名小甲选任。

吴村的陈积善做河务的什么？=民国初年以来一直是老人，但由于上了年纪，前年不干了。

现在谁是老人？=西孙彩的孟姓。

【副老人—河副的选出】

副老人也称作河副吗？=也称作河副，也称作老人。

什么情况下称作老人？=在村内也有把村里的河副叫作老人的，但由于老人这个词听起来不好，称为河副的较多。

河副是谁来选的？=老人指名来选河副，被选出的人不服从时，由村子的人选举。那种情况下，村里的人选自己村的河副。

河副是从哪个村出任的？=南盖村1名、东大树2名、北小吕1名、祝村2名。9个村即钱炉、东孙彩、西孙彩、王家屯、李道村、辛兴铺、吴村、苏家屯、大色、南大树1名，共计7名。

【小甲的选出】

36名小甲是从哪个村子里出任的？=我想大概没错在我的记忆中是这样的。祝村8人、北小吕7人、大色2人、辛兴铺2人、王家屯1人、吴村1人、南大树2人、西孙彩

2 人、东孙彩 1 人、钱炉 2 人、东大树 4 人、南盖村 1 人、李道村 1 人、苏家屯 2 人。

上述每年都是这样吗？ = 是的。

小甲由谁选择？ = 各村把各村的人选为小甲。

小甲的下面是？ = 镰户。

【灌溉管理的账簿】

老人拿的是哪一类账簿？ = 最中心的河簿和分水单。

河副呢？ = 分水单。

河副不拿自己管辖下的账簿吗？ = 不拿，河副拿着的分水单也叫河簿。

真正的河簿和分水单不是不同的吗？ = 河簿是老人拿的关于新沟河全部的东西，分水单是由各村的河副拿的，依据这个再将分水单交付给小甲。

小甲除此以外还持掌什么账薄？ = 只拿着村内各家的分水单。

【闸夫】

除老人、河副、小甲、镰户之外，河务系统中的人还有什么？ = 有闸夫。东汪村的人看闸。

上述的人是雇用的吗？ = 以前开始就雇用人。每年给他若干粮食。

没有帮办、公直什么的吗？ = 没有。

【老人的职责】

老人的工作是什么？ = 他的职责是争水发生时去仲裁。没有其他工作。

老人不决定分配水等事情吗？ = 老人不管具体事务，只是监督大家。

那么谁负责具体事务？ = 小甲来做。

【河副的职责】

河副什么都不做吗？ = 浇地的事由小甲来做，和老人一样。河副的工作是对争水进行仲裁。

由于老人是职位最高的人，默不作声地监督看上去很好，但河副实际上不是有很多工作吗？ =7 名河副中有工作的分工。5 个人监督挑河，2 个人监督修桥、修闸、修橙槽。

【小甲的职责】

小甲的工作是什么？ = 主要的工作是对每年十八村在从关泄闸（五区）到东大树（三区）的十多里间挑河时的出夫带队指挥，在其挑河和用水期时写分水单给各镰户分水。

【争水】

听说自古以来这个地段，争水的事就很多，真的有吗？ = 事变前常有，还有打官司的。现在如同每年都有。

纷争主要的原因是什么？ = 干旱水少的时候经常发生。

日本也经常发生争水的事情，但这个地方的争水到底是什么样的，请举一个例子来说。 = 在这个地方因村子不同，用水日也不同。这在河簿上有写着。然后甲村的用水日时上游的乙村偷盗水的话就形成纷争。偷盗大多在夜里。而且河水在关湾闸附近分流，一条流向三区一条流向东汪村的方向，但事变前东汪村的人从这个地方引入大量水，导致流入三区的水变少了，于是形成了纷争。

新沟河的下游不流至任县吗？ =虽然有一部分河道但水流不到那些地方，水大的时候另说，但最近从某人那里听说吴村附近的村庄不遵守约定，将自己村庄使用的水卖给他人进而打了官司。

什么样的事情呢？ =由于我住在城内所以没有听说。

会发生将水卖给外村的情况吗？ =不会。

任县内新沟河的河道是谁建造的？ =不清楚。

任县的人是为了灌溉而建造的还是为了排水而建造的？ =不清楚。

任县的人也会少量用水灌溉吗？ =即使使用也不是什么大事。

在新沟河挑河的时候，任县人也参加吗？ =不参加。

听说任县和邢台县发生过争水的事情？ =过去有。

在哪条河水上起了纷争？ =新沟河的水。

是怎样的纷争？ =事变前，由于下游的任县渐渐地引水，上游变的用水很难进而打了官司。然后邢台主张因为水是从邢台流出的，应该邢台先使用是公理，这得到了容许，最后是邢台胜诉任县，可以在大雨后使用河水。

## 三　第三区的水利

应答者　陈积善家人（吴村）

在陈家的入口挂着三区、五区的河正等人献上的扁担。而且还有邢台、河会、南和以外的有志者赠送的作为陈先生八十岁庆祝纪念的万人伞。由于陈先生不在，我向他的家人进行了提问。

【新沟河的设立年代】

新沟河是什么时候建成的？ =200年前的清代，金知府和王县长所在的时代。两人联合建造的。

【灌溉管理的账簿】

听说陈老人长年担任河老，家中有许多河簿和分水单吧？ =事变时河簿都丢失了，由于旧规定大家都知道，现在正在制作新的河簿。

谁来做呢？ =陈老先生。

河簿不是由现在的孟老人拿着呢？ =不是。

分水单谁在拿着？ =在这里。

我想借走可以吗？ =不可以。

那么我想抄下来？ =（无言承诺的样子）

本村不用牛尾河的水吗？ =用得极少，只在河沟附近使用，由于牛尾河的水在上流使用较多，本村对其完全不抱期待，只是随意使用着剩余的水。

使用剩余的水的日期和水量不是固定的吗？ =不是。

在牛尾河没有镰吗？ =没有。

那么吴村依存新沟河的水吗？ =全部是这样。

【水量】

那么水量足够吗？ =是的，只是干旱年中不足。

与事变前相比，有过量的不足吗？ =大体同量。

【新沟河的引水口】

新沟河的引水口在哪儿？ =第五区东汪村西的关湾闸。（七里河）

【第三区以外利用新沟河的村落】

在关湾闸第三区间使用新沟河水的村落还有哪些？ =只有第五区的祝村。

为什么只有上述的一个村？ =由于大体上新沟河是过去三个村的人和祝村人出了大量的钱与劳力修建的，外村不能用水。

可是依据地图来看，黑龙潭和晋祠的水好像合流了，那是怎么回事？ =那种事情没有断定。那只是在橙槽打开的基础上流通的。而且与牛尾河的水也没有关系。只是在交叉地新沟河横穿了牛尾河的河底。在第三区分支成二三十个小支流，但这也与牛尾河完全无关，新沟河的水只是从七里河流来的。

【第五区的水田计划—与新沟河的关系】

听说第五区建成了水田，三区的人怎么想呢？ = （没有回答）

（注：第五区预定来年实施的水田计划好像要拦挡新沟河的水，但应答者一副不知道这个计划的样子。不只是应答者，第三区的人大体上都不知道这个计划，好像认为依然能利用新沟河的水）

这个水簿是民国三十年的，每年都写吗？ =是的。

【张】

一张是多少亩？ =2 厘是 1 亩，所以一张是 50 亩。

张与用水时间是怎样的？ =每亩 2 秒。

上述时间是按新时间算吗？ =不，旧时间。也就是说现在的 2 小时是过去的 1 个时辰。过去的 1 时辰是 8 刻，1 刻是 8 秒，一秒以下就不知道了。到了用水日，在各个引水沟附近的挡土，即挡捻的地方焚烧线香，与尺子（有刻度显示时间）并立计算用水时间。尺子的 6 尺是 1 天。

## 四　第三区的水利（续）

应答者　陈积善（吴村、同兴长麻店）

【新沟河的灌溉管理机关】

新沟河（关湾河）的老人、小甲是怎样的？ =河正老人 1 位，河副 7 人，小甲 36 人，小甲底下有镰夫。

除上述外有帮办吗？ =1 个水头儿（小甲）大体有 4 名帮办，帮办是代垫花费的人。

【关于作为其功劳者的应答者】

您现在也在从事河务吗？ =我年龄大了，去年从河务退下，但是重要问题现在还是会来找我商谈。

最近有那样的例子吗？=这次第五区计划建造水田，这会夺取我们三区人使用的关湾河的水。大家非常担心，拜托我为代表去问问当局的意见。

听说您是一个非常德高望重的人，前些天去您家时见到的万人伞是什么时候谁送的？=去年庆祝80岁时，除去本县第三区第五区另外大约400人赠送的。

是谁发起人送了万人伞？=与水相关的人们。

你在前清时代参加过考试吗？=参加了，但落榜了，在村里是百姓。

您家的财产是？=自古以来只有大约30亩。

您与会门无关吗？=村里有黄沙会，但我没有入会。

听说您家有民众赠送的碑？=这是邻接五六县的人赞扬我的工作而送的东西，水系统的人和老朋友们送的。

您什么时候起从事与水相关工作的？=民国八年起。

【邢台县的水利联合会】

民国八年成立了什么水利机关吗？=受省的命令，在县长的命令下，执掌邢台县下水利的水利联合会建成了。

你就任的是那个会的哪个职位？=一开始起就是会长，直到现在。

副会长是谁？=从民国八年到十几年是东大树的杨洛寿，但他死后就没有副会长了，我掌管全县的水利。

联合会的办公室在哪里？=我家是办公室。

会长、副会长以外还有什么人参与会务？=有事的话，各地的老人、小甲会参与，但平常只有我处理工作。

把老人、小甲等人称作委员吗？=不，直到该会成立之前，用水是各地的老人、小甲私下办理的。但是联合会成立后，老人、小甲被认作是公家的。并不是因为联合会的成立而特意改变了以前用水的旧规。

【联合会的任务—争水的仲裁】

你在联合会中做什么样的工作？=我执掌一切关于邢台的水的事情。

具体都是什么工作？=有很多仲裁。

争水的一切都是这个会要解决的吗？=由于是和县联络后解决的，并不是把一切委托给我们，但由于水的事情相当复杂，大体上都是我们来解决的。

联合会除了争水的仲裁以外还做什么工作？=没别的什么了。

关于水的官司是联合会先受理吗？=水不均等的时候经常有官司，但并不一定是先向联合会寻求仲裁。依据打官司的人的意向而定。

经常有关于新沟河的官司吗？=如果在上游最先用水的祝村用水过多，下游的东大树就没有水了。这两个村起过纷争，但我解决了纷争，让他们能够平等用水而处理了这件事。关于这条河的纷争相当多。

都有什么样的事情？=在民国十几年四月时，祝村的农民在村子的头道沟被杀害（争水杀人事件在清代很多），好像是在偷水时被关湾河看水的人杀害的。受害者一方打了官司，但由于不知道谁是犯人，就把这件事委任给我了。

然后怎么样了？ =最后是犯人不明，但由于我有调解的责任，自费出了 300 元给被害者的家属，让他们放弃打官司。

除此之外，新沟河争水的事情还有什么？ =现在想不起来。

在你当会长的年代中，有沙河县和本县因百泉系的水而起纷争的事吗？ =那是过去的事了，我在任时好像没有。

除此之外，还解决过什么大事？ =大事就是上述的杀人事件，南和县和本县，任县和本县的纷争，武家庄的纷争。小事情太多了，没完没了。

南和县和本县的争水是？ =民国九年时，下七闸（大贤、龙王庙附近的七闸）的人和下游南和县的农民起了纠纷。由于下七闸在上游用水不给南和水，南和人生气了。这时，省（保定）督办和委员来我家拜托我来调停。我以二月起到八月南和县用水、四月起到八月邢台县用水的方法得到了双方的认同。虽然发生问题的闸是邢台县的，但水流不到南和县的话，南和县人的死活都是问题，所以我就如上所述解决了问题。

为什么延长南和县的用水期？ =（注：这件事好像十分复杂，虽然陈老人说明了很多，但我无法理解而停止了提问）

如上所述，用水期不同，但是用水量是怎么决定的呢？ =没有特别决定。

任县和本县的纷争是发生了什么？ =民国九年时，任县的人偷偷地在牛尾河下游设置了 4 个闸，本县县民刚一知道就起了纠纷。事情传到了大名道尹那里，道尹派县长到实地解决。但由于县长没空，命令我来解决这件事。我追究了任县县民在上游本县县民处擅自设置闸的过错，要求废除 4 个闸，得到认可后，事情解决了。

武家庄的纷争是？ =武家庄是黑龙潭源头，但故意不给东静庵水。然后就形成了纠纷。县长派我来调停，我使其向从前一样水能流至东静庵而解决了此事。

下七闸和新沟河没有纠纷吗？ =光绪或者说民国初年有一场大的争吵。那是由于在下七闸引水过多，新沟河的水变少而形成纠纷。由于当时我没有参与，所以不太清楚这件事。

【水利联合会的集会】

有把河正、小甲聚集在联合会的情况吗？ =每 15 天会合一次，商议重要问题（事变后没有）。

你是联合会会长，同时也是新沟河的老人吗？ =是的。

从何时起到何时止？ =民国八年起到去年。

【新沟河管理机关的集会】

新沟河的老人、副老人、小甲在哪一天集会？ =主要的是一年两次。六月三日挑河、修闸，六月十五号清算支出的经费。老人、副老人、小甲在此时集合。下一次是十月三日挑河、修闸，那时的经费在十月十五日算账。在那一天集合。

经费谁来出？ =依据镰的大小镰夫来出。

会合的场所是？ =吴村，我家。

二月不挑河吗？ =挑河。二月上半月挑河，下半月开始用水。

那时不会合吗？ =会合，但和上述两次相比较小。

【镰的由来】

镰夫的镰是什么意思？ =由于最初建造河的时候，出工的人用铁镰来挖，就开始把用水户称作镰户。

【张】

新沟河一张是多少亩？ =50亩。

这不是每年变化的吗？ =不变。

一张可以用水几个小时？ =六张的能用一天，所以一张可以用旧时间的2个小时（现在的4个小时）。

上述方法现在也在实施吗？ =是的。事变后由于河老、小甲的组织产生动乱一时发生变化，但由于我将其恢复了，现在仍按照旧规进行。

【灌溉管理的账簿】

你家没有事变前联合会的资料吗？ =有。

也有五区各地水簿的抄本吗？ =残留一些。

关湾闸的水簿呢？ =也是有事变前的水簿。

牛尾河的部分呢？ =有。

可以把上述的各类资料拿来吗？ =可以。

【争水】

最近没有争水的事吗？ =即使有，也没打官司。

为什么？ =事变后大家都很老实，乱吵乱闹变得很烦。

吴村一带的治安好吗？ =事变两年后，被八路逼迫到距离村子十华里的地方，现在没有八路了，很平稳。

【第五区的水田计划】

前几天在南关外省里人所说的第五区水田计划的说明，你明白吗？ =在会上有点耳背，了解得不太详细。但是三区的人也非常担心从新沟河向水田地区引水什么的，来拜托我作为代表向当局说明从前的情况。新沟河的确通过五区，但由于这是三区的人修建的河流，在五区内只有祝村可以用水，几乎都用于三区的灌溉。在五区建设水田的话，因为五区也有五区人使用的黑龙潭系的河水，所以想使用那个水。如果不这样，三区的数十村没有水什么都做不成。

发表的计划中由于让黑龙潭的水和新沟河的水合流，进一步加倍从新沟河的七里河的引水量，保证了三区与从前一样的引水。即使如此，三区的人们也不高兴吗？ =向三区保证和从前一样的水的话，我们就没什么特别要说的了。

【资料】

**牛尾河**（以下陈积善记）

上游发源于达活泉下游开六闸二扫

翟村闸　　　下游灌翟村田

大色先手闸　下游灌大色村苏家屯王家屯吴村李道村等村及先干村北张村吴家庄田

张村扫　　下游灌北张村南张村田

小吕扫　　下游灌北小吕村田

蔡家屯闸　下游灌蔡家屯田

祝村闸　　下游灌祝村田

河曲闸　　下游灌河曲村田

蒲州屯闸　系自关湾河尾引牛尾河水灌蒲州屯田

## 七里河

上流发源于百泉在东汪村西有关湾河闸在东汪村东有下游七闸

关湾河　下游开支沟十六道沟祝村北小吕村大色村辛兴铺苏家屯王家屯吴村李道村南大树西孙彩东孙彩钱炉东大树南盖宗十四村田八千四百亩

下游第一闸　灌大贤村藏村田

下游第二闸　灌张家屯石井村田

下游第三闸　灌苏村田

下游第四闸　灌景家屯五家屯田

下游第五闸　灌河会村田

下游第六闸　灌南和县豆村田

下游第七闸　灌南和县南里庄田

## 横河

上游皆发源于黑龙潭分支河八道皆向东流在关湾河上架橙槽八道皆由关湾河修筑关湾河水自槽下向北流　横河水自槽上向东流

头道槽　　下游灌东汪村田

二道槽　　下游灌东汪村袁家店田

三道槽　　下游灌大贤村东汪村袁家店田

四道槽　　下游灌蔴村袁家店东汪村田

五道槽　　下游灌东部庵蔴村袁家店田

六道槽　　下游灌蔴村东静庵田

七道槽　　下游灌双楼村田

八道槽　　下游灌双楼村东静庵田

## 关湾河使用水规则

关湾河灌田八千四百亩分为一百六十八张镰每镰一张灌田五十亩每分镰灌田五亩多厘镰灌田半亩各村按田多寡分配镰数按镰使水每月一轮每轮一张镰约使水二时每轮自下游使起挨次而上即每月月初自南盖宗村使起挨次轮至东大树钱炉村东孙彩西孙彩

南大树李道村吴村王家屯辛兴铺苏家屯大色村北小吕村祝村使讫下月月初复自南盖宗村使起轮流如前周而复始

## 平乡县（1942年11月23—30日调查）

本资料是新民会顺德道总会小栗满磨部员在1942年11月23日至30日期间，实地调查了平乡县内滏阳河水利关系而收集的信息。

由本资料可知，在滏阳河沿岸地带设置了很多闸（水门）用于供应灌溉的情况，更初次明确了各闸河沟的管理乃至水的分配，闸头、闸副、帮工、闸夫等一系列组织的存在。这些组织在滏阳河上游的邯郸、磁县，下游的任县也存在。据推测，正在进一步扩大至该河沿岸的其他地域。听说这个组织的人员大多是青帮，甚至属于在家里。可以认为在滏阳河整个流域，这些秘密结社经营着广泛领域，属于特殊地带。

本资料中，需要收集者加注释的地方很多。但由于小栗部员个人的原因，十分遗憾，暂且只能按照原资料的情况提供。

关湾河河簿

| 姓　名（村名） | 管镰（张） | 该　水 | 自何时使至何时 |
|---|---|---|---|
| 开德隆（盖村） | 13.153 | 该水二日二时二刻三 | 自初二日子时一刻一秒起使<br>至初四日寅时三刻三秒止 |
| 游老云（东大树） | 6.07 | 该水一日零八秒 | 自初四日寅时三刻三秒起使<br>至初五日寅时四刻二秒止 |
| 宋新禄（东大树） | 16.537 | 该水二日九时零五秒 | 自初五日寅时四刻二秒起使<br>至初七日寅时四刻六秒止 |
| 李贵和（东大树） | 16.892 | 该水二日九时五刻二秒 | 自初七日寅时四刻六秒起使<br>至初十日酉时一刻七秒止 |
| 杨家牌（东大树第四牌） | 23.58695 | 该水三日十一时一刻一秒 | 自初十日酉时一刻七秒起使<br>至十四日申时二刻七秒止 |
| 许天庆（钱炉） | 8.47365 | 该水一日四时七刻四秒 | 自十四日申时二刻七秒起使<br>至十七日丑时二刻二十二秒止 |
| 王凤池（钱炉） | 5.72115 | 该水十一时三刻四秒 | 自十六日丑时二刻二十二秒起使<br>至十七日子时五刻五秒止 |
| 王福式（东孙彩） | 4.7286 | 该水九时三刻五秒 | 自十七日子时五刻五秒起使<br>至十七日戌时一刻一秒止 |

续表

| 姓　名（村名） | 管镰（张） | 该　水 | 自何时使至何时 |
|---|---|---|---|
| 李禄妮（东牌）（西孙彩） | 7.42325 | 该水一日二时六刻六秒 | 自十七日戌时一刻一秒起使至十九日子时七刻六秒止 |
| 孟凤岐（西孙彩）（西牌） | 3.12685 | 该水六时二刻一秒 | 自十九日子时七刻六秒起使至十九日未时一刻六秒止 |
| 陈公平（南大树）（陈家牌） | 2 厘 | 该水二秒 | 自十九日未时一刻六秒起使至十九日未时一刻七秒止 |
| 孟树吉（南大树）（陈家牌） | 1.26905 | 该水二时四刻二秒 | 自十九日未时一刻七秒起使至十九日酉时五刻八秒止 |
| 孟勋孔（南大树）（孟家牌） | 2.1195 | 该水四时一刻七秒 | 自十九日酉时五刻八秒起使至二十日丑时七刻五秒止 |
| 陈凤岐（南大树）（陈家牌） | 2.4232 | 该水四时六刻六秒 | 自二十日丑时七刻五秒起使至二十日午时六刻一秒止 |
| 孙世昌（李道村） | 2.322 | 该水四时五刻一秒 | 自二十日午时六刻一秒起使至二十日庚时三刻一秒止 |
| 吴村东河（吴村） | 1.28 | 该水二时四刻三秒 | 自二十日庚时三刻一秒起使至二十一日丑时一刻三秒止 |
| 陈公议（吴村） | 2.8478 | 该水五时五刻四秒 | 自二十一日丑时七刻三秒起使至二十一日申时五刻八秒止 |
| 王立美（王家屯） | 1.2502 | 该水二时四刻 | 自二十一日申时五刻八秒起使至二十一日寅时一刻八秒止 |
| 杨芳春（辛庄铺） | 0.0595 | 该水七秒 | 自二十一日寅时一刻八秒起使至二十一日寅时二刻六秒止 |
| 吴成太（辛庄铺） | 0.633 | 该水一时二刻一秒 | 自二十一日寅时二刻六秒起使至二十二日子时四刻六秒止 |
| 郝致申（范家屯） | 2.0175 | 该水四时零二秒 | 自二十二日子时四刻六秒起使至二十二日辰时四刻七秒止 |
| 陈纲（范家屯） | 1.939 | 该水三时七刻 | 自二十二日辰时四刻七秒起使至二十二日申时三刻七秒止 |
| 张金禄（大彩村） | 0.4865 | 该水七刻六秒 | 自二十二日申时三刻七秒起使至二十二日酉时三刻三秒止 |
| 胡芳春（北小吕） | 1.4928 | 该水二时七刻七秒 | 自二十二日酉时三刻三秒起使至二十三日子时三刻一秒止 |

续表

| 姓 名（村名） | 管镰（张） | 该 水 | 自何时使至何时 |
|---|---|---|---|
| 胡增太（北小吕） | 0.7152 | 该水一时三刻三秒 | 自二十三日子时三刻一秒起使至二十三日丑时六刻三秒止 |
| 郑永年（北小吕） | 1.6125 | 该水三时一刻六秒 | 自二十三日丑时六刻三秒起使至二十三日辰时七刻八秒 |
| 郑时（北小吕） | 0.604 | 该水一时一刻五秒 | 自二十三日辰时七刻八秒起使至二十三日午时一刻四秒止 |
| 郑风祥（北小吕） | 2.2705 | 该水四时四刻二秒 | 自二十三日午时一刻四秒起使至二十三日戌时五刻五秒止 |
| 赵林禄（北小吕） | 1.03 | 该水二时零三秒 | 自二十三日戌时五刻五秒起使至二十四日子时五刻七秒止 |
| 赵聪（北小吕） | 3.185 | 该水六时二刻七秒 | 自二十四日子时五刻七秒起使至二十四日午时八刻四秒止 |
| 祝村 | 32.542 | 该水五日五时零五秒 | 自二十四日午时八刻四秒起使至二十九日寅时八刻八秒止 |
| | | | |

调查村的简图

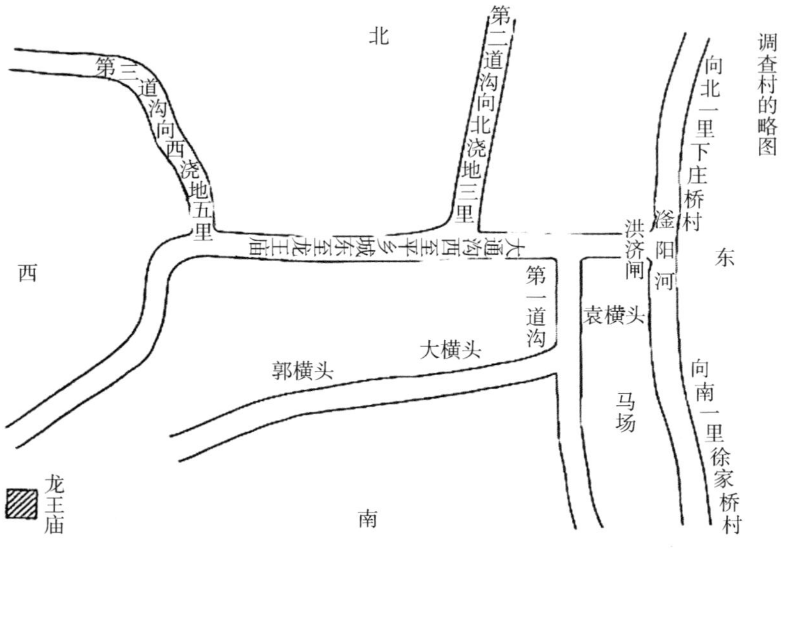

## 一　横头村所用河名及闸名

A　河名　滏阳河

B　闸名

| | | |
|---|---|---|
| 1 横西闸 | 2 张家桥闸 | 3 郭家桥闸 |
| 4 小张村闸 | 5 东间庄闸 | 6 晁庄闸 |
| 7 徐家庄闸 | 8 三横头闸 | 9 下庄桥闸 |
| 10 五下庄闸 | 11 六田庄闸 | 12 亭西口闸 |
| 13 马庄闸 | 14 五屯闸 | 15 候马庄闸 |
| 16 前马庄闸 | 17 东田庄闸 | 18 徐田庄闸 |
| 19 郝庄闸 | 20 前油台闸 | 21 后油台闸 |
| 22 杨村闸 | 23 户村闸 | 24 户村桥闸 |
| 25 豆庄闸 | 26 周庄闸 | 27 尹村李庄闸 |
| 28 重义町闸 | 29 肖庄闸 | 30 庞庄闸 |
| 31 辛店闸 | 32 北辛庄闸 | |

C　河流在本村经里数　半里地

E　在本村灌溉田地之亩数　能灌溉田地约有30余顷

F　灌溉田地主要之用途　种植谷子、高粱、麦子、白菜、豆子、玉蜀黍

（编者[1]注：经推定，本村指平乡县第一区横头村）

## 二　横头村洪济闸花名清册

中华民国三十一年10月11日

新民会平乡县第一区横头村洪济花名清册

河名（富羊河）　闸名（洪济闸）　住址（横头村）

| 职名 | 姓名 | 充任年代 | 其他职名或名誉职名 |
|---|---|---|---|
| 河正 | 王德盛 | 四十年 | 闸头 |
| 河副 | 秦保全 | 二十年 | 闸副 |
| 帮办 | 王金元 | 十年 | 帮工 |
| 看水巡沟 | 崔小玉 | 十五年 | 闸夫头 |
| | 秦玉岭 | 十五年 | |
| | 王临 | 十年 | |
| | 郭小计 | 十年 | |
| | 王太平 | 六年 | 闸夫 |

〔1〕译者注：指日语原文的编者。

| | | |
|---|---|---|
| 郭二胖 | 六年 | 小甲 |
| 霍春桂 | 十年 | |
| 袁文堂 | 十年 | |
| 李永堂 | 十年 | |
| 郭二头 | 六年 | |
| 李友堂 | 五年 | |
| 袁德成 | 十年 | |
| 崔文章 | 五年 | |
| 秦小三 | 十五年 | |
| 王金魁 | 五年 | |
| 徐小张 | 十五年 | |
| 徐小苍 | 十年 | |
| 徐如心 | 十年 | |
| 徐洛香 | 十年 | |
| 秦保元 | 十年 | |
| 秦二禄 | 十年 | |

第一区　　平乡县

横头庄

（编者[1]注：①王德盛有着“在三横头村，在民众很孚重望之人”的记载。像是农民的笔迹。

②职名栏的河正、河副、帮办等名称是忠于事先记载的职名，在平乡索性不用相关名称，而是用“其他职名或名誉职名栏”所记载的职名。

③和河务相关人员大体上内容相同的文书工作种类及时间栏中，有关于闸头以下的“春天耕种田地有水浇地巡说”、关于小甲以下的“巡视浇地”、后面的闸夫以下的“巡沟浇地自上而下不许混乱”等记录）

## 三　洪济闸册

修洪济闸序碑记

昔魏襄王时史起为邺令引漳水以灌田民乃殷富作歌曰邺有贤令兮为史公决漳水兮灌邺旁终古泻卤兮至稻梁他如叔敖起芍陂□兮其忠文翁穿谀口则蜀以富饶郑国导前白渠引后史付所著皆卓卓可观今我

公之莅平也慈惠怵恻时时念切民依公正廉明刻刻情殷水利邑之东北距城五里村名横头河称滏阳上通磁泊下达津潢横济偏闸废圮日长公亲访察寝食不遑慨然兴复亟费斟

[1] 译者注：指日语原文的编者。

量旧基堤狭水溢难防思欲恃久权移良方新开闸口人人称扬感公之德踊跃异常三旬告竣名开四乡此闸一立旱备芜荒自上而下灌溉有章因无墝埆地获稻梁乐乐利利享福无疆我公之泽河水洋洋我公之德建闸有光爰铭诸石永垂不忘

赐进士出身翰林院庶吉士敕援文林郎知平乡县事加十级记录十次潘

平乡县盐河督捕厅娄

邑廪膳生员李卓然撰文并书

邢台县李马村石工　崔登桂

大清嘉庆十八年二月吉旦立

沟长　徐允兴

后附闸口水沟一纸

## 四　五下庄的呈文

呈

为呈明事窃民五下庄奉郭家庄赵队长谕令开闸浇地民等谨遵谕令业已定期挑沟开闸因此呈明

新民会长公鉴

具呈人五下庄闸头宋双宅　（指印）

中华民国三十一年十一月　日

敬呈

平乡县政府兹今将五下庄济民闸修造之合同济书于左以备存查

此闸始于光绪三十一年乙巳三月初十日创修其文曰盖闻郑遗卿遗爱任其庐井夏王动民力尽沟洫未常不叹水利之兴实所以济斯民也近日滏河左之村庄有宋下庄程下庄张下庄王下庄柴下辛庄等五村种其遗意创修河闸浇溉地亩遂于下庄桥村南约半里许购买河埝地基坐西向东肇修河滏河闸一道水利簿于每岁行水深挑沟渠罔致侵占道路则五下庄共被沃恩岂曰小补而后市之人谨遵合同云云永远存留是为至嘱

五下庄公立

公议浇地自上而下十天一轮杴夫看水

计开

闸正　宋双宅　郑登岐　宋献廷

闸副（头）　柴文路　柴冬祥

杴夫二十六名

宋雪安　宋文贞　郑奎冬　郑双来　张保善　郑立成　郑林善　郑金增　郑冬科　柴喜才　宋清河　柴长清　宋连成　柴贵起　郑章海　柴增身　郑先路　宋清华　郑如相　王文玉　郑富臣　陈金增　郑中全　郑中海　宋清雪　郑冬春

## 五　文明闸碑记（乾隆五年）

邑候老爷重修文明闸碑记

平乡县治外高中卑滏河一水为之襟带

李候莅任保固河防兴修水利河不为患为患利因以溥堤西村有文明闸年久损坏

候颐而言曰河之有闸盖以农田灌溉资水之利开渠引因且利也且导流域渑深沟固叠使附郭之地皆成沃土其为利也大矣周详审视厚增其基势易木以石工资皆身任之既成谕堤西村人民遇河水涨发尽夜防守念此闸之利不独堤西村一乡既令其防守动苦可悯应免别项夫役我

候兴利爱民保障一县仁风惠雨口碑载道重修此闸堤西村之民受其惠更深而之悯年无已求免各项夫役骡马车牛诸物我

候之德宝与河流俱永吾民感佩之心当亦世世而弗谖矣勒诸石以志不忘

候讳时宪号敬亭雍正庚戌科进士福建闽侯人

时

大清乾隆五年正月十四日

沐思堤西村民　公立

## 六　文明闸碑记（康熙六十一年）

新镌文明闸照准免役碑记

平邑石南恋旧地也城东五里许有文明闸一道其来人矣此闸起于滏阳之西浒自东而西迤遥五里直抵城濠而止询本邑之巽水也学板文运□此闸而根誉仓库钱粮恃此闸而获卫即东郭之土田亦供此闸之余水万灌溉以闸立并三□备正与文明闸之益夫岂浅鲜哉同建告圮修之例旧案存在房每年河涨水□闸放水修濬于滩昼夜看守俱出于堤西一村其偏若不可胜□历来□邑候□偏若体覆载之无私施唯均之善政举凡六股牲口车牛永不动堤西村以偿□之辛苦无如日久年远免照俱被虫蚀蒙

邑候梁老爷珠批□□□功夫役□豁免今我

邑候赵老爷甫试平邑善政不能扳数闻兹偏苦即批准

照旧例以示将来闸乡□等又恐免照以未能经久因勒诸石鹿建立之由于免役之故志永不朽

邑庠　廪膳生员刘缙撰　　监生郭——

邑庠生员郭如狱书　　监生——

癸酉　　举人——

邑庠生员郭魁光

更生　杨逢贵

总长　郭友臣

乡长　郭雨瑞
地方　郭达贤
康熙六十一年四月初一日

## 七　泰山神母庙碑记

重修泰山神母庙碑记
邑庠生员杨天祥撰文兼书
会首　李端　孙恒德　张鸿儒
九品贺九儒　武生孙人魁　州同杨天锡
监生　贾昌隆　军工贺继志　六品杨天祥
武功孙人豪　九品贺继周　菅帐赵连壁
光绪十一年三月谷旦
重修泰山神母庙碑记

夫庙者建神明之所而修建者人心好善之憾也平乡城东常河镇张村关家屯旧有泰山神母庙夫庙者建神年深风雨损坏规则创倾圮合会人等目睹心伤慨然兴怀以图重修于是募化市施庄找鸠工以崇鼎建一□人心咸熙然丕应鞠人助以费谋人效以劳落成后栋宇巍峨抔显灿烂神圣森严焕然维新视昔大有□□故知人生命之长短且□明

正直养□者福淫者祸成灵赫赫每昭感应比虞舜燔柴夏禹周成之封祀良有以也盖自古帝王无不竭精诚崇祀典以隆报之况万世以下之人哉以故登东狱而拜祀者岁不绝人种不断继也灵哉泰山感人有如是矣向非至诚动物乌能以一念感人之义一时建修久之功也是为序

## 八　龙王庙记

平乡县重建龙王庙记
邑庠生张宋谦撰文因食粮官

嘉庆□庚子邑广女莆坂李公词应聘典闽试渡汪中流惟风险舟人恐亟曰相龙神廼宁建王朝于西郭报江难也、暨四十一年、兵尊陈公大宾善地里来睹斯邑谒王庙怃然曰王龙居（神）先非宜雨赐弗若何不□兹民难哉邑侯张公孟容袛承厥指嘱寿官郭文明乡民马□□改建记义民曰隆水于兹施坏二区东西步十南北十四众捐刀输金三越月民□绩四○横二○八尺从咸三之一越明年邑殃洪水平地深丈余公兹核舍几尽庙当损地冲岐屹□动会□之曰　隆庆三年陈公九筹复词前隘自陋命起门楼四围筑垣墉乡民执时万翟孟进董其之报较昔增丽神像肖末周也万历十九年乡民翟伯节等共力协心□多前□募化金谷若乎肖九栋宇及门窗加丹□获□益三间□土垣更用砖变焕然维新诚延□神灵任观美阳曲阳俟廼来道观厥成马柏节翟君皆众征余吉为记余间稽祀典曰有功于民则神民功莫如稼稻旱干水溢龙操其柄利赖独切矧龙之为灵昭昭精英发越能感格人心亦能同鍪□心增

□庙□目张公载历今三十祀修葺时不缺人□底一完美神之感人远矣至报祈承福惟此一诚诚至神

百谷成亿兆康壤岁丰无吝永锡不雨庙□从鲜诚意不著虽备牺检□□□盛神□□庙何诗言不可□□曰享诚此之谓矣执事□其念之是为记

万历十九年岁在辛□夏六月吉旦立右

文林即知事乡县事太原杨锵儒学

□教谕柳州王学尹训导庞宗祀首事

乡民　候大思　　　蔡郝

孟尚

# 1942年11月

## （华北农村惯行调查资料第107辑）

水篇第12号　河北省邢台县第五区孔桥村

调查员　郭文山　山本斌

本辑没有按照调查日期细分。大半是11月17日至当月25日郭文山关于孔桥村河口社的调查，但在后半辑记录了山本斌在11月17日对龙王会展开的调查。

### 关于孔桥村河口社

调查员　郭文山

应答者　李馥阶（44岁，大会首）　吴云龙（55岁，大会首）　张拱辰（70岁，上河会首）

#### 创设　组织　负责人　经费

【成立的动机】

因为什么创设河口社？=很久以前的事情了，不太清楚。总之，对于挖河时出工的人必须给工钱，而且也需要关于桥和一些河流的费用。由于每次临时收会来不及而创设的河口社，在平时预备好费用，因此而创建。

河口社是怎样筹措费用的？=成立时向各镰户筹集金钱，河口社将其借给别人、买土地、租给佃农而使金钱增多。现有的土地就是用当时的钱买的。

【成立的年代】

河口社是何时建成的？=大概是明末。

现在还有河口社吗？=是的，有。

【创办的目的】

河口社除了上述的有关河的费用之外，还有些什么要做的事情吗？=振兴水利，谋取河道的利益。

出现关于水的纷争的情况下，河口社要仲裁吗？=仲裁。

河口社的谁来做呢？=河口社的会首来做。

河口社不从事防水事业吗？=从事。

怎样防水呢？＝每年到了六月时，由于水经常出来，就会修整河西侧的堤防。做到不会让水流到村落。

【创办的方法】

河口社是依据官衙的命令而创建的吗，还是自发创建的？＝自发创建的。

怎样创建的？＝镰夫们按亩交出粮食而创建的。河口社把这钱借给别人来收利息，用这钱作为工钱给挖河时出力的镰夫们。

镰夫们开会聚集倡议建造河口社吗？＝当然这样做了。没有大家的同意是不行的。不同意就不会交出粮食等东西。

那时的出席者都是谁呢？＝不太清楚，但有老人、小甲一伙人吧。

一般的镰户不来出席吗？＝当然出席。

【创办的提倡者】

那时，谁最先提出创建河口社的？＝当时的河正吧。

和村长不同吗？＝那时候没有村长有村正，但河正不是村正，而是当家的。

当家的是指？＝河正。

当家的和村长不同吗？＝不同。

【负责人】

河口社有怎样的负责人？＝有会首一伙人。

有多少人？＝现在是17人。

自古以来就是这样吗？＝不一定。

一定是17人的话，什么时候都是17人吗？＝不确定。

会首一伙人的地位都相同吗？＝不同，其中有大会首2人，管账的2人，存钱存文契的1人，上河的3人，看水的1人，其他杂务8人。

杂务的8人都干什么？＝做些催租钱、催利钱、出放账等杂务。

这些人等大家都是会首吗？＝是的。

【大会首】

现在的会首是（面对两名该当者）你们二位吧（李馥阶和吴云龙）？＝是的。

你们二位各来几年了？＝都是8年。

在你们二位之前的大会首是谁？＝只有一名叫粘士杰的人。

他做了几年大会首？＝不太清楚，但想必做了有三十五六年吧。

之前是谁？＝张麟经。

他做了几年？＝还是三十多年。

那之前呢？＝许昌。

做了几年？＝不清楚。

那之前是谁？＝很久以前的事情，不清楚。

（面向李馥阶）你的父亲和祖父没有做过大会首或者会首吗？＝父亲什么都没有做过。祖父（李连成）三十多年都是上河会首。

没有被任命过村里的公职（村正、副等）吗？＝没有。

（面向吴云龙）你的父亲和祖父没有做过这样的会首吗？ =他们都什么也没做过。

有像你们这样，一边当河口社的大会首或者会首一边做着村里的保长和甲长的人吗？ =（吴云龙回答）我是第一保的保副，催租会首。吴贵良是第二保的保长，粘顺章是该保的保副，同样是催租会首。张绍业和许东春都是甲长，看水会首。曹国华和存文契的许邦庆也都是甲长。

【管账会首】

管账会首现在是谁和谁？ =张齐政（58岁）和曹国昌（37岁）。

他们二位各做了几年了？ =张齐政做了20年会首，去年开始成为管账会首，曹国昌是去年开始的。

他们的父亲没有做过会首吗？ =不清楚。

在他们之前谁是管账会首？ =一个人，曹太云。

曹太云做了几年？ =十八九年。

那之前呢？ =张玉质。

张玉质之前呢？ =不知道。

【存钱存文契会首】

存钱存文契会首现在是谁？ =许邦庆。

许邦庆之前是谁？ =他父亲。

那之前呢？ =不知道。

许邦庆的父亲没做过这样的会首吗？ =好像父亲和祖父都是存文契大会首。

【上河会首】

三名上河会首都是谁？ =（张拱辰回答）我、赵振里（62岁）、李琢（49岁）3人。

那之前呢？ =以前的事情不到30年，李是20多年。

（面向张）你们三位的父亲和祖父等人没有做过会首吗？ =李琢的父亲好像做过上河会首。

【看水会首】

看水会首是谁？ =曹国华（50岁）。

曹国华做了几年的看水会首？ =八九年。

曹国华之前是谁？ =好像是曹太兰。

那之前呢？ =不知道。

曹国华的父亲没有做过看水会首吗？ =没有做过看水会首，但好像做过催租会首还是什么的。

【杂务会首】

其余的8名杂务会首都是谁各做了几年？ =

| | |
|---|---|
| 许东春（54岁） | 10年 |
| 张绍业（50岁） | 10年 |
| 许东斗（48岁） | 十四五年 |
| 粘天章（45岁） | 10年 |

粘顺章（43岁）　　8年
吴贵良（46岁）　　去年起
曹廷铟（34岁）　　15年
李登朋（29岁？[1]）　　四五年

这8人的父亲分别做过会首吗？＝张绍业的父亲是上河会首，祖父不清楚，粘天章的父亲是催租会首，祖父不清楚，粘顺章的伯父是大会首，祖父也是大会首，曹廷铟的父亲是会首，祖父不清楚。

从以上的各会首来看，我感觉并不一定是世袭的，不拘泥于任何的人类善恶，总之其父亲一直在任职的话，其孩子拥有成为会长的权利。没有这样的会首吗？＝没有。不论哪位会首如何优秀，都不拘泥于父子来继承。不好的话，不管是谁都会换掉。

【与其他机关的关联】

河口社与其他机关没有什么联系吗？＝即使有也很少。

怎样的情况下？＝有事件的情况下。

河口社在县的建设科的附属下吗？＝性质相似，所以这样说也对，但还是不同。因为本来就是民间的东西，不是官署。

河口社和村公所没有联系吗？＝没有。可是会提供帮助。

过去和现在的都可以，没有从上面的官署（华北水利委员会之类的）下达过关于河的命令吗？＝没有。即使有也不会到河口社。下达到乡长那里。事变前，河口社的河正到建设科创立的水利会担任了委员。那时，各位河正都是其委员。

【经费】

河口社还是有经费支出的吧？＝除工作外就是在吃饭上。

办公用品等也需要钱吧？＝即使花钱也很少。

没有客人来吗？＝没有。

河口社没有每天值班的人吗？＝没有，有事情的话临时召集。

河口社有办公室吗？＝有。和乡公所在一起。同一个院子。

那个家是谁的？＝公村的房子。

河口社一直在那儿吗？＝自古以来。村里的公共机关全部都在那儿，学校也是，乡公所也是。

河口社不向各会首支付工资吗？＝不支付，大家都是名誉职位，也没有津贴（补贴）。只是在会首婚葬的情况下，赠送3斤油作为心意。还有每年2月15日招待小甲，各会首也出席。这个费用由河口社来出。

【大会首】

什么样的人可以成为大会首？＝有声望的人。

谁来决定大会首？＝选举。

不是村长来指定吗？＝不是。大家投票。

---

[1] 译者注：原文如此。

谁来投票？ =各镰夫、民众。

不用水的人也投票吗？ =不投，但没有不用水的人。

选举大会首的时候在哪里进行？ =在乡公所。

镰夫们以什么为标准来选举（财产、学问、声望、公职的有无）？ =有声望的人、能胜任工作的人。

要求必须拥有几亩土地吗？ =没有。

学问也没有关系吗？比如说必须是大学毕业什么的？ =也不依据那个，即使拥有上千顷土地，即使是大学毕业的人，不是有声望的人是不行的。

没有要求前辈（父亲那一代、祖父那一代之类的）必须是大会首的情况吗？ =不依据那个。

大会首不是世袭的吗？ =孔桥不是，别的地方可能是这样。

大会首几年重选一次？ =不一定。那个人去世的情况下之类的。

那个人没有去世的话，无论到何时都是大会首吗？ =是这样，可是变坏的话随时都可以更换。不过还没有更换的例子。

什么样的时候会更换呢？ =大会首不直接与钱有关联，所以不会做坏事。因此没有更换的实例。

更换的话谁来更换？ =镰夫们。

不是村长来做吗？ =不是。

大会首都做什么？ =做与水利相关的一切事情。

大会首任命自己以外的各会首吗？ =是的，大会首来任命。发出聘请书。

刚才的地方忘问了，大会首被选上的话还是由谁颁发委任状一样的东西吗？ =会颁发，颁发聘请书。

谁来颁发聘请书？ =来自于全体镰夫。

能写下大致的样式吗？ =大体上如下

回到刚才的话题，大会首任命自己以外的会首，发出各个聘请书，是什么样的呢？ =如下

恭请
○○先生为本社主人总理一切
孔桥阁村人等　同拜

请
台端为本社执事人
河口社执事人等　同拜

大会首以外的各会首都是世袭吗？＝好的话世袭，不好的话换人。

即使是世袭的情况，每年大会首都会重新发出聘请书吗？＝不是，父亲死了委托其儿子的时候再出一份。

现在的大会首是谁？＝吴云龙（55岁）、李馥阶（44岁）2人。

大会首与河正有什么关系？＝大会首即河正。

那样的话，帮办公直之类的人也在河口社吗？＝会首以外只有6位小甲。

没有帮办吗？＝没有。乡长就是帮办。

【小甲】

小甲和会首不同吗？＝不同。

谁来选定小甲？＝过了6年的话，由之前的小甲来推荐好的人。那时当然事先需要大会首同意，大会首同意的话之前的小甲将掘头传递给新小甲，新小甲拿到之后就成了小甲。

对于小甲不特别发出聘请书吗？＝不发。

小甲的任期是一定的吗？＝是的，6年。

如果那个小甲即使是变坏了不到6年也不能换吗？＝小甲只是（听从上面的命令）派工，不会做坏事的，平常不更换。

你的村庄在用着哪条河的水？＝百泉闸、重兴闸、葫芦套。

每年都挖这三条河吗？＝挖。

都是同一天挖吗？＝不是。总之都是在清明节前后挖。

挖这些河前大会首不去视察河流吗？＝有去的时候也有不去的时候。可是上河会首3人必须去。挖掘的日子也必须同邻村商量。因为大家都在使用同一条河。

挖河时需要费用吧？＝需要。给河口社来的各位镰夫工钱。

这个钱由大会首来给吗？＝不是。大会首托付上河会首，上河会首交给小甲，小甲给镰夫。

怎样给呢？是先调查来了的镰夫人数，然后只给小甲那些钱吗？还是以先给小甲50元不够再细算这样的方式呢？＝后者的情况更多。

那钱原来是从谁的手中传递到小甲的？＝听大会首说，通过上河会首的手由存钱的来出。

【经费】

每年河口的费用一共需要多少钱？＝不一定，去年大概400元左右。

仅仅河口社拥有的钱够吗？＝设法做到足够用。所以给挖河劳工的工资每年不一样。

河口社的钱不够的情况没有吗？那时怎么办？＝大体上是先做了预算才做事的，所以没有不够的情况。

河口社的账簿和证文类是由大会首保管吗？＝大会首什么也不保管。账簿是管账的保管，证文类（地契）也有专门保管的会首。

那样的会首叫什么？＝没有特别的名称，暂且叫作存文约的。

河口社的钱每年没有剩余吗？＝大致上不剩余。

如果有剩余，那个钱不是由大会首来保管吗？＝不是，还是存钱的保管，作为来年的费用，但是大体上不需要的时候就会借出去，因为会得到利息。

大会首会得到类似工资的东西吗？ =是义务职、名誉职。还不会得到。

有得到河粮的河正、河副吗？你们这样的大会首或者会首一伙人不会得到这些吗？ =什么都没有。

【管账的】

管账的都做什么？ =处理出入账。

河口社买东西等事情不是管账的来做吗？ =不做，买东西的有其他人。8个杂务的会首中的人来做。

不做类似河口社预算的东西吗？ =不做，由大家商量。即使称作预算也就是大体上斟酌，不是什么具体的东西。表格什么的也不制作。

管账的是大会首来任命吗？ =是的。

不是选举吗？ =不是。

什么样的人可以胜任？ =忠厚廉洁的人。

【存钱的】

存钱的都做什么？ =保管金钱。

河口社买东西的情况下首先不是需要存钱的许可吗？ =花费非常少的情况下没有这个必要。花费多的情况下还是只询问关于金钱的有无，不需要特别得到其许可。

存钱的在任时需要设置保证人吧？ =不需要，因为大体上都是善良的人。

【上河的】

上河会首都做什么？ =挑河（挖河）、验闸（检查闸）、上闸（关掉闸）、解工（监视工人）、挖河时与邻村联络。

和看闸不同吗？ =不同，看闸是雇用的人。

大雨的时候，上河会首不去看河流吗？ =去，会看闸坏了没有。

防水事业（比如堤防的修理或修筑）是由上河会首负责来做吗？ =和乡长一起来做，因为关系到村子全体的利害。

桥损坏的话，上河会首有带头修缮的责任吧？ =是的，桥损坏时，发现的人通知上河会首，上河会首和大会首商量后修理。

【看水的】

看水的与平常所说的看闸的不同吗？ =不同，看水的是看水的，看闸的是我们9个村雇用的人，也就是专门看闸的人。看水的是在用水日看水的人，也就是通知现在水流到了谁的田中、下次轮到你的田了等等这类事的负责人，一次接着一次，一直通知。

看水的是世袭的吗？ =不固定，由大会首来任命。

有工资吧？ =每年7元左右，这不是工资什么的，是作为酒费而给的，辛苦了的意思。

看水的大体上都是穷人吗？ =也不是这样。

所谓的出放账是怎样的事？ =把河口社的钱借出去，再收回来。

谁来进行出放账是固定的吗？ =不固定，8个杂务会首中的谁都可以。

【管文约的】

管文约的都做什么？ =买契、典契、租契、借账、保管田赋收据。

管文约的在任中，需要保证人吗？ =本来就是让好的人来做的，所以没问题，不需要保证人。

如果没有保证人，这个管文约的把自己保管的文约类全部拿走逃跑了怎么办？ =没有那样的事，是与名誉相关联的。大体上不会让那种人来做的。

那样的话，管文约的必须是财主吧？ =暂且是这样的，必须是拥有比河口社的财产多的人。

大会首不保管这个文约类吗？ =不保管。

## 社的活动　社员　社的财产　社的收入支出

【定期的集会】

河口社没有每年定期的会议或者集会吗？ =有，每年正月二十、二月十五日、清明前后、九月初三、十二月初一 5 次，除此之外也会根据情况而临时会面。

【正月二十的集会】

正月二十是什么的会面，是因为什么？ =开账（计算的意思）的日子，也就是向各债务者（地租和其他）出示未支付的条子（通知）的日子。

谁来写那个条子？ =管账的来写。

这一天大家都出席吗？ =事故者以外的会首全部聚集。

这一天会聚餐吧？ =会的。昼夜两次，白天简单地将就，晚饭会准备一些酒和盛筵。

这一天看水的不来吗？ =依然会来。

村长不来吗？ =不一定。

这一天只写那个条子吗？不做其他事情吗？ =是的，那一天各会首将立刻写好的条子分头去配发。

管账的也去吗？ =不去，弄错的话，由于对方的到来，离席会很为难。

这一天的饭费由河口社来负担吗？ =是的。

【二月十五的集会】

二月十五是？ =正月二十日打出的借条金额（佃农费）的日子，还有聚集 6 个小甲摆筵席，也会商量挖河的事

这一天的出席者是？ =会首全部聚集。

看水的呢？ =依然会来。

看闸的呢？ =是 9 个村的人，所以不来。

清明前后的会面是？ =挖河动工（工程开始）的日子。

可是那之前先要和使用同一河流的邻村商量吧？ =是的。

【九月初三的集会】九月初三是什么的会面？ =收取芦苇地租金的日子。

芦苇地是指？ =河口社拥有的芦苇的田地。因为把这租给了佃农，每年九月三日收取地租。

地租是什么？钱吗？ =是钱。

河口社共拥有多少亩芦苇地？ =五六亩。

每亩的租金大概是多少？ =90 元。

每年到了九月初三大家都带着租金来吗？ =是的。

交给河口社的谁？ =管账的收取，在账面记录后交给存钱的。

这一天还是有聚餐吧？ =是的，昼夜两次。

【十二月初一的集会】

十二月初一是什么日子？ =总结账（总勘定、总决算）的日子。精算一年花费的费用和收取的费用。据此就知道今年的盈亏。

这样的话，如果在十二月二日有余额，会看作是下年度的吗？ =已经没有余额了，如果有是这样。

这一天都谁出席？ =大家都会聚集。

看水的呢？ =来。

看闸的呢？ =不来，因为是外村人。

村长呢？ =来。不是作为村长而来。因为自己也是会首，所以来。

这一天小甲不来吗？ =不来。

【临时的集会】

除了以上一年定期的会面没有临时的集会吗？ =其他还有春天的某个时候由于麦子成熟，收取地租一次，秋天一次。为了收取各个地租，还有两次会面。

地租以什么形式来收取？ =以谷物上交的情况比较多。没有谷物的话，让其按时价交纳。

从上述的各个集会来看，好像大体上都是河口社自身的事情，没有什么由于河流的事情和镰户们的集会或会议吗？ =没有。有也是特殊情况。

【祭祀】

在河口社每年祭祀吗？ =每年六月十二日有祭祀。百泉闸的下九村（前楼下、孔桥、北屋、王快、东市、南市、南市屯、西徐旺、东徐旺）都去百泉村的龙王庙祭拜。同月中还会带着供品去祭祀百泉闸。

这个龙王庙的祭祀是 9 个村一起做的吗？ =不是大家一起。孔桥和前楼下。北屋和南市、南市屯。王快和东市、西徐旺、东徐旺。分成三股。

股是什么意思？ =不清楚。总之是把百泉闸的用水村分为三组，所以河床田赋如果是 30 元的情况下，每组各 10 元。

以孔桥和前楼下是一股来说，这样的话，在这一天一起祭祀庙和闸吗？ =是的。

这一天孔桥和前楼下不聚餐吗？ =一起吃饭。

【祭祀的出席者】

这一天有谁出席？ =庙的祭祀中 2 村的大会首和上河会首、小甲全体出席，闸的祭祀也一样。可是聚餐时只有小甲们出席。这个费用由这一年任期满 6 年的小甲来出。这个小甲的聚餐叫作“摆小甲社”。

这个聚餐中两村的小甲都会来吧？ =是的。

这一天两村的大会首和上河会首不聚餐吗？ =不一起。只有小甲，孔桥是只有孔桥的大会首和上河会首聚餐。

这样的话，这个大会首和上河会首的会餐的费用谁来负担？ =由河口社来出。

【祭祀与小甲社】

在庙的祭祀、闸的祭祀中需要供品和线香什么的吧？那是一起买的吗？ =任期结束的小甲来买。小甲大体都是财主。

这样的话，小甲没有损失吗？ =没有办法。

大家都不想当小甲吧？ =当然的事情。

为什么不是由河口社来出钱？ =自古以来的习俗，小甲社比河口社早得多。

小甲社是？ =工作和河口社一样，但不像河口社拥有财产。只有损失。

小甲也有和河口社一样的大会首、上河会首之类的职务吗？ =没有。只有小甲。那时的小甲和现在的老人是一样的。

这样说来，现在的小甲的地位变低了吗？ =暂且是这样的吧。

【祈雨】

干旱的时候，河口社会率先带着镰夫们祈雨吗？ =不会。

秋天收获后，今年大部分收成好的话，河口社会邀请镰夫们进行什么娱乐活动吗？ =不会。

可是有过祈雨的情况吧？ =有。

那时如果下雨的话会演戏吧？ =会。

那个戏由河口社负责吗？ =不是。

【社的信仰】

河口社祭奠什么神灵吗？ =不祭奠。

念经学武吗？ =不，只有水的事情。

【社员】

除了大会首和上河会首、小甲以外，还有河口社的社员吗？ =没有，这样说来各镰夫也都是社员。

也有不是社员的人吗？ =有土地的话都是社员。

把普通镰夫称作河口社的社员吗？还是只是称作镰夫？ =不是镰夫也不是社员，只是称作各户。不像过去那样用水，现在的河水是公家的水，所以有土地的话谁都可以用。

【社所拥有的财产类别】

现在河口社拥有什么？ =土地38.851亩（依据民国二十六年6月11日买契账）。

还有房子吧？ =即使有也不是河口社的，是公共的。只是借用。

没有树木吗？ =没有。

没有典地吗？ =现在只有两亩。

那是谁的土地？ =霍树春的（孔桥村人）。

什么时候典的？ =11年前。

多少钱？ =50元。

期限是？ =3年。

3年是指3年内不回赎吗？ =由于没有来源于那个土地的收入，回赎只会有损失，田赋和摊款也不够。所以不赎会更好。

【由来】

河口社为什么拥有那么多土地？ =是过去从镰户那里收来的钱增加后买的。由于每年都有剩余的钱，渐渐就积攒起来，用那笔钱买的。

【收入的用途】

从河口社的土地得来的收入只用于与河相关的费用吗？会特别为学校等的社会事业而使用吗？ =会向学校捐赠费用，乡公所的房子坏了也会出钱。

河口社不帮助贫穷的人吗？ =以前帮助过。

什么时候的事情？是怎么帮助的？ =记得不太清楚了，总之我想是民国前。那时由于发大水，大家的粮食都不够，所以河口社买来粮食分发给各户（放粮）。

哪个村庄都是吗？ =当然只是孔桥村。

【保管和处理】

将河口社的土地租给别人或者卖给别人的人是谁？ =还没有卖过，只租过，那时大会首和各会首商量后租出。

大会首可以独断租出吗？ =这样的事不能做。

河口社现在土地都出租了吗？ =是的。

租给什么样的人？这不是由会首轮流耕作吗？ =大体上租给本村的好人，会首不耕地。由佃农投票决定。租给交的地租高的人。

即使人不好，给的地租高也能租吗？ =没关系。因为也有保人，而且会让他写租契。

佃农几年一更换？ =不一定。好的话无论到何时都让他耕作。

只要是村里的人，谁都可以投票决定租佃事宜吗？ =可以。

外村人呢？ =也可以。

河口社的会首呢？ =过去没关系，现在不能。

为什么不能？ =因为不好做。

【资料—租契样式】

请画出上述租契的样式？ =如下

立租契人〇〇〇因为身间今同中人〇〇〇
说通租到河口社白地〇亩每年出租 麦子〇 秋〇
如有租禾不到现在自己村〇白地〇〇亩许
社中收去恐后无凭立租契为证
民国〇年〇〇月〇〇日 立
民国〇年〇〇月〇〇日 立

保人在哪里写着？ =就是中人。

【证文的有无及其名义者】

河口社拥有的土地中，全部都有地契（红契也好，白契也好）吗？ =有，全部红契。

昨天拜托的河口社买收土地的地契带来了吗？ =带来了（1份）如下（参考下段）。

有写上地契的名义者、大会首都是谁的情况吗？ =不写大会首的名字，河口社或河桥社。

河桥社和河口社一样吗？ =是的。

河桥社做关于桥的事，河口社做关于闸的事，是吗？ =是同一个东西。

【是否缴纳赋税（田赋、县、乡的摊款等）】

河口社的土地也有田赋吗？ =和一般农民一样。

县和乡的摊款也和百姓出的一样吗？ =一样。

【资料—社的红契】

立卖契人吴公中因为不便今将自己村西公伙小橙槽
苇地两段计上地陆亩八分一厘北至粘东至许西至河中
南至河中四至明白同中人吴文琳说合卖与孔桥村
河桥社名下永远为业言明卖价大钱伍佰柒拾捌吊捌佰
伍十文其钱当日交足不缺恐口无凭立卖契为证

南大段 长活 四十五丈 九尺八寸 北 九丈零八寸 中横九丈 南 八丈五尺八寸
外代空一分 三厘八毫
计开 北小段 长活五丈 北横二丈零五寸 南横二丈一尺四寸 此段
在南大段东北角仅相接连
南大段中间有王家坟一段南北长活三丈七尺
寸东西横活二丈八尺不在其内

地方 张凤楼 刘树勋
同中人 吴文琳
邢字第一千七十二号
吴献之 十
吴观东
吴 缙 十
吴文元 押

中华民国三年四月初二日
立卖契人吴公中

邢台县
白泉社里书经管
高永升
典卖契代笔戳记

（民国三年五月的卖契
附有民国十八年十一月河北
财政厅获取的验契纸）

因为是河口社的土地，会少收一些钱吗？ =没有那种事。

【社的收入与支出】

每年河口社的收入都有什么？ =地租（租佃费）、苇租、利息。

去年收入地租多少钱？ =大体上，麦子5石、高粱、谷子、豆子5石，换成钱的话共400元左右。

苇租呢？ =去年收入大概60元。

去年河的费用（共计）共花了多少？ =400元左右。

到去年十二月初一为止，河口社钱财有剩余吗？ =有547.53元（依据所持的账本回答），但不只是去年的，是年年积累来的。而且那其中也有以前贷款的还款（与前面的回答矛盾）。

【河口社的印章】

河口社有印章吧？＝有，（一边让我看印在所拿的民国全序通书上的）就是这样的东西。

这个印章由谁无论何时都持有或保管着吗？＝管账会长。

这种与河口社一样的东西外面的村子里也有吗？＝没有，只有我们孔桥。

【河口社以外的社】

除了河口社以外，你们的村子里有其他社吗（比如牛王社之类的）？＝有。除了牛王社以外还有前桥社、后桥社、东桥社。

没有西桥社吗？＝福惠堂就是西桥社。

看了东汪的碑文，有时会出现义桥社的名称，你们村子里有义桥社吗？＝没有。

以上说的前、后、东、西各社现在也全部都存在吗？＝后、东、西还有，因为有财产。

各社都做什么？＝我们村过去，分为东、西、前、后四个牌，各社做其各牌的工作。比如说牌内庙的建设修筑，路和桥坏了要对其修理。

各社都有会首吗？＝有。

牛王社做什么？＝牛王社就是指天地谭，做村子的全部事情。

想让您画一下你们村详细的图（关于牌、社、水渠、路、桥梁等）？＝说说我知道的吧。

刚才忘记问了，你们村好像用着三条河的河水，一切有关那三条河的工作全部由河口社来做吗？还是只做其中的什么工作？＝只做百泉大闸的工作。

【资料1】

**邢台县第五区孔桥村的水利碑文**

稽百泉闸开自大明隆庆年间经小厂村至前楼下分为南北二河南河共水二百七十名孔桥村分水五名北河共水二百五十名孔桥村分水四十三名按名使水按水膺夫限定时刻轮流灌田立法秩然不紊但世远年淹地与水各有当卖有地多水少者有水多地少者若仍按名使水按水膺夫地少水多者苦于无地可浇不愿出夫地多水少者苦于无水可使亦不愿出夫且浇灌之时往往因时刻先后致起争端其流弊不可胜言矣辛本〇许昌者自备酒席纠合乡众公同议定公水之法中沟使水不论本村水与买外村水俱系伙使淹沟水不许浇置楼下地该楼下水浇置楼下地如浇不足以本村补之本村水浇溉之时先大堤沟至许家闸次西下坡东下坡新沟任家坟柳条沟腰沟浇地之法自上而下自先而后在上浇不许下流拉水在下浇不许上流挡至修闸挖沟之时按地多寡出夫庶几水无分争之患夫无不齐之虞乎爰勒诸石以示历久不变云

许昌　〇廷元　许德
李廷生
四牌公水会首　张钧　张思恭　许正仁

粘富
许〇　耿至　粘明
道光三十年十月　　河口社公立

【资料2】**买契账**

（表纸）
河口社
民国二十六年六月十一日　立
买契账
（共七页）

同治伍年拾月
任重臣
买　西楼下村南苇地三段计地十亩零
刘文彩
三分一厘三毫同华升俊言明共卖价大钱
三百零玖千三百玖拾文
计开　地系中庄

东　陆丈伍尺
西段长活二十丈伍尺　横活
西　玖丈
地贰亩陆分肆厘捌毫　东至小堤沟中
西至前楼下官地
南至前楼下官地
北至柴姓
南　拾柒丈玖尺伍寸
南段长活贰拾叁丈捌尺　横活

北　拾陆丈陆尺
东至张姓
南截干姓
地陆亩捌分伍厘贰毫　西至
北截小堤泉中
北至中段南头
南至河中
东　拾丈
西边小段东西长活陆丈伍尺　横活
西　伍丈
东至中段西头　西至柴姓
地捌分壹厘叁毫
南至小堤泉中　北至河中

民国三年四月初二日
吴猷之　吴观东
买王快　村西小橙槽苇地
吴缙　吴文元
贰段计上地陆亩捌分一厘北至粘东至许
西至河中南至河中同吴文琳言明卖价大
钱伍百柒拾捌千捌百伍拾文
南大段　长活肆拾伍丈玖尺捌寸
北　玖丈零八寸
中横活　玖丈　外代空壹分叁厘捌
南　捌丈伍尺捌寸
北小段　长活肆拾伍丈玖尺捌寸　此写错
北至粘
北　贰丈零伍寸
西至粘
北小段长活伍丈　横活
东至许
南　贰丈壹尺肆寸
南至买主
此段在南大段东北角仅相接连
南
南大段中间有王家坟地一段　长活叁丈柒尺伍寸
北

东
　横活贰丈捌尺不在其内
西
民国十二年三月初八日
　　同　盛
买李　　　　村南唇底下南北沟一段
　　柴　氏
计上地陆分伍厘叁毫东至沟埝东边西至路
中南至河中北至路中同中人马贵成
言明卖价大钱捌拾贰千壹百文
　　　　　　北　　　　壹丈壹尺
长活肆拾贰丈　中　横活　捌　　尺
　　　　　　南　　　　玖　　尺
东边沟埝不许栽树

民国拾叁年叁月初一日
　　王玉泉
买百泉　　等村东苇白地壹段计
　　徐绍文
上地贰亩壹分陆厘柒毫东至梁西至九村
　　东截至梁　　　　东截至路中
公地南至　　　　北至
　　西截至九村公　　西截至梁
同中人吴文元言明卖价大钱肆百千文
　　　　　　东　　伍　　丈
长活贰拾陆丈　中横活　伍丈伍尺
　　　　　　西　　肆丈伍尺
民国拾叁年玖月拾五日
买许保元村东桑园白地贰段计上地捌分
　　　　南
柒厘叁毫　　东至粘西至许南至河中北至
　　　　段
　　　　北
　　买主　小　东至粘西至许南至买主北至小路
　　　　段
　　中同中人粘宗章言明卖价大钱壹百贰拾肆千文
南　　　　　　南　　壹丈伍尺壹寸

　长活贰拾玖丈肆尺　横活
段　　　　　　　　　北　壹丈陆尺壹寸
北
小长活肆丈伍尺陆寸　横活壹丈肆尺叁寸贰
段

民国贰拾陆年贰月初玖日
买李琢村南赵家坟前白地壹段计上地
壹亩壹分肆厘伍毫东西贰至吴南北二
　　　　　　　　　　春
至路中同中人许东　说通言明卖价大洋
　　　　　　　　　　斗
伍拾柒圆贰角伍分
　　　　　　　　南　壹丈肆尺陆寸
长活肆拾柒丈陆尺　中横活　壹丈肆尺肆寸
　　　　　　　　北　壹丈肆尺叁寸

民国贰拾陆年贰月初玖日
买李琢村南西台白地壹段计上地壹亩肆
分壹厘柒毫东至霍西至李南北二至河中
　　春
同许东　言明卖价大洋柒拾圆零捌角伍分
　　斗
　　　　　　　　　南　壹丈玖尺柒寸
　长活肆拾贰丈玖尺　中横活　贰　丈
　　　　　　　　　北　壹丈玖尺柒寸五分

民国贰拾陆年贰月初玖日
买李琢村南吴家坟西白地壹段计上地壹
亩柒分柒厘捌毫东至张西至吴南北二至
　　　　　　　春
路中同中人许东　言明卖价大洋壹百零
　　　　　　　斗
壹圆叁角伍分
　　　　　　　　　南　壹丈柒尺
　长活陆拾伍丈贰尺　中横活　壹丈陆尺叁
　　　　　　　　　北　壹丈伍尺捌寸

中华民国贰拾玖年贰月贰拾日
买粘土恒村南大下坡白地东壹段计上地肆亩叁
分陆厘叁毫东至粘家坟西至许南至路北至

曹太敬
河中同中人　　言明卖价大洋壹百柒拾肆圆伍角贰分
许得元
南　　肆丈捌尺捌寸
长活伍拾叁丈伍尺　中横活　肆丈捌尺伍寸
北　　肆丈玖尺伍寸

中华民国贰拾玖年贰月贰拾日
买粘土恒村南大下坡白地西壹段计上地
贰亩柒分零柒毫东至许西至粘南至路北
曹太敬
至河中同中人　　言明卖价大洋壹百零捌圆贰角捌分
许得元
南　　叁丈贰尺伍寸
长活伍拾贰丈捌尺　中　横活　叁丈零伍寸
北　　贰丈玖尺叁寸

中华民国贰拾玖年贰月拾陆日
买曹泰勋南下码头白地壹段计上地贰
亩叁分肆厘肆毫东至曹西至张南至路中北至
河中同中人曹金鉴言明卖价大洋壹百零伍圆肆角捌分
南　　壹丈伍丈
长活玖拾肆丈陆尺　中横活　壹丈肆尺玖寸
北　　壹丈四尺柒寸

中华民国二十九年三月初二日
买前楼下张文令村东南橙槽南东西白地壹
段计上地壹亩肆分肆厘肆毫东至徐西至
张德兴　曹国富
路中南至徐北至张同中人　　言明卖价大洋陆拾肆元玖角捌分
吴育才　霍振泽
计开西头许北履过水
东　　係三横活停
长活伍拾贰丈贰尺　中横活　壹丈陆尺陆寸
西

【资料3】

**租地的账簿**（只有封面，上面没有任何名称的记载）

自民国二十九年租出地秋麦租子是足斗
民国二十五年三月初一日

任炳文租本社当李连邦村南腰沟地
白地陆分同霍景熙言明每年
出租禾肆斗伍升
又典本社当霍郁文村南老沟南苇地一段
言明每年出典价大洋一元三角
指西下坡白地一亩一分

民国二十五年三月初一日
让鸿正移
霍景熙租本社当霍清澄转当霍鸿庆村南
老沟南小河南边白地一段
麦子叁斗
同李琢言明每年出秋
租子肆斗
指村南吴家坟后白地柒分

民国二十五年三月初一日
许肇庆租本社当粘土存村南长身地白地一段
同张绍堂言明每年出红粮陆斗伍升
指村南窑北白地一段
回出

民国二十五年三月十三日
张学书租本社当干顺德村南磨眼白地一亩伍分
麦子一斗
同张信德言明每年出
谷子六斗
指村南长身地百亩
另租张尚德名下
民国二十五年三月初三日
霍鸿元租本社当霍庆妮村南东唇底下白
麦子贰斗
地壹段同李莲芳言明每年出秋
租子贰斗
老沟地南苇地一分伍厘
指村南
祖师庙前白地五分

另租张文元名下

民国二十五年四月十四日

保

耿富春典本社当许　庆村南大橙槽苇地一段

邦

同许东景言明每年典价大洋叁拾柒元五毛

每年九月初三日将价交齐指村南小橙槽苇地壹亩

自割自修地

计开

回地为满

回地

民国二十五年八月初十日

吴五妮租本社当霍清源转当霍清连村南

老沟南白地一段

麦租子一斗伍升

同李连云言明每年出

秋租子二斗

回出

民国二十五年八月初十日

霍鸿来租本社当马鸣珂村南老沟南

白地贰亩伍分

麦租子五斗

同李连云言明每年出

秋租子五斗

指村南老沟南白地壹亩叁分

回出

民国二十五年八月初十日

李连云租本社当霍清澄村南老沟南小河北边

白地一段

麦租叁斗

同霍鸿来言明每年出

秋租叁斗

指村南东下坡白地一段叁分

回出

民国二十五年八月初十日

曹金良租本社当霍保全村南东下坡白地一段

麦租子叁斗

同李玖言明每年出

秋租子叁斗伍升

指村南河南白地五分

回出

民国二十五年八月二十四日

许文元　租本社当许东盛转当粘顺章稻田一段

麦子壹石贰斗

同人许成元每年出

大米叁斗

指粘家坟前白地壹亩五分

又租许文元名下

回出

民国二十六年二月初四日

李树德租本社村南西台白地壹地同中人

麦子五斗

赵信德言明每年出

秋租子陆斗

指村南老沟南白地一亩柒分五厘

民国二十六年二月初四日

张人科租本社村南赵家坟前白地壹段同中人

麦子肆斗

张坦言明每年出

秋租子五斗

指大桥北苇地壹亩贰分

廿七年八月　另租张玉衡名下

民国二十六年二月十五日

粘天章租本社当粘丕承村东对家坟白地壹段五

麦子租四斗

分同粘丕承言明出

秋租子四斗

指村东姚家地南头白地壹段

此地回出

民国二十六年二月十五日
霍鸿庆租本社与吴全才当霍辛氏子如意村南老沟
麦子壹斗
南白地八分同李连云言明每年出
秋租壹斗
民国二十七年八月廿三日
同人李琢改换租数言明每年出租壹斗伍升
保契来换
民国二十六年九月初四日
曹金蝌租本社当霍保全村南下坡白
麦子贰斗五升
地壹段同李琢言明每年出
秋租叁斗
指村南场边稻白地伍分
此地回出
民国二十六年九月初四日
璞
曹太云坐典本社当曹太　村南岗苇地西段
学
同曹廷铀言明每年出典价洋叁元伍毛
指村南河南苇地陆分
又言明许丢不许收
民国二十七年正月二十日
张玉含租本社当赵振声村南东唇底下白地
壹段同张坦言明本年出秋租子一石伍斗以后
麦子陆斗
每年出
秋租子七斗
指村南岗白地壹段
此地回出
民国二十七年二月十三日
许福庆租本社当许东升村南大下坡白地一段
麦子贰斗
同滑德兴言明本每年出红粮肆斗以后每年出
秋租子贰斗
指村南许家坟地西白地壹亩捌分
另租许福庆名下

麦子一斗
同张绍堂言明每年出
秋租一斗
指地照前
民国二十七年二月廿三日
臣妮
曹廷英租本社当曹太恒村西门西白地一段
太富
麦子贰斗
同曹廷君言明每年出
秋租子贰斗伍升
指曹臣妮村南南冈白地一亩
民国二十七年二月十四日
许国祥租本社外村南小下坡白地一段
麦子叁斗伍升
同张绍基言明每年出
秋租子肆斗
此地回出
民国二十七年三月二十一日
张文元租本社当霍庆妮村南东唇底下白地壹段
同张占元言明每年出秋租子伍斗伍斤
计开　回地时地有青苗包赔麦种叁升
另租任香妮名下
民国二十七年三月廿一日
张绍玉租本社当张绍礼村南小下坡地白地一段
麦子一斗伍升
同张绍文言明每年出
秋租子贰斗伍升
计开　地有青苗
此地回出
民国二十七年八月初六日
吴云兰租本社当许占元村南许家坟
麦子肆斗
西白地壹段同人张绍堂言明每年出
秋租子五斗
指村西吴家坟西白地一亩伍分
地系白地

计开

如若回地时地有青苗包麦子五升

此地回出

民国二十七年八月二十三日

张玉衡租本社村南小吴家坟西白地一段同张占元

麦子贰斗伍升

言明每年出

秋租子叁斗伍升

指东台白地一亩贰分　三十年丢地另书

民国二十七年八月二十五日

曹太荣坐典本社当霍树春村西过河苇地一段

同曹金英言明每年出典价大洋玖元贰毛

指村南西下坡白地一段

言明回地为满

民国二十七年八月二十五日

李连元坐典本社当霍树春村南老沟南苇地一段

同中人李琢言明每年出典价大洋叁元捌毛

指村南东台白地一亩

言明回地为满

民国二十七年九月初四日

曹太盛坐典本社当霍树春村南老沟南苇地一段

同吴改成言明每年出典价大洋贰元柒毛

指村南小吴家坟西白地壹亩

回地为满

民国二十八年二月初一日

李登朋　　　　使大洋伍拾元

麦子叁斗

同李琢言明每年出

红粮叁斗

指村南南园白地壹亩伍分

民国二十八年二月初一日

李登俊　使大洋伍拾元

麦子叁斗

同李琢言明每年出

红粮叁斗

指村南南园白地壹亩伍分

三十一年二月收洋五十元

民国二十八年八月十八日
许文元　租大庙东稻地壹段係当粘顺章地
　　麦子一石零伍升
每年出
　　大米叁斗
指长身地白地一亩
回地如有青苗包麦种五升
另租许春庆
民国二十八年八月十八日
许肇庆　租沟东地白地壹段係当许文元地
　　麦子壹斗半
每年出
　　秋租贰斗
指大东西地白地壹亩
回地如有青苗包麦种贰升
民国二十八年九月初四日
张尚德租本社当于顺德村南磨眼白地壹亩半
同薛林言明每年出谷子伍斗一升
指村南路西白地壹亩
　　此地回出
民国二十九年正月二十五日
许春庆租本社当粘顺章村南大庙前稻地壹亩
　　大米叁斗足斗
同许东斗言明每年出
　　麦子捌斗
指当许国祥村南桑园白地一亩伍分
　　此地回出
民国二十九年三月二十五日
曹金愔租本社村南吴家坟西白地一段
　　麦子四斗足斗
同曹太云言明每年出
　　秋租伍斗伍升
指村南老沟南白地一亩
　　三十年八月另租吴云凤
民国二十九年二月初十日
任香妮租本社当霍庆妮东唇底下白地一段
　　麦子贰斗足斗

同中人曹国富言明每年出

秋租子叁斗

指任家湾白地一亩

此地回出

民国二十九年二月二十一日

曹金科租本社村南大下坡西段白地贰亩柒分零柒毫

麦子肆斗伍升足斗

同曹太云言明每年出

秋壹石零伍升

指村南老沟南白地壹亩

另租许文庆名下

民国二十九年二月二十八日

曹国良租本社当曹太恒村西门西白地一段

麦子贰斗足斗

同曹廷云言明每年出

秋租子贰斗

指村南橙槽南东西白地贰亩

另租曹太盛

民国二十九年二月二十八日

许盛元租本社村南大下坡白地肆亩叁分陆厘叁毫

麦子玖斗足斗

同中人许文庆言明每年出

秋租子一石贰斗

指村南老沟南白地贰亩

另租任东元

民国二十九年二月二十八日

曹金鉴租本社村南下码头白地贰亩叁分肆厘肆毫

麦子柒大斗足斗

同吴贵良言明每年出

秋租子捌大斗

指村南湾白地壹亩

另租曹国俊名下

民国二十九年三月初二日

张文令租本社村南橙槽南东西白地一亩四分四厘四毫

麦子叁斗

同徐世昌言明每年出　　　　地系青苗许丢不许收

秋租子叁斗

指前楼下村南岗上百地一亩伍分
民国二十九年九月初四日
曹国俊本社当曹太云村南下码头白地壹段
麦子伍大斗
同中人曹太璞言明每年出
秋租子五大斗
明年出麦子壹石贰斗
指村北南湾白地壹段
民国二十九年十二月初一日
曹满国租本社当太云村南吴家坟西
麦子六大斗
青苗地贰亩贰分同曹国昌言明每年出
秋租子八大斗
指村南东台白地壹亩
民国二十九年十二月初一日
曹金科租本社当曹大云村南下码头青苗地二亩六分
麦子捌大斗
同曹太义言明每年出
秋租子玖大斗
指村南老沟白地壹亩
三十年八月丢地另书
麦子七斗半
曹金?　每年出
秋租捌斗
许殿元东花租本社桑园白地壹段
麦子二斗
每年出
秋二斗
杨　与牛王社公
张孝　租小堤白地一段
麦子六斗
每年出
秋五斗
民国二十四年二月十五日
曹太义　租本社当霍清源村南上码头
苇地三亩五分
麦子七斗

同李连邦言明出

秋七斗五升

民国二十四年二月十六日

霍洪廷　租本社当霍清澄村南老沟南第白地壹段

麦子四斗

同李连元每年出

秋伍斗伍升

指契祖师庙前白地五分

三十年租李合

民国二十三年三月初六日

滑德兴　坐典小橙槽苇地壹段

同赵振林言明每年典价大洋柒拾元零五角

如有典价不到现有赵振林自己村南老沟南白地五亩作保

地内村活许社内指示每年九月初三将价交足坐典十五年为满

民国二十三年六月十三日

刘玉清　租本社百泉闸苇地壹段

言明每年出典价大洋四元

民国二十九年八月二十四日

许文庆　租村南大下坡白地壹段

首一年出麦子八斗五升秋租子五升

俱是足斗

改年每年出麦子五斗秋租

五斗

同许丕恒指村南大沟东苇地壹段

民国二十九年八月二十四日

许勤庆　租村南大下坡白地壹段

首一年出麦子壹石贰斗秋租八大斗足斗

改年每年出麦子八大斗秋租子八大斗

同许东斗指村东场边白地壹段

民国三十年八月初五日

曹太盛　租村西当曹太恒地壹段同曹廷均

麦子壹斗二升足斗

每年出

秋租壹斗二升

指邪路白地七分

民国三十年八月二十三日

李合　租当霍清澄老沟南苇白地叁亩伍分

每年出麦子叁斗五升足斗秋租四斗
指村南腰沟地壹亩八分同李连芳
民国三十年八月
无保卖
吴云风　租村南吴家坟西白地壹段175亩[1]
曹国香
首年出麦子九斗五升
叁斗伍升足斗
改年出麦子
秋租叁斗伍升
民国三十年八月
张齐政　租村南面唇底下白地壹亩壹分
麦子贰斗五升
每年出　计九升斗
秋租贰斗五升
前有保契无换
民国三十一年正月二十日
前楼下张天禄坐典小堤苇地壹段许收割拾年为满
言明典价大洋壹佰柒拾五元七毛如
有典价不到指前楼下村南北凹地
贰亩作保同人李梅每年六月十三日
交价壹半九月初三日交完
刘清玉　典百泉闸路西苇地价钱八千文
闸北苇地价大钱贰拾五千文
除修苇地工钱大钱拾贰千文
除当口子工钱大钱六千五百文
下余大钱拾四千五百文接三股均分
北头白地一段租价大钱六百文
亦按三股均分
西
刘家庄张文　租西楼下村南白地一段
每年麦子壹斗
三股均分
民国三十一年九月初三日
鸿庆

[1] 译者注：原文中此处数字为阿拉伯数字。

霍　　租当霍清澄老沟南苇白地三亩半
　协和
　　　每年出麦子参斗五升秋租四斗
　　　指老沟南白地贰亩如回地有青苗
　　　包麦种四升同任兆力
民国三十一年九月初三日
　　曹国贤　租下码头地贰亩六分吴家坟西白地
　　　　贰亩贰分每年出麦子五大斗
　　　　秋租五大斗至三十二年清明后钱粮
　　　　亲派他自兑与本社无干同李琢
　　　　指村西白地壹亩捌分

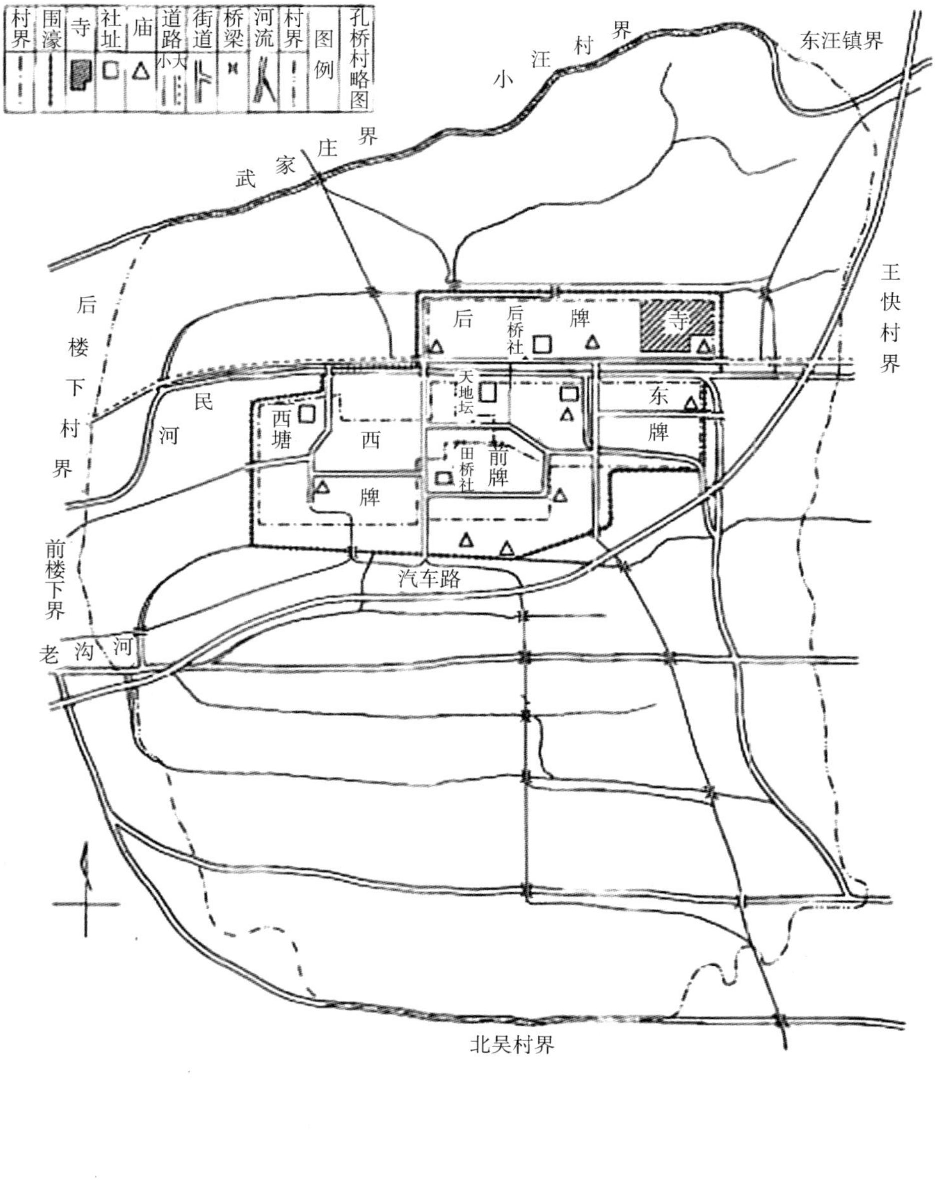

# 11 月 17 日

## 龙王会　关于会首等人

调查员　山本斌
翻　译　郭文山
应答者　杨顺（东汪村村副、农民）

## 龙王会　祈雨

（东汪村公所内的贴纸）

龙王会首公　六月十一日
李孟周　阎康俩　袁署印
范学礼　杨根俩　大杨秘
杨成林　杨庭恩　会杨淅王八
杨玉英　杨观喜　首杨裾
袁登豹　杨同福
李世太　李金太

【龙王会】
龙王会是什么时候建成的？ =很久以前，只是下雨的年份中没有。
为了什么而建的会？ =为了旱季时求雨，过去下雨的话会演戏。
祭祀哪个龙王？ =太王。
那个庙在哪里？ =在村西南，龙王庙这样的各村都有。
【龙王庙的会首】
杨淅是大会首吗？ =是的。
为什么在下面写了王八？ =是谁的恶作剧吧。
他大概做了多少年的大会首？ =只有一年，每年更换。
六月十一日是什么？ =祈雨的日子。
上表中的人都是会首吗？ =是的，大会首 1 人，其余的是小会首。
除此以外有入会的人吗？ =没有。

【经费】

祈雨的费用谁来负担？＝全村的人出钱，分摊来出。

会长难道比一般人出的多吗？＝不是这样。

过去村子和会不是分开的吗？＝过去也是在一起的。

本年大约花费多少费用？＝会祈雨，但是由于不降雨不能集中起来，还未计算。

祈雨的时候大约花费多少？谁来出？＝今年大概30元，先由村公所来出，然后分摊收取。

30元是什么费用？＝修庙、吃饭（修庙工人的）、纸、线香、黄表的费用（没有庙中供奉的点心和猪头）。

去年祈雨了吗？＝没有。

那之前什么时候有过？＝这两三年没有祈雨。

这之前谁是大会首？＝不清楚。

【祈雨】

如果明年祈雨，谁是大会首？＝不一定，大会首是乡长，杨淅是小会首中的头儿。这也叫大会首，这是持有龙王的人。

持有是指什么？＝从龙王庙将龙王拿来到村公所，那时是由大会首拿来，有很多人拿来。

那么大会首有几人？＝乡长是大会首，其他的是小会首，杨是小会首的代表。

代表每年更换吗？＝是的，不固定。

杨从过去以来就是代表吗？＝不是，代表在每当有会的时候更换。

头儿是由谁决定的？＝小会首等来决定。

祈雨前的什么时候决定？＝祈雨前的三五天。

在哪里聚集决定？＝在哪里进行不一定。

（注：话跑题了，据说谈到“盗龙王”更有效果）

【盗龙王—祈雨的方法】

在东汪取来的是哪里的龙王？＝哪里的都行，外村的也好，取距离这里80里的城西作村的也有。

本村什么时候都偷盗作村的龙王吗？＝不一定，盗龙王不是犯罪。

至今为止都偷盗了哪些村子的龙王？＝作村、吴家庄、晋祠村。

没有偷七里河南的龙王吗？＝虽然哪里的都可以，但是我们村大概都取上述村庄的。

怎样的一伙人去偷盗呢？＝大概是中年、壮年者，有力气的人。

一次盗取好几尊像吗？＝偷盗3个、4个、5个，越多越好。

去村子里擅自偷盗吗？＝不擅自偷盗就没有效果。

为什么要这样呢？＝不知道。

偷取来的放在哪里？＝放在村公所。

祈雨在哪里进行？＝在百泉进行。

不在本村进行吗？＝去百泉，在那里烧香祈雨，那时带着龙王的像去百泉，回来后向村公所的龙王磕头。

为什么要带着去百泉？ =因为百泉水很多，成了祈祷龙王的地方。

不是因为有各龙王的母亲在吗？ =是的。

各村龙王的母亲在百泉吗？ =东静庵也有龙母。

百泉河东静庵的龙母有什么关系？ =不知道。

这个村的龙王叫什么？ =在本村只叫太王。

这个太王的父母在百泉吗？ =也有人说在百泉，也有人说没有太王的母亲。

本村也偷盗七里河下游的龙王吗？ =偷过，很少。

向上游的龙王祈雨不是更有效果吗？ =下游的龙王清晰的归属于各个闸。所以与本村无关（下游大贤村东的龙王庙中有龙王会，每年六月十五日三闸｛永利、晋济、济民闸｝会建立一个会）。

本村不参加上述的会吗？ =不参加。

在上述的龙王庙中，即使是本村人祈祷也没有效果吗？ =因为那里的龙王是管辖下游的闸水的，本村人即使祈祷也不会效验，而且本村和那里的龙王没有关系。

本村在使用哪个闸？ =小汪西边的四六闸。

在四六闸没有龙王庙吗？ =在武家庄的黑龙潭有个大的龙王庙。

那么，本村不在黑龙潭的龙王庙祈祷下雨吗？ =主要去黑龙潭。

什么时候去百泉？什么时候去黑龙潭祭拜呢？ =雨泉之时去祈雨时水量多的地方。

百泉河与黑龙潭的龙王有什么关系？ =详细的不太清楚，但是百泉地位更高。

百泉龙王相当于黑龙潭龙王的什么？ =没有判明。

龙王会的会首每年大概有几人？ =十六七人。

过去以来代代都是会首吗？ =不是，不一定。

那么今年的会首明年会怎样呢？ =根据明年谁来偷盗龙王决定。

这些人都去偷盗吗？ =是的。

有一两人代代都是会首吗？ =没有。

有扛着龙王巡回各村的情况吗？ =没有。

去黑龙潭的时候会通过小汪、武家庄村中吧？ =是的。

那时上述的村民会接待本村村民吗？ =好心人会在桌子上点上线香，大多是女人。

那时村长等人接待吗？ =不仅是村长，村民也会让扛着龙王的人喝茶。

从这里去潭的时候村长、保长也去吗？ =是的。

警察分所的人呢？ =以前去，现在不去。

村民各家去几人？ =村民都去，女人小孩不去。

为什么女人不去？ =因为走路太慢，但是能跟着大家走的话，去也是可以的。

有女人去了龙王不高兴的说法吗？ =是的，有这个说法，但是是迷信。

为什么是迷信？ =女的不是人，因为女的有丈夫，丈夫去就行。

【祈雨与外村】

祈雨队伍游行的时候，沿途村庄的村长来迎接吗？ =不来，没有村长一定要来迎接的情况。只是谁会作为村长的代表来迎接。祈雨后下雨的话，因为那个村也会下，所以会很小心地对待祈雨的队伍。

有和外村共同祈雨，或者祈雨时招待外村人的情况吗？=没有，只是下雨后村民们会喝一杯，但那个时候也不招待外村的人。

会首等人也是村子里的有力气的人吗？=不一定。

【会首的选出】

各会首不从各族选出几个人吗？=不一定。

人数不是固定的吗？=不是，20、30、80人的时候都有，各种各样。

过去不是根据牌来选出的吗？=不是，乡长指名自己想到的人，现在也是这样。会首只是跑腿（供差遣）的角色。借椅子、桌子，盗龙王什么的。

会首不称作叫人头吗？=叫人头是指乡丁。

龙王会没有土地吗？=没有。

本村的商人也可以成为会首吗？=可以，乡长命令的话谁都可以，但外村人不可以。

## 土地社　关帝社　社会

【土地社、关帝社】

本村有牛王社吗？=没有，有土地社、关帝社。

土地社的会首是谁？=我，关帝社的会首也是我。

过去的上述二社的会首是分开的吗？=不是，过去开始就是一个会首。

过去开始你家就是会首吗？=不是，我14年前成为了会首，在那之前是别人。

那之前谁是会首？=村长。

【会首与村长】

会首还被称作什么？=也称作经理。

在别的村，有村长、村副以外的人成为会首的社吗？=东静庵的龙王社过去村长就是会首，现在村长和会首分开了。

在这个村是怎样的呢？=村长和我（村副）虽然当上了，但由于是作为个人当上的，和村公所还是分开的。

从什么时候起分开的？=过去村公所处理社的事务，民国成立后分开了。

那是因为什么？=因为村公所的工作变多了。

会首下面有什么人在？=管账、管钱、叫人头。

【创建社的理由】

为了什么创建这样的社？=土地社是人死后报名烧香的，关帝社是保护村子的。因为都是重要的庙，所以必须要维持。还有南桥，北茶棚（给予夏天的通行人茶水的地方）由于也是公共的东西，必须维持。这些费用都从关帝社的收入中支出。

土地庙没有香火地吗？=没有。

【关帝庙的土地】

关帝庙怎么样？=有十余亩。

上述土地从什么时候起成为庙的土地的？ =不知道，很久以前就是庙的土地。

现在租给谁了吗？ =租给姓杨的人9亩多，姓梁的人7分。

收入是多少？ =有上地和下地，上地每亩2斗麦子、2斗的秋（高粱、谷子等），下地是7斤麦子、7斤秋。

上述2人代代租用这块土地吗？ =不是，借租的人常常换。

贷附是以怎样的方法？ =投票。

【社的收入】

土地社的收入？ =因为没有土地，所以没有收入。

关帝社的全部收入？ =1石麦子、1石秋，那之外没有了，通行的人在茶棚喝茶不要钱。

上述的租费的交纳时间？ =五月麦子、九月秋，只是日期不一定。

上述的租金由谁来收集？ =借地的人拿到关帝庙，用这些来换钱。

谁来换成钱？ =管账的立会，借地人在庙中卖给别人，把这钱给管账的。管账的记账后，把这给管钱的。

在社内花钱的时候谁要得到谁的许可？ =社的支出不需要村长的许可，所有事情都是会首自己决定后让管钱的出钱。比如修桥的时候，买板子，板的费用让管钱的来出。管钱的将收条儿（收据）给管账的。

上述的收入够用吗？ =不一定，不够的时候向村公所借。

向村子里借的钱会还吗？ =不还也可以。

每年社的收入全部用完吗？ =会，不够的时候向村子里借。

现在也是借的情况多吗？ =几乎没有，发大水的时候借的情况多。

过去有把社里的钱全部给贫民的情况吗？ =过去现在都没有，地小花费大。

过去有把社的钱借给村公社的情况吗？ =没有，但是有借给学校的情况。

上述是收利息的外借吗？还是白给的？ =白给的。

【会首与公职】

在外村，除了村副以外当大会首的人多吗？ =有，不好说多少。

有什么公职（河老、小甲、保甲长）的人才当上大会首的情况多吗？ =比较多。

社里有社员，给社交付一定的钱吗？ =不是。

有小会首吗？ =管账、存钱（管钱）的就是小会首。

上述的存钱、管账，在村里也担任那样的角色吗？ =和村子是分开的。

他们兼做河上老人那边的存钱、管账事情的情况多吗？ =不。各个分开。

【社的收入支出】

好心的有钱人会捐赠吗？ =现在没有，但过去常有。说是过去，也是几百年前的事了。

民国以后有过吗？ =没有。

比如说10个人各自出10元钱凑钱创建了社，那有钱会相互融通或者借给别人的情况吗？ =现在没有。

过去不同吗？ =虽然有，但本村几乎没有。

外村有吗？ =不多。

【社会派夫】

村公所贴出的社会派夫统计表（参考下文）是什么？ =和家庙的土地相关的东西。

“社会”是什么？ =指同姓同祖的一族人。

东井社是什么？ =挖掘东边的井的人们创建的社，每个人出三五亩地，为了得到修井的费用而做的。

大概凑了多少户？ =20余户，不是同姓。

这附近的井建了社吗？ =不一定。

井社也有会首吗？ =有，也叫当家的。

也有管账、管钱的吗？ =是的。

这个管账、存钱的兼做其他社的或者会的或者村公所的管账的情况多吗？ =是分开的。

井社的大会首也是每年更换吗？ =行为不好就会更换。好的话会持续好几年。

东井社的基金有多少？ =每年收入是三五十元左右。

出夫的时候有按保甲和按社会吗？ =是的。

现在县里让出夫百人该怎么办？ =依据东汪村派夫统计表出夫。本村有二保二十甲，一共可以出夫838人。

838人是依据什么决定的？ =按亩（上地1亩、中地3亩、下地5亩各1人）。838人全部出工后，清算后向各社会课金。

社会表的人数还是按亩吗？ =和上述标准相同，社会出钱，不出人。

你是什么社会的？ =绳武堂，30余亩。

在表上不是40余亩吗？ =因为上中下不同，按上述标准计算是40余亩。

【资料】

**社会派夫统计表**

| | |
|---|---|
| 杨老户地一顷一亩三分〇〇一丝 | 该夫二十三名 |
| 格函堂地一顷四十四亩五分〇七 | 该夫二十一名 |
| 绳武堂地五十八亩三分九厘七 | 该夫　十二名 |
| 燕翼堂地七亩七分四厘七毫 | 该夫　　二名 |
| 和睦堂地五亩零一厘七毫 | 该夫　　一名 |
| 胡家户地二十二亩九分九厘二毫 | 该夫　　五名 |
| 李家户地二十四亩一分三厘七毫 | 该夫　　五名 |
| 袁家户地四十九亩八分三厘五毫 | 该夫　　十名 |
| 于古堂地三十九亩三分二厘九毫 | 该夫　　十名 |
| 袁绪古堂地五亩二分七厘 | 该夫　　一名 |

| | | |
|---|---|---|
| 东井社地二十九亩三分七厘八毫 | 该夫 | 六名 |
| 敬宗堂地一亩四分 | 该夫 | 一名 |
| 杨绪古堂地二十亩五分一厘九毫 | 该夫 | 四名 |
| 肯构堂地十四亩五分一厘九毫 | 该夫 | 三名 |
| 关湾河地二亩四分四厘九毫 | 该夫 | 一名 |

（注：今年出夫很多，二月十五日起到现在的出工人员为3300人左右）